Forschungen zum Alten Testament

herausgegeben von
Bernd Janowski und Hermann Spieckermann

7

Studien zum Menschenbild
der älteren Weisheit

(Spr 10ff.)

von

Jutta Hausmann

J. C. B. Mohr (Paul Siebeck) Tübingen

Jutta Hausmann, geboren 1951; 1970–75 Studium der ev. Theologie in Göttingen, Erlangen, Neuendettelsau; 1975–77 Vikariat; 1980–86 Theol. Assistentin an der Augustana-Hochschule, Neuendettelsau; 1986 Promotion; 1992 Habilitation; z. Zt. als Pfarrerin beurlaubt, Privatdozentin an der Augustana-Hochschule, 1993/94 Lehrstuhlvertretung an der Universität Bayreuth, seit Okt. 1994 Gastprofessorin an der Ev.-Luth. Theologischen Akademie Budapest.

Die Deutsche Bibliothek – CIP-Einheitsaufnahme

Hausmann, Jutta:
Studien zum Menschenbild der älteren Weisheit : (Spr 10ff.)/
von Jutta Hausmann. – Tübingen : Mohr, 1995
  (Forschungen zum Alten Testament ; 7)
  ISBN 3–16–146145–2
NE: GT

Das Buch wurde von Typomedia in Scharnhausen aus der Times Antiqua gesetzt, von Gulde-Druck auf alterungsbeständiges Werkdruckpapier der Papierfabrik Weissenstein in Pforzheim gedruckt und von Heinr. Koch in Tübingen gebunden.

ISSN 0940-4155

Vorwort

Die vorliegende Monographie ist die um zwei Kapitel gekürzte und leicht umgearbeitete Fassung der Arbeit, die im Sommersemester 1992 als Habilitationsschrift an der Augustana-Hochschule Neuendettelsau angenommen wurde.

Vielen habe ich zu danken, daß die Arbeit in der vorliegenden Form erscheinen kann – für viele herausfordernde und unterstützende Gespräche, für die Gewährung eines Habilitationsstipendiums, für die Übernahme des Erst- und Zweitgutachtens, für das Lesen der Korrekturen, die Erstellung der Register, für das Herstellen der Druckvorlage, die Betreuung im Verlag, die Aufnahme der Arbeit in die Reihe Forschungen zum Alten Testament, die Zusage eines Druckkostenzuschusses. Ich möchte darauf verzichten, sie alle einzeln zu nennen.

Vielmehr möchte ich so dem Dank an denjenigen den nötigen Raum geben, der dieses Buch nun nicht mehr in seine Hände nehmen kann – Horst Dietrich Preuß, dem ich als Wissenschaftler, Lehrer und Freund unermeßlich viel verdanke.

Budapest/Neuendettelsau, im Dezember 1994   Jutta Hausmann

Inhaltsverzeichnis

II. Personengruppen mit Rollenfunktion

III. Den Menschen bestimmende Lebenszusammenhänge

V. Fazit und Einbindung in den Gesamtkontext

§ 1: Problemstellung

Die Rede vom Menschen ist eine sich durch alle alttestamentlichen (= atl.) Textcorpora erstreckende und diese mitbestimmende. Hierbei wird der Mensch zumeist deutlich als Israelit und im Zusammenhang von Familie, Volk und Gemeinde gesehen bzw. da, wo er als Einzelner in den Blick genommen wird, im Kontext seiner eigenen Geschichte, die der des Volkes eingebettet ist. Ferner wird der Mensch vorwiegend betrachtet als einer, der in Bejahung und Widerspruch durch seine bzw. seines Volkes Beziehung zu Gott geprägt ist. So ist die atl. Rede vom Menschen weitgehend eine Rede über das Verhältnis Gott – Mensch bzw. Mensch – Gott.

Die Weisheitsliteratur (Proverbien, Qohelet, auch das Hiobbuch) hat innerhalb des atl. Schrifttums dabei nun aber ihren besonderen Ort, da sie viel stärker als die anderen atl. Texte vom Menschen schlechthin redet[1], Reflexion über den Einzelnen bietet, und der Mensch – und dies besonders in den Proverbien – vorwiegend in seiner Beziehung zum Mitmenschen, weniger in seiner Gottesbeziehung in den Blick kommt. Wie sich zeigen wird, sind nämlich auch die Texte innerhalb von Spr 10ff., die den Menschen in seiner Beziehung zu JHWH ansprechen, nicht an dieser selbst primär interessiert, sondern ordnen sie der Frage nach der Beziehung zum anderen Menschen, damit mehr zwischenmenschlich-ethischen Problemen zu.

Wer sich heute dem Proverbienbuch und d.h. in einem weiten zeitlichen und großen geistesgeschichtlichen Abstand mit heutigen Fragen nähert, wird mit mehreren Problemen gerade der hier vereinten Texte konfrontiert. Da ist zuerst kein anderes Textkorpus des Alten Testaments so geprägt von kleinsten Texteinheiten wie die Proverbien. Jeder der meist nur zweizeiligen Sprüche bildet in sich einen kohärenten Text, der weitgehend erst sekundär in einen größeren Kontext gestellt wurde. So ergibt sich für Exegeten und Exegetinnen die Notwendigkeit, einerseits nach dem Einzeltext zu fragen und Verbindungen herzustellen zwischen Texten gleicher oder auch konträrer Thematik[2]. Zum anderen ist jedoch der grössere Zusammenhang nicht zu übersehen, in dem der jeweilige Text bei der Endgestaltung seinen Ort und seine Aussagekraft gefunden hat. In der vorliegenden Arbeit kann letzteres

---

[1] Vgl. JÜNGLING, Mensch, 143.
[2] Vgl. HERMISSON, Spruchweisheit, 18.

jedoch unmöglich für jeden Einzeltext nachvollzogen und geleistet werden[3], sondern nur paradigmatisch unter Rückgriff auf Vorarbeiten anderer[4].

Die Besonderheit der Proverbien zeigt beim Blick auf ihre Formgebung ferner sehr schnell, daß hier eine den europäischen Lesenden nicht unmittelbar vertraute Form der Auseinandersetzung mit den zur Diskussion stehenden Themen vorliegt. Vor allem die Form des *parallelismus membrorum* führt dazu, daß zur Abrundung einer Aussage auf andere, der Sache nahestehende oder konträre Inhalte oder z. B. Bilder zurückgegriffen wird. Nicht ein präzise durchdachter und unter einem Leitgedanken dargestellter Gesamtentwurf wird geboten, sondern unter Rückgriff auf unterschiedliche Gattungen (z. B. vor allem Sentenzen oder Mahnworte) werden in den kurzen Texteinheiten diverse Aspekte der Sicht des Menschen nebeneinander gestellt und so zu einem Ganzen gebündelt[5].

Zur Erfassung dieser uns weithin fremden Denkstruktur in den Proverbien ist die Arbeit von *E. Brunner-Traut* „Frühformen des Erkennens" von besonderem Interesse, die unter den Begriffen *Aspektive* und *Perspektive* zwei differierende Zugänge zur Welterschliessung erfasst. Bei der Aspektive hat nach *E. Brunner-Traut* „die Würdigung der Teile, also der einzelnen ‚Aspekte‘, den Vorrang … vor dem die Perspektive kennzeichnenden Überblick des Ganzen"[6]. M. E. ist gerade für Spr 10ff. die Kategorie der Aspektive diejenige, die den Texten in ihrer besonderen Eigenart gerecht wird und zu derem Verstehen verhilft. Auch auf diesem Hintergrund wird in der vorliegenden Arbeit bewußt auf eine durchgehende Beachtung der Redaktion und Komposition von Spr 10ff. verzichtet, da diese bereits den Übergang von der Aspektive zur Perspektive markiert, der dann mit der Rahmung durch die jüngeren Texte endgültig vollzogen wird.

Versucht man nun wie in der vorliegenden Arbeit eine thematisch orientierte Analyse der Proverbientexte, kann es nicht ausbleiben, daß es in der

---

[3] Auch angesichts der kritischen Bemerkungen von WHYBRAY, Yahweh-sayings, 153, der zu recht die Frage stellt, „whether such an atomistic approach to the material is readly a satisfactory one".

[4] Die Untersuchung der kompositionellen und redaktionellen Gestaltung der Proverbien wurde in den letzten Jahre zunehmend als Aufgabe der Exegese entdeckt und ansatzweise vollzogen; vgl. besonders die Arbeiten von KRISPENZ; VAN LEEUWEN; HILDEBRANDT, Proverbial Pairs, der in der Zusammenordnung von Sprüchen zu Paaren auch einen Hinweis entdeckt auf den Versuch, die vielfältigen Erfahrungen des Menschen zu ordnen (224); vgl. auch den Kommentar von A. MEINHOLD, der ein großes Interesse an der Komposition der Proverbien zeigt.

[5] Möglicherweise liegt es an diesem uns ungewohnten Zugang, daß in gegenwärtigen dogmatischen Entwürfen zur Anthropologie wie auch in der ethischen Diskussion die Aussagen der Proverbien nahezu nicht zur Kenntnis genommen werden. Vgl. demgegenüber jedoch jüngst MILDENBERGER, Biblische Dogmatik Band 3.

[6] BRUNNER-TRAUT, Frühformen, 11.

Darstellung zu Wiederholungen und Überschneidungen kommt[7], da die einzelnen Themen unter unterschiedlichen Aspekten und Kombinationen begegnen können. Die Darstellung nötigt folglich öfter dazu, auf noch Ausstehendes vorzugreifen bzw. nochmals rückzuverweisen auf bereits vollzogene Analysen.

Wie schon ein nur kurzer Blick auf die Proverbien zeigt, wird in ihnen vom Menschen gern in Form von Typisierungen mit Typ und Antityp gesprochen (z. B. Weiser – Tor). Daher erfolgt der Einsatz dieser Arbeit bei den Texten, in denen es um diese Menschentypen und ihr Gegenbild geht und von denen deshalb bereits – soweit vorhanden – Grundstrukturen in der weisheitlichen Sicht des Menschen zu erwarten sind. In einem weiteren Schritt wird danach gefragt, in welchen Rollen bzw. Funktionen Menschen begegnen. Dabei wird auch deutlich werden, welche Funktionen von den Proverbien *gerade nicht* angesprochen werden. Von daher ist dann auch ein Rückschluß darauf möglich, was den weisheitlichen Autoren am Menschen wichtig ist. Im Anschluss daran soll untersucht werden, in welchen Lebenszusammenhängen der Weise den Menschen sieht, was er als für diesen bestimmend ansieht. Hier wird dann auch bewußt nach der – sich als spezifisch weisheitlich erweisenden – Gottesbeziehung des Menschen gefragt. Den Abschluß der Textanalyse bildet der Themenkomplex der weisheitlichen Lebensideale. Eine Zusammenfassung und Systematisierung der wichtigsten Ergebnisse leitet dann über zum Vergleich des hier erhobenen weisheitlichen Menschenbildes mit sonstigen Aussagen des AT zum Menschen, um so das Proprium der Proverbien noch deutlicher zeichnen zu können[8].

In allem wird nach den Absichten weisheitlicher Sprüche zu fragen sein, z. B. danach, ob ihr Ziel anzusehen ist als „praktische Abzweckung, Schaden und Lebensminderung vom Menschen fernzuhalten"[9]. Dieser Eindruck wird kritisch zu diskutieren sein, scheint er doch darauf zu verweisen, daß die Weisheit insofern eine besonders prohibitiv orientierte ist, als sie vorwiegend vor negativen Folgen irgendeines Verhaltens bewahren will[10], weil sie erkannt

---

[7] Vgl. schon VON RAD, Weisheit, 16f., zu der eigentlichen Unmöglichkeit einer Sortierung nach Themen. Dies gilt umso mehr, als „Israel auch in seinen theoretischen Reflexionen keineswegs mit einem einigermaßen präzisen Begriffsapparat arbeitet", VON RAD, Weisheit, 25.

[8] Im Laufe der Arbeit an der Thematik erschien die Untersuchung von C. WESTERMANN, „Wurzeln der Weisheit", die u.a. auch nach dem Menschenbild fragt. Ein in weiten Bereichen ähnlicher Aufriß der Arbeit WESTERMANNS bestätigt den von mir gewählten Ansatz, während gleichzeitig deutlich wird, daß WESTERMANN eher nur Andeutungen bietet, eine genaue Analyse der Texte jedoch unterbleibt und somit wesentliche Aspekte nicht zur Sprache kommen.

[9] VON RAD, Weisheit, 15.

[10] Diesen stärker negativen Aspekt scheint auch ZIENER, Weisheit als Lebenskunde, 275, zu sehen, wenn er die Weisheit als eine Möglichkeit sieht, „den rechten Weg durch das gefahrvolle Leben" zu finden.

hat, daß der Mensch mehr in der Gefahr ist, dem Negativen zu verfallen als sich positiv zu orientieren. Zu untersuchen ist, ob die Weisheit nicht auch die gegenteilige Richtung im Blick hat, nämlich zur Steigerung von Lebensqualität zu führen, also Leben zu fördern. Hierher gehört auch die Frage nach den grundsätzlichen Inhalten und Zielen: Geht es mehr um Vermittlung von Sachkompetenz in bestimmten Bereichen oder eher um die Vermittlung einer Einstellung[11] bzw. eines (damit verbundenen?) bestimmten Verhaltens? Es wird sich zeigen, daß die Sachkompetenz bei den Texten nur von untergeordnetem Interesse ist. Sie wird eher als vorgegeben vorausgesetzt und einer anderen Fragestellung dienlich gemacht, denn als zu erwerbende gedacht (vgl. Spr 27,23–27). Umgekehrt wird sie nach 27,22 dem Toren abgesprochen, ohne jedoch Möglichkeiten anzudeuten, wie einer solchen fehlenden Sachkompetenz abgeholfen werden kann. Bereits darin kann ein Hinweis darauf gesehen werden, daß nicht der (zu verändernde) Tor der eigentliche Adressat der Spruchweisheit ist[12].

Ferner ist zu fragen, ob es bei der Spruchweisheit um die Gestaltung des Alltags geht[13]. Hierbei fällt auf – was darzustellen sein wird –, daß diese Alltagsbezogenheit und damit die Spruchtexte sehr im Allgemeinen verbleiben. Inhaltlich konkret gefüllte Lebensregeln werden kaum ausgesprochen. Die Proverbien werden oft so allgemein und offen formuliert, daß die Auslegenden Mühe haben, sie konkret zu beziehen und einzuordnen. Die ägyptischen Lehren sind demgegenüber anders orientiert. Sie wollen „keine abstrakten, allgemeinen Wahrheiten verkünden", sondern „konkret … helfen"[14]. Es wird zu erörtern sein, worin diese allgemein verbleibende, offene Sprachgestalt ihren Grund haben könnte. Wenn es um Alltag geht, um wessen Alltag handelt es sich dann? Um den des Normalbürgers, von Jedermann[15], oder eher um den einer bestimmten Schicht, insonderheit der Oberschicht, damit dann doch nicht um den Alltag allgemein, sondern um die – dann allerdings alltägliche – Lebensform einer bestimmten sozialen Gruppierung? Wäre daher folglich von einer erst in späterer Wirkungsgeschichte erfolgten Applizierung auf die Allgemeinheit auszugehen[16], also von einer

---

[11] Dieses trifft nach STEIERT, Weisheit Israels, 26, für Ägypten zu, wo es um die Grundhaltung des *gr m ȝˁ* (nicht ganz zureichend übersetzt = des weisen Schweigers) geht.

[12] Vgl. aber S. 61 zu 24,15!

[13] So unter anderem SOETE, Ethos.

[14] BRUNNER, Altägyptische Weisheit, 12.

[15] Die Sprache der Proverbien mit ihren Anklängen an sonstige (Volksgut-)Sprache des AT zeigt jedenfalls, „daß die Proverbienliteratur Israels nicht im luftleeren Raum steht", HERMISSON, Spruchweisheit, 45.

[16] Vielleicht führte das Bewußtsein von „Elite-Texten" ja auch dazu, daß diese Texte anscheinend nur wenig Aufnahme in der anders bestimmten, besonders „frommen" Elite von Qumran fanden. Nur wenige Bruchstücke sind von Spr 1,27–2,1 gefunden, dazu ein Zitat von Spr 15,8 in CD 11:20–21; vgl. das Register bei FITZMYER, Dead Sea Scrolls, 228.

Art ‚Demokratisierung‘[17], womit dann neben dem Übergang von der Aspektive zur Perspektive ein weitere Transponierung der ursprünglichen Sicht der Proverbien gegeben wäre.

Trifft dies zu, stellt sich die Frage, ob darin nicht auch ein wesentlicher Grund für die Probleme liegt, die der atl. Fromme mit manchen Aussagen dieser Texte (z. B. über das gute Ergehen des Gerechten) bekam, da auf diese verallgemeinernde Weise auch einer Dogmatisierung Vorschub geleistet wurde, die so zunächst nicht beabsichtigt war. Qohelet und das Hiobbuch als Texte der sog. „Krise der Weisheit" legen diese Sicht als berechtigt oder zumindest möglich nahe.

Zu diskutieren ist ferner angesichts der auffallend häufigen Betonung der Bedeutung von Erziehung der mögliche pädagogische Charakter der Proverbien, ihre Absicht und Funktion als edukatives Material[18], womit das Problem der Schulen in Israel zu verbinden wäre. Damit zusammenhängend, aber vom Problem der „Schulen" auch ablösbar, ergibt sich die Frage nach den Adressaten der Texte. Sind es junge Menschen (Männer)[19], die noch Wegweisung für ihr Leben brauchen? Oder sind es Menschen, die bereits im Leben stehen, für die aber klar ist, daß auch sie nach wie vor der Orientierung bedürfen? Sind es Menschen, die vor dem Abgleiten ins Negative bewahrt, oder solche, die zum Positiven hingeführt werden sollen? Möglicherweise werden so auch moralische Fragestellungen einzubringen sein[20].

Mit dem Problem einer möglichen edukativen Funktion ist dann auch die Frage nach literarischem Ursprung[21] oder mündlichem Hintergrund gestellt.

Eine wesentliche Rolle spielt für die Auslegung gerade der Proverbien der in der bisherigen Forschung so wichtige wie in seiner Bedeutung umstrittene

---

Proverbientexte aus Qumran sind entsprechend nicht publiziert. Vgl. VAN DER WOUDE, Qumranforschung, 299. Daß dennoch auch Qumran weisheitliche Einflüsse kennt, wenngleich sehr spezifisch eingepaßt, zeigt deutlich NEWSOM, Sage.

[17] Anders HERMISSON, Spruchweisheit, 95f., wonach die weisheitlichen Aussagen „grundsätzlich ... jedermann ansprechen wollen". Vgl. auch SCOTT, AB 18, XVI: „the day-to-day problems of the ordinary man".

[18] Vgl. VOLTEN, Maat, 74, aus der Perspektive des Ägyptologen: „Die ägyptischen Weisheitslehren sind wie, glaube ich, auch die israelitischen und babylonischen, in ihrem Anfang praktische Lebensregeln für das Benehmen eines jungen Mannes, damit er unter anständigen Menschen angesehen und beliebt werden kann." Als Gegenposition vgl. WHYBRAY, Wealth, 74: „There is nothing in them to suggest that they were composed as tribal law or to form part of a system of education." Zur Ablehnung der Proverbien als ursprunghafter Schulweisheit vgl. auch HERMISSON, Spruchweisheit, 31.

[19] Das Ausblenden der Frau als Sprecherin wie Adressatin wird zu erörtern sein.

[20] Anders H. H. SCHMID, Wesen, 34: „Weisheit sucht weniger das moralisch Gute als vielmehr das der jeweiligen (geschichtlichen) Situation Entsprechende ... zu formulieren und zu tun."

[21] Von WHYBRAY, Wealth, 68f., für Spr 10,1–22,16; 25–29 abgelehnt, u.a. mit Hinweis auf die Untersuchung der Mossi-Texte durch NARÉ.

Gedanke der Weltordnung, des Tun-Ergehen-Zusammenhangs[22]. Hier hat *Keller* darauf verwiesen, daß es dabei gar nicht um einen ideologischen Überbau geht, sondern um Beschreibung dessen, was im wirklichen Leben geschieht, nämlich der gesellschaftliche Erfolg aufgrund der Einhaltung gesellschaftlicher Spielregeln[23]. So definiert *Keller* den Gerechten und Weisen thetisch als „einen Mann, dem es gelingt, dank seines Fleisses, seines Durchsetzungswillens und seiner Kenntnisse, unter peinlicher Beachtung der für die Transaktionen geltenden Spielregeln, mittels Leistungen aller Art ... sich einen möglichst weiten Kreis von Mitmenschen zu verpflichten und so Wohlstand, Ansehen (Prestige), Einfluss und Macht zu erlangen"[24]. Auch JHWH ist nach *Keller* an die Spielregeln der Transaktionen gebunden[25]. Dies wird zu untersuchen sein, wie auch das Problem zu bedenken ist, ob damit ein Zusammenhang von Weisheit und Utilitarismus gegeben ist[26].

In den Blick genommen werden muß ferner das Problem von Determination[27] und Freiheit, d.h. für die Proverbien von Erziehbarkeit und Möglichkeit zur Veränderung des Menschen[28]. Die Problemstellung zeigt sich sehr deutlich in *McKane's* Ausführungen zu Spr 22,12: „Finally, there is the conviction that wisdom is an inalienable possession. It is part of the man who has it; it makes him what he is and no man can take it away from him. In this sense he is responsible for his wisdom and has full disposal of it. And the same is true of the person who has intellectual pride. This is an attitude which is constitutive of him in the most inward characteristics of his selfhood. He has become this kind of man through his own obdurate pride in the most private sector of his life and it is there in his loneliness that he must endure the consequences on his personality as they work themselves out inexorably"[29].

Eine wichtige Funktion hat auch das Thema „Zeit", und zwar in unter-

---

[22] Vgl. dazu J. MEINHOLD, Weisheit, 32: „Das Fundament des ganzen Weisheitsgebäudes, die Lehre von der genau abgemessenen gerechten Vergeltung der einzelnen Taten in diesem Leben, stammt doch aus der altisraelitischen Religion." Die Fragwürdigkeit einer solchen Äußerung wird noch unterstrichen durch ihren größeren Kontext, der bei J. MEINHOLD erschreckend von Antijudaismen geprägt ist. Auch eine Äußerung wie die hier zitierte ist nicht frei davon.

[23] Vgl. KELLER, Vergeltungsglauben, 225.

[24] KELLER, Vergeltungsglauben, 229f., wobei er eine Portion Glück als Voraussetzung des Gelingens mit einschließt.

[25] KELLER, Vergeltungsglauben, 233, mit Verweis auf Spr 12,12; 19,17; 20,22; bes. 24,12.

[26] Vgl. H. H. SCHMID, Wesen, 58: „Maat-Denken und utilitaristische Züge schließen sich keineswegs aus."

[27] Vgl. J. MEINHOLD, Weisheit, 65, zu 16,2, wonach ein Mensch „von vorneherein zum Bösewicht und damit zum Gegenstand des Gerichtes" bestimmt ist.

[28] Zu den unterschiedlichen Betrachtungsweisen dieser Fragestellung in Ägypten vgl. VOLTEN, Maat, 83, der u.a. auf die Lehre Ptahhoteps „von der Vorausbestimmung des Charakters und der Unmöglichkeit, ein amoralisches Kind zu erziehen" verweist, aber auch einen Text aus Ostr. Petrie II recto 4 zitiert, der sich gegen Determinismus verwahrt.

[29] MCKANE, OTL, 369.

schiedlicher Hinsicht. Zum einen ist die Frage, wie sich der Weise überhaupt zur Zeit und damit zu Vergangenheit, Gegenwart und Zukunft verhält, was ihn bestimmt und was er erhofft. Zum anderen stellt sich das Problem, ob die weisheitlichen Sprüche von Anfang an als überzeitlich gültige gedacht sind. Denn dann stehen sie in einem völlig anderen Kontext, als wenn sie als Texte ihrer Zeit mit Antworten auf Fragen ihrer Zeit verstanden werden[30].

Auffallend, doch nicht verwunderlich ist die weite Verbreitung weisheitlicher Texte im Alten Orient[31]. „Da der Gegenstand dieser Überlegungen der Mensch als solcher ist, unabhängig von seinen geschichtlichen Bedingungen, hat diese Literatur internationales Gepräge. Daher kann sie auch leicht von Volk zu Volk wandern und assimiliert werden"[32]. So stellt sich nun das Problem des Propriums der israelitischen Weisheit.

In jeder der hier zu beachtenden Kulturen wird von einer Gegebenheit und einer Erfahrung von Ordnung gesprochen. Diese wird nicht als profane angesehen, sondern als Ausdruck göttlicher Setzungen[33]. Zu fragen ist, ob diese Sicht durchgängig ist oder ob sie nicht in der exegetischen Arbeit zu pauschal angewandt wird, d.h. ob Spr 10ff. eine religiöse Orientierung (vielleicht sogar als ihre Grundlage) erkennen lassen. Ziener kann formulieren: „Die Spruchweisheit ist ... weniger anthropozentrisch, rationalistisch und durch Motive des innerweltlichen Erfolges bestimmt, als man früher noch glaubte feststellen zu müssen ... Hauptziel ist aber die Weisheit als eine Erkenntnis und eine Art des Handelns, die von Gottesfurcht und Gerechtigkeit geprägt sind"[34]. Auch Walton[35] betont die religiöse Orientierung der alttestamentlichen Weisheit und stellt sie einer stärker sozial orientierten Weisheit in Ägypten gegenüber. Ob eine solche Klassifizierung angemessen ist, wird zu untersuchen sein, etwa auch im Vergleich mit Ägypten.

Wird folglich zur Interpretation der Proverbien auch altorientalisches Material herangezogen, so kann es nicht primär darum gehen, einzelne Texte miteinander zu vergleichen. Es bleibt weitgehend im Bereich der Spekulation, welche altorientalischen Texte den Verfassern der Proverbien bekannt waren. Ein allen gemeinsamer geistesgeschichtlicher Hintergrund kann aber wohl vorausgesetzt werden. Mit Morenz „werden wir *weniger Text auf Text als vielmehr Sache auf Sache* beziehen"[36].

---

[30] Zum Faktor der Zeit und dessen Relevanz vgl. H. H. Schmid, Wesen, 7.

[31] Zur weisheitlichen Literatur in Ugarit, wo sich allerdings keine Spruchsammlung findet, vgl. Mack-Fischer, Didactic Literature. Auch Mari hat keine Sammlung von Sprüchen, sondern bietet Einzelsprüche in diversen Kontexten wie Briefen und ist so kaum mit Spr 10ff. zu vergleichen, wie bei Marzal, Gleanings, deutlich wird.

[32] Ziener, Weisheit als Lebenskunde, 275.

[33] Vgl. u. a. Ziener, Weisheit als Lebenskunde, 276.

[34] Ziener, Weisheit als Lebenskunde, 280, wobei unter ‚früher' Zimmerli gerechnet wird (ZAW 1933).

[35] Walton, 178.

[36] Morenz, Beiträge, 67.

Da es den Rahmen der vorliegenden Arbeit sprengen würde, sämtliche
Aspekte der Proverbienauslegung noch einmal neu zu durchdenken, wird in
den Bereichen, die für die hier verhandelte Thematik mehr am Rande liegen,
auf die einschlägige Literatur und deren Ergebnisse verwiesen und zurückgegriffen. Zu diesem Komplex gehört auch die griechische Fassung der Proverbien in der LXX, die z.T. erheblich von der hebräischen abweicht. Auf die
LXX wird nur dort zurückgegriffen, wo es zum Verstehen des Textes notwendig ist. Die vielfach anders akzentuierte Fassung der LXX bedürfte einer
eigenen gründlichen Analyse[37].

Neben den Fragen des engeren wie weiteren redaktionellen Zusammen-
hanges der Einzeltexte[38] bleiben auch die schon aufgrund des Charakters der
allgemein argumentierenden Art der Weisheitssprüche schwierig zu klären-
den Probleme einer möglichen genaueren Datierung von Einzeltexten, die
eine eigene Untersuchung erfordern würden, unerörtert. Die Arbeit beschränkt sich auch gezielt auf Spr 10–31, lässt damit die sog. jüngere „theologische" Weisheit in Spr 1–9 außer acht. Ebenso unterbleibt weitgehend
eine Differenzierung der Aussagen nach den einzelnen Sammlungen der
Proverbien[39], denn die Untersuchung versucht bewußt übergreifend eine am
Thema „Anthropologie" orientierte Zusammenschau.

---

[37] Vgl. dazu ansatzweise und andeutend COOK, Hellenistic Influence.
[38] Vgl. oben Anm. 4.
[39] Zu deren Umfang, möglicher Datierung und jeweiligem Proprium vgl. u.a. KAISER,
Einleitung, 376 ff.

I. Personengruppen als Typoi

§ 2: Der Weise und der Tor

Ein erstes und für das Proverbienbuch wichtiges Gegensatzpaar menschlicher Typen sind der Weise und der Tor. Der Weise wird in den Proverbien vorwiegend mit חָכָם bezeichnet, doch finden sich auch עָרוּם, נָבוֹן und מֵבִין (manchmal parallel zu חָכָם) mit ähnlichem Bedeutungsgehalt. Der Tor tritt auf als כְּסִיל[1], פֶּתִי oder אֱוִיל. Aber auch der mit לֵץ benannte „Spötter"[2] gehört in diesen Kontext, da er nahezu als Synonym für den Toren begegnet[3]. Auffallend ist in diesem Zusammenhang, daß der Weise, wie eigentlich zu erwarten wäre, in den Texten nicht austauschbar ist mit dem Rechtschaffenen (צַדִּיק) bzw. der Tor nicht mit dem Frevler (רָשָׁע), da beide Begriffspaare, wie zu zeigen sein wird, ihren jeweils eigenen Kontext haben, in anderen Sinnzusammenhängen angesprochen werden[4]. So spielt beim Weisen bzw. Toren u.a. die Sprache eine große Rolle, während der Rechtschaffene und Frevler mehr auf ihre Gemeinschaftsorientierung hin befragt werden und auch der Tun-Ergehen-Zusammenhang in die Diskussion verstärkt eingebracht wird.

Während nun der Weise auch außerhalb der eigentlichen Weisheitslitera-

---

[1] Im Laufe der Zeit wurde כְּסִיל zur Bezeichnung eines bestimmten Menschentyps, der sich als Gegentyp zum חָכָם zeigt; vgl. SÆBØ, כסיל, 837. Der der Wurzel כסל innewohnende Aspekt der Schwerfälligkeit bildet dabei den Ausgangspunkt für den Gebrauch von כְּסִיל als „Hauptgegentyp" von חָכָם; vgl. SCHÜPPHAUS, כסל, 280f.

[2] Zur Problematik der Übersetzung von לֵץ vgl. BARTH, ליץ, 567f., der auch darauf aufmerksam macht, daß die LXX nirgends im Sinn von „Spötter" übersetzt, sondern jeweils die Vorstellung „einer negativ gewerteten Haltung oder Handlungsweise" zeigt, ebd., 568.

[3] So besonders deutlich in 19,29. Vgl. auch DONALD, Semantic Field (VT), 286, der aber für נָבָל dieses nicht annimmt. Im Wortfeld von „Tor" findet sich weiterhin baʿar (12,1, vgl. § 12, S. 173.; 30,2, vgl. § 22, S. 286f.) und nabal (17,7; 17,21, vgl. § 7, S. 104; 30,22, vgl. § 23, S. 292f.). Zur Verteilung der diversen Begriffe für „Tor" in den verschiedenen weisheitlichen Büchern vgl. DONALD, Semantic Field (VT), 286.

[4] Vgl. SCOTT, Wise and foolish, 153, mit dem Hinweis auf das jeweils eigene semantische Feld. Von daher ist CONRAD zwar insofern zuzustimmen, „daß es um die Gesamtheit der menschlichen Erfahrungs- und Gefühlswelt geht", jedoch nicht darin, daß „von daher eine Abgrenzung von dem Begriff der Gerechtigkeit undurchführbar erscheint", Die junge Generation, 30.

tur genannt wird[5], wird abgesehen von Ps 49,11; 92,7; 94,8 nur bei Qohelet und mit noch deutlicherem Schwerpunkt in den Proverbien über den Toren (= כְּסִיל) reflektiert. Ähnliches gilt auch für den אֱוִיל wie für den לֵץ, von dem abgesehen von Ps 1,1 und Jes 29,20 *nur* in den Proverbien gesprochen wird. Ebenso begegnet der פֶּתִי bis auf wenige Ausnahmen[6] allein in den Proverbien. So erweist sich die Rede vom Toren in ihren unterschiedlichen Ausgestaltungen als eine typisch weisheitliche.

Wie auch andere Antonyme (Rechtschaffener – Frevler; Fleissiger – Fauler; Reicher – Armer) werden der Weise und der Tor einander häufig in Antithesen beschreibend gegenübergestellt[7]; es wird aber in den Proverbien auch getrennt über sie nachgedacht. Im Gegensatz zu den anderen Antonymen wird bei dem Weisen bzw. Toren jedoch relativ wenig darüber ausgesagt, wie diese auf andere wirken und ausstrahlen. Der Gemeinschaftsaspekt bleibt weithin ausgeblendet. Das Gewicht liegt auf der Beschreibung und auf der Wertung als solcher. Da diese aber vorwiegend antithetisch erfolgt, stellt sich die Frage nach der Absicht dieser nur hier begegnenden Gegenüberstellungen. Dem bisher nur kurz Angesprochenen ist genauer nachzuspüren[8].

1. Habitus und Verhalten des Weisen bzw. Toren

a) Ganz pauschal und nahezu banal läßt sich das für den Weisen wie für den Toren Typische auf einen einfachen Nenner bringen: *Der Weise bzw. sein Herz[9] ist bestimmt durch Weisheit und Erkenntnis, der Tor durch Torheit.* Genauer gesagt, der Weise bemüht sich erfolgreich um Weisheit bzw. Erkenntnis[10], beim Toren bleibt dieser Erfolg aus, bzw. er bemüht sich gar nicht erst darum. Die Erkenntnis ermöglicht es dem Weisen/Klugen, sich gemäß seiner Einsicht zu verhalten[11]. Dem Toren steht diese Möglichkeit nicht offen, da er von seiner Torheit geprägt ist. Weiser und Tor stehen sich nicht als in gleicher Weise positiv beeinflußbar gegenüber, was bereits hier eine wesentliche Eigenart in der Sicht des „weisheitlichen" Menschenbildes erkennen läßt:

---

[5] Vgl. z. B. Ex 7,11; 31,6; 2 Sam 13,3; 1 Kön 2,9 u. ö.

[6] Ez 45,20; Ps 19,8; 116,6; 119,130.

[7] Dabei stehen אֱוִיל und כְּסִיל in Opposition zu חָכָם, nicht aber פֶּתִי.

[8] Vgl. ähnlich SCOTT, Wise and foolish, 158: „what it means to be a wise man or a fool is brought out less by the use of attributive adjectives than by descriptions of their behaviour and its effects on others and on themselves."

[9] Zur Funktion des Herzens s. u. § 13. Festzuhalten ist jedoch bereits, daß die Rede vom Herzen Hinweis auf die stark intellektuelle Bestimmtheit des Weisen ist.

[10] Genauer dazu § 22.

[11] Vgl. WHYBRAY, CBC, 79: „he does not act until he has studied the facts".

„Jeder[12] Kluge (עָרוּם) handelt aus Wissen,
aber der Tor verbreitet Torheit." (Spr 13,16)

„Im Herzen des Einsichtigen (נָבוֹן) ruht Weisheit,
aber im Inneren der Toren wird sie nicht erkannt[13]." (Spr 14,33)

„Das Herz des Einsichtigen (נָבוֹן) sucht Erkenntnis,
aber der Mund[14] der Toren beschäftigt sich mit Torheit." (Spr 15,14)

„Weisheit ist vor[15] dem Einsichtigen (מֵבִין),
aber die Augen des Toren am Ende der Erde." (Spr 17,24)

Spr 14,33 und 15,14 lassen durch den Verweis auf das Herz des Weisen, d.h. auf sein Denken und Empfinden insgesamt, besonders gut sichtbar werden, daß und wie sehr das Weise-Sein den Weisen völlig prägt, umgekehrt aber auch die Torheit den Toren[16]. Es kann also mit *Sæbø* von einer „Totalbeschlagnahme des Menschen"[17] gesprochen werden, wobei Jer 31,33[18] als Parallele herangezogen werden kann[19]. Weisheit bzw. Torheit haften nun aber trotz der genannten Totalbestimmtheit dem Menschen nicht unabänderlich und unbegrenzt an. Alle Worte, die Weisheit werbend schildern oder sie direkt anmahnen, wären sonst sinnlos. Weisheit ist aber gefährdet; zu ihrer Bewahrung und Mehrung muß deshalb aufgerufen werden.

Die besondere Beziehung des Weisen zur Weisheit zeigt sich nun in 17,24 durch die hebräische Wendung אֶת־פְּנֵי מֵבִין. Im Gegenüber zu v.24b, der an einen gelangweilt seine Augen schweifen lassenden Schüler erinnert[20], bringt

---

[12] Für die Lesart כֹּל und somit als Objekt liegt keine Veranlassung vor; gegen STRACK, KK VI/2, 49, wo er entsprechend noch auf die außergewöhnliche Wortstellung Obj. – Subj. – Verb aufmerksam macht. Da eine Veränderung des masoretischen Textes nicht notwendig ist, ergibt sich auch eine völlige normale Satzgestaltung.

[13] Mit LXX und dem syrischen Text ist ein לֹא einzufügen, da nur so eine sinnvolle Aussage erreicht wird; vgl. PLÖGER, BK XVII, 168; SCOTT, AB 18, 98f. Eine andere Version bietet der Targum, indem er אִוֶּלֶת liest und somit eine echte Antithese schafft. A. MEINHOLD, ZBK AT 16.1, 242, liest v.33b als Frage, wobei aber auch der Aspekt der Verneinung mitschwingt.

[14] Hier ist dem Qere zu folgen in Anbindung an 14,7; vgl. u.a. STRACK, KK VI/2, 54; PLÖGER, BK XVII, 182.

[15] So mit STRACK, KK VI/2, 61; WILDEBOER, KHC XV, 52.

[16] Vgl. das בְּקֶרֶב im Zusammenhang mit dem Toren in 14,33.

[17] SÆBØ, חכם, 563. MCKANE, OTL, 479, kann in diesem Zusammenhang von Affinität des Weisen zur Weisheit sprechen und von der Torheit als einem „congenial compagnion" des Toren.

[18] Wenngleich dies auch ein späterer Text ist.

[19] PLÖGER, BK XVII, 175f., sieht eine Verbindung von 14,30 und 14,33 und somit die Weisheit als verantwortlich für ein zufriedenes Herz. Diese Zusammenschau mag zwar zutreffen, doch v.33 gibt keine Veranlassung für eine solche Interpretation und Zielrichtung.

[20] Vgl. MCKANE, OTL, 504. Dieser Interpretation steht die von HAMP, EB, 49, entgegen, wonach der Tor noch nicht einmal dann Weisheit finde, selbst wenn er seine Augen bis ans Ende der Erde schweifen ließe. Ein solcher „Energieaufwand" wird jedoch sonst nir-

v.24a zum Ausdruck, daß die Konzentration des Einsichtigen auf die Weisheit[21] schon an seinem Gesicht ablesbar ist. Der Tor hingegen ist nicht kon-
zentrationsfähig[22].

Das „Herz" und d.h. der Verstand des Weisen kann aber auch als Ort des
falschen Denkens, damit als das beinahe negative Gegenüber von Weisheit
bezeichnet werden:

> „Wer auf sein Herz vertraut, der ist ein Tor,
> wer aber in Weisheit wandelt, der wird gerettet werden." (Spr 28,26)

Im Unterschied zu den anderen Texten wird hier Weisheit zu einer eigenständigen Größe, die dem Herzen gegenübergestellt wird. Damit ist das Herz
nicht mehr nur der Ort, an dem Weisheit wahrgenommen wird, es kann auch
zum Ort falscher Sicherheit werden. Ziel dieses Textes ist demzufolge die
Warnung vor einem den Toren kennzeichnenden zu schnellen Selbstver-
trauen[23]. 28,26b könnte eine religiöse Dimension dieses Textes vermuten
lassen[24], doch das in den Proverbien selten verwendete מלט spricht weder
hier noch 11,21 eine solche an, und 19,5 verweist deutlich auf den zwischenmenschlichen und irdischen Bereich.

b) Daß Weisheit erworben werden kann und bewahrt werden muß, zeigen
die Texte, welche mit dem Blick auf den Weisen und den Toren von einem
unterschiedlichen Engagement im Erwerb von Weisheit und Erkenntnis[25] handeln:

> „Der Weg des Toren (אֱוִיל) ist recht in seinen Augen,
> wer aber auf Rat hört, der ist ein Weiser." (Spr 12,15)

> „Der weise Sohn liebt[26] Zucht,
> der ‚Spötter'[27] hört nicht auf Tadel (גְּעָרָה)." (Spr 13,1)

---

gends von einem Toren ausgesagt, so daß dieser Interpretation kaum zugestimmt werden
kann.

[21] Vgl. WHYBRAY, CBC, 101; PLÖGER, BK XVII, 206.

[22] Vgl. A. MEINHOLD, ZBK AT 16.2, 294.

[23] „He is a fool only if he is self-opinionated and incorrigible", McKANE, OTL, 621.

[24] Vgl. MÜLLER/KRAUSE, חכם, 938. Für HAMP, EB, 77, ist Weisheit hier „Gottver-
trauen und Hören auf Rat", für DELITZSCH, Spruchbuch, 463, „Wissen um das objektiv
Wahre, das Gemeingültige, das normative Göttliche". WILDEBOER, KHC XV, 81, meint
gar: „Die Weisheit macht demütig und vorsichtig. Wenn Jahwes Gericht kommt, wird der,
welcher in Weisheit wandelt, davon nicht betroffen."

[25] Zur Möglichkeit des Erwerbs von Weisheit etc. vgl. § 22.

[26] Hier ist wohl in Folge des Parallelismus אָהֵב zu lesen, vgl. STRACK, KK VI/2, 47;
WILDEBOER, KHC XV, 39. McKANE, OTL, 453, schlägt im Gefolge von DRIVER – jedoch
nicht überzeugend – mᵉyussār vor.

[27] Die Übersetzung „Spötter" für לֵץ ist nicht ganz unproblematisch, vgl. RICHARDSON,
Notes, 170, der im Englischen „babbler" vorschlägt, da „a babbler, a loose talker, is such
precisely because he is lacking in discernment". Vgl. auch A. MEINHOLD, ZBK AT 16.1,
218, wonach „der Hochmütige, der das große Wort führt (1,22) und unbelehrbar ist (9,7)",
mit לֵץ bezeichnet wird. Auf den intellektuellen Aspekt des לֵץ verweist McKANE, OTL,

„Der ‚Spötter‘ sucht Weisheit, aber es ist keine da,
dem Einsichtigen (נָבוֹן) aber ist Erkenntnis ein Leichtes." (Spr 14,6)

„Der Einfältige (פֶּתִי) glaubt jedes Wort,
aber der Kluge (עָרוּם) gibt acht auf seinen Schritt." (Spr 14,15)

„Der ‚Spötter‘ liebt es nicht, daß man ihn zur Rechenschaft zieht (הוֹכֵחַ),
zu den Weisen geht er nicht." (Spr 15,12)

„Ein Ohr, das hört auf Zurechtweisung zum Leben,
hält sich gern inmitten von Weisen auf." (Spr 15,31[28])

„Der Tor (כְּסִיל) hat kein Gefallen an Einsicht,
nur daran, daß sein Herz sich entblößt." (Spr 18,2)

„Das Herz des Einsichtigen (נָבוֹן) erwirbt Erkenntnis,
und das Ohr der Weisen sucht nach Erkenntnis." (Spr 18,15)

„Straft man den ‚Spötter‘, wird der Einfältige (פֶּתִי) weise,
und durch Belehrung des Weisen nimmt er Kenntnis an." (Spr 21,11)

„(Auch) Wenn du den Toren (אֱוִיל) im Mörser zwischen den Getreidekör-
nern mit dem Stößel zerstößt,
weicht seine Torheit nicht von ihm. (Spr 27,22)

„Ein Weiser (אִישׁ־חָכָם) hält Gericht über einen Toren (אִישׁ אֱוִיל),
er gerät in Unruhe und lacht, und es gibt keine Ruhe." (Spr 29,9)

Durchgängig wird in diesen Texten die Unbelehrbarkeit und Einsichtslo-
sigkeit des „Spötters" bzw. Toren[29] betont. Diese wird weitgehend als Faktum konstatiert und geht nach der drastischen Aussage von 27,22 sogar so
weit, daß selbst nach einer Zerlegung des Toren in seine Bestandteile diesem
die Torheit noch anhaften würde[30]. 15,12 wie 18,2 erwecken allerdings den
Eindruck, als sei die Unbelehrbarkeit nicht auf ein unabänderliches Festge-
legtsein, sondern auf eine Willensentscheidung zurückzuführen. Diese gipfelt
darin, daß der „Spötter" den Kontakt zu den Weisen[31] meidet (15,12), nicht
an Einsicht interessiert ist, zumal er auch meint, bereits klug zu sein (12,15a;

464, im Zusammenhang mit Spr 14,6 in Auseinandersetzung mit TOY und GEMSER, die in
Analogie zu Ps 1,1 den religiösen bzw. moralischen Aspekt mitgesetzt sehen.

[28] MCKANE, OTL, 480, versteht den Text als synthetischen par.membr.: „An ear which
listens to reproof is life; it ... lodges in the midst of wise men." Eine eindeutige Entscheidung ist durch die grammatisch offene Formulierung תּוֹכַחַת חַיִּים kaum möglich.

[29] Vgl. MCKANE, OTL, 464. Zur Unbelehrbarkeit des „Spötters" vgl. auch Spr 9,8a im
Gegenüber zum Weisen/Frommen Spr 9,8b.9.

[30] Vgl. A. MEINHOLD, ZBK AT 16.2, 460. Vgl. auch das jüdische Sprichwort bei DIET-
ZEL, Die ganze Welt, 37: „Stoß den Narren mit einem Stößel, sagt er, man meint nicht ihn,
nur den Pfeffer."

[31] Der „Weise" muß hier keineswegs einen professionellen Lehrer meinen; mit WHY-
BRAY, Intellectual Tradition, 43–45, gegen VON RAD, Weisheit, 35, dort mit Blick auf 13,14;
15,12; 22,17; 24,23.

18,2[32])[33]. Es ist typisch für ihn, „daß er weder durch Mahnung noch durch Zurechtweisung oder Strafe eines Besseren belehrt werden kann"[34]. Die Unmöglichkeit einer Verständigung zwischen Weisen und Toren zeigt 29,9 auf[35], wobei das Subjekt der Verben von v.9b der Tor sein dürfte, der durch Unruhe und Lachen seine Unbelehrbarkeit zum Ausdruck bringt.

Diese ist auch nach 14,6 gegeben, wenngleich hier – als einziges Mal (!) – der „Spötter" immerhin auf der Suche nach Weisheit ist, aber eben auch vergebens. Damit ist letztlich eine noch radikalere Aussage vollzogen als in den zuvor genannten Texten, denn selbst wo das Gegenüber des Weisen gutwillig ist, hat es keine Chance. Zum „Spötter" wie zum Toren gehört das Fehlen von Weisheit geradezu als Habitus[36]. Daß und wie der Tor aus seiner Torheit entkommen kann, wird nirgends gesagt![37] So kann aus diesen Texten gefolgert werden, daß umgekehrt die Existenz des Weisen bestimmt ist durch die Bereitschaft, dazulernen zu wollen und zu können, und daß die Texte letztlich darauf zielen[38].

Eine Zwischenstellung zwischen dem Toren/„Spötter" und dem Weisen nimmt der Einfältige (פֶּתִי) ein. Von seinen ihm mangelnden Möglichkeiten wird weniger radikal gesprochen[39]. Wie dem Toren bzw. „Spötter" fehlt es ihm an Weisheit, aber er ist nicht unbelehrbar. So zieht er aus dem abschreckenden Beispiel des bestraften „Spötters" die Lehre und gewinnt Erkenntnis durch die Annahme der Belehrung des Weisen (21,11)[40].

Der Weise hingegen braucht sich nach 14,6 nicht einmal anzustrengen, um Erkenntnis zu haben, wenngleich er sehr wohl als einer beschrieben wird, der aktiv nach Erkenntnis fragt und sich darum bemüht (15,31; 18,15), indem er sich z. B. im Kreis der Weisen aufhält. Der Kreis der Weisen wird damit nahezu schon zu einem Elite-Ort, wo die Möglichkeit der Teilnahme einer Auszeichnung gleichkommt[41].

---

[32] Möglicherweise ist in 18,2 aber auch ein Anklang an fehlende Beherrschung des Toren zu sehen. Vgl. HAMP, EB, 49, der auf die „unbesonnene Offenherzigkeit" verweist. STRACK, KK VI/2, 62, spricht von der „Redseligkeit des Thoren".

[33] So WILDEBOER, KHC XV, 53: „er bildet sich ein, andere lehren zu können".

[34] BARTH, ליץ, 569. Vgl. auch WHYBRAY, CBC, 168, mit Blick auf 29,9, wonach der Tor „get no remedy".

[35] Vgl. A. MEINHOLD, ZBK AT 16.2, 485.

[36] Diese fehlende Chance hängt folglich keineswegs damit zusammen, daß es dem „Spötter" an JHWHfurcht fehlt, wie WILDEBOER, KHC XV, 42, meint.

[37] Was möglicherweise jedoch auch dadurch bedingt ist, daß der Tor nicht Adressat der Texte ist.

[38] Ähnliches läßt sich auch für Ägypten sagen; vgl. BRUNNER, Altägyptische Weisheit, 26.

[39] Gegen RICHARDSON, Notes, 172, der לֵץ und פֶּתִי als Synonyme versteht. Die unterschiedliche Konstruktion in v.11a verwehrt jedoch eine solche Ineinssetzung.

[40] Damit ist jedoch noch nicht prinzipiell die Frage angeschnitten, „wie man der Welt der Frevler entkommen kann", so A. MEINHOLD, ZBK AT 16.2, 353, denn der פֶּתִי ist angesichts seiner Belehrbarkeit ein Sonderfall unter den Toren.

[41] Vgl. PLÖGER, BK XVII, 185.

Das aktive Moment wird unterstrichen durch den fast[42] durchgängigen Gebrauch von Verbalsätzen in den oben genannten Texten[43]. Weisheit/Erkenntnis ist also keine dem Weisen dauerhaft zur Verfügung stehende, mit ihm unabänderlich verschmolzene Größe, sondern wird immer neu erworben und praktiziert, muß bewahrt und gemehrt werden[44]. Was ihm eher habituell zu eigen zu sein scheint, ist eben die Fähigkeit zur Belehrbarkeit (12,15b; 13,1) im Gegenüber zum „Spötter" (15,12[45])[46]. Deutlich ist, daß die hier verhandelten Texte implizit eine Wertung enthalten. Diese verbleibt jedoch in einer gewissen Ambivalenz, da Aussagen wie 12,15; 14,15 offen lassen, ob ein Urteil über ein bestimmtes Verhalten gefällt wird oder ob eher ein Habitus zur Diskussion steht[47].

Bei der Suche nach Erkenntnis bzw. deren Verweigerung geht aus den Texten zwar nicht eindeutig hervor, ob es um eigene Erkenntnis geht oder um die zu übernehmende Weisheit anderer[48]. Da jedoch anderenorts (vgl. 15,31; 18,15) der bereichernde Einfluß anderer Weiser, von deren Verhalten und Sprechen, erwähnt wird, kann es sich nicht nur um Mehrung von Weisheit durch eigenes Denken und Erfahren handeln, zumal dies auch der weisheitlichen Hochschätzung der Sprache widersprechen würde[49].

Der Weise nimmt folglich Erkenntnis an, indem sein Ohr auf sie hört (12,15; 15,31; 18,15), was der „Spötter" gerade nicht tut (13,1). Hören und Weise-Sein gehören zusammen[50]. Dabei ist nicht die „sinnliche Wahrnehmung, sondern Aufnahme der Lehre (= des Lehrers)"[51] bzw. anderer Weiser im Blick. Selbst wenn zutrifft, daß die Wendung שׁמע לי in den Proverbien zu den späten Texten gehört[52], ist aber auch für die älteren Texte das Hören konstitutiv für die Aufnahme von Weisheit, sind doch bereits die Texte als solche auf Hören angewiesen, damit die in ihnen enthaltene Weisheit aufgenommen wird.

---

[42] Mit Ausnahme von 12,15 und 15,31, deren erste Vershälfte als Nominalsatz gebildet ist, allerdings auch mit attributivem Partizip, so daß ein Agieren nicht ausgeschlossen ist.

[43] Dabei stehen 13,1; 14,6 im Perfekt, wohl mit Funktion des definitiven Konstatierens, während die übrigen Texte imperfektisch konstruiert sind.

[44] Vgl. ähnlich auch 1,5f.

[45] Vgl. McKane, OTL, 480, zur „incorrigibility of the *lēṣ*".

[46] Vgl. Whybray, CBC, 74: „Accepting good advice ... and concealing one's feelings are two of the main elements in the teaching of ancient Near Eastern wisdom literature." Etwas anders akzentuiert ist 1,22, wo Einfältiger und „Spötter" parallel gesehen werden und das Ende ihrer Unbelehrbarkeit erfragt wird.

[47] Vgl. Hermisson, Spruchweisheit, 157: „Gewiß soll in solchen Sätzen ausgesagt werden, was der Einfältige und der Kluge etc. *tun*, aber zugleich – und darin schwingt die Mahnung für den Hörer mit – wird doch auch gesagt: ein *Einfältiger, Kluger* ist es, der sich so oder so verhält." Gezielt wird damit jedoch auf das rechte Verhalten des Hörers.

[48] So Plöger, BK XVII, 210.213, mit Blick auf 18,2.15.

[49] Dazu vgl. unten § 14.

[50] Vgl. auch die Häufigkeit der Wendung שׁמע לי in Spr 1–9.

[51] Arambarri, Wortstamm ›hören‹, 164.

[52] Vgl. Arambarri, Wortstamm ›hören‹, 166.

c) Typisch für den Weisen bzw. Toren ist ferner der unterschiedliche Umgang mit Emotionen, d.h. die vorhandene oder mangelnde *Selbstbeherrschung*[53]:

> „Der Tor (אֱוִיל) (zeigt) sogleich (wörtlich: am Tag, wo es erkennbar wird)
> seinen Verdruß,
> wer aber Schmach bedeckt, ist klug." (Spr 12,16)
>
> „Der freche (זֵד) Stolze (יָהִיר)[54] – ‚Spötter' ist sein Name –
> er handelt im Übermaß des Übermuts (זָדוֹן)." (Spr 21,24)
>
> „‚Übermütige Männer' (אַנְשֵׁי לָצוֹן) bringen die Stadt in Aufruhr,
> aber die Weisen stillen den Zorn." (Spr 29,8)
>
> „All seinen Zorn (רוּחוֹ) läßt herausgehen der Tor (כְּסִיל),
> aber der Weise besänftigt ihn (= den Toren) zuletzt." (Spr 29,11)

Kennzeichen des Toren ist folglich nicht primär, daß er Emotionen überhaupt zeigt bzw. hat, sondern das Übermaß ihrer verbal wie handelnd unkontrollierten Äußerung, zumal wenn es sich um negativ zu bewertende Inhalte handelt, wie etwa Reizbarkeit[55].

29,11 mag andeuten, daß auch der Weise Emotionen kennt, diese aber im Griff hat[56]. Angesichts von 29,8 wird aber wohl auch 29,11 primär darauf hinweisen, daß der Weise durch sein Verhalten vielmehr versucht, den Zorn des Toren bzw. der übermütigen Männer[57] zu stillen, also den Schaden abzuwenden[58]. Dieser beherrschte und korrigierende Umgang mit den Emotionen des Toren, zu dem ein Weiser fähig ist, ist die eigentliche Zielrichtung von 29,8.11[59]. Der Weise und der Tor werden damit in eine Beziehung zueinander gebracht, die jeglicher Partnerschaft entbehrt. Nicht nur wird der Weise höher qualifiziert, sondern er erhält auch noch Verantwortung für die durch das Verhalten des Toren notwendige Schadensbegrenzung.

Zwar deutet 29,8 auf intensivere Aktionen des „Spötters" hin, doch bietet selbst dieser Zusammenhang keinen ausreichenden Grund, um bei den hier beschriebenen Personen gleich von einem „frivolen ..., brutalen Gewaltmenschen"[60] zu sprechen. Am ehesten trifft wohl die Kategorie „zügellos" zu und

---

[53] Das gilt bis hin zur erzählenden Literatur; vgl. die Joseph-Erzählung.

[54] Zu יָהִיר vgl. nur noch Hab 2,5.

[55] Vgl. McKane, OTL, 635.

[56] So Plöger, BK XVII, 345.

[57] Nach Jes 28,14 die „überklugen Politiker", so Plöger, BK XVII, 344.

[58] Etwas Ähnliches mag auch hinter 16,14 stehen, wonach der Weise selbst den erzürnten König besänftigen kann (s.u.). Möglicherweise besteht die Analogie auch zu 29,8 in besonderer Weise, da dort eventuell die אַנְשֵׁי לָצוֹן Volksführer bezeichnen, vgl. Jes 28,14, wo dies deutlich der Fall ist.

[59] Vgl. das בְּאָחוֹר in 29,11. Die von H.-P. Müller angesprochene Nähe zum ägyptischen Ideal des Schweigers (Müller/Krause, חכם, 930) kann hier kaum entdeckt werden, da es nicht um das Schweigen als Prinzip geht, sondern um den Umgang mit fehlender Selbstbeherrschung.

[60] Hamp, EB, 57.

dies in ihrer Fortführung mit „ohne Ehrfurcht und Zurückhaltung"[61]. Der
לֵץ ist also einer, der keine Grenze kennt und kennen will[62], dessen Verhalten
durch Maßlosigkeit gekennzeichnet ist[63], der sich darin jedoch nicht wesentlich vom Toren unterscheidet.

Klar um die eigene Emotion geht es in 12,16 und 21,24. Während der
Kluge den angemessenen Zeitpunkt für das Zeigen seiner Emotionen abwar-
tet[64], erweist sich der Tor als solcher im sofortigen Äußern der dazu noch
negativ besetzten Emotion.

Vorhandensein oder Fehlen von Selbstbeherrschung zeigen der Weise bzw.
der Tor auch im Umgang mit dem eigenen (Nicht-)Wissen:

> „Die Weisen bewahren Erkenntnis,
> aber der törichte Mund ist nahe Zerstörung." (Spr 10,14)

> „Ein kluger (עָרוּם) Mensch ist einer, der (sein) Wissen verbirgt,
> aber das Herz der Toren (כְּסִילִים) ruft Torheit."[65] (Spr 12,23)

> „Seine Rede hält zurück, wer Wissen hat,
> und wer besonnenen Geistes[66] ist, ist ein weiser Mann." (Spr 17,27)

Weisheit und Einsicht erweisen sich somit darin, daß der Weise abwägend
und beherrscht sein Wissen äußert, nicht aber um jeden Preis[67], denn auch im
Blick auf 10,14 läßt sich festhalten: „Das Verb צפן ... läßt sich im Sinne
eines Aufbewahrens erworbener Erkenntnis verstehen, bis der Zeitpunkt der
Anwendung gekommen ist"[68]. Ähnliches gilt für חשׂך in 17,27[69]. Es geht also
nicht nur darum, daß dem Weisen Erkenntnis eignet, sondern daß er auch in
der Lage ist, diese auf rechte Weise und zur rechten Zeit einzusetzen. Ebenso
zeigt auch 12,23 den „Gegensatz zwischen dem ... momentanen Zurückhalten von Erkenntnis und dem sofortigen ... Ausposaunen von Narrheit"[70].

---

[61] Beides ebenfalls bei HAMP, EB, 57.

[62] Möglicherweise führte dieser Eindruck dazu, in 20,1 den Wein personifiziert als לֵץ
zu bezeichnen.

[63] Vgl. PLÖGER, BK XVII, 249.

[64] Damit ist nicht intendiert, daß der Kluge seine Emotion gar nicht äußert; vgl. BÜHL-
MANN, Reden, 266.

[65] Zum völlig anderen Verständnis der LXX vgl. PLÖGER, BK XVII, 147: „Ein kluger
Mann ist ein Thron der Erkenntnis, aber das Herz der Narren trifft auf Verfluchungen."

[66] Es besteht keine unmittelbare Notwendigkeit, dem Qere יקר zu folgen, da die Ketib-
Form dem Sinn viel besser entspricht, vgl. auch WILDEBOER, KHC XV, 53; PLÖGER, BK
XVII, 207; MCKANE, OTL, 507.

[67] Demgegenüber übt STRACK, KK VI/2, 47, Kritik mit dem Hinweis, daß Verschweigen
auch negativ sein kann. Den Aspekt der Zurückhaltung hat er nicht wahrgenommen. Vgl.
VAN DER WEIDEN, Proverbes, 101f.

[68] PLÖGER, BK XVII, 126. Anders WILDEBOER, KHC XV, 32, der צפן als Sammeln
versteht.

[69] Vgl. CLEMENTS, חשׂך, 239f.

[70] A. MEINHOLD, ZBK AT 16.1, 213. Vgl. Sir 5,11–12.

Ähnliche Aussagen finden sich auch in Ägypten, so u.a. bei Ani[71] und Amenemope[72].

d) Gegenüber dem Weisen zeigt der Tor eine *Affinität zum Bösen*, eine Neigung bzw. eine Nähe dazu. Dabei wird weitgehend offen gelassen, worin dieses Böse besteht[73]:

> „Erfüllte Hoffnung ist angenehm für das Ich (לְנֶפֶשׁ),
> aber ein Greuel für die Toren (כְּסִילִים) ist es, vom Bösen zu weichen."
> (Spr 13,19[74])

> „Der Weise ist fürchtend und meidet das Böse,
> aber der Tor (כְּסִיל) läßt es durchgehen und vertraut." (Spr 14,16)

> „Der Kluge (עָרוּם) sieht das Böse und verbirgt sich[75],
> die Einfältigen (פְּתָיִים bzw. פְּתָאִים) aber gehen hindurch und büßen es."
> (Spr 22,3//27,12)

Daß der Tor sich auf das Böse einläßt, ist nach 14,16; 22,3//27,12 nicht unbedingt beabsichtigt, sondern Ergebnis des unbedarften Umgangs damit[76], und dies im falschen Vertrauen[77] darauf, daß es schon keinen Schaden geben wird. Diese Einfältigkeit[78] zieht jedoch als logische Folge[79] negative Konsequenzen nach sich (22,3; 27,12), denn das in beiden Texten gebrauchte עָנַשׁ ist wohl im Sinne einer Strafe zu verstehen. Demgegenüber

---

[71] „Verrate nicht dein Herz dem Fremden, so daß du ihm die Möglichkeit gibst, deine Worte gegen dich zu verwenden. Ein unguter Ausspruch deines Mundes eilt rasch weiter, wenn er ihn wiederholt – und du bekommst Feinde." (Ani 211–214; BRUNNER, Altägyptische Weisheit, 206f.).

[72] „Besser ist ein Mann, dessen Kunde in ihm verborgen bleibt, als der, der sie zum Schaden sagt." (Amenemope 441f.; BRUNNER, Altägyptische Weisheit, 252).

[73] Vgl. Genaueres zum Bösen § 16.

[74] Anders versteht WHYBRAY, CBC, 79, v.19a: „Desire fulfilled is pleasant to the appetite." Eine solche Interpretation von נֶפֶשׁ entspricht zwar durchaus dem Bedeutungsspektrum des Nomens, läßt sich hier aber vom sonstigen Gebrauch in den Proverbien her nicht rechtfertigen.

[75] So mit dem Ketib, vgl. WILDEBOER, KHC XV, 63. Aber auch das Qere וְנִסְתָּר, für das sich STRACK, KK VI/2, 72, entscheidet, birgt ein Moment der eigenen Entscheidung, so daß in der Zielrichtung des Textes wenig verändert wird.

[76] Vgl. PLÖGER, BK XVII, 172.

[77] בּוֹטֵחַ in 14,16 wird von MCKANE, OTL, 465, zu Recht mit „over-confident" wiedergegeben. Vgl. auch BECKER, Gottesfurcht, 235, wonach *bṭḥ* auch als ,zu Fall kommen' verstanden werden kann.

[78] Von PLÖGER, BK XVII, 253, als Zeichen der Neugier in einer „prekären Situation" gedeutet.

[79] Auffällig ist das zweimalige Perfekt in 22,3b, während die Konsequenz im Verhalten des Klugen in 22,3a mit der Tempusfolge Perfekt-Imperfekt ausgedrückt wird. In 22,3b sind jedoch die פְּתָיִים im Blick auf עָנַשׁ keine aktiv Handelnden, sondern passive Größen, so daß die Tempusfolge Perfekt-Perfekt von daher zu erklären sein wird.

hält sich der Weise bewußt[80] vom Bösen fern[81]. Zur Interpretation des יָרֵא muß dabei keineswegs die JHWHfurcht als Motiv für die Vermeidung des Bösen herangezogen werden[82], denn יָרֵא kann durchaus auch רָע als Objekt haben.

Da nach 13,19 das Abrücken des Toren vom Bösen für diesen ein Greuel ist, wird seine Beziehung zum Bösen als eine sehr bewußte und willentliche deutlich[83], womit klar ein anderer Blickwinkel vorliegt als in den vorigen Texten.

Über die genannten Aspekte hinaus ist der Tor sogar einer, der Freude an seinem schlechten Tun hat, ihm verhaftet ist, und der eine Torheit auch noch ein zweites Mal begeht[84]. Da nicht genauer spezifiziert wird, worin Schandtat bzw. Torheit bestehen, kann in ihnen durchaus eine Nähe zum Bösen gesehen werden:

„Beim Lachen für den Toren (כְּסִיל): zu tun Schandtat,
aber Weisheit für einen Mann von Einsicht." (Spr 10,23)
„Wie der Hund zu seinem Ausgespieenem zurückkehrt,
so wiederholt sich der Tor (כְּסִיל) in seiner Torheit." (Spr 26,11)

In 26,11 wird der Tor in einer so krassen Weise beschrieben, daß der Abscheu vor ihm überdeutlich wird. Die Abneigung vor Hunden im Alten Orient, gar vor ihrem hier gezeichneten Verhalten, unterstreicht dies noch einmal[85].

e) Als *weitere Kennzeichen des Weisen* werden genannt:

„Die Weisheit des Klugen (עָרוּם) ist, zu erkennen seinen Weg,
die Torheit der Toren (כְּסִילִים) aber ist Trug." (Spr 14,8)
„Die Krone der Weisen ist ihr Reichtum[86],
die Krone[87] der Toren (כְּסִילִים) ist Torheit." (Spr 14,24)

---

[80] Das Verbum סור enthält durchaus auch ein Element der Zielgerichtetheit.

[81] BECKER, Gottesfurcht, 234, sieht im Meiden des Bösen hier einen allgemeinen Hinweis auf Meiden von Gefahr, doch liegt für eine solche Eingrenzung keine eindeutige Veranlassung vor.

[82] So aber HAMP, EB, 41; STRACK, KK VI/2, 51; WILDEBOER, KHC XV, 43.

[83] So spricht MCKANE, OTL, 460, von „obsession of the fool with his misanthropic attitudes and policies".

[84] „Yet even when the correction has been neted out, there is every chance that he will commit precisely the same offense.", MANDRY, There is no God, 13.

[85] Vgl. MANDRY, There is no God, 13.

[86] Zwar liest die LXX hier πανοῦτγος, doch liegt keine Veranlassung für eine Textveränderung vor.

[87] Das doppelte אִוֶּלֶת in v.24b gibt keinen Sinn. Anzunehmen ist eine zu v.24a parallele Konstruktion, so daß entweder עֲטֶרֶת zu lesen ist oder, wie vielfach vorgeschlagen, לִוְיַת; vgl. BHS z.St.; PLÖGER, BK XVII, 167. Zur textkritischen Problematik vgl. auch WILDEBOER, KHC XV, 43, der im Gefolge der LXX vorschlägt: „die Krone der Weisen ist Klugheit, der Kranz der Thoren ist Narrheit" und damit einer spiritualisierenden Deutung den Vorzug gibt.

„Ein angenehmer Vorrat und Öl ist in der Wohnung des Weisen,
aber der törichte Mensch (כְּסִיל אָדָם) verschlingt es." (Spr 21,20)

Bei der Erkenntnis des Weisen geht es hiernach darum, den Lebensweg[88]
zu erkennen, also wahrzunehmen, was recht ist zu tun. Der Tor dagegen übt
sich in (Selbst-) Betrug, der keine Orientierung vermitteln kann. Kennzeich-
nend für den Weisen ist ferner, daß er im Gegensatz zum Toren für angemessene Vorräte[89] sorgt, statt alles auf einmal zu verbrauchen. So kann sein Gut
geradezu Zeichen seiner Weisheit sein[90], zu einer „confirmation of his intrin-
sic merit as a sage"[91] werden, während der Tor nur von seiner Torheit ge-
krönt wird. Faßt man diese Aussagen zusammen, fragt der Weise im Gegensatz zum Toren nach der Zukunft, lebt er nicht nur der Gegenwart, hat er ein
bewußteres Verhältnis zur Zeit.

f) Zwar wird in § 14 noch gesondert über das weisheitliche Verstehen von
Sprache gehandelt, doch ist es zur Beschreibung des Toren notwendig, bereits
hier im Vorgriff auf später zu Sagendes auf seinen Umgang mit Sprache
näher einzugehen. *Durch seine Sprache erweist sich der Tor als ein solcher.*
Daß damit auch die Sprache des Weisen in den Blick kommt, liegt in der
Natur der Texte[92].

Eine ganze Reihe von Sprüchen über den Toren und seine Sprache, zu
denen der Weise und seine Art zu antworten und zu reden wieder in deutli-
chem Gegensatz stehen, findet sich in Spr 26[93]:

„Nicht antworte dem Toren (כְּסִיל) entsprechend seiner Torheit (אִוַּלְת),
daß nicht wirst wie er auch du." (v.4)

„Antworte dem Toren (כְּסִיל) entsprechend seiner Torheit (אִוַּלְת),
damit er sich nicht weise findet in seinen Augen." (v.5)

„Einer, der sich die Füße abschlägt, einer, der Unrecht schluckt[94],
ist einer, der eine Botschaft schickt durch die Hand eines Toren (כְּסִיל)."
(v.6)

---

[88] Weisheit wird geradezu zum Lebensweg, vgl. 14,12.15.18, McKANE, OTL, 466.

[89] Anders PLÖGER, BK XVII, 248, der in Spr 21,20 einen Schatz angesprochen sieht,
nachdem er וְשֶׁמֶן in כְּשֶׁמֶן verändert hat und אוֹצָר als Schatz versteht.

[90] Eine solche Verknüpfung begegnet sonst nirgends in den Proverbien.

[91] McKANE, OTL, 466.

[92] In § 14 wird allerdings manches noch einmal aufgegriffen bzw. einzelne Aspekte
werden dort erst genauer dargestellt.

[93] 26,1–12 ist ähnlich aufgebaut wie 25,2–27; so sieht VAN LEEUWEN, Context and
Meaning, 94, folgende Struktur: „an Introduction composed of Sayings is followed by a
body of Admonitions and Sayings ... which work out the concerns set out in the Introduction".

[94] Die Formulierung חָמָס שֹׁתֶה ist wohl in diesem Sinne zu verstehen, vgl. STRACK, KK
VI/2, 85.

„Wie die Beine des Lahmen baumeln,
so ist der Weisheitsspruch im Munde der Toren (כְּסִילִים).“ (v.7)

„Wie eine Distel aufgeht in der Hand des Trunkenen[95],
so ist der Weisheitsspruch im Munde der Toren (כְּסִילִים).“ (v.9)

Auf unterschiedliche Weise wird hier deutlich gemacht, daß Weisheit und Tor nicht zusammenpassen, sondern in einem gegenläufigen Verhältnis zueinander stehen. Selbst wenn der Tor einen weisheitlichen Spruch ausspricht, verliert dieser an Wirkung[96] bzw. er wird gefährlich für den Toren oder andere (26,9). So ist das weise Wort im Munde eines Toren vergleichbar mit den nicht funktionierenden Beinen des Lahmen (v.7)[97]. Der Tor kann das Weisheitswort nicht auf die ihm angemessene Weise gebrauchen, so daß es funktionsunfähig wird. Auch kann es der in der Hand eines Betrunkenen gefährlichen Schaden anrichtenden Distel gleichen (v.9) und falsch eingesetzt zu Schaden führen. Damit wird das weise Wort im Mund eines Toren letztlich zu einer Karikatur seiner selbst. Nach v.6 schädigt man sich selbst, wenn man meint, eine Botschaft durch einen Toren vermitteln lassen zu können[98]. Der Tor wird im Gegensatz zum Weisen folglich dadurch gekennzeichnet, daß er weisheitlichem Zuspruch unzugänglich ist und bleibt[99]. Er „hört" nicht[100], kann folglich auch nicht recht reden, will dieses möglicherweise auch nicht[101]. „Weisheit" aus dem Mund eines Toren hat einen falschen Ort, ist folglich nutzlos. Die Person des Sprechers kann von der Aussage nicht getrennt werden. Das Subjekt der Rede ist entscheidend. Hier zeigt sich bereits deutlich, daß Weisheitslehren/sprüche *von* Weisen und *für* Weise gedacht sind[102].

Einander widersprechend begegnen die beiden ersten Aussagen über den Umgang mit dem Toren (26,4f.). Zuerst wird davor gewarnt, mit dem Toren auf gleicher Stufe zu kommunizieren, damit man nicht den Eindruck er-

---

[95] Anders STRACK, KK VI/2, 86, mit Verweis u.a. auf den Talmud: „Wie ein Dorn, der in eines Trunkenen Hand geraten". An der Tendenz des Textes ändert sich damit jedoch letztlich nichts.

[96] Sehr viel zurückhaltender ist die Einschätzung von HAMP, EB, 70, wonach der Tor ein wertvolles Organ nicht zu gebrauchen weiß.

[97] Vgl. DELITZSCH, Spruchbuch, 420: „das an sich sinnvolle und treffende Wort wird in seinem Munde hinkend, lahm und schief" angewendet.

[98] Vgl. A. MEINHOLD, ZBK AT 16.2, 439: „einmal die Selbstbeschneidung des eigenen Aktionsvermögens, zum anderen das Verschulden schwerer Folgewirkungen".

[99] Vgl. FONTAINE, Traditional sayings, 145.

[100] Vgl. Ptahhotep 485f.: „Was den Törichten angeht, der nicht hören will, für den wird nichts getan." (BRUNNER, Altägyptische Weisheit, 130). Das „will" ist jedoch keineswegs eindeutig vom ägyptischen Text her vorgegeben, vgl. auch LICHTHEIM, Ancient Egyptian Literature I, 74: „who does not hear"; ebenso ERMAN, Literatur, 97.

[101] Allerdings weist keiner dieser Texte darauf hin, daß es um ein *bewußtes* unsachgemäßes Umgehen mit dem Weisheitswort geht.

[102] Mit wenigen Ausnahmen wie 24,15 (vgl. S. 61).

weckt, ihm gleich zu sein bzw. Gefahr läuft, so wie der Tor zu werden[103]. Danach wird dazu ermuntert, genau dies doch zu tun, damit nicht der Tor den Eindruck gewinnt, er selbst sei weise[104]. In der jetzt vorliegenden Kombination beider Texte[105] läßt sich daraus eigentlich nur das Fazit ziehen, daß an den Toren gerichtete Antworten nur dazu dienen sollten, die Torheit des Toren noch offenkundiger zu machen, nicht aber sich von ihr beeinflussen zu lassen, daß eine gelingende Kommunikation letztlich aber nicht möglich bzw. garantiert ist[106]. Das Interesse richtet sich eben wieder auf den Weisen, nicht auf den Toren (17,27f.).

Auch anderenorts wird noch einmal unterstrichen, daß kluge Worte an einen Toren reine Verschwendung sind, da der Tor keinen Zugang zu Worten des Weisen hat[107]:

> „In die Ohren eines Toren (כְּסִיל) rede nicht,
> denn er verachtet die Einsicht deiner Worte." (Spr 23,9)

Das Sprechverhalten des Toren ist vielmehr zerstörerisch und eben auf Torheit ausgerichtet:

---

[103] Vgl. HOGLUND, Dialogue, 167.

[104] Nach HOGLUND, Dialogue, 169, mit Blick auf 26,1ff. insgesamt die angemessenste Art überhaupt, als Weiser einem Toren zu begegnen. Einen etwas anderen Akzent setzt SCOTT, AB 18, 159: „Show the fool his mistake in language he can understand." Der Text selber bietet aber keinen Hinweis darauf, daß es um einen Aufweis der Fehler des Toren diesem gegenüber geht.

[105] Zur Diskussion dieser Gegensätzlichkeit in der Forschung, aber auch schon bei den Rabbinen s. HOGLUND, Dialogue, 161f. TOY, ICC, 473, verweist darauf, daß in talmudischer Interpretation v. 4 auf weltliche Angelegenheiten bezogen wird, v. 5 aber auf religiöse.

[106] Anders PLÖGER, BK XVII, 310: Die beiden differierenden Äußerungen sind abhängig von der jeweils vorausgehenden Rede des Toren. „Ist diese Äußerung so gehalten, daß sich der Weise mit seiner Antwort auf das gleiche Niveau mit dem Toren begeben würde, dann ist Schweigsamkeit geboten ... Läßt aber die Äußerung des Toren erkennen, daß er mit dem, was er sagt, einen dem Weisen gleichrangigen Anspruch erhebt, dann ist eine Zurechtweisung erforderlich, damit des Toren vermeintliche Weisheit als Dummheit demaskiert wird." Auch MCKANE, OTL, 596, zieht eine andere Konsequenz als die von mir vorgeschlagene aus den gegensätzlichen Äußerungen: „both verses contain aspects of the truth ... an approximation to the whole truth can only be achieved by taking both together". Vgl. ähnlich H. H. SCHMID, Wesen, 172; ALONSO SCHÖKEL/VÍLCHEZ LÍNDEZ, Proverbios, 461: „Los dos conductas son justificables, los dos cuestionables." Sofern ein Gespräch mit dem Toren nicht zu vermeiden ist, kann PLÖGER wie MCKANE zugestimmt werden, die Grundtendenz dürfte aber doch wohl auf Vermeidung des Gesprächs insgesamt hinauslaufen. – Ohne Probleme ist der Gegensatz auch für SCOTT, AB 18, 159, weil die Aussagen „rules for guidance and not absolute commands" sind. Für WHYBRAY, CBC, 152, wiederum sind 26,4f. Hinweis auf die Kompliziertheit menschlicher Probleme. Vgl. Sir 21,12–26; 22,7–15 sowie den mesopot. Dialog zwischen dem Herrn und seinem Diener, LAMBERT, BWL, 144–148.

[107] Vgl. HOGLUND, Dialogue, 175.

„Haß enthalten[108] die Lippen des Lügners[109],
und wer Verleumdung herausbringt: ein Tor (כְּסִיל) ist er." (Spr 10,18)

„Geh weg von einem törichten Menschen (אִישׁ כְּסִיל),
nicht erkennst du Lippen der Erkenntnis (sc. bei ihm)."[110] (Spr 14,7)

„Das Herz des Einsichtigen sucht (יְבַקֶּשׁ) Erkenntnis,
aber der Mund[111] der Toren (כְּסִילִים) beschäftigt sich (יִרְעֶה) mit Torheit
(אִוֶּלֶת)." (Spr 15,14)

„Die Lippen des Toren (כְּסִיל) gehen im Streit[112],
und sein Mund ruft nach Schlägen." (Spr 18,6)

Allen Texten gemeinsam ist, daß das „Hauptanliegen von Sprache, Verständigung zu bewirken, ... durch solche Art zu reden verfehlt und ins
Gegenteil gekehrt"[113] wird. Die parallele Stellung von רעה in 15,14b zu בקשׁ
in v.14a macht deutlich, daß mit רעה nicht ein rein neutrales ‚sich beschäftigen mit' gemeint ist, sondern ein bewußtes Verhalten impliziert, die törichte
Rede eine vom Toren *intendierte*, ihm entsprechende ist[114]. Unterstrichen
wird damit die schon mehrfach gemachte Beobachtung, daß der Tor seiner
Art, sich zu verhalten, nicht einfach nur ausgeliefert ist, sondern diese auch
bewußt praktiziert. So soll der Weise nachdrücklich vor dem Toren gewarnt,
eindrücklich von ihm abgehoben werden. Unterstrichen wird dies in 18,6b
mit dem aktiven קרא לְ.

Der Tor ruiniert jedoch nicht nur andere durch seine Sprache, sondern
zerstört damit sein eigenes Leben (10,8.10; 18,7[115]). Demgegenüber erfreuen
die Weisen viele durch ihre Sprache (10,21), die eine – im Gegensatz zu der
der Toren – ihrer Erkenntnis entsprechende und somit helfende ist (15,2.7;
16,23; 22,17)[116].

Daß der Tor sich allerdings durch Schweigen den Anstrich eines Weisen
geben kann, es für ihn also klüger ist, seinen Mund geschlossen zu halten, ist
ebenfalls bekannt:

---

[108] Im Hebräischen steht hier der Singular, doch ist eine entprechende direkte Übersetzung im Deutschen sehr uneben: Haß enthaltend – Lippen des Lügners sind es.

[109] Ein völlig anderes Verständnis bietet die LXX: Sie interpretiert כסה im Sinne von
„zudecken, verbergen" und verändert demzufolge שׁקר in δίκαια, so daß eine Antithese
vorliegt und damit der Text formal in die Reihe der Antithesen des Kontextes eingegliedert
ist.

[110] Die LXX versteht die zweite Vershälfte positiv und damit antithetisch. Dafür liegt
vom Text her jedoch kein Anlaß vor.

[111] Hier ist das Qere פִּי vorzuziehen; vgl. u.a. STRACK, KK VI/2, 54.

[112] WILDEBOER, KHC XV, 53: „führen Streit herbei".

[113] A. MEINHOLD, ZBK AT 16.2, 299.

[114] Vgl. BÜHLMANN, Reden, 193: „Wie die Herde der Stolz des Hirten ist, so ist die אולת
derjenige des כסיל."

[115] Genaueres § 14, S. 191ff.

[116] Genaueres § 14, S. 187ff.

„Auch ein Tor (אֱוִיל) kann als schweigender für weise gehalten werden, wenn er seine Lippen verschließt, für einsichtig (נָבוֹן)." (Spr 17,28)

Hintergrund dieser Aussage ist wohl auch „der bedächtige schweigsame Mann als Typus des Weisen"[117], der an das ägyptische weisheitliche Ideal des Schweigens[118] erinnert. Wer schweigt, ist a priori ein Weiser[119]. In 17,28 ist jedoch die Aussage mit ziemlich viel Ironie[120] verbunden: Zum einen, weil für den Autor deutlich ist, daß auch Schweigen einen Toren nicht weise macht, zum anderen wird ihm deutlich sein, daß Schweigsamkeit gerade nicht zum Wesen des Toren gehört[121]. Mit Hilfe der Ironie wird es dem Sprechenden möglich, die für ihn wesentlichen Zusammenhänge Aufmerksamkeit erheischend prägnant zum Ausdruck zu bringen, ohne sie direkt und unmittelbar deutlich aussprechen zu müssen (in Gegenwart des so charakterisierten Toren?).

Schweigt der Tor aber bei Verhandlungen im Tor, so ist dies ein klares Zeichen dafür, daß das bei Gerichtsverhandlungen[122] oder auch nur bei normalen Gesprächen Verhandelte seine geistigen Fähigkeiten wie sein Urteilsvermögen übersteigt:

„Etwas besonders Wertvolles (= Unerreichbares)[123] ist für den Toren (אֱוִיל) die Weisheit,
im Tor öffnet er seinen Mund nicht." (Spr 24,7)

Der in diesem Text begegnende, auffällige Gebrauch des Plurals von חכמה ist als Angleichung an רָאמוֹת zu erklären, kann aber auch zusammenfassende Funktion für alles, was mit Weisheit zusammenhängt, haben[124].

2. *Das Verhalten des Weisen und Toren in seinen Auswirkungen*

Für die Proverbien ist eindeutig, daß das Verhalten des Weisen eine positive und das des Toren eine negative Wirkung hat, und zwar auf das Ergehen

---

[117] WILDEBOER, KHC XV, 53.
[118] So Ptahhotep, Ani, Amenemope, jeweils passim; vgl. auch LAMBERT, BWL 99, 101.
[119] Vgl. dazu CAZELLES, אֱוִיל, 149.
[120] Zu Ironie vgl. § 28.
[121] Vgl. PLÖGER, BK XVII, 207.
[122] Dann könnte חָכְמוֹת eventuell für die Entscheidungen der Weisen im Tor gebraucht sein?
[123] Eine Konjektur in רָמוֹת ist nicht notwendig, wenn auch vom Sinn her möglich, vgl. McKANE, OTL, 398; eine wesentliche Veränderung der Aussage ergibt sich dadurch nicht.
[124] Vgl. PLÖGER, BK XVII, 280. In ähnliche Richtung geht auch SCOTT, AB 18, 147, der bei diesem Text von einem Intensivplural ausgeht, während sonst חָכְמוֹת als kanaanäische Form für die personifizierte Weisheit steht, so in 1,20; 9,1; 14,1. Anders A. MEINHOLD, ZBK AT 16.2, 399, der den Plural als „Weisheitssprüche" versteht.

des Handelnden[125] wie auf das seines Gegenübers. Das Verhalten des Weisen hat über den privaten Bereich hinaus deutlich *Öffentlichkeitsdimensionen*. Diese werden in den beiden folgenden Texten in besonderer Weise sichtbar, sind aber auch indirekt in den Texten zu finden, die den Weisen bzw. Toren in Beziehung zu einem Gegenüber setzen.

> „Die Stadt der Starken ersteigt der Weise
> und läßt herabsteigen (= vermindert?) die Macht ihres Vertrauens." (Spr 21,22)

> „Ein weiser Mann ist einer mit Stärke,
> und ein Mann mit Kenntnis festigt Kraft.
> Wahrlich, durch kluge Überlegungen machst du für dich (= zu deinen Gunsten) den Krieg
> und Sieg durch viele Berater." (Spr 24,5f.)[126]

Als Gegenüber des Weisen können in 21,22 wohl die als stark apostrophierten Führungspersonen einer Stadt erschlossen werden. Die „Kunst strategischer Taktik"[127], die „Überlegenheit des Weisen vor bloßer physischer Heldenkraft"[128] der nach außen hin Starken wird unterstrichen. Diese Überlegenheit zeigt der Spruch jedoch eher durch den Verweis auf das ihn mehr interessierende Ergebnis denn durch eine Schilderung des Vollzugs[129].

Auch 24,5f. unterstreichen, daß eigentliche Stärke nur durch Weisheit zu haben ist und auch nur diese in einem (militärischen[130]) Konflikt siegen hilft. Der Weise wird „als Kraftpotential herausgestellt, dessen sich der – nichtgenannte, aber offenbar angesprochene – König im Falle eines zu führenden Krieges unbedingt bedienen soll"[131].

Vom Textbefund bzw. von der Interpretation her nicht völlig eindeutig, aber doch wohl ebenfalls Wirkungen des Weisen bzw. Toren beschreibend, sind die beiden folgenden Texte:

---

[125] Vgl. auch Spr 9,12 und 3,33ff. zum eigenen Ergehen, das in v.34 an das Handeln JHWHs gebunden wird, so daß deutlich der Tun-Ergehen-Zusammenhang an JHWH gekoppelt wird – klarer als in Spr 10ff. – Vgl. dazu unten § 18.

[126] Eine Veränderung des Textes unter Rückgriff auf die LXX, wie sie von RINGGREN, ATD 16, 96, u.a. durchgeführt wird, ist nicht notwendig, da der masoretische Text durchaus Sinn ergibt.

[127] MÜLLER/KRAUSE, חכם, 930. Vgl. MCKANE, OTL, 551; WHYBRAY, CBC, 122.

[128] MÜLLER/KRAUSE, חכם, 937. Ähnlich HAMP, EB, 57, u.a.

[129] Inwieweit hier an eine Eroberung der Stadt zu denken ist und damit der Weise als Berater des Eroberers zu sehen ist, so A. MEINHOLD, ZBK AT 16.2, 357, kann vom Text her nicht entschieden werden, da dieser für eine konkrete Füllung zu allgemein spricht.

[130] Sofern man nicht mit PLÖGER, BK XVII, 280, und GEMSER, HAT I/16, 89, fragt, ob hier nicht der „Lebenskampf" allgemein im Blick ist, wofür jedoch keine Veranlassung vorliegt; vgl. MCKANE, OTL, 398.

[131] A. MEINHOLD, ZBK AT 16.2, 402.

„Wer mit Weisen geht, wird weise[132],
wer sich zu Toren (כְּסִילִים) gesellt, wird böse[133]." (Spr 13,20)

„Die Einfältigen (פְּתָאיִם) vererben[134] Torheit (אִוֶּלֶת),
aber die Klugen (עֲרוּמִים) hinterlassen[135] Erkenntnis." (Spr 14,18)

13,20 stellt vor das Problem der Interpretation der Verbformen יֶחְכָּם und
יֵרוֹעַ. Die Wurzeln selbst lassen zunächst offen, ob ein Zustand beschrieben
wird oder ein Vollzug. Angesichts der sonst im Proverbienbuch begegnenden
nominalen Strukturen für eine Zustandsbeschreibung sowie der hier sich
zeigenden zweifachen Folge Partizip – Imperfekt ist aber ein Moment der
Handlung intendiert. Die Imperfekta vermitteln also die sich aus den Partizipien ergebenden Konsequenzen.

Interessant ist auch die Verbalfolge in 14,18 mit qaṭal-x → x-jiqṭol. Nach
Groß folgt damit dem Generalis der Actualis[136]. Die Zuspitzung des Textes
liegt folglich auf v.18b, so daß der Text hinführen will zur Identifizierung mit
dem Klugen.

Beiden Texten gemeinsam ist der Gedanke, daß Torheit wie Erkenntnis
nicht auf den Toren bzw. Weisen beschränkt sind, sondern andere mit in das
jeweilige Umfeld einbezogen werden. Wie ein Erbe kann beides weitergegeben werden, wobei wohl daran zu denken ist, daß der Betreffende in den
entsprechenden Einflußbereich gerät und sich dem jeweiligen Verhalten an-
schließt. Während die Bosheit des Toren an den weitergegeben wird und ihm
dann auch anhaftet, der sich mit diesem abgibt, kann derjenige an der Weisheit des Weisen partizipieren, der sich auf einen solchen einläßt[137]. Damit ist
eindeutig eine Tendenzaussage gemacht, so daß beide Verse eine implizite
Mahnung enthalten, sich nicht auf den Toren, sondern auf den Weisen einzulassen, wo Weisheit erwerbbar ist.

---

[132] In Parallele zu v.20b ist das Qere dem Imperativ des Ketib vorzuziehen, vgl. u.a.
MᴄKᴀɴᴇ, OTL, 456.
[133] Anders Hᴀᴍᴘ, EB, 39, mit Verweis auf TSyr und Spr 11,15. Danach gibt יֵרוֹעַ an,
daß es dem übel ergeht, der sich mit dem Toren einläßt.
[134] Angesichts von כתר in v.18b ist נחל hier wohl eher transitiv zu verstehen. Anders
Pʟöɢᴇʀ, BK XVII, 173; A. Mᴇɪɴʜoʟᴅ, ZBK AT 16.1, 236. Hᴀᴍᴘ, EB, 41, verändert in
ḥᵉlī; ähnlich MᴄKᴀɴᴇ, OTL, 467, der neḥᵉlū vokalisiert haben will.
[135] So ist wohl כתר hier zu verstehen; vgl. Gᴇsᴇɴɪᴜs, Handwörterbuch 369. Anders
interpretiert Hᴀᴍᴘ, EB, 41: „die Klugen krönt man mit Einsicht"; vgl. ähnlich Wʜʏʙʀᴀʏ,
CBC, 84; A. Mᴇɪɴʜoʟᴅ, ZBK AT 16.1, 236. Für eine entsprechende Verbinterpretation
liegt jedoch keine Notwendigkeit vor.
[136] Vgl. Gʀoss, Verbform, 137 u.ö.
[137] Zu 13,20 vgl. Midrasch Mischle, wonach der hier Angesprochene dem entspricht, der
in einen Gewürzladen geht und den Wohlgeruch der Gewürze für den Rest des Tages an
sich hat, auch wenn er nichts kauft, so nach Dᴀᴜᴍ, Rabbinische Weisheiten, 97. Mit einem
gänzlich anderen Akzent versehen vgl. Anch-Scheschonki, 369 (Bʀᴜɴɴᴇʀ, Altägyptische
Weisheit, 286): „Ein Dummkopf, der mit einem Weisen gehen möchte, ist wie eine Gans, die
mit ihrem Schlachtmesser gehen will."

Die negativen *Folgen* der Torheit[138] *für den Toren selbst* werden ebenso angesprochen[139]. Positive Folgen hingegen für den Weisen werden nicht eigens thematisiert. Der Akzent liegt folglich eindeutig – den Weisen vor dieser warnend – auf der Negativseite.

„Die Toren (אֱוִילִים) sterben wegen Mangels an Verstand." (Spr 10,21b)

„Wer sein Haus ins Unglück bringt, wird Wind erben,
Sklave wird ein Tor (אֱוִיל) bei einem Weisen des Herzens[140]." (Spr 11,29)

Während die Aussage von 10,21b eindeutig ist – dem Toren ist als logische Konsequenz seines Unverstandes der vorzeitige Tod gewiß[141] –, sehen manche für 11,29 Probleme und werten den Text als korrupt[142]. In der vorliegenden Form bietet der Spruch jedoch durchaus Sinn, indem er schlechte Folgen von Torheit benennt. Nicht nur, daß als Erbe nur Wind, also nichts, übrigbleibt[143], dem Toren verbleibt sogar nichts anderes, als zum Sklaven des Weisen zu werden. Damit ist der warnende Kontrast Tor – Weiser auf die Spitze getrieben. Es geht somit auch hier um eine indirekte Hinführung zum Verhalten des Weisen oder um dessen Stabilisierung.

3. Wertung

Erwartungsgemäß wird der Weise durchgängig positiv bewertet, während der Tor negativ angesehen wird. Besonders klar wird dies bei der Beurteilung des weisen bzw. törichten Sohnes. So ist der weise Sohn eine Freude der Eltern, der törichte aber ihr Kummer (10,1; 15,20; 17,21.25; 19,13a; 23,24[144]).

Insgesamt wird eine Wertung des Toren sehr viel häufiger vollzogen als eine solche des Weisen. Es soll somit eher vor dem Dasein des Toren gewarnt als zum Dasein des Weisen ermuntert werden, da die Angeredeten wie die Sprechenden offensichtlich zumeist Weise sind und als solche bewahrt werden sollen. Sehr deutliche Worte finden in besonderer Weise die komparativischen Sprüche:

---

[138] Ein wiederum klarer Hinweis auf die „schicksalwirkende Gebundenheit von Tat und Folge" auch des Toren, SÆBØ, אויל, 78.

[139] Vgl. auch Spr 1,32.

[140] „Herz" hier wie oft für „Verstand" stehend; vgl. § 13.

[141] Zum negativ gesehenen vorzeitigen Tod vgl. z. B. 13,14; 14,12.27; 15,24; 18,21; 21,6; 23,14.

[142] Vgl. Apparat BHS; WHYBRAY, CBC, 70.

[143] Anders MCKANE, OTL, 430, der יִנְחַל־רוּחַ versteht als „is handled roughly by the other members of the family". Die Fortsetzung in v.29b spricht jedoch eher für die von mir vorgeschlagene Interpretation.

[144] Genaueres §§ 7; 25.

> „Besser einer ihrer Kinder beraubten Bärin begegnen
> als einem Toren (כְּסִיל) in seiner Torheit." (Spr 17,12)[145]

> „Besser ein Armer, der in Rechtschaffenheit einhergeht,
> als einer, der seine Wege verkehrt – ein Tor (כְּסִיל) ist er." (Spr 19,1)

Hier werden Lebenssituationen, die als solche eindeutig negativ besetzt
sind, dem Toren gegenübergestellt und entgegen aller normalen Beurteilung
für besser befunden. In extremer Weise geschieht das mit dem „sarkastisch
überzeichnenden ... Vergleich"[146] 17,12, wonach vom Toren eine große Gefahr für den ausgeht, der mit ihm zusammentrifft[147]. Worin diese Gefahr
besteht, wird aus 17,12 nicht ersichtlich, läßt sich aber aus den bisher verhandelten Texten erschließen: Der Tor birgt die Gefahr in sich, daß der, der ihm
begegnet, selber zum Toren wird. Abstand ist gefordert.

Eher eine moralische Wertung zugunsten des rechtschaffenen Armen gegenüber dem durch die Verkehrung seiner Wege (= Verhaltens) gekennzeich-
neten Toren enthält 19,1[148] durch die Kategorien תֹּם und עִקֵּשׁ[149].

Wie überaus negativ der Tor bzw. der „Spötter" gesehen wird, zeigen
ferner die zahlreichen Texte, die strafende Schläge für ihn als notwendig
ansehen, wenngleich sie – und das ist für den Toren bezeichnend – noch nicht
einmal dessen Besserung garantieren:

> „Auf den Lippen des Einsichtigen (נָבוֹן) findet sich Weisheit,
> aber[150] der Stock gehört auf den Rücken dessen, der des Herzens ent-
> behrt[151]." (Spr 10,13)

> „Der Verweis bei einem Einsichtigen(מֵבִין) geht tiefer
> als hundert Schläge bei einem Toren (כְּסִיל)." (Spr 17,10)

---

[145] Zur Diskussion des Textbefundes s. LOEWENSTAMM, Remarks, 222. Die dort vorgeschlagene Veränderung des באיש ist jedoch nicht zwingend.

[146] A. MEINHOLD, ZBK AT 16.2, 289.

[147] Vgl. MANDRY, There is no God, 30; WHYBRAY, CBC, 100; McKANE, OTL, 505.

[148] Von HAMP, EB, 51, als „entartete Variante der schönen Antithese 28[6]" charakterisiert. Vgl. zum Text auch § 5, S. 89.

[149] Die Nähe zu 28,6 – dazu Genaueres unter § 5 – veranlaßt WILDEBOER, KHC XV, 55,
zu dem Vorschlag, auch in 19,1 עָשִׁיר statt כסיל zu lesen oder wie im NT arm als Synonym
zu fromm bzw. reich als Synonym zu gottlos zu sehen. In § 5, S. 89 auch Genaueres zur
Veränderung von שפתיו in דרכיו.

[150] BÜHLMANN, Reden, 124f., setzt sich hier für ein kopulatives Verständnis des ו ein,
so daß nach ihm auf den Lippen des Verständigen auch das Zuchtmittel für den Toren zu
finden ist, שֵׁבֶט hier dann wohl eher metaphorisch zu verstehen ist. Angesichts der konkreten Äußerungen sowie der sonstigen Aussagen über die Schläge für den Toren und der
durchgängigen antithetischen Konstruktionen im Kontext wird aber wohl doch mit
McKANE, OTL, 416, u.a. an ein adversatives ו zu denken sein.

[151] Also dessen, der sich durch mangelnde Einsicht auszeichnet; vgl. § 13. Ähnlich begegnet dieser Terminus in Ägypten (= iw.ty ḥȝ.ty) im religiösen wie im erzieherischen
Kontext, so SHUPAK, ‚Sitz im Leben', 111.

„Schlägst du den ‚Spötter', dann wird der Einfältige (פֶּתִי) gewitzt,
und weist man den Einsichtigen (נָבוֹן) zurecht, nimmt er Erkenntnis an."
(Spr 19,25)

„Fest stehen für ‚Spötter' Strafgerichte[152]
und Schläge für den Rücken der Toren (כְּסִילִים)." (Spr 19,29)

„Die Peitsche für das Pferd, den Zaum für den Esel,
und den Stock für den Rücken der Toren (כְּסִילִים)." (Spr 26,3)

Nach den hier vorliegenden Aussagen sind Schläge für den Toren bzw.
„Spötter"[153] geradezu selbstverständlich und eingeplant[154]. Dies wird besonders durch das perfektisch gebrauchte כוּן in 19,29 erkennbar. Ebenso dürfte
dies aus der – negativ steigernden – Aufzählung in 26,3 zu erschließen sein,
die außerdem eine logische Konsequenz anzeigt. Der Aspekt der Selbstverständlichkeit wird noch durch die Form des Nominalsatzes unterstrichen[155].

Ganz ähnliche Aussagen wie in 19,25 begegnen in 21,11, wo ebenfalls eine
Differenzierung in der Belehrbarkeit von לֵץ und פֶּתִי vollzogen wird[156].
Der Einfältige lernt aus der Strafe für den „Spötter", die diesem selbst jedoch
keine Einsicht bringt[157]. Nach *Plöger* ist der פֶּתִי der „Unerfahrene ..., der
noch einer Erziehung bedarf"[158]; zugespitzt und differenzierend ließe sich
sagen, bei ihm ist im Gegensatz zum Toren noch eine positiv beeinflussende
Erziehung möglich.

Deutlich ist aber, daß Schläge nur bedingt fruchten (17,10). Während den
Weisen schon ein Verweis zu einer Verhaltensänderung bewegt, bewirken
auch viele Schläge beim Toren nur wenig. Dennoch werden sie durch das
Verhalten der Toren herausgefordert[159], der sich als ähnlich unbelehrbar wie
der „Spötter" erweist[160]. Deshalb ist es am sinnvollsten, diesem die Gemeinschaft aufzukündigen:

„Vertreibe den ‚Spötter', und Streit wird weggehen,
und Streitigkeit[161] und Schimpf werden aufhören." (Spr 22,10)

---

[152] Eventuell ist analog zur LXX שְׁבָטִים zu lesen, vielleicht auch שׁוֹטִים. Der masoretische Text ergibt jedoch Sinn und kann daher beibehalten werden; vgl. WILDEBOER, KHC
XV, 58; MCKANE, OTL, 526; Spr 3,34.

[153] Nach 19,29 lassen sich beide Größen parallelisieren und damit nahezu identifizieren,
vgl. RICHARDSON, Notes, 170.

[154] Zu Schlägen als üblichem Erziehungsmittel vgl. § 12. Es ist aber doch zu fragen, ob
hier wirklich reale Schläge auch für den erwachsenen Toren im Blick sind oder ob nicht eher
bildlicher Gebrauch zur Übersteigerung vorliegt.

[155] Die übrigen Aussagen zu dieser Thematik sind als Verbalsätze gestaltet.

[156] Vgl. oben, S. 13f.

[157] Vgl. WHYBRAY, CBC, 111, zu 19,25.

[158] PLÖGER, BK XVII, 227.

[159] Mit MCKANE, OTL, 526.

[160] Vgl. MCKANE, OTL, 504.525; A. MEINHOLD, ZBK AT 16.2, 327.

[161] Zum negativ gefüllten Gebrauch von דִּין vgl. PLÖGER, BK XVII, 255; auch HAMP/
BOTTERWECK, דִּין, 200f.

Der „Spötter" ist demnach verantwortlich für alle zwischenmenschlichen Schwierigkeiten. Als Lösung wird nur das Vertreiben angesehen, damit Konflikte und Beeinflussungen ausgeschaltet werden[162].

Angesichts der starken Negativwertung des Toren äußern sich die Proverbien auch über Dinge, die nicht zu ihm passen, im Widerspruch zu ihm stehen. Hierbei ist wichtig zu erkennen, daß diese Negativa in der Hand des Toren Positiva für und bei dem Weisen sind. So ist Geld in den Händen des Toren überflüssig, zumal er sich angesichts mangelnden Verstandes sowieso keine Weisheit damit kaufen kann. Lust und Herrschaftsausübung stehen ihm ebensowenig zu wie Ehre:

„Warum dieses Geld in der Hand eines Toren (כְּסִיל) – um Weisheit zu kaufen, aber er hat doch keinen Verstand?" (Spr 17,16)

„Dem Toren (כְּסִיל) ziemt keine Lust (= Wohlleben) – wieviel weniger dem Sklaven zu herrschen über Fürsten." (Spr 19,10)

„Wie Schnee nicht zum Sommer und Regen nicht zur Ernte paßt, so wenig ziemt sich Ehre für einen Toren (כְּסִיל)." (Spr 26,1)

„Wie ein Bündel[163] Steine an einer Schleuder[164], so ist einer, der dem Toren (כְּסִיל) Ehre gibt." (Spr 26,8)

17,16 zeichnet wohl tatsächlich so etwas wie „a satirical picture of a fool coming to a wisdom school with some money, thinking that the money will be the easy way to get wisdom"[165]. Zwar signalisiert dieser Text das Interesse des Toren an Weisheit, macht aber erneut zugleich deutlich, daß er dabei keine Chance hat[166].

Um dem Toren nicht angemessene Ehre und Macht geht es in den beiden anderen Texten, wobei 19,10a mit der Ablehnung der Lust (תַּעֲנוּג) und 19,10b mit dem Widerspruch gegen den Herrschaftsanspruch eines Sklaven über den Fürsten nicht recht zueinander zu passen scheinen[167]. Beiden Versteilen gemeinsam aber ist, daß sie etwas benennen, was sich nicht zueinander

---

[162] Zur völligen Veränderung von v.10b in der exegetischen Diskussion vgl. McKane, OTL, 566f. Der hebräische Text ist aber durchaus zufriedenstellend, so auch McKane, OTL, 567.

[163] Ob man den masoretischen Text beibehält oder der LXX folgt – so Mandry, There is no God, 19 – und כצורר statt כצרור liest, ist für den Inhalt des Textes unerheblich. Also kann der masoretische Text beibehalten werden.

[164] So ist im Gefolge von LXX und Raschi wohl am ehesten das Hapaxlegomenon מַרְגֵּמָה zu verstehen; vgl. Strack, KK VI/2, 85; Plöger, BK XVII, 311.

[165] Mandry, There is no God, 27. Zum Gedanken des Spottes vgl. auch Hamp, EB, 48. Scott, AB 18, 111, sieht in diesem Vers einen „sarcastic comment of a teacher dealing with refractory material". Der Text ist jedoch eindeutig gegen den Toren gerichtet; der Lehrer kommt gar nicht vor.

[166] Vgl. Whybray, CBC, 101.

[167] Wildeboer, KHC XV, 56, versucht angesichts dieses Problems eine etwas kuriose Interpretation: „Wahrscheinlich steht dem Spruchdichter z. B. ein Eunuch vor dem Geiste, der an orientalischen Höfen eine so wichtige Stellung einzunehmen pflegt."

fügt. Deutlich ist, daß v.10a als Folie gebraucht wird, vor deren Hintergrund sich v.10b um so klarer abhebt[168].

26,1.8 stellen mit ihren Vergleichen, bei denen Widerspruch ausgeschlossen ist, sehr deutlich heraus, daß auch Ansehen und Ehre in krassem Gegensatz zum Toren stehen. Dies wird unterstrichen durch die Nominalsätze, wie auch in 17,16; 19,10. Eine doppelte Zielrichtung für den angesprochenen Weisen scheint mit diesen Aussagen gegeben zu sein. Zum einen enthalten sie eine Mahnung, dem Toren eben keine Ehre zu erweisen. Zum anderen implizieren sie auch eine Warnung vor der Existenz als Tor, da in einer solchen Existenz Ansehen, das zum Weisen gehört und an dem ihm liegt, ausgeschlossen ist.

Eine klare negative Wertung vollzieht auch 24,9, wo zudem möglicherweise eine religiöse Dimension eingebracht wird:

„Der (Ränke-)Plan der Torheit[169] ist Verfehlung (חַטָּאת),
und ein Greuel für den Menschen ist der ‚Spötter‘.“ (Spr 24,9)

Zwar wird in v.9b תּוֹעֵבָה[170] im Blick auf den Menschen ausgesagt und somit zunächst eine zwischenmenschliche Beurteilung vollzogen. Angesichts der parallelen Struktur der beiden Vershälften kann jedoch geschlossen werden, daß auch das Verhalten des „Spötters“ unter die Kategorie der חַטָּאת miteinbezogen wird[171], zumal לֵץ als Variante des Toren angesehen werden kann. Der Text selber gibt keinerlei Anhaltspunkte, ob חַטָּאת allein als zwischenmenschliche Verfehlung zu verstehen ist oder ob hier auch der Aspekt der Sünde gegenüber JHWH mitschwingt angesichts des sonst im AT meist üblichen Gebrauchs[172]. Dann wäre der Tor bzw. „Spötter“ nicht nur auf der zwischenmenschlichen Ebene ein Problem, sondern auch darüber hinaus in der Beziehung Mensch – Gott[173].

Nun ist der Tor mit seiner negativen Bewertung aber noch zu übertreffen

---

[168] Scott, AB 18, 117, sieht hier „not simply an expression of contempt or conservativism, but expresses the sage's belief that the social order should correspond to the moral order established by God“. Direkte Hinweise für eine solche religiöse Anbindung bietet der Text selbst jedoch nicht.

[169] Eventuell ist um der parallelen Konstruktion willen mit dem Apparat der BHS אֱוִילִים bzw. אֱוִיל statt אֻוֶּלֶת zu lesen. Eine gravierende inhaltliche Verschiebung fände damit jedoch nicht statt, so daß es für die Interpretation unerheblich ist.

[170] Zu תּוֹעֵבָה vgl. unten § 20, S. 261 ff.

[171] Vgl. Plöger, BK XVII, 281, der gar wieder die Rede von der תּוֹעֵבָה in Zusammenhang mit der Rede vom Greuel für JHWH sehen will.

[172] Zu den Verstehensmöglichkeiten von חַטָּאת vgl. Koch, חטא; Knierim, חטא.

[173] Inwieweit aus solch einer Aussage darauf rückgeschlossen werden kann, daß hier eine bewußte Theologisierung stattfindet, erscheint zweifelhaft. Die theologisch orientierte Einbindung durch die Exegeten könnte durchaus auch auf analoge Aussagen bei Amenemope zurückgehen, vgl. Amenemope 255f. (Brunner, Altägyptische Weisheit, 246): „Gott haßt den, der die Rede verfälscht. Sein besonderer Abscheu ist der, dessen Inneres gespalten ist.“

durch den, der übereilt, ohne vorheriges Nachdenken redet[174], sowie durch den, der sich in Falscheinschätzung[175] selbst für weise hält:

> „Siehst du einen Menschen, der weise ist in seinen Augen,
> – mehr Hoffnung ist einem Toren (כְּסִיל) als für ihn." (Spr 26,12)
> „Siehst du einen Mann, der eilt mit seiner Rede,
> – mehr Hoffnung ist einem Toren (כְּסִיל) als für ihn." (Spr 29,20)

In „überspitzter Redeweise" wird hier „die Überbietung des eigentlich Unüberbietbaren zum Ausdruck gebracht"[176]. Zu fragen ist nach der Funktion dieser komparativischen Gegenüberstellungen, die den „besser als"-Sprüchen (wie 12,9; 15,16f.) nahestehen. *Hoglund* verweist darauf, daß sie häufig einführend oder zusammenfassend gebraucht werden[177]. Auch für 26,12 kann dies gelten, denn der Vers bildet den Abschluß einer Reihe von Negativaussagen über den Toren. Faktisch werden diese durch v.12 wieder relativiert, indem auf noch Schlimmeres hingewiesen wird. So stellt sich die Frage, ob nicht in 26,12 eine spätere Korrektur vorliegt, die jemand vollzog, der die extrem negative Reihung nicht ertragen konnte und korrigierend eingriff, möglicherweise ironisierend die hochmütig erscheinenden Aussagen von Spr 26,1–11 abschwächend.

Nur wenige Texte sprechen expressis verbis zustimmend und positiv wertend vom Weisen, wenngleich in den bisher verhandelten Texten deutlich Sympathie wie Interesse auf seiten des Weisen lagen:

> „Der Weise des Herzens wird einsichtig (נָבוֹן) genannt,
> und die Süße der Lippen fügt noch Lehre hinzu." (Spr 16,21)
> „Ein goldener Ring und ein goldener Halsschmuck[178],
> so ist ein weiser Warnender für ein hörendes Ohr." (Spr 25,12)

Auffallend sind die Bilder, die diese beiden Texte verwenden. Süßigkeit wie Schmuck sind beide als Kostbarkeiten anzusehen. Ein ähnlicher Wert wird dem Weisen und seiner Lehre[179] zugesprochen[180].

---

[174] Vgl. PLÖGER, BK XVII, 348; BÜHLMANN, Reden, 189. Vgl. dazu auch 15,28, wo die unüberlegte Rede der überlegten gegenübergestellt wird (s.o.). Zum insgesamt sehr kritisch gesehenen Verhältnis des Toren zu Sprache vgl. oben Abschnitt 2.

[175] Die Gefahr der eigenen Fehleinschätzung scheint für den Weisen immer wieder im Blick gewesen zu sein, vgl. auch 14,12; 16,2.25; 21,2. Ebenso 3,7, wo der zu belehrende Sohn vor der fälschlichen Selbsteinschätzung als weise bewahrt werden soll.

[176] A. MEINHOLD, ZBK AT 16.2, 441.

[177] Vgl. HOGLUND, Dialogue, 167.

[178] Zum Schmuck vgl. HL 7,2.

[179] מֶתֶק שְׂפָתַיִם veranlaßt HAMP, EB, 46, zu der Bemerkung: „Anmutiger Stil fördert die Belehrung." Die Gestalt der Sprache ist durchaus förderlich für die Bereitschaft zur Akzeptanz ihres Inhalts.

[180] Über das Verhältnis Lehrer-Schüler wird damit noch nichts gesagt. (Gegen MCKANE, OTL, 585, der in 25,12 ein ideales Lehrer-Schüler-Verhältnis beschrieben sieht. Vgl. auch PLÖGER, BK XVII, 301; HAMP, EB, 69; A. MEINHOLD, ZBK AT 16.2, 425).

Fragt man danach, wie es zu so wenigen ausdrücklich positiven Aussagen kommt, verstärkt sich der Eindruck, daß die Sprecher/Schreiber wie die Adressaten der Texte im Prinzip Weise sind, die nicht noch auf die Vorzüge des weisen Handelns hingewiesen werden müssen, eher aber abschreckend auf Probleme angesichts törichten Verhaltens.

4. Folgerungen

Die Untersuchung der Texte[181] hat zunächst gezeigt, daß es bei der Frage nach dem Weisen bzw. Toren nicht allein und primär um intellektuelle Fähigkeiten geht[182], sondern um ein Verhalten, dem häufig auch eine ethische Dimension eignet[183]. So ist nach *Conrad* der Weise „der Mann, der die Schwierigkeiten des Lebens mit Umsicht und Überlegenheit meistert und dabei so viel Takt an den Tag legt, daß er Ärger vermeidet und Spannungen ausgleicht"[184]. Auffallend sind in diesem Zusammenhang die vielen Verbalsätze, mit denen Habitus wie Verhalten des Weisen bzw. Toren beschrieben werden. Selbst da, wo Nominalsätze gebraucht werden, enthalten sie häufig Partizipien. So kann rückgeschlossen werden, daß bei allem intellektuellen Bestimmtsein der Weise bzw. Tor seine Weisheit bzw. Torheit weitgehend handelnd zum Ausdruck bringt bzw. sichtbar werden läßt. Es geht um Ethik, nicht um Dogmatik, und wo „dogmatisch" geredet wird, zielt dies auf Ethik. Dies gilt auch angesichts der im ersten Abschnitt besonders häufig gebrauchten – zumeist in par. membr. gestalteten – Antithesen. Ein Weiser oder Tor zu sein, ist also letztlich weniger ein Habitus als Ausdruck eines Verhaltens[185].

Konkrete Fähigkeiten im lebenspraktischen Umgang angesichts der detaillierten Erfordernisse des Alltags werden jedoch kaum in den Blick ge-

---

[181] 26,10 wird dabei bewußt ausgespart, da dieser Vers so verderbt ist, daß eine Annäherung an seinen Bedeutungsgehalt nicht möglich erscheint; vgl. MANDRY, There is no God, 18, u.a.

[182] Vgl. MURPHY, fotl XIII, 72; SKLADNY, Spruchsammlungen, 11. Demgegenüber scheint in Ägypten durchaus auch die fehlende Intelligenz im Blick zu sein, vgl. Papyrus Ramesseum II,20: „Das Einkommen eines Unwissenden ist ganz unsicher; er hält das Einkommen seines Nächsten für ein Wunder." (BRUNNER, Altägyptische Weisheit, 194).

[183] Vgl. CONRAD, Die junge Generation, 30; SHUPAK, ‚Sitz im Leben', 111. Die verweigerte Einsicht durch den Toren muß jedoch keinesfalls gleich als „praktischer Atheismus", so VON RAD, Weisheit, 91, qualifiziert werden. Vgl. auch BRUNNER, Altägyptische Weisheit, 25, wonach in Ägypten der Tor als der debile, charakterlich behinderte Mensch angesehen wird und sich als solcher der Ma'at verweigert.

[184] CONRAD, Die junge Generation, 31.

[185] Zum Ineinander von Eigenschaft und Verhalten vgl. auch HERMISSON, Spruchweisheit, 166.

nommen[186]. Auch eine direkte religiöse Konnotation zeigt sich nur selten[187]. Vielmehr bleiben die inhaltlichen Beschreibungen des Weisen wie des Toren zumeist reichlich offen und verhältnismäßig allgemein, was noch genau zu erinnern sein wird.

Der Weise erscheint wie der Rechtschaffene (s. u. § 3) in den Proverbien als Idealtyp des Menschen[188]. So begegnet für den Weisen eine Vielzahl von Bezeichnungen (חָכָם, נָבוֹן, מֵבִין und עָרוּם), die ihn aus unterschiedlichem Blickwinkel positiv charakterisieren. Dabei werden wohl verschiedene Aspekte angesprochen, so der aktive der Einsicht und der stärker habituelle der Klugheit, doch angesichts der sehr allgemein gehaltenen Aussagen über den Weisen lassen sich die Bedeutungsspektren der einzelnen Begriffe in den Proverbien kaum differenzieren. Der Weise muß eben einem Weisen nicht beschrieben werden. Allen Bezeichnungen gemeinsam ist vielmehr die für den Weisen entscheidende Bereitschaft und Fähigkeit, (neue) Erkenntnisse dazu zu lernen, seine Weisheit zu erhalten, sie zu stabilisieren und zu mehren. Darum geht es den Proverbien vornehmlich.

Die unterschiedlichen Begriffe für den Toren[189] erweisen sich viel stärker als Zeichen für eine Mannigfaltigkeit konkreter Möglichkeiten, sich als Tor zu verhalten, wovor jeweils gewarnt wird. So ist der אֱוִיל besonders angewiesen auf שֵׂכֶל, עֵצָה, חָכְמָה, מוּסָר und כָּבוֹד; der כְּסִיל ist „without כָּבוֹד, hates דַּעַת, is completely self-confident, despises his parents, is without לֵב, does not desire בִּינָה, is a source of כַּעַס. The לֵץ is an extreme type of fool, combining folly and wickedness"[190]. Wie in Ägypten, wo ein eher noch freundlich gesehener Tor (*hm*) dem mehr kritisch gewerteten Toren (*wh3*) zugesellt wird[191], wird auch in den Proverbien mit unterschiedlicher Nuance vom Toren geredet. Dem ägyptischen *hm* wird der פֶּתִי entsprechen[192], während das Äquivalent zum ägyptischen *wh3* eher im Hebräischen כְּסִיל oder auch אֱוִיל zu sehen ist[193].

---

[186] Wenn SÆBØ, חכם, 560, von „Einzelpersonen und Menschengruppen, die in besonderer, berufsmässiger Weise Sachkundige sind", spricht, trifft das für die hier verhandelten Texte folglich nur begrenzt zu.

[187] Diese beiden letztgenannten Aspekte werden von SCOTT, Wise and foolish, 147, deutlich neben die ethischen gestellt in Zusammenhang mit חָכְמָה/חָכָם, doch werden sie in den hier verhandelten Texten nicht spürbar.

[188] Aber selbst die Weisheit eines Weisen kann noch übertroffen, seine Weisheit folglich vermehrt werden durch die Weisheit von Ameisen, Klippdachsen, Heuschrecken und Eidechsen (Spr 30,24–28), wobei diese Weisheit jedoch eine anders qualifizierte, intuitive, nicht durch reflektierte Einsicht gewonnene ist.

[189] Zur Bedeutungsdifferenzierung der Begriffe vgl. DONALD, Semantic Field (VT), 287.

[190] DONALD, Semantic Field (VT), 287.

[191] Vgl. dazu SHUPAK, Egyptian „Prophetic" Writings, 90.

[192] Vgl. auch OESTERLEY, Proverbs, lxxxvi, zur Belehrbarkeit des פֶּתִי.

[193] Vgl. dazu SHUPAK, Egyptian „Prophetic" Writings, 91.

Offen ist, inwieweit der Weise und der Tor theologisch eingebundene Größen sind[194]. Häufig wird in der Forschung eine solche konstatiert. So dient vor allem die Relation zwischen dem חָכָם und dem צַדִּיק bzw. der Kontrast zwischen dem Toren und dem צַדִּיק *Sæbø* dazu, die Größen als theologisch geprägte anzusehen[195]. Andererseits kann *Schüpphaus* mit Blick auf Spr 13,19; 15,7; 19,1; 28,26 in Kombination mit Spr 1,22; Qoh 2,14; 4, 17 formulieren: „Die primär intellektuelle Schwerfälligkeit des Toren wird so theologisch als Bosheit, als absichtliches Sich-Verschließen gegenüber der göttlichen Wirklichkeit, als Vertrauen auf eigene Klugheit interpretiert"[196]. Das Auffällige dabei jedoch ist, daß in den genannten Texten kein direkter Bezug zu JHWH oder unmittelbar mit ihm verbundener Inhalte sichtbar ist. „The wise generally promoted an utilitarian and prudential morality ... they were simply not preoccupied with formal religion ... They displayed a broad interest in the welfare of humanity, without cultic, linguistic, or ethnic distinction. Their outlool might be described as religious humanism, international and even interracial – genuinely ecumenical"[197]. Die vollzogenen Rückschlüsse auf religiöse Einbindung sind jeweils nur indirekt möglich und bedürfen einer gezielten Überprüfung[198].

Vielfach steht die Auseinandersetzung mit dem Weisen bzw. Toren in der Form der Antithese. Dabei fällt auf, daß die Negativbeschreibung des Toren meist in der zweiten Vershälfte steht und damit ein besonderes Gewicht bekommt. Mahnungen sind jeweils am Umgang mit dem Toren orientiert, also an den Weisen gerichtet. Nirgends begegnet eine Mahnung an den Toren selbst. Sie ist nutzlos und überflüssig, dies aber auch infolge des durch die Proverbien primär und vor allem angeredeten Weisen. Die beschreibenden Texte (Sentenzen) haben häufiger den Toren als den Weisen im Blick. Aus alledem läßt sich schließen, daß es um Abschreckung vor dem Beispiel des Toren geht. Der Weise soll davor bewahrt werden, seinen Bereich der Weisheit zu verlassen. Die Texte scheinen geschrieben aus der Sicht von Weisen, um dem weisen Ansprechpartner den Zustand des Weisen zu bewahren, nicht aber, um den Toren aus dem Stadium der Torheit herauszuholen[199]. Dies mag auch damit zusammenhängen, daß der Tor immer wieder als unbelehr-

---

[194] So klassifiziert z. B. CAZELLES, אֱוִיל, 150, einen Menschen als אֱוִיל, „wenn er JHWHs Gerechtigkeit nicht kennen will".
[195] Vgl. SÆBØ, חכם, 562.563f.; ders., כסיל, 838.
[196] SCHÜPPHAUS, כסיל, 282.
[197] TERRIEN, Heart, 88.
[198] Dazu s. u.
[199] Anders Spr 8,5.

bar erfahren und entsprechend dargestellt wird[200], hat aber sicher nicht darin seine eigentliche Ursache.

Auch Ägypten kennt – vor allem ab Anch-Scheschonki und Papyrus Insinger[201] – das Gegenüber des Weisen und des Toren, doch findet sich dieses kaum in Antithesen[202], sondern es wird eher in Sentenzen konstatierend über sie gesprochen[203] bzw. vor dem Toren gewarnt[204] und zum angemessenen Verhalten des Weisen wie zum rechten Umgang mit diesem hin ermahnt[205]. Die mit dem Weisen bzw. Toren in Verbindung gebrachten Themen sind in den ägyptischen Texten ähnliche wie in Spr 10ff.[206], doch deren Strukturen sind andere, so daß auch ihre Funktionen nicht immer identisch sein dürften[207].

---

[200] Nach Anch-Scheschonki 96 (BRUNNER, Altägyptische Weisheit, 272) scheint der Tor per definitionem ein solcher zu sein: „«Was sie mir antun, das quält mich», sagt der Törichte, wenn man ihn unterweist."; vgl. auch Anch-Scheschonki 458 (BRUNNER, Altägyptische Weisheit, 290), wonach die Unterweisung im Herzen eines Dummen keine Chance hat, da darin bleibt, was einmal darin ist; anders aber Anch-Scheschonki 299 (BRUNNER, Altägyptische Weisheit, 283): „Wenn ein Ungebildeter etwas bereut, ist er auf dem Weg, ein Weiser zu werden."

[201] Vgl. dazu LICHTHEIM, Ancient Egyptian Literature III, 185: „morality and piety have completely fused" und werden exemplifiziert in der Person des Weisen, dem der Tor bzw. ‚Gottlose' gegenübergestellt wird.

[202] Z.B. Amenemhet 73 (BRUNNER, Altägyptische Weisheit, 176): „wer Bescheid weiß, stimmt (mir) zu, der Dumme sagt «nein»"; vgl. auch PapInsing 101–103 (BRUNNER, Altägyptische Weisheit, 307): „Der Ruhm eines Weisen ist Selbstbeherrschung in seiner Lebensführung. Der Tor steht in der Öffentlichkeit in schlechtem Geruch wegen (seiner) Eßgier; in mehr als einer Weise gerät er ins Unglück." Beide sind jedoch keine den atl. Antithesen in ihrer Struktur vergleichbare Texte.

[203] Vgl. u.a. Anch-Scheschonki 52 (BRUNNER, Altägyptische Weisheit, 270): „Wenn du in einer Sache drei Weise um Rat fragst, so ist es gut; der Ausgang steht beim Großen Gott."; Anch-Scheschonki 142 (BRUNNER, Altägyptische Weisheit, 274): „Glücklich ist das Herz dessen, der in Gegenwart eines Weisen ein Urteil gesprochen hat."

[204] Vgl. u.a. Anch-Scheschonki 27 (BRUNNER, Altägyptische Weisheit, 268): „Unterweise keinen Einfältigen, auf daß er dich nicht hasse."

[205] Vgl. u.a. Anch-Scheschonki 3 (BRUNNER, Altägyptische Weisheit, 267): „Diene einem weisen Mann, auf daß er dir (einmal) diene."; Anch-Scheschonki 13f. (BRUNNER, Altägyptische Weisheit, 268): „Schicke keinen Weisen in einer unbedeutenden Sache aus, wenn eine bedeutende Sache ansteht. Schicke keinen Einfältigen in einer bedeutenden Sache aus, wenn ein Weiser da ist, den du schicken kannst."

[206] Besonders in PapInsing, vgl. LICHTHEIM, LEWL, 122.

[207] Um hier zu klareren Aussagen kommen zu können, bedürfte es genauerer Untersuchungen der ägyptischen Texte, die bisher nicht vorliegen.

§ 3: Der Rechtschaffene und der Frevler

Einen großen Raum nimmt in den Proverbien die Rede vom Rechtschaffenen (צַדִּיק[1]) bzw. Redlichen (יָשָׁר[2]) und vom Frevler (רָשָׁע[3]) ein[4]. צַדִּיק und יָשָׁר sind z. T. parallel gebraucht und austauschbar (12,5f.; 16,13; 21,18). Aber auch dort, wo צַדִּיק bzw. יָשָׁר allein stehen, ist kaum ein jeweils eigener Akzent zu finden, sondern beide Begriffe können gegeneinander ausgewechselt werden[5].

Auffallend ist, daß alle drei Größen fast durchgängig nicht selbständig stehen, sondern weitgehend in Antithesen (zumeist צדיק/ישר kontrastierend zu רשע, aber auch andere Antonyme begegnen[6]), daneben auch in Sentenzen mit den jeweiligen Antonymen. Wie überhaupt bei Antithesen wird dadurch das Proprium des jeweiligen Typos umso deutlicher konturiert. Auch wird umfassender formuliert, ein Ganzheitsaspekt wird sichtbar.

Angesichts der Diskussion in der Literatur wird ein besonderes Augenmerk darauf zu richten sein, inwiefern die Rede vom Rechtschaffenen bzw. Frevler jeweils religiös verankert ist, der צַדִּיק also mit dem Glaubenden identifiziert werden kann, der רָשָׁע hingegen der sich gegen Gott Auflehnende ist[7].

Im folgenden sollen nun zuerst wieder die Aussagen über das Verhalten der beiden Typen untersucht werden, um dann nach den daraus resultieren-

---

[1] Die Rede vom צַדִּיק hat ihren Schwerpunkt in den Psalmen und Proverbien, vgl. die Tabelle bei KOCH, צדק, 511. Nach KOCH, צדק, 524, ist צַדִּיק Bezeichnung für den „einzelnen Vertreter der herrschenden Gesellschaftsschicht". SOETE, Ethos, 228, sieht in der Rede vom צַדִּיק gar eine Rückbindung an den Bund.

[2] Damit wird ein Begriff gebraucht, der für Psalmen wie Weisheit wichtig ist, vgl. LIEDKE, ישר, 792. Das gleiche gilt für רשע, vgl. die Tabelle bei VAN LEEUWEN, רשע, 813f.

[3] Zur Menge der Parallelbegriffe vgl. VAN LEEUWEN, רשע, 815. Fragt man genauer nach, wer als Frevler bezeichnet wird, so bleibt diese Frage eigenartig offen. Vom Frevler wird nur gesagt, wie er sich verhält, aber sonst keine genaue Aussage gemacht. Er scheint durch alle Volksgruppen zu gehen. Zur Verteilung des Begriffs רשע in den einzelnen Sammlungen der Proverbien vgl. RICHARDS, Study, 124f.

[4] So begegnen צֶדֶק und מִשְׁפָּט geradezu als „characteristics of wisdom" in Spr 8, OLLEY, Righteous, 38.

[5] Vgl. CONRAD, Die junge Generation, 29, der allerdings im Blick auf צדק und רשע schreibt: „Beide Begriffe sind freilich von denkbar umfassender Bedeutung, so daß man in ihnen nur Bezeichnungen für das untadelige Verhalten in jeder Form menschlicher Gemeinschaft bzw. für das strikte Gegenteil davon sehen kann."

[6] So בּוֹגֵד, אֱוִל. Der בּוֹגֵד wird von OLLEY, Righteous, 39, beschrieben als „treacherous, unfaithful".

[7] Vgl. u. a. SCOTT, Wise and foolish, 161: „The criterion for the division is acceptance or rejection of obedience to Yahweh's commandments, both cultic and ethical." Auch STEIERT, Weisheit Israels, 156, verankert den צַדִּיק ganz im religiösen Bereich: „Der ‚Gerechte' ist der theologische Leitbegriff des Sprüchebuches, die Chiffre für ein glückendes Leben, dessen Fundament ein personales Verhältnis zu Jahwe ist." Vgl. auch GOSSAI, *Saddîq*, 8. H. SCHMID, «Gottlose», bes. 80, der den ethischen Aspekt, besonders in nachexilischer Zeit, betont, ist zuzustimmen, daß רָשָׁע nicht den Atheisten meint.

den Folgen zu fragen sowie nach den Bewertungen der beiden Gruppen und ihres Verhaltens.

1. Das Verhalten des Rechtschaffenen/Redlichen bzw. des Frevlers

a) Mehrfach wird in den Proverbien auf die *positiv bzw. negativ qualifizierte Haltung des Rechtschaffenen und des Frevlers* hingewiesen. Es überwiegen jedoch die Aussagen über den Frevler:

> „Die Pläne der Rechtschaffenen (צַדִּיקִים) sind (auf) Recht (ausgerichtet),
> die Überlegungen[8] der Frevler (auf) Trug.
> Die Worte der Frevler lauern auf Blut,
> aber der Mund der Rechtschaffenen (יְשָׁרִים) rettet sie." (Spr 12,5f.)

> „Ein Geschenk aus der Gewandfalte[9] nimmt der Frevler,
> um die Wege des Rechts zu beugen." (Spr 17,23)

> „Die Gewalttat der Frevler reißt sie fort[10],
> denn sie wollen nicht Recht tun." (Spr 21,7)

> „Das Ich des Frevlers sinnt auf Böses,
> nicht findet Gnade in seinen Augen sein Nächster." (Spr 21,10)

> „Eine Freude ist es für den Rechtschaffenen, Recht zu tun,
> ein Schrecken aber für die Übeltäter." (Spr 21,15)

> „Ein zerbröckelnder Zahn[11] und ein wankender Fuß,
> so ist das Vertrauen auf einen Treulosen (בּוֹגֵד) am Tage der Not." (Spr 25,19)

> „Der Rechtschaffene (צַדִּיק) kennt das Recht der Armen,
> der Frevler hat keine Einsicht in diese Erkenntnis." (Spr 29,7)

Ein wesentliches Kriterium der unterschiedlichen Haltung ist die Einstellung zum Recht. Während der Rechtschaffene Freude am Recht hat (21,15)[12], auf seine Praktizierung sinnt und entsprechend Rettung ermöglicht, ist für den Frevler das Tun des Rechts mit Konnotationen der Ablehnung, ja des Schreckens[13] verbunden[14]. Sein Planen zielt vielmehr auf Trug und Blut (Spr 12,5f.). Zu fragen ist, auf wen sich das Suffix von יַצִּילֵם (v.6) bezieht. Von

---

[8] Die Verwendung des Begriffs תַּחְבֻּלוֹת fällt in diesem Kontext auf, da er – so PLÖGER, BK XVII, 146 – in den Proverbien durchgängig positiv verstanden wird.

[9] = ein Bestechungsgeschenk; dazu DELITZSCH, Spruchbuch, 287.

[10] Zu יְגוֹרֵם vgl. Hab 1,15.

[11] Zur Wendung שֵׁן רֹעָה vgl. DELITZSCH, Spruchbuch, 409.

[12] Nach HAMP, EB, 56, bringt nur ein passivisches Verstehen des Infinitivs עֲשׂוֹת Sinn. Für ein solches Verstehen liegen aber keinerlei Hinweise vor.

[13] Vgl. MCKANE, OTL, 560, zu 21,15: „*śimḥa* is a correlate of justification and *mᵉḥitta* of condemnation."

[14] Anders als bei MCKANE, OTL, 560, mit Verweis auf 21,7.12.18, kann hier kein Anklang an die „doctrine of theodicy" gesehen werden.

der Syntax her ist ein Rückbezug auf die Rechtschaffenen selbst naheliegend, doch angesichts von v.6a liegt es näher, diejenigen gerettet zu sehen, an deren Blut der Frevler interessiert ist[15]. Unterstrichen wird dies durch die Form der inclusio, die die Frevler einschließt. Das negativ bestimmte Engagement der Frevler wird also eingeschlossen in die positive Gesinnung der Rechtschaffenen. So entsteht nahezu, anknüpfend an v.6b, der Eindruck, als sei die Negativgesinnung in ihrer Wirkung aufgehoben durch die positive Gesinnung der Rechtschaffenen. Ein deutliches Votum zugunsten des Rechtschaffenen ist damit ausgesprochen.

Die gezielte Absicht, Böses zu tun, und den damit verbundenen Mangel an sozialem Verhalten[16] bringen 17,23 und 21,10 zur Sprache. Die Freude am Bösen haftet dem Frevler nahezu wie eine Eigenschaft an[17]. Auf die Spitze getrieben sieht sie dann 17,23, wonach der Rechtsbruch durch Bestechung zum Ziel selbst wird[18] und weniger als Mittel zum Zweck[19] eingesetzt ist. Der Rechtsbruch erweist sich dann allerdings als Bumerang. Vom eigenen Unrecht, mit dem sie sich als unfähig erweisen, den Normen eines friedlichen Zusammenlebens entsprechend zu leben[20], werden die Frevler mit fortgerissen (21,7)[21]. Die Probleme eines solchen unsozialen Verhaltens spricht dann 25,19 an und macht deutlich, daß kein Verlaß ist auf den Treulosen (der auch für den Frevler stehen kann[22]), wenn man ihn in einer Notsituation braucht.

Der soziale Aspekt kommt in besonderer Weise auch in 29,7 zum Tragen. Der Gebrauch der Wurzel יד‎ע deutet mehr an als nur ein Wissen um das Recht der Armen[23]. Vielmehr ist auch ein Sich-Kümmern um diese Menschen impliziert[24], das der Frevler ablehnt[25]. Auch דִין‎ beinhaltet hier mehr als die bloße Rechtslage, sondern umfaßt die soziale Situation im Sinne von Rechtsanspruch[26].

Auffallend ist die fast durchgängige Verwendung von Verbalsätzen (bis auf

---

[15] Vgl. McKane, OTL, 446f.; Plöger, BK XVII, 149; u.a. Das ist auch ohne die von Plöger erwogene Aufnahme des Konjekturvorschlages der BHS – דם‎ in דָם‎ zu verändern – möglich.

[16] Vgl. McKane, OTL, 556; A. Meinhold, ZBK AT 16.2, 353, zu 21,10.

[17] Vgl. Plöger, BK XVII, 246, der sogar von „habituell" spricht.

[18] Diese Absicht zum Rechtsbruch steht wohl hinter dem finalen לְ‎.

[19] So allerdings Plöger, BK XVII, 206.

[20] So Pons, L'Oppression, 59; vgl. auch 24,1f.

[21] Vgl. McKane, OTL, 560.

[22] Vgl. 11,6, wo der בגד‎ in Antithese zum ישר‎ steht, wie es sonst für den Frevler der Fall ist.

[23] Mit McKane, OTL, 642, auf eine JHWHkenntnis im Hintergrund zu schließen, scheint doch vom Text selbst unmittelbar nicht angelegt.

[24] Vgl. McKane's Hinweis auf die Nähe zum prophetischen Gebrauch, OTL, 641; vgl. auch Hamp, EB, 78.

[25] Vgl. A. Meinhold, ZBK AT 16.2, 484: „Daß das Nichtwissen und -verstehen kein intellektueller Defekt ist, sondern Ausdruck frevelhafter Verfehltheit, kommt wiederholt in den Sprüchen zum Ausdruck".

[26] Vgl. Plöger, BK XVII, 344; Hamp/Botterweck, דִין‎. 203.

40 *Personengruppen als Typoi*

12,5; 29,15 [Nominalsätze], 12,5a [Infinitiv], 21,15 [mit Infinitiv erweiterter Nominalsatz] und 29,7a [Partizipialkonstruktion]). Dies macht deutlich, daß die Haltung des Rechtschaffenen wie des Frevlers nicht primär habituell gedacht ist, sondern jeweils an aus ihr heraus sich freisetzender Handlung orientiert und auch nur an dieser erkennbar ist.

Dies zeigt sich auch in dem folgenden, ganz am Rechtschaffenen orientierten Text, der beinahe konstatierenden Charakter hat:

„Der Rechtschaffene (צַדִּיק) geht in seiner Aufrichtigkeit (בְּתֻמּוֹ) einher, ‚selig‘ seine Söhne nach ihm!" (Spr 20,7)

Zwar wird der Lebenswandel der Rechtschaffenen hier als ein selbstverständlich, geradezu konstitutiv und damit andauernd durch Frömmigkeit bestimmter ausgesagt[27], daß sogar die folgende Generation noch ‚selig‘ gepriesen[28] werden kann[29], doch zeigt das Verbum הלך, daß ein immer wieder neues Vollziehen, also Handeln eingeschlossen ist.

b) Ein nahezu durchgängiges Verhalten des Rechtschaffenen wie des Frevlers einem anderen gegenüber – als Folge seiner Gesinnung – besteht in der *Vermeidung bzw. Zufügung von Schaden.*

„Ein frevelhafter Bote läßt ins Unglück fallen[30], aber ein treuer Bote bringt Heilung." (Spr 13,17)

„Der Löwe brüllt und der Bär fällt über einen her, so herrscht der Frevler über das geringe Volk." (Spr 28,15)

„Männer des Blutes (= blutdürstige Männer) hassen den Aufrichtigen (תָּם), aber die Redlichen (יְשָׁרִים) bemühen sich um sein Leben."[31] (Spr 29,10)

Unterschiedliche Formen frevelhaften Verhaltens wie unterschiedliche Frevlertypen sind hier angesprochen. Da ist der Bote, der sich als Frevler erweist, weil er ins Unglück stürzt (13,17); offen bleibt, ob den Sender der Botschaft oder den Adressaten. V.17b legt jedoch letzteres näher. Das kontrastierende אֱמוּנִים in v.17b legt darüber hinaus nahe, daß das frevelhafte

---

[27] Unterstrichen wird das durch die Satzform des partizipialen Nominalsatzes.
[28] Bei אַשְׁרֵי muß jedoch nicht an einen theologisch gefüllten Makarismus gedacht werden.
[29] Dahinter steht der Gedanke der „solidarity of the home for weal or woe", MCKANE, OTL, 548. Vgl. auch Ex 20,4–6 sowie Spr 13,22a; 14,26b; 17,6b; 11,21.
[30] Das Hif'il ist hier vorzuziehen, vgl. u.a. STRACK, KK VI/2, 49; WILDEBOER, KHC XV, 41.
[31] Mit MCKANE, OTL, 637, ist gegen WILDEBOER, KHC XV, 82, trotz der hier einmaligen positiven Verwendung von בקש in Verbindung mit נפש keine Notwendigkeit zu sehen, בקש durch בקר zu ersetzen. STRACK, KK VI/2, 94, bestimmt יְשָׁרִים als Objekt mit Verweis auf eine ähnliche Satzstellung in Gen 26,15; Dtn 2,23; Jos 9,12, doch angesichts des Parallelismus membrorum ist eine solche Bestimmung nicht sinnvoll. Vgl. auch WAGNER, בקש, 756, wonach die hier vorliegende „Konstruktion positiv als Lebensförderung verstanden werden" muß.

Verhalten des Boten darin besteht, daß er die ihm aufgetragene Botschaft nicht zuverlässig oder auch gar nicht ausrichtet[32].

Daneben wird der frevelhafte Herrscher genannt, dessen Herrschaft die Geringen so bedroht wie gefährliche Raubtiere den Menschen (28,15), der also seine Herrscherfunktion nicht angemessen ausübt, wohl indem er sich der wenigen Habe der Geringen bemächtigt. Offen bleibt der eigentliche Vergleichspunkt zwischen dem Verhalten der Tiere und dem des Herrschers. So kann das ihrem Instinkt folgende Handeln der Tiere einem bewußten Verhalten des frevelnden Herrschers gegenübergestellt sein[33], um so dieses als umso schwerer wiegend aufzuzeigen. Es könnte aber auch der Gedanke dahinter stehen, daß das negative Verhalten des frevelnden Herrschers ebenso unausweichlich ist wie das instinktive der Tiere. Die Konstruktion des partizipialen Nominalsatzes könnte das letztgenannte Verständnis bestätigen. Möglicherweise ist aber auch eine bewußte Doppelbödigkeit der Aussage intendiert.

Im Blick auf die Personengruppe offen gehalten ist wiederum 29,10. Die Redlichen sind danach Menschen, die sich um andere kümmern im Gegenüber zu ihrem Gegenpart, der anderen negativ (hassend) begegnet. Betont wird, daß die Blutdürstigen (Gewaltmenschen[34]) diejenigen hassen, d.h. kritisch begegnen, die ihrer eigenen Gesinnung widersprechen, diejenigen also, die ihr negatives Verhalten in Frage stellen.

In den Zusammenhang von Vermeidung und Zufügung von Schaden gehört auch der Umgang mit den eigenen wie den fremden Bedürfnissen:

„Der Rechtschaffene (צַדִּיק) kennt (sogar[35]) die Begier seiner Tiere,
aber das Innere der Frevler ist unbarmherzig." (Spr 12,10)

„Jeden Tag begehrt der Begehrende,
der Rechtschaffene (צַדִּיק) aber gibt und hält nicht zurück." (Spr 21,26)

Die Tage des unentwegt Begehrenden[36] scheinen ausgefüllt mit Hoffen auf weiteren Besitz (21,26). Der צַדִּיק hingegen teilt und ist nicht damit beschäftigt, seinen Besitz zu behalten. Vielmehr hat er positives Interesse an den Bedürfnissen anderer. Der Kontrast zum unbarmherzigen Verhalten des Frevlers wird noch dadurch unterstrichen, daß vom Rechtschaffenen sogar die Fürsorge für die Bedürfnisse der Tiere[37] ausgesagt werden kann.

---

[32] Vgl. PLÖGER, BK XVII, 162, wonach es darum geht, ob der Bote seinem Auftrag gemäß handelt.

[33] Vgl. PLÖGER, BK XVII, 336.

[34] Vgl. WHYBRAY, CBC, 168: „violent men or murderers".

[35] Vgl. HERMISSON, Spruchweisheit, 57.

[36] So scheint wohl mit STRACK, KK VI/2, 71; WILDEBOER, KHC XV, 62, v.26a zu verstehen sein. Gar so dunkel, wie MCKANE, OTL, 557, meint, ist der Versteil nun doch nicht.

[37] Vgl. Dtn 25,4.

Nur begrenzt zur Thematik passend und ziemlich problematisch ist die folgende Aussage, da vor allem in der ersten Vershälfte viele Ungereimtheiten sind[38]:

„Die Toren (אֱוִלִים)[39] spotten der Schuldopfer,
aber zwischen den Redlichen ist Wohlgefallen." (Spr 14,9)

Klar ist von v.9b her nur, daß zwischen den Redlichen ein gutes Einverständnis herrscht[40]. Nach *Plöger* entbindet ein solches Einvernehmen von der Notwendigkeit eines Schuldopfers, während die Toren ein solches nötig hätten, das aber nur mit Spott quittieren[41]. Die Satzstruktur mit ihrer Tempusfolge (imperfektischer Verbalsatz – Nominalsatz) läßt eine solche Schlußfolgerung jedoch kaum zu. Einen neuen Versuch, sich dem Text anzunähern, bietet *Bonora*[42], doch auch dieser löst die Probleme nicht überzeugend[43].

c) Eng mit der Gesinnung des Rechtschaffenen/Redlichen wie des Frevlers hängt auch ihre *Sprache*[44] zusammen. Im Umgang mit dieser zeigt sich wiederum der Unterschied zwischen beiden Gruppen:

„Die Lippen des Rechtschaffenen (צַדִּיק) weiden viele,
aber die Toren (אֱוִילִים) sterben durch Mangel an Herz." (Spr 10,21)
„Das Wort des Lügners haßt der Rechtschaffene (צַדִּיק),
aber der Frevler treibt Schandbares und handelt schändlich." (Spr 13,5)

Der Umgang des Frevlers mit Sprache wird durchgängig negativ qualifiziert. Sie ist an Bosheit und Falschheit interessiert, an der Schädigung des Gegenübers[45]. Darauf weist auch die Gegenüberstellung von דְּבַר־שֶׁקֶר und יַבְאִישׁ/יַחְפִּיר in 13,5. Diese Negativeinstellung bleibt dann nicht ohne Folgen für den Frevler. Nach 10,31[46] wird das Organ, das die Bosheiten vermittelt, die Zunge, abgeschnitten, also faktisch vernichtet; 10,21 kündigt sogar

---

[38] Zur Problematik und den verschiedensten Verstehensversuchen vgl. PLÖGER, BK XVII, 167; MCKANE, OTL, 475f. Vgl. BARTH, ליץ, 568: „Die textlich sicher verderbte Stelle Spr 14,9 widerstand bislang allen Deutungsversuchen."

[39] RICHARDSON, Notes, 174, schlägt mit Hinweis auf die LXX die Variante לֵצִים vor anstelle von יָלִיץ, ändert damit jedoch auch nichts an der Problematik des Textes.

[40] Womit aber noch nichts darüber ausgesagt ist, daß ähnliches nicht auch unter den Frevlern etc. möglich ist, wenn sie sich als unter Gleichgesinnten sehen.

[41] Vgl. PLÖGER, BK XVII, 171: „Die Toren lachen über Schuldopfer, zwischen den Redlichen aber herrscht auch ohne Schuldopfer ein gutes Einvernehmen."

[42] BONORA, L'enigmatico proverbio.

[43] Gleiches gilt für ALONSO SCHÖKEL/VÍLCHEZ LÍNDEZ, Proverbios, 315: „El resultado es que el proverbio sintetiza los tres campos: el sapiencial de los necios, el ético de los rectos, el religioso del favor divino." Gerade für letzteres bietet der Text jedoch abgesehen von אָשָׁם keinen Hinweis, und auch bei der Rede von אָשָׁם ist zu fragen, inwieweit hier ein religiöser Hintergrund zu denken ist.

[44] Dazu insgesamt genauer § 14.

[45] Vgl. auch 19,28 mit Blick auf den Unrecht sprudelnden (?) Mund des Frevlers im Zusammenhang mit der Zeugenaussage; dazu § 14, S. 208.

[46] Dazu genauer § 14, S. 188f.

die völlige Ausmerzung der אֱוִילִים an. Dieser Vers bietet ein eigenwilliges Ineinander von Aussage über das Verhalten des Rechtschaffenen und Aussage über das Ergehen der Toren und deren Besonderheit[47]. Danach tun die Rechtschaffenen vielen wohl durch ihre Worte[48]. Der zunächst nicht ganz folgerichtig erscheinende v.21b könnte so verstanden werden, daß aus Mangel an Herz (= Mangel an Einsicht) die Toren sich nicht so verhalten können wie die Rechtschaffenen und folglich für sie keine Lebenschance bleibt.

Während also der Frevler nur auf Bosheit sinnt und diese entsprechend unmittelbar hervorsprudeln läßt, versucht demgegenüber der Rechtschaffene, sich an den Gegebenheiten zu orientieren und eine passende Antwort zu finden (10,32; 15,28[49])[50]. Die von ihm wahrgenommene soziale Verantwortung[51] wird auch im Zusammenhang mit seiner Sprache deutlich (so 10,21).

Die Sprache des Rechtschaffenen wie des Frevlers steht wieder in enger Verbindung zu deren Verhalten. Sie zielt also auf ein Tun und wird vom Handeln nicht losgekoppelt. Dies wird unterstrichen durch die durchgehende Konstruktion der Aussagen in Form von Verbalsätzen, deren Tempus (Imperfekt) die Zukunftsfolge der Sprechhandlung impliziert. Auch die vorwiegend handlungsorientierten Verben betonen das Interesse der Texte am Verhalten der Rechtschaffenen bzw. Frevler.

d) In enger Beziehung zum Verhalten des Rechtschaffenen wie des Frevlers stehen die Texte, die vom (Lebens-)*Weg* beider Größen sprechen:

„Der Weg der Redlichen (יְשָׁרִים) weicht ab vom Bösen[52],
es bewahrt sein Leben, wer auf seinen Weg acht hat." (Spr 16,17)

„Gewunden ist der Weg des verkehrten[53] Mannes,
aber der Klare – redlich (יָשָׁר) ist sein Tun." (Spr 21,8)

---

[47] McKane, OTL, 420, ordnet deshalb die beiden Vershälften zwei unterschiedlichen Gruppen zu und sieht den SiL von v.21b im Gegenüber zu v.21a in „the educational milieu of old wisdom".

[48] Der Gebrauch von רעה ist möglicherweise eine beabsichtigte Erinnerung an die Aufgabe von Königen, für die in anderen atl. Textkorpora רעה gebraucht wird (vgl. 2 Sam 5,2; 7,7; Ps 78,71 f.; Jer 23,4 u.ö.).

[49] Zu den Texten genauer § 14, S. 188 ff.

[50] Vgl. Whybray, CBC, 64, wonach der Rechtschaffene „uses his words constructively", während mit McKane, OTL, 424, über den Frevler gesagt werden kann: „it is a pathological, anti-social stance which finds its outlet in disruptive and destructive speech". Zu einem ähnlich differenzierten Umgang mit Sprache beim Weisen wie beim Tor vgl. 15,2.

[51] So kann McKane, OTL, 420, von „socially constructive role of the righteous man" sprechen.

[52] Alonso Schökel sieht in diesem Vers das Schema Prädikat-Subjekt, Prädikat-Subjekt und versteht יְשָׁרִים als Adjektiv. So kommt er zu der abweichenden Übersetzung „Das Böse zu meiden ist eine ebene Straße, wer auf seinen Weg achtet, bewahrt sein Leben.", Mayer/Alonso Schökel/Ringgren, ישר, 1063. Angesichts des Singulars מְסִלָּה in 16,17a kann der Auffassung Alonso Schökels jedoch nicht gefolgt werden.

[53] Zu וָזָר vgl. KBL³ I, 249.

„Der Frevler zeigt ein freches Gesicht,
der Redliche (יָשָׁר) aber, er macht fest seinen Weg." (Spr 21,29)

„Ein Greuel der Rechtschaffenen (צַדִּיקִים) ist ein Mann der Unredlichkeit
(= ein unredlicher Mann),
aber ein Greuel des Frevlers ist die Geradheit des Weges." (Spr 29,27)

Die Wegthematik (im übertragenen Sinn) spielt in den Proverbien mehrfach eine Rolle[54]. Das menschliche Leben wird unter dem Aspekt des Weges
angesehen, für den verschiedene Möglichkeiten des Begehens wie des Gestal-
tens gedacht werden. Frevler und Rechtschaffener/Redlicher haben nun
unterschiedliche Einstellungen zum Lebensweg. Während der Rechtschaffene auf seinen Weg achtet (16,17), ihn fest macht[55] (21,29), ist ein gerader
(= den Gegebenheiten angemessener?) Weg für den Frevler ein Greuel. *Plöger* schließt aus der Verwendung von תּוֹעֵבָה in 29,27 auf eine Nähe zu den
Texten, die vom Greuel für JHWH sprechen. Demzufolge besteht für ihn
eine Beziehung zwischen den Rechtschaffenen und JHWH[56]. Eine solche
Beziehung ist jedoch vom Text her nicht angelegt, sondern nur durch Überin-
terpretation bzw. Stichwortassoziation möglich[57]. Dem Text geht es wohl vor
allem darum, den Kontrast zwischen Rechtschaffenem und Frevler auszudrücken, indem er drastisch einander gegenüberstellt, was den jeweiligen
Gruppen ein Greuel bedeutet[58]. Dabei wird die Interpretation des Frevlers
geradezu auf die Spitze getrieben, indem ihm vorgeworfen wird, daß ihm das
eigentlich Selbstverständliche und Normale[59] bereits ein Greuel ist, nämlich
der gerade, rechte Weg[60], der im Blick auf den Leser als selbstverständlich
bzw. erstrebenswert gedacht wird. Diese Selbstverständlichkeit wird auch
hinter 21,8 sichtbar, wo das redliche Tun des Reinen dem gewundenen und
damit beschwerlichen, nicht geraden Weg des verkehrten, wohl unehrlichen
Menschen werbend gegenübergestellt wird.

---

[54] Zum Ineinander von Lebenswandel und -weg vgl. KOCH, צדק, 525, sowie ders.,
דרך, 304ff.

[55] WHYBRAY, CBC, 122, bietet hier zwei Verstehensmöglichkeiten an: „understands his
way(s)" bzw. „establishes his way(s)". Eine eindeutige Interpretation ist kaum möglich,
wird vielleicht auch bewußt offen gelassen, um die Vielschichtigkeit der Aspekte einzutragen.

[56] Vgl. PLÖGER, BK XVII, 350. Eine Beziehung zu JHWH, jedoch keine Identifikation,
stellt auch McKANE, OTL, 640, her. Vgl. auch A. MEINHOLD, ZBK AT 16.2, 493, für den
die Unredlichkeit ein Tun ist, „das JHWH entgegensteht".

[57] Gleiches gilt auch für Spr 21,29, wo STRACK, KK VI/2, 72, das הכין „als לפני י׳
geschehend" sieht.

[58] Vgl. dazu die Weisheitsschrift der Kairoer Geniza 16,12; Sir 1,24; 13,20: „Es geht
immer darum, daß Weise und Gerechte einerseits und Toren und Sünder auf der anderen
Seite füreinander wechselseitig »Greuel« sind. Hier tritt eine gemein-jüdisch-hellenistische
Tradition zutage." K. BERGER, Bedeutung, 119.

[59] Aus der Perspektive des Rechtschaffenen/Weisen (?) gedacht!

[60] PLÖGER, BK XVII, 350, geht sogar so weit, daß er in dem Rechtschaffenen ein Greuel
für den Frevler sieht, was so aber vom Text direkt nicht vorgegeben ist.

2. *Das Ergehen des Rechtschaffenen/Redlichen bzw. des Frevlers*

Wenn über das Verhalten bzw. das für den Rechtschaffenen/Redlichen wie für den Frevler Typische reflektiert wird, so werden z. T. auch die daraus sich ergebenden Folgen gleich miteinbezogen[61]. Solch ein Ineinander von Verhalten und daraus resultierender Folgen wird in Spr 28,1 auf besondere Weise sichtbar:

> „Es flieht[62] der Frevler, ohne daß es einen Verfolger gibt,
> aber die Rechtschaffenen (צַדִּיקִים) können[63] sich sicher fühlen wie ein junger Löwe." (Spr 28,1)

Anders als bei anderen Texten sieht Spr 28,1 die Folgen des Verhaltens nicht in einem von außen auf den Frevler bzw. Rechtschaffenen einwirkenden konkreten Geschehen, sondern in dem sich in der Person abspielenden ruhigen bzw. schlechten Gewissen[64] (das zwar als Phänomen geschildert wird, im Hebräischen aber keinen eigenen Begriff hat; vgl. Ps 32). Während die Rechtschaffenen sich begründet sicher fühlen können[65], ist die „Ruhelosigkeit des Frevlers"[66] wohl Ausdruck seines Wissens um die „inevitability of judgement"[67] selbst da, wo keine Situation erkennbar ist, die eine unmittelbare Folge seines Verhaltens mit sich brächte.

Auffällig ist in v.1a der Singular des Subjekts, während in v.1b Plural steht. So wird der Eindruck einer verstärkten Typisierung des Frevlers erweckt. Ebenso ermöglicht der Plural beim Rechtschaffenen eine leichtere Identifizierung bzw. eher den Wunsch, zu dieser Gruppe der Mehrheit dazuzugehören.

a) Mehrfach wird in den Proverbien darauf hingewiesen, daß dem Verhalten des Rechtschaffenen wie des Frevlers eine *Reaktion JHWHs* korrespondiert. 10,3 wie 15,29[68] zeigen, daß JHWH sich von den Frevlern abwendet und ihre Bedürfnisse zurückweist. Den Rechtschaffenen wendet er sich demgegenüber zu. JHWH geht ein auf ihre Bedürfnisse und ihre Bitten. Ebenso

---

[61] Vgl. dazu auch § 18.

[62] Die Pluralform im Hebräischen ist möglicherweise in Analogie zu v.1b zu erklären und so versehentlich geschrieben worden. Der Text ist folglich in נָס zu ändern.

[63] Der Singular im Hebräischen dürfte vom vorausgehenden כִּכְפִיר beeinflußt sein.

[64] Vgl. auch WILDEBOER, KHC XV, 80; PLÖGER, BK XVII, 332.

[65] Der Grund für diese Sicherheit liegt aber weniger darin, daß er sich in Gott stark weiß, so DELITZSCH, Spruchbuch, 450, sondern wohl eher im Wissen um den Tun-Ergehen-Zusammenhang.

[66] HAMP, EB, 75.

[67] MCKANE, OTL, 621.

[68] Vgl. dazu genauer § 18, S. 237f.

führt die Furcht JHWHs[69] zu einer Lebensverlängerung[70]. Letzte Konsequenz für das Verhalten der Frevler ist hingegen eine Verkürzung ihrer Lebensdauer (10,27[71]; vgl. auch 22,12[72]). Hier entsteht geradezu der Eindruck eines normal zubemessenen Lebenszeitraumes, der durch Frevel oder Rechtschaffenheit verändert werden kann. Gegenteilig äußert sich der ägyptische PapInsing 393: „Weder der Gottlose noch der Gottesfürchtige kann die Lebenszeit, die ihm zugeteilt ist, ändern."[73]

Der folgende Text führt ganz gezielt die für den Frevler negativen Folgen seines Verhaltens[74] auf das Tun JHWHs zurück[75]:

> „Alle Arbeit JHWHs führt zu seiner Antwort,
> so auch der Frevler zum bösen Tag." (Spr 16,4)

Diese Aussage kann wohl als Trost für den sich nicht frevelhaft Verhaltenden verstanden werden angesichts der Probleme, die sich aus dem Verhalten eines Frevlers ergeben, ohne daß gleich eine negative Konsequenz für ihn sichtbar wird[76]. Verwiesen wird darauf, daß JHWH für alles ein Ziel gesetzt, auf alles eine Reaktion vorgesehen hat. So wird es auch – irgendwann – beim Frevler zum Gerichtstag kommen[77]. Damit wird die Zeit zu einem Faktor im Tun-Ergehen-Zusammenhang bzw. zu einer Antwort auf Probleme mit diesem[78].

Demgegenüber ist JHWH für den Rechtschaffenen ein Ort des Schutzes:

> „Ein starker Turm ist der Name JHWHs,
> zu ihm läuft der Rechtschaffene (צַדִּיק) und ist gesichert." (Spr 18,10)

Auffallend ist die Rede von שֵׁם יהוה, die für Gott selbst steht und hier das einzige Mal in den Proverbien begegnet[79]. Möglicherweise ist darin ein Hinweis auf eine Entstehung dieses Textes in einer Zeit zu sehen, die die Distanz

---

[69] Dazu genauer s. u. § 20, S. 253ff.

[70] Vgl. dazu DELITZSCH, Spruchbuch, 174: „Gottesfurcht, welche den Menschen zufrieden und vergnügt in Gott macht, ist wirklich das richtige Princip der Makrobiotik."

[71] Genauer dazu § 20, S. 269.

[72] Genauer dazu § 22, S. 283f.

[73] Nach BRUNNER, Altägyptische Weisheit, 325.

[74] Vgl. VAN LEEUWEN, רשע, 814: „die ruchlose Tat und die Schuld und Strafe, die sich notwendigerweise mit einer solchen Tat verbinden – sind alle in der einen Wurzel ršˁ enthalten"; vgl. auch ebd. 816.

[75] Vgl. auch Jes 10,3; Hi 21,30; Qoh 7,14.

[76] Ähnlich SCOTT, AB 18, 106: „Perhaps an answer to the question why evil men were created." Letztlich steht hier also die Theodizeeproblematik zur Debatte.

[77] Vgl. HAMP, EB, 45: „In überspitzter Formulierung gilt als einziger Zweck des Frevlers seine Bestrafung."

[78] Vgl. dazu § 18.

[79] Nach WILDEBOER, KHC XV, 54, eine Zuflucht „in dem Gott der Offenbarung selbst, also in Gott, wie ihn Israel kannte. Fast selbstverständlich muss unser Spruchdichter dabei an Ex 3,14 gedacht haben." Für eine solche Aussage bietet der Text jedoch nicht genügend Basis.

zu Gott stärker betonte und so den JHWHnamen nicht mehr unmittelbar gebrauchen wollte. Deutlich macht eine solche Aussage wie die hier im Text vollzogene, daß der Rechtschaffene nicht mit einer durchgängig positiven Erfahrung angesichts seines Verhaltens rechnet. Vielmehr braucht er das Gegenüber JHWH, da er sich auf eine seinem Verhalten immanente Folge nicht verlassen kann. Damit ist bereits ein Durchbrechen der vorgegebenen ,Ordnung' gegeben, indem Schutz „von außen" gesucht werden muß, da die bisherigen „Spielregeln" nicht mehr gelten[80].

b) *Dauerhafter Bestand* wird dem Rechtschaffenen zugesagt[81], während *Gefährdung* für den Frevler gilt:

„Das Gedenken des Rechtschaffenen (צַדִּיק) ist zum Segen,
aber der Name der Frevler verfault." (Spr 10,7)

„Wenn der Sturm vorübergeht, gibt es keinen Frevler mehr,
aber der Rechtschaffene (צַדִּיק) – er hat einen ewigen Grund." (Spr 10,25)

„Der Rechtschaffene (צַדִּיק) wankt in Ewigkeit nicht,
aber die Frevler bleiben nicht wohnen im Land." (Spr 10,30)

„Nicht bleibt bestehen der Mensch im Frevel (אָדָם בְּרֶשַׁע),
aber die Wurzel der Rechtschaffenen (צַדִּיקִים) wankt nicht." (Spr 12,3)

„Umgestürzt werden[82] die Frevler, und es gibt sie nicht mehr,
aber das Haus der Rechtschaffenen (צַדִּיקִים) bleibt bestehen." (Spr 12,7)

„Das Haus der Frevler wird vertilgt,
aber das Zelt der Redlichen (יְשָׁרִים) blüht auf." (Spr 14,11)

Durchgängig wird in diesen Aussagen nur konstatiert, nicht argumentiert[83]. Angesichts von 10,7 ist zu fragen, ob der Segen im Blick auf den Rechtschaffenen[84] bzw. das Verfaulen des Namens des Frevlers über den Tod hinaus gedacht wird[85] oder ob beides im Bereich des Diesseitigen bleibt. Der Text gibt keinen Hinweis auf ersteres, so daß zunächst an eine Aussage über das jeweilige Leben gedacht werden muß. Da aber jegliche zeitliche Dimension überhaupt ausgeklammert bleibt, ist der Text in seinem Verstehen offen. Die zeitliche Dimension wird dann allerdings in 10,25.30 durch עוֹלָם einge-

---

[80] McKane, OTL, 521, sieht hier wieder den Kontext der Theodizee.

[81] Primär für sich selbst, aber es sind wohl auch andere eingeschlossen.

[82] Zur Auffassung des inf.abs. als Passivum vgl. GKa §113ff.; vgl. auch Wildeboer, KHC XV, 36; A. Meinhold, ZBK AT 16.1, 205.

[83] So ist auch Plöger, BK XVII, 148, nicht zuzustimmen, der in 12,3 die צַדִּיקִים mit Blick auf 12,2 als diejenigen sieht, „die Unterweisung lieben und Jahwes Wohlgefallen erlangt haben" und deshalb nicht ins Wanken kommen. Solch ein Rückschluß ist vom Text selbst her nicht vorgegeben.

[84] Fahlgren, ṣᵉdāḳā, 203, sieht den Segen erst in späterer Zeit als „abhängig von der Beschaffenheit der Personen".

[85] So Wildeboer, KHC XV, 32; vgl. auch A. Meinhold, ZBK AT 16.1, 170.

bracht[86], womit wohl ähnlich wie durch das Bild von der Wurzel[87] in 12,3 das
Element der Dauer, nicht das Denken über den Tod hinaus angesprochen ist
(vgl. aber Qohelet über das Gedenken an den Weisen, Qoh 2,16).

Unterstrichen wird dieser Gedanke durch die Rede von אֶרֶץ in 10,30.
Möglicherweise ist אֶרֶץ in 10,30b sogar als Erde zu verstehen. Dann ginge es
nicht mehr um ein sicheres Wohnen im Lande mit Anklang an die Landzu-
sage[88], sondern um die Existenzmöglichkeit für einen Frevler überhaupt.
Angesichts von 10,30a und 10,25 liegt diese zweite Sicht näher[89].

In 14,11 wird der Gegensatz zwischen Rechtschaffenem und Frevler in
seiner Kraßheit noch verstärkt, indem dem (festen) Haus des Frevlers Vernichtung angekündigt wird, dem (leichteren) Zelt[90] des Redlichen (vgl. Gen
25,27) jedoch Verbesserung, wo eigentlich von der Substanz her das Umgekehrte zu erwarten wäre.

Im Zusammenhang mit Bestand und Gefährdung können auch die folgenden Texte gesehen werden:

„Die Unschuld der Redlichen (יְשָׁרִים) läßt sie in Ruhe,
aber die Falschheit der Treulosen richtet sie zugrunde[91]." (Spr 11,3)

„Die Gerechtigkeit der Aufrechten (תְּמִים[92]) macht ihren Weg gerade,
aber durch seinen Frevel fällt der Frevler." (Spr 11,5)

„Die Gerechtigkeit der Redlichen (יְשָׁרִים) rettet sie,
aber im Begehren der Treulosen werden sie gefangen." (Spr 11,6)

„Der Frevler schafft trügerischen Lohn,
wer aber Gerechtigkeit sät, beständigen Lohn." (Spr 11,18)

„Das Licht der Rechtschaffenen (צַדִּיקִים) ist fröhlich,
aber das Licht der Frevler verlöscht." (Spr 13,9)

Den Redlichen kann Wohlergehen bzw. Rettung zugesagt werden, während die „Oppositionellen" die negativen, zerstörerischen Folgen ihres Verhaltens zu tragen haben (vgl. 13,15[93]). Dabei wird deutlich, daß die Ursache
für Rettung bzw. Zerstörung allein im Verhalten der jeweiligen Person liegt

---

[86] Vgl. dazu JENNI, עוֹלָם, 234; PREUSS, עוֹלָם, 1155.

[87] Offen bleibt wiederum, worin der Rechtschaffene wurzelt.

[88] So allerdings, HAMP, EB, 33; vgl. PLÖGER, BK XVII, 122; WHYBRAY, CBC, 64

[89] Damit kann auch der Interpretation von MCKANE, OTL, 427, nicht gefolgt werden,
der hier Anklänge an das Deuteronomium sieht und den Text in den Zusammmenhang
stellt, „where the wise men put their forms of literary expression at the disposal of the
Law".

[90] Möglicherweise ist hier an „Familie" zu denken, MCKANE, OTL, 474; das würde aber
wohl doch eher für den Begriff Haus gelten!

[91] In Parallele zu v.3a ist hier das Qere zu lesen.

[92] Vgl. MCKANE, OTL, 435: Der תָּם ist „the wholly sincere or flawless man, whose
piety is without defect or admixture of hypocrisy".

[93] Vgl. dazu § 22.

(11,3.5.6)[94], also in der תֻּמָּה bzw. צְדָקָה im Gegenüber zu סֶלֶף, רִשְׁעָה und הַוָּה. Nicht ganz eindeutig scheint zunächst in 11,3.6 die Bezugsgröße der Suffixe. Da jedoch keine weiteren Personen genannt werden, dürfte das jeweilige Nomen regens die Bezugsgröße sein, also jeweils Aussagen über den Redlichen bzw. Treulosen selbst gemacht werden, wie es in 11,5 ganz deutlich hervortritt. Vielleicht ist aber auch hier wie in 11,18 wieder eine bewußte Vielschichtigkeit zu sehen, die eine Offenheit der Interpretation wie der Identifikation erlaubt. Denn auch 11,18 gibt keine klare Auskunft, für wen der Lohn zu denken ist, ob für den Handelnden selbst oder ob für ein nicht genanntes Gegenüber[95].

Das Ergehen der Angesprochenen selbst ist deutlich in 13,9 gemeint. Es ist mit der Rede vom Licht vor allem an das Lebenslicht zu denken[96], so daß also eigentlich eine Aussage über das Leben des Rechtschaffenen wie des Frevlers gemacht wird. Das Leben des Frevlers wird demzufolge als begrenztes beschrieben (es verlöscht, wird dunkel[97]), während das seines Gegenübers ein fröhliches und wohl auch länger andauerndes ist.

Von besonderem Gewicht ist der folgende Vers durch seine auffällige Einleitung. Es scheint stärkere Zweifel gegeben zu haben am Funktionieren des Ineinanders von Tat und Folge[98], so daß die im letzten unausweichliche Folgewirkung des Tuns deutlich unterstrichen werden mußte:

> „Hand um Hand – nicht ungestraft bleibt der Böse,
> der Same der Rechtschaffenen (צַדִּיקִים) aber wird gerettet." (Spr 11,21)

Das Gegenüber von ‚Same der Rechtschaffenen' und dem Bösem ist ein für die Proverbien ungewöhnliches, da hier einander nicht völlig vergleichbare Größen zugeordnet werden[99]. Das negative Ergehen des gegenwärtigen Bösen wird dem positiven der (zukünftigen) Nachfolgenden der Rechtschaffenen gegenübergestellt. Damit wird zunächst einmal das Problem noch verschärft deutlich, weil so keine unmittelbare Lösung angeboten wird. Vielmehr wird eine solche auf die nachfolgende Generation weitergegeben, dann allerdings mit dem verstärkenden, Gewißheit betonenden „Hand um

---

[94] Gegen MCKANE, OTL, 436, der JHWH als den nennt, der dem Redlichen letztlich zu Hilfe kommt. צְדָקָה ist in 11,6 aber so deutlich an die יְשָׁרִים gebunden, daß auch von daher kein Rückschluß auf JHWH als Urheber der Rettung möglich ist.

[95] In der exegetischen Literatur wird jeweils eine eindeutige Entscheidung gefällt zugunsten des Tun-Ergehen-Zusammenhangs, ohne daß gefragt wird, ob auch andere Bezüge vorliegen könnten.

[96] Vgl. SCOTT, AB 18, 95; WHYBRAY, CBC, 78. WHYBRAY gibt ebd. auch einen Hinweis auf das ewige Licht im Tempel, doch erscheint diese Assoziation als zu weit hergeholt.

[97] Vgl. A. MEINHOLD, ZBK AT 16.1, 220.

[98] Genauer dazu § 18.

[99] Entsprechend versucht WHYBRAY, CBC, 69, dieses ungewöhnliche Gegenüber aufzulösen und überlegt, ob v.21a von der Kinderlosigkeit als Strafe für den Bösen sprechen könnte.

Hand"[100]. Wenn schon nicht die Folgen des Verhaltens in der jeweiligen Generation auftreten, dann werden diese aber doch für die folgende relevant[101].

c) Immer wieder wird der Aspekt der *Lebensqualität* sichtbar:

> „Dem Rechtschaffenen (צַדִּיק) begegnet keine Beschwernis,
> aber der Frevler ist voll mit Unheil." (Spr 12,21)

> „Der Rechtschaffene (צַדִּיק) ißt, um seinen Hunger zu sättigen,
> aber der Bauch der Frevler leidet Mangel." (Spr 13,25)

> „Beim Kommen des Frevlers[102] ist auch Spott mitgekommen,
> und mit der Schande auch Schmach." (Spr 18,3)

Auf unterschiedlichen Ebenen wird hier die Lebensqualität angesprochen. Ganz im kreatürlichen Bereich bewegt sich 13,25[103]. Ausreichende Nahrung bzw. Mangel daran werden hier als natürliche Gegebenheiten für die beiden Gruppen angesehen[104]. Damit ist noch nichts ausgesagt über eine mögliche Unersättlichkeit des Frevlers[105].

Eher allgemein wird vom Unglück des Frevlers bzw. vom Wohlergehen des Rechtschaffenen in 12,21 geredet. Auffallend sind die unterschiedlichen Verben in 12,21. Während in v.21a mit אנה ein handlungsorientiertes Verb begegnet, ist מלא ein Verb, das im Qal mehrfach einen Zustand beschreibt. So entsteht der Eindruck, als gehöre es geradezu zum Habitus des Frevlers, mit Unheil angefüllt zu sein[106].

Ein völlig anderer Aspekt wird mitgesetzt, wenn die bloße Existenz des Frevlers mit Spott, Schande und Schmach in Verbindung gebracht wird. Offen bleibt, ob hier Spott etc. für den Frevler selbst angesprochen ist, er ihn

---

[100] Vgl. dazu SNIJDERS, Spreuken, 84: „de uitdrukking te verklaren met het oude en internationale gebruik door handslag en zaak te bekrachtigen".

[101] A. MEINHOLD, ZBK AT 16.1, 197, sieht allerdings in der Rede vom Samen der Rechtschaffenen einen Hinweis darauf, daß die Rechtschaffenen insgesamt Rettung erfahren werden.

[102] Eine Veränderung von רָשָׁע zu רֶשַׁע ist mitnichten notwendig für den Duktus, gegen PLÖGER, BK XVII, 209; MCKANE, OTL, 521.

[103] Anders HAMP, EB, 39, der die Sättigung der Seele angesprochen wissen will.

[104] Nach SOETE, Ethos, 228, liegt hier ein Beleg vor für „das Glück des Gerechten als ein Genießendürfen von Lebensgütern". Es geht hier aber nicht um Genuß, sondern (Nicht-)Befriedigung elementarer Bedürfnisse. Vgl. TOY, ICC, 279, der auch darauf verweist, daß an physische Bedürfnisse zu denken ist, nicht an spirituelle.

[105] Gegen PLÖGERS Vermutung, BK XVII, 164. Ebensowenig gibt der Text her für göttliche Fügung als Ursache des unterschiedlichen Ergehens von Frevler und Rechtschaffenem. Allein der Gegensatz beider Größen reicht als Argument nicht aus, um eine „einfache Erfahrungsthatsache" als Hintergrund beiseite zu schieben, gegen STRACK, KK VI/2, 49. Vgl. auch MCKANE, OTL, 403, zu Spr 24,16, der in dem Gegensatz ein Zeichen für „Yahwistic theodicy" sieht.

[106] Vgl. PLÖGER, BK XVII, 152.

also automatisch auf sich zieht[107]. Oder bringt er eher Spott etc. über andere?[108] Möglicherweise sind auch hier wieder beide Aspekte miteinander zu denken[109].

Entfernt können auch die beiden folgenden Texte unter dem Gedanken der Lebensqualität eingeordnet werden:

> „Beim Tod des frevlerischen Menschen[110] geht die Hoffnung zugrunde,
> die Hoffnung auf Kraft/Vermögen[111] wird zunichte." (Spr 11,7)

> „Fürwahr, siebenmal fällt der Rechtschaffene (צַדִּיק) und steht wieder auf,
> aber die Frevler straucheln in ihrer Bosheit." (Spr 24,16)

Unklar ist das Subjekt der Hoffnung in 11,7[112]. Es kann die Hoffnung des Frevlers im Blick sein, Erwartung seiner eigenen Kraft/Macht, die mit seinem Tod zu Ende ist[113]. Angesprochen sein kann aber auch die Hoffnung derer, die auf den Frevler gesetzt haben, so seine Gesinnungsgenossen. Da sonst in den Proverbien eher die positiv qualifizierte Gruppe angesprochen ist, wird auch in diesem Text an Letzteres zu denken sein und der Text ein ermutigendes Wort für die am Frevler und seinen Leuten Leidenden sein, daß mit dem Tod des Frevlers auch deren Einfluß zunichte gemacht wird.

Nach 24,16 kommt der Rechtschaffene im Gegensatz zum Frevler nicht dauerhaft zu Fall, sondern hat immer wieder[114] die Möglichkeit, nach Tiefschlägen sich aufzurichten[115]. Negativerfahrungen des Rechtschaffenen sind also temporäre, nicht grundsätzliche. Auch das kann wieder als ein Wort der Ermutigung verstanden werden für den Rechtschaffenen, der sich in einer für ihn schwierigen Situation befindet. Ebenso für diejenigen, die angesichts des

---

[107] So WHYBRAY, CBC, 104.

[108] Entsprechend WILDEBOER, KHC XV, 53.

[109] Vgl. A. MEINHOLD, ZBK AT 16.2, 298.

[110] Zur Problematik des etwas überladenen Textes und den Versuchen zu kürzen vgl. PLÖGER, BK XVII, 133.136. רָשָׁע zu streichen würde bedeuten, sich den Schwierigkeiten des Textes nicht stellen zu wollen, zumal kein Textzeuge für einen solchen Eingriff spricht.

[111] Von A. MEINHOLD, ZBK AT 16.1, 187, im Sinne von Reichtum verstanden, womit sich jedoch an der Gesamttendenz des Textes nichts ändert.

[112] Zu den Interpretationsproblemen vgl. MCKANE, OTL, 439f.

[113] Anders die LXX, die vom Tod eines Rechtschaffenen spricht. Vielleicht aus den genannten Schwierigkeiten heraus? MCKANE, OTL, 440, wiederum schließt – m.E. nicht nachvollziehbar – aus v.7a, daß der Rechtschaffene offensichtlich eine Hoffnung über den Tod hinaus hat. Völlig ohne Textbasis formuliert ZIENER, Weisheit als Lebenskunde, 281, zu 10,28, wer 11,7 vergleichbar ist: „So kann auch die Vergeltung für gutes oder böses Verhalten für einige Zeit ausbleiben".

[114] Das ist mit der Siebenzahl ausgedrückt, die als numerische Hyperbel, als Übertreibung bzw. steigerndes Element verstanden werden kann, vgl. WATSON, Classical Hebrew Poetry, 319.

[115] Im Kontrast zu Am 5,2, wo das gleiche Vokabular – allerdings in der Negation – gebraucht ist.

negativen Ergehens des Rechtschaffenen Probleme mit dem Tun-Ergehen-Zusammenhang haben.

d) Der *Besitz* des Rechtschaffenen wie des Frevlers wird in seiner Wirkung der jeweiligen Gruppe unterschiedlich zugeordnet:

„Der Erwerb des Rechtschaffenen (צַדִּיק) ist zum Leben,
der Gewinn des Frevlers aber ist zur ‚Sünde'." (Spr 10,16)

„Wer auf seinen Reichtum vertraut, wird fallen,
die Rechtschaffenen (צַדִּיקִים) aber werden sprossen wie grünes Laub." (Spr 11,28)

„Der Gute läßt erben seine Kindeskinder,
aufgespart ist für den Rechtschaffenen (צַדִּיק) das Gut des Sünders." (Spr 13,22)

„Das Haus des Rechtschaffenen (צַדִּיק) ist ein großer Schatz,
aber im Gewinn des Frevlers ist Zerrüttung." (Spr 15,6)

Der eigene Besitz ist keine Garantie für Wohlergehen und Bestand, wohl aber die eigene positive Lebenseinstellung. Bei der Frage des Besitzes wird hier auf jede Einschränkung – unrecht erworben etc. – verzichtet[116]. Auffallend ist jedoch der Gebrauch von חַטָּאת in 10,16 im Blick auf die Folgen des Gewinns. Eigentlich wäre ein Pendant zu חַיִּים zu erwarten[117]. Es ist aber doch wohl bewußt von „Sünde"[118] gesprochen, denn es liegt keinerlei Hinweis auf Gründe für eine Textveränderung vor[119]. So wird der Gebrauch von חַטָּאת im Gegenüber zu חַיִּים ein Zeichen dafür sein, daß hier der Leben zerstörende Aspekt der חַטָּאת im Blick ist und damit der Mißbrauch des Besitzes. Es ist also nicht der Gewinn, der negativ qualifiziert wird und den Frevler zu einem solchen macht, sondern das – hier allerdings nicht angesprochene[120] – Handeln[121], vor allem aber die Einstellung des Besitzenden[122]. Ganz deutlich wird, daß die negative Einstellung des Frevlers zur

---

[116] STRACK, KK VI/2, 40, hebt allerdings auf die beiden unterschiedlichen Begriffe פְּעֻלָּה und תְּבוּאָה ab und folgert daraus: „Einkommen kann man auch ohne Arbeit haben." Damit differenziert er also noch einmal bei der Qualität des Besitzerwerbs. Darauf dürfte aber kaum der Ton des Textes liegen. – Vgl. zur Sache noch § 26.

[117] Vgl. SOETE, Ethos, 234. Die BHS schlägt entsprechend eine Veränderung in מְחִתָּה vor. Vgl. auch OESTERLEY, Proverbs, z.St.

[118] Wobei hier weniger der theologisch qualifizierte Gedanke von Sünde zu sehen ist als vielmehr die Rede von Verfehlung allgemein und insgesamt.

[119] Da חַטָּאת das Vergehen wie die daraus resultierende Folge einschließt, ist auch nach FAHLGREN, ṣᵉdāḳā, 17, keine Textveränderung nötig. Vgl. auch McKANE, OTL, 425.

[120] Das geht sogar soweit, daß beide Texte nominal konstruiert sind.

[121] Vgl. WHYBRAY, CBC, 63: „a contrast between the ways in which the two types of man use their money". Vgl. auch SOETE, Ethos, 233.235, die hier (zu) stark auf den Aspekt des Handelns abhebt.

[122] Ähnliche Beobachtungen finden sich in § 26.

eigenen (wie zur fremden) Zerstörung führt (10,16[123]; 15,6[124]). Nach 11,28 ist es aber weniger der direkte Mißbrauch des Besitzes, sondern das auf diesen gründende trügerische Vertrauen, das zu Fall bringt[125].

Deutlich ausgesprochen wird die (nachdenklich machende?) Erfahrung, daß es auch der Frevler zu etwas bringen kann[126], also nicht prinzipiell Frevel und Armut einander korrespondieren. Der Besitz des Frevlers bleibt diesem jedoch nicht auf Dauer, sondern wird schließlich dem צַדִּיק dienstbar gemacht[127]. Der Rechtschaffene[128] hingegen kann seinen Besitz innerhalb der Familie weitergeben (13,22). So erscheint die durch den eigentlich nicht denkbaren Besitz des Frevlers scheinbar verletzte Ordnung wieder hergestellt[129].

e) Wie eine *Zusammenfassung* der bisher geäußerten Erfahrungen und Reflexionen können die folgenden Texte angesehen werden:

„Wovor sich der Frevler fürchtet, das holt ihn ein[130],
den Rechtschaffenen (צַדִּיקִים) aber wird gegeben, was sie sich wünschen."
(Spr 10,24)

„Die ‚Sünder' (חַטָּאִים) verfolgt das Böse,
aber den Rechtschaffenen (צַדִּיקִים) wird gut vergolten." (Spr 13,21)

Dem Rechtschaffenen wird danach entsprechend seinem Begehren gegeben[131], während der Frevler die gegenteilige Erfahrung machen wird, nämlich das zu erhalten, wovor er sich fürchtet[132], also das, was er gerade nicht will[133]. Der immanente Tun-Ergehen-Zusammenhang steht deutlich hinter 10,24: Das, was dem einzelnen zusteht, wird ihm zuteil[134].

Auffallend ist in 13,21 wieder die Verwendung der Wurzel חטא. Zunächst

---

[123] Vgl. RICHARDS, Study, 129: רשע bezeichnet wie kein anderer Begriff die Negation des Lebens.

[124] Zu fragen ist, ob נֶעֱכֶּרֶת mit „Zerrüttung" angemessen wiedergegeben ist. PLÖGER, BK XVII, 180, versteht es anders akzentuiert im Sinn von „Unordnung". Aber selbst dann wäre etwas Zerstörerisches mitgesetzt, denn Unordnung zerstört Leben eher als daß sie es fördert.

[125] Anders als bei STRACK, KK VI/2, 44, kann darin jedoch keine indirekte Aufforderung, auf JHWH zu vertrauen, gesehen werden.

[126] Vgl. PLÖGER, BK XVII, 163.

[127] Vgl. PapInsing 70 (BRUNNER, Altägyptische Weisheit, 305): „Der Gottlose verliert seine Ersparnisse beim Tode, und ein anderer nimmt sie an sich."

[128] טוֹב dürfte hier mit Bezug auf צַדִּיק zu sehen sein.

[129] Vgl. RINGGREN, ATD 16, 57.

[130] Wörtlich: Das Objekt der Furcht des Frevlers, es kommt zu ihm.

[131] Nach McKANE, OTL, 426, durch JHWH garantiert.

[132] Vgl. dazu BOSTRÖM, Sages, 118, der hier die auch in Spr 1–9 zu findende Weltsicht wiederfindet, daß die Welt ist „full of threats and terror". Darauf liegt jedoch nicht der eigentliche Akzent des Textes.

[133] „Von der charakterlichen Haltung ist die jeweilige Erwartung bestimmt, die ihre Erfüllung erfährt", PLÖGER, BK XVII, 129.

[134] Eine entsprechende Begründung findet sich in 11,23; dazu S. 62.

besag der Gebrauch dieser Wurzel noch nicht, daß hier an einen religiösen Kontext zu denken ist. Die חַטָּאִים werden den צַדִּיקִים gegenübergestellt, was durchaus Anlaß bieten kann für ein theologisches Verstehen dieses Textes[135]. Doch ist es auch hier wie schon bei vielen anderen Texten in den Proverbien unmöglich, zu einer eindeutigen Entscheidung zu kommen, da der Text aus sich heraus keine Hilfe zum Verstehen bietet und auch der Kontext eine solche versagt. Erneut stellt sich die Frage, ob es ein intendiertes Offenlassen ist oder ob sich nur unserem heutigen Verstehen eine genaue Interpretation entzieht[136]. Ähnlich ist es mit der Frage nach demjenigen, der hier vergilt. Auch darüber wird keine konkrete Aussage gemacht.

Insgesamt lassen diese Texte angesichts des Kontrastes von positivem und negativem Menschenbild wieder den Rechtschaffenen als Adressaten annehmen. Diesem wird einerseits das negative Ergehen des Frevlers kontrastierend vor Augen geführt, um ihn vor dem Abgleiten auf die Seite des Frevlers zu bewahren. Er erfährt aber ebenso im Ergehen des Frevlers eine Beruhigung dahingehend, daß dessen schädigendes Verhalten nicht das letzte Wort behält.

3. Die Auswirkung des Verhaltens auf andere

Bei aller Gemeinschaftsbezogenheit des Rechtschaffenen bzw. Frevlers sind es doch nur wenige Texte, die sich mit den Auswirkungen des Verhaltens beider auf andere auseinandersetzen. Dabei wird – wie zu erwarten – deutlich, daß die Wirkung des Rechtschaffenen auf andere eine erhaltende bzw. förderliche ist und umgekehrt die des Frevlers eine zerstörerische, wie dies auch von den Auswirkungen auf die eigene Person gilt. Die Förderung bzw. Schädigung ist jeweils an die Sprache der beiden Personengruppen gebunden. Die Sprache der Frevler kann gar eine ganze Stadt vernichten (11,11)[137]. Der einzelne Nachbar (11,9) wie die Gemeinschaft (bes. 11,11[138]) sind durch den Frevler gefährdet bzw. durch den Redlichen/Rechtschaffenen geschützt[139]. Die Erfahrung der Gefährdung der Gemeinschaft durch den Frev-

---

[135] Vgl. STRACK, KK VI/2, 49, der Gott als Subjekt von v.21b ansieht.

[136] Angesichts der Fülle solcher Leerstellen ist aber wohl doch eher an eine bewußte Textgestaltung zu denken.

[137] Vgl. zu diesen Texten genauer § 14, S. 194ff.

[138] SCOTT, Wise and foolish,160, sieht in 11,10.11 einen Hinweis auf „parties of political factions". Offen bleibt jedoch, welche Art von Gemeinschaft angesprochen ist. Zwar wird in 11,11 von der Stadt gesprochen, was zunächst an eine konkrete profane Gemeinschaft denken läßt, doch bleibt die Aussage letztlich so allgemein, daß eine genauere Füllung nicht möglich ist.

[139] Vgl. eine ähnliche Aussage in der ägyptischen Loyalistischen Lehre 119f. (BRUNNER, Altägyptische Weisheit, 184): „Der Böse zerhackt seine Siedlung, aber der Beliebte baut seine Stadt auf."

ler zeigt sich auch in 20,26; 25,4f.[140], wenn es um die Entfernung und Bestrafung des Frevlers durch den König geht. Segen und Leben als Folge des Verhaltens des Rechtschaffenen werden so dem Interesse des Frevlers an der Gewalttat[141] gegenübergestellt (10,6.11; 11,9; 14,3).

Angesichts der zahlreichen Aussagen über das jeweils eigene Ergehen des Rechtschaffenen wie des Frevlers stellt sich die Frage, warum nur so wenig gesagt wird über die Auswirkung von deren Verhalten auf Dritte. Zu erklären ist dies wohl vor allem damit, daß es diesen Texten um eine Identifikation des Hörers/Lesers mit dem Rechtschaffenen und eine Ablehnung des Frevlers geht, die wohl eher zu erreichen ist angesichts der Konsequenzen für das eigene Ergehen als für das eines Fremden. Letztlich spiegelt sich darin auch ein stärker am Individuum orientierter Charakter der Proverbien wider[142].

4. Die Wertung von Frevler und Rechtschaffenem

a) Die *Freude über den Rechtschaffenen/Redlichen* und damit eine eindeutig positive Wertung wird in besonderer Weise in den Texten zur Sprache gebracht, die nur von dieser Personengruppe reden. So hat der König Freude an den Worten des Rechtschaffenen/Redlichen (16,13[143]), und der Vater jubelt über einen rechtschaffenen Sohn (23,24[144]). In diesen beiden Texten wird von Einzelpersonen die Freude über den Rechtschaffenen ausgesagt. Es sind jedoch nicht irgendwelche Einzelpersonen, sondern sie verkörpern als König bzw. Vater jeweils Autoritäten[145].

Wird der Freude am Rechtschaffenen der Unmut über den Frevler gegenübergestellt, so geht es nicht mehr um einzelne Betroffene, sondern um die größere Gemeinschaft[146]:

„Wenn die Rechtschaffenen (צַדִּיקִים) triumphieren, ist große Ehre/Herrlichkeit,
beim Aufstieg der Frevler aber läßt sich suchen (= verbirgt sich) der Mensch." (Spr 28,12)

---

[140] Genauer dazu § 9, S. 133f.136.

[141] Die Gewalttat ist mit Pons, L'Oppression, 29, nicht nur „une aggression commise par le plus fort contre le plus faible; c'est aussi une trahison, trahison de l'autre, mais aussi de sa propre raison d'être". In Form von Sprache erweist sie sich als tödliche Lüge, vgl. Pons, ebd., 41.

[142] Vgl. auch § 17.

[143] Dazu § 9, S. 139f.

[144] Dazu § 7, S. 108.

[145] McKane, OTL, 493, sieht hier bereits einen Gemeinschaftsaspekt, doch ist ein solcher in den Texten nicht angesprochen.

[146] Vgl. McKane, OTL, 639.

„Wenn die Rechtschaffenen (צַדִּיקִים) mächtig sind, freut sich das Volk,
wenn der Frevler herrscht, seufzt das Volk." (Spr 29,2)

Der Frevler wird danach deutlich als einer angesehen, der die Gemeinschaft schädigt. Der Rechtschaffene ist demgegenüber für sie förderlich[147].
Die Macht der Rechtschaffenen wird entsprechend positiv beurteilt, während
man über den Frevler klagt und sich lieber vor ihm in Sicherheit bringt[148].
Darin spiegelt sich die Erfahrung, daß der Rückzug ins Private erfolgt[149], wo
der Gemeinschaft Schaden zugefügt wird.

Mit einem deutlich zu spürenden positiven Unterton wird die Freude des
Rechtschaffenen selber angesprochen:

„In der ‚Sünde' des bösen Mannes liegt eine Falle,
aber der Rechtschaffene (צַדִּיק) jubelt und freut sich." (Spr 29,6)[150]

V.6b hat als Aussage Wert in sich im Gegenüber zu v.6a. Während der
Böse klar als Gefahr disqualifiziert wird, kann einfach ohne Einschränkung
und als Selbstverständlichkeit konstatiert werden, daß der Rechtschaffene
sich freut, weil er keine „Sünde" tat und tut[151]. Dann wäre diese Freude als
eine zu sehen, die aus seinem Verhalten und dann auch Ergehen als Rechtschaffener resultiert.

b) Mehrfach wird eindeutig negativ über den Frevler gesprochen, auch im
Gegenüber zum positiven Reden vom Rechtschaffenen. Die *Negation des
Frevlers* wird auf vielfache Weise zum Ausdruck gebracht:

„Der Rechtschaffene (צַדִּיק) wird gerettet aus der Bedrängnis,
und der Frevler kommt[152] an seine Stelle." (Spr 11,8)

„Die Bösen werden gebeugt vor den Guten
und die Frevler zu den Toren des Rechtschaffenen (צַדִּיק)." (Spr 14,19)

„Durch seine Bosheit wird gestürzt der Frevler,
aber der Rechtschaffene (צַדִּיק) sucht Zuflucht in seinem Tod[153]." (Spr
14,32)

---

[147] Vgl. KELLER, Vergeltungsglauben, 235f.

[148] Zu 28,12a vgl. auch 28,28a.

[149] So mit A. MEINHOLD, ZBK AT 16.2, 472.

[150] Zu den Textproblemen und zu eventuellen Veränderungen vgl. PLÖGER, BK XVII,
343f.; vgl. auch WHYBRAY, CBC, 168: „first line ... is rather cryptic in the Hebrew".

[151] Die von DELITZSCH, Spruchbuch, 466, hergestellte Verbindung von v.6a und v.6b,
wonach der Gerechte fällt, aber „durch Buße und Vergebung wieder zu stehen" kommt,
erscheint in der bei ihm vollzogenen Weise nicht nachvollziehbar.

[152] Wayyiqtol ist hier mit GROSS, Verbform, 120, Folge des Chiasmus und damit Hinweis auf Erfahrungssätze.

[153] Es ist nicht nötig, hier wie HAMP, EB, 42; MCKANE, OTL, 475, mit der LXX in
בְּתוּמּוֹ zu ändern. Vgl. dazu K. BERGER, Bedeutung, 118f., mit seinem Hinweis auf die
Weisheitsschrift der Kairoer Geniza 4,14b (vgl. K. BERGER, Weisheitsschrift, z.St.), wonach

„Acht gibt der Rechtschaffene (צַדִּיק) auf das Haus des Frevlers,
er stürzt die Frevler ins Verderben." (Spr 21,12)

„Lösegeld für den Rechtschaffenen (צַדִּיק) ist der Frevler,
an die Stelle der Redlichen (יְשָׁרִים) tritt der Treulose." (Spr 21,18)

„Wenn die Frevler aufstehen (= zu Macht kommen?), verbirgt sich der Mensch[154],
wenn sie aber zugrunde gehen, werden die Rechtschaffenen (צַדִּיקִים) mächtig." (Spr 28,28)

„Wenn die Frevler mächtig werden, nimmt die Sünde zu,
aber die Rechtschaffenen (צַדִּיקִים) sehen ihrem Sturz zu." (Spr 29,16)

Zwar haben 21,12 wie 29,16 einen Blick für den Sturz des Frevlers[155], doch ist nach 21,12 der צַדִּיק aktiv an diesem beteiligt[156]. Das aktive Moment in 21,12 wird auch durch v.12a unterstrichen. Nach 29,16 hingegen sieht der Rechtschaffene passiv, wenngleich nicht unbeteiligt zu. Es scheint Freude über den Sturz der Frevler hindurchzuklingen, da ansonsten die Sünde zunimmt[157]. Offen ist zunächst, wer der צַדִּיק in 21,12 ist. In der Literatur findet sich häufig der Hinweis auf JHWH[158]. Eine solche Identifizierung würde natürlich leicht erklären, inwiefern der צַדִּיק auf das Haus des Frevlers acht haben, ja diesen sogar stürzen kann. Der Text selber gibt für eine solche Identifikation allerdings keine Anhaltspunkte, auch findet sie sich sonst nirgends in den Proverbien. Umgekehrt begegnet aber auch nirgends sonst im Sprüchebuch eine Handlung eines Rechtschaffenen gegen einen Frevler, so daß eine eindeutige Klärung des צַדִּיק nicht möglich erscheint.

Die Erfahrung, daß die Frevler (zu) mächtig werden und damit ein Zuwachs an „Sünde" bzw. Fehlverhalten verbunden ist, führt zum Zusehen der Rechtschaffenen bei deren Fall bzw. zu ihrem Rückzug (28,28; 29,16 – vgl. auch 28,12). Die Macht der צַדִּיקִים hingegen wird positiv bewertet[159]. Deutlich wird dabei wieder, daß es nicht um individuelles Verhalten von Frevler oder Rechtschaffenem geht, sondern daß jeweils die Gemeinschaft betroffen ist[160].

Ungewöhnlich sind die Aussagen, die sich mit der eventuellen Notsitua-

---

der Text der BHS bestätigt wird, ebenso mit Hinweis auf BarApk(Syr) 14,12f. Dort geht es allerdings um den Trost im Tod angesichts der zukünftigen Welt. Vgl. auch RÜGER, Weisheitsschrift, 98.

[154] Vgl. 28,12.

[155] Nach 20,26 kann ein solcher „Sturz" auch in der Bestrafung durch den König geschehen. Genaueres zum Text s.u. § 9, S. 136f.

[156] Vgl. PLÖGER, BK XVII, 246,

[157] So jedenfalls PLÖGER, BK XVII, 346f.

[158] So bei WILDEBOER, KHC XV, 61f., mit Verweis auf 22,12; Hi 12,19; 34,17; DELITZSCH, Spruchbuch, 340f., mit ausführlicher Begründung; McKANE, OTL, 561; A. MEINHOLD, ZBK AT 16.2, 353; BOSTRÖM, Sages, 124, mit Verweis auf 22,12; 15,3.

[159] Vgl. auch McKANE, OTL, 625.

[160] Vgl. PLÖGER, BK XVII, 339.

tion eines צַדִּיק bzw. יָשָׁר befassen. Sollte für einen solchen Rettung in Not benötigt werden[161], so wird daran gedacht, daß der Frevler an den Platz des Betreffenden gesetzt werden kann (11,8; 21,18)[162], an seiner Stelle also die Not aushalten muß. Wie dies jedoch konkret aussehen kann, wird nicht gesagt. Klar ist allerdings das „Daß", was durch die perfektische Konstruktion unterstrichen wird[163]. Die hier angesprochene Vorstellung kann nur begrenzt mit dem weisheitlichen Tun-Ergehen-Zusammenhang in Verbindung gebracht werden, denn der Gedanke an eine Notsituation für den Rechtschaffenen ist eigentlich mit seinem Verhalten nicht vereinbar[164]. Vielleicht verbirgt sich dahinter der Gedanke, daß der צַדִּיק ungerechtfertigt in Not geraten ist und durch das Eintreten des Frevlers die (Welt-)Ordnung wieder hergestellt werden muß[165]. Ähnlich dürfte auch der Hintergrund von 14,19.32 zu sehen sein. Letztlich zeigt sich dann doch, daß das Ergehen des Frevlers Gericht über sein Leben bringt, daß also der צַדִּיק unter dem Strich über den Frevler „triumphiert"[166], der Tun-Ergehen-Zusammenhang also gewahrt bleibt[167]. Das geht sogar soweit, daß der Tod des Frevlers[168] für den Rechtschaffenen zum „Zufluchtsort", damit zur Stärkung und Vergewisserung seiner selbst wird, da dieser die Ordnung wieder herstellt[169].

Um die Aufrechterhaltung der Ordnung geht es wohl auch in folgendem Text:

---

[161] Das Perfekt נחלץ „besagt, daß das wirklich vorgekommen (Gleiches also auch in Zukunft erwartet werden dürfe)", STRACK, KK VI/2, 42.

[162] Das muß nicht heißen, daß der Frevler das Böse erleidet, das er für den Rechtschaffenen vorgesehen hat, anders WHYBRAY, CBC, 121. Auch STRACK, KK VI/2, 71, mit dem Gedanken, daß der Bösewicht die volle Strafe erleidet, so „daß die relativ Gerechten verschont bleiben", bzw. HAMP, EB, 56, mit dem Hinweis darauf, daß der Frevler sein Tun büßt und dadurch indirekt dem Gerechten nützt, treffen die Aussage des Textes kaum.

[163] Vgl. A. MEINHOLD, ZBK AT 16.1, 238.

[164] Auch PLÖGER, BK XVII, 247f., bringt eher Problemanzeigen als eine befriedigende Lösung.

[165] Vgl. A. MEINHOLD, ZBK AT 16.2, 355. Dieser Gedanke ist möglicherweise auch Hintergrund von PLÖGERs Aussage über die Substitutionsvorstellung von Spr 11,8: „eine Vorstellung, die eher einem Postulat ähnelt, aber von dem unerschütterlichen Ordnungswillen der weisheitlichen Kreise Zeugnis ablegt", BK XVII, 137.

[166] Die LXX steigert die Aussage sogar noch in diese Richtung, indem sie in 14,19b die Frevler als Diener der Rechtschaffenen charakterisiert: καὶ ἀσεβεῖς ῥαπεύσουσιν ρας δικαίων.

[167] Anders Qohelet, vgl. Qoh 8,14; 10,6.7.

[168] So ist wohl das Suffix zu fassen, gegen PLÖGER, BK XVII, 176, der vom Tod des צַדִּיק ausgeht und demzufolge zu Konstruktionen der Interpretation greifen muß, die der Text nicht vorgibt. Vgl. ähnlich VAN DER WEIDEN, Proverbes, 112; ebd., 112f., die Diskussion um den Gedanken an ein Weiterleben nach dem Tode in 14,32b, wenn es dort um den Tod des Rechtschaffenen geht.

[169] Gleich, ob das ו zu Beginn von 14,32b ein adversatives oder ein kopulatives ist, was nicht eindeutig zu klären ist.

„Wenn dem Rechtschaffenen (צַדִּיק) im Lande vergolten wird,
um wie viel mehr dem Frevler und ‚Sünder‘." (Spr 11,31)

Das הֵן am Beginn des Verses ist in seiner Interpretation schillernd. Es kann als bekräftigende Interjektion wie als Konjunktion der Bedingung aufgefaßt werden[170]. Eine eindeutige Entscheidung ist nicht möglich, aber auch nicht notwendig, da in jedem Fall v.31a die Argumentationsvoraussetzung für v.31b bietet. Auffallend ist in diesem Text die Kombination von רָשָׁע und חוֹטֵא, die wohl kaum zwei unterschiedliche Größen im Blick hat, sondern als gegenseitige Beschreibung zu verstehen ist, wie auch sonst in den Proverbien Begriffe austauschbar gebraucht werden.

Das Überlegenheitsbewußtsein des Rechtschaffenen zeigt sich auch via Rückschlußverfahren in der Warnung, sich dem Frevler zu beugen:

„Eine getrübte Quelle und ein verdorbener Brunnen,
so ist ein Rechtschaffener (צַדִּיק), der vor einem Frevler wankt." (Spr 25,26)

Dieser Text schildert ein Verhalten, das eigentlich nicht sein darf und entsprechend verurteilt wird[171], denn ein sich so verhaltender Rechtschaffener ist für das Leben so schädigend wie schlechtes Wasser. „Der zu Fall gekommene Gerechte hebt an einem Punkt die von der Weisheit postulierte Ordnung auf, und damit gerät das ganze Ordnungsgebäude ins Wanken."[172] Nach *Soete* hingegen hat der Rechtschaffene den Mut bzw. soll ihn haben, vor dem Frevler nicht zu wanken, Willensstärke zu zeigen und auch Standhaftigkeit[173]. Welcher der beiden Aspekte im Vordergrund steht, ist nicht klar zu entscheiden. Eine mehr als deutliche Ablehnung der Frevler bieten auch die beiden folgenden Verse:

„Erhitze dich nicht wegen derer, die Böses tun,
nicht eifere wegen der Frevler.
Wahrlich, es wird keine Zukunft geben für den Bösen,
das Licht der Frevler wird auslöschen." (Spr 24,19.20)

Hiernach lohnt es sich nicht, sich wegen der Frevler aufzuregen[174]. Sie sind es nicht wert. Außerdem gibt es kein Ziel für die Aufregung, weil es keine Zukunft gibt für die Frevler[175]. Das Sich-Einlassen auf den Frevler wird

---

[170] Vgl. auch BOSTRÖM, Sages, 122: Der Text hat die Funktion „of underlining the surety of punishment for wickedness and the ultimate triumph of justice".

[171] Darin ist nach WHYBRAY, CBC, 149, ein „reversal of the divinely established order" zu sehen. Vgl. MCKANE, OTL, 593.

[172] PLÖGER, BK XVII, 305. PLÖGER schließt ebd., daß hier eine für weisheitliches Denken irreale Szene konstruiert wird, deren Realisierung für ihn jedoch nicht ausgeschlossen werden kann.

[173] SOETE, Ethos, 241.

[174] Vgl. 23,17a.

[175] Der Frevler ist einer, der aufgrund seines Verhaltens nicht mit einer positiven Behandlung rechnen kann. So wird der König weise genannt, der über die Frevler das Rad zur Bestrafung kommen läßt (vgl. 20,26; 29,12; vgl. § 9, S. 136.142).

abgelehnt, sei es, daß es aufgrund von falscher Toleranz geschieht, sei es, daß
jemand sogar bei ihnen mittun will.

Eine klare Zurückweisung des Frevlers erfolgt ebenso in den Texten, die
sein Verhalten als ein Greuel für JHWH betrachten (15,8f.; 17,15)[176].

c) Eine nicht unmittelbare, sondern indirekte positive Wertung des Rechtschaffenen kann aus den *Angaben* darüber, *wie man mit Redlichen/Recht-
schaffenen umgehen soll*, rückgeschlossen werden:

> „Auch den Rechtschaffenen (צַדִּיק) zu strafen ist nicht gut,
> Vornehme zu schlagen ist gegen das Rechte." (Spr 17,26)

> „Der Rechtschaffene (צַדִּיק) ist der erste in einem Rechtsstreit,
> aber es kommt sein Nächster und prüft nach." (Spr 18,17)

> „Wer Redliche (יְשָׁרִים) auf bösem Weg irre führt, fällt in seine Grube,
> die Vollkommenen aber erhalten Besitz." (Spr 28,10)

Offensichtlich wird immer wieder versucht, gegen untadelige Menschen
vorzugehen bis dahin, daß man sie schlägt[177]. In 17,26 ist dabei noch eine
Klimax enthalten, die von der bereits kritisierten Strafe für den Rechtschaffenen zu den Schlägen für den Vornehmen führt. Einem solchen Verhalten
wird jedoch eine negative Konsequenz entgegengesetzt (wer irre führt, wird
auf seinem eigenen Weg in die Grube fallen: 28,10[178]; vgl. 26,27), während
das Gegenüber für sein Verhalten entlohnt wird, wobei diese Entlohnung
durchaus materiell gedacht werden kann[179].

Nicht ganz eindeutig zu interpretieren ist 18,17. Verweist die Sentenz auf
die üblichen Gepflogenheiten, wonach der sich im Recht glaubende Ankläger
als erster auftritt und der Angeklagte als zweiter die Aussage und das Urteil
nachprüft?[180] Oder steht dahinter eine versteckte Aufforderung, beiden Parteien Gehör zu geben, da es immer zwei Seiten gibt?[181] Angesichts der sonst
durchgehend positiven Beurteilung des Rechtschaffenen könnte es eher der
Gedanke sein, daß angesichts seiner Rechtschaffenheit der Rechtschaffene in

---

[176] Vgl. dazu § 20, S. 261ff.

[177] PLÖGER spricht hier gar von Prügelstrafe, BK XVII, 207, tut dies aber, weil er den
ganzen Vers im Kontext des Rechtslebens sieht. Auch nach SCOTT, AB 18, 111, Spr 17,26
„refers to judicial beating".

[178] LUX, Die Weisen, 74, erkennt in diesem Text im Gegenüber zu 26,27 eine „Ethisie-
rung des Sprichwortes", da das „Graben einer Grube jetzt ganz klar moralisch disqualifiziert" wird.

[179] Anders DELITZSCH, Spruchbuch, 456: „schon das Bewußtsein, keinen Menschen
unglücklich gemacht zu haben, macht sie glücklich". Er zieht aber auch die Möglichkeit
eines äußerlichen Besitzes in Betracht. MCKANE, OTL, 622, verweist den Text wieder in den
Zusammenhang der Vorstellung von der Theodizee.

[180] So PLÖGER, BK XVII, 214. Er geht jedoch davon aus, daß noch mehr mitgesetzt ist,
nämlich die Einsicht, daß auch außerhalb von gerichtlichen Verfahren gegensätzliche Äußerungen berücksichtigt werden müssen. Vgl. auch A. MEINHOLD, ZBK AT 16.2, 305.

[181] Vgl. WHYBRAY, CBC, 105; MCKANE, OTL, 516, mit der Überlegung eines Kreuzver-
hörs.

einem Gerichtsverfahren zwangsläufig der erste (= der Sieger) ist, sein Nächster (= Widersacher) sich damit aber nicht zufrieden geben will. Dieser etwas sperrige Text bleibt – wie so mancher andere – ambivalent.

Auffallend ist die direkte Anrede des Frevlers in einem Mahnwort[182]:

> „Stelle nicht nach, Frevler, der Wohnung des Rechtschaffenen (צַדִּיק),
> tue seiner Wohnung nicht Gewalt an." (Spr 24,15)

Die hier als Ausnahme begegnende Anrede schafft Nachdruck und verleiht somit der Aufforderung, den Besitz des Rechtschaffenen in Ruhe zu lassen, ein besonderes Gewicht. Der den Rechtschaffenen eigene Bereich wird also besonderer Fürsorge empfohlen[183]. Dennoch bleibt die Frage, wie es zu einer solchen Anrede an den Frevler kommt, denn dieser ist in den sonstigen Texten kaum als Adressat anzusehen. Auch ist zu fragen, ob mit Gehorsam einer solchen Aufforderung gegenüber gerechnet wurde angesichts des negativen Bildes vom Frevler (wie über den Toren[184])[185]. Möglicherweise ist in einem solchen Spruch wie in den vorher diskutierten gar kein echtes Mahnwort zu sehen, sondern eher ein Ausruf, der der (Selbst-)Vergewisserung der Unantastbarkeit des Rechtschaffenen dient.

d) Darüber hinaus lassen sich noch einige *sonstige Aspekte* aufzeigen. Zwar enthalten auch die anderen Texte eine deutlich spürbare, wenn auch manchmal implizite Wertung der beiden Typoi, doch wird diese in einigen Texten klar verbalisiert:

> „Wertvolles Silber ist die Zunge des Rechtschaffenen (צַדִּיק),
> aber das Herz der Frevler ist wie Weniges." (Spr 10,20)

Während die Sprache des Rechtschaffenen mit kostbarem Silber verglichen wird, kommt dem Herzen des Frevlers kaum ein Wert zu. Angesichts von v.20a kann das Herz hier mit dem Denken des Frevlers identifiziert werden. Da dieses nur minimal ist, brauchen in Parallele zu v.20a die Worte des Frevlers keine Berücksichtigung zu finden[186].

Deutlich unterschieden wird die Wertung der Wünsche von Frevler und Rechtschaffenem:

---

[182] PLÖGER, BK XVII, 283, zieht 24,15 und 24,16 als ein Mahnwort zusammen. Dafür liegt jedoch keine Veranlassung vor, zumal v.16 keine inhaltlich notwendige bzw. zwingende Begründung für v.15 gibt.

[183] Daß die dem Rechtschaffenen zukommende Lebensweise hier „poetisch-bukolisch ausgemalt wird" (so PLÖGER, BK XVII, 283), ist wohl doch übertrieben.

[184] Vgl. § 2, S. 15ff.

[185] Vgl. die zweifelnde Rückfrage bei A. MEINHOLD, ZBK AT 16.2, 406.

[186] Vgl. PLÖGER, BK XVII, 128. Ähnlich MCKANE, OTL, 423. Einen etwas anderen Akzent setzt A. MEINHOLD, ZBK AT 16.1, 178: „Das Mensch- und Personsein wird ihnen jedoch nicht abgesprochen, ihre Personmitte hat zwar erschreckend wenig Wert, aber doch nicht nichts." – Zum Herzen vgl. § 13.

„Das Hoffen der Rechtschaffenen (צַדִּיקִים) – Freude,
aber die Hoffnung der Frevler geht zugrunde." (Spr 10,28)

„Das Begehren der Rechtschaffenen (צַדִּיקִים) – wahrlich, gut ist es,
aber die Hoffnung der Frevler – Zorn/Frechheit[?] ist sie." (Spr 11,23)

Während das Begehren des צַדִּיק gut geheißen und mit Freude verbunden[187] wird – wohl, weil es auf Gutes zielt –, wird die Hoffnung der Frevler als Frechheit abqualifiziert, als etwas, das zum Zorn reizt[188] – wohl, weil diese Hoffnung ohne wirklichen Anhalt und damit eine unbegründete ist, eine, die nach 10,28 keine Zukunft hat. Der Zorn Empfindende ist jedoch eher der die Situation von außen Beobachtende, nicht der Frevler selbst[189].

Wie die Rechtschaffenen/Redlichen durchgängig positiv gewertet werden, so zeigt sich in der Wertung der Frevler genauso durchgängig die negative Einschätzung. Wer sich als Weisung Beachtender (und damit als Weiser) versteht, kann dem Frevler nur kritisch gegenüberstehen:

„Die die Weisung verlassen, preisen den Frevler,
welche aber die Weisung bewahren, kämpfen gegen sie." (Spr 28,4)

Eine positive Sicht des Frevlers ist also nur dem möglich, der selber den Weg der Weisung verlassen hat, letztlich selber schon Frevler ist. Zu fragen ist, ob תּוֹרָה hier noch als weisheitliche Weisung oder nicht schon als „Gesetz" zu verstehen ist. Dann entsprächen die Gesetzestreuen den JHWHsuchern von Spr 28,5[190]. Es gibt jedoch keinerlei Hinweis darauf, daß eine Identifizierung von תּוֹרָה und Gesetz JHWHs vorzunehmen ist, sondern es geht wohl doch eher um die Unterweisung der Erziehenden[191].

Inhalte, die als solche eigentlich allgemein positiv zu werten sind wie z. B. Licht und Opfer, bekommen im Kontext mit den Frevlern negative Konnotationen:

„Erhoben die Augen und weit gemacht das Herz[192] –
das Licht der Frevler ist die ‚Sünde‘." (Spr 21,4)

„Das Opfer der Frevler ist ein Greuel,
um wieviel mehr, wenn es einer in Schandtat darbringt." (Spr 21,27)

---

[187] Der Nominalsatz läßt dabei offen, ob das Hoffen der Rechtschaffenen eine Freude ist oder auf Freude zielt bzw. darin endet.

[188] Anders, doch nicht überzeugend, STRACK, KK VI/2, 43, wonach hier von Gottes Zorngericht gesprochen wird.

[189] So allerdings PLÖGER, BK XVII, 141, der in der nicht erfüllten Hoffnung die Ursache für den Zorn des Frevlers sieht. Die distanzierte Darstellung läßt jedoch diese Interpretation kaum zu.

[190] So PLÖGER, BK XVII, 333. Vgl. DELITZSCH, Spruchbuch, 453. Vgl. auch A. MEINHOLD, ZBK AT 16.2, 468, der angesichts der Nähe zu 28,5.9 von einer „Annäherungsmöglichkeit von weisheitlicher und religiöser Denk- und Sprachwelt" redet.

[191] Die von STRACK, KK VI/2, 90f.; WILDEBOER, KHC XV, 80 dann aber jeweils in die Nähe der Weisung JHWHs gerückt wird.

[192] Eigentlich doch wohl positiv zu sehen.

Probleme gibt es mit 21,4b[193]. Sowohl נֵר als auch נֵר geben keine überzeugende Fortsetzung von 21,4a. Nimmt man jedoch 21,4a als Aussage über den Hochmut der Frevler, so gibt נֵר als Metapher für Leben noch am ehesten Sinn[194]. *McKane* sieht v.4a als „descriptive of mental power and capacity", wenngleich hier eher negativ gefärbt im Sinne einer „megalomaniac aberration" und somit im Verhältnis von v.4a und v.4b eine „connection between arrogance and incorrigibility"[195].

Einen gemeinsamen Nenner haben beide Texte in ihrem Hinweis darauf, daß ein Frevler auch den eigentlich positiven Dingen durch sein frevlerisches Verhalten ihren Wert nimmt. Im Umfeld eines Frevlers ist alles negativ. Eine Steigerung ist allerdings da noch möglich, wo ein Opfer nicht nur durch den Frevler, sondern noch dazu בְּזִמָּה dargebracht wird[196].

5. Folgerungen

Die Charakterisierung eines Menschen als Rechtschaffener oder Frevler läßt zwar auf seine Gesinnung rückschließen, doch gibt sie eher Auskunft über sein Verhalten. Ähnlich wie bei der Rede vom Weisen und Tor steht das Handeln der beiden Gruppen im Vordergrund. Darauf weisen der häufige Gebrauch von Verbalsätzen sowie die vielen handlungsorientierten Verben hin.

Die Aussagen über das Verhalten des Rechtschaffenen wie des Frevlers sind zwar verhältnismäßig konkret, sie sprechen jedoch nicht über Einzelfälle und -situationen. Detaillierte Beschreibungen des Verhaltens fehlen. So kann wieder vorausgesetzt werden, daß dem Hörer/Leser deutlich war, worin rechtschaffenes bzw. frevlerisches Verhalten besteht[197].

Wie auch *Olley*[198] unterstreicht, fällt auf, daß ein großer Teil der Texte, die sich mit dem Rechtschaffenen beschäftigen, im Zusammenhang stehen mit der Erwartung von Wohlstand, Sicherheit, Leben für den Rechtschaffenen selbst wie für sein Gegenüber, also durchaus auch materiell ausgerichtet sind[199]. Insgesamt wird häufig auf das aus dem Verhalten resultierende eigene

---

[193] Zur Problematik des Textes vgl. A. MEINHOLD, ZBK AT 16.2, 348.

[194] Vgl. auch den Hinweis der BHS auf diverse Handschriften, die ebenso lesen. Anders PLÖGER, BK XVII, 244, der der Lesart נֵר den Vorzug gibt.

[195] McKANE, OTL, 558f.

[196] Die LXX hat allerdings diese Steigerung durch eine einfache Begründung (καὶ γάρ) wieder rückgängig gemacht.

[197] Vgl. SKLADNY, Spruchsammlungen, 7; VON LIPS, Weisheitliche Traditionen, 24. Es stimmt aber eben so pauschal gerade nicht, daß in den Proverbien „so gut wie nie das Verhalten des Gerechten beschrieben wird", VON LIPS, Weisheitliche Traditionen, 23.

[198] OLLEY, Righteous, 40.

[199] Was in einem gewissen Kontrast steht zu der nahezu durchgängigen religiösen Interpretation dieser Texte bei McKANE, OTL, der sie durchgängig den Gruppen B und C (mit Schwerpunkt auf C) zuordnet, siehe jeweils z.St.

Ergehen verwiesen, so daß damit ein Anreiz gegeben wird, nicht dem Verhalten des Frevlers zu verfallen, sondern das Tun des Rechtschaffenen vorzuziehen.

Auffallend ist bei den hier verhandelten Texten das starke Gemeinschaftsinteresse[200]. Der Rechtschaffene wie der Frevler werden vor allem in Zusammenhängen des ‚öffentlichen Lebens‘ gesehen, kaum im Bereich der Familie[201]. Immer wieder wird auch auf unterschiedlichste Weise aufgezeigt, daß das rechtschaffene Verhalten sich hilfreich erweist für das Gegenüber, während das frevlerische auf den Schaden des Nächsten zielt. Der Rechtschaffene ist „kein isoliertes, sondern stets interagierendes Individuum"[202].

Der Rechtschaffene und der Frevler sind ferner ähnlich wie der Weise und der Tor durch ihre Sprache gekennzeichnet, die wiederum nicht vom Handeln zu lösen ist. Das Thema Sprache nimmt jedoch einen weitaus geringeren Raum ein als bei der Rede vom Toren bzw. Weisen. Darin kann eine klare Überordnung des Handelns gesehen werden, auch, wenn Sprache auf Handeln zielt[203]. Bei dem Begriffspaar Rechtschaffener – Frevler geht es wesentlich um das Tun.

Was den Rechtschaffenen vom Frevler unterscheidet, ist zum einen das Bemühen des Rechtschaffenen, sich den Gegebenheiten anzupassen, das Erforderliche zu tun, in Einklang zu sein mit dem (nicht näher beschriebenen) Recht[204]. Der Frevler hingegen sinnt nicht auf Wohlverhalten, sondern darauf, anderen Böses zuzufügen, sich gegen die sinnvollen Regeln[205] zu verhalten[206].

---

[200] Vgl. FAHLGREN, ṣᵉdāḳā, 78: „Der Stamm ṣdq gibt das Gleichgewichts- und Gemeinschaftsverhältnis in der Welt an."

[201] Vgl. OLLEY, Righteous, 42.

[202] LANG, Weisheit als Ethos, 282.

[203] HERMISSON, Spruchweisheit, 74, macht zu Recht aufmerksam auf eine Differenz im Blick auf die Rede vom Handeln des Rechtschaffenen bzw. Frevlers zwischen Spr 10–15 und 16–22: „Bezeichnend ist, daß hier (sc. 10–15) selten etwas über das Handeln eines Gerechten oder Frevlers etc. ausgesagt wird, sondern meist über die Folgen des Gerecht- bzw. Frevlerseins; während Kap. 16–22,16 viel deutlicher über die konkreten Taten sprechen."

[204] Fraglich ist aber doch, inwieweit dies dann der Vorstellung von der Vergeltung zuzuordnen ist, wie dies COX, Concept of Righteousness, 33, für die ältere Weisheit tut: „A just man was one who conformed to the established code and received prosperity from God, while the one who transgressed that code was termed ‚wicked‘ and suffered accordingly." Für die jüngere Weisheit sieht er hingegen in „justice" eher eine Beschreibung einer „certain human quality" (ebd.). So gegensätzlich läßt sich der Gebrauch von צדק jedoch nicht beschreiben.

[205] Vgl. dazu PERDUE, Cosmology, 458: Der Rechtschaffene ist einer, „who either lives in harmony with or acts to shape or sustain the just order of the world".

[206] Kennzeichen des Frevlers ist vielleicht das, was VAN LEEUWEN, רשע, 813, als Gemeinsames der verschiedenen Bedeutungen der Wurzel רשע in den diversen Sprachen ansieht: „die negative Tatsache des Nicht-Erfüllens von Verpflichtungen und Funktionen".

Zu fragen ist, ob auch für die älteren Proverbien das gilt, was *Rebić* sonst für die älteren Traditionen des AT (speziell J!) im Zusammenhang mit צַדִּיק aussagt für Noah, Abraham etc., nämlich daß „sie die Gemeinschaft mit Gott und ihren Mitmenschen wahren, zwischenmenschliche Solidarität üben und das Recht auf ihrer Seite haben"[207]. Zwar wird in einigen Texten eine Beziehung zwischen dem Rechtschaffenen bzw. Frevler und JHWH herge-stellt. Diese ist jedoch zumeist bestimmt durch die Reaktion JHWHs auf das Verhalten des Frevlers wie des Rechtschaffenen oder durch eine Wertung des frevlerischen Handelns als Greuel JHWHs. JHWH wird als reagierende und wertende Größe eingebracht, möglicherweise als Auswirkung von unmittel-bar nicht zu lösenden Problemen mit Frevlern und deren (gegen alle Über-zeugung gutem) Ergehen, nicht aber als der, welcher durch seine „Gebote" o.ä. das צַדִּיק-Sein inhaltlich füllt.

Eine Bewegung vom Menschen zu JHWH hin ist nur in 10,27 (Furcht JHWHs) und 18,10 (der Rechtschaffene sucht Sicherheit bei JHWH) zu erkennen. Somit ist ein zu schnelles Einbringen der religiösen Komponente nicht angemessen. Demzufolge ist auch *H.H. Schmid* nicht zuzustimmen, wenn er schreibt: „Der vor dem Forum der Weisheit *ṣaddîq* genannte ist ganz selbstverständlich *ṣaddîq* vor dem Forum Jahwes, des Gottes Israels."[208]

Es fällt auf, daß in Weisheitstexten der Umwelt des alten Israel das Thema und Gegensatzpaar Rechtschaffener – Frevler kaum begegnet[209]. Allerdings kann in der ägyptischen Rede vom Toren, welche diesen in den Lehren mit Blick auf „den individuellen Mangel an Gemeinsinn"[210] behandelt, eine Nähe zur alttestamentlich-weisheitlichen Rede vom Frevler gesehen wer-den[211]. Erst die demotische Lehre des Papyrus Insinger kennt so etwas wie das Gegenüber von Rechtschaffenem und Frevler[212]. In diesem Text sind jedoch beide anders als in Spr 10ff. deutlich als religiöse Größen zu erken-nen[213].

---

[207] REBIĆ, Gerechtigkeitsbegriff, 393.

[208] H.H. SCHMID, Wesen, 161. Auch RICHARDS, Study, 128 u.ö., stellt zu undifferenziert eine Verbindung zwischen dem Frevler und Gott her.

[209] Auch in afrikanischen Sprichworten nicht. Daraus folgert GOLKA, Flecken des Leo-parden, 163: „Diese Gegenprobe bestätigt, daß die Entgegensetzung des Seins/Schicksals der Frommen und der Frevler nicht der Volksweisheit, sondern der theologisch orientierten Weisheit Israels zuzuschreiben ist." Eine solche Schlußfolgerung geschieht jedoch zu schnell und ist nur verstehbar auf dem Hintergrund des GOLKA'schen Ansatzes insgesamt, der im Gefolge von Westermann von großen Analogien afrikanischer Sprüche zu den Proverbien ausgeht.

[210] J. ASSMANN, Ma'at, 85.

[211] Eventuell entspricht auch der ägyptische Gegensatz *m ꜣꜥ.t – isf.t* (Unrecht) bzw. *grg* (Lüge) dem Gegenüber von *ṣaddîq* und *rāšā*.

[212] Vgl. LICHTHEIM, LEWL, 45, zur Vorstellung von „the pious and the impious man".

[213] Vgl. PapInsing 421.423 (BRUNNER, Altägyptische Weisheit, 326f.): „Der Gottlose, der Gott vergessen hat, stirbt an Herzenstrübsal ... Der Halt des Gottesfürchtigen im Unglück ist Gott."

Klare Verhaltensanweisungen werden auch in den Proverbientexten nicht gegeben, die vom Rechtschaffenen und Frevler sprechen. Vielmehr wird es wiederum den Hörenden und Lesenden überlassen, die angedeutete oder auch direkt ausgesprochene Wertung nachzuvollziehen und für das eigene Verhalten fruchtbar zu machen.

§ 4: Der Fleißige und der Faule

Nur wenige Texte sprechen in den Proverbien vom fleißigen Menschen: 10,4; 12,24; 12,27; 13,4; 21,5[1]. Der Fleißige (חָרוּץ) steht in diesen Texten jeweils in Opposition zum Faulen/Trägen (עָצֵל, aber auch als Abstraktum רְמִיָּה) bzw. in 21,5 zum Hastenden (אָץ). Wesentlich ausführlicher wird eigens über den Faulen reflektiert, so daß der Eindruck entsteht, daß es primär um den Faulen geht, der als abschreckendes Beispiel für den an sich angeredeten Fleißigen fungiert.

1. Das Gegenüber von Fleißigem und Faulem[2]

In den Antithesen, die vom Fleißigen bzw. Faulen sprechen, werden durchgängig die *Folgen ihres Verhaltens* angesprochen, nicht aber konkrete Angaben über die inhaltliche Seite des Fleißes bzw. der Faulheit gemacht – bis auf 10,5, wo aus der Beschreibung des Verhaltens der Fleißige bzw. Faule erkennbar wird, ohne daß er als solcher benannt wird.

> „Arm macht eine faule Hand[3],
> aber eine Hand von Fleißigen macht reich." (Spr 10,4)

> „Wer Vorrat anlegt während der Ernte, ist ein kluger Sohn,
> wer aber während der Ernte schläft, ist ein schandbarer Sohn." (Spr 10,5)

> „Die Hand der Fleißigen übt Herrschaft aus,
> die Lässigkeit aber wird sein (= führt) zum Frondienst." (Spr 12,24)

---

[1] Dieser Text fehlt in der LXX. Demgegenüber wird in Spr 15,19 nur in der LXX-Version vom Fleißigen gesprochen.

[2] Zu Fleiß und Faulheit in den Proverbien vgl. auch WOLFF, Anthropologie, 192–197.

[3] Diese Übersetzung setzt eine Textveränderung von עשֶׂה in עֹשֶׂה voraus. Die LXX versteht den Text anders akzentuiert, so daß „la pauvreté abaisse l'homme, les mains d'hommes courageux enrichissent", ähnlich auch der Targum. CAQUOT verweist ferner auf eine Interpretation Raschis, die das Problem von v.4a am besten löse: כַּף־רְמִיָּה sei zu verstehen als „métonymie pour une «balance trompeuse»", woraus sich als Übersetzung ergebe „celui qui faisait des balances trompeuses est devenu pauvre". Interesse des Textes sei es also, „d'enseigner l'inutilité de ce genre de tromperie, l'avantage restant à l'effort honnête", CAQUOT, Deux proverbes, 578f. Zur textkritischen Problematik von 10,4 vgl. auch McKANE, OTL, 417; SCHWANTES, Recht, 209f., Anm. 5.

„Nicht brät[4] der Faule sein Wild,
aber der Reichtum eines Menschen – kostbar ist er bei einem Fleißigen."
(Spr 12,27)

„Die Pläne des Eifrigen/Fleißigen – wahrlich, zu Gewinn führen sie,
aber alle (Pläne) des Hastenden – wahrlich, zu Mangel führen sie." (Spr
21,5)

Zweierlei Folgen von Fleiß bzw. Faulheit werden in 10,4f. sichtbar. Zum
einen bestimmt das Verhalten über den *Besitzstand*. Wer nichts tut, hat eben
auch nichts. Zum anderen bewirkt Fleiß – hier näher charakterisiert durch
den Einsatz bei der Ernte – eine positive *Wertung der betreffenden Person*.
Ein Fleißiger wird als einsichtsvoll angesehen, als einer, der den Erfordernissen entspricht. Somit werden Fleiß, Besitz und Weisheit in eine enge Beziehung zueinander gebracht. Demgegenüber wird der (faule) Schläfer als
Schande (בֵּן מֵבִישׁ[5]) angesehen, nicht aber als töricht charakterisiert. Die
Gegenüberstellung der beiden Verhaltensweisen wird in 10,4f. durch die
Form der Inclusio noch unterstrichen. Während der Rahmen durch die Thematik der Faulheit bestimmt ist, steht im Mittelstück die Folge bzw. Bewertung des fleißigen Verhaltens zur Debatte.

Fleiß bzw. Faulheit werden in 10,4 mit dem Tun der Hand in Verbindung
gebracht, in 10,5 ist es das (Nicht-)Arbeiten in der Ernte[6], ebenfalls eine mit
den Händen ausgeübte Tätigkeit. Auch in 12,24; 21,25 (s. u.) wird wieder
ausdrücklich die Hand benannt. Faulheit ist nach diesen Texten vor allem
eine Verweigerung der Arbeit mit den Händen[7], läßt sich aber nicht darauf
beschränken[8].

So werden in 21,5[9] die Pläne des חָרוּץ mit seiner „calculated expeditious-

---

[4] Keineswegs klar ist die Bedeutung des Hapax legomenon חרך. Angesichts von Parallelen im Aramäischen und Arabischen liegt es jedoch nahe, חרך als „rösten, braten" zu
verstehen, eventuell auch als „aufscheuchen", vgl. KBL³, 339; A. MEINHOLD, ZBK AT
16.1, 213; zur Interpretation als „aufscheuchen" vgl. auch STRACK, KK VI/2, 47.

[5] Nach McKANE, OTL, 414, wird damit indirekt wieder die Thematik Vater – Sohn
aufgenommen, denn der Faule wird hier angesehen als einer, der „will bring scandal and
ridicule on his father".

[6] Zur Erntezeit als besonders eindrückliches Beispiel für die Notwendigkeit von Fleiß
vgl. die Lehren des Schuruppag, 132–134 (TUAT III/1, S. 58): „Was die Erntezeit anbe-
langt, an den sehr kostbaren Tagen sammle ein wie eine Sklavin, iß wie eine Herrin, mein
Sohn, sammle ein wie eine Sklavin, iß wie eine Herrin – so möge es wirklich sein!"

[7] Die Rede von der Hand kann darüber hinaus auch für die Person stehen, vgl. TOY,
ICC, 200.

[8] Vgl. auch PREUSS, Arbeit, 616, zum Verhältnis von körperlicher und geistiger Arbeit
mit dem Hinweis darauf, daß anders als im AT die geistige Arbeit in Ägypten und bei den
Griechen (vgl. Sir 38,25ff.) höher geschätzt wurde. Besonders eindrucksvoll zeigt dies die
ägyptische Lehre des Dw3-Httj, wo die Nachteile handwerklicher Berufe z.T. sehr drastisch den Vorteilen des Schreiberberufes gegenübergestellt werden, vgl. BRUNNER, Altägyptische Weisheit, 158ff.

[9] Von SCOTT, AB 18, 125, wohl zutreffend als „slightly expanded version of an allitera-
tive, rhyming, pregnant popular maxim" charakterisiert.

ness" und des אָץ mit seiner „unproductive haste"[10] einander gegenübergestellt. Dem חָרוּץ, der zielstrebig seine Sache verfolgt, wird Erfolg zugesprochen[11]. Der אָץ hingegen, der übereilt und demzufolge wohl auch ungenau
und nicht sorgfältig die Dinge angeht[12], wird eher weniger als mehr erhalten[13]. Angesichts des zweifachen אַךְ sind die genannten Folgen so unbestritten wie unausweichlich.

Zu den Folgen des Verhaltens des Fleißigen gehört neben Besitz auch die
Möglichkeit der Herrschaftsausübung, damit eines arrivierten sozialen Status, während die Lässigkeit zur Knechtschaft führt (12,24)[14]. Worin diese
Herrschaft besteht, wird offen gelassen. Sie muß also keineswegs eine politische sein[15]. Ebenso offen zeigt sich die Aussage über die Knechtschaft, die
zunächst nur an fremdbestimmte, wohl auch erzwungene Arbeit denken
läßt[16].

12,27 ist von seiner Gestalt her nicht unproblematisch, wie die vielen
Versuche zu einer Textveränderung zeigen[17]. Doch bei aller Problematik geht
es, gleich welche Veränderungsvorschläge berücksichtigt werden, um die Einsicht, daß mit Lässigkeit nichts zu erreichen ist[18], während Fleiß zu einem
beständigen, guten Besitz führt[19].

Der Faule und der Fleißige erfahren angesichts ihres Verhaltens eine
unterschiedliche Befriedigung ihrer Bedürfnisse:

> „Wünschend, aber es gibt nichts, ist die Begier (? = נֶפֶשׁ) des Faulen[20],
> aber die Begier der Fleißigen wird gesättigt." (Spr 13,4)

---

[10] MᴄKᴀɴᴇ, OTL, 549.

[11] Vgl. auch Fʀᴇᴇᴅᴍᴀɴ/Lᴜɴᴅʙᴏᴍ, חרץ, 232f: „Ein *ḥārûṣ* hat sein eigenes Leben
vollständig unter Kontrolle".

[12] Für Hᴀᴍᴘ, EB, 55, ist er demzufolge „der oberflächliche, aber doch aufdringliche
Geschäftsmann, der rasch und auf alle Weise nach Reichtum giert". Eine solche konkret
gefüllte Interpretation hat jedoch im Text keine Basis, denn dieser ist wesentlich allgemeiner
gehalten, als es nach Hᴀᴍᴘ erscheint.

[13] Vgl. Pʟöɢᴇʀs Hinweis auf unser Sprichwort „Blinder Eifer schadet nur!", BK XVII,
245. – Ein ähnliches Phänomen spricht auch Sir 11,10 sehr deutlich an.

[14] Der Gebrauch des Verbums משל in 12,24a deutet klar daraufhin, daß es weniger um
Selbständigkeit geht, wie Pʟöɢᴇʀ, BK XVII, 153, meint, sondern doch mehr um Herrschaftsausübung im Gegenüber zum Unterdrückten in v.24b.

[15] Vgl. Wʜʏʙʀᴀʏ, CBC, 74.

[16] Zum Gedanken der „forced labour" vgl. MᴄKᴀɴᴇ, OTL, 444; Wʜʏʙʀᴀʏ, CBC, 74;
Nᴏʀᴛʜ, מס, 1007.

[17] Vgl. die Kommentare wie den Apparat der BHS. Zu den grammatischen Problemen
von v.27b vgl. MᴄKᴀɴᴇ, OTL, 444; Wʜʏʙʀᴀʏ, CBC, 75.

[18] So schafft es nach MᴄKᴀɴᴇ, OTL, 445, der Faule nicht einmal, ein angefangenes
Unternehmen bis zum Ende durchzuziehen.

[19] Vgl. Pʟöɢᴇʀ, BK XVII, 153.

[20] Zur grammatischen Konstruktion נַפְשׁוֹ עָצֵל vgl. Pʟöɢᴇʀ, BK XVII, 156 mit Verweis
auf GKa § 90o. Vgl. auch Rᴇɪᴛᴇʀᴇʀ, עצל, 306.

Wer also nichts tut zur Befriedigung seiner Bedürfnisse, bekommt sie auch nicht gestillt. Das אַיִן in v.4a macht deutlich, daß das Ausbleiben einer solchen Befriedigung nicht auf einen willentlichen Akt zurückzuführen ist oder gar auf Verweigerung durch andere. Vielmehr resultiert es daraus, daß – aufgrund der Faulheit – eben nichts da ist, was den Bedürfnissen entgegenkommt. Demgegenüber findet genauso folgerichtig die Begier der Fleißigen ihre Erfüllung.

Einen Sonderfall bietet 15,19, der in der LXX eine Antithese zwischen dem Faulen und den Fleißigen ist[21], während im masoretischen Text die יְשָׁרִים dem עָצֵל gegenübergestellt werden:

> „Der Weg des Faulen ist wie eine Dornenhecke,
> aber der Weg der Rechtschaffenen ist aufgeschüttet." (Spr 15,19)

Bevor zur inhaltlichen Seite des Textes etwas ausgesagt werden kann, muß zunächst das textkritische Problem angesprochen werden:

Hier liest die LXX τῶν ἀνδρείων, was חָרוּצִים entspräche. Angesichts der sonst üblichen Antithesen faul – fleißig liegt es nahe, hier auch חָרוּצִים als ursprünglichen Text anzunehmen[22]. Da jedoch die Lesart des masoretischen Textes durchaus einen Sinn ergibt, der sich nicht wesentlich von der LXX-Variante unterscheidet und auch als lectio difficilior angesehen werden könnte, wird die masoretische Variante beibehalten[23].

Der Faule wie der Rechtschaffene werden als auf einem Wege seiend dargestellt. Die genauere Beschreibung der jeweiligen Wege läßt als solche jedoch keine unmittelbare antithetische Aussage erkennen. מְשֻׂכַת חָדֶק und סְלֻלָה sind einander kaum vergleichbar. Während mit מְשֻׂכַת חָדֶק etwas Unwegsames ausgesagt werden soll[24], drückt סְלֻלָה eine angenehme Form des Weges aus. Die Lebensweise des Faulen wird somit als eine mühsame beschrieben, die des Rechtschaffenen bzw. Fleißigen als eine angenehme, unproblematische. Darüber hinaus bekommt die Aussage über den Faulen durch die Kombination mit dem Rechtschaffenen noch eine ethische Dimension[25], die sich auch in den Texten zeigt, die eine Wertung des Faulen vollziehen.

---

[21] Vgl. auch 11,16, wo die LXX einen gegenüber dem hebräischen erweiterten Text bietet und wiederum den Reichtum des Fleißigen dem „Nichts" des Faulen gegenüberstellt.

[22] So McKane, OTL, 482.

[23] Vgl. auch Plöger, BK XVII, 183, mit seinem Hinweis darauf, daß in der Weisheit die einzelnen Bezeichnungen in zusammengehörigen Gruppen austauschbar sein können. Solche Verbindung von Rechtschaffenem und Fleißigen wird jedoch nirgends sonst in den Texten sichtbar, so daß zu fragen ist, ob ein einfacher Austausch hier wirklich zu Recht angenommen werden kann. Zur Problematik vgl. auch Reiterer, עצל, 306.

[24] Dies wird aber sehr wohl als real, nicht als eingebildet dargestellt, so daß man nicht mit Wildeboer, KHC XV, 45, von einem „erwünschten Vorwand für sein Nichtstun" sprechen kann.

[25] Vgl. Alonso Schökel, in Mayer/Alonso Schökel/Ringgren, ישׁר, 1066.

2. Die Folgen des faulen Verhaltens

Wie schon in den Antithesen wird auch in den Sentenzen als Folge der
Faulheit deutlich, daß das Notwendige zum Leben ausbleibt:

> „Faulheit läßt fallen in einen tiefen Schlaf,
> und ein Mensch von Lässigkeit hat Hunger." (Spr 19,15)

> „Zu Herbstbeginn pflügt der Faule nicht,
> er fragt (nach Ertrag) zur Erntezeit – nichts ist da." (Spr 20,4)

> „Das Begehren des Faulen tötet ihn,
> denn seine Hände weigern sich, etwas zu tun." (Spr 21,25)

Der Faule ist in 19,15 charakterisiert als einer, der noch nicht einmal aktiv
wird, wenn es um das Schlafen geht, sondern die Faulheit, die den Schlaf
ermöglicht, ist das Subjekt des Handelns[26]. Infolge der extremen Faulheit
fehlt der Lebensunterhalt, und der Faule muß entsprechend Hunger leiden[27].

Ebenso erweist sich der Faule als ein Mensch, der die rechte Zeit[28] nicht
wahrnimmt zum Tun, den Ertrag aber trotzdem – natürlich vergeblich –
einfordert (20,4)[29]. Zu recht verweist *Plöger*[30] in diesem Zusammenhang auf
eine enge Verbindung zum vorhergehenden Vers über den Toren: Der Faule
zeigt sich durch sein regelwidriges, nämlich den Erfordernissen nicht entsprechendes Verhalten als ein ebensolcher. Ganz deutlich wird an diesem Text wie
auch an anderen, daß der Weise auf unausgesprochene Spielregeln zurückgreift und über die Folgen von deren (Nicht-)Beachtung reflektiert.

Zwar nimmt 20,4 Material aus dem Bereich der Landwirtschaft auf, doch
geht es in diesem Text keineswegs primär darum, einen sich falsch verhaltenden Bauern zu charakterisieren. Vielmehr wird am Beispiel des sich nicht
angemessen verhaltenden Bauern das Problem der Faulheit allgemein festgemacht[31].

Eine Spitzenaussage über die Folgen des Verhaltens des Faulen macht
21,25: Die letzte Konsequenz für den Faulen ist der Tod[32]. Interessant dabei
ist der Hinweis darauf, daß es nicht der Faule ist, der sich als solcher selbst

---

[26] So wird נפל im Hifʻil gebraucht. Der Schlaf wird sogar extra als tiefer klassifiziert,
wodurch die negative Qualifizierung noch unterstrichen wird. Zum „Schlaf" vgl. McAL-
PINE, Sleep, passim.

[27] Vgl. Spr 6,9–11, dort aber ironisierend.

[28] Zur ausführlichen Auseinandersetzung mit der rechten Zeit vgl. Qohelet bes. Kap. 3!

[29] Vgl. Anch-Scheschonki 84f. (BRUNNER, Altägyptische Weisheit, 271): „Sage nicht:
«Es ist (ja) Sommer», denn zu diesem gehört auch ein Winter. Wer im Sommer kein Holz
sammelt, dem ist im Winter nicht warm."

[30] Vgl. PLÖGER, BK XVII, 232.

[31] Vgl. auch WHYBRAY, CBC, 114; ähnlich McKANE, OTL, 542.

[32] Vgl. 21,7 im Blick auf die Frevler.

tötet, sondern daß es sein Begehren ist, seine unmittelbaren Bedürfnisse[33], die nicht befriedigt werden können, weil seine Hände die Arbeit verweigern. „Hier ist es das Verlangen nach Nichtstun, das wie ein eigenständiges Wesen tötet"[34].

Umgekehrt wird auf die positiven Folgen von harter Arbeit verwiesen:

„In aller anstrengenden Arbeit ist Gewinn,
aber das Wort der Lippen – ach, zum Mangel ist es." (Spr 14,23)

„Der Hunger[35] eines Arbeitenden arbeitet für ihn,
denn sein Mund treibt ihn an." (Spr 16,26)

Bei aller Hochschätzung von Sprache[36] wird sie in 14,23 der harten Arbeit abwertend gegenübergestellt. Nur diese bringt Gewinn, während bloßes Geschwätz[37] eher zu materiellen Verlusten führt[38]. Ebenso ermöglicht harte Arbeit das Überleben, wenngleich sie in 16,26 keine freiwillig geleistete, sondern aus der Not des Hungers geforderte und von diesem angetriebene ist[39]. Der Faule fügt aber nicht nur sich selber Schaden zu, sondern auch andere sind von seiner Faulheit negativ mitbetroffen:

„Wie Essig für die Zähne und Rauch für die Augen,
so ist der Faule für den, der ihn schickt." (Spr 10,26)

„Auch wer schlaff/lässig (רפה) ist bei seiner Arbeit –
er ist ein Bruder des Verderbers." (Spr 18,9)

Durch seine Unterlassungen richtet der Faule aktiv Schaden bei anderen an. Auch durch Ausbleiben von Tätigkeiten kann Schaden angerichtet werden, der dem Tun von etwas Falschem gleichwertig ist. 10,26 verdeutlicht dies mit dem Bild von Essig und Rauch und deren Auswirkungen, wenn sie mit

---

[33] Daß mit תַּאֲוָה die Grundbedürfnisse menschlichen Lebens impliziert sind, zeigt G. MAYER, אוה, 146, deutlich auf. Es geht also keineswegs um ein Zerriebenwerden „zwischen Gier und Trägheit", wie PLÖGER, BK XVII, 249, für v.25a annimmt.

[34] A. MEINHOLD, ZBK AT 16.2, 359. – Wenn McKANE, OTL, 550, im Blick auf v.25a eher an einen Tod aufgrund von Frustration als durch Hunger denkt, so trifft eine solche Interpretation nur begrenzt zu. Der Tod ist nur indirekt einer aus Frustration, denn das Wollen des Faulen ist gekoppelt mit der Weigerung zum Tun, so daß damit das Begehren ins Leere geht. Die logische Folge aus faulem Leben ist also der Verlust des Lebens, weil die nötigen Taten zum Erfüllen der Bedürfnisse nicht vollzogen werden. Vgl. WILDEBOER, KHC XV, 62; STRACK, KK VI/2, 71.

[35] So hier für נֶפֶשׁ.

[36] Dazu genauer § 14.

[37] An solches ist wohl zu denken, wenn hier vom Wort der Lippen gesprochen wird.

[38] Da v.23b hier in Opposition zu v.23a steht, kann der Aussage von SCHWANTES, Recht, 214 – „selbst Aktivität kann Armut erzeugen" – nicht zugestimmt werden. Vielmehr wird mit dem Geschwätz ein Nichtstun der anstrengenden Arbeit gegenübergestellt.

[39] Vgl. A. MEINHOLD, ZBK AT 16.2, 277. Vgl. auch IRSIGLER, Arbeit, 57, der in 16,26 eine Entsprechung zu Ps 127,2 sieht wie auch in 14,23 eine zu Ps 127,1 (ebd., 62).

ihnen nicht entsprechenden Körperteilen in Berührung kommen[40]. Die zerstörerische Wirkung von Essig und Rauch ist vergleichbar der Wirkung eines faulen Boten, der durch zu spät oder gar nicht ausgerichtete Botschaft Schaden für seinen Auftraggeber verursacht.

Das in 18,9 gebrauchte רפה ist zwar nicht so stark wie עצל, drückt aber doch auch ein den Erfordernissen der Arbeit nicht angemessenes, schädigendes Verhalten aus[41]. Der Lässige wird gar als Bruder des Verderbers, als diesem nahe stehend angesehen[42]. Damit ist nicht nur eine Folge des Verhaltens angesprochen, sondern eine negative Wertung eines solchen Menschen mitgesetzt.

3. Die Wertung des Faulen durch Ironisierung

Eine ganze Kette von ironischen Aussagen über den Faulen bietet Spr 26:

> „Der Faule sagt: ‚Ein Löwe ist auf dem Weg,
> ein Löwe ist zwischen den Plätzen.'" (Spr 26,13)

> „Wie die Tür sich im Türzapfenloch dreht,
> so dreht sich der Faule auf seinem Lager." (Spr 26,14)

> „Der Faule verbirgt seine Hand in der Schüssel,
> er ist zu müde, um sie zu seinem Mund zu führen." (Spr 26,15)

> „Weiser ist der Faule in seinen Augen
> als sieben, die Verstand zurückgeben [= verständig antworten?]." (Spr 26,16)

Unterschiedliches wird in dieser Reihung über den Faulen sichtbar. Zum einen zeigt sich, daß er nach – scheinbar unwiderlegbaren – Gründen für seine Faulheit sucht (v.13). Das immense Ausmaß an möglicher Faulheit weisen zum anderen 26,14.15 (analog 19,24[43]) auf: Der Faule ist als einer, der sein Lager nicht verläßt, sondern dessen einzige Bewegung in der Drehung auf dem Bett besteht, durch mangelnde Mobilität und Entschlußkraft gekennzeichnet[44]. Sogar zum Essen ist er noch zu faul. In seiner überheblichen Selbsteinschätzung (26,16) unterläßt er es noch nicht einmal, sich für weiser zu halten als sieben Verständige[45]. Die Zahl sieben dürfte hier wohl bewußt

---

[40] Es geht weniger um den Faulen als den „für seine Auftraggeber widerwärtigen Nichtsnutz", so PLÖGER, BK XVII, 129, sondern um seine schädigende, zerstörerische Verhaltensweise.

[41] Vgl. WILDEBOER, KHC XV, 53.

[42] „For the metaphor of familiy relationship to indicate related characteristics, cf. Virgil, *Aeneid,* vi 278; ‚Death's own brother, Sleep'", SCOTT, AB 18, 114.

[43] „*G* hat diese Indolenz noch mehr gesteigert, indem sie (auch in dem verwandten V.26,15) »Schüssel« durch κόλπος (»Busen«, nämlich des Umschlagtuches) ersetzt: Der Faule beteiligt sich überhaupt nicht an der Mahlzeit." PLÖGER, BK XVII, 226f.

[44] Vgl. MCKANE, OTL, 600f.

[45] Vgl. WHYBRAY, CBC, 153: „constitutionally lazy people are often self-satisfied".

gewählt sein, um die törichte Selbsteinschätzung des Faulen in ihrem Extrem[46] zum Ausdruck zu bringen[47]. So wird die Faulheit geradezu zu einem Ausdruck der Torheit[48].

Ganz deutlich kommt in diesen Texten die Mißachtung des Faulen zum Ausdruck. Die hier gewählte Form der Ironie durch stark übertriebene Vergleiche, noch dazu in ihrer Reihung, läßt keine Anklänge an nur liebevollen, freundlichen Spott erkennen.

Ein ähnliches Phänomen zeigt auch 22,13:

> „Der Faule sagt: ‚Ein Löwe ist auf der Straße.
> Zwischen den Plätzen könnte ich getötet werden.'" (Spr 22,13)

Hier wird die mögliche Gefahr noch drastischer angesprochen als in 26,13, damit der Grund für die Untätigkeit noch unanfechtbarer wird. Der Faule merkt schon gar nicht mehr, daß er sich mit solchen Äußerungen selbst disqualifiziert, denn die hier gebrauchte Ausrede[49] ist geradezu lächerlich[50] und fordert somit zu entsprechend ironischen Äußerungen des Weisen heraus.

Eine entsprechende Perspektive ist auch in Spr 24,30–34 sichtbar:

> „Am Feld eines faulen Mannnes bin ich vorübergegangen,
> am Weinberg eines unverständigen[51] Menschen.
> Siehe, sein Ganzes geht auf in stacheligem Unkraut,
> seine Fläche wird bedeckt mit Wolfsmilch
> und seine Steinmauer wird niedergerissen.
> Und ich sah es, ich mache mir meine Gedanken,
> ich habe es gesehen, ich habe die Lehre daraus gezogen.
> Ein wenig Schlaf, ein wenig Schlummer,
> ein wenig die Hände ineinander legen, um zu ruhen,
> da kommt schnell[52] deine Armut und dein Mangel wie ein Gewappneter."

Dieser in Erzählform gekleidete Text erweckt zunächst den Eindruck der Schilderung eines konkreten Einzelfalles angesichts der drastischen Darstellung der Folgen der Faulheit eines (Wein-)Bauern: hochgewachsenes Un-

---

[46] Vgl. REITERER, עצל, 309: damit befindet sich der Faule „außerhalb der weisheitlich ratsamen Lebensanleitungen".

[47] Anders MCKANE, OTL, 601, für den die Zahl „any number" ist. Zur Zahl „7" als Ausdruck von etwas Vollkommenen vgl. SAUER, Sprüche Agurs, 73.

[48] Damit wird eine in sich logische Verbindung zu den vorausgehenden Versen 1–12 hergestellt.

[49] Vgl. das sumerische Sprichwort „»An diesem Tage will ich gehen!« sind (die Worte) des Hirten, »Später will ich gehen!« sind (die Worte) des Junghirten, (aber:) »Ich will gehen!« heißt »Ich will gehen!« So läßt er die Zeit verstreichen!" (TUAT III/1, 36).

[50] Vgl. WILDEBOER, KHC XV, 64.

[51] Hebräisch חֲסַר־לֵב.

[52] Hebräisch durch das Partizip Hitpa'el מִתְהַלֵּךְ ausgedrückt.

kraut, Disteln, eingerissene Schutzmauern. Angesichts von v.34 wird jedoch
deutlich, daß es wieder um allgemeingültige Aussagen geht, daß „keine individuelle Erwägung vorliegt"[53]. Mit Hilfe dieser konkreten Schilderung kontrastiert der Erzähler die sehr genau beobachtete[54] Faulheit und deren Folgen
mit seiner eigenen eingehenden Reflexion[55] und der daraus folgenden Erkenntnis. Schon der Wunsch nach ein wenig Schlaf[56] ist ein gefährlicher, da
die daraus resultierende Armut schneller kommt als gedacht. Indirekt ist als
Folgerung die Mahnung[57] zu erschließen, sich selber nicht so zu verhalten[58].

Aufmerksamkeit erheischend ist die auffallende Konstruktion von 24,32.
So kann אָנֹכִי zum vorausgehenden wie zum folgenden Verb gehören[59]. Daß
eine eindeutige Entscheidung nicht möglich ist, unterstreicht das dem
אָנֹכִי zukommende Gewicht. Im Gegenüber zur beobachteten Faulheit des
Anderen betont der Sprechende seine eigene andere Einstellung. Auch die
außergewöhnliche Verbalfolge wajjiqṭol – jiqṭol - qaṭal – qaṭal hebt diese
hervor und weist auf die Wichtigkeit hin, sich Gedanken zu machen und die
richtige Lehre aus dem Beobachteten zu ziehen.

4. Folgerungen

Auffallend ist, daß חָרוּץ wie עָצֵל/עַצְלָה/עַצְלוּת nur in den Proverbien[60]
begegnen und auch רְמִיָּה kaum außerhalb der Proverbien zu finden ist.
Daraus läßt sich schließen, daß das Thema Fleiß/Faulheit im Alten Testament ein wohl genuin weisheitliches ist[61], das zudem seinen Schwerpunkt in
der älteren Weisheit hat – in den jüngeren Texten spielt es nur in 6,6–11[62] und

---

[53] HERMISSON, Spruchweisheit, 184.
[54] Vgl. die Kombination von חזה und ראה in v.32.
[55] Vgl. die Kombination von שִׁית לֵב und לקח מוסר in v.32.
[56] Wohl ein wenig Schlaf zur Unzeit, nicht Schlaf generell.
[57] Vgl. PLÖGER, BK XVII, 288. Diese Mahnung zielt sowohl auf den Redenden wie
auch auf den Hörer/Leser.
[58] Als Gegenbild zum hier Geschilderten vgl. Jes 5,2; 28,24f.
[59] Zu den unterschiedlichen Versuchen der Zuordnung bis hin zur Akzentsetzung in den
Drucken der hebräischen Textausgaben vgl. DELITZSCH, Spruchbuch, 396.
[60] Für עצל gilt das abgesehen von Ri 18,9 und Koh 10,18.
[61] Vgl. PREUSS, Arbeit, 617. Damit ist jedoch noch nicht gesagt, daß die Faulheit ein
„Haupttopos der Weisheitsliteratur" ist, gegen A. LAUHA, BK XIX, 197.
[62] Spr 6 verweist auf die Ameise und deren beispielhaften Fleiß. 24,33f. werden nahezu
als Zitat aufgenommen, um vor Faulheit zu warnen. BARUCQ, Proverbes, 77, sieht die
Relation von Spr 6 und 24 jedoch offensichtlich in anderer Reihenfolge: 24,33f. sind eine
Aufnahme von 6,11. Dieser Sicht kann aber angesichts der Zusammenstellung in Spr 6
nicht zugestimmt werden.
Gegenüber der älteren Weisheit kommen neue Aspekte zum Thema Fleiß/Faulheit nicht
hinzu.

in 31,27[63] eine Rolle. Zutreffend ist jedoch nicht, daß dieses Thema ein vorwiegend israelitisches ist, denn auch in der Umwelt Israels spielt das Problem der Faulheit eine Rolle[64].

Hervorzuheben ist, daß nur wenig über den Fleiß bzw. den Fleißigen gesagt wird. Das Thema Faulheit steht ganz klar warnend im Vordergrund. Möglicherweise ist daraus nicht nur zu schließen, daß Fleiß als ein der Weisheit angemessenes Verhalten[65] empfunden und entsprechend selbstverständlich praktiziert wurde, sondern auch, daß der Fleißige selbst angesprochen wird, der vor dem Abgleiten in die Faulheit bewahrt werden soll. Kaum wird der Faule zu einem fleißigen Verhalten aufgerufen, er ist nicht Adressat der Texte. Fleiß zeigt sich also, wenn auch oft via negationis, als ein wichtiges Ideal und Verhalten des Weisen.

Unterstrichen wird dieser Gedanke durch die stark ironisch gefärbten Texte. Eine solche Ironie[66] ist nur dem geistig Beweglichen zugänglich, so daß sie kaum an den Faulen selbst gerichtet sein kann.

Das Ideal des Fleißes ist mit einer positiven Wertung von Arbeit verbunden[67]. Arbeit gehört für den Weisen zu den Vorgegebenheiten gelingender Existenz, da diese ohne Arbeit gefährdet wäre[68].

Der Weise weiß aber auch darum, daß Arbeit ebenso notwendige Mühsal, nicht nur freiwillig und gern erbrachter Fleiß sein kann. Dieses Wissen steht jedoch nicht im Vordergrund. Der Weise ist eben nicht einer, der von solcher Mühsal betroffen ist, sondern jemand, der auf der Seite derer lebt, die mit Fleiß Wohlstand erreichen, nicht aber gerade nur das Überleben sichern.

Fragt man nach dem, was den Faulen ausmacht, so zeigt sich im Gebrauch des Terminus עָצֵל „ein nachhaltig pejorativer Charakter, der nicht nur oberflächlich abwertend den Faulenzer, sondern konzentriert jenen bezeichnet, der durch seine Faulheit sowohl einerseits sein Wohlergehen, ja seine Existenz und sein Leben gefährdet als andererseits auch gesellschaftszerstörend

---

[63] Hier wird im sog. „Loblied der tüchtigen Hausfrau" deren Qualität damit hervorgehoben, daß Faulheit nicht zu ihren Eigenschaften gehört.

[64] Gegen BARUCQ, Proverbes, 77. Vgl. die ironisch formulierte Klage einer sumerischen Frau über die Faulheit ihres Mannes: „Der Hund ging, der Sko[rpion ging], (aber) mein Mann ist keineswegs gegangen! Das Fährschiff ist mit übermäßig vielen Menschen [beladen], mein Mann hat sich *(deswegen)* nicht eingeschifft!" (TUAT III/1, 27); vgl. auch ALSTER, Studies, 85.

[65] Dem entspricht auch die Interpretation des חרץ von FREEDMAN/LUNDBOM, חרץ, 233, wonach es beim Handeln des Fleißigen nicht um Schnelligkeit geht, sondern um die den Erfolg in sich bergende Sorgfalt.

[66] Vgl. auch HERMISSON, Spruchweisheit, 62, zum spöttischen Ton in den Sprichworten über den Faulen.

[67] Vgl. JACOB, Création et travail, 21: Arbeit ist für den Weisen eher Segen.

[68] Vgl. – allerdings mit anderer Akzentsetzung – die Wertung der Arbeit durch J nach Gen 2f., wo „kultivierende Arbeit gemäß göttlicher Bestimmung konstitutiv für menschliches Dasein" ist, IRSIGLER, Arbeit, 50.

... wirkt"[69]. Nach *Reiterer* ist der Faule bestimmt durch „ethisches Fehlverhalten und qualifizierte Faulheit und nicht nur Lethargie"[70]. Auch setze er sein Leben nicht nur dadurch aufs Spiel, daß er die Arbeit verweigert, „sondern daß er nicht das Gegenteil vom Schlechten – in dessen Bannkreis ihn das ᶜāṣel-Sein bringt – tatkräftig erstrebt"[71]. Der Faule kann deshalb beurteilt werden als einer, „der sich dahintreiben läßt und seine lebenserhaltenden Grundverpflichtungen nicht wahrnimmt, sich vielmehr unverantwortlichem Müßiggang hingibt. Darum ist seine Unverläßlichkeit ein Hindernis für das Funktionieren einer Gemeinschaft"[72].

Das Ausbleiben von Ertrag bzw. Erfolg ist eine eindeutige Folge von Faulheit. Dieser Zusammenhang wird ohne Einschränkungen bejaht und überhaupt nicht in Frage gestellt[73].

Werden konkrete Lebensbereiche angesprochen, in denen sich die Faulheit zeigt, so sind es die der Landwirtschaft bzw. der persönlichen Nahrungsaufnahme. Verwaltungstätigkeit bzw. sonstige städtisch orientierte Beschäftigungen werden im Gegensatz zu ägyptischen Texten nicht genannt[74]. Daraus kann jedoch kaum geschlossen werden, daß eine bestimmte – ländlich geprägte – Schicht eher als vom Phänomen der Faulheit bedroht angesehen worden ist als die Beamtenschicht[75]. Vielmehr sind im Bereich der Abläufe der Natur die Spielregeln von Fleiß bzw. Faulheit und deren Folgen überschaubarer und eindeutiger erkennbar, so daß der Faule in der Landwirtschaft zum Paradigma für den Faulen überhaupt wird[76].

Von Fleiß bzw. Faulheit wird zwar auch in sonstigen altorientalischen, weisheitlichen Texten gesprochen, doch fällt auf, daß es dort im Gegensatz zum AT nicht personalisiert geschieht. Es wird nicht vom Fleißigen bzw. Faulen gesprochen, sondern zu einem Verhalten gemahnt, das sich als fleißig

---

[69] REITERER, עצל, 306.

[70] REITERER, עצל, 307. Zum Aspekt des moralischen Urteils über den Faulen vgl. auch BARUCQ, Proverbes, 155.

[71] REITERER, עצל, 307f.

[72] REITERER, עצל, 309. Nach J. MEINHOLD, Weisheit, 128, ist aber auch der Fleißige nicht am Wohl der Gemeinschaft orientiert, sondern frönt seinem Egoismus. Diese Wertung übersieht jedoch, daß die Proverbien insgesamt stärker am Individuum interessiert sind, was nicht mit Egoismus gleichgesetzt werden darf.

[73] Diese Selbstverständlichkeit steht auch hinter der Aussage IRSIGLERS, Arbeit, 49: „Eine anthropologisch vertiefte Begründung scheinen die Weisheitslehrer für ihre Warnung vor Faulheit und ihre Mahnung zu fleißiger Arbeit nicht nötig zu haben. Zu offen liegen die Motive auf der Hand." Vgl. ähnlich GUNNEWEG/SCHMITHALS, Leistung, 22, zum selbstverständlichen Zusammenhang von Leistung und Erfolg. Zur Thematik des Ertrags, des ausbleibenden Erfolgs und der Plage der Arbeit vgl. hingegen Koh 2,11–13.24f.; 3,13.22; 5,8.11.17f.; 8,15; 9,9; 10,18; vgl. aber Koh 5,18.

[74] Vgl. BARUCQ, Proverbes, 155.

[75] Da diese zu den Adressaten der Proverbien gehört, zeigen die Warnungen ja gerade, daß auch Beamte – zwar als Fleißige – vor der Gefahr der Faulheit nicht gefeit sind.

[76] Oder hat ein Verf. der Beamtenschicht bewußt ländliches Material gewählt, um unmittelbare „Nestbeschmutzung" und damit Streit mit seinen Kollegen zu vermeiden?

charakterisieren läßt, bzw. eines geschildert und davor gewarnt, das mit Faulheit umschrieben werden kann. Das zeigt sich selbst in der sumerischen Auseinandersetzung eines Vaters mit seinem nichtsnutzigen, faulen Sohn, wo dieser nicht expressis verbis als der Faule angesprochen, sondern sein Verhalten verurteilt wird[77].

Wie sich auch schon bei der Untersuchung der Typen Weiser und Tor bzw. Rechtschaffener und Frevler zeigte, begegnet analoges Reden in Form der Typisierung in Ägypten und Mesopotamien wesentlich weniger, noch weniger oder gar nicht im Rahmen von Antithesen.

§ 5: Der Reiche und der Arme

Die Rede vom Reichen und Armen nimmt einen großen Platz in der älteren Weisheit ein[1]. Während für den Armen in den Proverbien mehrere Begriffe gebraucht werden (דַּל, רָשׁ, עָנִי, אֶבְיוֹן[2]), die sich im vorliegenden Textkorpus aber wohl doch als auswechselbar ansehen lassen können[3], wird vom Reichen nur als עָשִׁיר gesprochen. Anders als bei den Textgruppen der beiden vorausgehenden Paragraphen wird in den hier zu verhandelnden Texten kaum das Verhalten des Reichen bzw. Armen reflektiert, sondern eher sein Ergehen bzw. dessen Wertung. Deshalb wird hier von der Gliederung der vorigen Paragraphen abgewichen, jedoch wiederum zuerst der Befund erhoben und dargestellt.

1. Der Habitus bzw. das Ergehen des Reichen bzw. des Armen

a) Reicher wie Armer werden in einer *parallelen Beziehung zu JHWH* gesehen.

„Der Reiche (עָשִׁיר) und der Arme (רָשׁ) begegnen sich –
der Schöpfer beider ist JHWH." (Spr 22,2)

„Der Arme (רָשׁ) und der Mann der Bedrückung (אִישׁ תְּכָכִים) begegnen
einander –
die Augen beider erleuchtet JHWH." (Spr 29,13)

---

[77] Vgl. TUAT III/1, 77ff.
[1] Vgl. dazu auch unten § 26.
[2] Zu den eigentlichen Nuancen der jeweiligen Begriffe vgl. u.a. GEORGE, Pauvreté, 14ff.; KUSCHKE, Arm und reich, 45ff.; SCHWANTES, Recht, 260f.; PLEINS, poverty, 63f.; DONALD, Semantic Field (OrAnt); auch VAN DER PLOEG, Les Pauvres, bes. 253–258.
[3] Vgl. WHYBRAY, Poverty, 334; ders., Wealth, 20.

Spr 22,2[4] wie auch 29,13 sind kaum ein Hinweis darauf, daß der Reiche wie der Arme beide als so qualifizierte von JHWH geschaffen sind[5], sondern eher Ausdruck für ihre gemeinsame Geschöpflichkeit[6]. Vielleicht kann ferner daraus geschlossen werden, daß *beide* als Geschöpfe JHWHs vor JHWH auf gleicher Stufe stehen[7], „side by side in every society"[8] begegnen und aneinander gewiesen sind[9]. Diese Aussage ist aber zunächst als eine deskriptive zu verstehen, die Form des Spruches legt erst sekundär eine ethische Komponente im Sinne einer Mahnung zum Unterlassen von Hochmut und Unbarmherzigkeit (des Reichen gegenüber dem Armen)[10] nahe. Primär geht es um die Feststellung, daß Reiche und Arme einander begegnen können in dem Bewußtsein einer Gleichwertigkeit angesichts des gemeinsamen Schöpfers[11]. Eine qualitative Differenzierung von arm und reich wird nicht vollzogen[12]. Einen weiteren Akzent trägt *Liaño* bei, nach dem es in diesen Texten

---

[4] Vgl. auch 14,31; 17,5.

[5] So offensichtlich DELITZSCH, Spruchbuch, 350; WILDEBOER, KHC XV, 63, wie auch RINGGREN, ATD 16, 87, wenn er in 22,2 einen Hinweis darauf vermutet, „daß der Unterschied zwischen Reichen und Armen in Jahwes Schöpfungsordnung begründet ist". Ähnlich wohl auch HAMP, EB, 58, wenn er von naturgegebenen sozialen Unterschieden spricht; ebenso McKANE, OTL, 570; FABRY, דל, 233, zu 14,31; 22,2; 29,13; PREUSS, Einführung, 38, hingegen schließt aus 22,2: „Daß es neben Reichen auch Arme gibt, ... wird als gegeben zur Kenntnis genommen". Vgl. auch HERMISSON, Observations, 45, der in den Texten keinen Hinweis auf eine durch Weltordnung begründete Sozialordnung findet.
Anders sieht es bei Amenemope 483–488 (BRUNNER, Altägyptische Weisheit, 254) aus: „Der Mensch ist Lehm und Stroh, und Gott ist sein Töpfer. Er zerstört und er erbaut täglich, er macht tausend Arme nach seinem Belieben, und tausend Leute macht er zu Aufsehern, wenn er in seiner Stunde des Lebens ist." Vgl. dazu auch BRUNNER, Wertung der Armut, 196.

[6] Vgl. ALONSO SCHÖKEL/VÍLCHEZ LÍNDEZ, Proverbios, 324: „Hacedor del hombre, no del pobre." Nach WHYBRAY, CBC, 124, ist es ein Charakteristikum der israelitischen Weisheit, Argumente aus dem Fakt der Schöpfung zu ziehen. In den Proverbien begegnet ein solches Phänomen allenfalls in Spr 8, so daß es kaum als ein Charakteristikum angesehen werden kann.

[7] So auch DOLL, Menschenschöpfung, 19. Möglicherweise richtet sich eine solche Aussage gegen eine Vorstellung, daß der Reiche JHWH näher ist als der Arme, daß also extra betont werden muß, daß beide – gleichwertige – Geschöpfe JHWHs sind. Anders, aber vom Text her nicht begründet, DELITZSCH, Spruchbuch, 350, der davon spricht, „daß die Mischung der Standesunterschiede dazu da ist, daß der Niedrige dem Hohen und der Hohe dem Niedrigen diene".

[8] McKANE, OTL, 640.

[9] Vgl. dazu auch 29,13, hier allerdings geht es um zwei ähnlich qualifizierte Gruppen, die einander begegnen, nämlich רש ואיש תככים; 20,12 scheint diese Sicht zu unterstützen. Zu den unterschiedlichen Verstehensmöglichkeiten vgl. auch SCOTT, AB 18, 128.

[10] Vgl. WILDEBOER, KHC XV, 63, mit Verweis auf 14,31; 17,5; Hi 34,19. Ebenso PLÖGER, BK XVII, 346. Vgl. auch L. BOSTRÖM, Sages, 66, der auf die immer wieder begegnende Betonung der Verantwortung des Reichen für den Armen verweist.

[11] Vgl. A. MEINHOLD, ZBK AT 16.2, 364.

[12] In ähnlicher Weise könnten eventuell auch die Ausführungen von PLÖGER zu 22,2 verstanden werden, BK XVII, 253.

letztendlich JHWH ist, auf den Reichtum wie Armut zurückzuführen sind[13], nicht aber das Verhalten des Reichen bzw. Armen. Damit wäre dann auch der Tun-Ergehen-Zusammenhang durchbrochen, der, wie sich noch zeigen wird[14], insgesamt nicht glatt durchgezogen wird, wenn es um Reichtum und Armut geht. Doch spielen weder 22,2 noch 29,13 unmittelbar auf den Tun-Ergehen-Zusammenhang an, noch enthalten die Texte eine Aussage darüber, wer oder was Reichtum bzw. Armut verursacht.

Die parallele Bildung beider Verse erlaubt kaum, nur aufgrund dieser Konstruktion den עָשִׁיר von 22,2 mit dem אִישׁ תְּכָכִים von 29,13 zu identifizieren[15]. 22,2 ist deutlich neutral formuliert. Demgegenüber enthält 29,13 eher noch ein Moment der Steigerung, daß auch der negativ qualifizierte Mensch wie der Arme vor JHWH gesehen wird.

b) Der Reiche sieht in seinem *Reichtum seine Sicherheit.*

„Der Reichtum (הוֹן) des Reichen (עָשִׁיר) ist seine starke Zuflucht,
der Untergang der Armen (דַּלִּים) ist ihre Armut (רֵישׁ)." (Spr 10,15)

„Der Reichtum (הוֹן) des Reichen (עָשִׁיר) ist seine starke Zuflucht,
und wie eine hohe Mauer – in seiner Phantasie." (Spr 18,11)

Der chiastische Parallelismus in 10,15 weist darauf hin, daß der Kontrast „Reichtum – Armut" dem Gegensatz „Untergang – Zuflucht" entspricht. Damit enthalten beide Glieder gleiches Gewicht, wobei zugleich die Personorientierung in den Hintergrund tritt. Nach diesem Text schützt Reichtum den Reichen vor Unglück, während der Arme durch seine Armut genau das Gegenteil erfährt. Es gibt aber keinen Hinweis darauf, daß der Verfasser darin eine Ungerechtigkeit sieht[16]. 10,15 ist noch weitgehend ohne moralische Konnotationen formuliert – die Antithese schildert lediglich das Faktum der Vorteile des Wohlstandes wie der Nachteile der Armut[17], leitet damit aber indirekt dazu an, sich um Wohlstand bzw. Vermeidung von Armut zu bemühen[18].

In der ersten Hälfte identisch mit 10,15, aber in der zweiten Hälfte die genannte Einstellung dann ironisierend begegnet 18,11. Die Ironie zeigt sich

---

[13] Vgl. LIAÑO, pobres, 125. Hier ist jedoch darauf zu achten, daß daraus nicht geschlossen werden darf, daß JHWH den Menschen als armen oder reichen festlegt (s.o); vgl. zur Problematik auch DELKURT, Ethische Einsichten, 109, Anm. 102.

[14] Vgl. § 18.

[15] Gegen WHYBRAY, Wealth, 42.

[16] Vgl. SCOTT, AB 18, 84.

[17] Vgl. RINGGREN, ATD 16, 46; ähnlich auch WILDEBOER, KHC XV, 32.

[18] Vgl. ALONSO SCHÖKEL/VÍLCHEZ LÍNDEZ, Proverbios, 265, die noch von einem möglichen Hervorrufen von Mitleid mit dem Armen sprechen. Vom Text selbst her ist das jedoch kaum angelegt.

besonders in dem nachklappenden בְּמַשְׂכִּיתוֹ[19], das angesichts des vorausgehenden Verses (der Name JHWHs ist ein starker Turm und gibt Schutz) den
Kontrast von falscher und echter Sicherheit umso stärker zum Ausdruck
bringt[20].

Falsche Sicherheit liegt auch dort vor, wo der Reiche sich als weise ansieht.
Reichtum ist jedoch nicht dem Reichen als Lohn oder Wirkung seiner Weisheit eigen, wie zu erwarten wäre, Weisheit ist nicht Privileg des Reichen bzw.
ihm automatisch zugeeignet, sondern ebenso dem Armen gegeben[21]. Damit
ist wieder die Frage nach dem Tun-Ergehen-Zusammenhang gestellt.

> „Weise ist in seinen Augen der Reiche (עָשִׁיר),
> aber der wissende Arme (דַּל) erforscht ihn." (Spr 28,11)

Dem verständigen Armen, den es folglich gibt (und dies ist festzuhalten),
ist es danach möglich, den Reichen in seiner Überheblichkeit zu durchschauen, ihn in seiner überzogenen Selbsteinschätzung zu entlarven.

Aus dem bisher Gesagten fällt ein Text heraus, der über das Ergehen der
Armen eine relativ positive Aussage macht und von *Liaño* unter der Rubrik
„Gott selbst sorgt für die Armen"[22] verhandelt wird:

> „Viel Speise bringt das urbar gemachte Feld der Armen (רָאשִׁים),
> aber es gibt etwas (einen?), das (der) weggerafft wird durch Unrecht[23]." (Spr
> 13,23)

Dieser Text ist nicht leicht zu verstehen[24], da v.23b in einer gewissen
Differenz zu v.23a steht[25]. Die Beziehung beider Halbverse zueinander ist
kaum auszumachen, da ein eindeutiges Verbindungsglied fehlt. Wird יֵשׁ in
v.23b als Aussage im Neutrum aufgefaßt, so wäre damit ein Gegenüber zur

---

[19] Die LXX liest an dieser Stelle ἐπισκιάζει, was dem hebräischen בְּמַשְׂכִּיתוֹ entsprechen, also die positive Einschätzung des Reichtums unterstreichen würde. Die unterschiedliche Vokalisation des Konsonantentextes zeigt damit deutlich die ambivalente Sicht des
Reichtums, wenngleich hier doch dem masoretischen Text der Vorzug zu geben ist, da
angesichts des vorausgehenden Verses eine Parallelsetzung von Name JHWHs und Besitz
im Blick auf möglichen Schutz kaum denkbar ist. Eher ist wahrscheinlich, daß gerade
angesichts von 18,10 das Verlassen auf den Besitz ad absurdum geführt werden soll und
damit der Inhalt dieser Formulierung nicht so „uncertain" ist, wie WHYBRAY, CBC, 105,
meint.

[20] Zur Korrektur der Vorstellung des Reichen durch 18,10 vgl. auch WHYBRAY, Yahweh-sayings, 161.

[21] Das berechtigt jedoch nicht zu der Gleichung Reichtum = impiety, Armut = piety, so
daß der Wissende der „seeker after Yahweh who keeps the *tōrā*" sei, so MCKANE, OTL,
621.

[22] LIAÑO, pobres, 149.

[23] So für בְּלֹא מִשְׁפָּט.

[24] Zur Interpretationsproblematik vgl. die offen gebliebene Diskussion bei PLÖGER, BK
XVII, 163f.; ebenso auch CAQUOT, Deux proverbes, 579ff., der auch keine klare, eindeutige
Lösung sichtbar werden läßt.

[25] Die Schwierigkeit wird noch dadurch verstärkt, daß die LXX einen völlig anders
orientierten Text bietet.

Speise von v.23a gegeben. Dann bestünde ein Gegensatz zwischen durch Arbeit geschaffenem und durch (eigenes oder fremdes?) Unrecht verlorenem Gut.

Zwar ist von einem gerade urbar gemachten Feld noch nicht viel Ertrag zu erwarten, doch wird in v.23a ausdrücklich von רָב־אֹכֶל gesprochen, so daß an ausreichenden Ertrag zu denken ist. Damit läßt sich auf ein *relatives* Wohlergehen der Armen rückschließen, wenngleich nicht klar gesagt wird, für wen die Speise ist[26].

c) Drei Texte reflektieren über die *Freundschaft zu Armen bzw. Reichen*[27]:

„Selbst von seinem ‚Freund' wird der Arme (רָשׁ) gehaßt,
die den Reichen (עָשִׁיר) Liebenden aber sind viele." (Spr 14,20)

„Reichtum fügt viele ‚Freunde' hinzu,
aber vom Armen (דָּל) trennen sich seine ‚Freunde'." (Spr 19,4)

„Alle Brüder des Armen (רָשׁ) hassen ihn,
umso mehr bleiben seine ‚Freunde' von ihm fern." (Spr 19,7)[28]

Hier wird die immer wieder machbare Erfahrung angesprochen, daß dem Armen aufgrund seiner Armut Freundschaft vorenthalten wird, daß ein Armer nur schwer Nächste als Freunde gewinnen und sich erhalten kann (19,4)[29], offensichtlich weil er ihnen „nichts zu bieten" hat[30]. Der Arme erlebt sogar bereits Ablehnung durch seine Brüder[31], das Fernbleiben seiner „Freunde" ist ihm also umso sicherer (Spr 19,7)[32]. Umgekehrt läßt sich auf die Vorteile des Reichen schließen, der sich mit seinem Besitz „eine weite Gefolgschaft und damit Einfluß sichert"[33].

---

[26] Verstärkt wird die Problematik noch durch רָאשִׁים, das statt von *rāš* auch von *rōš* her abgeleitet werden kann, vgl. u.a. A. MEINHOLD, ZBK AT 16.1, 226, Anm. 55.

[27] Vgl. § 8, wo genauer untersucht wird, inwiefern der רֵעַ für den Freund steht oder eher für den Nächsten, weshalb hier der Freund in ‚ ' gesetzt wird.

[28] Die BHS bietet noch eine Fortsetzung des Textes. Diese ist aber fragmentarisch und mit dem Übrigen in keinem Zusammenhang. Eine Rekonstruktion erscheint nicht möglich und hätte für die hier verhandelte Thematik auch keine Bedeutung. Zur Problematik des Textes vgl. PLÖGER, BK XVII, 218; McKANE, OTL, 527, u.a.

[29] SCHWANTES, Recht, 224, kann bei 19,4 eigentlich nur deshalb von einem sozialen Absteiger sprechen, weil er übersieht, daß רֵעַ keineswegs immer nur „Freund" meint.

[30] Vgl. WITTENBERG, Lexical context, 51: „poverty as an evil and dehumanizing social condition".

[31] McKANE, OTL, 526, verweist auf die unausweichlichen Pflichten gegenüber dem Bruder, unabhängig von der Gefühlsebene. Eine solche moralische Implikation wird im Text jedoch nicht angesprochen. – Daß mit den אֲחֵי־רָשׁ leibliche Brüder gemeint sind, geht aus der Fortführung in v.7b hervor.

[32] Diese Sicht zieht sich durch bis weit in spätere Zeit und geht ja wohl auch häufig konform mit gegenwärtigen Erfahrungen, vgl. sehr deutlich dazu Sir 13,21.

[33] KELLER, Vergeltungsglauben, 235. Von KELLER wird das hier angesprochene Verhalten im Rahmen seiner Reflexion des Tun-Ergehen-Zusammenhangs sehr positiv aufgenommen, da es der erstrebten Sicherung des Erfolgs dient. Die Proverbien sehen ein solches Verhalten jedoch um einiges distanzierter und kritischer; vgl. auch § 18.

Solche Aussagen lassen einen gewissen Egoismus erkennen, da die Ablehnung eines Armen als Freund wohl nur so erklärbar ist, daß eine dadurch entstehende Verpflichtung zur Hilfe manchem Reichen unangenehm ist (vgl. 18,23)[34], wenngleich eine solche von ihm erwartet wird (s. u.)

Die Texte begegnen formal als rein deskriptive, doch ist angesichts weiterer Aussagen über das Verhalten gegenüber den Armen deutlich ein kritischer Unterton im Blick auf den hier beschriebenen Sachverhalt herauszuhören. Damit wird nicht nur die Reaktion des Hörers/Lesers intendiert, die darauf zielt, nicht zu den Armen gehören zu wollen, weil Freundschaft etwas Erstrebenswertes ist. Vielmehr wird auch die Ablehnung des distanzierten Verhaltens gegenüber dem Armen erwartet[35].

2. Das Verhalten gegenüber dem Armen bzw. Reichen

a) Der Reiche verhält sich oft *gegen die berechtigten Bedürfnisse und Interessen des Armen.*

„Flehende Worte spricht der Arme (רָשׁ),
aber der Reiche (עָשִׁיר) antwortet hart." (Spr 18,23)

„Der Reiche (עָשִׁיר) herrscht über die Armen (רָשִׁים),
ein Knecht des Leihenden ist der Mann, der ausleiht." (Spr 22,7)

Die Abhängigkeit des Armen vom Reichen ist deutlich. Sie kann sogar bis zur Beherrschung/Unterdrückung reichen. Der Reiche hat Gewalt über die Armen, da er ihnen borgen und sie damit in Abhängigkeit bringen kann[36]. Der Arme wird so – bewußt oder unbewußt – moralisch verpflichtet, als Gegenleistung für die materielle Gabe den Geber in seinen Belangen zu unterstützen[37].

Beide Texte sind als Sentenzen gestaltet. Dennoch geht es wieder nicht allein um die Benennung der Fakten als solche. Dem Leser wird zwar die Bewertung überlassen, doch wird diese als Ablehnung des Verhaltens des Reichen letztlich aus dem Kontext der sonstigen Aussagen zum Thema vorgegeben[38]. Damit werden die beiden Sentenzen zu Aufforderungen an den

---

[34] Vgl. RINGGREN, ATD 16, 61, zu 14,20: „V.20 ist ein trauriger Kommentar zu der menschlichen Natur: der *Arme* wird verlassen, der *Reiche* erwirbt zahlreiche Freunde." Vgl. auch A. MEINHOLD, ZBK AT 16.1, 239.

[35] Gegen WHYBRAY, CBC, 84, der keine ethische Implikation in diesen Beobachtungen gelten läßt.

[36] Bei dieser Abhängigkeit braucht keineswegs gleich an die Möglichkeit der Sklaverei gedacht zu werden, sondern an die Erfahrung des Ausgeliefertseins desjenigen, der einem anderen finanziell verpflichtet ist, vgl. STRACK, KK VI/2, 73; PLÖGER, BK XVII, 254; MCKANE, OTL, 566.

[37] So KELLER, Vergeltungsglauben, 234f.

[38] Anders MCKANE, OTL, 518, zu 18,23: „factual rather than condemnatory".

Hörer/Leser, sich selbst nicht so zu verhalten, sondern sich dem Armen positiv zuzuwenden.

Das komplizierte Verhältnis zwischen dem Armen und dem Reichen und des gegenseitigen Umgangs miteinander wird in dem nicht leicht zu durchschauenden folgenden Text deutlich[39].

> „Den Armen (דָּל) zu bedrücken – zum Reichtum ist es für ihn,
> dem Reichen (עָשִׁיר) zu geben ist nur zum Mangel." (Spr 22,16)

Zunächst ist völlig unklar, *wer* die Folgen des in den jeweiligen Vershälften angesprochenen Verhaltens tragen muß: Wem verhilft es zum Reichtum, wenn man den Armen bedrückt? Wem zum Mangel, wenn man dem Reichen gibt?[40] Ist das Objekt des Verhaltens derjenige, der eine Veränderung seiner Besitzverhältnisse daraus zieht, oder ist es der Handelnde? Die erste Möglichkeit erscheint auf den ersten Blick widersinnig: Aus Unterdrückung des Armen kann kein Wohlstand für den Unterdrückten entstehen[41], der Reiche wiederum kann nicht verarmen, wenn ihm gegeben wird[42]. Auf den zweiten Blick kann das Problem der Theodizee mit angesprochen sein: „Im Gegensatz zu menschlichem Unrecht wird Gottes Vorsehung nach beiden Seiten den verdienten Ausgleich herbeiführen."[43] Diese Überlegung ist jedoch ohne direkten Hinweis im Text und entbehrt so der Überzeugung. Bezieht man nun aber die Veränderung auf den Handelnden, so ergibt es eher Sinn: Der Unterdrückende zieht daraus für sich Gewinn, wer aber dem Reichen gibt (geben muß? möglicherweise ist hier auch an Bestechung zu denken, die damit als erfolglos erklärt wird[44]), verliert an eigenem Besitz und gibt einem etwas, der es gar nicht braucht. Wenn etwas sinnvoll ist, dann also eher noch die Unterdrückung (= Ausbeutung) eines Armen, da dort noch ein Gewinn herauskommt[45]. Der Versuch einer Bestechung des Reichen hingegen ist von

---

[39] Diese Erkenntnis veranlaßt SCOTT, AB 18, 129, zu dem sicher zutreffenden, jedoch nur einen Bruchteil des Textes abdeckenden Satz „The general sens is that greed is self-defeating, whatever may be the precise point of the proverb."

[40] Die Konstruktion in v.16b ist inhaltlich genauso offen gehalten wie das לי in v.16a.

[41] Eine solche Überlegung findet sich jedoch bei STRACK, KK VI/2, 73, wie bei WILDEBOER, KHC XV, 64. Beide müssen allerdings auf Begründungen zurückgreifen, die außerhalb dieses Textes liegen und ihn erheblich strapazieren.

[42] So aber offensichtlich LIAÑO, pobres, 156, der in diesem Vers ein perfektes Einpassen in den Vergeltungsgedanken sieht, indem er übersetzt: „Oprimir al pobre ... es enriquecerlo, dar al rico es pura pérdida".

[43] HAMP, EB, 59. Vgl. auch WILDEBOER, KHC XV, 64; RINGGREN, ATD 16, 87. Ähnliches ist auch bei WHYBRAY, CBC, 126, sichtbar.

[44] Wäre somit v.16b Folge von v.16a, würde das angesprochene Verhalten auch keineswegs so unsinnig erscheinen, wie es MCKANE, OTL, 571, annimmt, der in der Zahlung von Geld an den Reichen ein Zeichen dafür sieht, daß jemand einfach sein Geld durch die Finger rinnen läßt.

[45] Vgl. DELITZSCH, Spruchbuch, 357.

vornherein zum Scheitern verurteilt. Solch eine Erfahrung ist eine immer wieder machbare und gemachte, so daß sie durchaus auch hier zur Sprache gebracht werden kann, aber als eine, die keineswegs durchgängig positiv gewertet wird. Auch 18,23 ergibt zwar eine in sich nachvollziehbare Aussage, dient aber nicht der Rechtfertigung von Unterdrückung.

b) Der Reiche ist aufgefordert zur *Fürsorge an den Armen.*
Beinahe als Kommentar zu 22,16 kann der folgende Text angesehen werden:

> „Wer dem Armen (רָשׁ) gibt, hat keinen Mangel,
> wer seine Augen verhüllt, (bekommt) viele Flüche." (Spr 28,27)

Dem, der gibt, wird Wohlergehen zugesagt, Fluch hingegen über den, der seine Augen vor dem Armen verhüllt. Das Geben ist deutlich auf den Armen zugespitzt, also auf den, der der Gabe im Gegensatz zu 22,16 (s. o.) bedarf. 28,27b erscheint besonders eindrucksvoll, da in den Proverbien nur selten von einem Fluch die Rede ist[46]. Der Geiz gegenüber dem Armen wird demzufolge unter ein starkes Verdikt gestellt.
Nicht mehr beschreibend, sondern im Rahmen eines Mahnwortes wird im folgenden Text der Arme zum Objekt der Fürsorge:

> „Beraube nicht den Armen (דָּל), denn arm (דַּל) ist er,
> zerschlage nicht einen Elenden (עָנִי) im Tor.
> Denn JHWH wird ihre Streitigkeiten ausführen
> und die berauben, die sie des Lebens berauben." (Spr 22,22f.)

Zwei negative Verhaltensweisen dem Armen gegenüber werden hier angesprochen: Beraubung und Vernichtung im Gerichtsverfahren. Beide werden als ein dem Armen gegenüber mögliches Verhalten abgelehnt. Die Mahnung zeigt jedoch, daß eine solche Praxis üblich war[47]. Eine ähnliche Aussage findet sich auch bei Amenemope[48], dort allerdings ohne Begründung.
Ein positives Verhalten verbunden mit materiellen Zuwendungen gegenüber dem Armen wird vom Reichen erwartet. Darüberhinaus wird vom Eintreten JHWHs für den Armen gesprochen[49], da letzterer sich aus eigenen Kräften nicht helfen kann. Möglicherweise ist v.23 auch zu verstehen als eine Art Vorbehalt gegenüber dem Verhalten des Reichen.

---

[46] 3,33 ebenfalls mit מְאֵרָה; 26,2; 27,14 mit קְלָלָה; 29,24 mit אָלָה. Vgl. PLÖGER, BK XVII, 339, der den Habgierigen deswegen in eine Reihe mit den Frevlern stellt.
[47] Vgl. die Klagen des beredten Oasenmannes 86ff. (BRUNNER, Altägyptische Weisheit, 363ff.)
[48] Vgl. Amenemope 61ff. (BRUNNER, Altägyptische Weisheit, 239).
[49] Vgl. die folgenden Texte.

Ganz gezielt zum Eintreten für den Armen wird der König aufgefordert[50]. So sieht 31,9 als – zusammenfassender?[51] – Abschluß des Mahnspiegels für den König Lemuel die Aufgabe des Königs[52] darin, den Elenden und Armen[53] zu ihrem Recht zu verhelfen[54]. Zu fragen ist, ob diese Fürsorge echtem Interesse an den Armen entspringt oder einem Utilitarismus[55], um den sozialen Frieden im Reich zu wahren und eine Revolution zu vermeiden. Letzteres schwingt zumindest in 29,14[56] mit, wonach der Königsthron (nur) Bestand hat, wenn der König den Armen zu ihrem Recht verhilft[57].

c) Zwar enthalten auch die Texte, die das Verhalten gegenüber dem Armen beschreiben, implizit eine *Wertung des Verhaltens*, doch gibt es eine Reihe von Sprüchen, die eine solche Wertung direkt aussprechen.

„Wer seinen Nächsten verachtet[58], der ‚sündigt‘,
wer sich aber der Geringen (עֲנָיִים[59]) erbarmt – wohl ihm!" (Spr 14,21)

„Wer den Geringen (דָּל) bedrückt, verhöhnt seinen Schöpfer,
aber es ehrt ihn, wer sich des Armen (אֶבְיוֹן) erbarmt." (Spr 14,31)

„Wer den Armen (רָשׁ) verspottet, verhöhnt seinen Schöpfer,
und wer sich am Unglück freut, bleibt nicht ungestraft." (Spr 17,5)

„Es leiht JHWH, wer sich des Armen (דָּל) erbarmt,
und seine Wohltat wird er ihm vergelten." (Spr 19,17)

---

[50] Vgl. dazu BRUNNER, Wertung der Armut, 193, der in der Lehre für Merikare „die älteste Stelle, die von Gottes Sorge für die Armen kündet", findet, denn danach habe Gott „die Fürsten erschaffen, den Rücken des Schwachen zu stützen".

[51] Nimmt man mit RINGGREN, ATD 16, 119, v.8 noch dazu, kann wohl nicht mehr von einer Zusammenfassung gesprochen werden. PLÖGER, BK XVII, 375, sieht hingegen in „v.9 eine verstärkende Wiederholung" von v.8. Aufgrund der sehr allgemein gehaltenen Formulierung legt sich angesichts der vorausgehenden Aussagen der Gedanke einer Zusammenfassung doch nahe.

[52] Nicht nur des israelitischen, sondern des altorientalischen überhaupt; vgl. RINGGREN, ATD 16, 119.

[53] Vgl. die gleiche Kombination von עני und אביון wie in 31,9 auch in 31,20, wonach Fürsorge für die Armen ebenso von der tüchtigen Frau (= Weisheit) praktiziert wird! Zum Ineinander der Rede von der Frau und der Weisheit vgl. u.a. A. MEINHOLD, ZBK AT 16.2, 521 ff.

[54] Genauer zu 31,1 ff. § 9, S. 144 ff.

[55] Vgl. die engagierte Kritik angesichts von Aussagen wie 31,6 f. bei SCHWANTES, Recht, 241 f.

[56] Genauer zum Text § 9, S. 133 f.

[57] Ähnliches zeigt sich auch am babylonischen Fürstenspiegel (TUAT III/1, 171 ff.), der deutlich das positive Verhalten des Herrschers gegenüber seinen Untertanen an sein eigenes Ergehen und die Ruhe im Lande bindet.

[58] בוז enthält durchaus ein tätiges Moment im Sinn von „geringschätzig behandeln".

[59] So mit dem Ketib.

„Wer ein gutes Auge hat, der wird gesegnet werden,
denn er gibt dem Armen (דָּל) von seinem Brot." (Spr 22,9)

14,21.31; 17,5[60] sind klar mit einer ethisch wertenden Aussage versehen, die eine Mahnung zu einem guten Umgang[61] mit dem Armen impliziert. Ferner enthalten gerade diese Texte wie auch 19,17 ein ausgesprochen religiöses Moment. Offensichtlich war für den Weisen die soziale Verantwortung dem Armen gegenüber eine, die sich nicht nur im zwischenmenschlichen Rahmen bewegt[62]. So wird in 14,21 das Verachten des Armen mit der Wurzel חטא in Verbindung gebracht[63], und nach 14,31; 17,5 kann der Reiche in seinem Verhalten dem Armen gegenüber den Schöpfer schmähen[64].

Syntaktisch ist allerdings nicht eindeutig erkennbar, ob sich in 14,31 und 17,5 das Suffix von עֹשֵׂהוּ auf den עֹשֵׁק bzw. לֹעֵג oder auf den דָּל bzw. רָשׁ[65] bezieht, es also mehr um die Beziehung Schöpfer – Armer[66] oder mehr um die Schöpfer – Unterdrückender/Spottender (Reicher) geht. Wäre letzteres intendiert, wäre darin eine noch stärkere Kritik zu sehen, so daß der Reiche sich durch sein Verhalten an *seinem* Schöpfer vergeht und damit an seiner ihm bestimmten Art, sein Leben zu gestalten. Syntaktisch kann die Frage nicht eindeutig beantwortet werden. So bleibt wiederum der Eindruck, daß eine bewußte Offenheit intendiert ist, JHWH wie in 22,2 also als Schöpfer beider Gruppen gesehen werden kann[67] und damit in doppelter Weise verhöhnt wird, womit der Text in seiner Zielrichtung noch mehr Gewicht erhält.

---

[60] Es ist DOLL, Menschenschöpfung, 17, nicht notwendigerweise zuzustimmen, daß die Verbindung von 17,5a und 17,5b eine literarische und nicht eine ursprüngliche ist, da allein 17,5a den Aussagen von 14,31 entspricht und 17,5b eine Weiterführung enthält, die doch wohl späterer Einsicht zuzuschreiben ist. Die Verbindung von sozialer Verantwortung und eigenem Wohlergehen wird in den Proverbien mehrfach hergestellt (vgl. 14,21), so daß auch die Umkehrung sachgemäß ist und nicht spätere Zufügung sein muß.

[61] 17,5a drückt sehr wohl ein Tun aus, spricht keineswegs nur das Innere des Menschen an, sondern sein verspottendes Verhalten; gegen DELKURT, Ethische Einsichten, 110, der hier offensichtlich von v.5b ausgehend die richtige Haltung herausstellt im Gegenüber zum Tun, das auch noch als „möglicherweise vordergründiges" qualifiziert wird.

[62] Vgl. WHYBRAY, Wealth, 67, der in der Einführung der Gottheit wohl zu Recht die Funktion „to reinforce that concern for the poor" sieht.

[63] Was aber auch einfach nur als „etwas falsch machen" verstanden werden kann.

[64] Das umgekehrte Verhalten wird nirgends in den Blick genommen! DELITZSCH, Spruchbuch, 241, verweist in diesem Zusammenhang darauf, daß die hier gegebene Begründung „ganz im Geiste der Chokma" ist, „welche wie im Jahvetum dem Gemeinreligiösen so im Nationalgesetz dem Humanen zugewendet ist".

[65] So DOLL, Menschenschöpfung, 16; PLÖGER, BK XVII, 176; RINGGREN, ATD 16, 60; sehr entschieden auch McKANE, OTL, 473, der allerdings ohne Begründung den Bezug auf den עֹשֵׁק zurückweist. Vgl. FRITSCH/SCHLOERB, IntB 4, 849.

[66] So McKANE, OTL, 473.

[67] Vgl. FRITZSCHE, Leittexte, 139 im Blick auf den gemeinsamen Schöpfer: „Daß alle Menschen *vor Gott* gleich sind, relativiert auch jeden Abstand der Menschen *untereinander* und weist sie zur Brüderlichkeit an."

Wie in 22,2 ist aber auch in 14,31; 17,5 nicht intendiert, daß JHWH den Armen als so beschriebenen geschaffen hat[68].

In 19,17 wird die Gabe für den Armen als eine Leihgabe für[69] JHWH verstanden[70]. Der Geber gibt dem Armen, was ihm zusteht, „leiht" damit aber letztlich JHWH[71]. Es ist weniger daran zu denken, daß der Gebende an JHWHs Stelle dem Armen gibt, sondern eher an eine Solidarisierung JHWHs mit dem Armen. Wenn einer den Armen etwas Gutes tut, wirkt sich das für ihn selbst gut aus, denn er tut offensichtlich etwas, das dem Willen JHWHs entspricht[72]. Die Fürsorge für den Armen wird so in den Tun-Ergehen-Zusammenhang eingebunden[73]. *Fritsch*[74] sieht in diesem Gedanken der Fürsorge prophetischen Einfluß[75], doch kann dem nur begrenzt zugestimmt werden, da in 19,17 wie auch in anderen Texten die eigene positive Befindlichkeit als Folge des Erbarmens in die Aussage eingeschlossen ist. Die Wohltat dem Armen gegenüber wird somit (auch) Mittel zum Zweck, was prophetischem Geist nicht entspricht[76].

Dann wird auch eine klare Verurteilung dessen, der den Armen bedrückt, ausgesprochen:

„Ein böser[77] Mann, d.h. einer, der Arme (דַּלִּים) unterdrückt, –
niederwerfender Regen, so daß es kein Brot gibt." (Spr 28,3)

---

[68] „Keineswegs kann man behaupten, mit der Erschaffung sei die Gottgewolltheit der sozialen Gegensätze gemeint. Das Schöpfersein Gottes entlarvt vielmehr das Verspotten des armen Außenseiters (*rš*) als eine Anmaßung, die sich an der Würde des Armen als einem Geschöpf Gottes vergreift, und setzt dieser Herabwertung eine ethische Grenze." DOLL, Menschenschöpfung, 17.

[69] In diesem Sinne ist wohl der constructus zu deuten.

[70] Auch das Pi‘el יְשַׁלֶּם weist deutlich darauf hin, daß JHWH hier als Schuldner angesehen wird, so SCHARBERT, ŠLM, 313, mit Hinweis auf Ruth 2,12.

[71] Eine ähnliche Aussage findet sich PapInsing 346.355f. (BRUNNER, Altägyptische Weisheit, 322): „Wenn du Besitz erlangst, gib einen Teil davon Gott, und das ist der Teil für die Armen. ... Wer dem Armen zu essen gibt, dem rechnet es Gott für Millionen Opfer an. Durch Almosen wird das Herz Gottes [mehr] erfreut (als) das Herz dessen, der es empfängt."

[72] Die Aussage von FRITZSCHE, Leittexte, 140f., wonach hier „humanistische Konsequenzen des christlichen Gottesglaubens" sichtbar werden, kann wohl nur als verfehlt charakterisiert werden.

[73] Vgl. McKANE, OTL, 534.

[74] Vgl. FRITSCH/SCHLOERB, IntB 4, 893.

[75] Vgl. auch GORGULHO, Zefanja, 86f., der in der Häufung der Rede von JHWH und den Armen in 14,26–16,15 einen Einfluß Zefanjas zu erkennen meint: „So könnte man in Erwägung ziehen, daß die salomonische Sammlung aus der Perspektive des Appells Zefanjas heraus zusammengestellt worden ist, nämlich aus der Perspektive der Suche nach Gerechtigkeit und Demut." Vgl. ebenso PLEINS, poverty, 64, im Blick auf 30,14.

[76] Vgl. A. MEINHOLD, ZBK AT 16.2, 321.

[77] Zum textkritischen Befund vgl. die folgende Diskussion.

Der Textbefund ist nicht ganz klar in Bezug auf das Subjekt des Unter-
drückens.

MT liest רָשׁ, jedoch ergibt diese Lesart kaum einen Sinn[78], außer man sieht
mit Plöger in diesem רָשׁ einen inzwischen zu Wohlstand gekommenen
Armen, der nun seine früheren Leidensgenossen unterdrückt[79]. Nimmt man
die Fassung der LXX auf, so könnte ein רֶשַׁע zu lesen sein. Diese Variante ist
den Konjekturen in רֹאשׁ oder auch עָשִׁיר vorzuziehen, da diese rein aus dem
Zusammenhang als zwar sinnvolle, aber eben doch textkritisch nicht fest-
machbare erschlossen werden[80]. Am ehesten käme aufgrund sonstiger Sprüche noch עָשִׁיר in Betracht, doch die Verurteilung der Unterdrückung legt
sehr wohl die durch die LXX belegte Qualifizierung als רֶשַׁע nahe, zumal
diese auch textkritisch durch den Wegfall eines einzigen Konsonanten am
überzeugendsten zu erklären ist, hier also keineswegs Septuaginta-Theologie
zu vermuten sein muß.

Der Vergleich des Unterdrückenden mit dem alles wegschwemmenden
Regen zeigt die verheerenden Auswirkungen, die sich aus dem Unterdrücken
der Armen ergeben.

Harte Kritik am negativen Verhalten gegenüber den Armen zeigt sich
auch in 30,14, wo im Rahmen einer Aufzählung diverser Schandtaten
(30,11–14) auch die beabsichtigte Ausrottung der Armen (אֶבְיוֹן bzw. עָנִי)
angesprochen wird. Wer die Elenden und Armen von der Erde wegschaffen
will[81], wird zum Geschlecht derer gerechnet, deren Zähne Schwerter und
deren Gebisse Messer sind. Nahezu apokalyptische Formulierungen begegnen hier, auf jeden Fall ist das genuin weisheitliche Vokabular und Denken
verlassen zugunsten einer deutlichen Verurteilung des Unterdrückers ohne
jede Einbindung in sonstiges Weisheitsdenken[82].

Bei einer Zusammenschau der Texte wird der Eindruck erweckt, als ginge
es bei der Zuwendung zu den Armen, beim Teilen mit den Armen nicht nur
um deren Wohl und damit um eine an ihnen orientierte caritative Forderung,
sondern es geht darin auch um den Erhalt der sozialen Ruhe.

---

[78] Anders allerdings WHYBRAY, Wealth, 37, der רָשׁ als „dishonest or unscrupulous poor
person" und im Unterdrücken „some kind of anti-social activity" sieht, die auch vom
Armen her denkbar ist. Für eine solche Interpretation bietet jedoch der Text wenig Ansatz.

[79] Vgl. PLÖGER, BK XVII, 333.

[80] So aber doch z.B. MCKANE, OTL, 629; WILDEBOER, KHC XV, 80; HAMP, EB, 75,
allerdings offen lassend, ob nicht doch die Variante der LXX gelesen werden kann.

[81] Ein Hinweis auf die Praxis vieler „Starker", sich der „Schwachen" als ihnen lästige
Wesen zu entledigen?

[82] Deshalb kann MCKANE, OTL, 651, sich eher an die Stimme eines Propheten oder
Predigers erinnert fühlen als an die eines Weisheitslehrers. HAMP, EB, 81, verweist in diesem
Zusammenhang noch auf Ps 14,4; 22,14; 57,5; 58,7.

3. Die Wertung des Armen und des Reichen

Eine Gegenüberstellung des Armen und des Reichen erfolgt in den folgenden Versen:

> „Besser demütig sein mit den Armen (עֲנָוִים[83])
> als Beute zu teilen mit den Stolzen." (Spr 16,19)

> „Besser ein Armer (רָשׁ), der unsträflich wandelt,
> als einer, der seine Wege[84] verkehrt – ein Tor ist er." (Spr 19,1)

> „Besser ein Armer (רָשׁ), der unsträflich wandelt,
> als ein Verkehrter in bezug auf seine Wege – und er ist ein Reicher." (Spr 28,6)

Insgesamt fällt auf, daß hier stets dem Armen eine überraschend positive Wertung widerfährt, die durch steigernd wertende („besser dieser als jener"), antithetisch formulierte Vergleiche verdeutlicht wird.

Während 28,6 klar ist in seiner Aussage, bietet 19,1, der in v.1a mit 28,6a identisch ist, in v.1b textkritische Probleme.

Zum einen ergibt sich die Frage, ob nicht in Analogie zu 28,6 unter Aufnahme etlicher Handschriften, der Peschitta und des Targums דרכיו statt שפתיו gelesen werden sollte. Ebenso kann in Analogie zu 28,6 und unter Aufnahme der Peschitta עשיר statt כסיל gelesen werden. Zwar birgt die masoretische Version die lectio difficilior und ergibt auch einen verstehbaren Text, doch ist eine textkritische Neufassung zu überlegen, da einerseits die Nähe zu Spr 28,6 deutlich ist und zum andern mit der Fassung der Peschitta innerhalb des tob-min-Spruches eine echte Antithese vorliegt, die auch den bisher verhandelten Texten mehr entspricht als der masoretische Text[85]. Einer Gegenüberstellung von רש und כסיל ist nur schwerlich Sinn abzugewinnen, außer man legt mit *Plöger*[86] den Vergleichspunkt auf das tadellose Verhalten, um das es letztlich geht. Dieses wird dann aber doch in Beziehung zu dem Armen gesetzt, so daß es auch um eine höhere Bewertung des rechten Verhaltens im Gegenüber zum Besitz kommt. Von daher erscheint eine Veränderung des MT zwar sinnvoll, ist aber nicht zwingend.

In beiden Texten wird die ethische Integrität[87] eines Armen der moralischen Verwerflichkeit eines Reichen gegenübergestellt und als höherwertig

---

[83] So mit dem Qere, vgl. Vulgata u.a.; vgl. auch PLÖGER, BK XVII, 194.

[84] Hier ist wohl in Analogie zu 28,6 mit vielen Handschriften דְּרָכָיו zu lesen.

[85] Anders MCKANE, OTL, 533, der sich für MT ausspricht; auch PLÖGER, BK XVII, 220.

[86] Vgl. PLÖGER, BK XVII, 220.

[87] Diese wird hier jedoch keinesfalls als „Folge rückhaltloser Hingabe an Gott" (DELITZSCH, Spruchbuch, 454) dargestellt, sondern einfach als solche ohne nähere Qualifizierung benannt.

eingestuft[88]. Ähnliches gilt auch für 16,19. Damit ist aber keine grundsätzlich höhere Bewertung des Armen und damit der Armut gegeben[89]. Nicht Reichtum oder Armut entscheiden über den Wert eines Menschen, sondern sein Verhalten, und dies kann auch bei einem Reichen ein falsches, bei einem Armen ein rechtes sein[90]. Wenn dies gilt, sieht sich der Weise lieber auf der Seite der Armen (16,19)[91].

Ebenso wird der Arme dem Lügner vorgezogen:

> „Der Wunsch des Menschen[92] ist seine Güte[93],
> ein Armer (רָשׁ) aber ist besser als ein Mensch von Lüge (= Lügner)." (Spr 19,22)

Die Interpretation von V.22a ist nicht gesichert, da einige textkritische Probleme vorliegen[94]. Da die erste Vershälfte für die hier verhandelte Thematik jedoch unerheblich ist, kann sie vernachlässigt werden. Das Gegenüber von Armer und Lügner in v.22b, das dem Armen eine Prävalenz einräumt, läßt darauf schließen, daß hier an einen reichen Lügner zu denken ist[95], damit also nicht gesagt ist, daß Armer und Lügner einander prinzipiell ausschließende Gegensätze sind.

Nur indirekt ist die Beurteilung zu erschließen, wenn eine aus dem Verhalten gegenüber dem Armen resultierende negative Folge angekündigt wird:

> „Wer sein Ohr verschließt vor dem Geschrei des Armen (דָּל) –
> auch er wird rufen und keine Antwort haben." (Spr 21,13)

Der hier Geschilderte schließt sich selbst aus der sozialen Verantwortung aus, indem er den Hilferuf des Armen nach (Rechts-)Beistand negiert. Eine entsprechende Erfahrung in einer eigenen Notsituation wird damit riskiert[96]. Daß dem Armen auch Recht zusteht und der Rechtschaffene dieses kennt und beachtet, weiß 29,7[97].

---

[88] Vgl. zu einer analogen Überordnung des rechten Verhaltens gegenüber dem Reichsein Amenemope 394ff. (BRUNNER, Altägyptische Weisheit, 325f.).

[89] Vgl. LIAÑO, pobres, 119f.

[90] Vgl. auch das sumerische Sprichwort (TUAT III/1, 34): „Der Arme legt nicht ein einziges (Mal) Hand an sein Kind, (sondern) er behandelt es für immer (wie) einen Schatz."

[91] Vgl. A. MEINHOLD, ZBK AT 16.2, 274.

[92] Nach KELLENBERGER, ḥäsäd, 103, das „Begehrenswerte am Menschen".

[93] Textlich problematisch. Vorschlag der BHS: סָחְרוֹ, vgl. 3,14; 31,18.

[94] Vgl. dazu PLÖGER, BK XVII, 219; MCKANE, OTL, 532f.

[95] Vgl. PLÖGER, BK XVII, 226.

[96] Vgl. MCKANE, OTL, 556: Der so Beschriebene „cut himself off from the social support which he might otherwise enjoy". Vgl. auch SCHWANTES, Recht, 236: „Wer sich also nicht zum Rechtsanwalt des Schwachen macht, wird ebenfalls keinen Verteidiger finden."

[97] Dazu Genaueres § 3, S. 38f.

4. Folgerungen[98]

Auffallend ist, daß bei der Thematik Reicher-Armer wesentlich weniger Antithesen verwendet werden als bei den vorher verhandelten Texten. Und wenn in antithetisch formulierten Texten Reicher und Armer einander gegenübergestellt werden, dann geht es dabei vorwiegend um einen Aspekt des Verhaltens der Reichen, nicht um die Personengruppen als solche[99]. In diesen Texten zeigt sich kein Hinweis darauf, daß der Verfasser sich mit einer der beiden Gruppen voll identifiziert. Sympathien werden sowohl für den Reichen wie für den Armen sichtbar[100]. Damit unterscheidet sich diese Textgruppe entscheidend von den anderen Texten, die zwei Personengruppen antithetisch exkludierend verhandeln. Während der Weise, der Rechtschaffene und der Fleißige durchgängig positiv und ihre Pendants ebenso durchgängig negativ gesehen werden, erfahren der Reiche wie der Arme eine Relativierung. Daß Armut nicht als erstrebenswert erscheint, verwundert nicht. So wird nirgends der Arme als solcher positiv gewertet, sondern nur, wenn er in Verbindung zu positivem Verhalten gesehen werden kann (16,19; 19,1; 28,6 usw.).

Überraschend ist ferner, daß gegen jede Erwartung kaum Relationen zwischen der Kategorie Reicher/Armer und denen Weiser/Tor bzw. Rechtschaffener/Frevler hergestellt werden, ebenso gibt es keine Beziehung zum Fleißigen/Faulen. Die hier verhandelte Textgruppe ist offensichtlich nicht daran interessiert, wie der Reiche bzw. Arme zu einem solchen geworden sind[101]. Anders sieht das bei den Texten aus, die sich thematisch mit Reichtum bzw. Armut beschäftigen[102].

Arm ist in den Proverbien keine relative, sondern eine absolute Kategorie[103]. Die Existenz als Armer oder Reicher erweist sich als solche nicht durch die Beziehung zu anderen Gruppen[104], sondern wird als eine vorgegebene,

---

[98] Auffallenderweise werden in Spr 1–9 für den gesamten Themenkomplex kaum andere Akzente gesetzt; vgl. WHYBRAY, Wealth, 77f.

[99] Vgl. FLEISCHER, Von Menschenverkäufern, 334f.

[100] WHYBRAYS Aussage, wonach die Weisen nicht mit den Reichen identifiziert werden wollen und über sie eigentlich auch nichts Gutes zu sagen haben, Wealth, 60, ist in dieser Form zu undifferenziert und einseitig.

[101] Es geht folglich zu schnell, wenn SCHWANTES, Recht, 221, angesichts der Texte, welche die selbstverschuldeten Ursachen aufzeigen, schließt: „Von einem Recht des Armen ist in diesem Zusammenhang nicht die Rede. Hier verspielt der Arme seinen Anspruch", zumal er selbst vorher darauf verweist, daß diese Texte „weitgehend Situationen und nicht Personen meinen".

[102] Vgl. dazu § 27.

[103] Vgl. WHYBRAY, Poverty, 334.

[104] Auch wird nirgends gesagt, daß der Reiche Schuld hat an der Armut der Armen; vgl. PLEINS, poverty, 67.

jedoch nicht von JHWH via Schöpfungsordnung institutionalisierte, angesehen[105].

Von großer Bedeutung ist die soziale Verantwortung des Reichen für den Armen. Sie wird sowohl gefordert[106] als auch wahrgenommen[107]. Denen, die ihre soziale Verantwortung wahrnehmen, werden für ihr eigenes Ergehen positive Konsequenzen zugesagt. So mag der Eindruck entstehen, daß ein helfendes Geben an den Armen aus Eigennutz geschieht: „Investitionen zugunsten der Armen machen sich immer bezahlt – auch dafür sorgt Jahwe selber (19,17)."[108] Doch ist darauf zu achten, daß die jeweiligen Aussagen so konstruiert sind, daß der Ton auf dem Geben, nicht aber auf den daraus resultierenden Folgen liegt. Es geht nicht primär um die Sicherung des eigenen Wohlergehens, sondern um die Wahrnehmung der Verantwortung für den Armen! Die Folgen für den Gebenden sind aber erwünschte positive Begleiterscheinung[109].

Die erwartete Zuwendung zu den Armen ist auf unterschiedliche Weise in einen religiösen Zusammenhang eingebunden. So wird sie zum einen indirekt mit dem Schöpfungshandeln JHWHs (22,2; 29,13) begründet. Zum anderen wird darauf hingewiesen, daß JHWH selbst für das Wohl der Armen eintritt und so das Verhalten dem Armen gegenüber auch der Beziehung zu JHWH entspricht (14,31; 17,5; 19,17; 22,22f.)[110].

Fragt man nach den Satzstrukturen, zeigt sich ein fast durchgängiges Überwiegen von Nominalsätzen. Diese werden häufig mit Partizip konstruiert, so daß in die Zustandsschilderungen, die die Charakterisierung von „arm" als absolute Kategorie bestätigen, doch auch das Element der Handlung mit eingetragen ist. Wo Verbalsätze gebraucht werden, ist bis auf wenige Ausnahmen *nicht* der Arme Subjekt. In 14,20 ist er es auch nur grammatikalisch, nicht aber als selbst Handelnder, wie das im Passiv stehende Verb verdeutlicht. In 22,2; 29,13 wird der Arme zwar als Subjekt genannt, jedoch parallel zum Reichen und nicht im Rahmen einer gezielten Handlung. Wirk-

---

[105] Vgl. Ani 266 (BRUNNER, Altägyptische Weisheit, 209): „Der eine ist reich, der andere ist arm."

[106] Im Blick auf den Besitzenden allgemein wie auf den Herrschaft Ausübenden speziell (29,14; 31,9; genauer dazu § 9, S. 133f.144ff.).

[107] Vgl. auch 29,7, wonach der Rechtschaffene sich um den Armen kümmert (genauer dazu § 3, S. 38f.); 31,20, wo es zu den Tätigkeiten der אֵשֶׁת חַיִל gehört, sich den Armen helfend zuzuwenden.

[108] KELLER, Vergeltungsglauben, 235; vgl. auch SCHWANTES, Recht, 263: „Verachtung des Armen ist also ein Schnitt ins eigene Fleisch."

[109] So kann mit FLEISCHER, Von Menschenverkäufern, 337, gesagt werden: „die weisheitlichen Kreise versuchen, ihre Erwartungen als Appelle zu formulieren und schöpfungstheologisch, d.h. an die Reichen und Armen unbestreitbar gemeinsamen Wurzeln rührend, zu begründen und so die Bedrücker der Armen zu einer Änderung ihres Verhaltens zu bewegen."

[110] So ist es für die Proverbien doch nicht so ungewöhnlich, daß JHWH den Armen zum Recht verhilft, wie PLEINS, poverty, 69, mit Blick auf Spr 22 meint.

lich agierendes Subjekt ist er nur in 18,23 mit dem Flehen um Hilfe und in 28,11, wonach er den vorgeblich Weisen durchschaut. Eigentlicher Aktant ist somit deutlich jeweils derjenige, der nicht arm ist. An ihn sind folglich auch die Texte adressiert.

Aus der Gruppe der Besitzenden werden auch die Verfasser der Texte kommen, und zwar aus den Reihen derer, die sich als solche verstehen, welche nicht zu denen auf dem ‚falschen Weg‘ gehören. Die Texte sind erwachsen aus der Beobachtung des Miteinanders von Armen und Reichen[111] und setzen somit eine gewisse Distanz voraus[112].

Ziel der Texte ist ein zweifaches. Zum einen werden die Reichen vor Selbstüberschätzung gewarnt und kritisch auf ihr Verhalten hin überprüft. Zum anderen werden sie an ihre soziale Verantwortung dem Armen gegenüber erinnert, und diese wird eingefordert. Verstärkt wird dies noch durch die religiöse Dimension angesichts der Rede von JHWH als (auch) auf der Seite der Armen stehend.

Zwar kennen auch Ägypten und Mesopotamien den Armen und den Reichen, auch wird dort in der Weisheitsliteratur ihr Ergehen thematisiert, doch scheint der Stellenwert ein anderer zu sein. Ihre Existenz ist deutlich Teil der Weltordnung und auf die Gottheit selbst zurückzuführen. Es wird auch dort von der sozialen Verantwortung des Reichen für den Armen gesprochen, diese wird aber noch stärker als in den Proverbien in den Tun-Ergehen-Zusammenhang eingebunden. Insgesamt scheint jedoch das Interesse an Reichtum bzw. Armut größer zu sein als am Reichen bzw. Armen.

§ 6: Zusammenfassung von §§ 2–5

So auffallend wie prägend begegnet in Spr 10ff. die Rede von verschiedenen Menschengruppen, die einander typisierend als Modell und Gegenmodell gegenübergestellt werden. Eine solche Gegenüberstellung erfolgt zwar auch in einander korrespondierenden Sentenzen, vor allem jedoch in Antithesen – mit Schwerpunkt in Spr 10–15[1] –, aber auch in den tob-min-Sprüchen.

In der Forschung wird nun auf unterschiedliche, sich ergänzende wie gegensätzliche Weise versucht, dieses besonders in der israelitischen Weisheitsliteratur begegnende Phänomen der antithetischen Aussagen zu interpretieren. So sieht *H.H. Schmid* in der Antithetik eine statisch fixierte und

---

[111] Vgl. SCHWANTES, Recht, 262.

[112] Nach WHYBRAY, Poverty, 334, stehen hinter diesen Aussagen eher Personen der „‚middle class‘, commenting on the two social and economic extremes from the outside". Die Proverbientexte geben jedoch zu wenig an Material, um tatsächlich eine solche Differenzierung durchzuführen.

[1] Weniger in 16,1–22,16; 24; 26; 28f.; ganz fehlend in 22,17–23,35; 25; 27; 30f.

festgelegte Ordnung, von der her sich das genaue Wissen ergibt, „wer und was ein Gerechter, bzw. wer und was ein Gottloser ist"[2]. Zu fragen ist, ob die Charakterisierung des Fixiert-Seins so tatsächlich zutrifft. Erheblich weniger statisch erscheint die Interpretation *Hermissons*, „daß hier in der Tat ein umfassendes Bild weisen und törichten, gerechten und ungerechten Verhaltens gegeben werden soll, aber eben gerade nicht im Sinne eines Systems, sondern in einer lockeren Ordnung einander immer noch korrigierender Sprüche"[3]. Auch hier ist wieder zu fragen, ob das umfassende Bild tatsächlich das eigentliche Interesse der Proverbien ist. *Brunner* beschreibt im Blick auf die in Ägypten gebrauchten beiden Oppositionspaare „Weiser-Tor" bzw. „Schweiger-Heißer"[4] deren Funktion von einem ganz anders orientierten Ansatz her, daß hier nämlich ein „negativer Menschentyp einem erstrebenswerten positiven gegenübersteht", wobei die Oppositionspaare „nicht eine objektive Beschreibung bieten, sondern den Zweck haben, junge Menschen zu erziehen"[5]. Angesichts des bisher Erarbeiteten ergibt sich die Frage, ob der Ansatz *Brunners* modifiziert auch für die Proverbien gilt.

Ein Blick auf die in den Proverbien begegnenden Oppositionsgruppen zeigt, daß diese sich nun als keineswegs auf gleicher Ebene befindend erweisen. Im Vordergrund der antithetisch ausgerichteten Texte stehen der Weise und der Tor sowie der Rechtschaffene und der Frevler. Daneben begegnen der Reiche und der Arme, der Fleißige und der Faule[6]. Kategorien wie der Weise und der Tor, auch wie der Rechtschaffene und der Frevler weisen zunächst scheinbar eher auf das hin, was dem Menschen als Wesensart zu eigen ist, während die Bestimmung als Fleißiger bzw. Fauler ganz auf das Verhalten des Menschen zielt. Einen völlig anderen Stellenwert hat die Charakterisierung Reicher – Armer, denn diese Kategorien sagen weder etwas über einen Wesenszug noch über bestimmte Verhaltensweisen, sondern eher etwas über einen sozialen Status aus.

Im folgenden sollen nun noch einmal wichtige Aspekte der einzelnen Gegensatzpaare aufgegriffen werden, um dann Folgerungen ziehen zu können für die Funktion und Aussageabsicht der so strukturierten Texte und ihre Sicht des/der Menschen.

---

[2] H.H. SCHMID, Wesen, 159.
[3] HERMISSON, Spruchweisheit, 191. Vgl. auch RICHARDS, Study, 127f.
[4] Also derjenige, der unkontrolliert und unreflektiert seine Sprache einsetzt.
[5] BRUNNER, Altägyptische Weisheit, 24.
[6] Überraschend ist, daß von diesen jeweiligen Gruppen vorwiegend antithetisch gesprochen wird, sie also weitaus seltener in Sentenzen vorkommen. Dies gilt besonders für den Weisen und den Toren. Möglicherweise sind diese Gruppen so eindeutig bestimmbar, daß eine genauere Beschreibung nicht notwendig erscheint.

1. Der Weise und der Tor

Anders als bei anderen Gegensatzpaaren wird wenig über die soziale Beziehung des Weisen (חָכָם, aber auch מֵבִין, נָבוֹן, עָרוּם) wie des Toren (אֱוִיל, כְּסִיל, aber auch פֶּתִי und לֵץ) gesagt. Das Gewicht der Texte liegt vor allem auf der Beschreibung der jeweiligen Verhaltensweisen des Weisen bzw. Toren. So zeugt deren Verhalten von Weisheit bzw. Torheit[7], ebenso von ihrer (Un-)Belehrbarkeit und damit der Fähigkeit und dem Engagement, dazu zu lernen[8]. Es ist ferner bestimmt durch (fehlende) Selbstbeherrschung[9] wie durch die Ablehnung des bzw. das Interesse am Bösen[10]. Von Bedeutung ist darüberhinaus die Sprache des Weisen und des Toren[11].

Auffallend ist in diesen Texten der vorherrschende Gebrauch von Verbalsätzen. Selbst dort, wo in Nominalsätzen Partizipialkonstruktionen stehen, sind die Verben z.T. solche, die ein aktives Handeln implizieren. Damit wird deutlich, daß in den Antithesen zwar Eigenarten des Weisen wie des Toren angesprochen werden, diese aber weitgehend handlungsorientiert sind. Bei allem intellektuellen Bestimmtsein läßt der Weise bzw. der Tor seine Weisheit bzw. Torheit vorwiegend handelnd sichtbar werden. Ein Weiser oder Tor zu sein ist folglich weniger ein Habitus als vielmehr Ausdruck eines Verhaltens.

Darüber hinaus legen die Proverbien großes Gewicht auf die Frage nach der Wertung des Weisen wie des Toren, wobei aber gerade hierbei keine Antithesen verwendet werden! Auch der tob-min-Spruch 19,1 hat nicht den Weisen als Gegenüber des abqualifizierten Toren. Durchgängig wird der Tor als ein negativ zu wertender, gar als ein zu strafender[12] dargestellt, dem keine Ehre zukommt[13]. Auffallend wenige Texte sprechen eine (natürlich positive) Wertung des Weisen aus[14].

Zweierlei ergibt sich aus diesen Beobachtungen. Zum einen läßt der große Umfang, der den Negativbeschreibungen des Toren zugemessen wird[15], auf massives Interesse daran schließen, vor der Existenz und dem Verhalten als Tor zu warnen und zu bewahren. Umgekehrt können aber die wenigen am positiven Verhalten des Weisen orientierten Texte kaum ausreichend Anlaß

---

[7] 13,16; 14,33; 15,14; 17,24.

[8] 12,15; 13,1; 14,6.15; außerhalb von Antithesen auch 15,12.31; 18,2.15; 21,11.

[9] 12,16; 21,24; 29,8.11; im Blick auf den Umgang mit dem (Nicht-)Wissen: 10,14; 12,23; 17,27.

[10] 13,19; 14,16; 22,3//27,12; vgl. auch 10,23; 26,11.

[11] Wobei die Sprache des Weisen nur einmal der des Toren gegenübergestellt wird: 14,3; demgegenüber wird ausführlich die Sprache des Toren reflektiert (bes. Spr 26); vgl. auch § 14.

[12] 10,13; 19,29; 26,3.

[13] 26,1.8

[14] 16,21; 25,12.

[15] Bis hin zur ausführlichen Beachtung seiner durchgängig als negativ qualifizierten Sprache! Vgl. dazu § 2, S. 20ff.

bieten, daß jemand den Weg vom Toren zum Weisen wählt. Die Zielgruppe der Texte dürften also wohl die Weisen sein, die bestärkt werden sollen, sich immer wieder neu für ein Leben als Weiser zu entscheiden[16]. Zum anderen werden auch die Antithesen, die verstärkt in Versteil b die Toren erwähnen und darauf ihr Gewicht legen, im Kontext der übrigen Texte als Entscheidungshilfe bzw. indirekte Mahnung gegen das Dasein als Tor zu interpretieren sein. Es geht folglich in den Antithesen Weiser-Tor nicht primär um eine neutrale Beschreibung von deren Verhalten, sondern um eine Überprüfung und nötigenfalls eine Korrektur des eigenen Verhaltens. Die Texte scheinen geschrieben aus der Sicht von Weisen, um dem weisen Ansprechpartner zu helfen, das Verhalten des Weisen zu bewahren, seine Existenz als Weiser zu sichern. Ihr Interesse ist es aber nicht, den Toren aus dem ihm eigenen Verhalten herauszuholen[17], weniger, weil es als unmöglich erscheint und dem Toren letztlich nicht zu helfen ist, sondern weil der Tor nicht der Adressat der Texte ist.

Fragt man nach den Inhalten des Weise-Seins, so erweisen sich die Proverbientexte zum Thema als reichlich offen und allgemein. Fähigkeiten im lebenspraktischen Umgang angesichts konkreter Erfordernisse des Alltags werden kaum angesprochen. Es geht den Texten offenbar nicht um eine umfassende Beschreibung von Wirklichkeit, ebensowenig um eine Identifikation durch Konkretion. Damit wird es dem Leser bzw. Hörer selbst überlassen, sich als Weiser einzuschätzen und ansprechen zu lassen.

Auch eine direkte religiöse Konnotation fehlt weitgehend, ein Bezug zu JHWH oder unmittelbar mit ihm verbundenen Inhalten wird nirgends hergestellt[18]. Weiser zu sein heißt also nicht automatisch, JHWHglaubender zu sein, wenngleich der JHWHglaube nicht ausgeschlossen wird. Er wird gar nicht erst thematisiert, so daß weder positiv noch negativ unmittelbar und direkt etwas über die religiöse Bindung des Weisen erschlossen werden kann. Die in der Literatur vollzogenen Rückschlüsse auf religiöse Einbindung[19] sind von daher nur begrenzt aussagbar und bedürfen einer gezielten Überprüfung[20].

---

[16] Eine solche immer wieder notwendige Aufforderung macht deutlich, daß die Weisen um die Grenzen des Menschen wissen. Sie reden zwar kaum von Sünde, wissen aber wohl um die Fehlbarkeit und Schwäche, um mangelndes Durchhaltevermögen und deshalb um die Notwendigkeit ständig wiederkehrender Ermahnungen.

[17] Anders Spr 8,5.

[18] Gegen Scott, Wise and foolish, 147, der diese beiden Aspekte besonders hervorhebt, ohne daß dies jedoch am Text zu verifizieren ist. Auch Schüpphaus, כסיל, 282, versucht eine theologische Interpretation durch Verbindung von Spr 13,19; 15,7; 19,1; 28,26 mit 1,22; Koh 2,14; 4,17 und formuliert: „Die primär intellektuelle Schwerfälligkeit des Toren wird so theologisch als Bosheit, als absichtliches Sich-Verschließen gegenüber der göttlichen Wirklichkeit, als Vertrauen auf eigene Klugheit interpretiert." Von göttlicher Wirklichkeit ist jedoch in den Texten, die vom Weisen bzw. Toren sprechen, keine Rede.

[19] S.o. § 2.

[20] Zu dieser Fragestellung vgl. § 20.

2. Der Rechtschaffene und der Frevler

Das Thema Rechtschaffener (צַדִּיק, יָשָׁר) – Frevler (רָשָׁע), das in keiner unmittelbaren Beziehung zum Weisen und Toren steht, wird fast durchgängig in Form der Antithese verhandelt. Anders als beim vorher diskutierten Bereich wird die negativ qualifizierte Größe des Frevlers nicht schwerpunktmäßig in der zweiten Vershälfte angesprochen, sondern Typ und Antityp werden gleichmäßig auf beide Vershälften verteilt. Das Interesse an der Kontrastierung ist hier also besonders groß.

Im Gegenüber zum Weisen und Toren, die mehr als isolierte Typen genannt werden, zeigt sich beim Rechtschaffenen wie beim Frevler eine stärkere Einbindung in eine Gemeinschaft[21]. Dieser soziale Aspekt wird besonders da spürbar, wo es um das Interesse des Rechtschaffenen bzw. das Desinteresse des Frevlers am Recht (des anderen Menschen) geht[22]. Die Freude am Unrecht haftet dem Frevler nahezu wie eine Eigenschaft an, ebenso dem Rechtschaffenen die Freude am Recht.

Auch die Freude am Recht bzw. Unrecht zielt wieder auf ein Tun. Unterstrichen wird dies durch Verbalsätze bzw. finale Infinitivkonstruktionen (17,23; 21,15). Dem Rechtschaffenen geht es um Vermeidung bzw. Beseitigung von Schaden, dem Frevler um dessen aktive Zufügung[23]. Dies Interesse am Tun zeigt sich ebenso am Umgang mit der Sprache[24], zumal alle an der Sprache interessierten Texte mit Verbalsätzen konstruiert sind, bei denen noch dazu handlungsorientierte Verben im Vordergrund stehen.

Stärker als bei der Thematik Weiser – Tor[25] wird im Zusammenhang mit dem Rechtschaffenen und dem Frevler das aus dem Verhalten resultierende Ergehen reflektiert[26]. So wird dem Rechtschaffenen zugesagt, daß sein Verhalten ihm einen dauerhaften Bestand sichern wird, dem Frevler jedoch die Gefährdung seiner Existenz angekündigt[27]. Ferner ist die Lebensqualität des Rechtschaffenen eine höhere als die des Frevlers[28], gleiches gilt für den Besitz bzw. seinen Erhalt[29]. Der Tun-Ergehen-Zusammenhang ist jedoch bereits mit 15,6 durchbrochen, wonach auch der Frevler Gewinn machen kann, wenngleich dieser der Zerrüttung anheim fällt.

---

[21] Zwar werden auch der Weise und der Tor in ihrer Beziehung zur Gemeinschaft gesehen, doch wird dies weit weniger thematisiert.

[22] 12,5; 21,15; 29,7; auch 17,23; 21,7.10 außerhalb von Antithesen.

[23] 13,17; 28,15; 29,10.

[24] 10,21.31.32; 13,5; 15,28. – Vgl. noch § 14.

[25] 10,21b; 11,29 im Blick auf das eigene Ergehen; 13,20; 14,18; 21,22 im Blick auf das Ergehen anderer.

[26] Vgl. auf den Punkt gebracht 13,21: Die Sünder verfolgt das Böse, aber den Rechtschaffenen wird gut vergolten.

[27] 10,7.25.30; 12,3.7; 14,11; ähnlich auch 11,3.6; 13,9.

[28] 12,21; 13,25; 18,3 (nicht antithetisch; nur für den Frevler gesagt); 24,16.

[29] 10,16; 13,22 (nur für den Rechtschaffenen gesagt); 15,6.

Ein besonderer Aspekt kommt hinein durch die Texte, welche JHWH als Bezugsgröße für das Ergehen des Rechtschaffenen wie des Frevlers einführen. JHWH kommt somit beim Rechtschaffenen und Frevler deutlicher ins Spiel als beim Weisen und Toren. Möglicherweise hängt dies zusammen mit der sonst im AT stärkeren religiösen Konnotation von צדיק, ישר und רשע[30]. JHWH ist nach den entsprechenden Texten derjenige, der für die positiven wie negativen Folgen als Urheber genannt wird. Diese werden nicht mehr dem Tun immanent gedacht, sondern einer Außeninstanz als Antwort auf das Verhalten des Frevlers wie des Rechtschaffenen zugeschrieben[31]. Damit wird gegenüber der sonstigen Rede von den Folgen des Verhaltens ein völlig anderer Akzent gesetzt, der möglicherweise darauf zurückzuführen ist, daß eine unmittelbare Konsequenz des jeweiligen Verhaltens von den Autoren dieser Texte nicht (mehr) wahrgenommen wurde. Davon unberührt bleibt, daß in den Aussagen über den Rechtschaffenen und den Frevler im wesentlichen ein von JHWH unabhängiger Tat-Folge-Zusammenhang konstatiert wird.

Nicht nur der frevelhaft bzw. rechtschaffen Handelnde selbst bekommt die Folgen seines Verhaltens zu spüren, sondern auch sein jeweiliges Gegenüber, dessen Wohlergehen abhängig ist vom Verhalten des Rechtschaffenen bzw. Frevlers[32]. Der Gemeinschaftsaspekt der Rede vom Rechtschaffenen und Frevler wird damit auch in diesem Zusammenhang wieder sichtbar.

Die Wertung des Rechtschaffenen bzw. des Frevlers wird vergleichsweise selten in direkten Antithesen vollzogen[33]. Zwar werden beide Gruppen häufig in Beziehung zueinander gesetzt, jedoch meist, ohne einen klaren Vergleich herzustellen. Ein solcher erfolgt eher indirekt zuungunsten des Frevlers durch das Profitieren des Rechtschaffenen am negativen Ergehen des Frevlers. So, wenn davon gesprochen wird, daß der Rechtschaffene einen Vorteil aus dem Fall des Frevlers zieht[34] oder daß der Frevler in einer Notsituation des Rechtschaffenen an dessen Stelle gesetzt wird[35]. Insgesamt wird die Negativwertung des Frevlers eher an seinem schlechten Ergehen als an seinem als schlecht zu qualifizierenden Verhalten festgemacht. Die Wertungen enthal-

---

[30] Das heißt aber nicht, daß grundsätzlich alle Texte, die in den Proverbien vom Rechtschaffenen bzw. Frevler sprechen, die religiöse Dimension unmittelbar mitdachten. So ist nicht prinzipiell von einem Verhalten vor Gott auszugehen, wenn vom צדיק oder רשע die Rede ist, sondern zunächst wird dieses als rein im zwischenmenschlichen Bereich gesehend gesehen.

[31] 10,3.27; 15,29; 16,4; 18,10 (die beiden letzten Texte jedoch nicht in der Antithese).

[32] 10,6.11 mit sehr allgemeiner Formulierung; 11,9.11; 25,5 mit einem konkreten Gegenüber (Nachbar, Stadt, König).

[33] 28,12; 29,2; auch 10,20; 11,23, beide aber mit gewissem Vorbehalt.

[34] 14,32; 28,28.

[35] 11,8; 21,18.

tenden Aussagen sehen den Frevler deutlich als die Gemeinschaft schädigend an, den Rechtschaffenen demgegenüber als für diese förderlich[36].

Auch im Zusammenhang mit der Wertung wird wieder eine Beziehung zu JHWH hergestellt und so JHWH als Urteilender eingeführt[37]. Dabei spielt die Kategorie des „Greuels für JHWH" eine große Rolle[38]. Es ist nun aber jeweils nicht der Frevler selbst, der als Greuel für JHWH gesehen wird, sondern sein Tun (sein Opfer, sein Weg). Abqualifiziert wird also nicht die Person als solche, sondern ihr Verhalten[39].

Zwar ist *Hermisson* zuzustimmen bei seiner Beobachtung, daß in Kap. 16–22 über konkretere Taten gesprochen wird als in Kap. 10–15, wo stärker die Folgen des Verhaltens in den Blick kommen[40], doch bleiben selbst da, wo stärkere Konkretionen wahrgenommen werden, diese doch relativ unverbindlich und allgemein[41]. Wieder wird weitgehend offengelassen, worin sich konkret ein Rechtschaffener bzw. Frevler auszeichnet, so daß auch hier der Leser bzw. Hörer selbst entscheiden muß und soll, inwiefern und wo er eine Identifizierung (für sich selbst) vollziehen kann. Wie schon gezeigt, kommt jedoch stärker als in den Texten, die sich um den Weisen bzw. Toren bemühen, das soziale Anliegen hinein. An der Verfehlung gegenüber der Gemeinschaft zeigt sich, ob jemand ein Frevler ist.

Auffallend ist, daß sich das Gegenüber Rechtschaffener – Frevler so in den weisheitlichen Texten des sonstigen Alten Orients nicht findet. Die von *Goldschmidt* daraus abgeleitete Wertung – „Das aber ist der vom biblischen Judentum hier gewiesene und gemeisterte neue und weltumwälzende Schritt"[42] – ist aber wohl doch zu euphorisch und überzogen, da sie übersieht, daß die über den Rechtschaffenen wie den Frevler gemachten Aussagen in vielem denen über die anderen Typoi entsprechen.

3. *Fleißiger und Fauler*

Die für diese Thematik relevanten Termini חָרוּץ wie עָצֵל/עַצְלָה/עַצְלוּת begegnen nur in den Proverbien[43], auch רְמִיָּה ist kaum außerhalb der Proverbien zu finden. Wird vom Fleißigen gesprochen, so steht er jeweils antithetisch in Opposition zum Faulen[44], in Spr 21,15 in Opposition zum Hasten-

---

[36] Besonders 28,12.28; 29,2.
[37] 15,8.9; 17,15.
[38] Vgl. dazu § 20, S. 261ff.
[39] Anderes gilt allerdings für 17,15, wonach derjenige, der die Kategorien Rechtschaffener – Frevler falsch anwendet, dem Verdikt JHWHs unterliegt.
[40] Hermisson, Spruchweisheit, 74.
[41] Vgl. z.B. 16,17; 21,7.10; 29,7
[42] Goldschmidt, Der weise Mensch, 130.
[43] Für עצל gilt das abgesehen von Ri 18,9; Koh 10,18.
[44] 10,4; 12,24.27; 13,4; 21,5 (fehlt in LXX); dazu 15,19 nur in LXX.

den. In den Antithesen steht vor allem die Folge des jeweiligen Verhaltens zur Diskussion, während die doch verhältnismäßig vielen Texte, die sich nur mit dem Faulen beschäftigen, auch und primär dessen Verhalten selbst genauer in den Blick nehmen. Eine Wertung der beiden Verhaltensweisen ist implizit in den Antithesen enthalten durch die negativ bzw. positiv beschriebenen Folgen. Eine klare Abwertung des Verhaltens des Faulen wird deutlich zum Ausdruck gebracht, wenn er Bruder des Verderbers genannt (18,9) bzw. mit Essig für Zähne und Rauch für Augen verglichen (10,26) sowie sein Verhalten ironisiert wird[45].

Wie bereits in den anderen Themenbereichen ist wieder die Tendenz spürbar, den, der positiv qualifiziert ist, vor dem Verhalten des negativ Qualifizierten zu warnen, wenngleich keine direkten Mahnworte gebraucht werden. Die Aussagen der Antithesen wie der Sentenzen sind so klar in ihrer Ablehnung des Verhaltens des Faulen, daß es eindeutiger Direktiven nicht bedarf. Hingegen wird so wenig über den Fleißigen gesagt, daß ein Fauler sich kaum davon angesprochen fühlen könnte, um sich aus dem ihm eigenen Verhalten herausholen zu lassen. Bereits die Ironie der den Faulen betreffenden Texte zeugt von einer Distanz des Sprechenden wie des Adressaten zum Faulen, so daß der Faule kaum Adressat der Worte sein kann.

Zum Teil werden in diesem thematischen Bereich wesentlich konkretere Angaben gemacht als in den anderen. Angesprochen werden die Lebensvollzüge der Landwirtschaft wie der persönlichen Nahrungsaufnahme, wo das Verhalten des Faulen sich besonders kraß zeigt[46]. Doch kann daraus kaum geschlossen werden, daß nur in diesen Zusammenhängen die Gefahr der Faulheit gegeben ist. Vielmehr geht es bei beiden im Prinzip um elementare Lebensnotwendigkeiten, so daß die hier genannten Verhaltensweisen als paradigmatische verstanden werden können. Insgesamt bleiben die Äußerungen jedoch wieder allgemein, so daß sie einem offenen Adressatenkreis gelten und jeweils neue Aktualisierung verlangen.

4. Reicher und Armer

Auch bei diesem Themenkomplex wird wesentlich weniger als bei den beiden zuerst verhandelten das Stilmittel der Antithese gebraucht als das der Sentenzen und anderer Formen. Damit verbunden ist die Beobachtung, daß jeglicher Hinweis darauf fehlt, daß der Autor der Texte sich mit einer der beiden diskutierten Gruppen identifizieren kann. Wertschätzung wird sowohl für den Reichen wie für den Armen sichtbar. Eine klare Wertverteilung wird nicht vorgenommen. Zwar gelten die Sympathien schon mehr dem

---

[45] Besonders 24,30ff.; aber auch 26,13ff.; 22,13.
[46] Anders wohl in Ägypten, vgl. BARUCQ, Proverbes, 155–157, mit Hinweis auf die „Maximes de Douaouf". Dort auch Verwaltungs- und sonstige städtische Tätigkeiten.

Reichen, und der Arme wird keineswegs als Ideal hingestellt[47]. Jedoch wird deutlich, daß hier die Benennung von Typ und Antityp an ihre Grenzen kommt, da eine klare Verteilung von Werturteilen nicht möglich ist. Die Existenz als Reicher wird nicht ohne Einschränkung als ideale hingestellt. Vielmehr wird dem „unsträflich wandelnden" Armen das bessere Urteil zuteil als dem Reichen auf dem verkehrten Weg[48].

Darüber hinaus wird bei der Thematik Reicher – Armer ein sehr viel stärkeres Aufeinander-bezogen-Sein von Reichen und Armen sichtbar. Während die bisher genannten Typen und Antitypen weitgehend nur einander exkludierend in der Opposition begegnen[49], stehen Reicher und Armer auch in einer positiv gefüllten Beziehung zueinander. So wird immer wieder die soziale Verantwortung des Reichen für den Armen betont, der Reiche an den Armen gewiesen. Dies gipfelt in den Aussagen, die den Armen wie den Reichen als Geschöpf JHWHs ausweisen[50] bzw. das soziale Verhalten gegenüber dem Armen in Beziehung setzen zum Verhalten gegenüber JHWH[51]. Die Beziehung zwischen dem Reichen und dem Armen ist jedoch nicht als Wechselbeziehung geschildert, sondern jeweils vom Reichen hin zum Armen gedacht. Daraus läßt sich schließen, daß wiederum nur ein Teil der genannten Gruppen, hier der (weise) Reiche, Adressat der Texte ist.

Anders als in den bisherigen Texten impliziert die Rede vom Reichen bzw. Armen nun allerdings nicht, sich so zu verhalten, daß man einer bestimmten Gruppe zugehörig ist bzw. bleibt. Vielmehr scheinen diese Texte daran interessiert, den doch wohl Reichen nicht nur zu einer Bewahrung und Wertschätzung seines Reichtums, sondern auch und vor allem zu einem sachgemäßen, sozial verantworteten Verhalten gegenüber dem Armen zu bewegen. So ist auch hier wie beim Rechtschaffenen bzw. Frevler der Gemeinschaftsaspekt im Blick, wenngleich wesentlich stärker.

5. *Folgerungen*

1. Zwar ist denjenigen, die in den Antithesen so etwas wie eine Schwarz-Weiß-Malerei sehen, insofern zuzustimmen, als die entsprechenden Texte kaum Schattierungen kennen. Sieht man jedoch diese Textgruppe nicht als eine isolierte, sondern in ihrem größeren Kontext, so zeigt sich, daß es sich nicht um eine Fixierung von Menschen handelt[52], sondern daß die einzelnen

---

[47] Anders BARUCQ, Proverbes, 149, der die Sympathie bei den Armen sieht.
[48] 16,19; 19,1; 28,6; auch 19,22.
[49] Auch da, wo eine Beziehung zwischen ihnen hergestellt wurde, bestand diese nur in der Negation.
[50] 14,31; 17,5; 22,2; 29,13.
[51] 19,17; 22,22f.; auch 14,31; 17,5.
[52] Anders PLÖGER, BK XVII, 123, der „nahezu dualistische, jedenfalls weithin irreparable Züge" wahrzunehmen meint.

Kategorien eher als Grobraster für die Einschätzung des Menschen und noch mehr seines Verhaltens[53] zu verstehen sind. Dieses Grobraster wird deutlich durchbrochen bei der Kategorie Armer – Reicher und läßt so seine Begrenztheit sichtbar werden.

Die starke Orientierung am Verhalten findet sich auch wieder in den antithetischen Texten der Loyalistischen Lehre in Ägypten, die vorwiegend am gegensätzlichen Verhalten von Menschen interessiert sind, dann allerdings auch Menschentypen als solche benennen: der sein Temperament Zügelnde – der Vielredner (117f.); der Böse – der Beliebte (119f.); der Milde – der böse Hirte (124f.)[54].

2. Unterstrichen wird diese Einschätzung noch durch die gegenüber Ägypten wesentlich allgemeiner gehaltene Schilderung der einzelnen Gruppen und ihrer Verhaltensweisen. Durch die fehlende Konkretisierung ergibt sich eine große Offenheit der inhaltlichen Füllung, die einer Fixierung bzw. klar abgegrenzten Schwarz-Weiß-Malerei widerspricht und deutlich macht, daß es sich eher um ein formales, in paränetisch-didaktischer Absicht so gestaltetes Schema[55] als um eine echte Beschreibung der vorfindlichen Wirklichkeit handelt[56].

3. Trotz des formal rein deskriptiven Charakters der Antithesen erweisen sie sich als nur scheinbar offen in ihrer Tendenz[57]. Schon der allgemeine gesellschaftliche Kontext setzt eine Wertung der einzelnen Typen wie Antitypen mit[58]. Und der größere Zusammenhang macht darüberhinaus deutlich,

---

[53] Vgl. ähnlich akzentuiert Hermisson, Spruchweisheit, 157, mit dem Hinweis auf das Überwiegen der zusammengesetzten Nominalsätze gegenüber den Verbalsätzen in den Proverbien, weil eine „Aussage über ein Subjekt: einen durch sein Verhalten oder eine beurteilende Bezeichnung charakterisierten Menschen, ein Verhalten oder einen sonstigen Tatbestand – gemacht werden soll".

[54] Vgl. die Texte bei J. Assmann, Loyalismus 28, 37ff. mit einer Satzstruktur, die z.T. der alttestamentlichen entspricht *(jw sḏm.f)*; die Texte in Übersetzung auch bei Brunner, Altägyptische Weisheit, 183f., mit gleicher Zählung.

[55] Vgl. das ähnliche Prinzip bei der Geschichte vom Struwwelpeter.

[56] Möglicherweise spielt hier auch – wenngleich unter anderen Voraussetzungen – eine Rolle, was Hornstein, Erziehung, 15f., im Blick auf die modernere Pädagogik formuliert hat: „Wenn nicht mehr vorhersehbar ist, welche konkreten Aufgaben später gelöst werden sollen, eben wenn gesellschaftliche Anforderungen sich sehr rasch ändern, dann führt dies dazu, daß in der Erziehung stärker auf die Erzeugung jener Fähigkeiten geachtet wird, die das Individuum instandsetzen, auf wechselnde Anforderungen zu reagieren."

[57] Insofern ist Krieg, Todesbilder, 184, zuzustimmen, daß die Antithesen „einen informativ-affirmativen Sinn" haben, allerdings wird die didaktische Abzweckung dabei übersehen. Vgl. auch Fuchs, Sprechen in Gegensätzen, 156: Antithesen „sind die rhetorisch bewußten Manifestationen des Sprecherwillens hinsichtlich dessen, was er wie sagt und wertet". Gegen Westermann, Weisheit, 94, ist auch die Beschreibung vom Tun des Rechtschaffenen bzw. Frevlers keine „rein theoretische Aufzählung, der es nur darauf ankommt, den Gegensatz zu artikulieren".

[58] Es dürfte auch schon in atl. Zeit klar gewesen sein, daß ein Tor, ein Frevler, ein Fauler im vornherein negativ bestimmte Größen sind.

daß eine Tendenz zu einer der jeweiligen Gruppen vorhanden ist, diese also als die erstrebenswerte erscheint. Wie *Brunner* für Ägypten sagt, daß auch bei „einer «objektiven» Schilderung des Loses der beiden polaren Lebensformen"[59] es das Ziel ist, sich für die richtige zu entscheiden, läßt es sich ähnlich auch für die atl. Antithesen sehen. Nur sollte der Akzent hinsichtlich der atl. Texte etwas verschoben werden. Es geht nicht allein um die Entscheidung für die richtige Lebensform, sondern primär um deren Beibehaltung[60].

4. Zwar sind die Sprüche im AT im Gegensatz zu ägyptischen Texten wesentlich allgemeiner gehalten und wirken dadurch genereller, sie sind aber doch nicht vor allem an einer Haltung, wie *H. H. Schmid* meint[61], sondern primär an einem aus der Haltung resultierenden Tun interessiert. Dieses Tun beinhaltet häufig das Verhalten zu einem Gegenüber, also einen sozialen Aspekt. Damit wird der scheinbar allein prägende Individualismus und damit möglicherweise ebenfalls die Polarisation durchbrochen. Während sonst im AT der Weg eher vom Volk zum einzelnen führt[62], geht er in den Proverbien eher die entgegengesetzte Richtung vom einzelnen hin zur Gemeinschaft.

5. Diese stärker allgemeine Orientierung ohne konkreten Situationsbezug läßt fragen, ob die hier verhandelten Texte tatsächlich ursprünglich so zur Unterrichtung Jugendlicher bestimmt waren, wie *Brunner* dies für Ägypten wohl zutreffend sagen kann[63]. Eher ist damit zu rechnen, daß diese Texte als Zusammenfassung von Lebenserfahrung gelten können, als Aussagen, die nur aufgrund langjähriger Erfahrungen möglich sind. Sie hätten ihren Ort dort, wo Menschen angesichts konkreter Erfahrungen mit allgemeinen Worten auf diese ihre Erfahrungen hin angesprochen werden können. So werden die Texte zum Anstoß für Entscheidungen wohl doch eher Erwachsener in für sie offenen Situationen[64].

6. *J. Assmann* sieht in den antithetischen Aussagen Ägyptens die formale Entsprechung einer „alternativen Struktur der geschichtlichen Situation", den Hinweis auf „einen binären Handlungsraum"[65]. Ein ebensolcher dürfte wohl auch hinter den atl. Texten sichtbar werden[66], wenn auch zeitlich nicht so definierbar, wie *Assmann* es für Ägypten versucht.

7. Aus alledem ergibt sich nahezu zwangsläufig, daß auch die nicht-direkti-

---

[59] BRUNNER, Altägyptische Weisheit, 30.

[60] Vgl. auch FUCHS, Sprechen in Gegensätzen, 159, zur „systemstabilisierende(n) Funktion" derjenigen Antithesen, die „ständig parallel geschaltet sind".

[61] H. H. SCHMID, Wesen, 157.

[62] Vgl. PREUSS, Theologie, Bd. 1, 67–71.

[63] BRUNNER, Altägyptische Weisheit, 24, s. o. S. 94.

[64] Was nicht ausschließt, daß die Texte auch in der Erziehung Jugendlicher Verwendung gefunden haben.

[65] J. ASSMANN, Loyalismus, 39; auch 43; vgl. KEEL, Begriffspaare, 234.

[66] Vgl. auch WESTERMANN, Weisheit, 21: „Der Mensch wird hier nie auf eine gleichbleibende Seinsweise festgelegt; er bewegt sich immer in einem Kraftfeld zwischen zwei Polen."

ven Textgattungen, so vor allem die Antithesen, nicht als neutral beschrei-
bende zu verstehen sind, sondern die Funktion haben, Menschen zu einem
bestimmten Verhalten zu bewegen. Unterstrichen wird dies durch *Brunner*s
Äußerungen im Blick auf ägyptische Texte, wonach auch dort bei „einer
«objektiven» Schilderung des Loses der beiden polaren Lebensformen"[67] die
Entscheidung für die richtige Form Ziel der Darstellung ist.

8. Diese unterschiedlichen Beobachtungen machen bereits etwas davon
deutlich, daß der atl. Weise den Menschen als jemanden erlebt, der immer
wieder auf dem rechten Weg gehalten (oder auf diesen zurückgebracht?)
werden muß[68]. Zwar reden die Proverbien kaum von Schuld, doch weiß der
Weise sehr wohl um Verfehlungen und die Begrenzung angesichts des richtigen Handelns und damit um die Gefährdung seines Lebens als Weiser.

9. Zwar scheint das weisheitliche antithetische Reden von Typ und Antityp
seinen Schwerpunkt in der atl. Weisheitsliteratur zu haben, doch ist diese Art
der Rede auch außerhalb Israels gebräuchlich. An Personentypen orientierte
Antithesen wie in den Proverbien sind zwar in ägyptischen Weisheitstexten
zu finden, begegen dort aber relativ selten. Sehr wohl hingegen zeigen sich
immer wieder antithetische Strukturen und Inhalte in den diversen Lehren[69].
In Ugarit hingegen finden sich keine, auch in mesopotamischen Weisheitstexten sind die Belege für Antithesen nur wenige[70]. So kristallisiert sich die an
Personentypen interessierte antithetische Rede als israelitisches Proprium
weisheitlichen Denkens heraus. Während die Texte der Umwelt viel stärker
von konkreten, deutlichen Mahnungen geprägt sind, muten und trauen atl.
Weise ihren Adressaten mit den sich als sehr offen erweisenden Antithesen
ein hohes Maß an Eigeninitiative für das Erkennen und Vollziehen der ge-
botenen Verhaltensweisen zu.

---

[67] BRUNNER, Altägyptische Weisheit, 30.

[68] Vgl. LUX, Die Weisen, 43, der das Realitätsbewußtsein der Spruchdichter im Blick auf
die menschliche Natur betont.

[69] Vgl. LICHTHEIM, LEWL, 45: „Binary thinking, complementary and antithetical, was
basic to Egyptian thought at all times." Auch angesichts der von J. ASSMANN wie BRUNNER
ähnlich beschriebenen Sachlage kann KRAŠOVEC, Antithetic Structure, 10, nur begrenzt
zugestimmt werden, daß die Antithesen in Ägypten ohne große Bedeutung seien.

[70] So nach KRAŠOVEC, Antithetic Structure, 8ff., noch mit Verweis darauf, daß Ugarit
insgesamt keine Weisheitsliteratur hat. Zumindest ist bis heute keine solche bekannt.

II. Personengruppen mit Rollenfunktion

§ 7: Vater – Mutter – Sohn

Wenn die Proverbien von Vater und Mutter sprechen, wird nur in verhältnismäßig wenigen Texten eine der beiden Personen isoliert erwähnt. Die
meisten Belege bieten eine Kombination von אב und אם[1], haben also die
Gemeinschaft beider als Eltern im Blick[2]. Aber auch in diesen Texten wird
weniger über die Eltern als solche und das ihnen eigene Verhalten reflektiert.
Vielmehr sehen sie die Eltern vorwiegend in ihrer Beziehung zu ihren Söhnen: Die Empfindungen der Eltern angesichts des Verhaltens ihres Sohnes
werden in den Blick genommen bzw. die Auswirkungen ihres Tuns auf den
Sohn. Die Eltern sind also eher Objekt in der Darstellung des Verhältnisses
Sohn – Eltern. Es geht vorwiegend um Erziehung, um Aufgabe und Bedeu-
tung der Eltern für die Prägung des Sohnes in dessen Denken und Verhalten.
Umgekehrt ist in nahezu allen Texten der Sohn ebenso in Relation zu seinen
Eltern gesehen, dann aber in der Funktion des Subjekts.

So wie die Frau nicht redendes oder schreibendes Subjekt der weisheitlichen Aussagen ist – dies gilt selbst für Spr 31,10ff.[3] – und nicht direkt
angeredet wird, so werden in den Proverbien auch die Töchter nirgends
erwähnt[4]. Weisheitliche Lebensgestaltung und weisheitliche Sprüche sind
Männersache.

Die sich mit den Empfindungen der Eltern ihrem Sohn gegenüber aus-
einandersetzenden Texte sollen nun als erstes in den Blick genommen werden. Danach wird nach der Rolle der Erziehung in der Beziehung von Vater
bzw. Mutter und Sohn gefragt. Und da kein eigenes Wort für Lehrer bzw.
Schüler gebraucht wird, diese vielmehr mit den Begriffen ‚Vater‘ bzw. ‚Sohn‘

---

[1] Dabei lassen die Texte auf eine monogame Familie rückschließen, vgl. DE VAUX,
Lebensordnungen I, 52ff.

[2] Das Hebräische kennt kein eigenes Wort für Eltern, kann diesen Sachverhalt also nur
durch die Verbindung der beiden Einzelgrößen ausdrücken. Vgl. NEL, „Father", 55. Ähnliches gilt z.B. für „Himmel und Erde" = Weltall u.a.m.

[3] 31,29 ist ein Zitat aus dem Mund des Mannes.

[4] Vgl. das nahezu ähnliche Phänomen in der ägyptischen Weisheitsliteratur; dazu
SCHMITZ, Frauenalltag, 80.

abgedeckt werden, ist zu diskutieren, inwieweit Vater und Lehrer bzw. Sohn und Schüler[5] unterscheidbare Größen sind[6].

1. Freude und Verdruß der Eltern

a) Eine der am häufigsten angesprochenen Beziehungen zwischen Sohn und Eltern ist die der *Freude durch den weisen* bzw. die des *Kummers durch den törichten Sohn*[7]:

> „Ein weiser Sohn erfreut den Vater,
> aber ein törichter Sohn bedeutet Gram für seine Mutter." (Spr 10,1)

> „Ein weiser Sohn erfreut den Vater,
> aber ein Tor von einem Menschen[8] mißachtet seine Mutter." (Spr 15,20)

> „Wer Weisheit liebt, erfreut den Vater,
> wer aber mit Huren verkehrt, vernichtet sein Vermögen[9]." (Spr 29,3)

> „Rute und Zucht erbringen Weisheit,
> aber ein zuchtloser Knabe macht seiner Mutter[10] Schande." (Spr 29,15)

Der törichte Sohn ist hier keinesfalls als ein Sohn mit mentalem Defizit anzusehen, sondern eher als jemand, der einer auf eine weisheitlich bestimmte Lebensgestaltung zielenden elterlichen Erziehung nicht entspricht[11] und so dem Familienoberhaupt zu „ohnmächtigem Gram"[12] Anlaß gibt[13].

Durchgängig ist in diesen Texten der Sohn das agierende Subjekt. Es sind also letztlich eher Aussagen über diesen, d.h. sie zielen auf ihn, nicht aber

---

[5] Vgl. KÜHLEWEIN, בֵּן, 319, wonach die Wendung „mein Sohn" in der Weisheitsliteratur für „geistige Sohnschaft" steht. Dies ist aber auch nach KÜHLEWEIN keineswegs eindeutig, zumal noch offen ist, ob Weisheitsworte nur am Königshof oder nicht auch in der Sippe weitergegeben worden sind.

[6] Wobei es für die Frage nach dem Menschenbild letztlich nicht entscheidend ist, ob vom Vater oder Lehrer als Erziehendem die Rede ist.

[7] HOSSFELD, Dekalog, 255, verweist in diesem Zusammenhang auf die „parallel gebaute(n) Sentenzen, die das Ideal der Weisheit, nämlich den gerechten und weisen Sohn, mit dem Motiv der Elternfreude verbinden", sieht in diesen Texten also eine eigene Gruppe.

[8] Hier ist möglicherweise in Analogie mit vielen Textzeugen וּבֶן־כְּסִיל zu lesen anstelle von אָדָם וּכְסִיל, vgl. auch PLÖGER, BK XVII, 179; McKANE, OTL, 479. Ein wesentlicher inhaltlicher Unterschied liegt mit dieser Variante jedoch nicht vor.

[9] Bezeichnend ist, daß hier nur der wirtschaftliche Aspekt genannt wird, nicht aber ein moralischer.

[10] Anders die LXX, die hier γονεῖς liest, also auch den Mann mit einbezieht.

[11] Vgl. DELKURT, Ethische Einsichten, 29. Ähnlich NEL, „Father", 55, der in einem solchen Sohn geradezu „a scandal to the family" sieht, der die göttliche Ordnung verletzt. Ein solcher direkter religiöser Bezug wird so jedoch in den Texten nicht ausgesprochen.

[12] GERSTENBERGER/SCHRAGE, Leiden, 41.

[13] Nach 10,5 zeigt sich am (nicht) angemessenen Verhalten bei der Erntezeit, ob der Sohn ein weiser oder törichter ist. Hier wird er allerdings nicht mit der (ausbleibenden) Freude der Eltern in Verbindung gebracht. Genauer dazu § 4, S. 66f.

direkt auf die Eltern. Letztere sind jedoch keineswegs völlig aus dem Blick, denn von dem, was beim Sohn gelobt oder getadelt wird, ist auf das zu schließen, was den Eltern wesentlich ist, was ihr Bild vom Menschen bestimmt. Dies wird auch durch die in den vorhergehenden Paragraphen gemachten Beobachtungen unterstrichen, wo die Spruchform der Antithese ebenso darauf verweist, daß primär Verhaltensregulative für den Sohn gegeben werden sollen, es aber nicht zuerst um die Empfindungen der Eltern geht. Diese werden nur als Mittel benannt und eingesetzt, um den Sohn zu einem bestimmten Verhalten zu bewegen bzw. ihn davor zu bewahren.

Unterstrichen wird diese Orientierung am Verhalten des Sohnes durch den Gebrauch der verschiedenen Satzarten. Während das negativ zu sehende Verhalten weitgehend durch (partizipiale) Nominalsätze zum Ausdruck gebracht wird, ist das positive durch imperfektische Verbalsätze thematisiert. Zwar enthalten diese ähnlich wie die Nominalsätze ein duratives Element, doch ist in ihnen der Aspekt aktiver Handlung dominierend. Veränderung hin zu einer damit beschriebenen Handlung wird also als möglich gedacht. Die negative Verhaltensweise erscheint hingegen durch ihre Schilderung in Form von Nominalsätzen eher als vorgegebene Basis, auf deren Hintergrund das positive Verhalten indirekt eingefordert wird.

Auf den ersten Blick auffallend ist nun, daß das positive Verhalten des Sohnes sowie dessen Auswirkung jeweils dem Vater zugeordnet werden und das negative der Mutter[14]. Es wäre aber wohl doch voreilig, daraus den Schluß zu ziehen, daß nach Meinung der weisheitlichen Autoren dies auch jeweils eine Verbindung von Ursache und Wirkung zum Ausdruck bringt, daß positives Verhalten also auf den Einfluß des Vaters zurückzuführen wäre, hingegen negatives auf den Einfluß der Mutter[15]. Auch ist in dieser hier angesprochenen Relation keine wertmäßig abgestufte Vorordnung des Vaters gegenüber der Mutter mitzusetzen[16]. Wie die folgenden Texte zeigen, wird nämlich durchaus auch der mißratene Sohn mit dem Vater in Beziehung gebracht bzw. der weise mit der Mutter[17].

---

[14] Vgl. die ähnliche Beobachtung von NEL, „Father", 55.

[15] Vgl. OTWELL, And Sarah Laughted, 98; auch PERLITT, Vater, 79, zu 10,1, wonach Vater und Mutter in diesen Halbversen natürlich austauschbar sind. Vgl. hingegen den anderen Akzent bei A. MEINHOLD, ZBK AT 16.1, 165, wo er Raschi und Ibn Esra aufnimmt: „Vielleicht weiß der Vater die Einzelheiten des schädlichen Verhaltens lediglich nicht so genau wie die Mutter, die vollen Einblick in das unverständige, unnütze Wesen des Mißratenen hat, da er sich mehr bei ihr zu Hause aufhält". Das dürfte aber doch zu sehr von den heutigen Verhältnissen her gedacht sein.

[16] Vgl. BONORA, Proverbi, 42, der die Gleichwertigkeit von Vater und Mutter in den Proverbien betont. Nach AMSLER, Sagesse, 112, ist eine spezifische Rolle der Frau bei der Erziehung nicht erkennbar.

[17] DELKURT, Ethische Einsichten, 29f., verweist hier auf formale Aspekte zur Begründung: „Zum einen ist in Antithesen der positive Aspekt meist vor dem negativen ausgeführt, zum andern wird in einer patriarchalischen Gesellschaft der Vater fast ausschließlich vor der Mutter genannt (vgl. Ex 20,12; 21,15.17; Lev 20,9; Dtn 5,16; 27,16 u.a. ...)".

„Wer einen Toren gezeugt hat, zum Kummer ist es ihm,
und nicht freut sich der Vater eines Dummkopfes[18]." (Spr 17,21)

„Verdruß für seinen Vater ist ein törichter Sohn
und Bitterkeit der, die ihn geboren hat (יוֹלַדְתּוֹ)." (Spr 17,25)

„Wahrhaftig frohlocken[19] kann der Vater eines Rechtschaffenen,
wer einen Weisen gezeugt hat, freue sich an ihm.
Es freuen sich dein Vater und deine Mutter[20] –
die dich geboren hat, frohlocke!" (Spr 23,24f.)

„Wer die Unterweisung beachtet, ist ein einsichtiger Sohn,
wer aber Umgang pflegt mit Ausschweifenden/Schlemmern, tut seinem
Vater Schmach an." (Spr 28,7)

Im Gegensatz zu den bisher verhandelten Texten ist in 17,21; 23,24f. der
Vater wie auch die Mutter Subjekt der Aussagen. Während 17,21 die negativen Empfindungen des Vaters angesichts eines nicht geratenen Sohnes beschreibt, fordern 23,24f. zur Freude über einen weisen Sohn auf. Geradezu
überschwenglich wird in diesen beiden Versen durch mehrfachen Gebrauch
des Jussivs zur Freude aufgerufen. Doch zielen auch diese Texte ebenso wie
die zuvor aufgeführten letztlich auf das Verhalten des Sohnes. So nennt 23,25
den Sohn direkt in der Anrede und spricht ihn damit auf seine Rechtschaffenheit und seine Weisheit (vgl. 23,24) hin an. Auf die Eltern kann (und soll
wohl auch) nur rückgeschlossen werden.

Nicht ganz eindeutig ist die Verwendung des Begriffes תּוֹרָה in 28,7. Es
dürfte mit תּוֹרָה aber wohl weniger das Gesetz JHWHs als vielmehr die
Unterweisung durch die Eltern gemeint sein, da in v.7b der Vater erwähnt
wird[21] und auch sonst in Spr 10ff. im Zusammenhang mit תּוֹרָה nirgends die
Gottesbeziehung thematisiert wird[22]. *Nel* allerdings sieht keine Diskrepanz
zwischen der Tora JHWHs und der Lehre des Vaters und setzt sie entsprechend ineins[23]. Eine solche Einschätzung hängt aber wohl in erster Linie mit
der Qualifizierung der weisheitlichen Lehre insgesamt zusammen[24].

Wenngleich die eigentliche Zielrichtung der bisher verhandelten Texte das

---

[18] „The special brand of fool, stubborn and surly", so Scott, AB 18, 111, mit Verweis
auf Nabal, 1 Sam 25, 2–42.

[19] Hier ist das Qere zu lesen.

[20] Diverse Textkonjekturen werden vorgeschlagen (vgl. Apparat der BHS), die letztlich
וְאִמֶּךָ emendieren wollen. Auch wenn in den sonstigen Texten Vater und Mutter formal
nicht miteinander genannt werden als diejenigen, die Freude an ihrem weisen Sohn haben,
sind wie gezeigt doch beide betroffen, so daß für eine Textänderung keine Veranlassung
vorliegt.

[21] So Plöger, BK XVII, 334; McKane, OTL, 623, zumindest im ursprünglichen Sinn
des Satzes.

[22] Zum ursprünglich profanen Torabegriff vgl. Liedke, Rechtssätze, 197ff., der die Tora
der Eltern der priesterlichen Tora vorordnet.

[23] Nel, „Father", 60. Ähnlich auch McKane, OTL, 624, angesichts der Verwendung
der Aussage in ihrem jetzigen Kontext.

[24] Dazu genauer § 28.

zu prägende Verhalten des Sohnes ist, kann doch damit die Absicht verbunden sein, „die Väter zu eigenem Weisheitsstreben und zu einer sorgfältigen Erziehung der Kinder anzuspornen"[25]. Es hängt also auch vom Vater ab, ob einer zum Toren wird. Anders als in den meisten anderen Texten der Proverbien wird dort, wo von der unmittelbaren Beziehung Vater – Sohn gesprochen wird, der Sohn noch als verhältnismäßig offene Größe gesehen, der noch nicht eindeutig zu den Weisen oder zu den Toren zu rechnen ist, sondern wo es sich erst noch entscheiden wird, zu welcher Seite er aufgrund der Erziehung durch den Vater gehören wird. Das läßt darauf schließen, daß Söhne im Blick sind, die noch am Anfang ihres Lebensweges stehen.

Das Thema „Freude des Vaters an seinem Sohn" findet dann noch einmal unmittelbar Ausdruck in der Bitte des Vaters an seinen Sohn, ihm Freude zu machen:

> „Sei weise[26], mein Sohn, und erfreue mein Herz,
> dann will ich dem, der mich schmäht (חרף), ein Wort zuwenden." (Spr 27,11)

Mit der Weisheit des Sohnes steht auch die Ehre des Vaters/Lehrers auf dem Spiel. Kann dieser sich am Sohn freuen, kann er auch dem Schmäher entgegentreten. Der Vater kann Angriffen und Spott auf seine Person begegnen, indem er auf seinen gut geratenen Sohn und damit auf die Erfolge seiner Erziehung verweist[27]. Ähnliches kennt auch Ptahhotep: „Wie gut ist es doch, wenn ein Sohn auf seinen Vater hört, wie froh ist der, zu dem gesagt wird: «Der Sohn gefällt, denn er versteht zu hören.»"[28]

Auffallend an 27,11 ist die Zielrichtung des Textes. Es geht hier weniger um das Wohl des angesprochenen Sohnes als vielmehr um das Wohl des Sprechenden[29]. Eine solche Orientierung steht möglicherweise auch mit hinter den Texten, die von der Freude des Vaters an seinem Sohn sprechen, zumal dann, wenn diese Texte vom Vater selbst gesprochen sein könnten, nicht aber von einem außenstehenden Beobachter. Dahinter steht die Erfahrung, daß geglückte wie nicht geglückte Erziehung Auswirkungen hat auf das soziale Umfeld. „Für die Eltern hängt vom Gelingen der Erziehung auch ein wesentliches Stück ihrer eigenen Lebenserfüllung ab."[30]

---

[25] SCHARBERT, Solidarität, 237.

[26] Nach STRACK, KK VI/2, 88, die Aufforderung, weise zu werden.

[27] „Praktische Erziehungserfolge können den Weisheitslehrer verteidigen", HAMP, EB, 73.

[28] Ptahhotep 467–469 (BRUNNER, Altägyptische Weisheit, 129).

[29] Vgl. MCKANE, OTL, 616.

[30] A. MEINHOLD, ZBK AT 16.1, 165.

b) Erstaunlich häufig wird in den Proverbien davon gesprochen, daß *Eltern von ihrem Sohn mißachtet, gar mißhandelt werden*[31], es den Söhnen also an der nötigen Ehrerbietung fehlt. Die Häufigkeit dieses Themas legt den Verdacht nahe, daß das Angesprochene nicht selten war:

„Wer dem Vater Gewalt antut, verjagt die Mutter –
ein schandbarer und schändlicher Sohn ist er." (Spr 19,26)

„Wer seinem Vater und seiner Mutter flucht,
dessen Leuchte erlischt zur Stunde der Finsternis." (Spr 20,20)

„Wer seinem Vater und seiner Mutter bestiehlt[32] und meint, es sei kein Vergehen,
ein Genosse des Verderbers ist er." (Spr 28,24)

„Ein Auge, das den Vater verspottet
und verachtet den Gehorsam gegenüber der Mutter –
aushacken werden es die Raben am Bach
und fressen werden es die Jungadler." (Spr 30,17)

Diese Texte folgen wieder weitgehend einer durchgängigen Struktur. Die Protasis wird z. T. gebildet durch partizipiale Nominalsätze, die konkretes negatives Verhalten gegenüber den Eltern ansprechen, die Apodosis bietet die Folge bzw. Bewertung dieses Verhaltens[33]. Die Folgen werden im Imperfekt ausgedrückt, womit deutlich wird, daß am sich so negativ Verhaltenden ebenfalls negativ gehandelt wird[34]. Die Bewertung durch einen Nominalsatz zeigt hingegen eine grundsätzlich geltende Sicht auf. Ganz klar wird derjenige, der sich gegen die Eltern vergeht, auf die Seite des Verderbers gestellt (28,24). Die „sozialen Tugenden"[35] im Umgang mit den Eltern[36] werden von den in diesen Texten Angesprochenen nicht realisiert. Damit wird die Gemeinschaft zwischen Eltern und Kindern empfindlich gestört[37].

Schwierigkeiten macht die Satzfolge in 19,26 mit ihrer Zuordnung. Während v.26aα als Nominalsatz formuliert ist, der eigentlich die Basis für das

---

[31] Mit van Oyen, Ethik, 151, kann durchaus von der Konfrontation „mit der tiefen Zerrüttung" in Familien Israels gesprochen werden, wenngleich diese nicht so grundsätzlich wie bei van Oyen auf den „Übergang von der frühfamilialen, nomadischen Phase der Familie in die hochfamiliale" zurückgeführt werden muß. Die im Folgenden beschriebenen Phänomene lassen sich nicht auf eine bestimmte Phase der Geschichte Israels begrenzen, sind vielmehr allgemeingültig.

[32] Hamp, EB, 77, meint, daß וְאָמוֹ wohl aus metrischen Gründen zu streichen ist. Da jedoch keine weiteren Hinweise auf eine Textveränderung vorliegen, ist der MT beizubehalten.

[33] So Hossfeld, Dekalog, 254.

[34] Besonders deutlich in 20,20. Zwar wird hier nicht von der auf Fluch stehenden Todesstrafe gesprochen (vgl. Ex 21,17; Lev 20,9; Dtn 27,16), aber auch hier hat das Verfluchen der Eltern den Tod zur Folge; vgl. A. Meinhold, ZBK AT 16.2, 341.

[35] Hossfeld, Dekalog, 256.

[36] Zur Elternehrung als einem wesentlichen Bestandteil auch ägyptischer Lebenslehren vgl. Dürr, Erziehungswesen, 32.

[37] Vgl. Plöger, BK XVII, 338; A. Meinhold, ZBK AT 16.2, 478.

Folgende bietet, ist v.26aβ folgerichtig als imperfektischer Verbalsatz konstruiert. Die Schwierigkeit liegt nun in den Inhalten, die der Satzfolge zugeordnet sind. Es erscheint unwahrscheinlich, daß Gewalt dem Vater gegenüber das Fortgehen der Mutter zur Folge hat. So wäre eher eine Nebenordnung „..., die Mutter verjagt" zu erwarten, die ihre Folgerung in v.26b erfährt[38]. Aber auch angesichts der Problematik der Satzfolge bleibt das Ziel des Textes die Verurteilung des sich gegen die Eltern wendenden Sohnes und damit die indirekte Warnung vor einem solchen Verhalten.

Deutlich wird in allen diesen Texten, daß in der negativen Verhaltensweise gegenüber den Eltern ein Handeln gesehen wird, das aus sich heraus ein negatives Ergehen des Akteurs freisetzt: „derlei richtet sich selber"[39]. Hier liegt offensichtlich die Spitze dieser Aussagen. Die Konsequenz des schändlichen Umgehens mit den Eltern ist der (als vorzeitig zu denkende[40]) Tod (20,20[41]; 30,17). Nach 30,17 bleibt selbst noch nach dem Tod des Sohnes der Tun-Ergehen-Zusammenhang in Kraft. Denn der – wohl schandbare – Tod des Sohnes muß vorausgesetzt werden, damit die Raben bzw. Jungadler ihre Aktivitäten entfalten können. Das besondere Interesse am Auge verweist darauf, daß das Sehorgan hier als Bild für den Menschen insgesamt steht[42], da an ihm „die Gesinnung erkannt wird, die den ganzen Menschen erfüllt"[43]. Letztlich ist mit diesem Bild die völlige Vernichtung desjenigen angesprochen, der sich Vater und Mutter gegenüber schändlich verhält.

Darüber hinaus wird innerhalb der Aufzählung der negativen Verhaltensweisen eines als ebenso negativ charakterisierten Geschlechts 30,11–14 ebenfalls von der schlimmen Behandlung[44] der Eltern gesprochen:

> „Ein Geschlecht, das seinem Vater flucht
> und seine Mutter nicht segnet." (Spr 30,11)

Möglicherweise deuten diese mehrfach begegnenden Aussagen über das Verhalten der Söhne gegenüber ihren Eltern darauf hin, daß „die Weisung, Vater und Mutter zu ehren, ... von vornherein in der weisheitlichen Familienbelehrung ihren Ort gehabt"[45] hat, und daß diese Mahnungen und War-

---

[38] Vgl. die Übersetzung bei PLÖGER, BK XVII, 218. So auch A. MEINHOLD, ZBK AT 16.2, 326, der in v.26a das Subjekt, in v.26b das Prädikat sieht.

[39] PERLITT, Vater, 80. Vgl. auch FAHLGREN, ṣᵉdāḳā, 185, zu Spr 20,20.

[40] Genauer dazu § 24.

[41] Sprache und Vorstellungswelt des Textes lassen darauf schließen, daß er jüngeren Datums ist; vgl. MCKANE, OTL, 541, mit Hinweis auf die rechtlichen Bestimmungen in Ex 21,17; Lev 20,9; Dtn 27,16: „it is likely that the verse comes from a period when the law had become a dead letter and had been replaced by a theological threat".

[42] Vgl. Ps 88,10; 119,82; u.ö. Dazu u.a. WILDEBOER, KHC XV, 87, der vom Auge als „Spiegel der Seele" spricht.

[43] PLÖGER, BK XVII, 363.

[44] Die einer Grundeinstellung gegenüber den Eltern entspricht, wie DELKURT, Ethische Einsichten, 46, mit Verweis auf die Partizipienkonstruktion (ebd., Anm. 75) feststellt.

[45] KÜHLEWEIN, אם, 176.

nungen notwendig waren, weil die Praxis häufig anders aussah. Eine eindeutige Aussage darüber ist jedoch nicht möglich, so lange keine klaren Kriterien für die Datierung und d. h. eben auch für die sozialgeschichtliche Zuordnung der einzelnen Texte vorliegen.

Nel sieht in der Verachtung der Eltern neben der Auflehnung gegen die Familienethik auch eine Auflehnung gegen „divine instructions"[46]. Dies ist aber wiederum nur aufgrund seiner Gesamtinterpretation weisheitlicher Texte als durchgängig religiös bestimmter möglich. Ein direkter Zusammenhang zwischen weisheitlicher Lehre und göttlichem Willen wird jedoch nirgends in den hier verhandelten Texten hergestellt, ist auch sonst nicht für Spr 10ff. festzustellen. Von daher ist eine so ungebrochene Ineinssetzung von Familienethik und „divine instruction", wie sie auch *Delkurt*[47] vollzieht, nicht nachvollziehbar. Daß sich weisheitliche Lehre nicht außerhalb oder gar gegen den göttlichen Willen vollzieht, bleibt davon unberührt[48].

Dem bisherigen weithin kontrastierend begegnet 17,6:

> „Die Krone der Alten sind die Kindeskinder,
> aber die Zier der Söhne sind ihre Väter." (Spr 17,6)

Hier sind zwei Erfahrungen miteinander verbunden und aufeinander bezogen, nämlich die, wonach das Verhalten der Kinder zurückwirkt auf ihre Vorfahren, daneben aber auch die Erfahrung, daß das Ergehen der Söhne mit dem Verhalten der Väter zusammenhängt. So kann in doppelter Hinsicht von einer „solidarischen Bindung der Kinder an die Eltern"[49] gesprochen werden, wobei es hier jedoch einseitig um positive gegenseitige Auswirkungen geht[50].

Mit diesem Text haben wir zugleich einen der wenigen Belege in den Proverbien, der die Großfamilie einschließt, sofern diese nicht insgesamt im Blick ist, wenn es um die Gemeinschaftsorientierung weisheitlichen Verhaltens geht[51].

Fragt man nach der Funktion der hier verhandelten Texte, so dürfte auch in ihnen eine indirekte Aufforderung an den Sohn zu lesen sein, sich den Eltern gegenüber *nicht* in der hier beschriebenen Weise zu verhalten. Eine entsprechende direkte Aufforderung begegnet dann in 23,22 mit der Ermah-

---

[46] NEL, „Father", 55.
[47] DELKURT, Ethische Einsichten, 53, wenngleich festzuhalten ist, daß eine Reihe von Sentenzen eine Nähe zu Rechtstexten aufweist.
[48] Dazu genauer § 28.
[49] SCHARBERT, Solidarität, 236. Vgl. auch PLÖGER, BK XVII, 202: „Die Väter gereichen den Kindern zur Ehre und zugleich zu einer mahnenden Erinnerung, sich ihrer würdig zu erweisen. Damit wird für das positive Verhältnis der Generationen zugleich eine Begründung gegeben."
[50] Vgl. A. MEINHOLD, ZBK AT 16.2, 284, der „die Generationen untereinander als gegenseitige Erfüllung hingestellt" sieht.
[51] Genauer dazu § 17.

nung, auf den Vater zu hören und die alte Mutter nicht zu verachten (s. u.). Noch viel deutlicher zeigt sich die Achtung gegenüber der Mutter bei Ani 242–261, wo auf die nicht immer angenehme und leichte Begleitung des Sohnes gerade in seiner Kleinkinderzeit durch seine Mutter hingewiesen wird[52].

Zwar geht es dabei sicher auch um die Ehre der Eltern, doch ist das Verhalten diesen gegenüber im Rahmen des Gesamtethos zu sehen und nicht zu trennen von den bei den anderen Themenbereichen angemahnten und erwarteten Verhaltensweisen. Daß nun gerade der Vater/Lehrer so häufig als konkrete Bezugsgröße genannt wird, dürfte zwei unterschiedliche Hintergründe haben. Zum einen gehört die Beziehung zwischen Sohn und Eltern zu den soziologisch sehr engen und steckt einen großen Rahmen innerhalb des menschlichen Lebensbereiches ab. Von daher kommt ihr für die Reflexion ethischen Verhaltens große Bedeutung zu. Zum anderen verstehen sich die Proverbientexte weitgehend als vom Vater/Lehrer gesprochene bzw. geschriebene. Die diesem entgegengebrachte Achtung wird so zum Zeichen der Akzeptanz und Wirkung seiner Unterweisung. Diese selbst steht also angesichts des Verhaltens des Sohnes/Schülers auf dem Spiel.

2. Vater und Mutter als Erziehende[53] – der Sohn als Erziehungsbedürftiger

a) Nach der atl. weisheitlichen Spruchliteratur, der es ja wie den entsprechenden Texten der Umwelt um Menschenformung geht, ist die *Erziehung*[54] des heranwachsenden Sohnes *die Hauptaufgabe* des Mannes als Vater. Im normalen Alltagsleben mit seinen Anforderungen wird dies gewiß nicht seine Haupttätigkeit gewesen sein, in den Weisheitssprüchen jedoch steht sie an erster Stelle[55]. U. a. wird sie angesprochen, wo von der Zucht des Vaters die Rede ist[56]:

---

[52] Ani 242–261 (BRUNNER, Altägyptische Weisheit, 208). Zum Text vgl. auch SCHMITZ, Frauenalltag, 107, die aber auch auf *Dw3-Ḥtjj* (= Cheti) hinweist, wo sich die Aufforderung findet, die Mutter nicht zu belügen (218 f., BRUNNER, Altägyptische Weisheit, 166; vgl. HELCK, KÄT, 138.141.), ebenso die Aufforderung, Vater und Mutter zu ehren (251–254, BRUNNER, ebd., 168; vgl. HELCK, ebd., 148.151).

[53] Nach CIMOSA, Temi, 111, ist in der (alt?-)orientalischen Weisheit die Erziehung „un affare dei genitori"; vgl. 1,8 f.

[54] Genauer zur Erziehung, ihren Inhalten und Möglichkeiten § 12 mit Hinweisen auf Literatur.

[55] Oder ist möglicherweise ein „Stand" des Weisen anzunehmen? Eine klare Antwort ist nicht möglich, da die Texte dafür zu wenig konkrete Anhaltspunkte geben.

[56] Zum Verhältnis Zucht des Vaters – Strafe JHWHs vgl. 3,12; eine Relation, die so in den älteren Texten nicht angesprochen wird.

„Der weise Sohn liebt Zucht (מוּסָר)[57],
der Spötter hört nicht auf Tadel (גְּעָרָה)[58]." (Spr 13,1)

„Wer seinen Stock zurückhält, der haßt seinen Sohn,
aber es liebt ihn, wer ihn heimsucht[59] mit Zucht (מוּסָר)." (Spr 13,24)

„Der Tor verschmäht die Zucht (מוּסָר) seines Vaters,
wer aber Zurechtweisung beachtet, wird klug." (Spr 15,5)

„Züchtige (יַסֵּר) deinen Sohn, denn es ist Hoffnung;
und ihn sterben zu lassen, dazu erhebe dich nicht." (Spr 19,18)[60]

„Halte deinem Knaben Zucht nicht vor,
wenn du ihn mit der Rute schlägst, stirbt er nicht.
Du schlägst ihn mit der Rute,
aber sein Leben wird vor der Scheol gerettet." (Spr 23,13f.)

„Züchtige (יַסֵּר) deinen Sohn, und er wird dich zufriedenstellen,
und er wird dir Freude bereiten." (Spr 29,17)

In 23,13f. wird in besonderer Weise deutlich, warum der Vater zur Zucht[61] seines Sohnes aufgefordert wird (vgl. auch 13,24). „Der Spruch richtet sich eindeutig gegen den bequemen Vater"[62], der seinem Sohn mit der Prügelstrafe auch die Chance zu einer besseren Lebensqualität vorenthält. Eine solche ist wohl auch in 23,14 im Blick, denn es kann kaum die Rettung vor der Scheol allgemein gemeint sein, sondern eher die Rettung vor einem frühzeitigen Tod. Motiv für die Züchtigung ist darüber hinaus, den Sohn zu einem klugen zu machen (15,5; auch 13,1) und Freude an ihm zu haben (29,17). Zucht ist ferner ein Zeichen dafür, daß der Sohn als ein entwicklungsfähiger angesehen wird (19,18)[63]. „In alledem ist die Erziehung des Sohnes die vornehmste und schwerste Aufgabe des Vaters, mit oder ohne Stock. Das gelungene Leben des Sohnes gilt überall als das höhere Gut, wo Bequemlichkeit oder Gedankenlosigkeit den Vater müde oder ungeschickt zu seinem Werke machen könnten. Und da auf Schule oder Staat nichts abgeschoben werden

---

[57] Zum Problem der Textveränderung zu מוּסָר אָהֵב vgl. § 2, S. 12, Anm. 26.

[58] Zur Funktion des Tadels in den Proverbien vgl. OGUSHI, Tadel, 75ff.

[59] Zur Bedeutung von שִׁחֲרוֹ vgl. detailliert McKANE, OTL, 457. Vgl. aber DELKURT, Ethische Einsichten, 42, Anm. 60, der das Suffix an שׂחר auf שׁבט bezieht und שׂחר entsprechend durch ein einfaches „suchen" wiedergibt. Eine grundsätzliche Änderung im Verstehen des Textes ergibt sich dadurch jedoch nicht.

[60] Genauer zu v.18b § 24, S. 316. Zu 19,18 vgl. auch Dtn 21,18ff.(-21).

[61] An der Übersetzung bzw. Interpretation mit „Zucht" ist angesichts der Rede vom Stock bzw. der Rute in 13,24; 23,13f. festzuhalten, gegen DELKURT, Ethische Einsichten, 27, trotz seiner in vielem überzeugenden Beobachtungen zu מוסר, ebd. 24ff.

[62] PERLITT, Vater, 82. Vgl. auch Anch-Scheschonki 25f. (BRUNNER, Altägyptische Weisheit, 268): „Zwinge deinen Sohn, (aber) laß nicht deinen Diener ihn zwingen. Erspare deinem Sohn die Arbeit nicht, wenn du etwas für ihn zu tun hast."

[63] Nach A. MEINHOLD, ZBK 16.2, 321, „ist der Sohn also noch in einer erfolgversprechenden Erziehungsphase". Hier wird aber doch eher grundsätzlich gesprochen als an einer bestimmten Lebensphase orientiert.

konnte, war der Vater im AT seinem Sohn immer das Ganze schuldig: nicht allein Ausbildung in allerlei Fertigkeiten, sondern Erziehung zum Leben vor Gott und Menschen"[64].

Die in diesem Zitat anklingende auch religiöse Dimension der Erziehung wird von manchen Exegeten in die Interpretation der Proverbientexte zum Thema Vater verstärkend eingetragen. Danach wird die JHWHfurcht die Basis der Erziehung[65], und als „the basic intention" wird die „‚Partnerschaft' between Yahweh and man"[66] angesehen. Eine so unmittelbare Relation wird jedoch in den älteren Texten nicht sichtbar und ist letztlich nur aussagbar, wenn auf dem Hintergrund der jüngeren Texte argumentiert wird.

b) Neben dem Vater begegnet auch die *Mutter als Erziehende*[67], womit jedoch noch nichts über eine mögliche Gleichberechtigung[68] ausgesagt ist. Zunächst kann davon ausgegangen werden, daß vor allem die Erziehung des Kleinkindes der Mutter oblag[69]. Die Mutter konnte aber durchaus auch beim erwachsenen Mann noch Erziehungs- bzw. Unterweisungsfunktion haben[70], zumindest die Königsmutter[71]:

> „Worte an Lemuel, den König von Massa,
>   durch die ihn seine Mutter unterwiesen hat." (Spr 31,1)

In zweifacher Hinsicht ist diese Aussage erstaunlich. Zum einen wird nur die Mutter als Unterweisende erwähnt[72], zum anderen sind die Inhalte der Unterweisung (sexuelles Fehlverhalten, Trinkgelage, Rechtsbruch) derge-

---

[64] PERLITT, Vater, 82. Zur Erziehung durch den Vater vgl. auch KÖHLER, Mensch, 60 ff.

[65] Vgl. GASPAR, Social ideas, 32.

[66] NEL, „Father", 55.

[67] BIRD, Images of women, 57, macht darauf aufmerksam, daß die Mutter in den Proverbien wie in den Gesetzestexten nur positiv beschrieben wird und dies nicht in reproduzierender Funktion, sondern in der Funktion von „nurture and education of the child".

[68] Eine solche liegt wohl eher noch in Ägypten vor, so besonders bei Anch-Scheschonki, vgl. NEL, „Father", 58, während in der babylonischen und sumerischen Weisheitsliteratur die Mutter eine stärkere Rolle spielt (NEL, „Father", 59).

[69] Vgl. KÖHLER, Mensch, 55; DE VAUX, Lebensordnungen I, 89 f. Vgl. auch ALBERTZ, Überleben, 402, wonach ab etwa dem fünften Lebensjahr vor allem der Vater zuständig war für die Erziehung; ähnlich auch DÜRR, Erziehungswesen, 106 ff. Zu Ägypten und Mesopotamien, wo die Mutter während der Stillzeit von ca. 3 Jahren eine besondere erzieherische Verantwortung hatte, während danach vorwiegend der Vater diese Aufgabe wahrnahm, vgl. DÜRR, Erziehungswesen, 14 ff.; 16 ff. So kann GASPAR, Social ideas, 136, zugestimmt werden, daß „the mother's teaching played no insignificant role in the field of education".

[70] Damit ist aber noch nichts ausgesagt über eine eventuelle Rangordnung bzw. Priorität der Mutter, vgl. NEL, „Father", 57: „It is not evident from the wisdom literature of Israel that the mother has priority above the father.", womit er sich gegen LIEDKE, Rechtssätze, 197 f., wendet.

[71] Zur Königsmutter in Mesopotamien und deren Funktionen vgl. DIETRICH, Semiramis, 137 ff. Zur Bedeutung der Königsmutter im AT vgl. DE VAUX, Lebensordnungen I, 190 ff.

[72] Anders Spr 1,8; 6,20.

stalt, daß sie eher einen Mann als Erzieher vermuten ließen, noch dazu, wo es um das Verhalten eines Königs geht. Gerade das in v.3 angesprochene sexuelle Verhalten ist so kaum Thema der mütterlichen Erziehung, sondern eher dem Vater vorbehalten[73]. Offensichtlich ist diese Unterweisung nur mit der engen Verbindung von Mutter und Sohn (in v.2 wird diese direkt angesprochen[74]) sowie der sozialen Stellung der hier als Unterweisende eingeführten Frau zu erklären, ist doch die Königinmutter im AT wie auch in dessen Umwelt bekannt als eine, die mit besonderem Einfluß ausgestattet ist (vgl. 1 Kön 15,13; 2 Kön 10,13; Jer 13,18; 29,2)[75]. Solche Königsunterweisung ist nicht außergewöhnlich, wird üblicherweise aber doch durch einen Mann vollzogen[76]. In Spr 31 wird die Fürsorge für Unterprivilegierte dem König von seiner Mutter besonders ans Herz gelegt (v.8f.). „The tone of the advice to Lemuel suggests that his mother wished to instill in him a noble concept of kingship so that responsibility rather than privilege would control his daily conduct"[77].

c) Zu fragen ist nach der „Solidarität des Elternpaars bei der Erziehung der Kinder"[78]. In 10,1; 17,25; 19,26; 20,20; 23,22.25; 28,24; 30,11.17 werden Vater wie Mutter miteinander genannt[79]. Diese Beobachtung führt *Camp* dazu, von einer Gleichwertigkeit von Mann und Frau bei der Erziehungsaufgabe zu sprechen[80]. Auch *Gerstenberger* nimmt an, „daß in Erziehungsfragen die israelitischen Eltern im wesentlichen gemeinsam handelten, wenn auch der Vater die oberste Familienautorität verkörperte und er den Sohn in den männlichen Hantierungen unterwies"[81]. Gerade diese letzte Aussage *Gerstenbergers* weist aber doch bereits darauf hin, daß von einer Gleichwertigkeit der Erziehenden wie der Erziehungsinhalte nicht notwendigerweise die Rede sein muß[82], ist doch der Mann offensichtlich eher für die ‚entscheidenden‘, damals sozial wichtigeren Inhalte verantwortlich. Das schließt eine „hohe Autorität"[83] der Mutter bei ihren Kindern jedoch nicht aus. *Bottéro* weist der Mutter sogar eine entscheidende Rolle bei der Erziehung zu: „L'éducation des enfants relevait surtout de la mère, au moins tant qu'ils étaient en bas

---

[73] Vgl. CRENSHAW, A mother's instruction, 16.

[74] Vgl. CRENSHAW, A mother's instruction, 15.

[75] Vgl. CRENSHAW, A mother's instruction, 11 (Anm. 9)

[76] Vgl. die Lehren des Djedefhor, Merikare, Amenemhet in Ägypten und den babylonischen Fürstenspiegel.

[77] CRENSHAW, A mother's instruction, 19.

[78] GERSTENBERGER/SCHRAGE, Frau und Mann, 67.

[79] Vgl. 1,8; 4,3; 6,20.

[80] Vgl. CAMP, Feminine, 82.

[81] GERSTENBERGER/SCHRAGE, Frau und Mann, 67.

[82] Anders möglicherweise bei den Sumerern, vgl. ALSTER, Studies, 137, wenngleich auch hier bei der Erwähnung der Lehre durch die Mutter eine negative Konnotation mitgesetzt wird (= vergiß sie nicht), während dies bei der Erwähnung des Vaters nicht geschieht.

[83] ALBERTZ, Überleben, 402, zur Stellung der Frau im AT allgemein.

âge, et même après, lorsqu'il s'agissait des filles."[84] Über konkrete männliche Erziehungsinhalte[85] wird nun aber in den Proverbien nicht gesprochen. Außerdem ist hier der Sohn als zu erziehender Thema, nicht die Tochter, bei der die Mutter doch wohl prägender war. Angesichts der wenigen konkreten Angaben in den Proverbien bleibt eine klare Stellungnahme zur partnerschaftlichen, gleichberechtigten, solidarischen Erziehung untersagt. Das Material ist für diese Fragestellung zu dürftig, als daß es mehr als – dann aber nicht voll zu verifizierende – Hypothesen erlaubt[86].

d) Der Sohn wird als einer gesehen, dessen Weg noch offen ist, dem also noch Richtung gewiesen werden muß. So kann es dann auch zur Mahnung an den Sohn durch den Vater[87] kommen, auf ihn zu hören[88]:

„Höre du, mein Sohn, und sei weise,
und führe auf den (rechten) Weg dein Herz." (Spr 23,19)

„Höre auf deinen Vater, der[89] dich gezeugt hat,
und verachte nicht – wahrlich, alt ist sie – deine Mutter." (Spr 23,22)

„Gib, mein Sohn, mir dein Herz,
und deine Augen mögen Wohlgefallen haben[90] an meinen Wegen." (Spr 23,26)

Unterschiedliche Themen werden in den Mahnungen, die durch die mehrfache Verwendung des Imperativs in ihrer Eindringlichkeit unterstrichen werden, angesprochen. 23,22 benennt Vater und Mutter direkt als Personen, vor denen der Sohn[91] Achtung haben soll, so auch, indem er dem Vater gehorcht[92]. 23,19.26 nehmen den Gedanken des rechten Weges auf, wobei dieser in 23,26 mit dem Weg des Sprechenden und damit des Vaters gleichgesetzt wird[93]. Der Weg des Vaters wird zum positiven Paradigma[94]. Dies ist

---

[84] Bottéro, Mésopotamie, 241.

[85] Zu erwarten wären Aussagen über körperliche Arbeit, Militärdienst, Kultusausübung etc.

[86] Auch ein Verweis auf Dtn 21,18ff., wonach Vater und Mutter gleiches Züchtigungsrecht haben, kann hier nur wenig weiterhelfen.

[87] So kann wohl rückgeschlossen werden aufgrund des Suffixes von בְּנִי. Plöger, BK XVII, 274–276, allerdings sieht hier im Mahnenden den Weisheitslehrer.

[88] Vgl. auch Spr 1,8.

[89] Das relativische Verstehen des זֶה ist jedoch nicht eindeutig vorgegeben. Vgl. Ehlich, Deixis, 619: „der Text läßt sich auch verstehen als nachdrückliche deiktische Fokussierung der Aufmerksamkeit des Angesprochenen".

[90] So mit dem Qere.

[91] Dieser dürfte angesprochen sein, selbst wenn er als solcher nicht genannt wird.

[92] So ist das „auf deinen Vater hören" klar zu verstehen, vgl. Arambarri, Wortstamm ›hören‹, 168. Zur Sache vgl. auch Lev 19,32; Sir 3,1–18.

[93] Den Weg in 23,19 als den von Gott befohlenen anzusehen, so Wildeboer, KHC XV, 67, bzw. den in 23,26 als den Weg der Weisheit, so Wildeboer, ebd., 68, ist vom Text her nicht vorgegeben.

[94] So mit McKane, OTL, 390.

eine Besonderheit innerhalb des AT, denn dort ist sonst oft die *Solidarität der Sünde* zwischen Vätern und Söhnen im Blick, wenn die Väter als Paradigma genannt werden[95].

Die Mahnungen werden dann in den ihnen folgenden Versen inhaltlich noch näher ausgeführt. So leitet 23,19 die Warnung vor der Trunksucht ein. 23,26 führt hin zur Warnung vor der Hure[96].

Eine Mahnung zur Akzeptanz von Zucht an den von der Weisheit abtrünnigen Sohn[97] bietet der folgende Text:

> „Hör auf, mein Sohn, damit du auf Zucht hörst
> angesichts des Irrens von den Worten der Erkenntnis." (Spr 19,27)

Der Infinitiv in v. 27aβ bereitet der Interpretation einige Schwierigkeiten[98]. Am sinnvollsten erscheint es, ihn angesichts der übrigen Aussagen zum Thema ‚Zucht' als einen finalen anzusehen[99]. Dann enthält der Text eine Aufforderung an den Sohn, der von den Worten der Erkenntnis abirrt, dieses Abirren zu beenden („hör auf"), um auf Erziehung zu hören[100].

Eine Aufforderung, sich der Weisheit zu nähern, verbirgt sich auch hinter der Mahnung an den Sohn, Honig zu essen (24,13), da diese vergleichend überleitet zur Anpreisung der Weisheit (24,14)[101].

Diese Mahnungen zeigen nicht nur, daß der Sohn erziehbar ist und der Richtungsweisung bedarf, sondern auch, daß z. T. klare Direktiven notwendig sind und der zu Erziehende nicht nur der ihm eigenen Schlußfolgerung aus gemachten Beobachtungen überlassen werden kann. Der grundsätzlich einzuschlagende Weg wird vorgegeben, die daraus resultierenden Detailentscheidungen im Blick auf das Verhalten werden hingegen weitaus offener angeboten.

---

[95] Vgl. den Gebrauch der Wendung „wie unsere Väter". Dazu genauer SCHARBERT, Unsere Sünden, vor allem mit Blick auf die atl. Bußgebete, der aber ebenfalls feststellt, daß nach den nachexilischen Weisheitslehrern „die gegenwärtige Gemeinde als das makellose Gottesvolk nur etwas mit den frommen Vätern, *nichts aber mit den gottlosen Geschlechtern der Vorzeit zu tun*" hat (ebd., 26). Vgl. auch ROST, Schuld.

[96] Ähnlich mahnt auch Spr 23,15, der eigentlich von der Freude des Vaters an seinem weisen Sohn spricht, indirekt zu rechter Rede (v.16).

[97] Als positives Gegenüber vgl. die Konstatierung in 13,1, daß der weise Sohn Zucht liebt.

[98] Auch PLÖGER zeigt bereits einige „Verwirrung" bei der Interpretation und sieht hier „eine (weniger ironische als vielmehr) drohende und verbitterte Mahnung", BK XVII, 227. Damit wird er dem Text jedoch kaum gerecht. Die LXX formuliert in einen Aussagesatz um, schließt damit aber ja einen finalen Aspekt nicht aus.

[99] Sonst stünde v.27a im Gegensatz zu v.27b. Vgl. dazu die bei A. MEINHOLD, ZBK AT 16.2, 324, Anm. 80, aufgezeigten Probleme.

[100] Zu den Problemen dieses Verses vgl. auch McKANE, OTL, 525.

[101] Genaueres dazu s. u. § 22, S. 284f.

3. Der Sohn als Erbe des Vaters

Die Beziehung zu den Vätern ist nicht nur eine personorientierte, sondern ebenfalls auf der materiellen Ebene gegeben. So ist der Vater auch einer, von dem man ein Erbe haben kann:

> „Haus und Gut sind Erbe der Väter,
> aber von JHWH kommt eine verständige Frau." (Spr 19,14)

> „Verrücke nicht die Grenze von alters her,
> die deine Väter gemacht haben." (Spr 22,28)

Die Kombination von 19,14a mit v.14b macht jedoch deutlich, welcher Wert dem väterlichen Erbe zugemessen wird, wenn es um konkrete Güter geht. Der Vater kann bewegliche, materielle, unpersönliche Habe weitergeben, für die verständige, wohltuende Frau, die wohl für die als gut empfundene mitmenschliche Beziehung insgesamt steht, ist JHWH zuständig. Dabei bleibt ausgeklammert, was der Vater an Unterweisung und damit an ideellen Werten an den Sohn weitergibt. Ob dieser Text ein Hinweis darauf sein soll, daß das Eigentliche von JHWH kommt und so ein Stück Relativierung der Bedeutung des Vaters darstellt, ist vom Text selbst her nicht klar zu erkennen. Die Achtung und daraus resultierende Bewahrung des väterlichen Erbes wird jedenfalls deutlich in 22,28 hervorgehoben und gefordert[102].

Das schlechte Ergehen des schändlichen Sohnes – als Folge fehlender Akzeptanz von Erziehung? – wird angesprochen, wenn ihm der Verlust des Erbes angekündigt wird:

> „Ein kluger (מַשְׂכִּיל) Knecht herrscht über den schändlichen (מֵבִישׁ) Sohn,
> und er teilt unter den Brüdern das Erbe." (Spr 17,2)

Eine besondere Spitze findet dieser Text noch darin, daß hier der negativ beschriebene Sohn dem klugen Sklaven gegenübergestellt wird, der sogar an die Stelle des Sohnes im Zusammenhang mit dem Erbe[103] gesetzt wird.

4. Leiblicher Vater oder Lehrer – Sohn oder Schüler?

Die Kombination von Mutter und Vater ist ein deutlicher Hinweis darauf, daß in den Texten, wo beide gleichzeitig genannt werden, der leibliche Vater

---

[102] Vgl. dazu Amenemope 127–130 (BRUNNER, Altägyptische Weisheit, 241), wenngleich ohne Bezug zu den Vätern.

[103] Das Thema (Enkel-)Kinder und Erbe wird auch in Spr 13,22 angesprochen, doch ist es hier der Differenzierung von Weitergabe der Habe des Guten und der Güter des Sünders untergeordnet.

mit אָב gemeint ist[104] bzw. mit בֵּן der Sohn, nicht der Schüler[105]. Dort, wo der Vater jedoch allein erwähnt wird, ist zu fragen, ob nicht im Rahmen der Weisheitsliteratur mit אָב der Weisheitslehrer gemeint sein könnte. *Jenni* sieht dies möglicherweise für 13,1[106] gegeben, verweist aber gleichzeitig darauf, daß eine sichere Aussage nicht möglich ist[107]. Für 28,7 wiederum verweist *Nel* auf Hi 8,8 und zieht daraus den Schluß, daß in 28,7 mit אָב der Lehrer gemeint sein wird[108]. Auch dies ist allerdings keine zwingend notwendige Schlußfolgerung. Wegen des fehlenden Familienbezuges kann mit *Nel* jedoch bei 15,5; 28,7 der Lehrer mit אָב angesprochen sein[109].

Angesichts der verschiedenen Versuche, die Texte zweifelsfrei zu bestimmen, in denen אָב Bezeichnung für den Lehrer ist bzw. בֵּן für den Schüler, kann nur festgehalten werden, daß eindeutige Aussagen nicht möglich sind. Auf die Schwierigkeit der Differenzierung macht auch *Ringgren* aufmerksam mit seinem Hinweis, daß im Semitischen ursprünglich mit אָב „jeder Vertreter der älteren Generation" und mit בֵּן entsprechend „jeder jüngere"[110] bezeichnet wurde. Ähnliche Beobachtungen wie im AT lassen sich auch in der ägyptischen Literatur machen. Dort ist ‚Sohn' die Bezeichnung für „jedes enge menschliche Verhältnis auf ungleicher Altersstufe"[111]. Das Problem ist letztlich kaum zu lösen, wenn nicht die Mutter mitgenannt ist[112]. So steht dann wohl doch in diesen Texten mit *Scharbert* „das Verhältnis zwischen Vätern und Söhnen, im eigentlichen Sinn ... im Vordergrund"[113], wenngleich nicht auszuschließen ist, daß dieses Verhältnis oft in weisheitlichen Aussagen zur Chiffre wird für das Verhältnis zwischen Lehrer und Schüler. Auch hier zeigt sich wieder einmal mehr die Mehrdeutigkeit und Offenheit der Proverbientexte für die Interpretation und Identifikation[114].

---

[104] Siehe 4,3 mit der eindeutigen Kombination Mutter – Vater – Sohn. Vgl. McKANE, OTL, 389.

[105] So besonders deutlich mit der Wendung בַּר־בִּטְנִי in 31,2; vgl. auch 4,3.

[106] Auch 4,1.

[107] JENNI, אָב, 6.

[108] NEL, „Father", 60.

[109] NEL, „Father", 59. NELs Beschreibung der Aufgabe des Lehrers, „Father", 61, kann jedoch nicht uneingeschränkt nachvollzogen werden: „The teacher acts in loco parentis ... The instructions of the teacher are religiously determined ... It is impossible to limit these instructions only to the family or a certain official class and to ignore the universal character of these sayings".

[110] RINGGREN, אָב, 8.

[111] BRUNNER, Altägyptische Weisheit, 72.

[112] Vgl. McKANE, OTL, 389.

[113] SCHARBERT, Solidarität, 236.

[114] In Spr 1–9 scheint allerdings eine Identifikation von Vater und Lehrer eindeutiger zu sein. Zum Problem vgl. auch DELKURT, Ethische Einsichten, 23f.

5. *Folgerungen*

Nirgends in den Proverbien wird die Beziehung zwischen Vater/Eltern[115] und Sohn in Frage gestellt. Sie wird als selbstverständlich vorausgesetzt. Sie kann zwar als eine problematische erfahren, jedoch nicht grundsätzlich zur Diskussion gestellt werden. Anders als in Ägypten ist eine Aufhebung der Vaterschaft nicht möglich[116]. Daraus läßt sich schließen, daß in den Proverbien sehr viel mehr der Vater als der Lehrer im Blick ist, wenn vom אָב gesprochen wird.

Vater, Mutter und Sohn begegnen durchweg in sozialen Bezügen. Die einzelnen Personen werden in den ihnen zugeordneten Verhaltensweisen aus der Selbstbezogenheit herausgeholt und am Gegenüber orientiert. Unterstrichen wird die soziale Einbindung auch durch den häufigen Gebrauch von Suffixen mit possessiver Funktion (*mein* Sohn[117], *dein/sein* Vater, *deine/seine* Mutter).

Zwar wird viel von der Freude der Eltern an ihrem Sohn gesprochen, doch ist auch die gegenteilige Erfahrung nicht ausgeklammert. Die Eltern-Sohn-Beziehung ist keineswegs immer eine konfliktfreie. Generell werden jedoch die Konflikte zu Lasten des Sohnes beschrieben, als von ihm ausgelöst gesehen[118]. Die Texte sind also offenbar aus der Sicht Erziehender entstanden, denn Konflikte, die auf ein als schwierig empfundenes Verhalten von Eltern ihren Kindern gegenüber zurückgehen, dürften auch vorgelegen haben, bleiben aber ausgeklammert. In der positiven Formulierung, daß die Väter die Zierde ihrer Söhne sind (17,6), mag eventuell auch die negative Erfahrung kontrastierend mitklingen. Da von den Vätern als Zierde der Söhne extra gesprochen wird, scheint dies hervorgehoben werden zu müssen und nicht als selbstverständlich und allein das Verhältnis zwischen Vater und Sohn bestimmend vorausgesetzt werden zu können.

Der Vater (wie auch die Mutter) als Persönlichkeit spielt in den Proverbien kaum eine Rolle. Ähnlich wie in Ägypten ist es „die Autorität der Tradition,

---

[115] Zur Dominanz des Vaters vgl. auch RAVASI, famiglia, 81.

[116] In Ägypten wird (deutlicher als im AT) die Vaterschaft nicht allein durch Zeugung, sondern erst durch die Anerkennung wirksam, nach J. ASSMANN, Bild des Vaters, 15; vgl. Ptahhotep 175 (BRUNNER, Altägyptische Weisheit, 117): wenn der Sohn nicht auf deine Weisung hört, „dann verstoße ihn, denn er ist nicht dein Sohn"; vgl. auch außerhalb der Weisheitsliteratur die Königsinschrift des Sesostris III., nach J. ASSMANN, ebd., 14. Für die atl. Weisheit könnte das allenfalls gelten, wo „Vater" Bezeichnung für den Weisheitslehrer, also eine selbstgewählte Beziehung gegeben ist.

[117] Durchgängig in der Anrede, so auch in Spr 1–9: 2,1; 3,1.11.21; 4,10.20; 5,1; 6,1.3.20; 7,1.24 sowie 8,32 im Plural (vgl. auch 4,1), wo die Anrede durchweg in einer Mahnung gebraucht wird. Vgl. Ähnliches im Alten Orient, dazu WALTKE, Ancient Wisdom Literature, 231.

[118] Vgl. auch die Mahnung bei Schuruppag 256: „Zu deiner Mutter sollst du nicht *hochmütige Worte* [sprechen]: daraus (entsteht) Haß!" (TUAT III/1, 66; ALSTER, Instructions, 49).

die der Vater nur verkörpert im Augenblick der Unterweisung, nicht die persönliche Autorität des Vaters"[119], wobei für die Proverbien vielleicht eher von der Autorität der Erfahrung als von der Autorität der Tradition gesprochen werden sollte, wenngleich diese sich als tradierte Erfahrung darstellt.

Anders als in Ägypten zeigt sich nirgends in den Proverbien der Wunsch des Vaters (im Rahmen einer Standesunterweisung), den Sohn in seiner Amtsnachfolge zu sehen und ihn dafür zu erziehen[120]. Auch dort, wo er aufgefordert wird, den Wegen des Vaters zu folgen, ist eher an die ethische Art der Lebensführung als an Berufsausübung zu denken. Insgesamt zielen die Texte auf ein angemessenes Verhalten des Sohnes – Vater bzw. Mutter gegenüber, aber auch insgesamt um seiner selbst willen[121].

Der bei weitem überwiegende Gebrauch von Verbalsätzen[122], die bis auf wenige Ausnahmen imperfektisch gebildet sind, zeigt, daß die hier verhandelten Texte weniger an der Beschreibung eines Zustandes als vielmehr an lebendigen, zu gestaltenden Beziehungen und an Orientierung interessiert sind. Die Imperfekta enthalten zwar auch ein duratives Element, sind aber weniger statisch als Nominalsätze. Zwar werden mit den hier gebrauchten Imperfekta auch allgemeingültige, grundsätzliche Aussagen gemacht, die nicht primär an Handlungsabläufen interessiert sind. Doch scheinen die Imperfekta darauf hinzuweisen, daß sich die Allgemeingültigkeit durch den jeweils neuen Vollzug immer wieder bestätigt. Der Handelnde wird durch sein Tun jeweils neu an der Setzung von Grundsätzlichem (und daraus folgendem Konkreten) beteiligt, er ist nicht einfach nur in ein vorgegebenes Grundmuster hineinversetzt.

§ 8: *Der Freund/Der Nächste*

Außerhalb der Familie spielt für den weisheitlichen Menschen wohl die wichtigste Rolle der רֵעַ. Nicht immer ist jedoch klar zu erkennen, ob die

---

119 J. ASSMANN, Bild des Vaters, 22. Vgl. auch ebd., 23: „Auch und gerade als Erzieher ist der ägyptische Vater eingebunden in höhere Ordnungen, er erfüllt eine gesellschaftliche Pflicht und steht im Dienst von etwas, wir haben es »Kultur« oder »Tradition« genannt, das durch den Mund der Väter zur Jugend spricht und sich in diesem Sprechen fortpflanzt".

120 Zu Ägypten vgl. SCHMITZ, Frauenalltag, 80.

121 Vgl. Anch-Scheschonki 6 (BRUNNER, Altägyptische Weisheit, 267): „Diene deinem Vater und deiner Mutter, auf daß du hingehest und Erfolg habest." Zu diesem sehr eigennützigen Umgang mit der Mutter bei Anch-Scheschonki vgl. auch 113 (BRUNNER, ebd., 273) und 357 (BRUNNER, ebd., 286): „Ach, wäre doch meine Mutter meine Friseuse, damit sie es mir angenehm mache. ... Bist du des Nachts durstig, so laß deine Mutter dir zu trinken geben."

122 Es gibt kaum Texte, die rein als Nominalsätze konstruiert sind, nur 17,6.25; 19,14; 28,24. Die übrigen Nominalsätze haben jeweils untergeordnete Funktion. Sie geben z. B. die Basis an, auf der die eigentliche – im Imperfekt konstruierte – Aussage zu verstehen ist:

Verwendung des Begriffes רֵעַ in den Proverbien für „Freund" oder für den Nächsten, also den Menschen, mit dem man gerade in Kontakt ist bzw. der zum Lebensumfeld dazugehört, steht. Wo nicht eindeutig „Freund" intendiert ist, wird darum zunächst mit „Nächster" übersetzt. Dieser רֵעַ kann auf sehr unterschiedliche Weise zur Bezugsperson werden. Er begegnet keineswegs immer nur als ein positives Gegenüber. Wie auch in anderen Zusammenhängen nimmt die Rede über die negativen Seiten des Themas einen größeren Raum ein als die über die positiven Aspekte. Mit ihnen soll darum auch eingesetzt werden. Anschließend werden die Texte verhandelt, die das Positive im Zusammenleben mit dem רֵעַ zur Sprache bringen. Die daraus resultierenden „Verhaltensregeln" werden zum Abschluß angesprochen.

1. Die gestörte Beziehung zum Nächsten

a) Mehrfach wird in den Proverbien auf die Erfahrung aufmerksam gemacht, daß *Reichtum und Freundschaft voneinander abhängige Größen* sein können. Damit werden nun aber nicht primär Aussagen über den Wert von Reichtum bzw. Armut gemacht, sondern über den Wert von Freundschaftsverhalten. Freundschaft kann sich als eine nicht echte erweisen und somit zu einer fragwürdigen Angelegenheit werden:

> „Viele besänftigen (= umschmeicheln?) den Fürsten,
> und jeder ist Freund dessen, der Geschenke gibt." (Spr 19,6)

Zwar wird hier nicht direkt vom Reichtum gesprochen, doch die Apostrophierung als Fürst wie die Rede von den Geschenken läßt darauf schließen, daß die besondere Form der Freundschaft mit Begüterten im Blick ist. Diese wird jedoch keineswegs unter einem primär positiven Vorzeichen gesehen. Vielmehr wird kritisch vermerkt, daß der, welcher Geschenke verteilt, jeden zum Freund hat, für ihn Freundschaft also ein leichtes ist. In 19,6b kann eine doppelte Spitze gesehen werden[1], zum einen gegen den, der die Freundschaft des Schenkenden aufgrund der Geschenke sucht, zum anderen gegen den Schenkenden, der sich mit den Geschenken Freundschaft erkauft. Ein ähnlicher Gedanke ist wohl auch in v.6a zu sehen, wonach durch das Umschmeicheln des Fürsten dessen Gunst gewahrt oder erreicht werden soll[2].

17,21; 20,20. Auch sind die negativ orientierten Verhaltensweisen durch (partizipiale) Nominalsätze ausgesagt, während die positiven durch das Imperfekt zur Sprache gebracht werden: 10,1; 15,20; 29,15 (genau umgekehrt 28,7).

[1] Vgl. A. MEINHOLD, ZBK AT 16.2, 314.

[2] PLÖGER sieht in der hier gebrauchten Formulierung eine, die „durchweg im Verhältnis des Menschen zu Jahwe gebraucht wird, seltener im Umgang mit Menschen", BK XVII, 221. So wird dann auch das Verhalten des Menschen hier in Beziehung gesetzt zum Verhalten gegenüber JHWH. Diese Relation erscheint jedoch wiederum sehr voreilig und nur aufgrund eines geprägten Vorverständnisses möglich, das durch den Text aber nicht abgedeckt ist.

Umgekehrt zeigt die Erfahrung nach 14,20[3] bzw. 19,4[4], daß Armut den רֵעַ verhaßt und einsam macht, während der Reichtum Freunde schafft. 14,21[5] weist dann direkt darauf hin, daß ein solches Verhalten als schuldhaft (חֹטֵא) anzusehen ist. Doch auch die anderen Texte implizieren die Ablehnung des so beschriebenen Verhaltens gegenüber dem Armen und enthalten damit eine indirekte Mahnung, sich dem Armen gegenüber nicht so zu verhalten, Freundschaft nicht von Besitz abhängig zu machen[6]. Auch die Warnung vor einer Bürgschaft „vor dem Nächsten" (17,18) kann mit in dem Kontext gesehen werden, daß finanzielle Überlegungen nicht das Verhältnis zum Nächsten trüben sollen.

b) Auch gezielte Schädigung des Nächsten gehört zur Erfahrung der Weisen. So kann durch *Schmeichelei bzw. Verführung* dem Nächsten bewußt eine *Falle* gestellt werden:

> „Ein gewalttätiger Mann verführt seinen Nächsten,
> er führt ihn auf einem Weg, der nicht gut ist." (Spr 16,29)

> „Ein Mann, der seinem Nächsten schmeichelt,
> er breitet ein Netz aus über seine Tritte." (Spr 29,5)

Der Nächste (und damit wohl der Mensch überhaupt in seiner Beziehung zu einem anderen) ist nicht davor gefeit, daß er durch Freundlichkeit zu einem Verhalten gebracht wird, das für ihn wie für andere nicht gut ist[7]. Ebenso droht ihm die Gefahr, Schmeicheleien nicht zu durchschauen, sondern ihnen zu erliegen. Im Blick ist jedoch zunächst weniger der Nächste, dem geschadet wird, sondern eher derjenige, der die Schädigung des anderen im Blick hat. Daß er diese nicht nur als eine aktuelle und damit punktuelle beabsichtigt, sondern als eine grundsätzliche, zeigt der alleinige Gebrauch von partizipialen Nominalsätzen in 29,5.

Hier wird nicht nur geschmeichelt um der eigenen Vorteile willen. Vielmehr hat der Schmeichler wie der gewalttätige[8] Verführer auch Schlimmes im Blick. Verführung wie Schmeichelei zielen auf die Schädigung des Nächsten durch das hinterlistige Verhalten[9]. Demzufolge gilt für beide Texte, daß appelliert wird „an die Fähigkeit, zwischen aufrichtiger Würdigung und ver-

---

[3] Genauer § 5, S. 81.

[4] Genauer § 5, S. 81.

[5] Vgl. § 5, S. 85f.

[6] Was jedoch das Teilhabenlassen des anderen am eigenen Besitz nicht ausschließt; vgl. Ptahhotep 280–284 (BRUNNER, Altägyptische Weisheit, 121): „Gib deinen Freunden ab von dem, was dir zuteil geworden ist, es ist ja nur gekommen durch Gottes Gnade. Von einem, der seinen Freunden nichts abgibt, sagt man: «Das ist ein egoistischer Mensch!» Jener Ka ist der rechte Ka, der etwas abgibt."

[7] Nach McKANE, OTL, 494, ein Euphemismus für den Weg, der zum Tode führt.

[8] Zum אִישׁ חָמָס vgl. A. MEINHOLD, Gewaltmensch.

[9] STRACK, KK VI/2, 93, weist berechtigt darauf hin, daß hier wohl durchaus die beiden Aspekte – eigener Vorteil wie Schädigung des anderen – wahrgenommen werden sollten.

fänglicher Schmeichelei unterscheiden zu können"[10], um nicht der Schmeichelei zu erliegen und den falschen Weg zu gehen.

Möglicherweise ist auch 21,10 in diesem Zusammenhang zu sehen, wonach der Nächste kein Erbarmen findet beim Frevler, da dieser auf Böses aus ist[11].

Auch *Schädigung durch Sprache* ist ein wesentliches Moment in der gestörten Beziehung zum Nächsten:

„Durch den Mund des Ruchlosen wird sein Nächster verdorben,
aber durch das Wissen der Rechtschaffenen wird er gerettet." (Spr 11,9)[12]

„Wer seinen Nächsten verachtet, ermangelt des Herzens,
aber ein Mann mit Einsicht schweigt." (Spr 11,12)

„Wie ein Konfuser[13], der Brandpfeile wirft, Pfeile und Tod,
so ist ein Mensch, der seinen Nächsten verrät und sagt: ‚Bin ich nicht ein Scherzender?'" (Spr 26,18f.)

Diese Texte erwecken den Anschein, als bezeichne רֵעַ hier ganz allgemein den Mitmenschen[14]. Gefährdet ist dieser durch die Worte des wohl auch hinterhältig-scheinheiligen[15] Ruchlosen wie durch die Verachtung des Herzlosen[16]. Ähnliches gilt auch für den Freund (אַלּוּף), der nach 16,28 vom Verleumder vertrieben wird[17]. Beim Herzlosen, der durch sein Verhalten „exposes his own intellectual deficiences and lack of judgement"[18], scheint sich die Verachtung ebenfalls in besonderer Weise durch seine Sprache zu zeigen[19], denn das in v.12b stehende חרשׁ verweist demgegenüber darauf, daß der Einsichtige den Nächsten gerade nicht durch seine Rede verletzt. Da der chiastisch konstruierte Text 11,12 den fehlenden Verstand bzw. den Einsichtigen in der Inclusio stehen hat und auch 11,9 von der Erkenntnis spricht, läßt sich rückschließen, daß für eine gelingende Beziehung zum Nächsten Kategorien wie תבונה, דעת und לב wichtig sind.

Die Hinterhältigkeit dem Nächsten gegenüber bringen 26,18f. in besonderer Weise zum Ausdruck. Der vernichtende Verrat wird als Scherz deklariert

---

[10] PLÖGER, BK XVII, 343, zu 29,5.

[11] Genauer § 3, S. 38f.

[12] Vgl. auch § 3, S. 54f.; § 14, S. 194–196.

[13] Die Bedeutung von מִתְלַהְלֵהַּ ist unklar, möglicherweise aber aus dem Syrischen ableitbar im Sinne von konfus, stupid, so GESENIUS, Handwörterbuch, 379. Auch kann im Blick sein, daß einer verrückt spielt, vgl. MCKANE, OTL, 602.

[14] So auch PLÖGER, BK XVII, 137.

[15] Vgl. A. MEINHOLD, ZBK AT 16.1, 190.

[16] 11,12 enthält eher eine Grundsatzaussage über die Einstellung zum Nächsten denn einen Hinweis auf ein vorschnelles Urteil, gegen PLÖGER, BK XVII, 138.

[17] Genauer § 23, S. 297f.

[18] MCKANE, OTL, 428.

[19] Zur Verachtung des Nächsten vgl. auch 14,20.21; 19,4.

und rückt dadurch erst recht in die Nähe von Tod bringenden Brandpfeilen eines Verwirrten.

Zwar wird nach diesen Texten das schändliche Verhalten gegenüber dem Mitmenschen vorwiegend auf der Ebene der Sprache vollzogen, doch zeigt der durchgängige[20] Gebrauch von Verbalsätzen, daß der Aspekt des Handelns wichtig ist, wie ja insgesamt Sprache und Handeln nicht voneinander zu trennen sind[21]. Ferner wird deutlich, daß dieses Übelwollen gegenüber dem Nächsten kritisch und negativ gesehen wird, auch wenn dies nicht direkt ausgesprochen ist. Letztlich ist in den genannten Texten aber doch ein „so etwas tut ein rechter Mensch nicht!" enthalten.

c) Eine eher grundsätzliche Aussage bietet die Gegenüberstellung von falschen, schädigenden Freunden und dem rechten Freund:

> „Es gibt[22] Nächste, um erschüttert (= zerstört) zu werden[23],
> und es gibt einen Freund (אֹהֵב), der ist anhänglicher als ein Bruder." (Spr 18,24)

V.24a stellt pointiert fest, daß es zur Existenz des Menschen gehört, Negativerfahrungen mit dem Nächsten zu machen. Es scheint so, als wären manche Nächste zu eben diesem Zweck da. Demgegenüber zeigt v.24b in aller Klarheit den Vorzug mancher Art von Freundschaft gegenüber von Verwandtschaft auf. Dahinter steht die Erfahrung, daß ein Freund sich als zuverlässiger und näher erweisen kann als einer, der einem verwandtschaftlich verbunden ist, wie z. B. ein Bruder.

Der רֵעַ wird in diesen Texten keineswegs als positive Größe verstanden, sondern eher als jemand, dem nicht zu trauen ist. Die durchgängige Konstruktion in Form von (partizipialen) Nominalsätzen unterstreicht wiederum die Grundsätzlichkeit dieser kritischen Aussagen über den רֵעַ. Will man positiv vom Nächsten reden im Sinne von „Freund", so wird eher noch auf Formen mit der Wurzel אהב zurückgegriffen, wie 18,24b und auch 27,6 (s. u.) zeigen[24].

---

[20] Bis auf das Partizip in 26,18a, das jedoch eine untergeordnete Funktion hat.

[21] Vgl. die linguistische Pragmatik, Sprechakttheorie usw.

[22] Statt אִישׁ muß wohl יֵשׁ gelesen werden. PLÖGER, BK XVII, 216, erwägt, das masoretische אִישׁ in v.24a stehen zu lassen, stattdessen aber als Verbum רעה anzusetzen. Dann würden die beiden Vershälften in ihrer Aussage weitgehend parallel laufen. Bei Beibehaltung von רעע wird der Text als Antithese verstanden. Für diese Interpretation spricht mehr, zumal es dann nicht notwendig ist, das אִישׁ zu verändern, sondern auch diese sehr umständliche Formulierung ergäbe Sinn.

[23] Zur unterschiedlichen Interpretation des Inf. cstr. vgl. McKANE, OTL, 518f.; A. MEINHOLD, ZBK AT 16.2, 306, Anm. 74.

[24] Zum Problem des negativen Gebrauchs von רֵעַ vgl. auch KITCHEN, Proverbs, 106.

2. Die Erfahrung von echten Freunden

Durchweg positiv wird in den folgenden Texten vom Freund gesprochen:

„Zu aller Zeit liebt der Freund,
als Bruder für die Not wird er geboren." (Spr 17,17)

„Gutgemeint sind Wunden durch den Freund (אוֹהֵב),
aber trügerisch[25] sind die Küsse des Hassers." (Spr 27,6)

„Öl und Räucherwerk erfreuen das Herz,
Süßigkeit seines Freundes ist mehr als ein Rat[26] des Ich (= eigener Rat)."
(Spr 27,9)

„Deinen Freund und den Freund deines Vaters[27] verlasse nicht;
geh nicht in das Haus deines Bruders am Tag deiner Not;
besser ist einer, der in der Nähe wohnt, als ein ferner Bruder." (Spr 27,10)[28]

„Wie Eisen (sc. ein anderes) Eisen schärft[29],
so erfreut[30] ein Mann das Gesicht seines Freundes." (Spr 27,17)

Nach 17,17 wie 27,10 erweist sich der Freund als solcher besonders in Notsituationen[31]. Die Parallele zu אָח sowie אהב als zugeordnetes Verb lassen in 17,17[32] keinen Zweifel, daß hier der in der Not helfende Freund angesprochen ist[33]. Er ist geradezu für Notsituationen zweckbestimmt (v.17b). Der Gebrauch des Artikels in v.17a unterstreicht dabei noch den Gedanken an die wahre Freundschaft, die hier zum Ausdruck kommt[34]. Wie in 18,24 wird entsprechend die Freundschaft der Verbindung zum Bruder gleich-[35] bzw.

---

[25] Statt des problematischen נַעְתָּרוֹת ist angesichts der Antithese noch am ehesten mit GEMSER, HAT I/16, 96; RINGGREN, ATD 16, 106; MCKANE, OTL, 610, das – nicht belegte – Nif'al Partizip נְעוֹתוֹת von עות zu lesen. Anders PLÖGER, BK XVII, 321; A. MEINHOLD, ZBK AT 16.2, 449f., Anm. 149, die auf einen Aramaismus עתר verweisen, der dem Hebräischen עשר entspricht.

[26] PLÖGER, BK XVII, 322f., erwägt eine Textänderung von מֵעֲצַת in eine partizipiale Form von אמץ oder עצם, doch liegt hierfür keine Veranlassung vor.

[27] Statt רֵעֶה ist wohl רֵעַ oder רֵעֶה zu lesen.

[28] V.10c ist möglicherweise ein ursprünglich unabhängiger Aphorismus, so MCKANE, OTL, 614, mit Verweis auf TOY, doch bleibt dies hier unberücksichtigt, da der Text in seiner vorliegenden Form erschlossen werden soll.

[29] So mit STRACK, KK VI/2, 89; A. MEINHOLD, ZBK AT 16.2, 455, Anm. 153.

[30] Mit der LXX ist wohl יַחַד zu lesen, vgl. A. MEINHOLD, ZBK AT 16.2, 455.

[31] Vgl. Ptahhotep 286f. (BRUNNER, Altägyptische Weisheit, 121): „Wenn dann *ein* Unglück kommt, dann sind es die Freunde, die sagen: «Willkommen!»"

[32] 17,17 bildet keine Antithese, wie hingegen BARUCQ, Proverbes, 146, übersetzt, während er bei der Interpretation, ebd., 145, im Blick auf 17,17 über die Freundschaft sagen kann: „En elle on loue la constance, tant dans l'adversité que dans la joie, «en tout temps»".

[33] Die Frage PLÖGERS, ob der Text eventuell als Antithese zu verstehen ist, BK XVII, 204, entbehrt jeder Notwendigkeit.

[34] So mit A. MEINHOLD, ZBK AT 16.2, 291.

[35] Zur Entsprechung von Freundschaft und Bruderverhältnis vgl. auch DELITZSCH, Spruchbuch, 284.

übergeordnet (so 27,10[36]). Etwas verwunderlich ist die Aufforderung von 27,10b, sich in der Not nicht an den Bruder zu wenden. Die Fortführung in v.10c könnte mit der weiten Entfernung eine Erklärung geben, doch gibt sich v.10b weitaus grundsätzlicher[37]. Hier scheint sich eine allgemein gemachte Erfahrung von größerer Hilfe durch den Freund als den Bruder niederzuschlagen, denn eine ähnliche Aussage findet sich auch bei Anch-Scheschonki: „Geh nicht zu deinem Bruder, wenn du betrübt bist, geh zu deinem Freund"[38]. Zwar werden keine Begründungen für den Vorzug des Freundes gegenüber dem Bruder genannt[39], doch kann möglicherweise auf eine größere Rivalität zwischen Brüdern zurückgeschlossen werden.

Das Wohltuende eines Freundes bringt 27,9 zum Ausdruck auch angesichts der Verstehensschwierigkeiten von v.9b[40], denn im Zusammenhang mit dem Freund sind lauter positiv besetzte Dinge genannt, die Freude bereiten. Aber selbst dort, wo durch den Freund zunächst schmerzliche Erfahrungen gemacht werden, erweist er sich als ein solcher (27,6). Die Wunden, die er (durch kritische Worte?) zufügt, sind wohlgemeinte, hilfreiche, während die scheinbar freundliche Begegnung durch den Hassenden, den Feind, sich als trügerisch erweist. Die ehrliche, echte Zuwendung des Freundes steht so der Falschheit des Hassenden gegenüber[41].

Die enge, wohltuende Verbindung zweier Freunde wird mit der Schärfung von Eisen verglichen (27,17). Wie ein Eisen das andere schärft und damit wieder seinem nutzbringenden Gebrauch zuführt, so erfreut einer das Gesicht[42] des anderen[43] und macht ihn damit auch zu dem, was er eigentlich ist.

Auch in diesen Texten wird wieder vorwiegend der Verbalsatz verwendet.

---

[36] Die Verbindung der einzelnen Aufforderungen in 27,10 machen angesichts der zweiten etwas Schwierigkeiten. Die zweite kann möglicherweise nur aufgrund der dritten verstanden werden. PLÖGER, BK XVII, 323, sieht sich deshalb zu keiner verbindlichen Interpretation in der Lage außer der allgemein gehaltenen, daß hier „Anweisungen zusammengestellt worden sind, die für das Verhältnis zum Freund, zum Bruder und zum Nachbarn Verhaltenshinweise geben wollen".

[37] Vgl. McKANE, OTL, 614: „that this may be another example of a dialectic relationship between two apparently conflicting points of view . . ., in which case both have to be asserted in order to produce a balanced expression of opinion".

[38] Anch-Scheschonki 226 (BRUNNER, Altägyptische Weisheit, 279). Ähnlich, wenn auch mit anderem Akzent, die jüdische Weisheit, nach der ein Nachbar eher greifbar ist als ein Freund, vgl. DAUM, Rabbinische Weisheiten, 424, wobei hier eher an die räumliche Entfernung als an die qualitative Beziehung zu denken ist.

[39] 27,10c ist hier eher als sekundäre Begründung anzusehen, während 27,10a.b eher eine generelle Aussage machen.

[40] Zu den Problemen und Verstehensvarianten vgl. u.a. STRACK, KK VI/2, 88; McKANE, OTL, 612f.; A. MEINHOLD, ZBK AT 16.2, 450, Anm. 150.

[41] Vgl. A. MEINHOLD, ZBK AT 16.2, 452f. Vgl. auch das bei DIETZEL, Die ganze Welt, 58, zitierte jüdische Sprichwort: „Besser eine ehrliche Ohrfeige als ein falscher Kuß."

[42] Zu den Problemen mit פְּנֵי/פָּנִים vgl. PLÖGER, BK XVII, 325.

[43] Von der Interpretation her ähnlich auch McKANE, OTL, 614f., wenngleich mit anderer Punktierung des יחד in v.17b.

Freundschaft zeigt sich nach den Proverbien also vor allem in einem Verhalten. Die damit verbundenen Gefühle werden nicht diskutiert. So wird das Thema Freundschaft auch wieder unter ethischem Aspekt reflektiert. Anleitungen sind aus den Texten zu erschließen, wie einer sich als echter Freund erweisen kann und soll.

3. Vom Umgang mit dem רֵעַ

Zwar wird auch aus den bisher verhandelten Texten indirekt immer wieder deutlich, was im Zusammmensein mit einem רֵעַ für das eigene Verhalten diesem gegenüber gefolgert werden soll – sei es Mißtrauen dem Schaden verursachenden Nächsten gegenüber, sei es Zuwendung und Hilfe als Ermöglichung oder im Rahmen einer echten Freundschaft. Doch werden auch konkrete, direkte Aussagen gemacht, die den Umgang mit dem Nächsten betreffen.

a) Nachbarschaft bzw. Freundschaft lebt von der Nähe, braucht aber auch Zurückhaltung. Die Notwendigkeit rechter Zuordnung von Distanz und Nähe hat der „Weise", der die Welt nicht nur erlebende, sondern auch reflektierende Mensch schon damals erfahren bzw. gewußt:

„Mache selten[44] deinen Fuß im Hause deines Nächsten,
daß er deiner nicht überdrüssig und dein Feind wird." (Spr 25,17)

„Wer seinen Nächsten am frühen Morgen mit lauter Stimme begrüßt,
als Verwünschung wird es ihm angerechnet." (Spr 27,14)

Die Kostbarkeit einer Bekanntschaft/Freundschaft zeigt sich offensichtlich auch an der angemessenen Distanz, die jemand wahrt[45]. Auch der wohlgesonnene Freund kann kritisch bis feindlich[46] reagieren, wenn seine Freundschaft zu sehr in Anspruch genommen wird (25,17)[47]. Der Kontext von 25,17 zeigt deutlich, daß man den Freund satt haben kann wie zu viel Honig.

Um übertriebene Höflichkeit und Zuwendung dem Nächsten gegenüber[48] geht es wohl auch in 27,14, weniger um eine Unaufrichtigkeit, unter einer äußeren Freundlichkeit verborgen[49]. Angesichts der Fortführung in v.14b

---

[44] Eigentlich im Sinn von „kostbar machen", vgl. PLÖGER, BK XVII, 296.

[45] Vgl. Ani 40f. (BRUNNER, Altägyptische Weisheit, 200): „Betritt nicht das Haus eines anderen, bevor er dich dazu auffordert und begrüßt." Ebenso PapInsing 583 (BRUNNER, Altägyptische Weisheit, 335): „Wer uneingeladen kommt, für den ist das Haus zu eng."

[46] Es geht hier aber weniger um die möglichen feindseligen Reaktionen des רֵעַ als vielmehr um die eigene exzessive Verhaltensweise, so mit VAN LEEUWEN, Context and Meaning, 24.

[47] Gewarnt wird u.a. vor der Zudringlichkeit, „welche als lästige Servilität, als rücksichtslose Selbstergötzung erscheint", DELITZSCH, Spruchbuch, 408.

[48] Nach McKANE, OTL, 619, übertriebene Herzlichkeit.

[49] Vgl. PLÖGER, BK XVII, 325.

sieht es eher so aus, als würde das Gegenüber den Gruß negativ werten, so
daß dem in v.14a Handelnden noch keine negative Absicht unterstellt werden muß.

b) Zwischen dem Menschen und seinem Nächsten kommt es auch zu
Streitigkeiten angesichts von Verfehlungen, mit denen auf rechte Weise umgegangen werden soll:

> „Wer Schuld bedeckt, sucht Liebe (= Freundschaft?),
> wer eine Sache wiederholt, trennt den Freund (אַלּוּף)." (Spr 17,9)
> „Wenn deine Augen etwas sehen, bringe es nicht alsbald vor Gericht.
> was wirst du sonst hinterher machen[50], wenn dein Nächster dich beschämt?
> Mache deinen Streit aus mit deinem Nächsten,
> aber das Geheimnis eines anderen verrate nicht." (Spr 25,7b.8.9)[51]

Eine eher grundsätzliche Aussage[52] über den Umgang mit den Verfehlungen des anderen macht 17,9. Sie erneut anzusprechen, schädigt die Freundschaft. Offen gelassen ist dabei, wem gegenüber dieses Ansprechen unterblei-
ben soll, ob gegenüber dem Betroffenen oder gegenüber einem Dritten. So ist
wohl beides im Blick.

Zwei wichtige Aspekte kommen 25,7b-9 zur Sprache. Zum einen wird
wieder der Gedanke der Zurückhaltung eingebracht angesichts der Aufnahme eines Streitfalles. Ein Streit soll nur da ausgetragen werden, wo die
eigenen Interessen berührt sind[53]. Zurückhaltung ist auch geboten im Umgang mit einem Geheimnis. Wer ein solches weitergibt, setzt die Freundschaft
aufs Spiel[54]. Zum anderen wird die negative Wirkung auf den in 25,7b-9
Angesprochenen selbst zur Sprache gebracht. Beschämende Folgen für ihn
sollen verhindert werden[55].

Kritischer Gegenspieler im Gericht ist der רֵעַ nach 18,17[56]. Auch 24,28
spielt auf eine Gerichtssituation an und ermahnt, eine unbegründete Anklage
gegen den Nächsten zu vermeiden[57]. Ebenso wird der falsch angeklagte
Nächste in 25,7f. einem Mann zum Vorwurf gemacht.

---

[50] Als freie Übersetzung.

[51] Zur Textproblematik vgl. u.a. PLÖGER, BK XVII z.St. Eine Textänderung ist jedoch
nicht notwendig, zumal der dort angeführte Symmachus als Textzeuge nicht von solcher
Relevanz ist, als daß man um seiner Abweichung willen einen in sich kohärenten Text
verändert.

[52] Erneut unterstrichen durch den alleinigen Gebrauch von partizipialen Nominalsätzen.

[53] Vgl. McKANE, OTL, 582.

[54] Ähnliches Denken steht wohl auch hinter der Mahnung von Anch-Scheschonki 188
(BRUNNER, Altägyptische Weisheit, 277): „(Selbst) wenn du einen Weisen zum Freund
bekommst, dessen Herz du nicht kennst, dann öffne ihm dein Herz nicht."

[55] Vgl. A. MEINHOLD, ZBK AT 16.2, 421.

[56] Genauer § 3, S. 60f.

[57] Genauer § 14, S. 210.

Der König als Freund ist angesprochen in 22,11. Er ist dies jedoch nicht uneingeschränkt, sondern nur für den, der angenehm(e Worte) spricht. So geht es wohl eher um das Erringen des Wohlwollens als um die Freundschaft des Königs[58].

Deutlich ist nach diesen Texten, daß Zurückhaltung im Umgang mit dem Nächsten geboten ist, daß nur ein kontrolliertes Umgehen mit diesem Freundschaft ermöglicht und erhält.

4. Folgerungen

Der Begriff רֵעַ zeigt deutlich die Ambivalenz menschlichen Miteinanders auf. Die Beziehung zum Nächsten kann eine gelingende sein, dann wird der רֵעַ zum Freund. Da, wo mehr die gefährdete bzw. verletzte oder die gefährdende Beziehung im Vordergrund stehen, ist der רֵעַ eher als der Nächste bzw. als der Mitmensch zu verstehen[59]. Da gerade diese problembeladene Art der Beziehung stärker thematisiert wird als die gelingende[60], kann darauf rückgeschlossen werden, daß den Proverbien demgegenüber sehr an einem positiveren Miteinander gelegen ist. Die häufigen Verweise auf die Fehlformen des Zusammenlebens dienen der Warnung vor solchen bzw. der Mahnung, sie abzustellen und zu einem besseren Umgang mit dem Nächsten zu finden.

Die Beziehung zum Freund ist neben den familiären Bindungen „die wichtigste, wenn nicht die einzige persönliche Beziehung"[61]. Diese von *Kraus* für den mesopotamischen Freund (=ku.li) gemachte Aussage gilt gleichermaßen für die Proverbien. Die Bedeutung der Beziehung zum Freund wird unterstrichen durch die mehrfach vollzogene Relation Freund – Bruder. Der Freund wird sogar noch höher geachtet als der Bruder (18,24). Dies zeigt sich auch daran, daß wesentlich häufiger vom Freund als vom Bruder gesprochen wird[62]. Und selbst in den wenigen Texten, wo der Bruder in den Blick kommt, geschieht dies weitgehend unter einem negativen Aspekt (17,2; 18,9.19; 19,7).

Eine solche problematische Beziehung zum Bruder ist auch der ägyptischen Weisheit bekannt: „Gib nicht dein Vermögen deinem jüngeren Bruder,

---

[58] Genauer § 9, S. 139f.

[59] Eine genauere Bestimmung der Beziehung ist dabei kaum möglich, vgl. Kühlewein, רע, 788. Als was sich ein Mensch erweist, erfährt man in besonderer Weise erst dann, wenn man ihn braucht, auf ihn angewiesen ist; vgl. PapInsing 265ff. (Brunner, Altägyptische Weisheit, 317).

[60] Vgl. Kellermann, רע, 551: „Dem bedürftigen und armen Nächsten bringt die Weisheit besonderes Interesse und Teilnahme entgegen."

[61] Kraus, Vom mesopotamischen Menschen, 61.

[62] Besonders wichtig wird der Freund dann bei Sirach, vgl. Sir 6,5–17; 9,10; 11,29–34; 22,19–26; 27,16–21; 37,1–15.

daß er nicht dadurch dir gegenüber den älteren Bruder spiele."[63] Nicht nur das Verhältnis zum Bruder, sondern auch das zum Freund problematisiert in großem Mißtrauen gegen Menschen Amenemhet: „Vertraue keinem Bruder, kenne keinen Freund, schaffe dir keinen Vertrauten – das führt zu nichts."[64]

Nur wenige Male werden in den Proverbien Grundsatzaussagen zum Verhältnis von Nächsten bzw. Freunden gemacht. Der Schwerpunkt der Texte liegt wie auch bei den anderen Themenbereichen beim Handeln des Menschen. Immer wieder wird in den Texten das tätige Verhalten dem Nächsten gegenüber als wichtig herausgestellt. Selbst dort, wo das Verhalten als solches nicht unmittelbar thematisiert wird, klingt seine Bedeutung doch durch den auffallend durchgängigen Gebrauch von Verbalsätzen an. Angesichts der großen Bedeutung des Freundes ist es wichtig, das Richtige zu tun, um die Freundschaft zu erhalten. Ähnliches findet sich auch bei Ptahḥotep, wonach man den Freund „pflegen" muß, da dieser wichtig ist für das eigene Wohlergehen[65]. Möglicherweise ist das gesamte Reden der Proverbien mit seinem ethischen Engagement und seinem Insistieren auf dem rechten Verhalten als eine Explikation des rechten Umgangs mit dem Nächsten und damit als eine Art Anleitung der Ermöglichung wie des Erhalts von Freundschaft anzusehen.

Ein Aspekt, der sich bei Anch-Scheschonki findet, wird in den Proverbien nirgends angesprochen: „Der Freund eines Dummkopfes ist ein Dummkopf, der Freund eines Weisen ein Weiser; der Freund eines Törichten ist ein Törichter."[66] Eine solche unmittelbar an Gesetzmäßigkeiten orientierte Beschreibung von Phänomenen entspricht insofern nicht den Interessen der Proverbien, als sie nur konstatiert, nicht aber Handlungsorientierung ermöglicht.

§ 9: Der König

In den Proverbien gibt es nur wenig eigenständige Aussagen über den König. Abgesehen von dem späteren Text Spr 31,1–9 findet sich – im Gegenüber zum AO – keine Königslehre[1], die genauere Auskunft gibt über die Einschätzung des Königs und seine Funktionen.

Das Königtum wird in den Proverbien als selbstverständliche, vorgegebene Größe vorausgesetzt. Daß diese Größe jedoch sehr vielschichtig und auch nicht unkritisch gesehen wird, zeigen die diversen Aspekte, unter denen

---

[63] Anch-Scheschonki 167 (BRUNNER, Altägyptische Weisheit, 276).
[64] Amenemhet 14f. (BRUNNER, Altägyptische Weisheit, 173).
[65] Ptahhotep 410ff. (BRUNNER, Altägyptische Weisheit, 127).
[66] Anch-Scheschonki 163f. (BRUNNER, Altägyptische Weisheit, 275f).
[1] Eine ausführliche Lehre für einen König findet sich in Ägypten in der Lehre für Merikare, vgl. detailliert dazu BLUMENTHAL, Lehre.

vom König gesprochen wird. Während der König in Ägypten in eine enge Beziehung zur *m3ˁ.t* gebracht wird[2], wird in Spr 10ff. abgesehen von 20,26 eine entsprechende Verbindung zwischen König und חָכְמָה nicht hergestellt[3]. In den Proverbien begegnet der König gerade nicht als der exemplarische Weise[4], sondern eher als eine Bezugsgröße, zu der man sich zu verhalten hat. Dennoch finden sich auch Texte, die nicht nur eine Beziehung zum König herstellen, sondern Aussagen über den König als solchen machen, wobei aber eben *über* den König, nicht *zu* ihm gesprochen wird[5].

1. König und „Recht"

a) Mehrfach wird betont, daß der Königsthron nur durch Rechtschaffenheit[6] *bei der Herrschaftsausübung Bestand hat:*

> „Ein Greuel ist es den Königen, Frevelhaftes zu tun,
> denn (nur?) durch Rechtschaffenheit hat der Thron Bestand." (Spr 16,12)

> „Güte und Wahrhaftigkeit bewahren den König,
> und er befestigt durch Rechtschaffenheit[7] seinen Thron." (Spr 20,28)

> „Wird die Schlacke vom Silber weggeschafft,
> dann gelingt dem Goldschmied ein Gerät.
> Wird der Frevler weggeschafft vor dem König,
> dann hat sein Thron Bestand durch Rechtschaffenheit." (Spr 25,4f.)

> „Ein König, der in Wahrhaftigkeit den Armen Recht spricht,
> sein Thron hat auf Dauer Bestand." (Spr 29,14)[8]

---

[2] Vgl. RINGGREN/SEYBOLD/FABRY, מלך, 930: „Durch das kultische Handeln des Königs wird also die *m3ˁ.t* aufrechterhalten." Zum König als Garant bzw. Mittler der Maʿat vgl. genauer J. ASSMANN, Maat.

[3] KALUGILA, Wise King, 133, verweist allerdings darauf, daß auch im AO niemals ein König als Quelle der Weisheit genannt wird angesichts seiner „insuffiency".

[4] Im AT werden allenfalls David und besonders Salomo als weise Könige gezeichnet, Königtum und Weisheit also grundsätzlich nicht als zusammengehörige Größen gekennzeichnet, was erstaunt, da Salomo fiktiv als Verfasser der Proverbien gilt (1,1) wie auch als Verfasser von Qohelet (1,1).

[5] Bis auf Spr 31,1–9.

[6] Dazu WHITELAM, Just King, 31: „The ideal of the king's judicial functions is also evident in the concept of justice as the basis of the royal throne."

[7] Die Wiederholung חֶסֶד im hebräischen Text ist unter Rückgriff auf die LXX zu ersetzen durch צֶדֶק (vgl. die inhaltliche Parallele zu einem so verstandenen Vers 28b in 16,12; 25,5). Vgl. aber – wenig überzeugend – VAN DER WEIDEN, Proverbes, 132, der die Beibehaltung des masoretischen Textes vorschlägt und im חֶסֶד von v.28b die königliche Antwort auf den göttlichen חֶסֶד von v.28a sieht.

[8] Angesichts der zweiten Vershälfte und der in den anderen Texten begegnenden Nähe von אֶמֶת zu צְדָקָה kann 29,14 hier mit eingereiht werden.

Neben צְדָקָה werden noch חֶסֶד, אֱמֶת und מִשְׁפָּט genannt, die den Bestand[9] des Thrones garantieren. Nicht Erbfolge oder Macht, sondern das soziale Verhalten[10] des Königs sind relevant für die Dauer[11] seiner Herrschaft[12]. Dies wird unterstützt durch die Verben נצר und סעד, denen beiden der Aspekt zugrunde liegt, daß etwas unterstützt und damit abgesichert wird. So bestimmt das Verhalten des Königs gegenüber den Armen[13] über den Bestand seines Thrones (29,14)[14] genauso wie sein Verhältnis zum Frevel (16,12; 25,4f.).

16,12 erweckt den Eindruck, als verabscheue der König das Frevelhafte nicht nur um der Sache willen, sondern vor allem, da er es als Gefährdung seines Thrones wahrnimmt, der nur durch צְדָקָה gewährleistet wird. Während 25,4f. deutlich fremdes frevlerisches Verhalten im Blick hat, bleibt in 16,12 (wieder bewußt?) offen, wessen frevelhaftes Verhalten dem König ein Greuel ist[15]. Es kann sein eigenes sein, aber auch das seiner Untertanen[16].

Solche Aussagen knüpfen an die Erfahrungen von guten und unguten Regierungen an und werden einerseits zu Mahnungen an den König, sich von eigenem frevlerischem Verhalten wie dem anderer zu distanzieren, um seine Herrschaft in Rechtschaffenheit auszuüben und damit letztlich die Existenz der Gemeinschaft zu ermöglichen. Zum anderen können sie aber auch zum

---

[9] Vgl. PERDUE, Cosmology, 473f., wonach כון ein Begriff ist, „used elsewhere for the divine act of creating and sustaining the cosmic order"; wenn er wie hier mit בְּ kombiniert ist, begründe er die Institution des Königtums in der Weltordnung. So sagt es 20,28 jedoch gerade nicht, denn den Bestand des Thrones garantiert nicht die Weltordnung, sondern das Verhalten des Königs.

[10] Vgl. KELLENBERGER, ḥäsäd, 109, der unter חֶסֶד die „Offenheit des Königs gegenüber seinen Untertanen" versteht.

[11] Vgl. CRENSHAW, A Mother's Instruction, 21, zu Spr 29,14: „does not say that the throne was founded on justice, only that a dynasty that promote justice will endure".

[12] PLÖGER, BK XVII, 239, sieht unter Rückgriff auf GEMSER in חֶסֶד und אֱמֶת Gaben JHWHs, die den König umgeben. Ähnlich McKANE, OTL, 546. Die Texte bieten jedoch keinen Hinweis auf JHWH, so daß auch A. MEINHOLD, ZBK AT 16.2, 345, nicht zugestimmt werden kann, der in 20,28a den Schutz Gottes für den König angesprochen sieht, in v.28b hingegen die Anforderung an den König. Es wird nichts darüber gesagt, daß Güte und Wahrhaftigkeit nicht auch vom König kommen.

[13] Dieses wird zum Maßstab für die Bewertung des Königs, vgl. A. MEINHOLD, ZBK AT 16.2, 486.

[14] Vgl. WHITELAM, Just King, 42: „the idealized view of the king as the champion of the oppressed (Ps. lxxii 1–2; Prov. xxix 13–14; cf. Ps. lxxxii)".

[15] Während sonst die Kategorie „Greuel" mit JHWH in Verbindung gebracht wird, wird sie hier vom König ausgesagt. Die Fortführung in v.12b mit der Orientierung am Bestand der Königsherrschaft untersagt es aber wohl doch, hier eine dezidierte Analogie zwischen JHWH und König anklingen zu sehen. Vgl. aber PLÖGER, BK XVII, 192, wonach die Könige auf diese Weise „in ihrer Idealgestalt in die Nähe Jahwes gerückt werden". Das gilt nach PLÖGER auch für 16,13, wo es um das Wohlgefallen angesichts einer rechtschaffenen Rede geht.

[16] So STRACK, KK VI/2, 57; WHYBRAY, Wealth, 53.

Trostwort für diejenigen werden, die unter einer unguten Regierung leben, da auf deren Begrenzung hingewiesen wird.

Ganz ähnliche Aussagen und damit Erfahrungen finden sich auch im babylonischen Fürstenspiegel: „Wenn der König auf das Recht nicht achtet, werden seine Menschen in Verwirrung geraten; das Land wird verwüstet werden. Wenn er das Recht in seinem Lande nicht achtet, wird Ea, der König der Schicksale, sein Geschick verkehren und ihn mit Mißgeschick verfolgen"[17].

Die Aussage über Rechtschaffenheit als Basis für den Bestand des königlichen Throns erinnert an die ägyptische Darstellung des Thronsockels, die der Hieroglyphe für *m3ᶜ.t* entspricht. Diese Nähe von Ikonographie und Hieroglyphe wird keine zufällige sein, da für Ägypten die Orientierung des Königs an der Maʿat von Bedeutung ist[18].

b) Der König wird dargestellt als einer, der Recht praktiziert:

„Eine Entscheidung[19] auf den Lippen des Königs:
Beim Rechtsspruch verfehlt sich sein Mund nicht." (Spr 16,10)

„Der König bewahrt das Land durch Recht,
aber ein Mann der Abgaben (= einer, der Abgaben einfordert) reißt es ein
(= zerstört es)." (Spr 29,4)

16,10 erscheint geradezu wie ein Idealbild des Königs[20]. Danach zeigt der König kein Fehlverhalten, wenn es um eine Rechtssache geht. Vielmehr spricht sein Mund jeweils das richtige, sachgemäße Urteil (מִשְׁפָּט)[21]. Ähnlich idealistisch klingt auch 29,4, wo es um die Bewahrung des Landes durch den König, der Recht übt, geht. Die constructus-Verbindung אִישׁ תְּרוּמוֹת stellt diesem einen Mann gegenüber, der übermäßig viel Abgaben verlangt, wobei dieser vermutlich auch als König zu denken ist, so daß in v.4b das Negativbild eines Königs gezeichnet wird.

Ähnlich ideal sprechen auch diejenigen Texte vom König, welche ihn in der Funktion des Richters aufzeigen:

„Ein König, der auf dem Richterstuhl sitzt,
sichtet mit seinen Augen alles Böse." (Spr 20,8)

---

[17] Babylonischer Fürstenspiegel 1–3 (TUAT III/1, 171).

[18] Vgl. dazu BRUNNER, Gerechtigkeit, und im AT Jes 9,6; Ps 89,15.

[19] Zu dieser Interpretation von קֶסֶם vgl. den Hinweis bei PLÖGER, BK XVII, 192; WHYBRAY, Wealth, 51, Anm. 1; bes. auch ROBERT, Yahvisme, 169f. Anders jedoch WILDEBOER, KHC XV, 48, wonach „dem Volke das Urteil des Königs wie ein Orakel gilt"; ebenso STRACK, KK VI/2, 57.

[20] Vgl. HAMP, EB, 45. Vgl. auch 2 Sam 14,17; 1 Kön 3,28.

[21] Vgl. dazu CRENSHAW, A Mother's Instruction, 21: „The idea that a king has direct access to the God's will and consequently renders accurate judicial decisions is at home in Egypt." Der hier von CRENSHAW ausgesprochene Gedanke, daß der König in unmittelbarer Übereinstimmung mit dem Gotteswillen Recht spricht, ist vom atl. Text selbst so jedoch nicht vorgegeben und auch sonst in den Proverbien nicht ausgesagt.

„Einer, der die Frevler sichtet, ist ein weiser König,
und er läßt zurückkommen über sie das Rad (= er bringt über sie das
Rad)." (Spr 20,26)

Zielgerichtet sprechen diese Texte von dem Bösen wie dem Frevler, das
bzw. den[22] der König richtend[23] und sichtend wahrnimmt. Ausgesondert
werden sie wie die Spreu vom Weizen. 20,26 läßt angesichts des in v.26a
gebrauchten Verbums זרה daran denken, daß der König in Form einer Straf-
aktion über die Frevler das Rad des Dreschwagens kommen läßt[24]. Damit
zeigen sich beide Texte letztlich weniger am Verhalten des Königs primär
interessiert[25], sondern sind eher als Art versteckte Warnung an den, der Böses
im Sinn hat, zu verstehen[26].

Die hier aufgezeigten Idealbilder werden darüber hinaus als Mahnung wie
Anreiz für einen König zu werten sein, ihnen möglichst nahe zu kommen,
zeigen aber gleichzeitig die Grenzen des jeweiligen realen Königs auf, der
diesem Ideal nicht entsprechen kann.

2. Beziehung König - JHWH

Immer wieder wird in der Forschung auf die enge Beziehung zwischen
dem Tun des Königs und dem Willen JHWHs verwiesen[27]. Für eine solche
gibt es jedoch keine Hinweise in den Proverbien. Es wird überhaupt nur
selten eine direkte Beziehung zwischen JHWH und dem König hergestellt[28].
Nur einmal werden sie parallel zu einander genannt:

---

[22] 20,8 läßt offen, ob es um die Person oder den Bereich des Bösen geht.

[23] Die Rede vom Richterstuhl koppelt zurück an den auf Rechtschaffenheit gegründeten
Thron, vgl. A. MEINHOLD, ZBK AT 16.2, 335.

[24] Vgl. PLÖGER, BK XVII, 231.239. Zur Problematik von אוֹפָן vgl. SNELL, Wheel, der
unter Rückgriff auf ao Material, das allerdings nicht immer ganz eindeutig ist, aufzeigt, daß
Räder als Strafwerkzeuge gebraucht werden können, demzufolge also eine Textänderung
nicht notwendig ist.

[25] Anders WHYBRAY, Wealth, 52, der in beiden Texten den Ausdruck des Vertrauens
sieht „of ordinary people in the king as the supreme guarantor under God of the soundness
of the judicial system".

[26] Anders PLÖGER, BK XVII, 234, wonach dem König „seine Funktion, das Böse
abzuwehren, wie ein Attribut seinem Königtum beigegeben ist, eine Funktion, die ihn
durchaus in die Nähe Jahwes rückt". Eine solche Aussage ist im Text unmittelbar jedoch
nicht angelegt und nimmt ihren Ansatzpunkt von anderen Voraussetzungen.

[27] Vgl. u.a. BARUCQ, Proverbes, 119, im Blick auf die diversen Aussagen zum königlichen Verhalten: „Cette morale n'est pas explicitement référée à Yahweh, mais les qualités
exigées du roi sont bien celles que l'ensemble de la pensée biblique reconnaît en lui."

[28] Auffallend ist allerdings die Reihung der Königssprüche in 16,10ff. in unmittelbarem
Anschluß an die Reihe der JHWHsprüche in 15,33–16,9. Diese redaktionelle Zusammenbindung erweckt in der Tat den Eindruck, als gehe es um den idealen König in seiner

„Fürchte JHWH, mein Sohn, und den König,
mit Andersgesinnten lasse dich nicht ein.
Denn plötzlich kommt ihr Verderben,
und das Unglück beider (= das beide – JHWH und König – kommen lassen), wer kennt es?"[29] (Spr 24,21 f.)

Die parallele Nennung von König und JHWH hat hier jedoch nicht die
Funktion, beide zueinander in eine qualitativ erhebbare Beziehung zu setzen.
Wenn JHWH wie König in 24,21 nebeneinander als Objekte des Fürchtens
genannt werden, ist die „ehrfurchtsvolle Anerkenntnis beider Autoritäten"[30]
intendiert, um einem von ihnen möglicherweise ausgehenden Unheil zuvor
zu kommen. Das muß jedoch nicht unbedingt darauf verweisen, daß der
König hier wie sonst in ao Texten als der Repräsentant der Gottheit angesehen wird[31]. Eine gewisse Nähe zu ägyptischen Texten klingt allerdings an mit
der Verbindung von Gottheit und König[32].

König wie JHWH werden hier vielmehr gezeichnet als Größen, vor denen
man sich gleicherweise besser in acht nimmt, da man nie genau weiß, wann
sie Unglück über den kommen lassen, der sich nicht ihnen gemäß verhält.
Darin allein besteht nach diesem Text die – in den Augen des Verfassers
negative – Gemeinsamkeit zwischen JHWH und dem König. Sie sind ähnlich
gefährlich wie Andersgesinnte, mit denen man sich besser nicht einläßt, um
nicht von ihnen ins Verderben mitgerissen zu werden. Die Andersgesinnten
erscheinen damit als Revolutionäre, so daß der Spruch „ein deutliches Beispiel für die konservative Haltung der Weisen"[33] ist. Die Nennung der Andersgesinnten neben JHWH und König erweckt darüber hinaus den Eindruck, daß es besser ist, sich von allen Genannten fernzuhalten, um nicht ins
Unglück zu geraten – eine Einstellung, die zwar dem König und den Andersgesinnten gegenüber verstehbar ist, im Blick auf JHWH aber doch erstaunt.
Stärker das Gegenüber von König und JHWH betonen die folgenden
Texte:

Bindung an JHWH (vgl. Whybray, Yahweh-sayings, 159f.). Nimmt man jedoch die Texte
für sich, ist die Tendenz eher weg vom König hin zu dem, der sich dem König gegenüber zu
verhalten hat (s.u.).

[29] Eine Veränderung von שְׁנֵיהֶם (v.22) in שׁוֹנִים parallel zu v.21 ist nicht notwendig, da
auch bei der lectio difficilior ein aussagekräftiger Text bleibt, zumal auch keine entsprechenden Varianten belegt sind. Anders Plöger, BK XVII, 262.264, der den Text verändert.

[30] Plath, Furcht Gottes, 65. Die bedingungslose Unterwerfung muß jedoch nicht gleich
mit Plath als Konsequenz gezogen werden. Derousseaux, Crainte de Dieu, 313f., diskutiert einen möglichen ägyptischen Hintergrund, datiert dann aber doch den Text in nachexilische Zeit: „Peut-être qu'un sage propose ici l'essentiel de ce qu'il croyait être au temps
passé la morale d'Israël."

[31] So aber doch Whybray, CBC, 141.

[32] Zu dieser Verbindung vgl. McKane, OTL, 406: Weil die Herrschaft des Königs von
JHWH kommt, ist die Loyalität gegenüber dem König eine religiöse Pflicht.

[33] A. Meinhold, ZBK AT 16.2, 408.

„Wie Wasserbäche ist das Herz des Königs in der Hand JHWHs,
über alles, was ihm gefällt, führt er ihn." (Spr 21,1)

„Die Ehre Gottes[34] ist es, eine Sache zu verbergen,
die Ehre der Könige ist es, eine Sache zu erforschen." (Spr 25,2)

„Viele suchen das Angesicht des Herrschers,
aber von JHWH kommt das Recht eines Mannes." (Spr 29,26)

König und die Gottheit werden in ihrem Verhalten und Zuständigkeitsbereich voneinander unterschieden. 25,2 vollzieht eine klare Aufgabentrennung. Gott ist es zu eigen, etwas unerforschlich zu lassen, auch unfaßbar zu bleiben. Demgegenüber dient es Königen zur Ehre, den Dingen auf den Grund zu gehen.

Die Unterscheidung zwischen JHWH und König wird auch in den beiden anderen Texten deutlich. So ist nach 21,1 der König der von JHWH Geführte, dessen Verstand und Empfinden in der Hand JHWHs, also von diesem bestimmt ist. Das dem Herzen des Königs entspringende Verhalten resultiert nicht aus seinen eigenen Möglichkeiten, sondern ist auf die Führung JHWHs zurückzuführen[35]. Das Bild von den Wasserbächen läßt an eine Menge kostbaren Wassers denken und kann so als Metapher für die Menge der guten Gedanken stehen, die dem König zu eigen sind, wenn sein Herz in der Hand JHWHs ist. Das Bild erinnert ebenso an den beeinflußbaren Verlauf des Wassers und bereitet so v.1b vor.

Einen anderen Akzent setzt 29,26, wenngleich hier vom מוֹשֵׁל, nicht vom מֶלֶךְ die Rede ist. Was man sich von einem Herrscher erwartet und weshalb man sein Antlitz sucht, ist das durch חֶסֶד, מִשְׁפָּט und צְדָקָה beschriebene Verhalten des Königs seinen Leuten gegenüber. Hier wird nun deutlich, daß ein solches Verhalten für den Herrschenden keineswegs selbstverständlich, sondern daß der Garant für מִשְׁפָּט JHWH ist. Ein Verlaß auf den Herrscher ist demzufolge nicht zu empfehlen[36]. Zwar wäre das וֵ zu Beginn von v.26b auch als ein kopulatives zu lesen[37], doch angesichts der übrigen Texte über

---

[34] Nach PLÖGER, BK XVII, 298, vermeidet der Text hier bewußt das Tetragramm, „als sei es ungeziemend, für eine auch hochgestellte Persönlichkeit Jahwe als Vergleich heranzuholen". Diese Interpretation scheint jedoch etwas weit hergeholt, zumal auch sonst in den Proverbien von Elohim geredet wird (2,5; 3,4 bzw. 30,5 אֱלוֹהַ). Auch scheint gerade hier keine Notwendigkeit zu einer JHWHsierung vorzuliegen, sondern eher eine dem allgemeinen AO entsprechende bzw. korrigierende Aussage gemacht zu werden.

[35] Demzufolge charakterisiert GASPAR, Social ideas, 161, Gott als „source of authority"; vgl. 1 Chr 29,12.

[36] Einen ganz anderen Weg der Interpretation geht PLÖGER, BK XVII, 349: „die Gegenüberstellung von »Herrscher« und Jahwe ist wohl nicht gegensätzlich zu verstehen. Vielmehr ist der Weg, das »Antlitz des Herrschers zu suchen«, um seine Gunst und dadurch Vorteile zu erlangen, den andere nicht beschreiten, nicht frei vom Zweifel am gerechten Walten Jahwes". Für diese Auflösung der Antithese bietet jedoch PLÖGER keine Argumentation.

[37] Vgl. A. MEINHOLD, ZBK AT 16.2, 492, der auch den Herrscher „als Vermittler des Rechts" von JHWH als Möglichkeit erwägt.

die Beziehung zwischen dem König und JHWH liegt es nahe, daß hier
ebenfalls nicht an ein Ineinander des Verhaltens beider zu denken ist.

3. Die Beziehung des Königs zu anderen

Auf unterschiedliche Weise wird eine Beziehung zwischen dem König und
seinen Mitmenschen hergestellt:

„Das Wohlgefallen des Königs gilt dem einsichtigen Diener,
aber sein Zorn ist für den schändlichen." (Spr 14,35)

„Das Gefallen des Königs[38] finden rechtschaffene Lippen,
und wer recht spricht, den liebt er." (Spr 16,13[39])

„Der Zorn des Königs gleicht Boten des Todes,
aber ein weiser Mann versöhnt ihn.
Durch Licht auf dem Gesicht[40] des Königs gibt es Leben,
und sein Wohlgefallen ist wie die Wolke des Frühlingsregens (= Ernteregens)." (Spr 16,14f.)

„Knurren wie ein junger Löwe – so (äußert sich) der Zorn des Königs,
aber wie der Tau über der Saat, so ist sein Wohlgefallen." (Spr 19,12)

„Knurren wie ein junger Löwe – so ist der Schrecken, den der König verbreitet,
wer sich ereifert (gegen ihn?), der verfehlt sein Leben." (Spr 20,2)

„Wer liebt die Reinheit des Herzens[41],
angesichts der Anmut seiner Lippen – sein Freund ist der König." (Spr 22,11)

Eine positive Beziehung zwischen dem König und anderen wird durch
deren rechte Sprache geschaffen, da dem König eine wahrhaftige Rede gefällt
(16,13; 22,11). Die Sprache entscheidet durch ihre Qualität über die Beziehung zum König, wobei hier absolut von der rechten Sprache gesprochen

---

[38] Die textkritische Variante des Singular (so zwei hebräische Handschriften, LXX,
Syrer und Targum) ist angesichts von יאהב zu übernehmen.

[39] PLÖGER, BK XVII, 192, sieht in Spr 16,12f. eine zusammengehörende Antithese.
Angesichts der unterschiedlichen Zielsetzungen – in v.12 geht es um den Bestand des
Königsthrones, in v.13 um das Ansehen des Gesprächspartners – ist von einer solchen
Antithese jedoch kaum auszugehen, wenngleich die beiden antithetischen Begriffe תּוֹעֵבָה
(v.12) und רָצוֹן (v.13) zu einer Beiordnung der beiden unterschiedlich orientierten Verse
geführt haben werden.

[40] Vgl. zu dieser Wendung Hi 29,24 auch im Blick auf den Menschen, Ps 4,6f.; 43,3;
89,16 mit Blick auf Gott. Nach WHYBRAY, Wealth, 49f., Anm. 3, wird deshalb der König in
Spr 16,15 als „saviour of his people" angesehen.

[41] Hier hat die LXX ein κύριος eingefügt, so daß sich folgende Übersetzung ergibt: Der
Herr liebt die Reinheit des Herzens. Dies wird von STRACK, KK VI/2, 73, aufgenommen, ist
aber nicht notwendigerweise nachzuvollziehen, da die Aussage auch in Analogie zu 16,13
gesehen werden kann.

wird, nicht davon, daß sie in den Augen des Königs eine rechte ist. 22,11[42] zeigt darüber hinaus, daß die gute Sprache von einer entsprechenden Gesinnung zeugt[43]. Auffallend ist die betonte Stellung von צֶדֶק יָשָׁר‎ (16,13) und חֵן in Verbindung mit (לְב) טָהוֹר im Blick auf die Sprache. Diese Kategorisierungen decken sich in mancherlei mit denjenigen, die als angemessen für das Verhalten des Königs ausgesagt werden. Daher läßt sich sicher auch die Sympathie des Königs für so beschriebene Menschen erklären.

Daß die Einstellung des Königs über das Wohlergehen bis hin zum Leben des anderen bestimmt, zeigen die übrigen Texte. So bringt sein Zorn Tod, während sein Wohlgefallen Leben ermöglicht (16,14f.; 20,2). Mit *Plöger* ist angesichts der Nähe zu 14,35 wahrscheinlich, daß 16,14f. „in erster Linie den königlichen Beamten im Auge haben, dessen Existenz vom Herrscher abhängt"[44], zumal es auch gerade die königlichen Beamten sind, die das Angesicht ihres Herrn am ehesten zu sehen bekommen[45]. Die Formulierung des Textes ermöglicht jedoch keine genaue Identifizierung, sondern ist so offen, daß der Hörer/Leser sie jeweils selbst füllen kann[46]. Deutlich wird jedenfalls, daß das Verhältnis des Königs zu dem anderen über Leben und Tod, über die gesamte Existenz entscheiden kann[47]. Der אִישׁ חָכָם hat aber immerhin noch die Möglichkeit, besänftigend auf den König einzuwirken[48].

Die unangenehmen Folgen des königlichen Zornes sind auch Hintergrund der einander sehr ähnlichen Verse 19,12 und 20,2. Zorn wie Schrecken, der vom König verbreitet wird, haben bedrohliche Züge (vgl. auch 14,35), während sein Wohlgefallen wirkt wie lebenspendender Tau. Während 19,12 und 20,2 vom Zorn bzw. Schrecken des Königs reden und offen lassen, wem er gilt, spricht 14,35 konkreter vom schändlichen Diener (Beamten), während der einsichtige Diener sein Wohlgefallen findet[49].

In diesen Texten zeigt sich durchaus bereits eine ansatzweise kritische

---

[42] Zur Sprache vgl. auch § 14.

[43] Vgl. A. MEINHOLD, ZBK AT 16.2, 370, der auf die Reihenfolge – erst Gesinnung, dann Sprache – aufmerksam macht.

[44] PLÖGER, BK XVII, 193.

[45] Nach WHYBRAY, Wealth, 49, geht es jedoch nicht notwendig um „a face-to-face acquaintance with the king: it is a general statement about the king as the source of the prosperity of his subjects".

[46] Vgl. PLÖGER, BK XVII, 193. Vgl. auch TOY, ICC, 323, mit dem Hinweis darauf, daß hier alle Herrscher eingeschlossen sind, nicht nur die Israels. Seine Datierung von 16,10–15 in die nachexilische Zeit und damit sein Bezug des Königs auf die diversen nichtjüdischen Könige der hellenistischen Zeit kann allerdings nicht nachvollzogen werden.

[47] Vgl. auch WILDEBOER, KHC XV, 49.

[48] Vgl. CRÜSEMANN, Widerstand, 191.

[49] Nach WHYBRAY, Wealth, 50, verweisen Texte dieser Art auf Kreise, die keine Informationen aus erster Hand über den König haben, da sie die Unterwerfung des Königs unter das Gesetz nicht berücksichtigen. Die Proverbien decken mit ihren Aussagen jedoch insgesamt nicht das ganze Umfeld eines Königs ab, so daß von fehlenden Inhalten nicht einfach auf die Verfasser rückgeschlossen werden kann.

Haltung dem König gegenüber, aber nicht als Kritik an der Institution Königtum, sondern Kritik insofern, als der König nicht als Idealgestalt begegnet[50].

4. Königskritik

Wie oben schon angedeutet, haben die Proverbien keineswegs nur eine positive Einstellung zum König, sondern wissen auch um die Grenzen bzw. um das Fehlverhalten von Herrschern. So wird darauf verwiesen, wie wenig die Macht des Königs aus seiner Stellung heraus begründet ist:

> „In der Menge des Volkes ist der Schmuck des Königs,
> aber im Nichts des Volkes (= wenn es an Volk fehlt) ist der Untergang des Fürsten." (Spr 14,28)

> „Die Heuschrecken haben keinen König
> und ziehen doch alle geordnet heraus." (Spr 30,27)

Zum einen zeigt sich, daß die Mächtigkeit eines Herrschers abhängig ist von der Zahl derer, über die er herrscht[51]. Wo das Volk zahlreich ist, ist der König gesichert[52]. Zum anderen wird am Beispiel eines Verses aus einem Zahlenspruch, in dem es um die Weisheit der Tiere geht (30,24–28), deutlich, daß ein König keine Notwendigkeit ist für ein geordnetes Zusammenleben[53], auf ihn also durchaus verzichtet werden kann[54].

Wenige Male wird auch hingewiesen auf ein regelrechtes Fehlverhalten des Herrschers:

> „Ein Fürst, dem es an Einsicht fehlt, ist aber reich an Erpressung[55],
> wer unrechten Gewinn haßt[56], verlängert seine Tage." (Spr 28,16)

---

[50] Vgl. PLÖGER, BK XVII, 223, zu 19,12, wonach der Vers „schon eine gewisse Zurückhaltung gegenüber dem Königtum erkennen" läßt.

[51] Nach A. MEINHOLD, ZBK AT 16.1, 243, geht es mit diesem Text auch um die Gesamtverfassung des Volkes. Er erwägt auch, ob hier eine außenpolitische Beurteilung vorliegt. Insgesamt steht aber doch die Bedeutung des Königs zur Debatte.

[52] Vgl. GASPAR, Social ideas, 165. Dessen Aussage, ebd., 164f., daß hier das einzige Mal der König „in a purely secular connection" erwähnt wird, trifft so aber nicht zu, denn auch die übrigen Texte sind zumeist profan orientiert, eine religiöse Dimension kann allenfalls indirekt erschlossen werden.

[53] Nach WHYBRAY, Wealth, 56, zeige sich hier wiederum, daß der Verfasser des Textes wenig weiß von der Realität des königlichen Hofes. Übersehen wird dabei, daß es hier eben nicht um Wiedergabe von Realitäten, sondern um Wertung geht.

[54] Für die Aussage SEYBOLDs, (RINGGREN/SEYBOLD/FABRY, מלך, 942), wonach der König im menschlichen Bereich „die den ‚geringen Tieren' eingepflanzte ‚Weisheit' ihrer Gemeinschaftsinstinkte" ersetzt, gibt der Text keinerlei Ansatzpunkt. Auch für die Interpretation von McKANE, OTL, 661, „there is no role for a king in the ordered world of men since Yahweh is king", findet sich keine Textbasis, denn vom Königtum JHWHs wird in den Proverbien nirgends gesprochen.

[55] Zu den Problemen mit dem Anschluß von וְרַב vgl. McKANE, OTL, 629.

[56] Hier ist das Qere zu lesen.

„Ein Herrscher, der aufmerksam auf das Lügenwort hört –
alle seine Diener sind Frevler." (Spr 29,12)

Auffälligerweise wird dort, wo es um das Fehlverhalten des Herrschers
geht, nirgends vom König (מֶלֶךְ) gesprochen, sondern vom נָגִיד oder vom
מוֹשֵׁל. Möglicherweise steht dahinter die Vorstellung vom Idealkönig, dem
Fehlverhalten nicht zu eigen ist. Um den König (als institutionelle Größe)
rein zu halten, wird stattdessen auf modifizierende Begriffe ausgewichen. Bei
מוֹשֵׁל ist jedenfalls kaum damit zu rechnen, daß eine andere Bezugsgröße
gemeint ist. Auch beim נָגִיד ist fraglich, ob Stammesfürsten oder Thronan-
wärter gemeint sind, da kaum deutlich wird, welches Interesse dahinter stehen könnte. Vielleicht wäre aber auch eine Aussage wie die von 28,16 zu
riskant, wenn sie direkt den König meinte[57].

28,16 reflektiert die Erfahrung, daß durchaus nicht jeder Herrschende
durch Einsicht qualifiziert ist, sondern daß diese negativ ausgeglichen werden
kann durch erpresserisches Verhalten. Einer solchen Art, Reichtum zu gewinnen, wird entgegengehalten, daß man Reichtum an Leben gewinnen kann,
wenn man sich einer entsprechenden Praxis der Erpressung widersetzt[58].
Nach 29,12 wird „die Korruption am Hofe auf das Hören des Königs auf
falsche Ratgeber zurückgeführt; alle anderen am Hofe stellen sich darauf
ein"[59]. König und Ratgeber korrespondieren einander in ihrem Verhalten
(vgl. auch Sir 10,2).

Angesichts der Komplexität der Erfahrungen mit dem König erweist sich
dieser auch als undurchschaubar:

„Der Himmel bezüglich seiner Höhe, die Erde bezüglich ihrer Tiefe und das
Herz der Könige – nicht sind sie zu erforschen." (Spr 25,3)[60]

Ähnlich wie 24,21f.[61] spricht dieser Text davon, daß man nie genau weiß,
wie man bei einem König dran ist, daß sein Denken (und damit auch Han-

---

[57] Daß hier eigentlich der König gemeint sein könnte, unterstreicht auch die LXX, die
βασιλεύς einsetzt.

[58] PLÖGER, BK XVII, 336, verweist demgegenüber darauf, daß die beiden Vershälften
keine direkte Beziehung zueinander haben, zumal die zweite Hälfte sehr allgemein formuliert ist. Daraus folgert er, in v.16a den נָגִיד zu streichen. OESTERLEY, Proverbs, 253f., sieht
gar zwei voneinander völlig getrennte Sätze, die ursprünglich in unterschiedlichen Kontexten gestanden haben, wenn nicht überhaupt ein anderer Text vorgelegen hat. Da es in v.16a
wie in v.16b jeweils um Vermehrung von (wie auch immer zu bestimmendem Reichtum)
geht und ebenso um unrechtes Erwerben von Gütern, ist durchaus ein Bezugspunkt da. So
kann v.16b auch als versteckte Mahnung an den Fürsten/König angesehen werden.

[59] CRÜSEMANN, Widerstand, 190.

[60] PLÖGER, BK XVII, 298, sieht diesen Vers in unmittelbarer Einheit mit 25,2 (vgl. auch
VAN LEEUWEN, Context and Meaning, 63), doch geht es in beiden Versen jeweils um eine
andere Zielrichtung. Die Zusammenbindung beider Verse ist möglicherweise über die Stichwortassoziation חקר geschehen. Während in v.2 die Wurzel positiv gebraucht wird, wird
sie in v.3 mit der Negation אֵין verwendet.

[61] Vgl. oben, S. 137f.

deln) unzugänglich ist[62]. Daß dieses Nicht-Wissen das Ansehen des Königs erhöht, wie *Plöger* meint[63], ist nur aussagbar, wenn man v.2 heranzieht, wo es um die Ehre des Königs geht. In v.3 ist sie jedoch nicht impliziert.

5. Die besondere gesellschaftliche Stellung des Königs

Die herausragende Position des Königs in der Gesellschaft führt zu Anweisungen, wie man sich ihm gegenüber verhalten soll:

„Wenn du einen Mann siehst, der geschickt ist bei seiner Arbeit,
vor Könige soll er hintreten,
nicht hintreten soll er vor Dunkle (= Niedrige)." (Spr 22,29)

„Brüste dich nicht vor dem König, und an den Ort der Großen stell dich nicht hin.
Denn besser ist es, man sagt zu dir: ‚Steig hierher!' als daß man dich erniedrigt vor einem Fürsten." (Spr 25,6.7a.)

Die Besonderheit des Königs zeigt sich nach 22,29 darin, daß er derjenige ist, in dessen Dienst ein besonders Fähiger treten kann. Es ist unnötig, bei der zweiten Vershälfte mit einer Textlücke zu rechnen, die ursprünglich eine Antithese zu v.29a enthalten hätte[64]. Auch in der vorliegenden Form ist der Text sinnvoll, da er so den König als denjenigen hinstellt, der ein sinnvoller Arbeitgeber ist für einen tüchtigen Menschen. Dessen Arbeitskraft ist bei einem niedriger Gestellten (= im Dunkeln Lebenden) verschwendet. Deshalb gibt der Text die Aufforderung und Ermutigung, daß ein tüchtiger Mensch sich nicht scheuen soll, beim König um Arbeit nachzusuchen[65].

Die anmaßende Form des Ehrgeizes[66] wird in 25,6.7a thematisiert. Zur Bescheidenheit angesichts der Führungsschicht wird ermuntert, damit man sich nicht der Erniedrigung preis gibt. Wer sich zurückhält mit seinen Ansprüchen, kann eher damit rechnen, von den Großen wahrgenommen und protegiert zu werden[67].

Ähnliche Aufforderungen zur Bescheidenheit im Umgang mit Höhergestellten finden sich auch in der Umwelt Israels: „Behalte deine Stellung im

---

[62] Vgl. A. MEINHOLD, ZBK AT 16.2, 419: „Könige sind für den Menschen unberechenbar". Einen gänzlich anderen, doch von der Argumentation her nicht überzeugenden Akzent setzt NARÉ, Proverbes, 16, der im Zusammenhang mit v.2 hier die Grenzen des Wissens um die Werke Gottes angesprochen sieht.
[63] PLÖGER, BK XVII, 298.
[64] So als Möglichkeit bei PLÖGER, BK XVII, 270.
[65] So kann wohl angesichts von v.29a das Hintreten vor Könige verstanden werden.
[66] Vgl. PLÖGER, BK XVII, 299.
[67] Vgl. WHYBRAY, Sage, 135.

Auge, sei nie niedrig oder hoch, es ist gar nicht gut, vorwärts zu drängen; geh du entsprechend deinem Rang."[68]

Auch 25,15[69] hat möglicherweise die höhere Stellung des Königs (? = קָצִין) im Blick, da extra betont wird, daß man diesen (erfolgreich) bereden kann. Es ist offensichtlich nötig, das zu sagen, da wohl sonst von anderen Voraussetzungen ausgegangen wird[70]. Die Unvergleichbarkeit des Königs und damit seine herausragende Stellung ist möglicherweise auch Hintergrund von 19,10; 30,22, wenngleich es bei diesen Texten weniger um Aussagen über den Herrscher geht als vielmehr um Aussagen über die Verhältnismäßigkeit und Angemessenheit von menschlichem Verhalten im Kontext unterschiedlicher sozialer Schichten[71].

Deutlich angesprochen wird hingegen die Führungsqualität und -position des Königs im Zahlenspruch 30,29–31, der möglicherweise an ein Vorangehen des Königs in militärischen Aktionen denkt[72].

6. Der König und seine Funktion nach Spr 31,1–9

Formal wie inhaltlich aus dem bisherigen Rahmen fällt die Lehre für den König Lemuel in Form einer Mahnrede[73]. Die Mutter des Königs[74] unterweist ihren Sohn[75] darin, wie er sich als König zu verhalten habe[76].

Mehrere Bereiche werden in Form einer positiven Weisung angesprochen. Zum einen soll dem Mutlosen Wein gegeben werden, damit er seine schlimme Situation vergißt (v.6f.). Auffallend dabei ist, daß diese Aufforderung pluralisch formuliert ist, also eigentlich nicht nur dem König gilt, sondern wohl auch denen, die mit ihm die Herrschaftsfunktionen wahrnehmen.

---

[68] Ani 280–282 (BRUNNER, Altägyptische Weisheit, 209); vgl. auch Amenemope 461ff. (Brunner, Altägyptische Weisheit, 253).

[69] Genaueres dazu s.o. § 14, S. 173f.

[70] Dazu mag auch das in Spr 30,31 angesprochene Verhalten des Königs dienen, das bei aller Unsicherheit des Verstehens von אַלְקוּם angesichts des Kontextes im Vergleich mit den dort genannten Tieren darauf rückschließen läßt, daß der König in stolzer Weise vor seinem Volk auftritt. Zur Problematik von אַלְקוּם vgl. PLÖGER, BK XVII, 355.

[71] Zu den Texten vgl. § 2, S. 30f.; § 23, S. 292f.

[72] Vgl. A. MEINHOLD, ZBK AT 16.2, 512f. Vgl. auch BARUCQ, Proverbes, 225, der zu Recht darauf verweist, daß es hier nicht um eine moralische Lektion geht, sondern um den Preis der Überlegenheit des Königs.

[73] Dieser Text kommt den ägyptischen Königslehren (vgl. bes. Amenemhet, Merikare) noch am meisten nahe; ebenso dem babylonischen Fürstenspiegel; vgl. den Hinweis bei BLENKINSOPP, Wisdom and Law, 28.

[74] Zur Rolle der Mutter vgl. § 7, S. 115f.

[75] In v.2 steht dreimal das aramäische בַּר.

[76] Eine Identifikation des Königs ist nicht möglich. PLÖGER schließt sogar nicht aus, daß hier der Sohn einer Hofdame „durch besondere Umstände König geworden ist", BK XVII, 373f. Auch die Wiederholungen in v.2, die PLÖGER zur Unterstützung seiner Erwägungen heranzieht, geben jedoch dafür kaum Hinweise.

Größeres Gewicht haben dann aber die Aufforderungen, sich verbal (פָּתַח
פִּיךָ)[77] für die Schwachen einzusetzen, das Recht derer einzufordern bzw.
durchzusetzen, die solche Hilfe nötig haben (v.8f.)[78].

Daneben gibt es die ein bestimmtes Verhalten ablehnenden Weisungen, die
deutlich in der Überzahl sind[79]. Da geht es um die Frauen[80], mit denen der
König sich nicht einlassen soll (v.3a). Er soll nicht daran interessiert sein,
(andere) Könige auszurotten (v.3b). Weintrinken wie überhaupt jeder
Rausch schickt sich nicht für Könige[81] und die gesellschaftliche Oberschicht
(v.4). Interessant ist dabei die soziale Begründung. Bei der Ablehnung von
berauschenden Getränken geht es nicht um das Ansehen des Königs und
anderer hochgestellter Personen, sondern um ihre Verantwortung ihren
Untergebenen gegenüber (v.5). Diese könnten sie im Rausch nicht wahrnehmen, so daß es sich zum Schaden der anderen auswirken würde. Der König
ist folglich in die soziale Verantwortung[82] genommen (vgl. auch v.8f.)[83]. Denn
am Umgang mit den Schwachen „entscheidet sich, was verantwortungsvolle
Herrschaft ist und was nicht"[84].

Schaut man auf andere Königslehren außerhalb Israels, so fällt auf, daß
diese jeweils von Männern formuliert sind, die Frau/Mutter also keine Funk-

---

[77] PLÖGER, BK XVII, 375, formuliert hierzu: „Die sonst in der Weisheit geschätzte
Tugend der Schweigsamkeit ist fehl am Platz, wenn es um das Eintreten für die Bedürftigen
geht." Wie jedoch in § 14 aufzuzeigen sein wird, hat die Sprache keineswegs nur in solchen
Fällen ihre positive Wertung. Gegenüber Ägypten ist das Ideal des Schweigens in den
Proverbien weit weniger ausgeprägt. Vielmehr wird der Sprache ein sehr hoher Stellenwert
zugemessen (dazu s.u.).

[78] Vgl. dazu S. 199f. Zur genauen Bestimmung derer, die als Hilfsbedürftige genannt
sind, vgl. CRENSHAW, A Mothers' Instruction, 18.

[79] Das erinnert ein wenig an das Königsgesetz in Dtn 17,14ff., wo auch weitgehend nur
gesagt wird, was der König nicht tun darf, aber kaum positive Weisung erfolgt.

[80] Zur genaueren Klassifizierung vgl. § 10, S. 159f.

[81] Sie haben es offensichtlich nicht nötig im Gegensatz zu den Armen, die ihre schlimme
Situation mit Wein bewältigen. Zur Wendung אַל לַמְלָכִים vgl. auch 2 Chr 26,18. Dazu
CRENSHAW, A Mother's Instruction, 17: „The context implies that the issue is one of
appropriateness or propiety", eine Aussage, die wohl auch für Spr 31,4 zutrifft.

[82] Vgl. WHYBRAY, Wealth, 109: „In the sentence-literature of Proverbs also it is asserted
that the king, if his throne is to remain secure, must be one who is 'faithful in dispensing
justice to the poor' … But it is in these ,Sayings of Lemuel' that the importance of this
particular role of the king is most fully emphasized in the book of Proverbs".

[83] Zur Fürsorge für die Witwe als Aufgabe des Königs vgl. auch Merikare 83f. (BRUN-
NER, Altägyptische Weisheit, 144): „Beruhige den Weinenden, benachteilige nicht die
Witwe, bringe niemanden um die Habe seines Vaters."; dazu ENDESFELDER, Frauen, 53.
Vgl. auch FENSHAM, Widow, passim, zur Aufgabe des ao Königs zur Fürsorge an Witwen,
Waisen und Armen.

[84] A. MEINHOLD, ZBK AT 16.2, 518. Zur sozialen Verantwortung der ao Könige
außerhalb Israels vgl. CRENSHAW, ebd, 19f. und WHITELAM, The Just King.

tion in der Unterweisung des Königs hat[85]. Damit ist bereits einiges über den Stellenwert der Frau in Israel gesagt[86]. Die größte inhaltliche Nähe zu der Lehre für Lemuel weist wohl die ägyptische Lehre für König Merikare auf. Insgesamt zeigt sich jedoch, daß die ao Texte wesentlich umfangreicher sind, nicht nur infolge weiterer Themen, sondern auch dadurch, daß sie die angesprochenen Inhalte sehr viel ausführlicher abhandeln[87]. Auch findet sich gerade im Gegenüber zu Merikare bei Lemuel kein Hinweis darauf, daß der König die angemahnten Verhaltensweisen ausüben soll, damit er selbst dadurch seine Herrschaft festigt[88]. Spr 31,1ff. sind stärker an der sozialen Verantwortung des Königs interessiert, weniger an seinem Ergehen, wenngleich dieses im Hintergrund stehen mag.

Fragt man nach der Funktion von 31,1–9, so kann *Crenshaw* zugestimmt werden: „If accurate, this educational context even includes one royal instruction in its general teaching for young men who aspired to a scribal profession. Thus one mother's instruction for her royal son became teaching for a wider body of potential scholars"[89].

7. *Folgerungen*

Die Rede vom König erweist sich in Spr 10ff. als eine mehrschichtige. Neben den eher ein erhofftes Idealverhalten zeichnenden Texten (wie 16,10.12; 20,28; 25,4f.; 29,4.14) stehen Aussagen, die mehr auf die Realität königlichen Handelns verweisen (so 14,35; 16,13.14f.; 19,12; 20,2; 22,11) oder sich auch kritisch gegenüber dem König äußern (bes. 28,16; 29,12). Damit zusammenhängend sind auch die Adressaten der Texte nicht immer eindeutig zu erkennen. Zwar sind es weitgehend Menschen, die in irgendeiner Weise mit dem König zu tun haben und deren Verhalten diesem gegenüber reflektiert wird, doch kann z. T. dem parallel auch der König selbst zum Adressaten werden. Die am Ideal orientierten Aussagen können ihn zu einem solchen Verhalten hinführen, die kritischen vor falschem Verhalten bewahren wollen.

Auffallend ist die verhältnismäßig geringe Rolle des Königs in den Prover-

---

[85] Möglicherweise ist dies der Hintergrund für den nachdrücklichen v.2, mit dem die Mutter ihre besondere Bindung zum Sohn betont, als Begründung dafür, daß sie ihn belehren will, vgl. CRENSHAW, A Mother's Instruction, 15.

[86] Vgl. oben sowie § 10.

[87] Vgl. CRENSHAW, A Mother's Instruction, 13.

[88] Vgl. dazu Merikare 32.54f. (BRUNNER, Altägyptische Weisheit, 142.143); vgl. aber ebenso Merikare 60 (BRUNNER, Altägyptische Weisheit, 143): „Gemein ist, wer das Land aus eigenem Interesse an sich bindet".

[89] CRENSHAW, A Mother's Instruction, 22.

bien[90]. Zwei Möglichkeiten der Erklärung bieten sich an. Zum einen liegt der Gedanke nahe, daß dem König keine Sonderrolle zugebilligt wird, weil er sich in seinem Verhalten nicht unterscheidet von dem anderer Menschen. Dann wird er weitgehend nur da genannt, wo es angesichts seiner besonderen gesellschaftlichen Stellung um das Verhalten ihm gegenüber geht. Zum anderen könnte die Zurückhaltung in Äußerungen über den König darin begründet sein, daß aus Vorsicht bzw. aus Angst, sich unbeliebt zu machen, wenig gesagt wird[91]. Der Schwerpunkt liegt jedoch deutlich auf dem ersten Aspekt, denn zum einen haben die Texte nicht den König als Adressaten, zum anderen liegt den Proverbien nicht an einer bloßen Information, sondern an Verhaltensveränderung bzw. -beeinflussung. So kommen nur die Bereiche des Königtums in den Blick, die in einer unmittelbaren Beziehung zu den Adressaten der Texte, deren Verhalten und Ergehen stehen.

Wie wenig der König in den Proverbien im Gegensatz zum AO[92], vor allem Ägypten[93], als der exemplarische Weise gilt[94], zeigen besonders die vielen Texte mit königskritischer Tendenz[95]. „Entscheidend wird aber natürlich sein, ob die Weisheit auch die Möglichkeit und Notwendigkeit von kritischer Beeinflussung des Königs in derartigen Fällen kennt, etwa durch Höflinge oder Ratgeber. Das ist bestenfalls in Andeutungen und Ansätzen vorhanden"[96]. Die kritischen Aussagen zielen weniger auf den König, der kaum als Hörer oder Leser der Texte anzusehen ist, sondern vielmehr darauf, beim Hörer/Leser eine zu unkritische, unreflektierte Sicht des Königs zu vermei-

---

[90] Eine gegenteilige Wertung vollzieht WESTERMANN, Weisheit, 44: „so zeigen die Sprüche ein besonderes Interesse für den Bestand des Königtums".

[91] Zum besser zurückhaltenden und vorsichtigen Umgang mit Machthabern vgl. die diversen rabbinischen Aussagen bei DAUM, Rabbinische Weisheit, 329 ff.

[92] Zum König als Weisen in der akkadischen Literatur vgl. SWEET, Sage, 51 ff.

[93] Vgl. Merikare 269–272 (BRUNNER, Altägyptische Weisheit, 152): „Der Herr der beiden Ufer (der König) ist weise; der König als Herr eines Hofstaates kann ja nicht töricht sein, er kommt schon einsichtig aus dem Mutterleib; Gott hat ihn vor Millionen ausgezeichnet".

[94] Umgekehrt steht jedoch Salomo als Paradigma für den Weisen, was sich auch schon daran zeigt, daß ihm die Proverbien wie das Buch Qohelet zugeschrieben werden; vgl. dazu BRUEGGEMANN, Solomon as a Patron of Wisdom.

[95] Diese kritischen Aussagen widersprechen auch der Einschätzung von GESE, Lehre, 35: „Die Hochschätzung des Königs und der Gehorsam ihm gegenüber ist geradezu typisch für die Weisheitslehre, gilt doch der König als Garant der gesellschaftlichen Ordnung". Hier wird etwas zu sehr ägyptisch gedacht. Ebenso stehen die kritischen Texte auch einer Beurteilung wie der von GEMSER, HAT I/16, 60, entgegen, daß der König „mehr der göttlichen als der menschlichen Sphäre" zuzurechnen ist. Im Wissen um die auch negativen Seiten eines Königs und dessen Möglichkeiten, sich nicht recht zu verhalten, zeigt sich gerade, daß der König sich in nichts außer seiner sozialen Stellung von anderen unterscheidet und damit anthropologisch keine Sonderstellung einnimmt.

[96] CRÜSEMANN, Widerstand, 190. – Ebd., Anm. 66, verweist CRÜSEMANN in diesem Zusammenhang darauf, daß die Weisheit ja nicht speziell für Beamte geschrieben sei.

den, den König also nicht zu einem Idol werden zu lassen. Realismus steht gegen Idealismus und ermöglicht so einen sachgemäßen Umgang mit dem König. Dieser besteht in besonderer Weise in der Vorsicht dem Herrscher gegenüber, da er nicht klar einzuschätzen ist in seinem Verhalten[97].

Damit zusammenhängend ist möglicherweise ebenso die Zurückhaltung bei Aussagen über die Beziehung zwischen JHWH und König zu erklären. Die auch kritische Sicht des Königs verwehrt es dem Weisen, auch nur annäherungsweise eine so enge Bindung des Königs an die Gottheit zu reflektieren, wie sie vor allem in den ägyptischen weisheitlichen Texten begegnet. Außerdem wird hierbei erneut deutlich, daß ausgesprochen „theologische" Argumentationen den Proverbien doch ferner liegen.

Es ist anzunehmen, daß die Aussagen über den König aus höfischen Kreisen kommen oder zumindest von Leuten, die Zugang zum König hatten. Ebensolche sind auch als Adressaten anzusehen, da nur sie ein Interesse an Anleitungen zum rechten Umgehen mit dem König haben können[98]. Stärker als die sonstigen Proverbientexte erweisen sich die Königssprüche somit als schichtenspezifische Texte, da mit den dort angesprochenen Verhaltensweisen und Erfahrungen sich nur relativ wenige Hörer/Leser identifizieren können. Allenfalls eine Umdeutung der Texte auf den Umgang von Abhängigen mit höher gestellten Persönlichkeiten erlaubt eine breitere Anwendung, die aber so wohl kaum ursprünglich intendiert war.

§ 10: Die Rolle der Frau in Spr 10–31

Innerhalb der großen Zahl der Einzelsprüche bzw. Texte in den Proverbien sprechen nur wenige von der Frau[1]. Und selbst in diesen geht es nicht um die Frau als solche und ihre eigenen Lebensbedürfnisse, sondern sie begegnet beinahe durchgängig als verheiratete Frau, auf jeden Fall aber jeweils nur in Relation zum Mann, auch da, wo die Frau in ihrer Eigenschaft als Mutter benannt wird. Dabei wird, wie bereits erwähnt wurde[2], die Frau als Mutter

---

[97] Was auch bereits einer Sicht des Königs als Garanten der Ordnung entgegensteht, denn dann wäre er kalkulierbar.

[98] Anders jedoch WHYBRAY, Poverty, 333, wonach die Texte die Meinungen des gewöhnlichen Volkes, das in einer Monarchie lebt, widerspiegeln, da sie den Eindruck erwecken, daß den Verfassern die Möglichkeiten des Königs nicht bekannt sind. Es geht jedoch nicht um den König als solchen, sondern um das Verhalten diesem gegenüber.

[1] Umso verwunderlicher ist es, daß gerade die Weisheitsliteratur „in der ganzen Auseinandersetzung zur Frauenfrage eine zentrale Rolle spielt", was aber möglicherweise mit den dort wahrgenommenen frauenfeindlichen Tendenzen zusammenhängt, SCHÜNGEL-STRAUMANN, Mann und Frau, 144.

[2] Vgl. oben § 7, S. 105.

des *Sohnes*, nicht aber als Mutter der *Tochter*[3] in den Blick genommen. Auch wird nur *über* die Frau gesprochen, nicht aber *zu ihr*[4]. Es ist aber wohl davon auszugehen, daß Frauen Kenntnis von den Inhalten der Texte bzw. Lehren hatten, da sie durchaus auch mit weisheitlichen Kriterien gemessen und als ihnen entsprechend bzw. nicht entsprechend angesehen und gewertet werden (s. u.)[5].

Auffallend ist nun, daß die Beziehung zum (Ehe-)Mann fast durchgängig als kritische bzw. in Zusammenhang mit Problemen zur Sprache gebracht wird[6]. Fragt man, in welchen Rollen Frauen begegnen, so ergibt sich das – der ägyptischen Weisheitsliteratur parallele[7] – folgende Bild: als Ehefrau, als (erziehende) Mutter, als Witwe, als Dirne, als die große Nörglerin, als Hausfrau, als (schlechte) Herrin über ihr Gesinde[8]. Diese einzelnen Aspekte sollen nun im Folgenden näher untersucht werden, wobei die Frau in ihrer Rolle als Mutter hier ausgespart bleibt, da diese schon in § 7 verhandelt wurde[9].

1. Die Frau als Ehefrau

a) Nur zwei Texte sprechen nahezu ohne Einschränkung[10] von der *Frau als etwas Gutem*[11], sogar mit der Steigerung, daß die Verbindung mit der Frau im Zusammenhang steht mit dem Wohlgefallen JHWHs:

---

[3] Zwar spricht der Ehemann in Spr 31,29 auch von den Töchtern, jedoch im Vergleich mit der Ehefrau; diese wird hier also auch als Tochter angesehen, nicht aber zu einer eigenen Tochter in Beziehung gesetzt. Auf diese Weise wird auch die eigentlich selbständig gezeichnete Frau wieder an ihre ursprüngliche und ihr zugewiesene Abhängigkeit erinnert.

[4] Ähnliches ist von Ägypten zu sagen: „Frauen werden in den Lehren kaum je selbst angesprochen." BRUNNER, Altägyptische Weisheit, 31.

[5] Vgl. BRUNNER, Altägyptische Weisheit, 31 f. So kann BRUNNER auf eine Aussage aus PapInsing 161 (ebd., 311) verweisen: „Frauen, die auf dem beschriebenen Weg gehen, sind selten schlecht."

[6] Es findet sich aber in Weisheitstexten durchaus auch die Hochschätzung der Frau, vgl. die Beispiele bei DAUM, Rabbinische Weisheiten, 120.122. Zu den Konflikten zwischen Mann und Frau bei aller Freude aneinander vgl. hingegen auch STENDEBACH, Glaube, 58 f. Zur Ambivalenz des Verhältnisses von Mann und Frau vgl. auch Koh 2,8ff.; 7,27ff.; 9,9.

[7] Vgl. BRUNNER, Altägyptische Weisheit, 32. Zu den Textbeispielen s. u.

[8] Zu den drei dominierenden Frauentypen ‚Mutter, Ehefrau, fremde Frau' vgl. BIRD, Images of Women, 57.

[9] Dabei wird die Mutter aber auch in Relation zum Vater gesehen, es geht also letztlich um die Eltern. Zu diesem Aspekt der Rolle der Frau vgl. oben § 7.

[10] Daß die Bedingungslosigkeit dieser Aussage nur begrenzt akzeptiert wurde, zeigt bei Spr 18,22 die Erweiterung von אִשָּׁה in LXX, Syriaca, Targum, Vulgata wie auch bei Kennicott/de Rossi, die ein hebräisches טוֹבָה erfordern würde.

[11] Umgekehrt wird Analoges nicht vom Mann gesagt, „car quelque soit le mari, c'était considéré comme le seul avenir de la femme", MAILLOT, Ève, ma mère, 111. Auch wird in den Proverbien nur aus der Perspektive des Mannes gesprochen, und der sieht offenbar keine Veranlassung, seine Wirkung auf (s)eine Frau zu reflektieren.

„Wer eine Frau gefunden hat, hat Gutes gefunden
und Wohlgefallen erlangt von JHWH." (Spr 18,22)

„Haus und Gut sind Erbe der Väter,
aber von JHWH kommt eine verständige Frau." (Spr 19,14)

Während 18,22 ganz allgemein von einer Frau spricht[12], vollzieht 19,14
bereits indirekt eine Einschränkung durch die nähere Beschreibung der Frau
mit dem adjektivierten Partizip מַשְׂכֶּלֶת, als eine, die Einsicht hat (auch
Erfolg?[13]). אִשָּׁה wird im Gegensatz zu 18,22 nicht absolut gebraucht. Wodurch nun aber das מַשְׂכֶּלֶת inhaltlich genauer gekennzeichnet ist, wird aus
dem Text selber nicht ersichtlich, muß vielmehr aus dem größeren Kontext
der Proverbien selbst erschlossen werden und findet seine ausführliche Beschreibung schließlich in Spr 31,10ff[14].

Eine solche Frau wird nun aber als etwas Besonderes angesehen, denn sie
wird im Gegenüber zu den von den Vorfahren ererbten Gütern als Gabe
JHWHs betrachtet[15].

b) Der *positiven Sicht* wird dann jedoch anderenorts die *schlechte Frau*
antithetisch gegenübergestellt:

„Eine tatkräftige Frau ist eine Krone ihres Mannes,
doch wie Fäulnis in seinen Knochen ist eine schändliche." (Spr 12,4)

Die Frau als solche begegnet hier sehr zwiespältig[16]. In 12,4a wird ihr ein
großer Wert beigemessen durch die Verwendung des Terminus אֵשֶׁת־חַיִל,
worunter wohl eine tüchtige, tatkräftige Frau zu verstehen ist[17]. Da חַיִל sonst
für kriegerisch erfolgreiche Männer gebraucht ist, wird hier der Frau „heroic
quality"[18] zugesprochen, wenn man sie als Krone ihres Mannes bezeichnet,
womit ausgedrückt wird, daß eine solche Frau sich auch positiv und stei-

---

[12] Nach McKane, OTL, 521, muß hier aber an eine Frau im Sinne der tüchtigen Frau
von 31,10(ff.) gedacht sein.

[13] Zum Ineinander von Einsicht und Erfolg vgl. Sæbø, שׂכל, 825, wenngleich er diese
Relation für 19,14 nicht in Rechnung stellt, ebd., 826. Eine erfolgreiche Frau ist aber
zumindest später in 31,10ff. geschildert, so dass möglicherweise auch bereits für frühere
Texte dieser Aspekt mitzusetzen ist, wenn שׂכל zur Charakterisierung einer Frau gebraucht
wird.

[14] Vgl. dazu Ravasi, famiglia, 75: „una padrona di casa socialmente ed economicamente
impegnata, responsabile anche di scelte educative della famiglia", die in 19,14 wie in
31,10ff. angesprochen ist.

[15] Vgl. Anch-Scheschonki 423 (Brunner, Altägyptische Weisheit, 289): „Wenn eine
Frau in Frieden mit ihrem Mann lebt, so ist das ein Gottesgeschenk." Vgl. auch Sir 26,3.
Delkurt, Ethische Einsichten, 64, macht aufmerksam auf die perfektischen Formulierungen und folgert daraus: „Die Qualität einer Ehe stellt sich erst nach Jahren heraus, so daß
man nur im Rückblick bekennen kann, Gottes Wohlgefallen ... gefunden zu haben."

[16] Vgl. Bird, Images of women, 57.

[17] Vgl. Eising, חיל, 905. Ähnlich 31,10; Ruth 3,11.

[18] Terrien, Heart, 89.

gernd auf die Möglichkeiten ihres Mannes auswirkt[19]. Die Frau hat ihren
Wert aber wiederum nicht an sich, sondern nur in Bezug auf den/ihren
Mann[20]. 12,4b setzt der positiven Aussage von v.4a dann ein sehr drastisch
gezeichnetes Bild der schlechten Frau gegenüber: Die מְבִישָׁה[21] als Knochen-
fäule, welche das Leben ihres Mannes zerstört.

Ähnlich ambivalent, wenngleich nicht ausdrücklich in Beziehung zum
(Ehe-)Mann gesetzt, wird über Fähigkeiten und Erfolg von Frauen gesprochen:

> „Die Weisheit der Frauen hat ihr Haus gebaut,
> aber (ihre) Torheit reißt es mit eigenen Händen (wieder) ein."[22] (Spr 14,1)

„Spr 14,1 enthält z.B. keine generelle Abwertung der Frau, es besagt
schlicht: Wenn eine Frau klug handelt, gedeiht die Familie, wenn sie sich
dumm anstellt, fällt sie auseinander."[23] *Delitzsch* sieht in diesem Text gar eine
Vorordnung der Mutter vor dem Vater, da von ihr die Einheit des Hauses
abhängiger ist als vom Mann[24], doch gibt für eine solche Wertung der Text
keine ausreichenden Anhaltspunkte, wenn hier auch ganz allein der Frau
zugesprochen wird, die Dinge des alltäglichen Lebens zusammenzuhalten[25].

Der ungewöhnliche Plural חַכְמוֹת[26] (in 14,1a) ist singularisch als Ab-
straktnomen zu verstehen[27]. Hier die personifizierte Weisheit wiederzufinden[28], liegt keine Veranlassung vor, zumal diese sonst nirgends in Spr 10ff.
begegnet.

Ein vergleichbar mehrschichtiges Frauenbild begegnet darüber hinaus in
einem zusätzlichen Text der LXX, die gegenüber dem masoretischen Text bei

---

[19] Vgl. McKane, OTL, 443.

[20] Vgl. A. Meinhold, ZBK AT 16.1, 204.

[21] Vgl. dazu 10,5; 13,5; 19,26.

[22] Es ist nicht nötig, in Angleichung an 9,1 נָשִׁים zu streichen, denn hier ist nicht
zwingend an die in Spr 9 angesprochene personifizierte Weisheit zu denken; vgl. Plöger,
BK XVII, 166f. Eher liegt eine Parallele zu Spr 24,3 nahe, vgl. Plöger, BK XVII, 168f.
Vgl. auch A. Meinhold, ZBK AT 16.1, 229, Anm. 56.57, mit der Ablehnung des Gedankens an die personifizierte Weisheit.

[23] Gerstenberger/Schrage, Frau und Mann, 70. Vom fleißigen und sorgfältigen Arbeiten, wie Delkurt, Ethische Einsichten, 60, formuliert, ist hier wie in 12,4 als Beurtei-
lungskriterium keine unmittelbare Rede.

[24] Delitzsch, Spruchbuch, 224.

[25] Vgl. A. Meinhold, ZBK AT 16.1, 230.

[26] Nach Scott, AB 18, 98, eine archaische kanaanäische Form, die dann das Nomen
regens als Glosse später dazubekam, um sie verstehbar zu machen. Eine solche Interpretation ist jedoch keineswegs zwingend.

[27] Vgl. Gesenius, Handwörterbuch s.v. Vgl. auch Spr 9,1a. Gegen Delkurt, Ethische
Einsichten, 56, Anm. 5, dessen Argumentation nicht überzeugt, zumal er das singularische
Verb nicht zuordnen kann.

[28] So allerdings Hamp, EB, 39f.; McKane, OTL, 472.

11,16 umfangreicher ist, da sie v.16a wie v.16b um jeweils eine Antithese erweitert[29].

> „Eine anmutige Frau gewinnt Ansehen,
> ein Thron der Schande aber ist eine Frau, die Rechtschaffenheit haßt." (Spr 11,16a [LXX])

Auch hier wird die negativ beschriebene Frau wieder wesentlich schärfer herausgehoben als die zuerst erwähnte und positiv gewertete. Außerdem trägt der Versteil b das Achtergewicht. In v.16a läßt die Formulierung אֵשֶׁת־חֵן weniger an äußere Attraktivität denken als vielmehr an innere, persönliche Qualitäten[30]. Gegenteilig wird dann (in v.16b) der Thron als „Symbol der Herrscher- und Richterwürde" hier zur „Metonymie für öffentliche, konzentrierte Schlechtigkeit"[31]. Die hier begegnende antithetische Formulierung wirkt gegenüber der Sentenz 19,14 weitaus absoluter.

Anders als bei sonstigen Antithesen ist in 11,16 (LXX) wie in 14,1; 19,14 weniger eine didaktische Absicht zu verspüren, die beim Hörer bzw. Leser auf eine Entscheidung für die positive Seite der Antithese zielt. Vielmehr erscheinen diese Antithesen weitaus deskriptiver als sonst, obwohl auch sie eine Wertung und damit Handlungsorientierung enthalten und so hinführen zu einer Entscheidung des hörenden bzw. lesenden Mannes für die positiv beschriebene Art von Frau[32]. Damit ist jedoch anders als in anderen Antithesen das Subjekt der Entscheidung nicht identisch mit dem Subjekt der Antithese. Geht man nun von einem stärker deskriptiv orientierten Interesse aus und davon, daß mit einer solchen antithetischen Darstellungsweise der Eindruck einer durch die genannten Gegensätze abgerundeten, alles Wesentliche erfassenden Aussage erweckt werden soll[33], so ergibt sich daraus, daß in diesen Versen jeweils das umgreifend gesagt wird, was aus Sicht der Autoren über die Frau eben zu sagen ist. Eine ähnlich klare und vor allem plakative Gegenüberstellung in Äußerungen über den Mann findet sich in den Proverbien jedoch nicht, wenn es um die Relation Mann – Frau geht[34]. Die Aussa-

---

[29] Angesichts der Reihe der Antithesen im Kontext ist eine Entscheidung für die LXX-Variante vorzuziehen, wenngleich auch der masoretische Text nicht des Sinnes entbehrt.

[30] Vgl. McKane, OTL, 430.

[31] Hamp, EB, 34.

[32] Denn sein Ruf hängt ab vom Verhalten seiner Frau: „eine liebenswürdige Frau ... bringt dem Manne Ehre, gibt ihm Relief, während eine solche, welche das Rechte (Gute und Sittige) hasset ein schimpfliches Meuble ... ist, das den Haushalt verunziert, die Familie unbeliebt macht und heruntersetzt ... allerdings nimmt auch der Mann der ein solches Weib hat an dieser Ehre theil", Delitzsch, Spruchbuch, 184; vgl. auch ebd., 194f. zu Spr 12,4; ähnlich auch Plöger, BK XVII, 149.

[33] Zur Rede in Gegensätzen in Form der Antithese vgl. § 6.

[34] Vgl. aber 14,14–18 mit ihren antithetischen Grundsatzerklärungen, wobei aber die ausdrückliche Nennung des אִישׁ nur in positiv formulierten Teilen steht (v.14b.17b), während sonst das Genus nur über die Verbform erkennbar ist. Zu fragen ist, ob hier eine

gen über den Mann sind nicht nur erheblich umfangreicher, sondern auch wesentlich differenzierter, abgewogener und weniger in Schwarz-Weiß-Malerei gehalten. Es ist eben der Mann, der hier redet bzw. schreibt und um den es eigentlich in den Proverbien geht.

Fragt man danach, warum so selten positiv über die Frau gesprochen wird, wird der Anschein erweckt, als wäre jeweils nur die kritische Situation als notwendigerweise zu reflektierende im Blick. Eine Frau, die in ihrem Bereich „funktioniert", muß nicht Thema sein, da man sich damit nicht auseinanderzusetzen braucht. Daran ändert auch der vergleichsweise positiv orientierte Text 31,10–31[35] nichts. Darüber hinaus läßt die so sehr kritische Rede von den Frauen auch auf männliches Vorrangbewußtsein der Weisen rückschließen. Der eigentliche Mensch war offensichtlich für den Weisen der – weise – Mann. Nur so läßt sich auch eine krasse Aussage wie die folgende einordnen:

> „Ein goldener Ring in der Nase des Schweins,
> so ist eine schöne Frau ohne Verstand." (Spr 11,22)

Auf doppelte Weise redet dieser Text überzogen, um den fehlenden Wert der schönen Frau, der es an der nötigen Umsicht mangelt[36], zur Sprache zu bringen. Zum einen geschieht dies durch die Absurdität des Gedankens an den wertvollen Schmuck an der Nase eines Tieres. Zum anderen wird die Geringschätzung einer solchen Frau potenziert durch die Erwähnung des kultisch unreinen Schweines im Vergleich. Härter läßt sich die Bewertung kaum mehr formulieren und ist nur noch der Aussage über den Toren in 26,11 vergleichbar[37].

c) Die Nachordnung der Frau und die für die damalige antike Gesellschaft weithin typische Vorrangstellung des Mannes wird eindeutig unterstrichen durch die Kennzeichnung der Beziehung zwischen Mann und Frau mit dem Begriff בַּעַל, denn dieser läßt die *Frau als* zum *Besitz ihres Mannes* zugehörig erscheinen (vgl. 12,4; 31,11[38])[39]. Dies unterstreicht ferner, daß die Frau jeweils nur in Relation zum Mann in den Blick genommen wird bzw. zur Familie (so 31,10ff). Eine echte Eigenständigkeit der Frau ist damit

---

bewußte Gestaltung vorgenommen worden ist, die auf diese Weise stärker allgemeingültige, nicht unmittelbar auf den Mann konzentrierte Aussagen machen soll, also eher vom Genus her auch neutral und damit menschheitsumfassend zu verstehen ist.

[35] Zu diesem Text mit seinen für Frauen und deren Interessen keineswegs nur positiven Aussagen und seiner Funktion genauer HAUSMANN, Beobachtungen.

[36] Mit A. MEINHOLD, ZBK AT 16.1, 197, geht es um „das Gespür für das, was zu einer Situation paßt oder nicht".

[37] Vgl. § 2, S. 19f.

[38] Vgl. auch Ex 21,3.22; Dtn 24,4; 2 Sam 11,26; Hos 2,18; Jo 1,8 oder die gegenüber Dtn 5,21 als dem doch wohl älteren Text deutlich verändernde Aufreihung in Ex 20,17b.

[39] Vgl. dazu GERSTENBERGER/SCHRAGE, Frau und Mann, 60.

ausgeschlossen. Dem korrespondiert, daß in den Proverbien das Selbstverständnis des Mannes nirgends durch die Frau in Frage gestellt wird.

d) Besondere Probleme scheint der Weise mit seiner *zänkischen Frau* gehabt zu haben[40]:

> „Ein ständiges Rinnen[41] sind die Nörgeleien einer Frau." (Spr 19,13b)

> „Besser ist Wohnen in einer Dachecke
> als eine streitsüchtige Frau und ein gemeinsames Haus." (Spr 21,9 =
> 25,24)[42]

> „Besser im wüsten Lande wohnen
> als eine streitsüchtige und verdrießliche Frau." (Spr 21,19)

> „Ein ständiges Rinnen am Tag eines Dauerregens
> und eine nörgelnde Frau gleichen sich." (Spr 27,15)

Diese Texte haben offensichtlich eine treffsichere Sprache gefunden, denn bei der Auslegung gerade dieser Texte ist eine emotionale Betroffenheit der Auslegenden festzustellen, die sonst kaum begegnet:

„Solche und ähnliche Sprichwörter ... lassen auf ein wirkliches Phänomen schließen. Anscheinend hat es die »Hausfrauenkrankheit« nicht erst seit Beginn der Industriearbeit gegeben. Der Typ der »streitsüchtigen« Ehefrau ist am ehesten aus einer chronischen Überforderung der Gattinnen zu erklären. Wir dürfen getrost hinzufügen: Mit Sicherheit hat der aggressive, faule oder großspurige Mann (vgl. Spr 14,14–19 usw.) auch ein schlechtes Verhältnis zu seiner Frau gehabt, nur wird das nicht thematisiert"[43]. Zu fragen ist aber doch, worin die von *Gerstenberger* angesprochene „chronische Überforde-

---

[40] Vgl. Beer, Frau, 23: „Unter dem Joch seiner Xanthippe hat auch mancher Weise in Israel geseufzt". Interessant ist in diesem Zusammenhang ein Blick nach Ägypten, wo offensichtlich weniger die Frau für den häuslichen Unfrieden verantwortlich gemacht wird, sondern zumindest die Lehre des Ani diesen im schlechten Verhalten des Mannes gegenüber seiner Frau begründet sieht, vgl. Brunner, Altägyptische Weisheit, 32. Eine entsprechende Reflexion über das negative männliche Verhalten gegenüber der Frau begegnet in den Proverbien nicht.

[41] Zu denken ist an das andauernde Laufen einer undichten Dachrinne, vgl. Wildeboer, KHC XV, 56, oder auch ein undichtes Dach, vgl. A. Meinhold, ZBK AT 16.2, 318. Die Wendung begegnet neben 27,15 nur noch im Aramäischen und im Vulgärarabischen, woraus Wildeboer, ebd., schließt, daß es sich um eine späte Aussage handeln muß. Zu v.13b vgl. auch Delitzsch, Spruchbuch, 309, mit seinem Hinweis auf ein arabisches Sprichwort, wonach „drei Dinge das Haus unleidlich machen: ... das Durchsickern des Regens, ... das Nergeln der Frau und ... die Wanzen".

[42] Delitzsch, Spruchbuch, 339, sieht in dem ٦ Hinweis auf ein semitisches Hendiadys und schließt daraus, daß mit der Frau nicht die Ehefrau, sondern eine andere wie Schwiegermutter, Nachbarin oder Tante gemeint sei, zumal mit der Ehefrau ein gemeinsames Haus selbstverständlich wäre. Da aber in allen anderen Texten jeweils die Ehefrau angesprochen ist, ist kein ausreichender Grund vorhanden, dies hier anders zu sehen. Zu diesem Text vgl. Sir 25,16–18.

[43] Gerstenberger/Schrage, Frau und Mann, 81.

rung" zu sehen ist. Ist sie tatsächlich, wie oben angedeutet, in zu vieler und zu harter Arbeit zu sehen, oder lassen nicht auch die Proverbien eher auf eine Diskrepanz zwischen Verantwortung und sozialer Stellung, d.h. zwischen Pflichten und Rechten rückschließen? *Maillot* verweist demgegenüber auf die Macht, welche die Frau durch ihr Reden ausübt, wenn sie schon keine juristischen Rechte hat: „elle détient, avec des paroles acerbes et la force de la répétition, au moins le pouvoir de faire place nette et de rester la dernière occupante du terrain"[44]. *Goldingay* hingegen versucht, eine Zusammenhang zwischen Nörgeln und fehlender Liebe aufzuzeigen: „woman who is loved is unlikely to nag. But a woman who nags is not loved. It is a vicious circle."[45]

Gleich welche Ursache der Nörgelei der Frau zugrunde liegt, die Aussagen über dieses weibliche Verhalten sind aber kaum so zu verstehen, daß sie ein Konstituens des Daseins von Frauen widerspiegeln. Zwar werden die Frauen als nörgelnde benannt, doch geschieht dies jeweils in adjektivisch-appositioneller Form[46], so daß ganz deutlich das Nörgeln nicht als Grundbefindlichkeit von Frauen allgemein ausgesagt wird: Nicht alle Frauen sind so, aber dort, wo sie so sind, sind andere Unannehmlichkeiten[47] bei weitem vorzuziehen. Möglicherweise steht auch hinter diesen Texten das Interesse, Extremverhalten (besonders negatives) zu vermeiden (vgl. Spr 12,16), wie auch, die nörgelnde Frau[48] zu umgehen, da sie am Verwirklichen der eigenen Ideale hindert wie auch das erstrebte ausgeglichene Leben des Weisen stört.

e) Die Frau als ohne männlichen Beistand beinahe rechtlose begegnet in der *Witwe*, zu deren Schutz JHWH selbst auftreten wird – ein für die Weisheitsliteratur untypisches, aber in prophetischen und Rechtstexten häufig begegnendes Anliegen[49]:

> „Das Haus der Stolzen reißt JHWH fort,
> aber die Grenzen der Witwe setzt er fest." (Spr 15,25)[50]

Möglicherweise ist in 23,10 auch eine Empfehlung an den König zu sehen, daß er sich der Witwe in Belangen des Grundbesitzes annimmt:

---

[44] MAILLOT, Ève, ma mère, 109.

[45] GOLDINGAY, Sexuality, 182.

[46] Die nähere Bestimmung durch die Apposition hat eher die Funktion der Eingrenzung des so beschriebenen Ausschnittes aus der Gesamtgruppe denn die Gruppe als gesamte im Blick.

[47] Zum Wohnen in der Dachecke (21,9) vgl. ausführlich MCKANE, OTL, 553f.

[48] STRACK, KK VI/2, 70, verweist darauf, daß es sich nicht unbedingt um die eigene Frau handeln muß, sondern auch irgendeine Hausgenossin im Blick sein kann. Das Engagement an diesem Thema deutet jedoch eher auf die Ehefrau als auf irgendeine Hausgenossin hin.

[49] Dieser Gedanke steht wohl auch hinter 23,11, vgl. PLÖGER, BK XVII, 272. Zu den prophetischen und Rechtstexten vgl. Ex 22,21; Dtn 10,18; 14,29; 16,11; 24,17.19ff.; 27,19; Jes 1,17; Jer 7,6; 22,3; Mal 3,5 u.ö.

[50] Zum Schutz der Grenze vgl. auch 22,28, vgl. § 7, S. 119.

> „Verschiebe nicht die althergebrachte Grenze,
> und in die Felder der Waisen dringe nicht ein." (Spr 23,10)

In v.10a ist zunächst offen, um wessen Grenze es geht. Textkritisch ist zu entscheiden, ob die in dem parallel zu lesenden Text Amenemope Kap. 6 vorgegebene „Witwe" in 23,10 einzutragen ist oder nicht[51]. Angesichts von 15,25 ist jedoch davon auszugehen, daß auch dann, wenn gegen eine Einfügung entschieden wird, der Kontext auf die Anliegen der Witwe rückschließen läßt[52], zumal auch die Erwähnung der Waise in v.10b eine Näherbestimmung in v.10a erwarten läßt.

2. Die Frau als gefährliche Hure

Als besondere Bedrohung wird die Frau in den Texten angesehen, wo sie als Hure thematisiert wird:

> „Eine tiefe Grube ist der Mund der Fremden (Frauen)[53];
> über wen JHWH zürnt, der fällt hinein." (Spr 22,14)

> „Fürwahr, eine tiefe Grube ist die Hure[54],
> und ein enger Brunnen die Auswärtige[55].
> Ja, sie lauert auf Raub
> und vermehrt die Treulosen unter den Menschen." (Spr 23,27f.)[56]

> „Wer Weisheit liebt, erfreut seinen Vater,
> wer aber mit Huren verkehrt, vernichtet sein Vermögen." (Spr 29,3)

> „So ist der Weg einer ehebrecherischen Frau:
> Sie genießt und wischt sich ihren Mund ab
> und sagt: ‚Ich habe nichts Übles getan.'" (Spr 30,20)

Zwar wird in 22,14 nicht unmittelbar von einer Hure gesprochen, denn von einer sexuellen Verfehlung ist keine Rede, doch angesichts der Parallele

---

[51] Vgl. z.B. WILDEBOER, KHC XV, 67, der angesichts des Parallelismus אַלְמָנָה statt עוֹלָם lesen will, um damit das Gegenüber zur Waise zu haben.

[52] Vgl. insgesamt die Aufgabe der Fürsorge für personae miserae durch den König, dazu § 9.

[53] Die LXX liest hier wieder in ganz anderem Sinne. Sie ersetzt זָרוֹת durch στόμα παρανόμου, was jedoch keinerlei Hinweis auf einen möglichen ursprünglichen Text bedeuten kann, sondern eher der LXX-Theologie entsprechend verändert sein wird.

[54] Trotz der Nähe zu 22,14 ist hier dem Masoretentext zu folgen, wenngleich die LXX parallel zu ἀλλότριον in v.27b von ἀλλότριος οἶκος spricht.

[55] Alles Ausländische wird offensichtlich als fremd, unheimlich und daher als gefährdend angesehen.

[56] Nach HAMP, EB, 64, sind hier Verbrecher gemeint.

von נַעֲוָֹה[57]und נָכְרִיָּה[57] in 23,27f. ist auch in 22,14 an die Hure zu denken bzw. an den Gebrauch der Fremden als sexuelles Objekt[58]. Deutlich wird in beiden Texten, daß die fremde Frau als Gefahrenquelle angesehen wird. Nach 22,14 geht deren eigentliche Gefahr von ihrem Mund aus[59]. Auch hier wird also wieder einmal die Bedeutung der Sprache, des Wortes, für die Weisheit wichtig[60]. Die Frau verlockt nicht durch ihr Äußeres oder durch ein besonderes Gebahren, sondern durch die Art ihrer Rede: „C'est par sa parole que la femme étrangère exerce son pouvoir de fascination sur l'homme."[61] Dabei ist allerdings angesichts des kurzen Verses nicht auszuschließen, daß diese Sprache als eine erotische zu denken ist (vgl. Spr 23,27)[62].

Zu fragen wäre hier genauer, wer mit der fremden Frau gemeint ist. Ist es die Frau aus einem fremden Land?[63] Oder diejenige, die eine fremde Religion praktiziert, indem sie sich der sakralen Prostitution hingibt?[64] Ist es die nicht mit dem jeweiligen Mann verheiratete Frau?[65] Oder ist es die mit einem anderen Mann verheiratete Frau?[66] Oder steht die fremde Frau für einen außerhalb der sonstigen Ordnung liegenden Umgang mit dem Mann?[67] Festzuhalten ist: „The temptress, the alien, strange woman, the siren, leads the man astray from selfdiscipline, proper family life, and generally from right social order. This right order has its center and focus in language"[68]. Zwar

---

[57] Diese Terminologie begegnet abgesehen von 22,14 und 23,27 nur noch in Spr 1–9, woraus HAMP, EB, 59, schließt, daß es sich auch bei 22,14; 23,27f. um jüngere Texte handelt. Diese Schlußfolgerung ist jedoch nicht zwingend.

[58] Vgl. A. MEINHOLD, ZBK AT 16.2, 371, der aufgrund des im AT singulären Plurals זָרֹות schlußfolgert, daß damit wohl die fremden Frauen allgemein bezeichnet werden, die von der fremden Frau in Spr 1–9 zu differenzieren sind.

[59] „The reflections on the alien woman indicate a sense of danger which lies in the feminine, but, as already discussed, the zārâ is a metaphor of seductive speech.", WILLIAMS, women, 104, vgl. auch ebd., 89, zur Beziehung von „seduction and lying language" im Zusammenhang mit der Erzählung von Joseph und Potiphars Frau.

[60] Zur Bedeutung der Sprache vgl. genauer § 14.

[61] AMSLER, Sagesse, 114.

[62] Vgl. die sehr eindeutige Rede der Frau in 7,14ff. (bes. vv. 16–18).

[63] Möglicherweise Ausländerinnen aus Diplomatenkreisen? Genauere Angaben sind jedoch nicht zu finden.

[64] So als eine Möglichkeit nach MAILLOT, Ève, ma mère, 100f., mit Blick besonders auf Spr 1–7.

[65] Dann wäre weiter zu fragen, inwieweit ein solcher Aspekt überhaupt als zu kritisierender von den sonstigen atl. Zeugnissen her relevant wäre.

[66] So eindeutig Spr 7,19; auch Anch-Scheschonki 58; 354f.; 384f. (BRUNNER, Altägyptische Weisheit, 270; 285; 287). Vgl. auch BOTTÉRO, Mésopotamie, 238, der von „la «femme d'autrui» qu'on appelait «l'étrangère»" spricht; ähnlich DE VAUX, Lebensordnungen I, 71, mit Blick auf Spr 1–9.

[67] So WILLIAMS, women, 109: „the alien woman of proverbs is the agent of social and moral anarchy", ähnlich ebd., 88.90.

[68] WILLIAMS, women, 90f.

könnte angesichts von 5,15ff. *van der Toorn* zugestimmt werden, daß es sich bei der Rede von der fremden Frau um eine außereheliche Beziehung handelt[69], doch spricht der Ausdruck נָכְרִיָּה eher dafür, daß hier die Ausländerin im Blick ist[70], zumal das entsprechende Maskulinum den Ausländer, nicht einfach den „anderen" bezeichnet[71]. Auch warnt die Lehre des Ani deutlich vor der Frau aus der Fremde, die wieder durch ihre Sprache gefährlich wird: „Hüte dich vor einer fremden Frau, die niemand in ihrer Stadt kennt. Starre ihr nicht nach, wenn sie vorbeigeht, erkenne sie nicht fleischlich … «Ich bin glatt», sagt sie wohl täglich zu dir, wenn sie keine Zeugen hat"[72].

Auffällig ist, daß die Rede der Frau in 22,14 als Strafwerkzeug JHWHs gezeichnet wird, „daß als vom Zorn Jahwes getroffen der angesehen wird, der ihr zum Opfer fällt"[73]. JHWH benutzt die Frau als eine Art Falle für den Mann, wenn dieser seinen Zorn erregt hat, in die der Mann hineinfällt[74]. Etwas wie Abweisen der eigenen Verantwortung wird deutlich hinter 30,20 sichtbar, wo das Negative der ehebrecherischen Beziehung ganz der Frau angelastet wird, die sich keiner Schuld bewußt ist[75], sondern ganz dem Genuß lebt. Aber dieser Text kann auch eine andere Tendenz haben: als Warnung vor falschem sexuellem Verhalten, indem die begehrte Frau ironisch als eine geschildert wird, die nur an ihrem eigenen Genuß interessiert ist. Allen diesen Texten gemeinsam ist die in ihnen indirekt enthaltene Warnung vor solchen fremden Frauen, die Mahnung, sich von ihnen fern zu halten.

Die Abwertung der fremden Frau ist nun allerdings nicht als Abwertung von Erotik bzw. Sexualität allgemein zu verstehen. Es geht vielmehr um den Mißbrauch, die sexuelle Beziehung zur falschen Frau[76], die Negatives mit sich bringen kann. Bestätigt wird dies durch ähnliche Aussagen in Ägypten,

---

[69] VAN DER TOORN, Female Prostitution, 199. Das Element der (Kult-)Prostitution kommt dann erst durch Spr 7 hinein. Zum Problem der fremden Frau in Spr 1–9 vgl. auch MURPHY, Wisdom and Eros, 602f., wonach die fremde Frau auch zum Symbol wird für alles „that Lady Wisdom is not".

[70] Vgl. auch die ausländischen Frauen Salomos 1 Kön 11,1–13.

[71] Vgl. auch GEMSER, HAT I/16, 6: „daß Unzucht ihrer Natur nach vorzugsweise von Frauen aus der Fremde ausgeübt wird", so daß נָכְרִיָּה zum Schimpfwort „Dirne" wird.

[72] Ani 48–51.54f. (aus dem größeren Zusammenhang 48–59; BRUNNER, Altägyptische Weisheit, 200f.). Dazu GÖRG, Provokation, 88: „Das aus der Umwelt übernommene Lehrwissen von der ‚fremden Frau' trägt ein übriges dazu bei, Fremderfahrung in Gestalt dokumentierter Weisheit und Eigenerfahrung in Gestalt des geschichtlichen Widerfahrnisses aufeinander zu beziehen, um auf diese Weise das eigene Erbe der unbedingten Sippenbindung und Orientierung an der eigenen Familie bestätigt zu finden."

[73] PLÖGER, BK XVII, 256.

[74] Ob grundsätzlich oder ad hoc, wird nicht gesagt, nur das Daß.

[75] Und die deshalb von McKANE, OTL, 658, eher als amoralisch denn als unmoralisch angesehen wird.

[76] Vgl. BIRD, Images of women, 59; wobei ihre Folgerung („sex is subordinated to wisdom") den Texten nicht durchgängig entspricht.

wo ebenso vor einem Verhältnis mit fremden Frauen gewarnt wird, die dort als Huren bzw. als mit anderen Männern verheiratete Frauen begegnen[77].

Das Thema Sexualität wird in den Proverbien nur im Zusammenhang mit der Rede von der fremden Frau bzw. in der Sicht der Frau als Hure berührt. Während im Hohenlied die Sexualität eine große und positive Rolle spielt[78], wird sie in den Proverbien nur in ihrer negativen Rolle thematisiert. Eine positive sexuelle Beziehung zwischen Mann und Frau wird nicht zur Sprache gebracht. Damit geht es in den Proverbien beim Thema Sexualität nur um die Abwendung eines sich selber schädigenden Handelns.

Um sexuelles Verhalten geht es offensichtlich auch in der folgenden Ermahnung der königlichen Mutter[79] an ihren Sohn, die aber deutlich als eine auf den König bezogene, nicht als eine allgemeine verstanden werden muß:

„Gib nicht den Frauen deine Kraft." (Spr 31,3a)

Auf den ersten Blick ist nicht eindeutig, ob mit dem Hinweis auf חַיִל an die körperlichen Kräfte zu denken ist oder ob nicht eher an einen Verlust materieller Güter[80] und damit der Existenzgrundlage gedacht wird[81]. Der Kontext gibt jedoch keinerlei Hinweis auf solches Verstehen, sondern weist eher auf den Verlust körperlicher Kräfte hin. So ist auch hier חַיִל als Bezeichnung einer Eigenschaft zu interpretieren[82], möglicherweise die „geschlechtliche Potenz", die männliche Kraft. „So mahnt Spr 31,3, diese nicht an Buhlerinnen zu verschwenden."[83]

Der Text als solcher sagt nichts darüber, um welche Gruppe oder Art von Frauen es sich handelt, ob um Huren oder die Frauen des königlichen Harems. Letztere können durchaus gemeint sein, denn angesichts des reichlich vorhandenen Hilfspersonals hat der königliche Harem vorwiegend sexuelle Aufgaben. Frauen werden jedenfalls betrachtet als Größen, die zu Kraftverlust führen können und vor denen der König als Machtträger demzufolge gewarnt wird[84].

Die Lust an den Frauen bzw. mit Frauen ist folglich – ganz anders als im Hohenlied – kraftraubend (und möglicherweise existenzgefährdend) und

---

[77] Vgl. in aller Deutlichkeit PapInsing 152–157 (BRUNNER, Altägyptische Weisheit, 310) zum Umgang des Toren mit der fremden Frau.

[78] Man vergleiche dort nur die sinnlichen Beschreibungen des wie der Geliebten, z. B. HL 2,1–7; 4,1–7; 5,9–16..

[79] Zur Rolle der Königinmutter vgl. § 7, S. 115f.

[80] Vgl. 5,9. Vgl. auch McKANE, OTL, 409, mit dem Hinweis auf die enormen Ausgaben für einen Harem. Vgl. auch Anch-Scheschonki 363 (BRUNNER, Altägyptische Weisheit, 286).

[81] So CRENSHAW, A mother's instruction, 16: „Lemuel's mother may be warning her privileged son not to squander royal sources on women."

[82] Das schließt aber nicht aus, daß in einzelnen Fällen חַיִל auch gebraucht wird, um von Besitz zu reden, vgl. EISING, חיל, 908.

[83] EISING, חיל, 904.

[84] Vgl. Dtn 17,17, dort allerdings mit anderer Zielrichtung.

damit Grund zur Warnung. Dabei geht es aber wohl kaum um eine grundsätzliche Warnung vor der Frau, sondern eher um eine Warnung vor dem
Übermaß des Umgangs mit Frauen[85].

3. Nicht in die bisherigen Kategorien einzuordnen sind Spr 30,18f.:

> „Drei Dinge sind mir zu rätselhaft,
> vier sind es, die ich nicht verstehe:
> der Weg des Adlers am Himmel,
> der Weg der Schlange über den Felsen,
> der Wege des Schiffes mitten durchs Meer,
> der Weg des Mannes bei der jungen Frau."

Offen läßt dieser Text, um welche Art Frau es sich in v.19 handelt, ob um
die künftige Ehefrau oder um eine Geliebte. Auffallend ist die Verwendung
von עַלְמָה[86], die aber wohl doch im Zusammenhang mit dem גֶּבֶר zu sehen
sein wird. Das Verhältnis beider zueinander, die Hinwendung, das Sich-auf-
die-Frau-zu-Bewegen wird als ebenso rätselhaft[87] und wunderbar angesehen
wie die Bewegungen[88] des Adlers, der Schlange und des Schiffes oder sogar
als noch rätselhafter und wunderbarer[89]. *Engelken* greift für das Verstehen
des Textes auf ägyptisches Material zurück und sieht hier Bilder für „Sehn-
süchte, die sich auf gehobenes Leben beziehen"[90]. Doch läßt sich der Text
sehr wohl ganz real verstehen als staunender Hinweis darauf, daß die Beziehung zwischen einem Mann und einer Frau etwas zugleich Rätselhaftes,
Geheimnisvolles und Wunderbares ist[91].

Plöger nimmt v.20 noch hinzu, weist aber darauf hin, daß damit das
Schema (3 + 1) des Zahlenspruches durchbrochen ist[92]. Vielleicht ist aber v.20
doch eher als eine spätere Erweiterung zu betonen, denn v.19b ist ein durchaus sinnvoller und angemessener Abschluß der Reihung. Auch kommt durch

---

[85] Ähnlich auch A. MEINHOLD, ZBK AT 16.2, 517.

[86] Nach GASPAR, Social ideas, 15, „a virgin, a young mariageable woman, through
whose conjugal union new life is made to flourish". Zu עַלְמָה insgesamt vgl. ENGELKEN,
Frauen, 44ff.

[87] Dabei geht es mit A. MEINHOLD, ZBK AT 16.2, 508, nicht um ein intellektuelles
Verstehen, sondern um Faszination.

[88] Zum Problem der Interpretation von דֶּרֶךְ vgl. ENGELKEN, Frauen, 64; vgl. auch
BONORA, via dell' amore, 52. Das Bild vom Weg des Mannes zur Frau muß keineswegs
allein für Geschlechtsverkehr stehen, sondern kann durchaus auch für das Wachsen der
Beziehung zwischen Mann und Frau gebraucht sein, für das Aufeinander-zu-Gehen (vgl.
KOCH, דרך, 301, wonach die Rede vom Weg auch „die Lebensrichtung, die ein *Einzelner*
zeitweilig einschlägt", meinen kann).

[89] BONORA, via dell' amore, 51, sieht wie A. MEINHOLD, ZBK AT 16.2, 509, in diesen
Versen eine klimaktische Struktur

[90] ENGELKEN, Frauen, 66.

[91] Vgl. ähnlich McKANE, OTL, 657f.

[92] PLÖGER, BK XVII, 364.

v.20 ein sehr negativer Klang zu v.18f., den diese beiden Verse nicht enthalten[93].

4. Folgerungen

Besonders aus heutiger Perspektive läßt sich kaum eine positiv an Frauen orientierte Tendenz in den verhandelten Proverbientexten ausmachen, da sie überwiegend negativ über die Frau sprechen[94]. Dies gibt zwar berechtigten Anlaß, von den „bekannten frauenfeindlichen Aussagen der israelitischen Weisheitsliteratur"[95] zu sprechen[96], doch ist zu fragen, ob mit der Kategorie ‚frauenfeindlich' allein das Sachanliegen getroffen ist[97]. So sind zum einen die Worte über die Frau weder an diese gerichtet noch als nur an der Frau interessierte zu verstehen. Vielmehr sind sie rein männerorientierte Texte[98]. Es geht gar nicht um die positiv bzw. negativ qualifizierte Frau, sondern um das Verhältnis des Mannes zu ihr und um sein Verhalten und damit verbunden sein Ergehen. Das männliche Verhalten einer positiv gesehenen Frau gegenüber scheint dabei als geklärt bzw. selbstverständlich vorausgesetzt zu sein[99] und war dem Weisen nicht wichtig, d.h. keine eigene Aussage erfordernd. Nirgendwo zeigt sich ein Hinweis darauf, daß der Mann sich positiv um die Frau kümmert.

Ein etwas differenzierteres Bild zeigt sich in Ägypten, wenngleich auch dort rein männerorientierte Texte vorliegen. Besonders ausführlich wird das Thema Frau in den jüngeren Texten Anch-Scheschonki und PapInsing dis-

---

[93] Nach BONORA, via dell' amore, 53, mache der Kontrast von v.20 zu vv.18f. deutlich, daß es in den beiden Versen nicht um Sexualität, sondern um Liebe gehe, doch läßt sich dies von v.20 her nicht so eindeutig sagen.

[94] Sehr frauenkritische Aussagen finden sich ähnlich, wenngleich gesteigert, in Ägypten bei Anch-Scheschonki, vgl. BRUNNER-TRAUT, Stellung der Frau, 326ff. Er kann aber auch sagen: „Wenn eine Frau von vornehmerer Geburt ist als ihr Mann, so soll der Mann ihr den Vortritt lassen.", nach BRUNNER-TRAUT, ebd., 312.

[95] LOCHER, Ehre, 206f.

[96] Erstaunlich ist, daß die sehr kritischen Aussagen über die Frau häufig nicht wahrgenommen werden, wenn es um das Thema Frau und Weisheit geht, da dann vorwiegend Spr 1–9 im Blick sind, so besonders bei CAMP, Female Sage, aber auch CAMP, Feminine.

[97] So nimmt TERRIEN, Heart, 89, keinen männlichen Sexismus wahr (was kaum damit zu erklären sein dürfte, daß hier ein Mann schreibt), sondern verweist darauf, daß positive wie kritische Aussagen über die Frau zu finden sind. Zur Minderbewertung der Frau in den altorientalischen Rechtstexten vgl. demgegenüber LOCHER, Ehre, 23ff.

[98] „Once again, images of women are being used by men to support their own place of power in the social structure and the view of reality that supports it", CAMP, Wise and Strange, 33. Vgl. auch BIRD, Images of women, 59, mit dem Hinweis darauf, daß das soziale Milieu eher „urban, monogamous and relatively comfortable" ist; OESTERLEY, Proverbs, lxxxf.

[99] Abgesehen vom Verhalten gegenüber der Mutter, das extra angesprochen wird.

kutiert[100]. Beide sehen die Frau sowohl von der positiven wie von der negativen Seite. So kann Anch-Scheschonki sagen: „Gib einer klugen Frau 100 Silberstücke, aber nimm keine 200 von einer törichten."[101] Wesentlich eindrucksvoller sind allerdings die kritischen Aussagen über die Frau in Ägypten: „Laß deine Frau dein Vermögen sehen, aber vertrau es ihr nicht an. Vertrau ihr nicht einmal ihr Haushaltsgeld für ein Jahr an"[102], oder auch: „Manche kenne ich als Schande der schlechten Frauen; fürchte sie so, wie man Hathor fürchten muß."[103] Daneben stehen dann aber auch Aussagen, die von einer Art Fürsorge für die Frau zeugen bzw. auch von ihrem Wert wissen: „Verstoße nicht eine Frau aus deinem Haus, nur weil sie nicht empfängt und gebiert."[104] Ebenso auch PapInsing: „Eine schöne Frau, die nicht einen anderen Mann aus ihrer Sippe geliebt hat, ist eine weise Frau. Frauen, die auf dem beschriebenen Weg gehen, sind selten schlecht. Ihre gute Verfassung kommt von der Stimme Gottes in ihnen"[105].

Die hier eher am Negativen orientierten Texte zum atl. weisheitlichen Frauenbild[106] können allgemein in die patriarchalisch strukturierte Welt der Antike eingeordnet werden, speziell dann in den Gesamtkontext der Proverbien und deren Absicht, den Weisen vor dem Schlechten und dessen schädigenden Folgen zu bewahren[107]. Die kritischen Aussagen über die Frau wer-

---

[100] Vgl. dazu BRUNNER-TRAUT, Stellung der Frau, 326ff.

[101] Anch-Scheschonki 277 (BRUNNER, Altägyptische Weisheit, 282). Ähnlich differenziert äußert sich auch PapInsing 160ff. mit den zusammenfassenden Worten in Z.174: „In den Frauen wirken auf Erden der gute Dämon und der böse Dämon" (BRUNNER, Altägyptische Weisheit, 311). Zu den positiven wie negativen Aussagen über die Frau vgl. auch LICHTHEIM, LEWL, 48–50.

[102] Anch-Scheschonki 147f. (BRUNNER, Altägyptische Weisheit, 275). Vgl. auch Anch-Scheschonki 174–179 (BRUNNER, Altägyptische Weisheit, 276) und besonders ärgerlich Anch-Scheschonki 417 (BRUNNER, Altägyptische Weisheit, 288): „Eine Frau ist ein Steinbruch: *Wer zuerst kommt, bearbeitet sie.*"

[103] PapInsing 165f. (BRUNNER, Altägyptische Weisheit, 311).

[104] Anch-Scheschonki 196 (BRUNNER, Altägyptische Weisheit, 277). Vgl. auch ders. 247.264 (BRUNNER, Altägyptische Weisheit, 280.281).

[105] PapInsing 160–162 (auch -164; BRUNNER, Altägyptische Weisheit, 311.) Vgl. auch die sehr positiv gefüllten Aussagen bei Ani 315–329 (BRUNNER, Altägyptische Weisheit, 210f.). Zwar zunächst erfreulich, dann aber doch fragwürdig ist bei Ptahhotep 290–294 (BRUNNER, Altägyptische Weisheit, 122) zu lesen: „Wenn du dich selbst ernähren kannst und einen Hausstand gründest, dann heirate eine Frau nach der Ordnung. Fülle ihren Leib (mit Speise) und pflege ihre Haut; das Pflegemittel für ihren Körper ist Salböl. Sie ist ein nützlicher Acker für ihren Herrn." Wohltat Frauen gegenüber ist also geboten, damit sie funktionstüchtig bleiben. Vgl. ENDESFELDER, Frauen, 28; ebenso SCHMITZ, Frauenalltag, 99.

[106] Das negative Bild der Frau findet sich aber auch sonst im AT, vgl. den Hinweis bei BRENNER, Woman, 95, darauf, daß zwei Frauen miteinander jeweils in Rivalität zueinander dargestellt werden. Nach männlicher Sicht ist klar, „woman cannot be friends".

[107] Auch in Ugarit ist der Hinweis auf die gefährdenden Seiten der Frau zu finden. So solle man ihr besser nicht den Geldbeutel überlassen, vgl. LORETZ, Ugarit, 220.

den so zu einer indirekten Mahnung, sich nicht auf solche Frauen einzulassen[108], um das eigene gute Ergehen zu sichern[109].

Auch das Verhältnis zwischen Mann und Frau zeigt sich wieder wesentlich durch die Sprache bestimmt. So vergällt die Frau dem Mann durch ihr Nörgeln sein Dasein im Haus, bzw. die hurerische Frau lockt den Mann durch ihr Sprechen.

Wichtige Bereiche bleiben bei der Rede von der Frau völlig ausgeklammert. Es werden weder der Status der Frau im Kult noch der im Recht angesprochen. Das wird aber damit zusammenhängen, daß allein aus der Perspektive des Mannes über die Frau, nicht aber zu ihr hin gesprochen wird[110] und Kult wie Recht in den Proverbien nicht Thema sind. Auffallender ist, daß das Thema Liebe keine Rolle spielt, ebensowenig die positive Funktion der Sexualität[111]. Möglicherweise zeigt sich hier das gleiche Phänomen wie schon in I. (Personengruppen als Typoi), daß nämlich prinzipiell mehr von den negativ einzuordnenden und orientierten Menschen gesprochen und geschrieben wird, um sie als Negativbeispiel zu charakterisieren, vor dem gewarnt und das vermieden werden muß.

§ 11: Zusammenfassung von §§ 7–10

Versucht man eine Zusammenschau der in § 7–10 erarbeiteten Aussagen, so zeigt sich, daß in ihnen zwar viele Gemeinsamkeiten enthalten sind, sie sich aber doch disparater zeigen als die sich (in §§ 2–6) mit Typ und Antityp befassenden Texte. Übereinstimmungen zeigen sich in folgenden Bereichen:

1. Die einzelnen in ihrer Rollenfunktion angesprochenen Personengruppen haben jeweils das Individuum im Blick. Bis auf einige Texte, die von Frau*en* reden (14,1; 22,14; 29,3; 31,3)[1], wird durchgängig der Singular ge-

---

[108] Vgl. Brenner, Woman, 43, wonach die fremde Frau als Bedrohung erlebt wurde. Die häufigen Warnungen deuten nach Brenner darauf hin, daß solche Frauen für (die jungen) Männer besonders attraktiv waren.

[109] Vgl. die direkte Mahnung im PapChester Beatty 29f. (Brunner, Altägyptische Weisheit, 223): „Kämpfe dagegen an, dich einer (verheirateten) Frau zu nähern, damit dein Name nicht anrüchig werde."

[110] Nach Westermann, Weisheit, 37, mit Hinweis auf afrikanische u.a. Sprichworte, geschieht die Rede über die Frau vorwiegend durch Spott- oder Witzworte. Gerade dies sind die atl. und ao Weisheitssprüche über die Frauen in ihrer Funktion jedoch nicht.

[111] Vgl. auch die ganz allein auf die Geburt eines Sohnes hin orientierte Aussage bei Anch-Scheschonki 349 (Brunner, Altägyptische Weisheit, 285): „Wer sich schämt mit seiner Frau zu schlafen, bekommt keine Kinder." Vgl. auch ebd. 120 (Brunner, Altägyptische Weisheit, 273); umgekehrt aber ebd. 336 (Brunner, Altägyptische Weisheit, 285): „Man vergeudet eine Frau, wenn man ihr nicht beiwohnt."

[1] Letztlich fallen auch diese Texte nicht ins Gewicht, da auch hier eigentlich wiederum der einzelne Hörer/Leser Adressat ist, nicht die genannten Frauen.

braucht. Es geht also nicht um das Verhalten bzw. Ergehen einer Gemeinschaft, sondern um den konkret vorfindlichen Einzelmenschen, und da auch letztlich um den „Weisen" als Mann.

2. Dieser Einzelne steht jedoch nirgends isoliert. Vielmehr hat er immer ein Gegenüber und ist eingebunden in eine größere Gemeinschaft (vgl. 28,15 u.a.). Vater bzw. Mutter stehen zum Sohn, dieser umgekehrt zu den Eltern in einer Beziehung, die durch ein gutes Miteinander, aber auch durch ein Gegeneinander geprägt sein kann, die sowohl von Freude wie durch Kummer übereinander bestimmt ist. Werden Eltern wie Sohn als familiäre Größen anzusehen sein, so ist hier von einer Beziehung die Rede, die als vorgegebene gesetzt ist. Sind Vater wie Sohn jedoch Bezeichnungen für Lehrer und Schüler, ist die Bindung aneinander zwar als intensive zu denken, jedoch auch als eine wieder auflösbare. Letzteres gilt ebenso für die Beziehung zum רֵעַ. Freundschaft kann sich als falsche erweisen, kann wieder aufgegeben werden, Nachbarschaft durch Ortswechsel ihr Ende finden. Auf Dauer angelegt ist hingegen wieder das Verhältnis zum König insofern, als dieser in seiner Herrscherfunktion nicht außer Kraft gesetzt werden kann. Die Dichte der Beziehung zum König kann jedoch weitgehend vom Untertan selbst bestimmt und reguliert werden (25,6f.).

3. Ein Sonderproblem stellt die Rede von der Frau als Gegenüber dar. Zwar wird noch differenziert zwischen ihrer Rolle als Mutter, als Hure, andeutungsweise auch der Ehefrau, doch wird wesentlich pauschaler von der Frau geredet als vom Mann. Die sehr stark an einem negativen Erscheinungsbild von Frauen orientierten Texte (vgl. die Rolle der „Hure"; die Rede von der Nörglerin) machen darüber hinaus deutlich, daß die Frau hier eher als Objekt, vor dem unter bestimmten Voraussetzungen zu warnen ist, gesehen wird, denn als handelndes Subjekt, mit dem es sich zu identifizieren gilt.

4. Die Frau wird wie der König als ein Gegenüber angesehen, zu dem man sich zu verhalten hat. Während bei Vater/Mutter, beim Sohn und beim רֵעַ eine Identifikation des Lesers/Hörers mit diesen Personengruppen intendiert ist, gilt dies für die Frau so nicht. Auch beim König ist es nur begrenzt möglich für Menschen, die eine der Funktion des Königs äquivalente Stellung haben. Das zeigt sich auch darin, daß für die Frau wie für den König kaum konkrete oder indirekte Handlungsanweisungen gegeben werden. Der König wird dabei in eine besondere Beziehung zum Recht gesetzt. Ein König, der Recht wahrt und praktiziert, hilft nicht nur zur Bewahrung seiner eigenen Macht, sondern auch zum Wohl der Gemeinschaft (29,4).

Bei den Texten über die Frau bzw. den König ist nicht deren eigenes Verhalten bzw. Ergehen das Entscheidende, sondern es geht vorwiegend

(König) oder gar nur (Frau) um diejenigen, die mit der Frau oder dem König zu tun haben und um deren Tun und Wohl angesichts der Verhaltensweisen des Königs wie der Frau.

5. Was sich schon im Abschnitt über die Personengruppen als Typoi (§§ 2–6) zeigte, wird auch in den Texten wieder deutlich sichtbar, die sich mit den Rollenfunktionen des Menschen beschäftigen: Es geht nicht um das Sein des Menschen, sondern um sein Handeln. Die verhältnismäßig große Zahl der direkten Handlungsanweisungen (19,27; 22,28 [29 indirekt]; 23,13f.19.22.26; 24,21f.; 25,6–7a.7b–9.17; 27,10.11; 29,17 sowie die Aufforderungen in 31,1ff.) betonen die Bedeutung des Tuns, indem sie gezielt und mit Nachdruck zum rechten Verhalten auffordern. Unterstrichen wird dies ebenso durch den Vorrang der Verbalsätze in den hier verhandelten Texten, die eine klare Handlungsorientierung zum Ausdruck bringen.

6. Häufig wird in den Texten auf Konflikte hingewiesen, in welche die jeweiligen Personen eingebunden sind bzw. die diese hervorrufen. Dies gilt besonders für das Miteinander von Eltern und Sohn, zeigt sich aber auch allgemein im Umgang mit dem Nächsten. Der Weise erfährt sich keineswegs als in einer harmonischen Welt lebend, sondern sieht diese auch bestimmt durch Mißachtung (Verachtung der Mutter durch den Sohn, Ablehnung des Armen durch seinen Bruder), Streit (z.B. durch die zänkische Frau), Egoismus (Suchen von Freundschaft mit dem Reichen wohl um eigener Vorteile willen)[2]. Sein Interesse ist es, diesen Negativerfahrungen entgegenzuwirken und sie so weit als möglich zunächst für sich selbst, aber auch allgemein zu beseitigen.

Darüber hinaus wird noch eine Fülle an Einzelaspekten thematisiert, die das ethische Interesse der Proverbien und damit ihre Orientierung am Handeln unterstreichen. Hier wird wesentlich differenzierter gesprochen als in den Typos und Antitypos verhandelnden Texten, doch werden wiederum keine konkreten Einzelfälle verhandelt. So ermöglicht die weiterhin allgemein und übergreifend bleibende Rede einer breiten Hörer-/Leserschaft einen Zugang und das Angesprochensein.

Neben den klaren Direktiven zum Handeln finden sich aber auch wieder Antithesen und Sentenzen, die zur Eigeninitiative nötigen, um die richtige Entscheidung für gefordertes Handeln zu treffen. Es wird dem Hörer/Leser zugetraut, daß er den feststellenden Beschreibungen die sachgemäße Bewertung gibt und daraus die nötigen Konsequenzen für sein eigenes Handeln als Vater, Sohn, Freund/Nächster, Macht Habender, dem Herrscher Untergebe-

---

[2] Vgl. dazu besonders die Aussagen über den רֵעַ, die die Ambivalenz menschlichen Miteinanders deutlich machen.

ner und mit einer Frau in Gemeinschaft Lebender bzw. leben Wollender zieht.

Bezeichnend ist die Auswahl der Rollenfunktionen, die in Spr 10–31 angesprochen werden. Dem Alten Testament sonst wichtige Rollen des Menschen werden nicht in den Blick genommen:

Ausgeklammert bleibt der ganze Bereich des Kultpersonals. Zwar wird damit nichts über mangelnde Achtung des Kultus durch den Weisen ausgesagt[3], doch zeigt sich darin, daß der Weise den Kultus nicht primär als seine Sache und in seiner Verantwortung stehend ansieht. Dies steht in großer Nähe zu den doch letztlich wenigen Aussagen über die Gottesbeziehung des Weisen. Die unmittelbare religiöse Dimension des Lebens ist nicht das eigentliche Thema der Proverbien. Damit ist aber nichts darüber ausgesagt, ob auch Priester oder Leviten zu den Weisen zu rechnen sind oder nicht.

Auch Krieger bleiben ohne Erwähnung. Nur wenige Male (21,31; 24,6) wird überhaupt auf Militärisches verwiesen, dies jedoch als Paradigma für anderes, nicht aus Interesse am Kriegerischen. Dies ist wiederum als Hinweis darauf zu sehen, daß es dem Weisen primär um den einzelnen geht, nicht um das Volk, das sich anderen gegenüber zu behaupten hat.

Damit zusammenhängend kann möglicherweise auch das Fehlen jeglichen prophetischen Elements gesehen werden, denn die Propheten stellen weniger den Einzelnen als das gesamte Volk in die Verantwortung vor Gott.

Nur wenige Male wird direkt von Bauern wie Handwerkern als Person gesprochen, wenngleich für die Bildwelt der Proverbien reichlich auf deren Arbeits- und Lebensbereiche zurückgegriffen wird[4]. Überhaupt kommen bestimmte Berufsstände nur sporadisch in den Blick, so wenn es um das Leben am Hof oder bei Höhergestellten geht. Der von ägyptischen Weisheitslehren her zu erwartende Schreiber wird ebenfalls nicht angesprochen. Von daher ist zu fragen, ob wirklich an einen Berufsstand des Weisen auch für das atl. Israel zu denken ist, wenn eine soziologische Einordnung der Texte versucht wird im Blick auf den vorrangigen Adressaten- und Trägerkreis. Vielmehr scheinen die Texte darauf hinzuweisen, daß Adressaten (wie auch die Träger?) in verschiedenen Berufsständen zu suchen sind, wenngleich mit Schwerpunkt in intellektuellen, höfischen Kreisen[5].

Die Texte über die Frauen wiederum sprechen nicht von Töchtern oder Schwestern. Die Welt der Weisen war vor allem eine Männerwelt, in der zwar die Frau als Mutter bzw. Ehefrau, auch als Hure vorkommt, letztlich aber nur eine geringfügige Rolle spielt, wie die Ausblendung der Schwester- bzw. Tochterrolle der Frau zeigt.

---

[3] Vgl. dazu auch § 20, S. 232.
[4] Dazu SKLADNY, Spruchsammlungen, 17f.; 36f.; 46–48.
[5] Vgl. dazu genauer § 28.

Die hier aufgezeigten Rollen des Menschen sagen jedoch noch nichts aus über die Qualität der Menschen, die diese Rollen wahrnehmen. Eine Zuordnung der einzelnen Rollen zum Weisen bzw. Toren, zum Rechtschaffenen bzw. Frevler etc. ist nicht automatisch gegeben. Erst durch die Art und Weise, wie der Mensch seine Rolle handelnd ausfüllt, zeigt er, zu welcher der jeweiligen Gruppe er zu rechnen ist.

III. Den Menschen bestimmende Lebenszusammenhänge

§ 12: Erziehung

In der Sicht der Proverbien ist es völlig klar, daß der Mensch der Erziehung bedarf. Besonders deutlich wird dies in den jüngeren Texten ausgesprochen in der Aufforderung, auf die Erziehung der Eltern acht zu geben[1], auf die Zucht JHWHs[2] oder die Belehrung durch die Weisheit[3]. Schließlich wird das ganze Buch verstanden als eines, das erzieherische Funktionen hat, der Erziehung dienen will und soll[4]. Der relevante hebräische Terminus für Erziehung ist מוּסָר[5]. Er kann jedoch nicht immer mit ‚Erziehung‘ wiedergegeben werden, sondern muß jeweils kontextbezogen übersetzt und interpretiert werden. Ähnlich wichtig ist die Rede von der תּוֹכַחַת, die eher im Sinne von Rüge verstanden wird[6].

In welchem Rahmen Erziehung geschieht, wird in den Proverbien nicht gesagt. Die Rede vom אָב wie vom בֵּן ist zu schillernd, als daß von ihr rückgeschlossen werden könnte auf eine rein familiäre Unterweisung[7] oder eine schulische[8]. Auch außerhalb der Proverbien gibt es – anders als in Ägypten[9] und Mesopotamien[10] – kaum eindeutige Hinweise auf Schulen in

---

[1] 1,8; 4,1.13.

[2] 3,11.

[3] 8,10.33.

[4] 1,1–4. Es ist offensichtlich, „that the sages of Israel were primarily teachers", BLEN-KINSOPP, Wisdom, 11, mit Hinweis auf 13,14. Wobei noch nichts darüber ausgesagt ist, ob dies im Rahmen schulischer Unterweisung geschieht.

[5] Mit „Sitz ... vornehmlich in der Sentenz, in der die festgestellte Erfahrung ausgesprochen wird", G. MAYER, יכח, 625.

[6] Also im Prinzip eine verbale Form der Zurechtweisung, vgl. BRANSON, יסר, 692. Vgl. dazu auch DELKURT, Ethische Einsichten, 32ff., der im folgenden auf den engen Zusammenhang von תוכחת und Gerechtigkeit bzw. Weisheit und dessen Wortfeld verweist, was ebenso auch für מוסר gilt (ebd. 35).

[7] Zur Erziehung in der Familie vgl. LUX, Die Weisen, 57ff.

[8] Vgl. § 7.

[9] Zum Unterricht in Ägypten vgl. FISCHER-ELFERT, Schreiber. Zur, allerdings nicht oft belegten, Erziehung und Ausbildung von Frauen vgl. BRUNNER, Erziehung, 44–49.

[10] Zum Unterricht in Mesopotamien vgl. WAETZOLDT, Schreiber. Zur sumerischen edubba vgl. u.a. VAN DIJK, Sagesse, 21ff.

Israel, so daß das Problem der Schulen im alten Israel nach wie vor offen ist[11].

Die Erziehung geschieht auf unterschiedliche Weise, und ihre Beachtung oder Verweigerung wirkt sich für den Menschen folgenreich aus. Nicht jedoch das Menschsein als solches hängt an der Erziehung[12], wohl aber sein Gelingen oder Mißlingen.

1. Der Mensch braucht Erziehung

„Nimm Rat an und empfange Belehrung,
damit du weise bist in deiner Zukunft[13]." (Spr 19,20)

„Weihe ein (=erziehe; חֲנֹךְ) den Knaben gemäß seines Weges,
auch wenn er alt wird, wird er nicht davon weichen." (Spr 22,6)

„Laß dein Herz zur Belehrung kommen
und dein Ohr zu den Worten der Erkenntnis." (Spr 23,12)

Auf zweifache Weise wird deutlich gemacht, daß der Mensch, wobei wieder primär an den Mann zu denken ist[14], der Erziehung bedarf. So wird der zu Erziehende ermahnt, Erziehung anzunehmen, Belehrung zu akzeptieren (19,20; 23,12; ebenso auch 19,27[15]), diese aktiv aufzugreifen und nicht nur passiv an sich geschehen zu lassen. Wenn Erziehung Erfolg haben soll, muß

---

[11] BLENKINSOPPS Äußerung, daß die Weisheitsliteratur Israels ihre Wurzeln in der Institution der Schule hat, Wisdom, 11, entbehrt jeglicher greifbarer Texte. Auch das archäologische Material bietet nur eine geringe Basis. Anders in der Wertung jedoch PUECH, écoles, bes. 203; LEMAIRE, Les écoles, bes. 42f. mit Blick auf die Proverbien. LEMAIRE vermutet, daß diese in den „écoles royales" als Handbuch für den Unterricht gedient haben, ebd. 68.; vgl. auch ders., Sagesse. Ebenso versucht SHUPAK, ‚Sitz im Leben', durch ein Rückschlußverfahren aus der Nähe zu ägyptischen Texten u.a. Schulen in Israel zu postulieren. Vgl. die Mahnung zur Zurückhaltung bei den Thesen über Israels Schulen von WANKE, Lehrer, bes. 56. Eine sehr differenzierte Sicht zum Problem der Schule gerade auch angesichts archäologischen Materials bietet neuerdings JAMIESON-DRAKE, Scribes and Schools. Vgl. auch DELKURT, Grundprobleme, 43ff.

[12] Eine Aussage wie die in PapSallier I, einer Schulhandschrift vom Nil, ist in Israel nicht zu finden: „Ich werde aus dir, du böser Bube, schon einen Menschen machen!", nach BRUNNER, Erziehung, 176.

[13] So auch WILDEBOER, KHC XV, 57. Ähnlich ist wohl auch NEL, structure, 21, zu verstehen.

[14] Zur Situation in Ägypten vgl. BRUNNER, Erziehung, 47: „Zwar sind die Weisheitslehren ausschließlich auf Söhne und den Aufgabenbereich des Mannes zugeschnitten; aber der ständige Umgang mit der Männerwelt, die Einbeziehung der Frau in manche Berufe und die freie Stellung in der Gesellschaft ließen auch die Mädchen teilhaben an der Erziehung der Söhne."

[15] Vgl. dazu § 7, S. 118.

der zu Erziehende zur Unterweisung bereit sein[16]. Zum anderen wird die Wichtigkeit der Erziehung auch dem Erziehenden gegenüber betont (22,6). Erziehung ist von Bedeutung, weil sie den (wohl frühzeitigen, vorzeitigen[17]) Tod verhindert (23,13f.[18]) und Zukunft eröffnet (19,20). Erziehung gerade auch als Züchtigung wird aber nicht nur als notwendig angesehen, sondern ebenso als Zeichen der Zuwendung zum Sohn (13,24; 19,18[19]).

Nach dem allerdings nicht ganz eindeutigen Text 22,6 sollte Erziehung frühzeitig einsetzen[20], so daß sie den weiteren Weg des zu Erziehenden bestimmen kann bis in sein Alter hinein. Offenbar wußte man schon damals von den auf Dauer sich auswirkenden Grundlagen, die in früher Kindheit gelegt werden. Das zeigt sich auch an folgenden Texten:

> „Selbst an seinen Handlungen gibt sich der Knabe zu erkennen,
> ob sein Tun lauter und gerade ist." (Spr 20,11)

> „Wer von Jugend an seinen Diener verzärtelt –
> an seinem Ende wird sein Streit[21]." (Spr 29,21)

Zwar wird in beiden Texten nicht unmittelbar von Erziehung gesprochen, doch zeigen sie deutlich, daß in der Jugend die Basis gelegt wird für das

---

[16] Vgl. A. MEINHOLD, ZBK AT 16.2, 322.391. Vgl. auch die ägyptische Lehre eines Mannes für seinen Sohn 2–4 (BRUNNER, Altägyptische Weisheit, 188): „Höre auf meine Stimme, mißachte nicht meine Worte, wende dein Herz nicht ab von dem, was ich dir sagen werde."

[17] Vgl. DELITZSCH, Spruchbuch, 370, u.a. – Vgl. dazu § 24.

[18] PLÖGER, BK XVII, 273; auch DELITZSCH, Spruchbuch, 370, sehen in v.13b ein beruhigendes Element, das dem Vater zusichert, daß der Sohn von Schlägen schon nicht sterben werde. Angesichts von v.14 ist v.13b jedoch eher die Grundaussage, die in v.14 näher erläutert wird; vgl. WHYBRAY, CBC, 136. Genauer zum Text noch § 7, S. 114. Vgl. auch PapInsing 188–192 (BRUNNER, Altägyptische Weisheit, 312f.): „Ein Junge stirbt nicht von der Strafe seines Vaters; wer aber seinen Sohn so liebt, *daß dieser zugrunde geht*, der geht mit ihm zugrunde. Stock und Ehrgefühl bewahren seinen Sohn vor dem Bösen. Der Sohn, der nicht unterwiesen worden ist, dessen (*Vater*) erregt Verwunderung. Das Herz seines Vaters wünscht ihm kein langes Leben." Vgl. auch Ahiqar 81.82 (LINDENBERGER, Ahiqar, 49.51): „Spare not your son from the rod; otherwise, can you save him [from *wickedness*]? If I beat you, my son, you will not die; but if I leave you alone, [you will not live]."

[19] Genauer dazu § 7, S. 114f.

[20] So ist wohl die Verwendung des Verbums חנך zu erklären, vgl. PLÖGER, BK XVII, 254. Zur Problematik dieser nur wenige Male begegnenden Wurzel vgl. HILDEBRANDT, Proverbs 22:6a. Danach wird sie als Verb benutzt, um die Einweihung von Gebäuden, als Nomen, um die kultische In-Gebrauch-Nahme materialer Gegenstände zu bezeichnen (HILDEBRANDT, ebd., 8). Ist deshalb eher an die Initiation eines jungen Mannes in seine Pflichten zu denken? So HILDEBRANDT, Proverbs 22:6a, 17f., nach Untersuchung der einzelnen Elemente des Halbverses, wonach er חֲנֹךְ als Initiation erklärt aufgrund außerbiblischer Verwendungen (ebd., 9), נַעַר als jungen Mann höherer Schicht (ebd., 14) und עַל־פִּי דַרְכּוֹ als Hinweis auf die auf ihn wartenden Aufgaben (ebd., 16). Damit wäre dann aber noch nichts über die Fortführung in v.6b gesagt.

[21] Hier wird für das unsichere מְנוֹן mit WILDEBOER, KHC XV, 83, u.a. מָדוֹן zu lesen sein. Anders jedoch DELITZSCH, Spruchbuch, 474f., der מָנוֹן im Sinne von „Junker" versteht.

weitere Verhalten des Menschen. Falscher Umgang mit einem Jugendlichen, d.h. ein Zuwenig an Zucht hat in späterer Zeit negative Folgen, und zwar für den Betreffenden selbst wie auch für den, der mit diesem zu weich umgegangen ist (29,21)[22]. Indirekt enthalten so beide Texte die Mahnung, frühzeitig mit einer strengen Erziehung zu beginnen[23].

Die mehrfache Aufforderung zur (Annahme von) Erziehung[24] muß nun aber keineswegs in Auseinandersetzung mit einer Gegenposition gesehen werden[25], sondern entspringt eher dem Motiv einer verstärkenden Hinführung zur Erziehung. Spuren einer Auseinandersetzung zwischen Vater und Sohn wie in der ägyptischen Lehre des Ani[26], weil der Sohn die Lehre des Vaters als zu hart und undurchführbar empfindet, sind in den Proverbien nicht zu entdecken.

2. Formen der Erziehung

Die Form der Erziehung besteht in der Belehrung und/oder der körperlichen Züchtigung[27]. Schläge waren neben verbalen Zurechtweisungen ein akzeptiertes und häufig gebrauchtes Erziehungsmittel[28]. Wo es an Verstehen mangelte, ersetzten sie die mündliche Belehrung (19,25). Möglicherweise ist der Gedanke an schwer erziehbare Kinder[29] Ausgangspunkt solcher Erziehungsmethode, für welche Worte als nicht ausreichend erfahren wurden[30]. Aber auch Böse sind als zu Bestrafende im Blick.

---

[22] Dies gilt wohl nicht nur für den Sklaven, so RINGGREN, ATD 16, 112, sondern ist allgemein aussagbar.

[23] Vgl. A. MEINHOLD, ZBK AT 16.2, 336.

[24] Vgl. auch noch 23,23 mit der dringenden Aufforderung, Wahrheit, Weisheit, Einsicht und Zucht zu kaufen, nicht aber herzugeben. Genauer dazu § 22, S. 285f.

[25] Dazu ist die Notwendigkeit der Erziehung als zu selbstverständlich vorausgesetzt.

[26] Vgl. BRUNNER, Altägyptische Weisheit, 196ff.

[27] Vgl. DÜRR, Erziehungswesen, 114. Zu den diversen, ähnlichen Erziehungsmethoden in Ägypten vgl. BRUNNER, Erziehung, 56ff.

[28] Vgl. auch 2 Sam 7,14; Ps 141,5. Dieses Ineinander von Belehrung und Züchtigung zeigt sich auch im Ägyptischen, wo der Begriff für Lehre *sb3j.t* abgeleitet ist vom Verbum *sb3* (=züchtigen, strafen). Ähnlich im Hebräischen מוּסָר als Ableitung von יסר. Vgl. den Verweis auf die Termini *ḥwi, ḳnḳ* und *šbd* sowie das hebräische *hakah* mit dem Objekt *sbṭ*, dazu SHUPAK, ‚Sitz im Leben', 106, und 109ff. zum Thema Schläge insgesamt.

[29] Dazu etwas überzogen VAN OYEN, Ethik, 155: „Dabei herrscht im allgemeinen der Gedanke vor, daß schon sehr früh die Seele des Kindes von einer teuflischen Macht in Besitz genommen werde und nur eine rücksichtslose Gegenmacht der Härte und Strenge die Seele vor dem totalen Untergang bewahren könne.

[30] Vgl. die DELITZSCH selbstverständlichen Aussagen in Spruchbuch, 310: „noch ist bei der Bildsamkeit der jungen Seele Hoffnung vorhanden, ihren Eigenwillen brechen und sie ihren schlimmen Neigungen entwöhnen zu können; darum soll die Erziehung mit unnachsichtiger Strenge einschreiten, so aber daß Weisheit und Liebe Maß und Grenze der Züchtigung bestimmen".

„Striemenwunden[31] reinigen[32] den Bösen,
Schläge das Innere des Leibes." (Spr 20,30)

Körperliche Züchtigung erhält damit die Funktion der Reinigung[33], sie beseitigt das Böse, das den Bösen ausmacht[34]. Worin dieses jedoch besteht, wird nicht gesagt[35].

Wie gängig[36] dieses Verfahren war[37], zeigt sich am ägyptischen Determinativ bei den die Erziehung betreffenden Verben, nämlich dem schlagenden Mann bzw. Arm[38]. Dieses immer wieder genannte Mittel der Schläge wird jedoch nicht als prinzipiell erfolgreich angesehen. So nützen selbst hundert Schläge bei einem Toren nichts mehr (17,10)[39], wenngleich ihm Strafe durch Schläge gebührt (19,29; 26,3)[40]. Eines ist jedenfalls allen diesen Texten gemeinsam: Sie setzen (bis auf 17,10) voraus, daß der Mensch, der hier im Blick ist, einer ist, den man verändern kann, und daß dabei und dafür auch rigorose Maßnahmen notwendig sind. Erforderlich ist „strict discipline"[41], um die Ideale zu verwirklichen. Hinter dieser Notwendigkeit mag auch die „Lebenserfahrung: Ohne Leid kein Glück!"[42] sichtbar werden. Deutlich wird jedenfalls, daß über die Erziehbarkeit des Menschen keine einlinigen Aussagen gemacht werden. Während der Tor einerseits weitgehend als unbelehrbar erscheint (vgl. § 2), wird aber doch wieder harter Erziehung Erfolg zugesagt (vgl. 22,15; dazu s.u.).

Wesentliche Inhalte der Erziehung bestehen in der Bewahrung vor Torheit wie in der Hinführung zur Weisheit[43].

---

[31] Eigentlich ist פֶּצַע nomen regens.

[32] Das Ketib kann beibehalten werden, vgl. WILDEBOER, KHC XV, 60, u.a.

[33] Vgl. PLÖGER, BK XVII, 240.

[34] Vgl. STRACK, KK VI/2, 69.

[35] Vgl. auch § 16.

[36] Vgl. auch HAMP, EB, 52, im Blick auf 19,18 in Verbindung mit 13,24; 23,13f.; Sir 30,1–13: „Kein falsches Mitleid!"

[37] Zu den Schlägen als „anerkanntes Mittel gegen bestimmte Menschengruppen, vor allem auch gegen Sklaven" vgl. CRÜSEMANN, „Auge um Auge", 424. Auf Schläge für Sklaven kann in den Proverbien in 17,26; 29,19 allerdings nur indirekt rückgeschlossen werden.

[38] Dazu BRUNNER, Erziehung, 57f., 176. Erziehung erfolgte nach BRUNNER, ebd., 139, prinzipiell mit harten Methoden: „Nur diese entspricht dem Wesen Ägyptens, während der andere Weg in unbekannte Gefahren der Auflösung führt." Hier ist die Tendenz in den Proverbien deutlich eine andere.

[39] Vgl. PapSallier I: „Ich gebe dir hundert Schläge, aber du wirfst sie alle weg." als Stoßseufzer des Erziehers angesichts seiner erfolglosen Bemühungen, nach BRUNNER, Erziehung, 176.

[40] Vgl. genauer § 2, S. 29.

[41] GASPAR, Social ideas, 42. Um diese Ideale geht es, nicht darum, möglicherweise gar den Sohn aus dem Haus zu treiben, so der Hinweis von FAHLGREN, ṣᵉdāḳā, 69.

[42] GERSTENBERGER/SCHRAGE, Leiden, 74, mit Verweis auf ähnliche Erfahrungen in der Josephsgeschichte.

[43] Vgl. 29,15, wonach Rute und Rüge zur Weisheit führen.

„Wer Zucht liebt, liebt Erkenntnis,
wer Rüge haßt, ist dumm[44]." (Spr 12,1)

Das doppelte אהב macht aufmerksam auf den engen Zusammenhang von Zucht und Erkenntnis[45]. Angesprochen ist ferner durch die Kontrastierung von אהב und שׂנא eine enge Relation von eigener aktiver Beteiligung bei der Erziehung und deren Gelingen (s.o)[46]. Unterstrichen wird dies durch den Gebrauch der Partizipien, die einen konstatierenden, Gültigkeit aussagenden Aspekt einbringen[47]. Indirekt ist damit wieder eine Mahnung gegeben, sich als einer, der Zucht liebt, zu erweisen[48].

Die enge Verbindung von Erziehung und Weisheit zeigt sich auch in 13,1, wonach ein weiser Sohn Zucht liebt[49] bzw. in 15,5, wonach der Tor die Erziehung des Vaters verschmäht, aber derjenige klug ist, der sich an Rüge hält[50]. Auch 24,32 zeigt diesen Zusammenhang von Zucht und Einsicht, wenngleich hier weniger eine Erziehung durch eine andere Person als vielmehr durch eigene Beobachtung und den Rückschlüssen daraus erfolgt[51]. So ist bei diesem Text eher von einer Lehre, die der Sprechende aus seinen Erfahrungen zieht, als von Erziehung zu sprechen, allenfalls von bereits internalisierter Erziehung, die zur Selbsterziehung geworden ist.

Erziehung besteht auch darin, daß ein Fehlverhalten direkt angesprochen wird:

„Besser eine offene Rüge
als verborgene Liebe." (Spr 27,5)

Einer solchen klaren Rüge wird ein höherer Wert beigemessen als der Liebe, die sich nicht offen zeigt und deshalb wirkungslos bleiben muß. Ähnliches wird auch in 13,24[52] ausgesprochen, wonach Zurechtweisung und Liebe sich decken. Die Rüge wird so zu einer Form von Liebe.

Mit Weisheit und JHWHfurcht kombiniert zeigt sich מוּסָר ferner in 15,33[53] (auch 1,7[54]), wobei die JHWHfurcht mit der Erziehung nahezu gleichgesetzt, hier also noch ein anderer Aspekt eingebracht wird. Anders als in

---

[44] Wörtlich eigentlich: ist wie Vieh (בָּעַר).
[45] Vgl. PLÖGER, BK XVII, 148.
[46] Vgl. WHYBRAY, CBC, 72.
[47] Vgl. A. MEINHOLD, ZBK AT 16.1, 203, der angesichts der Partizipien allerdings auf das „Beständige der jeweiligen Verhaltensweise" abhebt.
[48] Vgl. STRACK, KK VI/2, 44.
[49] Genauer zum Text § 7, S. 114.
[50] Genauer zum Text § 7, S. 114.
[51] Vgl. § 4.
[52] Genauer § 7, S. 114.
[53] Genauer zum Text § 20, S. 266ff.
[54] Da nur diese beiden Texte die Verbindung von מוּסָר und JHWHfurcht haben, ordnet BRANSON sie beide als späte Texte ein, יסר, 693: „Daher erhält *mûsār* die Dimension der Religion, die nötig ist, um ein JHWH-gefälliges Leben zu führen."

Sumer, Akkad und auch in Ägypten wird aber nicht von einer Erziehung zur Erfüllung der Pflichten gegenüber der Gottheit gesprochen[55].

3. *Die Folgen der (mangelnden) Akzeptanz von Zucht*[56]

„Weg des Lebens – wer Zucht bewahrt,
wer aber Zurechtweisung verläßt, geht irre." (Spr 10,17)

„Arm und klein, wer sich der Zucht entzieht,
wer aber Zucht bewahrt, wird geehrt." (Spr 13,18)

„Wer sich der Zucht entzieht, mißachtet sein Leben,
wer Rüge beachtet, kauft Herz (= Verstand)." (Spr 15,32)

„Torheit ist gebunden an das Herz des Knaben,
der Stock der Zucht entfernt sie daraus." (Spr 22,15)

„Wer weichen läßt sein Ohr, auf Weisung (תּוֹרָה) zu hören –
sogar dessen Gebet ist ein Greuel." (Spr 28,9)

„Ein Mann der Rügen, der halsstarrig ist,
wird plötzlich zerbrochen, und es gibt keine Heilung." (Spr 29,1)

22,15 macht auf besondere Weise deutlich, daß Torheit dem Menschen zwar zu eigen ist[57], ihm aber nicht auf Dauer anhaften muß. Vielmehr ist es nach diesem *einen* Text Ziel der Erziehung, den Menschen von der Torheit zu befreien[58]. Damit ist der Tor als solcher mit seinen Möglichkeiten der Veränderung von Interesse, so daß dieser Text einen völlig anderen Akzent setzt, als er in den in § 2 verhandelten Aussagen über das Oppositionspaar Weiser-Tor begegnet, wo der Tor im wesentlichen als abschreckendes Beispiel dient, nicht aber als belehrbar gedacht wird.

Neben der Weisheit (19,20[59]; auch 19,27[60]; 29,15[61]) ist Leben ein wesentliches Ziel[62] und damit Folge der Belehrung. Das bringen nicht nur die Texte zum Ausdruck, die in Verbindung mit Leben von מוּסָר bzw. תּוֹכַחַת reden

---

[55] Vgl. DÜRR, Erziehungswesen, passim.

[56] Auch die jüngere Weisheit setzt sich mit der Verweigerung von Erziehung auseinander, vgl. 5,12.

[57] Vgl. ALONSO SCHÖKEL/VÍLCHEZ LÍNDEZ, Proverbios, 421: „El muchacho no es naturalmente bueno ni sensato, algo en su interior responde fácilmente a estímulos malignos."

[58] Vgl. WHYBRAY, CBC, 125.

[59] S.o. – WHYBRAY, CBC, 110, interpretiert v.20b im Sinne von „als Weiser sterben", doch muß dieses keinesfalls gleich bei der Rede von אַחֲרִית eingeschlossen sein. Zum Problem von אַחֲרִית vgl. auch MCKANE, OTL, 524.

[60] Genaueres zum Text s. § 7, S. 118.

[61] Genaueres zum Text s. § 7, S. 106f.

[62] Ob mit dem Ziel der Erziehung gleich deren Abschluß mitgedacht ist, scheint angesichts der Struktur und Funktion der Proverbien zweifelhaft, gegen PLÖGER, BK XVII, 225. Auch ist hier nicht von einem Lehrer die Rede, so daß nicht unbedingt eine institutionalisierte Art der Erziehung im Blick sein muß.

(10,17; 15,31.32; 23,13f.), sondern die vielen Texte im Proverbienbuch, die sich mit dem Thema Leben auseinandersetzen[63]. Zum Leben gehört auch die Ehre, die der erfährt, dem Erziehung wichtig ist, während derjenige, der diese ablehnt, gering geachtet wird (13,18), sein – eigentlich positiv zu wertendes – Gebet sogar als Greuel angesehen wird (28,9). Durch wen diese Wertung vollzogen wird, wird nicht gesagt. So kann sie als durch Menschen geschehende gedacht werden, aber auch JHWH im Hintergrund mitgedacht sein angesichts der sonstigen Rede vom Greuel in den Proverbien[64].

10,17 ist in seiner Interpretation nicht eindeutig, denn es bleibt offen, was Subjekt, was Prädikat ist. Ist derjenige, der Zucht bewahrt, auf dem Weg zum Leben, oder führt er auf diesen, geht er bzw. führt er irre?[65] Eine eindeutige Klärung erscheint syntaktisch nicht möglich, vielleicht ist auch diese Aussage wieder einmal bewußt offen formuliert.

29,1 macht ebenso in seiner ersten Vershälfte Schwierigkeiten[66] durch die Wendung אִישׁ תּוֹכָחוֹת, die zur unmittelbaren Fortführung zunächst nicht zu passen scheint. Versteht man die constructus-Verbindung jedoch im Sinne eines Genitivus objectivus, so ergibt der Text einen den sonstigen Aussagen über תּוֹכַחַת entsprechenden Sinn. Wer sich der Rüge und damit der Erziehung verweigert, wird mit schwerwiegenden Konsequenzen rechnen müssen, die plötzlich hereinbrechen können und nicht mehr reparabel sind.

מוּסָר kann dann auch den Aspekt der Strafe als Folge von mißachteter Erziehung annehmen (vgl. ähnlich 16,22, wo die Torheit als Strafe [מוּסָר] des Toren genannt wird[67])[68]:

> „Böse Strafe für den, der vom Weg abweicht,
> wer Rüge haßt, wird getötet." (Spr 15,10)

Die Radikalität der Strafe wird zum einen durch רָע betont, zum anderen mit der Ankündigung der Tötung für den, der vom (rechten) Weg[69] abweicht, indem er Rüge ablehnt, wobei nicht gesagt wird, durch wen das Töten erfolgt. Diese sehr harte Aussage dürfte die Funktion haben, abschreckend vor Ablehnung von Erziehung zu warnen und zu bewahren.

---

[63] Vgl. auch GASPAR, Social ideas, 125, zum Leben als „raison d'être of education".

[64] Vgl. dazu § 20, S. 261ff.

[65] Vgl. zu dieser offenen Situation WILDEBOER, KHC XV, 32.

[66] Die Probleme zeigen sich auch deutlich bei der Auslegung PLÖGERs, BK XVII, 342, der hier die mögliche Erziehung des Toren reflektiert bzw. den Sinn einer harten Erziehung diskutiert sieht. Für beides jedoch bietet der Text keine hinreichende Basis.

[67] Genaueres zum Text s. § 24, S. 308f.

[68] Ähnlich in Ägypten, wo *sb3j.t* ebenfalls den Doppelaspekt der Lehre wie der Strafe hat. So folgert SHUPAK, Egyptian „Prophetic" Writings, 90, für Ägypten wie für das Alte Testament: „Both terms refer to the actual means of transfering information from teaching to pupil."

[69] Womit angesichts von v.10b wohl der Weg des Lebens gemeint ist, vgl. A. MEINHOLD, ZBK AT 16.1, 252.

4. Folgerungen

Erziehung geschieht nach den Proverbien auf unterschiedliche Weise. Sie wird zwar auch mittels harter Methoden[70] vollzogen, doch zeigen die Proverbien in ihrer Gesamtheit, daß Schläge nicht das primäre Erziehungsmittel sind[71]. Vielmehr steht die verbale Belehrung im Vordergrund[72], wie ja auch die weisheitlichen Sprüche selbst eine solche bewirken wollen. Körperliche Züchtigung bleibt im wesentlichen, jedoch nicht ausschließlich, denen vorbehalten, die der mündlichen Belehrung keine Achtung schenken.

Die Notwendigkeit der Erziehung wie ihre Möglichkeit ist unbestritten[73], so daß mit Nachdruck dazu aufgefordert wird, sie durch Hören und Tun anzunehmen[74].

Auffallend ist, daß Erziehung durch ein gutes Beispiel nicht in den Blick genommen wird. Nicht das Vorbild bekommt einen besonderen Wert, sondern eher das negative Gegenbild. Dieses zu vermeiden, sich von ihm abschrecken zu lassen, ist von großem Interesse für die Proverbien. Die Warnung vor den Gefahren wird zu einer wichtigen Erziehungsmethode.

Möglicherweise ist auch darin ein Hinweis enthalten, daß wir nicht in erster Linie Texte vor uns haben, die an jungen Leuten[75], sondern an Erwachsenen orientiert sind[76]. Erziehung wäre demnach in einem weiten Sinn und auch auf (weisheitliche) „Bildung" hin tendierend (vgl. 19,20; 23,12) ge-

---

[70] Die Beurteilung PLÖGERS, BK XVII, 342, ist aber doch wohl eine von der Gegenwart her eingetragene: „Die damals härteren Lebensbedingungen ließen eine harte Erziehung als notwendig erscheinen."

[71] Die Rede von Schlägen nimmt zwar einen großen Raum ein in den Proverbien, doch sind sie nicht das entscheidende Erziehungsmittel, wie es nach einigen Äußerungen bei ENGELKEN, Erziehungsziel Gewaltlosigkeit?, passim, erscheint.

[72] Vgl. CONRAD, Die junge Generation, 28, der von der „Dominanz der Worte" spricht. Vgl. FONTAINE, Traditional Sayings, 143.

[73] Vgl. auch PapInsing 176ff. (BRUNNER, Altägyptische Weisheit, 312f.), wenngleich dort auch eine Relativierung der Erziehung zu finden ist: „Mancher ist nie unterrichtet worden und kann doch einen anderen unterweisen. Mancher kennt die Lehre, versteht aber nicht, danach zu leben." (ebd. 195f., BRUNNER, Altägyptische Weisheit, 313).

[74] Vgl. aber Ptahhotep, Epilog 451ff. (BRUNNER, Altägyptische Weisheit, 129) mit der ausführlichen Schilderung der Vorteile des Hörens auf den Vater, wo allerdings dann doch der Hinweis enthalten ist: „Wen Gott liebt, der kann hören, aber nicht kann hören, wen Gott verwirft." (ebd., Z. 460f.).

[75] Die Proverbien erweisen sich demzufolge nicht als Schulbuch, wie CIMOSA, Temi, 114f., meint. In Ägypten ist die Situation demgegenüber deutlich anders, ähnlich wie in Mesopotamien mit der Einrichtung der edubba; vgl. MURPHY, Wisdom Literature and Psalms, 24.

[76] Anders jedoch Texte wie 22,6, die ganz klar auf die Erziehung von Kindern/Jugendlichen zielen. Auch die Texte, die die Züchtigung als Thema haben, lassen nur schwerlich den Gedanken an Erwachsene zu, außer die Züchtigung wäre hier als Metapher zu verstehen, wofür jedoch kein Anlaß vorliegt.

braucht, מוּסָר wie תּוֹכַחַת folglich meistens eher im Sinn von Belehrung als von Erziehung zu sehen.

Erziehung wie ihre Akzeptanz ist jeweils zielgerichtet[77], hin auf Weisheit, Ehre, Leben[78]. So beschreibt מוּסָר u.a. „eine Einordnung um eines Zieles willen"[79]. Worin dieses Ziel genauer besteht, thematisieren die hier angesprochenen Texte kaum. Es läßt sich eher erschließen über den Gesamtinhalt der Proverbien[80].

Die Aussagen über die Erziehung wie auch die Tendenz in den Proverbien insgesamt sind eher eine Warnung vor dem Negativen als ein direktes Hinführen zu positivem Verhalten. Dies kann zweierlei Ursachen haben. Zum einen setzt ein solcher Ansatz voraus, daß der Mensch mehr in der Gefahr steht, zum Negativen abzugleiten. Zum anderen ist derjenige angesprochen, der auf der Seite des positiven Verhaltens steht und deshalb nicht zu solchem angeleitet, sondern eben vor dem Negativen bewahrt werden muß. Wenn nun aber doch in wenigen Texten derjenige im Blick ist, der eher zu negativem Verhalten neigt, kann dieser davon oft nur durch Druck abgehalten werden (vgl. 19,29; 20,30; 22,15 u.ö.). Es geht folglich auch hier mehr um den Weisen, um seine Bewahrung von „Weisheit" und seinen Schutz vor „Torheit" als um Veränderung eines Tuns durch Erziehung.

Zwar wird immer wieder der Einzelne angesprochen oder in den Blick genommen, doch berechtigt das nicht dazu, von einer „Isolation" zu sprechen, „in die der Weisheitslehrer den einzelnen hineintreibt, um ihm seine Aussichten und auch seine schwerwiegende Verantwortung einzuprägen"[81]. Die sehr offen formulierten Texte ermöglichen es eben nicht nur einem konkreten einzelnen, sich als angesprochen zu verstehen, sondern die Offenheit gibt vielen einzelnen die Identifikationsmöglichkeit und schafft damit durchaus auch so etwas wie eine Gemeinschaft, in der der einzelne sich aufgehoben wissen kann. Es ist eben nicht nur einer, dem die Texte gelten, sondern sie sind über den einen hinaus von Bedeutung.

Durchgängig sind männliche Personen als zu Erziehende im Blick. Bis auf 31,1−9 und die verhältnismäßig wenigen Texte, in denen die Mutter neben

---

[77] Von CONRAD, Die junge Generation, 36f., wird demzufolge der utilitaristische Charakter der Erziehung unterstrichen.

[78] So auch 5,23; 6,23. Vgl. CONRAD, Die junge Generation, 35: „Es wird eben nicht der Gerechte um seiner selbst willen angestrebt, sondern um des erfüllten und gesicherten Lebens willen". A. MEINHOLD, 16.2, 309, sieht die Absicht der Texte in der Erziehung zu einem barmherzigen Menschen. Daß ein solcher auch immer wieder im Blick ist (gerade, wo es um das Verhalten dem Armen gegenüber geht), ist unbestreitbar, doch liegt darauf nicht der Hauptakzent.

[79] PLÖGER, BK XVII, 148.

[80] Es wird daher vor allem in Abschnitt IV angesprochen werden.

[81] CONRAD, Die junge Generation, 37.

dem Vater genannt wird[82], ist auch der Mann derjenige, der erzieht. Angesichts dieser Tatsache ist festzuhalten, daß für heutiges Verstehen auffallend wenig gezielt „männliche" Lebensbereiche wie Erziehungsinhalte, sondern eher den ganzen Menschen und damit auch Mann und Frau umfassende angesprochen werden.

Eine direkte religiöse Dimension fehlt bis auf 15,33. Zwar meint *Sæbø*, daß die Rede von der Erziehung „im Rahmen religiös begründeter Lebensauffassung zu sehen ist"[83], doch wird ein unmittelbarer Zusammenhang zur religiösen Thematik nirgends sonst in den älteren Proverbien hergestellt[84], wenn expressis verbis von Erziehung gesprochen wird. Anders ist dies in den jüngeren Texten, wo immerhin auf ein Rügen durch JHWH hingewiesen wird (Spr 3,11 f.)[85].

§ 13: Das Herz als Chiffre für Verstand, Emotion und Verantwortung

Zu den am häufigsten in den Proverbien auftretenden Begriffen gehört das Wort לֵב[1]. Dabei ist klar, daß dieser Begriff nicht nur für einen Körperteil steht[2], sondern daß er unterschiedliche Konnotationen beinhaltet[3]. In drei Zusammenhängen findet לֵב seine Verwendung. Zum einen wird das Herz als der Ort des Verstandes angesehen. Darüber hinaus ist es Sitz der Emotionen[4] wie auch der ethischen Verantwortung. Unter diesen Aspekten sollen die Texte im folgenden verhandelt werden[5].

---

[82] 10,1; 15,20; 17,25; 19,26; 20,20; 23,24f.; 28,24; 30,11.17.

[83] Sæbø, יסר, 740.

[84] Das gilt dort, wo nicht gesagt wird, wer der Strafende ist und wo Engelken, Erziehungsziel Gewaltlosigkeit?, 18, daraus schließt, daß dann JHWH wohl der Vollstrecker der Strafe ist. Dieser Zusammenhang ist jedoch von den Texten selbst her nicht gegeben, so daß wieder einmal – wie oft bei der Auslegung – in weisheitlichen Texten etwas gefunden wird, was diese nicht hergeben.

[85] Auch das Auftreten der personifizierten Weisheit als Erziehende gehört in diesen Duktus, vgl. 1,23.25.30; 8,10.33.

[1] 78mal in Spr 10–31, dabei 4mal im Plural (15,11; 17,3; 21,2; 24,12). Im Gegensatz zu Spr 1–9 (4,21; 6,25) hat 10–31 keinen Beleg für לֵבָב.

[2] In völlig anderen Zusammenhängen außerhalb der Anthropologie wird vom Herzen geredet, wenn es einfach allgemein ein Zentrum bezeichnet, so in 23,34; 30,19 בְּלֶב־יָם.

[3] Zur unterschiedlichen Füllung von לֵב vgl. auch Ladaria, Antropologia, 91; Ogushi, Herz.

[4] Nach Stolz, לב, 862, der seelische Aspekt, den er der geistigen Funktion gegenüberstellt.

[5] Bestätigt wird diese Systematisierung durch Becker, Herz.

1. Das Herz als Sitz des Verstandes[6]

a) Wo לֵב *positiv im Kontext weisheitlichen Vokabulars* begegnet, ist die Übersetzung mit *Verstand* unproblematisch. So spricht 14,33 von der Weisheit im Herzen des Verständigen (בְּלֵב נָבוֹן), 16,21 identifiziert חֲכַם־לֵב mit נָבוֹן und hat noch לֶקַח im Kontext. Nach 15,14 und und 18,15 ist das Herz des Verständigen (נָבוֹן) an Erkenntnis bzw. Weisheit interessiert, ebenso das Herz des Weisen an einem klugen (שֵׂכֶל) Mund (16,23). 19,8 setzt das Erwerben von Herz mit Einsicht (תְּבוּנָה) parallel. Das Herz des Rechtschaffenen denkt zunächst nach (הגה), bevor eine Antwort erfolgt (15,28). In 22,17 fordert der Vater/Weisheitslehrer(?) auf, das Herz zu geben und Erkenntnis anzunehmen. Nach 23,15 wünscht sich der Vater bei seinem Sohn ein weises Herz. Und in 11,29 wird חֲכַם־לֵב im Gegenüber zum אֱוִיל zu einem Synonym für Weiser[7].

Verstand kann gekauft (= erworben) werden und verhilft zum Leben, wie bewahrte Einsicht Glück ermöglicht (19,8). Angesichts ähnlicher Aussagen über den Erwerb von Weisheit in 16,16; 23,23 ist hier die Interpretation von Herz als Verstand geradezu zwangsläufig gegeben.

b) Mehrfach wird davon gesprochen, daß der Tor *des Herzens entbehrt* (חֲסַר־לֵב), ein Gedanke, der ähnlich in Ägypten begegnet (*ꝩwtj h 3 tj*)[8]. Ganz deutlich weist die Wendung חסר־לב in 15,21 darauf hin, daß es hier um einen Mangel an Verstand geht, denn in der Fortführung der Antithese wird dem חֲסַר־לֵב der אִישׁ תְּבוּנָה entgegengesetzt. Auch 17,18 hat Dummheit im Blick, denn wer Bürgschaft leistet für einen Nachbarn, ist ein אָדָם חֲסַר־לֵב. Schläge werden für denjenigen vorgesehen, der des Verstandes entbehrt (10,13 im Gegenüber zu dem, der Weisheit findet). Auf fehlenden Verstand dürfte wohl auch 10,21 abheben, wenn über den Toren gesagt wird, daß er sterben wird בחסר־לב. Angesichts des Begriffs חכמה im unmittelbaren Kontext ist noch einmal klar in 17,16 vom nicht vorhandenen Verstand des Toren die Rede (לב-אין).

Spott wird haben, wer verkehrten Herzens (נעוה־לב) ist (12,8). Auch mit dieser Wendung dürfte keine ethische Qualifikation vollzogen werden, sondern ein Hinweis auf fehlenden Verstand und falsches Denken gegeben sein, denn der so Beschriebene wird dem, der Einsicht (שֵׂכֶל) hat, entgegengesetzt.

c) Wird direkt vom „Herzen des Toren" gesprochen, geschieht auch dies in eindeutig negativem Kontext. Wenn durch Zucht vertreibbare Torheit im Herzen des Knaben ist (22,15), so kann aus dem häufigen antithetischen Gebrauch von Torheit und Weisheit rückgeschlossen werden, daß hier zwar

---

[6] Dazu WOLFF, Anthropologie, 76ff.
[7] Zu לֵב als Sitz der Weisheit vgl. FABRY, לב, 435f.
[8] Vgl. BRUNNER, Das hörende Herz, 4.

auf korrigierbare Dummheit angespielt wird, jedoch keine grundsätzliche Aussage über fehlenden Verstand erfolgt. Der Tor setzt danach seinen Verstand offensichtlich falsch oder gar nicht ein. Ähnliches zeigt sich in 12,23, wonach das Herz der Toren Torheit herausruft, während der Weise seine Erkenntnis bewahrt. Zusammenfassend äußert dann 15,7, daß das Herz der Toren verkehrt ist. Der Tor hat Verstand, jedoch nicht auf die richtige Weise. Ihm fehlt es an Einsicht, denn ihm ist es lieber, sein Herz aufzudecken, seine Gedanken bloßzulegen (18,2). Welch mindere Qualität das Herz des Toren und damit sein Verstand hat, zeigt 28,26, denn danach erweist sich der Tor als ein solcher, weil er auf seinen Verstand vertraut[9]. Eindeutig disqualifiziert wird der Verstand/das Denken der Frevler in 10,20 (כִּמְעָט) im Gegenüber zu den Worten des Rechtschaffenen. Nach 23,33 kann das verkehrte Reden des Herzens durch berauschendes Getränk hervorgerufen werden.

d) Um den Aspekt des Verstandes geht es auch dort, wo von den *Plänen des Herzens* die Rede ist:

„Tiefes Wasser (= unerforschlich) ist der Ratschluß im Herzen eines Menschen,
aber der Mensch der Einsicht schöpft es." (Spr 20,5)

תבונה in v.5b weist darauf hin, daß hier der Verstand des Menschen im Blick ist, wenn vom Herzen die Rede ist, denn es braucht „power of intellectual penetration"[10], um es zu erforschen[11]. Wer über Einsicht verfügt, dem gelingt es, auch die sonst nicht zugänglichen Bereiche des Verstandes auszuloten[12]. An den Gebrauch des Verstandes ist auch gedacht, wenn der Mensch als ein Überlegender (מערכי־לב) charakterisiert wird, dessen Antwort durch JHWH ermöglicht wird (16,1). Ebenso in 16,9; 19,21, wenn dem vielen Hin- und Herplanen des menschlichen Herzens der definitive Ratschluß JHWHs entgegengesetzt wird.

Das Herz der Könige erweist sich hingegen als (für den Menschen) unerforschlich (25,3), man weiß also nichts über die Vorhaben der Herrscher.

Weitläufig kann auch noch der folgende Text im Zusammenhang mit dem Verstand interpretiert werden:

---

[9] Positiv wird demgegenüber hervorgehoben, daß der Mann auf das Herz seiner Frau vertraut (31,11), wobei dort wohl alle hier verhandelten Aspekte der Rede vom Herzen mitzudenken sind angesichts des folgenden Textes.

[10] McKane, OTL, 536.

[11] Mit einem anderen Akzent Whybray, CBC, 114: „the educational ideal of the wisdom schools has no use for the dreamer or the pure intellectual, however brilliant: wisdom is essentially a practical accomplishment leading to success in life".

[12] Vgl. Delitzsch, Spruchbuch, 319: Ein Weiser „täuscht sich in den Menschen nicht, weiß ihre Handlungen nach den unterliegenden letzten Beweggründen und Zielen zu würdigen".

„Wie mit Wasser, so ist es mit Gesicht im Blick auf Gesicht,
so ist das Herz eines Menschen im Blick auf einen anderen." (Spr 27,19)[13]

Mannigfache Bemühungen gibt es, diesen Text zu verstehen[14]. Nahezu alle laufen auf den Aspekt der Selbsterkenntnis hinaus. Wie Wasser beim Hineinsehen das eigene Gesicht widerspiegelt, so ermöglicht das Gegenüber des Anderen und dessen Reaktionen Erkenntnis des für die eigene Person Wichtigen. Eine etwas andere Nuance läßt sich darüberhinaus wahrnehmen, wenn die Rede vom *Gesicht* stärker berücksichtigt wird: „Ein Mensch erkennt sich in der Zuwendung, die ihm ein anderer entgegenbringt."[15]

2. Das Herz als Sitz der Emotionen[16]

Positive wie negative Emotionen haben im Herzen ihren Ort[17]. So macht das freudige Herz das Gesicht heiter (15,13a), ist das gute Herz wie ein andauerndes Festmahl (15,15). Auch kann das Herz gelassen sein (14,30) und sich freuen (15,30; 17,22; 24,17; 27,9.11)[18].

Kummer im Herzen (14,10) hingegen beugt einen Menschen nieder (12,25; 15,13b). Das Herz kann voll Gram sein und Leid haben (14,13). Ausbleibende Hoffnung kann zur Krankheit des Herzens (hier wohl auch = Kummer) führen (13,12). Ein לֵב־רַע verträgt keine Lieder (25,20), so daß wohl an einen bekümmerten Menschen zu denken ist.

Ebenso werden negative Emotionen gegenüber anderen mit dem Herzen in Verbindung gebracht. So hängt Hochmut mit dem Herzen zusammen (18,12; 21,4[19])[20] und menschlicher Zorn gegenüber JHWH:

„Die Torheit des Menschen verdreht seinen Weg,
aber über JHWH zürnt sein Herz." (Spr 19,3)

„An einem solchen Vers wird deutlich, daß אִוֶּלֶת mit »Torheit« nicht prägnant genug umschrieben wird. Gemeint ist die vom Menschen be-

---

[13] Vgl. PLÖGER, BK XVII, 319.325f.; auch GEMSER, HAT I/16, 97; HAMP, EB, 74 u.a.
[14] Vgl. zur Diskussion MCKANE, OTL, 615f. Zur Auslegungsgeschichte auch DELITZSCH, Spruchbuch, 445.
[15] A. MEINHOLD, ZBK AT 16.2, 459. Vgl. auch DELITZSCH, Spruchbuch, 445: Der Mensch findet im anderen „die Gesinnungen und Gefühle seines eignen Herzens wieder". – Zum Zusammenhang von Herz, Denken, Sprechen s. § 14.
[16] Dazu WOLFF, Anthropologie, 74f.
[17] In diesem Zusammenhang zeigt sich besonders deutlich, daß לֵב für „das ‚Innere' des Menschen im Gegensatz zum nach außen sichtbaren Gesicht" steht, R. LAUHA, Psychophysischer Sprachgebrauch, 85.
[18] Vgl. Ägypten, wo das Herz besonders mit der Freude als Emotion verbunden wird, s. BRUNNER, Glauben, 18.
[19] Genauer zum Text § 3, S. 62f.
[20] Vgl. auch die Mahnung bei Ptahhotep 330 (BRUNNER, Altägyptische Weisheit, 123): „Erhebe dein Herz nicht zu sehr, damit es nicht gedemütigt wird".

anspruchte Autonomie, die gleichwohl von Jahwe nicht loskommt."[21] Die
Bindung an JHWH zeigt sich auch da noch, wo der Mensch über JHWH
zürnt, obwohl er selbst für die Verdrehtheit seines Weges mit den entsprechenden negativen Konsequenzen die Verantwortung hat. In diesem unbe-
rechtigen Zorn drückt sich dann ebenso Torheit aus. *A.Meinhold* sieht auch
hier mit לב den Verstand angesprochen und zieht daraus die Folgerung, daß
der Mensch „sein Scheitern irgendwie gemerkt haben"[22] muß. Der Text läßt
jedoch eher an unkontrollierten, widersinnigen Zorn denken, so daß hier
gerade nicht der Aspekt des Verstandes im Vordergrund steht.

3. Das Herz als Sitz ethischer Verantwortung[23]

Vom Herzen wird ferner dort gesprochen, wo es um ethische Werturteile
bzw. um das Verhalten dem Mitmenschen gegenüber geht.

a) Die Werturteile werden dabei jeweils durch JHWH vollzogen. So ist der
mit dem verkehrten Herzen (עקשי־לב) ein Greuel für JHWH (11,20),
ebenso der Hochmütige (גבה־לב) nach 16,5. Die Bewertung des reinen
Herzens טהור־לב wird ebenso mit JHWH in Verbindung gebracht (22,11).
In diesen Zusammenhang gehören auch die Texte, nach denen JHWH das
Herz von Menschen prüft, wenngleich bei diesen ein fließender Übergang
zum Aspekt des Verstandes zu sehen ist (17,3; 21,2; 24,12[24])[25]. Das ישר in
21,2 (wie das תכן?) weist darauf hin, daß der ethische Aspekt hier im Vordergrund steht, JHWH also Einstellung und Verhalten prüft. Ganz klar angesprochen ist das Verhalten in 24,12, obwohl auch da das Wissen, der
Verstand benannt sind. Eigentliches Ziel ist jedoch das Prüfen des Verhaltens, des Ethos. Das dürfte auch in 15,11 mitschwingen, wonach die Herzen
der Menschen für JHWH allemal offen sind, wenn ihm schon die Unterwelt
vertraut ist.
Daß der Mensch die Konsequenzen seines Verhaltens zu tragen hat, wird
ebenso deutlich:

---

[21] PLÖGER, BK XVII, 221. Vgl. McKANE, OTL, 534, der den hier beschriebenen Menschen noch näher charakterisiert als einen „whose defiance is associated with a poisoning of
motivation and ethical deformity".

[22] A. MEINHOLD, ZBK AT 16.2, 312.

[23] Dieser für die Proverbien wichtige Aspekt wird bei WOLFF, Anthropologie, 84ff.,
erstaunlich zurückhaltend eingebracht.

[24] WOLFF, Anthropologie, 73, sieht in diesem Text das Herz angesprochen als „Ort
unerkennbarer Gesinnung in Gegensatz zum äußerlich vernehmbaren Wort". Die eigentliche Aussage des Textes deckt sich damit jedoch nur begrenzt, vgl. § 20, S. 259f.

[25] Vgl. § 20. Zum Prüfen (= Wägen) des Herzens im ägyptischen Totengericht, wo es
ebenfalls um das Verhalten des Menschen geht, vgl. BRUNNER, Glauben, 33f.

„Von seinen Wegen hat genug, wer abtrünnigen Herzens (סוּג לֵב[26]) ist,
und von ihnen der gute Mann." (Spr 14,14)

In 14,14b ist dabei an die guten Wege des guten Mannes[27] zu denken. „Die
weisheitlichen Grundsätze, wie sie in V.11 und in V.14 kurz skizziert sind,
sind jedoch in der Wirklichkeit des Lebens dazu angetan, auch mit Verhalten-
heit und Skepsis aufgenommen zu werden. Sie beschreiben punktuell, wie
das Leben sein soll, aber die Wirklichkeit mag oft genug anders ausgesehen
haben."[28]

Wenn davon die Rede ist, daß JHWH das Herz des Königs in der Hand
hat (21,1), geht es allerdings weniger um ein Prüfen als vielmehr um Beeinflussung, um Lenkung. Dabei ist wohl auch mehr an – allerdings an den
Verstand gebundenes – Verhalten zu denken.

b) Wenn die Rede vom Herzen im Zusammenhang mit dem *Verhalten
gegenüber anderen* eingesetzt wird, so handelt es sich meist um ein negatives
Verhalten. So ist derjenige, der den Nächsten verachtet, einer, der des Her-
zens ermangelt (11,12; חֲסַר־לֵב); ebenso derjenige, der Nichtiges tut und im
Kontrast zum Arbeitenden steht (12,11; vgl. auch 24,30: עָצֵל//חֲסַר־לֵב).
Trug ist ferner im Herzen derer, die böse Pläne machen (12,20). Sie sind auf
Schädigung des Mitmenschen ausgerichtet:

„Eifere nicht um böse Menschen,
und wünsche nicht, mit ihnen zu sein!
Denn Bedrückung ersinnt ihr Herz,
und Schlimmes reden ihre Lippen." (Spr 24,1f.)

Vor der Orientierung an solchen Menschen muß gewarnt werden, denn sie
haben nichts als das Unheil ihrer Mitmenschen im Sinn[29]. Das Herz wird hier
zum „Äußerungsorgan"[30] wie in 12,23, „wobei das Nach-außen-Kehren alles
dessen, was im Inneren vorhanden ist, gemeint ist"[31].
Wer ein verkehrtes Herz hat, wird entsprechend kein Glück haben:

„Wer verkehrten Herzens (עִקֶּשׁ־לֵב) ist, wird Gutes nicht finden,
wer sich dreht mit seiner Zunge, der wird ins Unglück fallen." (Spr 17,20)

Das verkehrte Herz ist angesichts der vergleichbaren Aussage von v.20b
Symbol für jemanden, der nicht verläßlich ist, sich hin und her wendet mit

---

[26] סוּג ist hier als Verbaladjektiv aufzufassen.
[27] Die Wendung אִישׁ טוֹב deutet ebenfalls auf ethische Zusammenhänge hin, besonders
wenn sie in weisheitlichem Kontext gebraucht wird, vgl. R. LAUHA, Psychophysischer
Sprachgebrauch, 85.
[28] PLÖGER, BK XVII, 171.
[29] Vgl. McKANE, OTL, 396, der לֵב als „mind" ansieht, gleichzeitig aber von „intellectual energy" spricht.
[30] A. MEINHOLD, ZBK AT 16.2, 401.
[31] A. MEINHOLD, ZBK AT 16.1, 213.

seinen Worten. Herz steht hier entsprechend für eine unzuverlässige Gesinnung, weniger für ein Verhalten[32], denn ein aktives Tun ist in v.20a nicht angesprochen. Ein so beschriebenes Herz hat dann auch entsprechend negative Konsequenzen zu erwarten (vgl. auch 28,14 über das verhärtete Herz).

Eine negative, allerdings bewußte, Gesinnung ist auch in 23,7 angesprochen, wenn das Herz es nicht gut mit einem anderen meint, bzw. in 26,25, wenn es von einem Menschen heißt, daß sieben Greuel in seinem Herzen sind, sein ganzes Herz also voll ist davon. Auch das böse Herz ist eines, das (bewußt) täuscht, wie dies auch glatte Sprache tut (26,23).

Daß ein solches Verhalten sehr kritisch gesehen wird, zeigt 23,17 mit der Aufforderung, daß das Herz nicht um Sünder eifern, nicht darauf sich konzentrieren solle, sondern statt dessen auf die JHWHfurcht[33].

b) Vergleichsweise wenige Texte sprechen vom Herzen als dem *Ort der positiven ethischen Entscheidungen*. So ist das weise Herz eines, das die Gebote annimmt (10,8). Umgekehrt kann dazu aufgefordert werden, auf Zucht zu hören und so Herz zu erwerben, wobei es wohl um ein Ineinander von Verstand und ethischer Verantwortung geht (15,32). Ähnlich ist es mit den Aufforderungen, das Herz zur Zucht zu bringen (23,12)[34], es auf den Weg zu führen, weise zu sein (23,19), es dem Vater/Lehrer(?) zu geben, ihm also zu gehorchen (23,26). Nach 24,32 nimmt sich jemand etwas zu Herzen, zieht also Konsequenzen aus seinen Beobachtungen, womit wiederum das Miteinander von Einsicht und Verhalten angesprochen ist. Ganz auf Verhalten zielt indessen 27,23 mit der Aufforderung, das Herz zur Herde zu setzen, sich also um diese zu kümmern.

Ganz deutlich spricht noch einmal 20,9 in einem ethischen Zusammenhang vom Herzen:

> „Wer sagt: ‚Ich habe mein Herz rein erhalten,
> ich bin rein von meiner Schuld.'?" (Spr 20,9)[35]

Eine gewisse Skepsis scheint durch diesen Text. Hier zeigt sich „ein in den Sprüchen ganz seltenes Sündenbewußtsein … das Menschenherz ist im Grunde verdorben"[36].

---

[32] Gegen PLÖGER, BK XVII, 205, der Herz hier mit Verstand identifiziert.
[33] Vgl. zum Text genauer § 20, S. 271f.
[34] Das ist möglicherweise eine Entsprechung zum ägyptischen Annehmen der Ma'at im Herzen; dazu BRUNNER, Glauben, bes. 24.
[35] Vgl. sumerisch „Der Mensch und sein Gott", Z. 102 (RGT 165): „Niemals ist ein sündloses Kind geboren seiner Mutter", nach GEMSER, HAT I/16, 79.
[36] RINGGREN, ATD 16, 82.

4. Folgerungen

Die hier aufgezeigten unterschiedlichen Verwendungszusammenhänge machen deutlich, daß der Begriff „Herz" in den Proverbien für die wichtigsten Bereiche menschlicher Existenz gebraucht wird. Verstand, Gefühl wie Verantwortung sind die den Menschen wesentlich bestimmenden Grundkonstanten, von denen her alles weitere ableitbar ist. Allein die Körperlichkeit des Menschen bleibt dabei ausgeblendet. Damit ist etwas angesprochen, was insgesamt in den Proverbien festzustellen ist: Die Körpererfahrung des Menschen spielt in den weisheitlichen Sprüchen keinerlei Rolle mit Ausnahme der Texte, die von psychosomatischen Zusammenhängen sprechen.

Da nach den Psalmen die Proverbien besonders häufig vom „Herzen" des Menschen reden[37], zeigen sie auch hierdurch an, daß und wie sehr sie am einzelnen Menschen, seinem Denken, Empfinden und Handeln interessiert sind. Sie fragen u.a. nach Beweggründen, versuchen damit hinter das rein Vorfindliche und Augenfällige reflektierend zurückzufragen und bringen (auch) damit einen oft übersehenen, wichtigen Beitrag zur atl. Anthropologie.

Wie für das AT, so ist auch für den Ägypter das Herz[38] das „Zentrum des Menschen, ... für Geist, Seele und Willen"[39]. Zwar wird hier im Gegenüber zum Alten Testament der anatomische Aspekt mit eingebracht, doch gilt dies vorwiegend für medizinische Texte[40]. Von daher läßt sich eine große Kongruenz besonders zwischen den Proverbien und ägyptischem Vorstellungsgehalt festhalten[41].

Das gilt auch insbesondere im Blick darauf, daß das Herz in Ägypten ebenso das der Weisheit zugeordnete Organ ist[42], so daß auch dort ‚herzlos' zum Synonym für ‚unvernünftig' werden kann[43]. Herz und Charakter, d.h.

---

[37] Vgl Stolz, לב, 861.

[38] Vgl. auch die wurzelmäßige Nähe von לב zu ägypt. *ỉb*.

[39] Brunner, Herz (LÄ), 1159. Der anatomische Aspekt hingegen, der in Ägypten nicht ausgeklammert wird, spielt im AT nicht nur in den Proverbien keine Rolle, sondern das AT ist insgesamt gekennzeichnet von dem „Unvermögen, *leb* anatomisch zu fixieren" (Fabry, לב, 424). Vgl. auch Stolz, לב, 861.

[40] Vgl. Brunner, Herz (LÄ), 1159.

[41] Ähnliches läßt sich auch für die sumerischen Sprichworte sagen, vgl. dazu Gordon, „Collection Four", 75, zu 4.46.

[42] Vgl. Brunner, Erziehung, 110–112.

[43] Z.B. „Sei kein ‚herzloser' (d.h. unvernünftiger) Mann, der keine Erziehung genossen hat!", Pap. Bologna 1094, eine Schulhandschrift des NR, nach Brunner, Erziehung, 111.179. Vgl. aber auch Ptahhotep 208 f. (Brunner, Altägyptische Weisheit, 118) mit der Gegenüberstellung von Herz und Bauch (so wohl eher mit Lichtheim): „This maxim contrasts the ‚heart' as the seat of reason with the ‚belly' as the seat of unreasoning feelings, desires, and appetites." (Lichtheim, Ancient Egyptian Literature I, 78).

„Fähigkeit zum Verstehen" und „der gute Wille" sind die „beiden Voraussetzungen für eine erfolgreiche Erziehungsarbeit": „Gott gibt ein Kind, indem
er (ihm) Herz und Charakter gibt"[44].

§ 14: Sprache

Kein anderes Textkorpus im Alten Testament bietet eine solch umfangreiche Reflexion über die Möglichkeiten und Funktionen von Sprache wie die
Proverbien[1]. Im Wortfeld für Sprache begegnen dabei vor allem die Nomina
לָשׁוֹן, פֶּה[2], שָׂפָה, die als für den Sprechakt notwendige Organe zugleich für
die Sprache selbst stehen. Daneben finden sich Ableitungen von דבר und
אמר[3].

Die Sprache (langue) in allen ihren Vollzügen (parole) erweist sich von
besonderer Bedeutung und Wert für den Weisen[4]. Sie wird zu einer Schlüssel-
funktion für die Weisheit; Weisheit ereignet sich via Sprache und wird durch
diese vermittelt. Hier ist der Bereich, wo insonderheit der intellektuelle wie
der zwischenmenschliche Aspekt der Weisheit zum Tragen kommen. Sprache
hat Auswirkungen auf den Sprechenden wie den Hörenden. Sie bewirkt
Leben oder Tod, Wohltat oder Zerstörung und ermöglicht Beeinflussung
anderer. Unter diesen Aspekten sollen die Texte im folgenden verhandelt
werden.

---

[44] BRUNNER, Erziehung, 111, mit Zitat aus PapInsing. Vgl. auch ders., Glaube, 24.

[1] Eine etwas eigenartige Begründung dafür bietet CAMP, Woman Wisdom, 53: „While it
is true that wisdom is connected with divine, it is equally clear in the tradition of the sages
that wisdom is part and parcel of right speech."

[2] In den Weisheitstexten sind zwei gegensätzliche Personengruppen die Bezugspunkte:
„weise – dumm und gut – schlecht. Dabei bezeichnet das erste Paar eine intellektuell-
weisheitliche Kategorie, während das zweite Paar eine ethisch-religiöse Kategorie beinhaltet", GARCÍA LÓPEZ, פה, 533.

[3] Mit der Untersuchung von BÜHLMANN, Reden, liegt eine sehr detaillierte Exegese
wichtiger Texte über die Sprache vor. Wo BÜHLMANN gefolgt werden kann, wird in dieser
Arbeit auf eine genauere exegetische Begründung verzichtet. Wo jedoch eigene andere Wege
gegangen werden, wird eine genauere Exegese geboten.

[4] Davon zeugt auch der Artikel פה im ThWAT, der dem Bereich der Weisheit einen
eigenen großen Abschnitt widmet. Zur Bedeutung der Sprache für das Menschsein vgl.
auch ZIMMERLI, Sprache, ohne daß er auf die Proverbien genauer eingeht, da es ihm um die
atl. Sprache als solche geht.

1. Vom Wert der Sprache

„Wertvolles Silber ist die Rede des Rechtschaffenen."[5] (Spr 10,20a)
„Gibt es auch Gold und Korallen(?),
aber ein kostbares Werkzeug sind Lippen der Erkenntnis." (Spr 20,15)
„Wie goldene Früchte in silbernen Schalen,
so ist ein Wort, gesprochen zur rechten Zeit[6].
Ein goldener Ring und eine kostbare Kette,
so ist ein weiser Warnender für ein hörendes Ohr." (Spr 25,11f.[7])

Hiernach ist Sprache etwas so wertvolles, daß sie nicht mit Dingen des alltäglichen Lebens verglichen werden kann. Ihr Wert wird mit Kostbarkeiten beschrieben, die in den Rahmen des luxuriösen Lebens gehören, was auch einen Rückschluß auf Sprecher- und Adressatenkreis als aus dem Bereich des Hofes und der Besitzenden kommend zuläßt[8]. Die Sprache bekommt ihre Qualität durch die Person des Sprechenden als Rechtschaffener (10,20a) bzw. Weiser (25,12), durch ihren Inhalt (20,15), oder weil sie der Situation angemessen ist (25,11.12[9]). Nach 20,15 erfährt die Sprache sogar noch eine höhere Wertschätzung als die wertvollsten Kostbarkeiten[10].

Der Wert der Sprache zeigt sich in besonderer Weise auch an der Hochschätzung der Worte des Weisheitslehrers[11]:

„Neige deine Ohren und höre auf die Worte der Weisen,
und dein Herz richte auf meine Erkenntnis.
Fürwahr, sie sind lieblich, wenn du sie bewahrst in deinem Inneren,
sie werden miteinander zur Verfügung stehen auf deinen Lippen.
Um dein Vertrauen auf JHWH zu setzen, lasse ich sie dich heute wissen,
gerade dich.
Habe ich dir nicht dreißig[12] aufgeschrieben an Ratschlägen und Erkenntnis,

---

[5] Allerdings zielt Spr 10,20 nicht eigentlich darauf, den Wert der Sprache hervorzuheben, sondern es geht um eine Gegenüberstellung von צדק und רשע bzw. לשון und לב, wobei jeweils den ersteren der Vorrang gebührt in ihrer Kombination. Vgl. auch § 3, S. 61 und § 13 betr. לֵב.

[6] Die Übersetzung ist nicht ohne Probleme, vgl. PLÖGER, BK XVII, 296; 301 zu עַל אָפְנָיו; vgl. auch McKANE, OTL, 584, wenngleich der Text nicht ganz so kryptisch zu sein scheint, wie McKANE meint. Zur Problematik von 25,11b vgl. auch A. MEINHOLD, ZBK AT 16.2, 424f.

[7] Zur Zusammengehörigkeit beider Verse vgl. VAN LEEUWEN, Context and Meaning, 82, mit seinem Hinweis auf die syntaktische Struktur.

[8] So mit A. MEINHOLD, ZBK AT 16.2, 424.

[9] Über eine seelische Harmonie zwischen Lehrer und Schüler, so HAMP, EB, 69, sagt dieser Vers aber nichts aus.

[10] Vgl. A. MEINHOLD, ZBK AT 16.2, 338; vgl. auch McKANE, OTL, 538: „an order of priority or perhaps a parity as between knowledge and wealth".

[11] Vgl. auch 18,15, wonach das *Ohr* der Weisen nach Erkenntnis sucht.

[12] Hier ist dem Qere שָׁלִישִׁים zu folgen. Zur Interpretation der Zahl vgl. A. MEINHOLD, ZBK AT 16.2, 379; vgl. auch Amenemope 540–543 (BRUNNER, Altägyptische Weisheit, 256).

um dich wissen zu lassen Wahrheit, wahrhaftige Reden,
daß du wahrhaftig antworten kannst denen, die dich schicken?" (Spr
22,17–21)[13]

Diese mahnende Rede gibt der Hoffnung des Weisheitslehrers Ausdruck,
daß der Schüler – der Lehre folgend[14] – dem, der ihn schickt, weise Antworten geben kann. Die Worte des Schülers sollen denen der Weisen/des Lehrers
in ihrer Qualität entsprechen. Die Unterweisung ist geprägt von קֹשְׁטְ und
אֱמֶת in der Sprache des Lehrers und zielt auf ebensolche in der Sprache des
Schülers. Auffällig ist der Bezug zu JHWH in v.19, womit das eigentliche Ziel
der weisheitlichen Unterweisung und deren Sprache gegeben zu sein scheint,
nämlich hinzuführen zum Vertrauen auf JHWH[15]. Die Intensität des Anliegens wird unterstrichen durch das betonte אַף־אַתָּה sowie die eindringliche
Art der Frage in vv.20f.

2. Sprache und Weisheit

Durch die Sprache erweist es sich, ob der Sprechende zu den Toren/
Frevlern oder zu den Weisen/Rechtschaffenen zu rechnen ist.[16] Dabei erwek-
ken die Proverbientexte z.T. den Eindruck, als wäre das Eigentliche der
Sprache ihre Möglichkeit, der Weisheit Ausdruck zu verleihen. Die häufig
anzutreffende Erfahrung, daß Sprache auch Ausdrucksmittel des Toren ist,
erscheint dabei schon fast als Perversion von Sprache[17]:

„Der Mund des Rechtschaffenen läßt Weisheit sprießen,
aber die Zunge der Falschheit wird abgeschlagen.
Die Lippen des Rechtschaffenen erkennen, was wohlgefällig ist,
aber der Mund der Frevler, was Ränke ist." (Spr 10,31f.)

„Die Zunge der Weisen führt Erkenntnis auf rechte Weise[18] aus,
aber der Mund der Toren spricht Torheit aus." (Spr 15,2)

„Die Lippen der Weisen streuen Erkenntnis aus,
aber das Herz der Toren ist nicht richtig[19]." (Spr 15,7)

---

[13] Der Text zeigt eine große Nähe zu Amenemope 47–59 (BRUNNER, Altägyptische
Weisheit, 238f.).
Zur Diskussion um die Funktion dieses Textes, ob Anhang an das Vorausgehende oder
Einleitung für das Folgende, vgl. DELITZSCH, Spruchbuch, 358.
[14] Das ist deutlich mit dem Hören auf die Lehre gemeint, vgl. ARAMBARRI, Wortstamm
›hören‹, 217: „Es bedeutet die vollständige Annahme, die Haltung des Subjekts der Erziehung vor dem Erzieher".
[15] Dazu genauer § 18, S. 242.
[16] Zum Zusammenhang von Weisheit und Sprache vgl. GARCÍA LÓPEZ, פֶּה, 534.
[17] Zur Sprache des Toren genauer in § 2, S. 20ff.
[18] Zur Diskussion um יטב vgl. PLÖGER, BK XVII, 178; McKANE, OTL, 478.
[19] Zu לֹא־כֵן vgl. McKANE, OTL, 478; BÜHLMANN, Reden, 130, wobei BÜHLMANN über
die Verstehensmöglichkeit „richtig" gar nicht reflektiert.

Nicht ganz unwichtig für das Verstehen von 10,31f. ist die Interpretation von נוב in v.31. Das Verbum kann transitiv wie intransitiv gebraucht sein. Bei intransitivem Verstehen wäre der Mund des Rechtschaffenen einer, der sich aufgrund von Weisheit äußert. Bei transitivem Verständnis ergibt sich, daß durch die Rede des Rechtschaffenen Weisheit hervorgebracht wird, der Ton also auf חָכְמָה liegt und deren Förderung indirekt mit zum Ausdruck bringt. Darüber hinaus wird die Sprache des Rechtschaffenen mit „Wohlgefallen" in Verbindung gebracht, wobei offen bleibt, ob an ein allgemeines Wohlgefallen zu denken ist, oder ob das Wohlgefallen JHWHs anklingen soll, von dem ja auch sonst in den Proverbien gesprochen wird[20]. Letzteres liegt insofern nahe, da in den meisten Fällen der Gebrauch von רָצוֹן das Wohlgefallen JHWHs meint[21]. Weisheit und Wohlgefallen der Sprache finden ihren Kontrast in Falschheit und Ränke[22], die radikal verurteilt werden.

In 15,7 wird eine Begründung dafür gegeben, warum der Tor nicht in der Lage ist, recht zu reden: Sein Herz ist nicht in Ordnung, d.h. sein Verstand funktioniert nicht sachgemäß[23]. Die Weisen hingegen sind durch Erkenntnis bestimmt, die sie angemessen durch ihre Sprache weitergeben (15,2.7; vgl. 18,15)[24].

In die Nähe des Toren rückt der Knecht, der nicht auf Worte hört:

> „Durch Worte wird der Knecht nicht gewarnt,
> wahrlich, er versteht sie, aber er antwortet (= reagiert) nicht darauf." (Spr 29,19)

Es ist weniger ein Mangel an Intelligenz[25], der den Knecht nicht reagieren läßt – er versteht die Worte! –, als vielmehr bewußte Ablehnung durch „schweigende(n) Widerstand"[26]. Dadurch erweist er sich als einem Toren gleich.

Eine direkte Beziehung zwischen Sprache und Weisheit stellt der folgende Text her:

---

[20] So 11,20; 12,2.22; 15,8; 16,7; 18,22. Vgl. auch PLÖGER, BK XVII, 131; WILDEBOER, KHC XV, 33.

[21] Anders GERLEMAN, רצה, 811, der Spr 10,32 zu den Stellen rechnet, wo profan von Wohlgefallen gesprochen wird. Vgl. auch BÜHLMANN, Reden, 290f.: „‚Wohlgefallen' ist hier als gegenseitige Gunst, d.h. wohlwollendes Einvernehmen unter den Redlichen zu verstehen."

[22] Vgl. MCKANE, OTL, 424: „a pathological, anti-social stance which finds its outlet in disruptive and destructive speech".

[23] Vgl. PLÖGER, BK XVII, 181. Anders WILDEBOER, KHC XV, 45, mit der Interpretation „unzuverlässig". 17,7a kann sogar konstatieren, daß ein Tor und rechte Sprache überhaupt nicht zusammenpassen. Zum Verstehen von Herz als Verstand vgl. § 13.

[24] Vgl. zum Zusammmenhang von Weisheit bzw. Torheit und Sprache auch 15,14 (genauer dazu § 2, S. 23); 23,15f.

[25] Mit PLÖGER, BK XVII, 347.

[26] A. MEINHOLD, ZBK AT 16.2, 489.

> „Tiefe Wasser sind die Worte im Munde eines Mannes,
> ein sprudelnder Bach ist die Quelle der Weisheit." (Spr 18,4)

Problematisch ist die Zuordnung der beiden Vershälften. Sind v.4a und v.4b als Antithese zu verstehen? Dann ginge es um dunkle, nicht verständliche, uneinsichtige Worte, denen die Weisheit als lebendige Quelle positiv gegenübergestellt wird. Oder stehen die beiden Vershälften in der Beziehung einer Klimax, so daß die besondere Qualität der Worte des Mannes betont werden soll?[27] Angesichts des weitgehend negativ geprägten Kontextes im sonstigen Gebrauch von עָמֹק[28] steht zu vermuten, daß ein solcher auch hier zu denken ist. Dann werden hier der Weisheit als Lebensquelle die unergründlichen, nicht verstehbaren Worte von Menschen, die nicht weisheitlich bestimmt sind, gegenübergestellt[29].

Mehrfach wird das *Verhältnis bzw. der Zusammenhang von Herz/Verstand und Sprache* und damit von Denken und Sprechen[30] thematisiert:

> „Das Herz des Rechtschaffenen denkt nach, um zu antworten,
> der Mund der Frevler aber bringt Bosheiten hervor." (Spr 15,28)

> „Im Blick auf ein weises Herz wird man einsichtig genannt,
> und die Süßigkeit der Lippen vermehrt die Lehre (Überzeugung?)." (Spr 16,21)

> „Das Herz des Weisen macht seinen Mund klug
> und vermehrt auf seinen Lippen die Lehre (Überzeugung?)." (Spr 16,23)

Erst der Verstand ermöglicht gute Sprache, denn ein vorausgehendes (Nach-)Denken[31] ist notwendig für das Sprechen (15,28). Ein entsprechendes Herz[32] ermöglicht es dem Weisen, seine Sprache so zu gestalten, daß sie zur

---

[27] Zur Diskussion dieses Problems vgl. PLÖGER, BK XVII, 211. PLÖGER entscheidet sich für die Antithese, ohne dadurch jedoch v.4a negativ qualifizieren zu wollen. Vielmehr gehe es um eine esoterische Form der Weisheit, zu der der Zugang schwerer fällt als in v.4b beschrieben. Vgl. auch TOY, ICC, 356f., der Probleme sieht bei der Zuordnung eines positiv verstandenen v.4a zu weiteren Aussagen der Proverbien, die sonst nicht so positiv über den Menschen sprechen. Angesichts sonstiger positiver Aussagen über Sprache, die ja immer Sprache von Menschen ist, überzeugt dieses Argument nicht.

[28] Vgl. die Belege bei BEYSE, עמק, 225f.

[29] Ganz anders REYMOND, L'eau, 64: „Dans ce passage, l'accumulation des termes veut exprimer tout ce que la parole d'un homme sage représente de vrai, de précieux, de réconfortant."

[30] Denken kann verstanden werden als ein Sprechen im Herzen; vgl. z.B. Koh 1,16; 2,15; 3,17f.

[31] Dabei ist keineswegs mit BÜHLMANN, Reden, 185f., an ein Selbstgespräch zu denken. Vgl. STRACK, KK VI/2, 55.

[32] Vgl. dazu GARCÍA LÓPEZ, פה, 534: „Das Herz des Klugen ist auf Weisheit gerichtet, und sein Mund äußert Weisheit, während der Mund des Dummen sich von Boshaftigkeit ernährt und Boshaftes äußert".

vermittelbaren, verständigen Lehre wird (16,23)[33]. Nicht ganz eindeutig ist, was mit לֶקַח gemeint ist. Es kann die Überzeugungsfähigkeit[34] sowie „the process of understanding and appropriating the words of the teacher"[35] sein. Die Kraft der Sprache liegt nun aber nicht nur in ihrem Inhalt oder der Person des Sprechenden begründet, sondern auch in ihrer ästhetischen Gestaltung (16,21)[36]. Es geht nicht nur um das *Daß*, sondern auch um das *Wie* der Sprache[37], womit erneut ein angemessener (Bildungs-)Stand der Weisen vorausgesetzt wird.

Gefährdet wird eine verständige Rede durch Alkohol, weil dieser den Verstand trübt:

> „Deine Augen werden Seltsames sehen,
> und dein Herz wird falsche Dinge reden." (Spr 23,33)

Die Wirkung wird deutlich aufgezeigt als „Zustand der Abnormität, wenn die Augen befremdliche Dinge sehen und das Herz verdrehte Sachen redet bzw. sich ausdenkt"[38].

Nach 16,1 kann das Überlegen des Menschen in seinem Herzen nur zu einem rechten Wort führen, wenn JHWH dazu verhilft[39]. 22,20f. verweist demgegenüber auf die Unterweisung des Weisheitslehrers.

3. Sprache im Kontext von Leben und Tod

a) Immer wieder nennt der Weise die Erfahrung, daß der Mensch sein *eigenes Leben* durch seine Art der Rede fördert oder schädigt:

> „In der Verfehlung der Lippen liegt eine böse Falle,
> aber der Gerechte kommt aus der Bedrängnis heraus." (Spr 12,13)

> „Von der Frucht des Menschenmundes ißt man gut,
> die Begierde der Treulosen aber ist Gewalttat.
> Wer seinen Mund hütet (Wer auf seinen Mund achtet), bewahrt sein Leben
> (נֶפֶשׁ),

---

[33] Vgl. PLÖGER, BK XVII, 194. Vgl. A. MEINHOLD, ZBK AT 16.2, 275: „Die Kompetenz eines Menschen, sein Verstand und Geschick, wird in der Gemeinschaft besonders an seinen Worten erkannt."
[34] So wohl GEMSER HAT I/16, 71 und RINGGREN, ATD 16, 70; vgl. auch BÜHLMANN, Reden, 57.
[35] McKANE, OTL, 489.
[36] Dazu MÜLLER/KRAUSE, חכם, 930; A. MEINHOLD, ZBK AT 16.2, 275.
[37] Mit STRACK, KK VI/2, 58.
[38] PLÖGER, BK XVII, 278.
[39] Genauer dazu § 20, S. 256f.

> wer seine Lippen unbedacht reden läßt, dem gereicht es zum Verderben."
> (Spr 13,2f.)
>
> „Der Mund des Toren – Untergang ist er für ihn,
> und seine Lippen sind eine Falle für sein Leben (נֶפֶשׁ)." (Spr 18,7)
>
> „Von der Frucht des Mundes muß einer[40] seinen Leib sättigen,
> das Erzeugnis seiner Lippen sättigt.
> Tod und Leben sind in der Hand der Zunge,
> wer sie liebt, ißt ihre Frucht." (Spr 18,20f.)[41]
>
> „Wer seinen Mund und seine Zunge bewahrt,
> bewahrt sein Leben vor Bedrängnissen." (Spr 21,23)

Allein positiv wird die Sprache in 13,2 gewertet, indem sie in Analogie zu einer Frucht tragenden Pflanze gesehen wird, die sättigt (vgl. auch 18,20; 12,14a[42]), während die Begierde/der Hunger des Treulosen auf Schlimmes zielt. Demgegenüber wird diese Sicht in 12,13; 13,3; 18,7.21 relativiert und auch die negative Seite von Sprache angesprochen. Sie kann sich als Falle für den Sprechenden erweisen[43] (12,13[44]; 18,7) und hat Macht[45] über Leben und Tod (18,21), denn durch Worte können Menschen zerstört oder ermutigt werden[46]. Probleme bereitet dem Redenden eine unbedachte Rede (13,3; wohl auch 18,7 angesichts des Toren als Redendem; 21,23), da sie sein Leben in Gefahr oder zumindest in Bedrängnis bringt. Der Hörer/Leser dieser Texte wird und soll sich also schon aus eigenem Interesse um kontrolliertes Reden bemühen. Ein solches ist mit den Verben נצר und שמר in Verbindung mit פֶּה im Blick[47].

Auch wo das Stichwort „Leben" in den folgenden Texten ausdrücklich nicht genannt ist, geht es inhaltlich sehr wohl um die Existenz, die jemand durch seine Sprache gefährdet:

---

[40] Hier ist wohl an den Sprechenden selbst zu denken, wenngleich die grammatische Form תִּשְׂבַּע es offen läßt, zumal in v.20b יִשְׂבָּע ebenso transitiv wie intransitiv verstanden werden kann. Die Fortführung in v.21 legt jedoch das hier gewählte Verstehen nahe.

[41] Eine etwas eigenwillige Interpretation dieser beiden Verse bietet CAMP, Woman Wisdom, 53, angesichts des hier gebrauchten Vokabulars: „the systems of commonplaces associated with Woman Wisdom and Woman Deception – death, life, love, fruit – ‚collide‘ to constitute the new metaphor of Woman Language".

[42] Zu 12,14 genauer § 18, S. 232.

[43] Vgl. auch 22,14, wo der Mund der Fremden zur tiefen (Fall-)Grube wird.

[44] Hier ist aber auch mit an eine Falle für das Gegenüber zu denken. Beides spielt ineinander, vgl. A. MEINHOLD, ZBK AT 16.1, 209: „Ein Vergehen, bei dem Worte die Gemeinschaft unter den Menschen zerbrechen ..., stellt eine als böse gekennzeichnete Falle dar, die andere zur Strecke bringen soll, letztlich aber den Sprecher selbst verfängt."

[45] Vgl. McKANE, OTL, 515: Sprache als „political instrument".

[46] Vgl. Ani 215f. (BRUNNER, Altägyptische Weisheit, 207); Sir 37,17–24.

[47] Vgl. u.a. RINGGREN, ATD 16, 58; A. MEINHOLD, ZBK AT 16.1, 218. Zur Problematik der im Parallelismus stehenden, einander ähnlichen Verben שמר und נצר vgl. BÜHLMANN, Reden, 203f.

„Wer weisen Herzens ist, der nimmt Gebote an,
wer törichte Lippen hat, kommt zu Fall." (Spr 10,8)[48]

„(Die) Heilung der Zunge ist (wie) ein Lebensbaum,
Falschheit in ihr ist Untergang im Geist/Psyche (= seelischer Untergang? =
רוח)." (Spr 15,4)

Der Redende kann sich durch seine Worte ruinieren, sofern diese törichten Lippen entspringen (10,8). Zu אֱוִיל שְׂפָתַיִם ist das ägyptische ꜥš ꜣ rbzw. ꜥš ꜣ ḥrw im Sinne von „geschwätzig"[49] zu vergleichen, so daß an unreflektiertes Sprechen zu denken ist[50]. Auch 15,4 hat möglicherweise das Ergehen des Sprechers selbst im Blick. Danach kann eine bestimmte Art von Sprache, näher charakterisiert durch מַרְפֵּא, Leben vermitteln. מַרְפֵּא signalisiert bereits durch die in ihm enthaltene Wurzel רפא, daß es eine Sprache ist, die heilend wirkt, also eine wohltuende Sprache[51], die angesichts der Fortsetzung in v.4b als eine offene, ehrliche zu beschreiben ist[52]. Umgekehrt wirkt sich durch Falschheit (סֶלֶף) bestimmte Sprache lebensmindernd, geradezu lebenszerstörend aus. Angesichts von שֶׁבֶר בְּרוּחַ[53] ist dabei an psychisches Befinden zu denken. Offen bleibt jedoch, für wen diese Sprache sich Leben spendend bzw. zerstörend auswirkt, ob für den Hörenden oder ob rückwirkend für den Sprechenden.

Auch Mißachtung des Wortes (eines anderen) erweist sich als Schaden für die eigene Existenz:

„Wer das Wort verachtet, verpfändet sich (= richtet sich zugrunde),
wer das Gebot fürchtet, dem wird ‚vergolten'." (Spr 13,13)

Die Stellung zu Wort (דבר) wie Gebot (מצוה) entscheidet über das eigene Leben. Beide Begriffe werden nicht näher bestimmt, doch ist angesichts des Kontextes nicht an göttliches Wort bzw. Gebot zu denken[54], sondern an die Lehre der Weisheitslehrer[55]. Problematisch für die Aussage von v.13a ist die Nifʿal-Form יֵחָבֶל:

---

[48] Eine – wenn auch nicht zu Spr 10,10a passende – wörtliche Parallele zu 10,8b begegnet in 10,10b. Demgegenüber bietet LXX für 10,10b einen völlig anderen Text: ὁ δὲ ἐλέγχων μετὰ παρρησίας εἰρηνοποιεῖ, also eine Aussage, die Heil, nicht Zerstörung anspricht und die ebenso wie 10,10a das Gegenüber im Blick hat. Mit der Lesart der LXX wird die Reihe der Antithesen fortgesetzt, was möglicherweise für ihre Ursprünglichkeit sprechen könnte.
[49] Vgl. WbÄS I 228,17. CAZELLES schließt überzeugend auf diesem Hintergrund, daß man zur Zeit der Monarchie aus אֱוִיל „einen Spottnamen für den anspruchsvollen oder taktlosen Schwätzer der Weisheitsschulen" machte, CAZELLES, אויל, 150.
[50] Vgl. A. MEINHOLD, ZBK AT 16.1, 170.
[51] Vgl. MCKANE, OTL, 483: „therapeutic character of speech".
[52] Anders BÜHLMANN, Reden, 279, der für מרפא eine „resultative Bedeutung" geltend macht und so von „heile Zunge" spricht. Dies ist jedoch nicht zwingend.
[53] Zu שֶׁבֶר רוּחַ vgl. Jes 65,14.
[54] Anders wohl WILDEBOER, KHC XV, 40, für מצוה; ebenso Strack, KK VI/2, 48.
[55] Vgl. A. MEINHOLD, ZBK AT 16.1, 223; auch MCKANE, OTL, 454.

Dazu *Plöger:* „Wer ein Wort verachtet, bleibt ihm (gleichwohl) verpfändet, d.h. es wird die Zeit kommen, in der diese Verachtung eingelöst wird. Das ist freilich etwas wenig, um die Auswirkung der Verachtung ausreichend auszudrücken. Deutlicher ist eine passivische Wiedergabe יֵחָבֶל ...: »er wird gepfändet werden«, was seinen Ruin herbeiführen kann.“[56] Beide Verstehensmöglichkeiten bleiben jedoch sehr offen im Blick auf eine genauere Füllung und geben als solche verhältnismäßig wenig her als Reaktion auf die Mißachtung des Wortes, sondern sprechen die negative Folge nur allgemein an.

Ein reflexives Verstehen des Nifʿal ist folglich vorzuziehen. Danach würde der das Wort Mißachtende sich selbst verpfänden, seine eigene Existenz in Eigenverantwortung aufs Spiel setzen, sein Leben im Vollsinn gefährden. Wer demgegenüber das Gebot fürchtet, indem sein Verhalten ihm entspricht, wird für sein Leben positive Reaktionen erfahren[57] (יְשֻׁלָּם). Worin diese besteht und durch wen sie geschieht, wird jedoch nicht gesagt[58].

b) Neben dem eigenen ermöglicht oder schädigt Sprache auch *fremdes Leben*. Frevler und Tor erweisen sich dabei durch ihre Sprache als andere in ihrer Existenz gefährdend:

„Segnungen sind es in Bezug auf das Haupt des Rechtschaffenen (צַדִּיק), aber der Mund der Frevler birgt[59] Gewalttat (חָמָס) in sich.“ (Spr 10,6)

„Eine Quelle des Lebens ist der Mund des Rechtschaffenen, aber der Mund der Frevler birgt Gewalttat (חָמָס) in sich.“ (Spr 10,11)[60]

„Weise bewahren Erkenntnis, der Mund des Toren aber nahe Zerstörung (מְחִתָּה)“. (Spr 10,14)

„Durch den Mund des Ruchlosen wird sein Nächster verdorben, aber durch das Wissen der Rechtschaffenen wird er gerettet.“ (Spr 11,9)[61]

„Durch den Segen der Rechtschaffenen kommt die Stadt hoch[62], aber durch den Mund der Frevler wird sie niedergerissen.“ (Spr 11,11)

---

[56] PLÖGER, BK XVII, 160f, wobei er – wie auch andere Exegeten – zurückgreift auf die in der BHS vorgeschlagene Variante.

[57] Ähnlich McKANE, OTL, 455.

[58] Dazu genauer § 18.

[59] Bei der Verwendung der Wurzel כסה ist nicht zwingend daran zu denken, daß hier ein absichtliches, böswilliges Verbergen intendiert ist, sondern es kann eher im Sinn von „enthalten" verstanden werden, vgl. RINGGREN, כסה, 276.

[60] Vgl. zu diesem Vers die wörtliche Parallele zu 11b in Spr 10,6, wo v.6b aber keine echte Antithese zu v.6a bildet, von daher wohl Sekundärbildung ist: „Segnungen gibt es für den Kopf eines Gerechten, aber der Mund der Frevler birgt Gewalttat in sich."

[61] So auch die Interpretation von יֵחָלְצוּ bei BÜHLMANN, Reden, 295f. Denkbar wäre auch „werden gerettet die Rechtschaffenen". Eine eindeutige Entscheidung ist nicht möglich, hier aber auch nur von begrenztem Interesse, denn bei beiden Varianten steht der zerstörerischen Rede des Ruchlosen die rettende Einsicht der Rechtschaffen gegenüber.

[62] Zu רום im Sinn von ‚erbaut werden' im Gegenüber zu הרס vgl. VAN DER WEIDEN, Proverbes, 97f.

„Es gibt einen Schwätzer – wie Durchbohrungen eines Schwertes ist er.
Aber die Zunge der Weisen ist Heilung." (Spr 12,18)

„Im Mund des Toren (אֱוִיל) ist eine Rute des Hochmuts[63],
aber die Lippen der Weisen bewahren sie." (Spr 14,3)

Leben wird ermöglicht durch die Worte eines Rechtschaffenen (10,11)
bzw. Weisen (12,18[64]; 14,3). Das Bild von der Quelle[65] in 10,11 sagt zugleich
aus, daß es hier nicht nur um ein einmaliges Sagen geht, sondern um die
grundsätzliche gute Qualität der Sprache eines Rechtschaffenen. Seine Sprache wird in ihrer Bedeutung für den Menschen[66] gleichgesetzt mit dem Leben
spendenden Wasser, das der Gemeinschaft wohltut[67]. Demgegenüber enthalten die Worte der Frevler Gewalttat als ein Leben und damit Gemeinschaft
zerstörendes Element (10,6b//10,11b[68])[69]. Ähnliches gilt auch für die Sprache
der Ruchlosen und Toren (11,9; 10,14; 14,3) sowie des Schwätzers[70] (12,18)[71].

Die zerstörerische Wirkung von Sprache betrifft jedoch nicht nur einen
einzelnen, sondern mit der Stadt kann eine ganze Gemeinschaft davon betroffen sein (11,11). Umgekehrt kann der in v.11a angesprochene Segen für

---

[63] Es ist nicht notwendig, hier גֵּוָה zu lesen. Vgl. LXX. Die Wendung חֹטֶר גַּאֲוָה setzt
implizit mit, daß sich Hochmut als Zuchtrute erweisen kann. BÜHLMANNs Hinweis auf den
Gebrauch von חֹטֶר in der Ahirom-Inschrift «sic!» (Reden, 127) zeigt gerade, daß bei חֹטֶר
nicht unbedingt an Zweig, Sproß gedacht werden muß, sondern bereits im Blick sein kann,
welche Funktion dieser Zweig hat. Anders PLÖGER, BK XVII, 167.169, der חֹטֶר als Sproß,
Reis interpretiert.

[64] Das in 12,18 gebrauchte מַרְפֵּא denkt zwar zunächst an Heilung, doch ist diese eng an
Leben gebunden. Zu מַרְפֵּא vgl. auch Spr 15,4.

[65] Zur Wendung מְקוֹר חַיִּים vgl. auch Spr 13,14 mit תּוֹרַת חָכָם als Bezugsgröße; 14,27
mit יִרְאַת יְהוָה; 16,22 mit שֵׂכֶל בְּעָלָיו, wobei 13,14 dem Text von 10,11 noch am nächsten
kommt. Vgl. auch 18,4 in der LXX-Version.

[66] Für den Sprechenden wie für sein Gegenüber, vgl. DELITZSCH, Spruchbuch, 167.

[67] Vgl. PLÖGER, BK XVII, 125, zum gemeinschaftbildenden Akzent des Bildes. Vgl.
auch McKANE, OTL, 418, mit seinem Hinweis auf „social emphasis", auf die Orientierung
an der Gemeinschaft, nicht am einzelnen.

[68] V.6b wird von SCOTT, AB 18, 83, als Ergänzung angesehen, die an die Stelle des
offensichtlich fehlenden ursprünglichen Textes gesetzt wurde. SCOTT reagiert damit zum
einen auf die eigenwillige Zuordnung von v.6a und v.6b, zum andern auf die auffällige
Doppelung von v.6b und v.11b.

[69] Zwar kann bei diesen beiden Texten nicht klar differenziert werden, ob es um das
Ergehen anderer oder der genannten handelnden Größen selbst geht. Es ist wohl an ein
Gegenüber zu denken, denn Sprache zielt auf Kommunikation mit einem Zweiten.

[70] „Es muss dabei gar nicht ein beabsichtigtes schlechtes Reden gemeint sein. Im Gegenteil בטה scheint eher ein gedankenloses Sprechen zu bezeichnen. Dummes Gerede ist oft
ebenso gefährlich", BÜHLMANN, Reden, 294.

[71] Vgl. DELITZSCH, Spruchbuch, 167: „sodaß die Sprache, welche in dem einen Falle
einen Lebens- und Liebesgrund zum Vorschein bringt und in Wirkung setzt, in dem anderen Falle einem unsittlichen, feindseligen Hintergrunde zur Deckung dient". Vgl. auch
entsprechende Aussagen in Ägypten u.a. bei PapInsing 66 (BRUNNER, Altägyptische Weisheit, 305): „Die böse Zunge eines törichten Mannes ist sein Schwert, mit dem er (sein?)
Leben abschneidet."

die Stadt wohl ebenfalls auf Sprache zurückgeführt werden[72]. Auffallend ist hier das Gegenüber von בִּרְכַּת יְשָׁרִים und פִּי רְשָׁעִים. *Plöger*[73] erklärt es mit einem Rückgriff auf 11,10 bzw. 11,9. Eine solche Erklärung hat aber nur Sinn, wenn die Zusammengehörigkeit der drei Verse vorausgesetzt werden kann. Möglicherweise geht v.11b von dem Gedanken aus, daß der Frevler sein frevlerisches Verhalten und damit das Ausbleiben des Segens vor allem durch seine Sprache vollzieht[74]. Unterstützt wird diese Sicht wiederum durch 11,9, wo den „socially destructive effects"[75] der Sprache des Ruchlosen das rettende Wissen des Rechtschaffenen gegenübergestellt wird[76]. Die Rede der Frevler wird so geradezu zum Fluch für die Stadt[77].

4. Sprache kann wohltun

In großer Nähe zur Lebensförderung steht das Wohltun der Sprache.

> „Kummer im Herzen eines Mannes beugt ihn[78] nieder,
> ein gutes Wort aber erfreut ihn." (Spr 12,25)

> „Das Licht der Augen (= ein freundlicher Blick?) erfreut das Herz,
> gute Kunde macht das Gebein markig." (Spr 15,30)

> „Eine Honigwabe ist eine angenehme Rede
> süß für die ‚Seele' und Heilung für das Gebein." (Spr 16,24)

> „Lippen werden geküßt
> von einer richtigen Antwort." (Spr 24,26)

Diese Texte zeigen das Wissen der Weisen um psychosomatische Zusammenhänge[79]. Wenn Sprache der „Seele" wohltut, hat dies auch Auswirkungen auf das Wohlergehen des Körpers. Gute Worte sind eine Wohltat für das Gebein (15,30; 16,24) und wecken wohltuende körperliche Empfindun-

---

[72] Vgl. A. MEINHOLD, ZBK AT 16.1, 191.

[73] PLÖGER, BK XVII, 137f.

[74] Ebenfalls enthält nach 12,6 die Sprache der Frevler das Vernichtungspotential.

[75] McKANE, OTL, 431.

[76] Nach PLÖGER, BK XVII, 137, scheint v.9b am ehesten zu meinen, „daß die Gerechten einer solchen Gefahr nicht ausgesetzt sind, da sie durch ihre Erkenntnis das heuchlerische Gerede zu durchschauen vermögen".

[77] Vgl. Merikare 22 (BRUNNER, Altägyptische Weisheit, 141): „Ein Redner bringt die Stadt nur in Verwirrung."

[78] Das feminine Suffix in v.25a wie in v.25b dürfte in beiden Fällen versehentliche Angleichung an das Nomen דְּאָגָה sein, so daß eigentlich ein maskulines zu stehen hätte mit Bezug auf אִישׁ. Es ist keineswegs zwingend, mit BÜHLMANN, Reden, 71, das Suffix auf לֵב zu beziehen. Problematisch ist allerdings die maskuline Verbform in v.25a, die nicht zum femininen Subjekt paßt. Auch hier kann eine versehentliche Angleichung an die – dort allerdings passende – Verbform in v.25b angenommen werden, vgl. PLÖGER, BK XVII, 147.

[79] Dazu genauer in § 15.

gen wie das Essen von Honig[80] und das Empfangen eines Kusses. Dies gilt sowohl für eine gute Nachricht wie für in Form und Inhalt freundliche Worte[81] oder eine richtige Antwort[82].

Die Wirkung des guten Wortes auch auf den Körper ist in 12,25 jedoch nicht angesprochen (vgl. auch 23,15f. mit der Freude des Vaters/Lehrers über aufrichtiges[83] Reden des Sohnes/Schülers; 16,13 mit dem Wohlgefallen des Königs an rechter Rede[84]). Es ist offen, ob mit דבר טוב das gute Wort gemeint ist, das von Herzen kommt, also empathisch ist, oder ob es durch seinen Inhalt als gut zu bestimmen ist[85]. Beides ist jedoch für psychisches Wohlbefinden wichtig.

Die wohltuende Wirkung von Worten zeigt sich auch bei der Überbringung einer (guten) Nachricht[86]:

„Wie die Kälte des Schnees am Tag der Ernte,
so ist ein zuverlässiger Bote für den, der ihn schickt,
und (das Leben seines Herrn führt er zurück =) seinen Herrn erquickt er."
(Spr 25,13)

„Kaltes Wasser für eine erschöpfte Seele (= für einen Erschöpften),
so ist eine gute Nachricht aus einem fernen Land." (Spr 25,25)

Die Wohltat besteht zum einen für den Absender der Nachricht darin, daß sie zuverlässig überbracht wird[87]. Zum andern wirkt sich eine Nachricht positiv auf das Wohl des Adressaten aus, wenn es sich um eine gute Nachricht handelt[88]. Verglichen wird die Wirkung der guten bzw. zuverlässig ausgeführten Nachricht mit der kühlenden und demzufolge erquickenden Wirkung von Wasser bzw. Schnee/Reif[89]. Die Besonderheit von kühlem Wasser

---

[80] Honig war auch für seine medizinische Wirkung bekannt, so daß hier der Honig auf doppelte Weise mit guten Worten verglichen wird, vgl. MCKANE, OTL, 493.

[81] Vgl. BÜHLMANN, Reden, 66: „Der Ausdruck אמרי־נעם meint hier nicht nur ‚anmutige', ‚schöne' Worte; es sind vielmehr ‚liebevolle', ‚mit Wohlwollen gesprochene Worte', die heilend wirken (vgl. Spr. 12,18; 15,4)."

[82] Zwar gibt der Kontext (= v.24f.) eine Rechtssache vor, so daß an eine aufrichtige Rede im Rechtsstreit gedacht werden könnte (PLÖGER, BK XVII, 287), doch ist dieser Zusammenhang kein ursprünglicher. Deshalb ist erneut nur allgemein an eine (auf)richtige, klare, den rechten Zeitpunkt kennende (?) Rede zu denken.

[83] Vgl. MCKANE, OTL, 387: „no discrepancy between speech and intent".

[84] Genauer § 9, S. 139f.

[85] Vgl. BÜHLMANN, Reden, 74.

[86] Ähnlich PapInsing 552 (BRUNNER, Altägyptische Weisheit, 334): „Eine kleine gute Nachricht belebt das Herz."

[87] Vgl. auch 13,17b: „Ein Bote der Zuverlässigen bringt Heilung.", wobei אמן hier allerdings eher für die Absender als für den Boten steht.

[88] Vgl. 15,30.

[89] Möglicherweise ist auch hier an gut gekühltes Wasser zu denken, vgl. die Diskussion bei BÜHLMANN, Reden, 159. Anders und überzeugend für Schnee jedoch LANG, Speiseeis. Völlig konträr SCOTT, AB 18, 155: „reference ... to a change from heat to abnormally cool weather ... during the June harvest".

bzw. Schnee zur heißen Jahreszeit[90] unterstreicht die Wertschätzung wie die Wohltat der guten Nachricht.

Sprecher wie Adressat profitieren gleichermaßen von einem rechten Gebrauch der Sprache:

> „Freude ist für den Mann in der Antwort seines Mundes,
> und ein Wort zur rechten Zeit – wie gut ist es." (Spr 15,23)

Antworten als solches kann dem Sprechenden bereits Freude machen, doch sie wird bei weitem überwogen durch die Freude über das Treffen des rechten Zeitpunktes. „Den Kairos, den rechten Augenblick, zu treffen, ist ein besonderes Merkmal der Einsicht. So ist der Effekt eines Wortes keineswegs unabhängig von der Situation, in der es gesprochen wird."[91] Das nachklappende מַה־טּוֹב[92] mag Hinweis darauf sein, daß ein Wort zur rechten Zeit nicht selbstverständlich ist, sondern als etwas besonderes erfahren wird. So wird bei Anch-Scheschonki extra aufgefordert: „Sag nicht etwas, wenn nicht der rechte Augenblick dafür da ist."[93]

Auf eine besondere Weise wohltun können Worte, wenn es ihnen gelingt, einen anderen (hier einen Fürsten) umzustimmen:

> „Mit Langmut läßt sich ein Fürst[94] bereden,
> und eine sanfte Zunge zerbricht Knochen." (Spr 25,15)

Einer entsprechend freundlichen Sprache, die außerdem von beharrlichem Langmut geprägt ist, wird die Kraft zugeschrieben, Knochen zu zerbrechen[95], also scheinbar unmögliches[96] zu erreichen. Der Mensch wird als einer erlebt, der der Freundlichkeit von Worten zugänglich ist, von diesen bestimmt und verändert werden kann[97]. Eine solche Veränderung kann sogar eine sehr große, nicht zu erwartende sein, wie der Hinweis auf das Zerbre-

---

[90] Die Rede von Schnee verweist wieder auf höhere Bevölkerungsschichten, da nur diese sich solchen leisten konnten, vgl. dazu und zur Art von Beschaffung, Transport und Lagerung A. MEINHOLD, ZBK AT 16.2, 425f.

[91] PLÖGER, BK XVII, 184. Diese Wahrnehmung des Kairos sieht BÜHLMANN bereits in v.23a im Gebrauch der Präposition בְּ und des Genitivs פִּיו vorweggenommen, doch bietet dies nicht genügend Hinweis. Vielmehr scheint Bühlmann bei seiner Interpretation durch v.23b beeinflußt zu sein, BÜHLMANN, Reden, 262.

[92] Zu מַה־טּוֹב als Ausruf vgl. BRIN, Significance, 463.

[93] Anch-Scheschonki 158 (BRUNNER, Altägyptische Weisheit, 275).

[94] Zu den verschiedenen Interpretationsmöglichkeiten von קָצִין vgl. BÜHLMANN, Reden, 79.

[95] Zur Diskussion um diese Formulierung vgl. BÜHLMANN, Reden, 80. Eine ähnliche Aussage findet sich in einem jüdischen Sprichwort: „Die Zunge ist ohne Knochen, aber sie zerbricht Knochen." (DIETZEL, Die ganze Welt, 58).

[96] Vgl. BÜHLMANN, Reden, 78, mit Verweis auf die Stilfigur des Oxymoron.

[97] „Wer in der Lage war, seine Rede diplomatisch zu gebrauchen, konnte überall seine und die Interessen anderer vertreten (vgl. Spr. 22,29; Sir 8,8)." BÜHLMANN, Reden, 81.

chen der Knochen andeutet. Das gilt selbst im Umgang mit den Vorgesetz-
ten, mit hochgestellten Persönlichkeiten[98].

Durch den besonderen Adressaten fällt das imperativische Mahnwort, mit
dem die Mutter ihren königlichen Sohn auffordert, seine Sprache für Unter-
drückte einzusetzen, etwas aus dem bisherigen Rahmen heraus:

> „Öffne deinen Mund für den Stummen, für das Recht aller Söhne des Da-
> hinschwindens[99].
> Öffne deinen Mund, richte dem Recht entsprechend
> und schaffe Recht dem Elenden und Armen." (Spr 31,8f.)

Auch hier ist die wohltuende, helfende Kraft der Rede im Blick, denn der
König soll Sprecher sein für diejenigen, die sich selbst nicht für ihr Recht
durch Worte einsetzen können. Bei dem אִלֵּם ist wohl nicht an den körper-
lich Versehrten zu denken, sondern eher im übertragenen Gebrauch an den,
der intellektuell oder von seinem sozialen Stand her nicht in der Lage ist,
seinem Anliegen Gehör zu verschaffen. Diesem Umstand abzuhelfen ist
Pflicht des Königs. Er soll seine Sprache, seine Recht setzenden und Macht
enthaltenden Worte bei der Rechtsfindung stellvertretend zum Wohl anderer
gebrauchen[100].

5. Sprache kann Schaden anrichten

a) Nur die schädigende Seite von Sprache haben folgende Texte im Blick:

> „Ein Mann von Schlechtigkeit gräbt Böses,
> und auf seinen Lippen ist es wie brennendes Feuer." (Spr 16,27)

> „Der Böse sucht die sündhafte Lippe,
> die Lüge hört zu bei einer frevelhaften Zunge." (Spr 17,4)

Negativkategorien werden hier gehäuft verwendet: אִישׁ בְּלִיַּעַל steht
neben (רַע(ה, אָוֶן, שֶׁקֶר und הַוּת. Geradezu abschreckend werden diese zur

---

[98] Vgl. mit anderer Intention Ahiqar 105b.106a (LINDENBERGER, Ahiqar, 91): „The
k[ing]'s tongue is gentle, but it breaks a dragon's ribs. (It is) like death, which is invisible."
Vgl. ebenso Sir 28,17.

[99] בְּנֵי חֲלוֹף bietet einige Verstehenschwierigkeiten. Sind es Waisenkinder? Oder Menschen, deren Kräfte schwinden? Oder angesichts des vorausgehenden דִּין Menschen, denen
das Recht genommen werden soll? Vgl. PLÖGER, BK XVII, 371, zur Problematik. Eine
eindeutige Klärung scheint nicht möglich, ist aber für unsere spezielle Fragestellung auch
nicht notwendig, da deutlich ist, daß es um den Einsatz für einen Menschen geht, der Hilfe
braucht.

[100] Der Kommentar PLÖGERs, BK XVII, 375, daß das weisheitliche Ideal der Schweigsamkeit hier zugunsten der Schwachen durchbrochen wird, verwundert. Zum einen hat es
in den Proverbien längst nicht das Gewicht wie in Ägypten, zum anderen geht es dabei doch
nicht um Schweigen im Gegensatz zum Reden, sondern um das Einhalten des rechten
Maßes. Und das ist hier wahrlich nicht das Thema!

Sprache in Beziehung gesetzt. In dieser Weise beschriebene Menschen gebrauchen und hören Sprache, die in keiner Weise gut tut, sondern wie ein brennendes Feuer nur Schaden anrichtet. Die Häufung der Negativkategorien dürfte den Sinn haben, sich vor einem solchen Gebrauch von Sprache als Sprechender wie als Hörender zu hüten (vgl. auch 25,18).

b) Sprache und Gesang können die *Stimmung* eines Menschen belasten:

> „Eine sanfte Antwort besänftigt Zorn,
> aber ein kränkendes Wort läßt Zorn hochkommen." (Spr 15,1)[101]

> „Ein Kleid ausziehen an einem kalten Tag ist wie Essig auf Salz
> und wie Lieder singend für das Herz eines Bösen." (Spr 25,20)

> „Nordwind bringt Regen[102],
> und ein zorniges Gesicht bringt heimliche Rede." (Spr 25,23)

Geradezu aufreizende und vernichtende Wirkung haben Gesänge für einen böse Gestimmten (= schlecht Gelaunten?), indem sie die schon vorhandene Grundstimmung noch verstärken, wie das Ablegen eines Kleidungsstückes das Frostgefühl an einem kalten Tag (25,20). Das Paradoxe und Widersinnige von Liedern für einen schlecht Gestimmten wird ferner unterstrichen durch den Hinweis auf die Vermischung von Essig und Natronlauge (25,20a), welche die Wirkung beider aufhebt[103].

Ebenso unangenehm und Zorn hervorrufend ist kränkende Sprache (15,1[104]) und verstecktes, heimliches Reden, das mit dem Regen bringenden Nordwind in Beziehung gesetzt wird (25,23). Dieser Vergleich ist allerdings nicht ganz unproblematisch:

> Für Palästina ist Regen als solcher wichtig, so daß auch Nordwind als Regenbringer eher positiv gewertet werden sollte. Unterschiedliche Lösungen bieten sich an. Zum einen verweisen *Ringgren* u.a. auf die eigentliche Bedeutung der Wurzel צפן = verbergen, so daß vielleicht an einen bedrohlichen verdunkelnden Wind zu denken ist[105]. Damit wäre zumindest eine Paralle zu סתר in v.23b gegeben. Zum anderen könnten die als negativ erfahrenen Nordwinde Ägyp-

---

[101] Zum Umgang mit erregten Menschen vgl. auch Amenemope 85–95; 203–225 (BRUNNER, Altägyptische Weisheit, 240; 244f.), wonach angeraten wird, sich vom Gespräch mit einem solchen zurückzuhalten. Hier wird dem besänftigenden Wort offensichtlich nicht so viel Macht zugetraut wie in den Proverbien.

[102] Vgl. LIPIŃSKI, צפון, 1099.

[103] Vgl. PLÖGER, BK XVII, 303; A. MEINHOLD, ZBK AT 16.2, 429.

[104] Sanftes, freundliches Reden hingegen kann Zorn beruhigen. „Wer es versteht, möglichst liebliche, vielleicht sogar schmeichlerische (im guten Sinn) Worte zu gebrauchen, der wird auch einen solchen Menschen wieder für sich gewinnen können. Mit der ‚sanften Rede' versucht man einen erbosten Menschen umzustimmen." , BÜHLMANN, Reden, 76.

[105] Vgl. die Diskussion bei PLÖGER, BK XVII, 304, wobei PLÖGER auf den Norden als in atl. Sicht „Gefahren bringende Region" verweist.

tens in Hintergrund zu sehen sein[106]. Verschärft wird das Problem noch dadurch, daß Nordwind in Palästina Regen eher vertreibt (vgl. Hi 37,21f.)[107].

Einer Lösung ist dieses Problem hier kaum zuzuführen. So muß auch offen bleiben, ob das ٦ in v.23b ein adversatives oder ein kopulatives ist. Es läßt sich folglich nicht mehr sagen, als daß v.23a der Verstärkung von v.23b dient, um die negativen Folgen von heimlicher Rede deutlich zu machen.

c) Sprache kann auch *irreführen*. Mit ihrer Hilfe kann man Menschen bewußt oder unbewußt täuschen:

„Die Worte des Verleumders sind wie Leckerbissen,
sie gehen hinab in das Innerste des Körpers." (Spr 18,8 = Spr 26,22[108])

„Wie silberne Schlacke, die über Ton gezogen ist,
so sind brennende Lippen und ein böses Herz." (Spr 26,23)

„Mit seinen Lippen verstellt sich der Hasser,
und in seinem Inneren stellt er Trug auf.
Wahrlich, er macht lieblich seine Lippen. Traue ihm nicht.
Denn sieben Greuel sind in seinem Herzen." (Spr 26,24f.)

„Eine lügnerische Zunge haßt ihre Unterdrückten,
und eine glatte Zunge bringt Verderben." (Spr 26,28)

„Ein Mann, der seinem Nächsten schmeichelt,
er breitet ein Netz aus über seine Tritte." (Spr 29,5)

Eine ganze Kette von Aussagen findet sich in Spr 26 und hebt durch die Zusammenstellung die Gefahr der trügerischen Rede um so deutlicher hervor. Besonders gefährlich können täuschende Worte eines Verleumders sein, da sie sehr eingängig sind, geradezu mit guter Speise verglichen werden können. 18,8b//26,22b verweist noch dazu darauf, wie nachhaltig solche Aussagen eines Verleumders wirken können[109]. Deutlich absichtliche Täuschung spiegelt 26,23 wider. Silber[110] über Ton täuscht anderes vor, als sich in Wirklichkeit darunter verbirgt. Ebenso täuschen auch die Worte eines Men-

---

[106] So MORENZ, ThLZ 78, 1953, 191.
[107] Vgl. A. MEINHOLD, ZBK AT 16.2, 432. Auch WHYBRAY, CBC, 149: Nordwind bringt in Palästina keinen Regen; ebenso VAN DER PLOEG, Prov. XXV 23, 191. Dieser schlägt darum eine Textänderung in *ṣāfûn* vor: „comme le vent, venant d'un lieu inconnu, couvre le ciel de nuages et l'assombrit, ainsi une parole médisante prononcée par on ne sait pas qui rend sombre le visage du prochain qui est visé" (ebd.).
[108] Im Blick auf die LXX zeigt sich, daß sie für 18,8 eine völlig anders geartete Variante bietet, während ihr Text für 26,22 dem masoretischen entspricht, vgl. PLÖGER, BK XVII, 314.
[109] Vgl. PLÖGER, BK XVII, 212.
[110] Zum Problem von *sjgjm* vgl. LORETZ, Ugarit, 32ff., wo er es als Fußnote erklärt.

schen über das hinweg, was sich in seinem Inneren abspielt. Beide Male besteht das Täuschen im Vorspielen eines Besseren angesichts eines eigentlich vorhandenen Schlechteren[111]. Reden kann auch das wirklich Gedachte, Vorhandene überdecken und verhüllen.

Nach 26,24f.28 gehören Haß und trügerische Sprache zusammen. Sie zielen auf das Verderben dessen, dem das Gesagte gilt[112]. Der Hasser „pervertiert die Sprache, normalerweise das für eine Gemeinschaft unumgängliche Mittel der Kommunikation, indem er sie ausschließlich seinen boshaften Plänen dienstbar macht"[113]. Der Prohibitiv in v.25 unterstreicht dabei deutlich die Gefahr, die von solch einer pervertierten Sprache ausgeht, ebenso wie die Rede von den sieben[114] Greueln im Herzen des Hasser[115].

Schmeichlerische Worte sind nach 29,5 keine Förderung für den so Gelobten bzw. Umworbenen, sondern eher ein in böser Absicht errichtetes Hindernis. Wie eine versteckt ausgelegte Falle werden schmeichelnde Worte dem zum Unglück, der sie nicht rechtzeitig entlarvt[116].

Unfreundliche, degradierende Worte, denen das Schweigen kontrastiert wird, hat wohl 11,12 im Blick:

> „Wer seinen Nächsten verachtet, ermangelt des Herzens
> (= unverständig),
> aber ein Mann mit Einsicht schweigt." (Spr 11,12)

In welcher Angelegenheit der Einsichtige schweigt[117], wird nicht gesagt. Weder kommt ein Fehlverhalten seines Nächsten, das er nicht anspricht im Gegensatz zu dem, der verächtlich darüber redet, in den Blick[118], noch gibt der Text angesichts des Verbums נכה einen eindeutigen Hinweis darauf, daß der Einsichtige die Verachtung von Geringen nicht mitvollzieht und demzufolge nicht darüber spricht[119]. Die Sentenz bleibt wieder bewußt allgemein und auf unterschiedliche Situationen anwendbar.

Die Absicht all dieser Aussagen dürfte sich decken mit der Aufforderung von 26,25, solchen trügerischen Worten nicht zu trauen, sie sogar zunächst

---

[111] Vgl. WILDEBOER, KHC XV, 77.
[112] Mit McKANE, OTL, 604: „His use of language is determined by his basic malevolent motivation". Vgl. auch DELITZSCH, Spruchbuch, 433, für den die lügnerische Zunge Zeichen der Übertretung von Lev 19,17 ist.
[113] PLÖGER, BK XVII, 315.
[114] „Sieben" fungiert als Zahl einer höheren Ganzheit.
[115] Damit wird der Hasser als ein „Ausbund an Schlechtigkeit (6,16–19)" dargestellt, A. MEINHOLD, ZBK AT 16.2, 447.
[116] Das Suffix bei נפש dürfte sich kaum auf den Sprechenden selbst beziehen.
[117] Vom Schweigen wird nur hier und in 17,28 geredet! Rechtes „Schweigen" ist also viel seltener im Blick als manche meinen (vgl. nur BÜHLMANN, passim).
[118] Vgl. dazu die Diskussion bei BÜHLMANN, Reden, 252f.
[119] So jedoch BÜHLMANN, Reden, 253f.

einmal als solche zu unterscheiden von ehrlichen Worten[120]. Ebenso kann darin auch eine Mahnung enthalten sein, sich selbst solcher täuschenden Rede zu enthalten[121].

d) In engem Zusammenhang mit dem eben verhandelten stehen die Texte, die über die *Lüge* sprechen:

> Man läßt Wahrheit hervorkommen und verkündet Rechtschaffenheit,
> aber ein Lügenzeuge redet Trug." (Spr 12,17)

> „Eine zuverlässige Lippe hat Bestand auf Dauer,
> aber eine lügnerische Zunge nur für den Augenblick." (Spr 12,19)

> „Wer Schätze erwirbt durch eine lügnerische Zunge,
> verwehte Nichtigkeit, eine Falle[122] des Todes ist es." (Spr 21,6)

Lüge wird nicht nur als Kontrast zur Wahrhaftigkeit konstatiert, sondern es wird auch eine Wertung vollzogen[123], indem auf die unterschiedlich lange Dauer von lügnerischer[124] und wahrhaftiger Sprache hingewiesen wird (v.19). Ebenso erfährt die אֱמוּנָה das Wohlgefallen JHWHs, während die lügnerische Rede als Greuel für JHWH[125] verurteilt wird (12,22[126]; vgl. ähnlich 15,26)[127]. Durch Lügen erworbene Schätze haben keinen Bestand, sondern erweisen sich eher als (tödliche, Leben schädigende) Gefahr (21,6).

In 12,17 wie 12,22 werden אמן und שׁקר einander gegenübergestellt, wobei אמן in 12,17 parallel zu צדק steht. *Bühlmann* weist mit Recht darauf hin, daß die Formulierung נגד צדק an das ägyptische *ḏd m ꜣꜤ.t* erinnert[128] und demzufolge das wahrhaftige Reden hier als eines verstanden werden kann, das der (Welt-)Ordnung entspricht. Es geht also weniger um eine Gegenüberstellung von Lüge und ehrlicher Rede, sondern von Lüge im Sinne von Verdre-

---

[120] Vgl. PLÖGER, BK XVII, 343, zu 29,5.

[121] So auch Amenemope 249f. (BRUNNER, Altägyptische Weisheit, 245): „Sprich nie verlogen zu einem Menschen, denn das ist dem Gott ein Abscheu."

[122] Mit einigen Handschriften, der LXX und der Vulgata ist מוֹקֵשׁ statt מְבַקְשֵׁי zu lesen, da so ein sinnvollerer Text zustande kommt; vgl. WHYBRAY, CBC, 120; anders STRACK, KK VI/2, 69, mit Verweis auf Symmachus, Abr. ibn Esra und Levi ben Gerson.

[123] Vgl. auch die Wertung in 13,5, wonach der Rechtschaffene die Sache des Lügners haßt. Genauer dazu § 3, S. 42.

[124] „Die Worte eines solchen Menschen haben keine Beständigkeit, weil er sich an sie nicht gebunden fühlt. Einem solchen Treulosen kann man kein Vertrauen entgegenbringen", BÜHLMANN, Reden, 139.

[125] Die Formel תּוֹעֲבַת יְהוָה hat nach BÜHLMANN, Reden, 140, „in den Proverbien eine moralisch-ethische Bedeutung". – Vgl. dazu § 20, S. 261ff.

[126] Genauer dazu § 20, S. 262f.

[127] Zur Abwertung der Lüge vgl. auch 17,7b, wonach die lügnerische Sprache zu einem Vornehmen überhaupt nicht paßt.

[128] BÜHLMANN, Reden, 99.

hen der Ordnung[129] und wahrhaftiger Rede als eine der Ordnung entsprechende. Dabei ist als Bezugsgröße auch immer der Mitmensch zu sehen,
demgegenüber sich die Rede als שֶׁקֶר oder אֱמֶן ausweist[130], so besonders
deutlich, wenn es um den lügnerischen Zeugen geht (vgl. 14,5; s.u.).

e) Wer sich der Sprache bedient, geht immer auch ein Risiko ein, da durch
zu viel Reden[131] *oder falsch gewählte Sprache* Schaden entstehen kann.

> „Durch viel Worte hört Verfehlung (פֶּשַׁע) nicht auf,
> wer aber seine Lippen zurückhält, handelt einsichtsvoll.“ (Spr 10,19)

> „Wer mit Geschwätz umhergeht, deckt Geheimnis auf,
> wer zuverlässigen Geistes ist, verbirgt die Sache.“ (Spr 11,13)

> „Es deckt ein Geheimnis auf, wer als Schwätzer umhergeht,
> laß dich nicht ein mit dem törichten Plauderer[132].“ (Spr 20,19)

10,19 ermöglicht zwei Verstehensweisen der ersten Vershälfte. Zum einen
kann das בְּ mit „wegen“ wiedergegeben werden. Dann enthält der Text eine
Warnung vor zu vielem Reden, da dieses Verfehlungen fördert[133]. Die Fortsetzung des Textes in v.19b mit dem Hinweis auf das Zurückhalten der Rede
legt dieses Verständnis nahe. V.19a ermöglicht jedoch auch, das בְּ im Sinne
von „auch durch“ zu verstehen. Dann wäre es ein Hinweis darauf, daß auch
viele Worte eine Verfehlung nicht beenden können (in ihrer Wirkung)[134]. Eine
eindeutige Entscheidung ist wieder nicht möglich, soll vielleicht auch vermieden werden, denn die Schlußfolgerung beider Verstehensweisen kann eigentlich nur sein, das Reden vieler Worte zu vermeiden[135].

Ähnlich weisen auch 11,13; 20,19 auf die Gefahr zu vielen Redens hin. Je
mehr geschwätzt wird, desto leichter werden auch Geheimnisse ausgeplau-
dert. Denkbar ist, daß bei der Verwendung von רָכִיל neben dem Aspekt des
Geschwätzes auch noch der der Verleumdung mitschwingt, also ein gezieltes
negatives Reden gemeint ist[136]. Beiden Texten gemeinsam ist, daß sie um den
Schaden wissen, der durch Geschwätz und damit verbundenem Aufdecken

---

[129] Das gilt auch für die Wendung עֵד שְׁקָרִים, geht es doch dabei u.a. um den „Schädi-
ger ... des Rechts“ (KLOPFENSTEIN, שֶׁקֶר, 1013f.).
[130] Vgl. dazu BÜHLMANN, Reden, 141f.; KLOPFENSTEIN, Lüge, 164.
[131] Vgl. auch 12,23; 17,27; vgl. dazu genauer § 2, S. 17.
[132] So mit KBL³, 925, für פֹתֶה שְׂפָתָיו. BÜHLMANN, Reden, 238.243f., redet hier von
dem, der „mit seinen Lippen unerfahren ist“.
[133] Vgl. Pirqê ʾAbôth 1,17: „Und jeder, der viele Worte macht, bringt Sünde ein.“
[134] Vgl. BÜHLMANN, Reden, 177: „Durch viel Reden hört die פֶּשַׁע nicht auf‘ meint hier
wohl, dass man mit vielem Reden ein Vergehen nicht zur Ruhe bringen kann.“
[135] Zur Zurückhaltung beim Reden vgl. die ägyptische Lehre eines Mannes für seinen
Sohn, 70–72 (BRUNNER, Altägyptische Weisheit, 191): „Nützlich ist Gelassenheit, gut ist
Geduld. Antworte dem Wissenden, diene dem Unwissenden. Keiner, der hastig spricht, ist
frei von [Übereilung].“
[136] Zu dieser Interpretation von רָכִיל vgl. die Diskussion bei BÜHLMANN, Reden, 240f.

von Geheimnissen der Gemeinschaft zugefügt werden kann[137], so daß sie indirekt vor einem solchen Verhalten wie vor einem Menschen, der sich so verhält, warnen[138].

6. *Der Zeuge als ‚Sonderfall' im Umgang mit Sprache*

Für das Gelingen menschlicher Gemeinschaft ist die Regelung von Konfliktfällen wichtig. Daß die Proverbien an einer solchen interessiert sind, zeigen nicht nur die Texte, die vom Streit und seiner Vermeidung sprechen[139], sondern auch diejenigen, die den Menschen in seiner möglichen Rolle als Zeugen im Blick haben. Die Person[140] des Zeugen (עֵד) begegnet in den Proverbien als selbstverständliche Größe, die in ihrer Funktion nicht näher beschrieben wird. Es kann deshalb davon ausgegangen werden, daß für den Hörer/Leser der Proverbien mit dem Zeugen eine klar umschriebene, allen vertraute Funktion verbunden wurde. Angesichts der nur allgemeinen, übergreifenden Aussagen wird die Rede vom Zeugen hier die auch sonst vom AT abgedeckten Aufgaben eines Zeugen in Gerichtsverhandlungen im Rahmen des Strafrechts wie im Besitzrecht im Hintergrund haben[141]. Über die Aufgaben eines Zeugen selber wird in den Proverbien jedoch nicht reflektiert. Vielmehr geht es durchgängig um das Problem der wahren und falschen Zeugenaussage, um das Verhältnis des Zeugen zur Lüge und den daraus resultierenden Folgen[142]. Rechter Zeuge zu sein sowie vor allem falscher Zeuge nicht zu werden, ist das Anliegen der Texte des Sprüchebuches zu diesem Thema.

---

[137] Vgl. WHYBRAY, CBC, 68.

[138] Vgl. Amenemope 437–442 (BRUNNER, Altägyptische Weisheit, 252).

[139] Vgl. § 23, S. 297ff.

[140] Die Wurzel עוד begegnet in den Proverbien nur als Nomen עֵד. Das Verbum als Handlungsäußerung wie das Nomen עֵדוּת als Bezeichnung des Ergebnisses des Zeugeseins finden sich nicht. Es geht mehr um die *Person* und deren Verhalten als um das Verhalten allein.

[141] Zu den verschiedenen Möglichkeiten des Auftretens von Zeugen vgl. u.a. VAN LEEUWEN, עֵד, 211f. Vgl. auch BOECKER, Redeformen, 72ff. zum Zeugen in gerichtlichen Auseinandersetzungen, 162ff. zum Zeugen im Rahmen des Besitzrechtes. Vgl. auch SCHENKER, Zeuge, 87f., der besonders die Funktion des Rechtswahrers hervorhebt, ohne jedoch auf die Proverbien mit ihrer anderen Akzentsetzung einzugehen.

[142] Nach JACKSON, Witnesses, 171, Anm. 56, gehört die Rede vom falschen Zeugen im AT insgesamt in den weisheitlichen Kontext. Demgegenüber rechnet LOSIER, Witness, 9, alle Belege mit עוד in den Proverbien zum „legal context", vgl. auch die Tabelle, ebd., 174. Ähnlich VAN LEEUWEN, עֵד, 211. Dies müssen jedoch keine einander ausschließenden Kategorien sein, denn auch der weisheitliche Gebrauch von עֵד schließt einen weiteren rechtlichen Kontext nicht aus.

a) Wenn es um *das Verhalten des Zeugen* geht, wird mehrfach in Antithesen der wahrhaftige Zeuge[143] dem falschen mit dessen deutlicher Abwertung[144] gegenübergestellt:

> „Man läßt Wahrheit (אֱמוּנָה) hervorkommen und verkündet Rechtschaffenheit (צֶדֶק),
> aber ein Lügenzeuge (עֵד שְׁקָרִים) redet Trug (מִרְמָה)." (Spr 12,17)

> „Ein Zeuge der Wahrhaftigkeit (עֵד אֱמוּנִים) lügt (כזב) nicht (= ein wahrhaftiger Zeuge lügt nicht),
> aber ein Zeuge der Lüge (עֵד שֶׁקֶר) läßt Unwahrheiten (כְּזָבִים) sich verbreiten." (Spr 14,5)

> „Ein wahrhaftiger Zeuge (עֵד אֱמֶת) ist ein Lebensretter,
> wer aber Lügen wehen läßt: Trug (מִרְמָה = ist es?)." (Spr 14,25)

12,17; 14,5 wirken mit ihrer Aussage auf den ersten Blick äußerst banal; es werden geradezu Selbstverständlichkeiten gesagt. Doch diese Selbstverständlichkeit wie auch der Gebrauch der Abstrakta unterstreichen den Charakter der Texte als Grundsatzaussagen[145]: Es gehört zum Wesen eines so beschriebenen Zeugen, daß er sich entsprechend verhält[146].

Ebenso zeigen diese Texte, wie nahe beieinander Wahrheit und Lüge liegen, wenn es um Aussagen von Zeugen geht. Das Zeuge-Sein als solches wie die Zeugenaussage erfahren dadurch eine Problematisierung, gelten nicht mehr von vornherein als wahr. Indirekt bekommen die Texte folglich eine doppelte Mahnfunktion. Zum einen nötigen sie dazu, Zeugenaussagen kritisch zu überprüfen. Zum anderen warnen sie den Hörer/Leser davor, selbst die Rolle des falschen Zeugen zu übernehmen[147].

Deutlich wird auch, welche Macht Zeugen gegeben ist, denn sie können über das Leben von Menschen entscheiden, können durch eine richtige Aussage (unschuldiges[148]) Leben retten (14,25). Ebenso stehen durch die Zeugenaussage auch אֱמֶת und צֶדֶק auf dem Spiel (12,17), werden durch eine falsche Aussage, die ja eigentlich der Wahrheitsfindung dienen sollte, jedoch in ihr

---

[143] Zum Problem des falschen Zeugen vgl. auch Ex 20,16; Dtn 5,20. Die negative Wertung des falschen Zeugen zieht sich implizit auch durch die älteren Proverbien, wird aber erst in dem jüngeren Text Spr 6,19 direkt angesprochen, wonach der falsche Zeuge JHWH ein Greuel ist. Vgl. LOSIER, Witness, 92: „,False Witness' was condemned in the Tora, and hence was scorned by the sage of Israel." Zur Rede vom falschen Zeugen in Ägypten vgl. The story of two brothers, ANET 23–25.

[144] KLOPFENSTEIN, שקר, 1013, charakterisiert ihn gar als „für das atl. Rechtsdenken besonders verwerfliche Figur".

[145] Vgl. KLOPFENSTEIN, Lüge, 184, mit Blick auf Spr 14,5: „Es ist die Summe langer und reicher Erfahrung, die hier formuliert wird."

[146] Vgl. A. MEINHOLD, ZBK AT 16.1, 232.241.

[147] Vgl. PLÖGER, BK XVII, 170: „... daß man von einem aufrichtigen Zeugen auch keine Lügen erwarten darf, selbst wenn in einer besonderen Situation zum Vorteil eines Angeklagten eine Lüge hilfreich sein könnte, und daß antithetisch ein Zeuge, der sich mit Lügen abgibt, ein unzuverlässiger Zeuge ist und bleibt".

[148] Mit WILDEBOER, KHC XV, 43.

Gegenteil pervertiert. *Klopfenstein* sieht darin gar letztlich eine „Rebellion gegen Jahwes Heilswillen"[149], doch eine solche theologische Verankerung der Aussagen über den Zeugen bleibt ohne Textbasis.

Ferner zeigt sich, daß das Zeuge-Sein vorwiegend über den Aspekt der Sprache definiert wird[150]. Erst durch den Gebrauch seiner Sprache wird ein Mensch zu einem – positiven[151] wie negativen – Zeugen für einen anderen. Die Sprache schließt dabei aber jeweils den Aspekt des Handelns ein[152]. Zeugenaussagen sind ja faktisch Sprech*handlungen*, sind performative Sprechakte. Die Wichtigkeit des Handelns zeigen darüber hinaus die vielen Verbalsätze, von denen die genannten Texte bestimmt sind.

Verhalten wie Wirkung eines falschen Zeugen werden in folgenden Texten angesprochen:

> „Ein schlechter [= boshafter, = nichtswürdiger?] Zeuge (עֵד בְּלִיַּעַל[153])
> spottet des Rechts,
> und der Mund der Frevler verschlingt[154] Unheil." (Spr 19,28)

> „Ein Streithammer, ein Schwert und ein scharfer Pfeil –
> so ist ein Mann, der gegen seinen Nächsten als Lügenzeuge (עֵד שָׁקֶר)
> antwortet." (Spr 25,18)

Der falsche Zeuge ist einer, der das Recht nicht achtet, sondern seiner spottet und sich entsprechend darüber hinwegsetzt[155]. „Er wird eingereiht in die große Kategorie der Frevler, deren Mund das Unheil wie eine begehrte Nahrung förmlich herunterschlingt"[156]. Die falsche Aussage ist eine bewußt

---

[149] KLOPFENSTEIN, Lüge, 27. Er kann so auch nur reden, weil er über das Stichwort צֶדֶק eine Verbindung zu der „Ordnung der Rechts- und Kultgemeinde der *ṣaddîqîm*" herstellt, „die in den großen Rechtstaten Jahwes (*ṣidqôt*) begründet ist" (ebd.). Eine solche Verbindung kann zumindest für die Proverbien jedoch nicht so unmittelbar vorausgesetzt werden, da sie z.B. von JHWHs Heilstaten (*ṣidqôt*) völlig schweigen.

[150] Dem entspricht auch die Verwendung des Verbums פוח im Hiph'il, vgl. REITERER, פוח, 542.

[151] Durch die Verteidigung eines Angeklagten, wie LOSIER, Witness, 171, zu 14,25 mit Verweis auf Jes 10,10; 43,9; Jer 26,17 meint, und durch den Schutz vor ungerechtfertigter Strafe mittels einer ehrlichen Zeugenaussage.

[152] Vgl. KLOPFENSTEIN, שקר, 1011, im Blick auf das Verbum שקר: „geht klar hervor, daß *šqr* kein verbum dicendi, sondern ein verbum agendi ist".

[153] Vgl. die אֲנָשִׁים בְּנֵי בְלִיַּעַל in 1 Kön 21,10.13.

[154] RICHARDSON, Notes, 166, schlägt in Parallele zu 15,28 eine Veränderung von יְבַלַּע in יַבִּיעַ vor, diese ist jedoch weder überzeugend noch notwendig. Vgl. A. MEINHOLD, ZBK AT 16.2, 327.

[155] Auch hier sieht KLOPFENSTEIN, Lüge, 27, wieder „einen grundsätzlichen Angriff auf die geheiligten Ordnungen menschlichen Zusammenlebens in der Kult- und Rechtsgemeinde". Diese schnelle Rückkopplung zumindest an die Kultgemeinde ist jedoch wiederum vom Text nicht unmittelbar vorgegeben und bräuchte eine genauere Begründung.

[156] PLÖGER, BK XVII, 227.

als solche formulierte[157], ein solcher Zeuge scheint sogar am daraus sich ergebenden Unheil Freude zu haben[158].

25,18 ist vorwiegend an der Wirkung des Lügenzeugen orientiert. Seine falsche Antwort wird verglichen mit Werkzeugen der Zerstörung und Vernichtung. Sie dienen der Illustrierung dessen, was ein Mensch durch eine falsche Aussage dem anderen antun kann[159]. Besondere Wirkung erhält die Aussage durch רֵעֵהוּ, sofern man bei רֵעַ wirklich an den Nachbarn denken kann, der ein besonderes Vertrauensverhältnis erwarten ließe[160].

b) Aus seinem Verhalten ergeben sich wiederum *Folgen für den Lügenzeugen:*

„Ein Lügenzeuge (עֵד שְׁקָרִים) bleibt nicht ungestraft,
und wer hervorgehen läßt Lügen (כְּזָבִים), entkommt nicht." (Spr 19,5)

„Ein Lügenzeuge (עֵד שְׁקָרִים) bleibt nicht ungestraft,
und wer hervorgehen läßt Lügen (כְּזָבִים), geht zugrunde." (Spr 19,9)

„Ein Lügenzeuge (עֵד־כְּזָבִים) geht zugrunde[161],
aber ein Mann, der hört, spricht dauerhaft." (Spr 21,28)

Neben dem עֵד שְׁקָרִים steht hier der עֵד כְּזָבִים. Nach *Klopfenstein* erwachsen seine falschen Aussagen absichtsfrei entweder aus „mangelnder Kenntnis des wahren Sachverhalts" oder aus „reiner Phantasie"[162]. Demgegenüber enthält die Rede vom עֵד שֶׁקֶר wesentlich stärker das Moment der absichtlichen Falschaussage, was auch durch das Wortfeld (מִרְמָה) angedeutet wird. Für beide Varianten des Lügenzeugen gilt jedoch, daß sie eine Aussage machen, die nach objektiven Kriterien unzuverlässig ist[163].

Eine falsche Zeugenaussage hat nun aber nicht nur für denjenigen negative Konsequenzen, zu dessen Ungunsten sie gemacht worden ist[164], sondern

---

[157] Vgl. McKane, OTL, 529, dessen Alternative „a witness whose testimony is destructive or one who wilfully distorts the facts" angesichts von v.28b zu neutral ist.

[158] Vgl. A. Meinhold, ZBK AT 16.2, 327; Simian-Yofre/Ringgren, עוד, 1114, wo von dem Zeugen gesprochen wird, „dessen Aussage destruktiv ist, weil er die Tatsachen willentlich verfälscht".

[159] Vgl. Klopfenstein, Lüge, 23. Als Kontrast dazu vgl. 14,25, wo auf die lebenserhaltende Möglichkeit des Zeugenwortes verwiesen wird.

[160] So Plöger, BK XVII, 303. Vgl. Klopfenstein, Lüge, 26, wonach שֶׁקֶר „die Verkehrung einer selbstverständlich bestehenden oder persönlich eingegangenen Verpflichtung in ihr gerades Gegenteil" beinhaltet, die dann in einem nachbarschaftlichen Verhältnis besonders gravierend trifft.

[161] Plögers Hinweis auf Dtn 26,5 (BK XVII, 250) hilft zum Verstehen nur begrenzt weiter, da Dtn 26,5 einen völlig anderen Kontext hat.

[162] Klopfenstein, Lüge, 223.

[163] Vgl. Mosis, כזב, 122, der im Blick auf Spr 21,28 im עֵד כְּזָבִים einen Zeugen sieht, der für den Fall nicht zuständig ist.

[164] Reiterer, פוח, 542, betont zwar auch für Spr 19,5.9 den Aspekt der „Zersetzung der Gemeinschaft", doch ist diese hier weniger im Blick als der Zeuge selbst.

für den falschen Zeugen selbst[165]. Ihn erwartet Strafe für seine Falschaussage[166]. Die Art der Strafe wird in den Proverbien jedoch nicht genannt,
ebensowenig, durch wen sie geschieht. Dies war durch das Recht und in der
Rechtsgemeinde geregelt[167]. Es „geht um die Gewißheit ihres (= der Strafe)
Eintreffens"[168], nicht um konkrete Details. Die Konsequenzen für den Lügenzeugen können sogar so umfassend sein, daß von seinem Zugrundegehen
gesprochen wird (19,9). Offen bleibt, ob dieses ein physisches, psychisches
oder soziales ist, wobei letztlich die einzelnen Aspekte nicht voneinander zu
trennen sind.

Während 21,28 in seiner ersten Vershälfte unproblematisch ist, bietet die
zweite Verstehensprobleme[169]:

> So kann der שׁוֹמֵעַ אִישׁ einer sein, der die (falsche) Aussage des Zeugen hört,
> aber auch jemand, der im Gegenüber zum Lügenzeugen erst einmal hinhört,
> bevor er spricht, so daß seine Worte dann – weil der Sache entsprechend? –
> Bestand haben. *Emerton* versucht angesichts dieser Schwierigkeit, die Pro-
> bleme dadurch zu lösen, daß er, in Analogie zum hif'il von דבר in Ps 18,48;
> 47,4, auch für das pi'el in 21,28b die Bedeutung ‚unterwerfen' vorschlägt, so
> daß sich folgende Übersetzung ergäbe: „A lying witness will perish, and he
> who listens will subdue (or, destroy) (him) completely."[170]

Eine eindeutige Lösung des Problems erscheint hier nicht möglich, doch
gleich wie v.28b zu verstehen ist, zielt auch dieser Text darauf, vor dem
Verhalten eines Lügenzeugen zu warnen angesichts der für ihn selbst Schaden bringenden Konsequenzen.

Auffallend ist, daß die Lüge mit שֶׁקֶר wie mit כָּזָב bezeichnet wird. Nach
Klopfenstein enthält כָּזָב eher das Moment der Unwahrheit, Unstimmigkeit,
während שֶׁקֶר „die aggressive, auf die Schädigung des Nächsten zielende
Täuschung, Untreue, Perfidie"[171] mitsetzt (s.o.). Da beide Begriffe parallel
(14,5; 19,5.9; auch 6,19) bzw. in ähnlichen Zusammenhängen begegnen, ist
allerdings davon auszugehen, daß der eine Terminus seine Inhalte auch beim
Gebrauch des anderen mitschwingen läßt[172]. Dem Autor ist daran gelegen,
das gesamte Spektrum des lügnerischen Verhaltens eines Zeugen einzubrin-

---

[165] Zu den Folgen der falschen Zeugenaussage für den Zeugen selbst vgl. Dtn 19,18f.
[166] Dabei ist offengelassen, durch wen und in welchem Zusammenhang. Möglicherweise
haben wir hier aber einen Hinweis auf einen Prozeß als Sitz im Leben der falschen Zeugenaussage.
[167] Dazu KÖHLER, Rechtsgemeinde, 152.
[168] WARMUTH, נקה, 594.
[169] Eine ausführliche Diskussion der Interpretationsprobleme findet sich bei EMERTON,
Interpretation. Vgl. auch MCKANE, OTL, 555.
[170] EMERTON, Interpretation, 169.
[171] KLOPFENSTEIN, שקר, 1011.
[172] Wobei שקר den Zeugen dann eher „in seiner inneren Unlauterkeit und Verlogen-
heit" charakterisiert, während כזב mehr „die falschen Aussagen als Wortlügen" meint, so
KLOPFENSTEIN, Lüge, 25.

gen, um das Schandbare seines Handelns so deutlich wie möglich zur Sprache zu bringen.

Allen Texten haftet ein drohendes und demzufolge auch mahnendes Moment an, sich nicht wie ein falscher Zeuge zu verhalten[173]. Eine direkte Mahnung unterbleibt jedoch; der Hörer/Leser wird wiederum zu eigener Positionsbestimmung genötigt.

Ein Text bietet allerdings eine deutliche Warnung vor grundloser Zeugenaussage, wohl aus dem Bewußtsein heraus, daß bei jeder Zeugenaussage die Gefahr der Falschaussage mitgesetzt ist:

„Sei nicht grundloser[174] Zeuge (עֵד־חִנָּם) gegen deinen Nächsten,
daß du nicht verführst mit deinen Lippen." (Spr 24,28)

Die Rede vom עֵד חִנָּם kann Unterschiedliches beinhalten. So kann der Zeuge im Blick sein, der nicht benötigt ist, sich aber dennoch um eine Zeugenaussage bemüht[175], wobei über die Motive nichts gesagt ist[176]. Ebenso kann der עֵד חִנָּם ein Zeuge sein, „der eine inadäquate Aussage macht, indem er bezeugt, was er nicht gesehen hat, was keinen Anhalt an der Wirklichkeit hat"[177]. חִנָּם erweist sich als ein vielschichtiger Begriff, der auch im Sinne von „ohne Grund" oder „ohne Sinn" verstanden werden kann[178], was für diesen Proverbientext wohl am ehesten zutrifft. Der verneinte Imperativ läßt darüber hinaus daran denken, daß hier sogar eine beabsichtigte Täuschung ausgeschlossen werden soll.

Ähnliche Warnungen und Mahnungen finden sich auch in der Weisheitsliteratur der Umwelt Israels, so in den akkadischen Ratschlägen und Warnungen für rechtes und falsches Tun und Reden[179] wie bei Amenemope: „Tritt nicht ins Gericht ein vor einen Beamten, wenn du dort falsche Angaben machen willst (oder mußt?). Gib keine schillernden Antworten, wenn deine Zeugen auftreten."[180]

---

[173] Nach PLÖGER, BK XVII, 222, wirken sie „wie eine drohende Warnung eines Richters vor der Vernehmung eines Zeugen", doch bleibt eine solche Aussage im Bereich der Vermutung.

[174] Es muß keineswegs mit GESENIUS, Handwörterbuch, 245, עֵד חִנָּם mit „falscher Zeuge" übersetzt werden, zumal v.28b der von mir vorgezogenen Übersetzung und Interpretation weit mehr entspricht. Dies gilt auch für die Fortführung in v.29. Auch ist es nicht notwendig, der LXX folgend חִנָּם durch חָמָס zu ersetzen (vgl. anders VAN LEEUWEN, עד, 213).

[175] Vgl. PLÖGER, BK XVII, 287f.

[176] Anders PLÖGER, ebd.; MCKANE, OTL, 574: Der עֵד חִנָּם ist „the informer, the exponent of public denunciation who specializes in giving damning testimony against his neighbour".

[177] EBACH, Ist es umsonst, 332.

[178] Vgl. EBACH, Ist es umsonst, 333. Es ist keineswegs nur „umsonst" im Sinne von „ohne Bezahlung bzw. Gegenleistung" gemeint.

[179] TUAT III/1, 165, Z. 31ff.

[180] Amenemope 391–394 (BRUNNER, Altägyptische Weisheit, 251).

7. Folgerungen

Die Sprache ist ein wesentliches Kommunikationsmittel. Durch sie werden Beziehungen zu anderen Menschen hergestellt oder auch abgebrochen (vgl. 17,9[181])[182]. Der Gebrauch der Sprache trägt entscheidend bei zum Gelingen oder Mißlingen des Lebens[183]. Sprache kann aufbauen, aber auch zerstören[184] – das eigene Leben[185] wie das eines anderen bzw. das der Gemeinschaft[186]. Sprache und Tun des Menschen werden als Einheit angesehen[187]. So steht ähnlich wie in Ägypten das Reden (wie ebenso das – wenn in den Proverbien auch seltene – Schweigen) als „Paradigma für soziales Handeln und Verhalten des Menschen überhaupt"[188].

Wert wird ebenfalls gelegt auf die Form der Sprache[189]. Ihre Wirkung auf den angesprochenen Menschen hängt ab von der guten und wohlgefälligen Gestaltung der Rede[190] (vgl. 16,21; 22,11; 16,24). Dies wird jedoch immer nur andeutungsweise gesagt, direkte Anleitung zur rechten Gestaltung gibt es nicht. Die Beachtung der Form der Sprache und deren Bedeutung sind aber auch schon sichtbar an der kunstvollen Gestalt der Proverbien als solchen[191].

Von Bedeutung ist ferner, wer der Sprechende ist. Auch wenn die Rede noch so wohlgeformt ist, bleibt sie ohne Wirkung, wenn sie von einem Toren

---

[181] Genauer dazu § 8, S. 130.

[182] „Der Mund des Menschen ist nicht neutral; im Gegenteil, er ist eine starke Waffe. Aus seiner Sprache erstehen ernsthafte Folgen, seien es gute, seien es schlechte.", GARCÍA LÓPEZ, פה, 534.

[183] Vgl. VON RAD, Weisheit, 184, wonach das menschliche Wort „von den Weisheitslehrern an die Spitze aller lebensgestaltenden Faktoren gestellt wurde".

[184] So spricht PERDUE, Revolt, 44, von „creative and destructive power of language".

[185] Vgl. Ani 215f.; 221 (BRUNNER, Altägyptische Weisheit, 207): „Ein Mensch kann durch seine Zunge zugrunde gerichtet werden: Hüte dich wohl; dann wirst du Erfolg haben. ... Gewaltsame Rede trägt Schläge ein."

[186] Vgl. GARCÍA LÓPEZ, פה, 534. Zur Bedeutung der Sprache im Zusammenhang mit der „Grundbedingung der Gemeinschaft" vgl. ALBERTZ, Sprache, 7; vgl. dazu auch die Texte der Urgeschichte.

[187] Zwischen Reden und Handeln ist in den Proverbien kaum ein Kontrast festzustellen, vgl. MCKANE, Functions of Language, 180.

[188] J. ASSMANN, Loyalismus, 53. Vgl. ALBERTZ, Sprache, 7: „Die Sprache ist für den biblischen Erzähler eine zutiefst menschliche Handlungsmöglichkeit". Das gilt nicht nur für Gen 1–11, sondern ebenso für die Proverbien. Ähnliches zeigt sich auch in den akkadischen Ratschlägen und Warnungen 26ff.; 127ff. (TUAT III/1, 164.167). Vgl. auch das sumerische Sprichwort „Das Herz hat keine Gesinnung des Hasses erzeugt: der Mund hat eine Gesinnung des Hasses erzeugt!" (TUAT III/1, 33).

[189] Zur Auflistung vgl. BÜHLMANN, Reden, 82.

[190] „Ein glänzendes Beispiel, wieviel die Weisheitslehrer diesbezüglich geleistet haben, sind die Sentenzen selber. Sie zeichnen sich durch ihre gelungenen Formulierungen, durch viel Witz, durch kräftige Metaphern und Wortspiele aus", BÜHLMANN, Reden, 82. Zur schönen Rede vgl. auch Ptahhotep 514ff. (BRUNNER, Altägyptische Weisheit, 131f.) u.ö.

[191] Das geht bis hin zum Einsatz der Ironie. Vgl. auch MCKANE, Functions of Language.

gesprochen wird (vgl. 15,2;26,7.9)[192]. Es muß also nicht nur eine Identität von Form und Inhalt vorliegen, sondern in diese Identität muß auch noch die Person des Sprechenden eingeschlossen sein. Nach 16,1 ist es jedoch nicht selbstverständlich, daß einer die richtigen Worte findet, sondern sie sind eine Gabe JHWHs[193].

Zwar sind es nur relativ wenige Texte, die in den Proverbien über den Zeugen reden. Doch wird in ihnen einiges deutlich über die Möglichkeiten bzw. Grenzen zwischenmenschlicher Beziehungen und Kommunikation[194].

Hinter den hier verhandelten Texten steht die Erfahrung, daß die eigentlich der Wahrung der Wahrheit und des gelingenden Lebens dienende Rolle des Zeugen und seiner Rede in ihr Gegenteil verkehrt wird. Der falsche Zeuge nützt seine Möglichkeiten nicht zur Lebensförderung, sondern durch seine lügnerische Aussage zur Zerstörung von Leben. Die eigentlich der Kommunikation dienende Sprache führt durch falsche Aussage wie auch durch Lüge allgemein eher zu deren Abbruch.

Wie schon bei den anderen Themenbereichen wird auch im Zusammenhang mit der Sprache wie mit dem Zeugen das Augenmerk in besonderer Weise auf die Fehlform gelegt. Mit klaren Worten wird der Lügenzeuge wie der Mißbrauch der Sprache insgesamt als Leben gefährdend aufgezeigt[195], damit sich Hörer/Leser gegen solches Fehlverhalten entscheiden bzw. einen sich so Verhaltenden meiden, sich recht und richtig, d.h. dem menschlichen Miteinander wie dem eigenen Ergehen gegenüber förderlich verhalten.

Die Hochachtung des Schweigens spielt in Spr 10ff. eine wesentlich geringere Rolle als in Ägypten[196], wobei man allerdings darauf achten muß, daß das Ideal des Schweigers[197] dort nicht so sehr im Kontext der Sprache[198], sondern in der Wahrung des rechten Maßes zu stehen kommt.

Sprache wird in den Proverbien nahezu ganz als menschliche Sprache verstanden. Nur in 30,5 geht es um das reine/echte Wort Gottes mit der

---

[192] Vgl. Bühlmann, Reden, 55.

[193] Genauer dazu § 20, S. 256. Demgegenüber zeigt 22,14, daß Sprache von JHWH her gesehen nicht nur positiv eingesetzt wird, sondern daß JHWH einem Menschen, dem er zürnt, auch die Worte der fremden Frau als Falle stellt.

[194] Zu Kommunikation als Kontext von כזב vgl. Mosis, כזב, 113f. Ebd., 115f. auch der Hinweis darauf, daß bei Gebrauch von כזב weitgehend der Adressat im Blick ist.

[195] Vgl. Amenemope 292–295 (Brunner, Altägyptische Weisheit, 247): „Schädige nicht einen Menschen durch die Schreibbinse auf dem Papyrus: das ist für den Gott ein Abscheu. Lege auch mit Worten kein falsches Zeugnis ab und schiebe nicht einen anderen mit deinem Mund beiseite."

[196] Vgl. u.a. Amenemope 195–255 (Brunner, Altägyptische Weisheit, 244–246); Kagemni 32f. (Brunner, Altägyptische Weisheit, 135): „Laß deinen Namen bekannt werden, indem dein Mund schweigt.".

[197] Zum *gr m ꜣꜥ* vgl. Brunner-Traut, Weiterleben, 211ff.

[198] Wenngleich es ihm sehr wohl darum geht, schädigende Rede zu vermeiden, vgl. Brunner-Traut, Lebensweisheit, 100.

unüblichen Formulierung כָּל־אִמְרַת אֱלֹוהַּ, wo der Akzent des Textes dar- auf liegt, daß Gott ein Schild ist für die, die sich bei ihm bergen.

Die häufigen expliziten wie impliziten weisheitlichen Reflexionen über Sprache als „langue" wie das Reden als „parole" lassen besonders dreierlei deutlich werden: Die Weisen waren Angehörige einer höheren Bildungs- schicht, und die Sentenzen und Mahnungen betr. Sprache und Reden sind wieder eindeutig der Ethik, nicht der Dogmatik zuzuordnen. Auch sie wollen den Weisen in seinem Verhalten prägen und bewahren, damit Reden und Hören als „goldener Ring und kostbare Kette" (25,12) ihm weiterhin sein Leben recht und gut gestalten helfen. Außerdem ist Sprache sowohl Aus- druck als auch bevorzugtes Mittel der „Weisheit" wie des „Weisen".

§ 15: Die Erfahrung von Leid

Die Proverbien kennen zwar die Erfahrung von Leid und sprechen sie auch direkt an. Insgesamt nimmt diese Thematik jedoch nur einen verhält- nismäßig geringen Raum ein. Zwar ist sie auch in vielen Aussagen mitzuden- ken, die z. B. über den Armen handeln bzw. über das Ergehen der Frevler etc. Doch wird in den entsprechenden Texten nicht eigentlich das Leid als solches reflektiert oder etwa über Krankheit nachgedacht[1], sondern all dies begegnet nur in untergeordneter Relation zu dem den Text eigentlich bestimmenden Thema. Auffallend ist, daß die Erfahrung des Leides vorwiegend beinahe distanzierend beschrieben wird als ein vorhandenes Faktum, das es zu kon- statieren gilt. Deshalb werden kaum Hilfen gegeben für den Umgang mit Leid, und es fehlt auch das Element der Klage gänzlich. Von Interesse ist zum einen das, was Leid auslöst. Zum andern bewegt, wie Leid sich äußert und auswirkt.

1. Auslöser von Leid

a) Fragt man nach dem, was beim atl. Weisen Leid bewirkt, kommt vor allem die *Konfrontation mit der Torheit des Sohnes* in den Blick. So ist der törichte Sohn seiner Mutter wie seines Vaters Kummer (תּוּגָה, Spr 10,1; 17,21), deren Gram und Betrübnis (כַּעַס bzw. מֶמֶר, 17,25). Und wer sich mit Schlemmern einläßt, macht seinem Vater Schande (יַכְלִים, 28,7)[2]. Eigenarti- gerweise wird jedoch nirgends davon gesprochen, daß Eltern Kummer haben

---

[1] Vgl. hingegen KÖHLER, Mensch, 33ff., über die Rede von Krankheitserfahrung in anderen Texten des AT.
[2] Genaueres dazu bei § 7.

durch das negative Verhalten von Söhnen ihnen selbst gegenüber, obwohl ein solches ja durchaus bekannt ist (vgl. 10,1; 17,21.25 u.ö.[3])[4].

b) Leid kann auch verursacht werden durch *unerfreuliche Begegnungen mit anderen Menschen*:

> „Wer seine Augen zusammenkneift, verursacht Schmerz (עֹצֶה עַיִן),
> und der Törichte an Lippen kommt zu Fall." (Spr 10,10)

> „Kränkende Worte (דְּבַר־עֶצֶב) lassen Zorn aufsteigen." (Spr 15,1b)

Kummer kann demnach sowohl durch unfreundliche Blicke wie durch unfreundliche Worte[5] hervorgerufen werden. Die Formulierung קֹרֵץ עַיִן in 10,10 beschreibt das Zwinkern mit dem Auge und ist als Metapher für kritisches, wohl boshaftes und hämisches Schauen zu verstehen[6], das dem Gegenüber entsprechend Schmerz verursacht[7]. 15,1 beschreibt demgegenüber die Auswirkung von kränkenden Worten, die nicht nur Kummer, sondern gesteigert Zorn hervorrufen. Das עלה zeigt dabei auf, wie der Zorn nicht einfach da ist, sondern immer mehr hervorkommt[8]. Die Reaktionen des Betreffenden sind geradezu vorstellbar.

c) Ein weiterer Auslöser für Kummer ist eine *Hoffnung, die auf lange Zeit keine Erfüllung findet*:

> „Langgedehnte Hoffnung entspricht der Krankheit des Herzens (מַחֲלָה־לֵב)" (Spr 13,12a)

Die Wendung מַחֲלָה־לֵב fällt besonders auf, da in den Proverbien kaum von Krankheit gesprochen wird. Aber auch die hier begegnende Aussage hat keine physische Erkrankung zum Thema, sondern deutet auf das Wissen um psychische Erkrankungen hin. Das lange unerfüllte Warten „erschöpft den Menschen in seinem Lebenszentrum"[9].

d) Möglicherweise verbirgt sich auch hinter der *Rede von den bösen Tagen*[10] die Erfahrung von Leid:

---

[3] Vgl. § 7.

[4] Das kann kaum damit zusammenhängen, daß in den entsprechenden Texten die Söhne angesprochen sind, denn es wäre durchaus denkbar, daß auch Aussagen aus der Perspektive der Eltern über Negativerfahrungen mit dem Verhalten der Söhne gemacht würden.

[5] Vgl. u.a. Hi 19,2.

[6] Ähnliche Gebärden sind in 6,12–15 erwähnt.

[7] Vgl. MCKANE, OTL, 418, der von einem „shifty individual" spricht, „who is incapable of candour and who employs a language of secret signs over and above what he says". Ähnlich auch RINGGREN, ATD 16, 47.

[8] Zum Grundgedanken der Bewegung von unten nach oben auch beim übertragenen Gebrauch vgl. FUHS, עלה, 89–91.

[9] A. MEINHOLD, ZBK AT 16.1, 223.

[10] Vgl. Amenemhet 17 (BRUNNER, Altägyptische Weisheit, 173) in Ägypten.

„Alle Tage des Elenden sind böse,
aber wer guten Herzens ist, hat ständig ein Gastmahl." (Spr 15,15)

Als ein Problem dieses Verses stellt sich die Frage, ob v.15b die gleiche Personengruppe im Blick hat wie v.15a. Sind zwei unterschiedliche Gruppen gemeint, so wäre rückzuschließen, daß dem Elenden kein gutes Herz (טוֹב־לֵב), also keine gute Stimmung zu eigen sein wird. Ist jedoch die Bezugsgruppe von v.15a und v.15b identisch, so verweist v.15b darauf, daß trotz schlechter Situation der Elende guten Mut (טוֹב־לֵב) haben und sich deshalb doch wohl fühlen kann wie bei einem Gastmahl. Dann wäre also nicht die äußere Situation, sondern die innere Einstellung das Wesentliche für das persönliche Ergehen: „life is what you make it"[11]. Möglicherweise ist dann in einer solchen Aussage bereits etwas wie innerweisheitliche Kritik zu erkennen, die ein zu starkes Beachten des Ergehens relativiert bei der Frage nach den Werten menschlichen Lebens[12], was festzuhalten und in anderem Zusammenhang[13] nochmals aufzunehmen ist.

e) Sehr ausführlich werden in einem Gedicht die durch Alkoholexzeß verursachten Leiderfahrungen aufgezeigt (23,29ff.). Streit, körperliches Unwohlsein, geistige Verwirrung werden als Folgen drastisch geschildert – allerdings mit dem so überraschenden wie für den hier skizzierten Trinker bezeichnenden Schluß „dann will ich ihm (= dem Wein) wieder nachgehen" (v.35). Es war schon damals ein Teil der Erfahrung, daß mancher vom Alkohol nur schwer wieder abläßt. Der „Tor" ist eben auch hier kaum veränderbar, der „Weise" wird gewarnt.

2. Erscheinungs- und Wirkungsformen von Leid

a) Leid wie Freude sind einem anderen nur begrenzt vermittelbar; sie können nur vom Betroffenen selbst in ihrer Ursache und Tiefe verstanden und empfunden werden:

„Das Herz kennt die Bitterkeit (מָרָה[14]) seiner Seele (= die eigene Bitterkeit), und in seiner Freude läßt es sich nicht ein mit einem Fremden." (Spr 14,10)

---

[11] WHYBRAY, CBC, 89. Ähnlich äußert sich auch MCKANE, OTL, 481, wenn er hinweist auf „another kind of nourishment which will sustain him".

[12] Vgl. PLÖGER, BK XVII, 182, jedoch mit einer anderen Akzentsetzung: „Wer sich aber ... ein fröhliches Herz bewahrt ..., kann sich gleichwohl freuen, als ginge er zu einem Festmahl. Das ist ein wohlgemeinter Rat, der im Alltag eines elenden Lebens einer harten Bewährung ausgesetzt ist, aber er zeigt uns wie auch viele andere weisheitliche Beobachtungen, daß die Weisheit ein Leben im Visier hat, wie es sein soll, wohl wissend, daß die Wirklichkeit oft genug anders aussieht."

[13] Vgl. § 18.

[14] Vgl. KBL³, 598.

Konstatiert wird die Individualität[15] von Kummer wie auch der Freude. Die beiden wesentlichen Formen menschlichen Empfindens sind zwar einem anderen mitteilbar, aber eine volle „Teilhaberschaft eines anderen an den innersten Empfindungen eines Menschen"[16] wird als unmöglich erkannt. „Der Betroffene bleibt am Ende mit seinem Leid allein"[17], „es hat eben jeder sein Leid"[18].

b) Die Proverbien verweisen auch auf die *psychosomatischen Zusammen-hänge*[19] angesichts der Bewältigung von Leid.

> „Ein fröhliches Herz macht das Gesicht gut,
> aber bei Kummer des Herzens (עִצְּבַת־לֵב) gibt es ein niedergeschlagenes Gemüt (רוּחַ נְכֵאָה)." (Spr 15,13)

> „Ein frohes Herz tut dem Körper gut[20],
> aber ein niedergedrückter Geist (רוּחַ נְכֵאָה) trocknet Knochen aus." (Spr 17,22)

> „Ein tapferer Geist[21] (רוּחַ־אִישׁ) hält aus seine Krankheit,
> aber ein niedergedrückter Geist (רוּחַ נְכֵאָה) – wer kann ihn aufrichten[22]?" (Spr 18,14)

Nach diesen Texten kommt es auf die innere Einstellung an, mit der ein Mensch seine Krankheit oder sonstiges Leid angeht[23]. Eine positive Einstel-lung wirkt sich auch positiv auf das Ergehen des Körpers aus. Sie ist am Gesichtsausdruck erkennbar (15,13[24]), tut aber auch dem Körper insgesamt

---

[15] McKane, OTL, 471, spricht hier von „privacy of joy and sorrow", die „incommuni-cable" sind. Ähnlich Gerstenberger/Schrage, Leiden, 9: „Daß Leiden zutiefst als per-sönliches Schicksal erlebt wird, ist die Grunderfahrung des Menschen".

[16] A. Meinhold, ZBK AT 16.1, 234.

[17] Gerstenberger/Schrage, Leiden, 99; mit Hinweis auf Hiob und den Versuch Qohe-lets, einen Ausweg aufzuzeigen: „Will man nicht in einen stumpfen Fatalismus verfallen, bleibt fast nur der Ausweg, das Leiden mit seinen Ursachen und Abzweckungen zum Geheimnis Gottes zu erklären."

[18] Preuss, Leid, 57.

[19] Nach Gerstenberger/Schrage, Leiden, 30, „damals ... selbstverständliche Voraus-setzung des Denkens". Vgl. auch Plöger, BK XVII, 206; McKane, OTL, 506. Zu diesem Themenkomplex vgl. ausführlich R. Lauha, Psychophysischer Sprachgebrauch, passim.

[20] Statt des schwer einzuordnenden Hapaxlegomenons גֵּהָה ist wohl doch eher גֵּוִיָה zu lesen, vgl. BHS; Plöger, BK XVII, 206; Ringgren, ATD 16, 72. Anders jedoch McKane, OTL, 506, der mit ‚health' übersetzt.

[21] So wohl im Gegenüber zu v.14b.

[22] Anders Plöger: „wer kann es ertragen?", BK XVII, 208.

[23] Vgl. Anch-Scheschonki 446 (Brunner, Altägyptische Weisheit, 290): „Jede Krank-heit ist traurig; aber der Weise versteht es, krank zu sein."

[24] Dazu R. Lauha, Psychophysischer Sprachgebrauch, 99.

wohl (17,22; 18,14)[25]. Umgekehrt wirkt sich eine negative Einstellung schädigend auf das Befinden des Körpers aus (17,22[26])[27].

Plöger sieht in 18,14 eine Gegenüberstellung von physischer und psychischer Erkrankung: „mit einer Gemütserkrankung fertig zu werden, wird als weitaus schwieriger beurteilt."[28] Eine solche Gegenüberstellung ist jedoch keineswegs von vornherein zwingend. Versteht man den Text als Weiterführung, so ist wiederum ein psychosomatischer Zusammenhang vorausgesetzt, wonach ein Tapferer mit seiner Krankheit fertig wird, ein Niedergedrückter aber nicht, sondern zunächst einmal der Aufrichtung bedarf[29]. Die v.14b abschließende Frage hat dabei rhetorischen Charakter, so daß problematisiert wird, ob ein niedergedrückter Mensch überhaupt aufgerichtet werden kann.

Whybray sieht in Äußerungen wie diesen einfach Wiedergaben von Lebensbeobachtungen ohne jede weitere moralische Intention[30]. Angesichts der schon mehrfach gemachten Beobachtung, daß Antithesen wie Sentenzen durch die Art ihrer Gestaltung jeweils eine Wertung mitsetzen und den Hörer/Leser in diese einbeziehen, ist davon auszugehen, daß auch hier bei diesen Texten der Hörer/Leser zu einer positiven Einstellung und damit letztlich zu einer Bewältigung von Leid angeleitet werden soll.

c) Die *Zwiespältigkeit von Gefühlen* wird ebenfalls wahrgenommen:

„Auch beim Lachen leidet (יִכְאַב) das Herz,
und das Ende der Freude ist Kummer (תוּגָה)." (Spr 14,13)

In 14,13b sollte mit der LXX וְאַחֲרִית הַשִּׂמְחָה gelesen werden[31], da so eher ein grammatisch vertretbarer Sinn zu eruieren ist[32]. Es geht in diesem Text wohl weniger um die Erfahrung, daß Menschen ihre Gefühle nach außen kaschieren[33], als vielmehr vor allem angesichts von v.13b darum, daß „Freud und Leid ... in einem Menschenherzen eng beieinander"[34] liegen, Freude nie andauert, sondern in Kummer umschlagen kann, diesen stets auch als Möglichkeit bei und in sich hat. Überlegungen wie die von 14,13 zeigen, daß die hier angesprochenen Erfahrungen auch zum Leben des Weisen gehören,

---

[25] Vgl. McKane, OTL, 517: „influence of morale on physical health".
[26] Dazu R. Lauha, Psychophysischer Sprachgebrauch, 126.
[27] Zu den psychosomatischen Zusammenhängen vgl. auch Barucq, Proverbes, 163.
[28] Plöger, BK XVII, 213.
[29] Vgl. auch A. Meinhold, ZBK AT 16.2, 304.
[30] Whybray, CBC, 89, mit Blick auf 15,13.
[31] Vgl. BHS. Ebenso auch Wagner, יגה, 408.
[32] Vgl. auch Plöger, BK XVII, 167.
[33] So Ringgren, ATD 16, 61; auch A. Meinhold, ZBK AT 16.1, 235.
[34] Wagner, יגה, 408. Vgl. auch McKane, OTL, 471: „the separation of laughter and tears, of joy and sorrow, is never completely effected". Vgl. hingegen van der Weiden, Proverbes, 109, zu v.13a: „La préposition be indique ici le *terminus a quo*".

doch sind sie nicht prototypisch. „Solche Erwägungen stehen in der Weisheit nicht im Vordergrund; wäre es der Fall, so würden sie für die weisheitliche Lebensgestaltung eine schwere Belastung sein, wie an Kohelet zu erkennen ist, aber sie werden nicht ignoriert und zeigen so die Grenzen auf, die dem weisheitlichen Denken gesetzt sind."[35]

3. Folgerungen

Leiderfahrung ist nach diesen Texten vorwiegend eine Erfahrung psychischen Leides[36], wobei jedoch körperliches Leiden – wenn auch sehr dezent – durchaus im Blick bleibt. Möglicherweise ist die Zurückhaltung im Blick auf körperliche Erkrankungen[37] darauf zurückzuführen, daß gegen diese der einzelne relativ machtlos war, während er seine Einstellung und damit seine psychische Verfassung wesentlich leichter selbst beeinflussen konnte[38], was ja auch im Interesse weisheitlicher Sentenzen und Mahnungen lag.

Unter Rückgriff auf die Rede von תּוּגָה kann mit *Wagner* formuliert werden, daß es bei der Rede vom Kummer um „die Grundbestimmtheit des Lebens durch das Vorhandensein, Sichverwirklichen und Sichäußern eines mißlichen Tatbestandes"[39] geht. Dieser kann auf vielfältige Weise begegnen. Nach weisheitlichem Verständnis findet sich selten nur *eine* Form von Leiderfahrung, vielmehr greifen die verschiedenen Formen ineinander über: „physisches, psychisches und soziales Leiden gehören schon damals eng zusammen"[40]. Immer wieder wird auf den psychosomatischen Zusammenhang verwiesen.

Das Thema ‚Schuld' wird in den Proverbien nicht angesprochen, wenn es um Leiderfahrung geht[41]. Allenfalls mag die Verbindung von Schuld und Leid hinter Texten stehen, die die negative Seite des Tun-Ergehen-Zusammenhangs beinhalten[42]. Anders sieht dies offensichtlich in babylonischen Weisheitstexten aus: „La souffrance – provoquée encore par les forces du

---

[35] Plöger, BK XVII, 172.

[36] Vgl. auch den Gebrauch von עַצֶּבֶת, das sich in den hier verhandelten Texten jeweils „auf einen geistigen oder psychischen Schmerz" bezieht, Meyers, עצב, 299.

[37] Vgl. aber das deutliche Ansprechen von Krankheit in PapInsing 530f. (Brunner, Altägyptische Weisheit, 333).

[38] Bei Seybold/Müller, Krankheit, 46, wird das seltenere Reden von körperlicher Erkrankung folgendermaßen begründet: „Zu sehr galt dies als eine Domäne von Religion und Magie, als daß sich die Lebensweisheit daran wagen wollte."

[39] Wagner, יגה, 408.

[40] Preuss, Leid, 57.

[41] Anders Gerstenberger/Schrage, Leiden, 63.

[42] Vgl. dazu aber § 18.

mal, mais voulue aussi par les dieux – ne peut être que le châtiment d'une faute."[43]

Ebensowenig wird Leid – anders in Teilen des Hiobbuches[44] – als Erziehungsmittel gesehen. *Von Rad* sieht diesen Gedanken zwar in 17,3 angesprochen[45], doch das Bild vom Schmelztiegel und vom Ofen für Silber bzw. Gold illustriert hier die Rede von JHWH als dem, der die Herzen prüft, nicht aber einen Gedanken an Erziehung. Ebensowenig ist dabei von Leid die Rede, solches kann noch nicht einmal indirekt erschlossen werden.

Wenig wird gesagt über das, was dem Bekümmerten hilft. Trost findet er vor allem durch rechte Worte, so nach 12,18.25; 25,25. Insgesamt ist aber der ganze Komplex der Proverbien eben als Anleitung zu verstehen, es gar nicht erst zu Situationen kommen zu lassen, die dem Menschen Kummer bringen, so daß es eigener „Seelsorgeanleitungen" gar nicht bedarf. „Die konstruktive Gestaltung dessen, was das Leben wertvoll macht, verhindert das Unglück."[46] Der Weise erstrebt vor allem ein gelingendes Leben, und um dessen Erlangung und Sicherung geht es in den Proverbien primär. Leidvermeidung ist entscheidender als Leidbewältigung.

§ 16: Das (/der) Böse

Verhältnismäßig häufig wird in den Proverbien die Thematik „böse" reflektiert. Dabei wird zurückgegriffen auf die Nomina רע und רעה, während das Verb רעע nur in 24,8[1] gebraucht wird. Böse können Menschen sein, Verhaltensweisen und daraus resultierende Lebenssituationen[2]. *Stoebe* schließt folglich zu kurz, wenn er für die Weisheit konstatiert, daß das „was frommt", wesentlich ist und sie deshalb nicht nach dem Gegenteil fragt[3]. Vielmehr wurde ja schon immer wieder angesprochen, daß die Proverbien Negativverhalten des Menschen in den Blick nehmen, um vor einem solchen zu warnen. Insofern ist es nur konsequent, daß auch über den sich böse verhaltenden Menschen und das Böse reflektiert wird[4].

---

[43] NOUGAYROL, sagesses babyloniennes, 45.

[44] Vgl. auch Spr 3,11f.

[45] VON RAD, Weisheit, 259.

[46] GERSTENBERGER/SCHRAGE, Leiden, 104.

[1] Sowie in der Sammlung 1–9 in 4,16.

[2] Völlig aus dem Rahmen fällt dabei 20,14, wo mit רע ein Urteil über eine Ware abgegeben wird.

[3] STOEBE, רעע, 796.

[4] Mit NEL, Wisdom admonitions, 120f., kann das Böse sogar als Opposition zur Weisheit angesehen werden.

1. *Der Mensch als der Böse*[5]

a) Zwar redet 15,3 ganz allgemein davon, daß JHWH auf Böse wie Gute achtet, ohne genauer Auskunft über den Bösen und sein Geschick zu geben, doch wird in anderen Texten deutlich, daß ein Mensch sich auf unterschiedliche Weise als ein Böser zeigen kann. Böse Menschen (אַנְשֵׁי־רָע) erweisen sich als solche, die kein Verständnis für Recht haben (28,5). Als Mißgünstiger (רַע עַיִן) ist ein Böser besser zu meiden, weil er nichts Gutes für den anderen im Sinn hat (23,6f.). Ähnlich votieren 24,1f. bzw. 24,19 mit ihrer Warnung vor der Gesellschaft böser Menschen (אַנְשֵׁי רָעָה bzw. מְרֵעִים)[6]. Auch ist der Mißgünstige (אִישׁ רַע עַיִן) wegen seines unreflektierten Strebens nach Reichtum kritisch zu betrachten (28,22).

b) Klar ist für die Proverbien, daß der Böse die Folgen seines Verhaltens zu tragen hat:

> „Nur nach Widerspenstigkeit trachtet der Böse (רָע),
> aber ein unbarmherziger Bote wird ihm gesandt." (Spr 17,11)

Nach diesem Text ist der Böse gekennzeichnet durch „einen grundsätzlich und rabiat sich äußernden Nonkonformismus"[7], der gezielt nach Widerspruch trachtet. Dieses Verhalten stößt auf eine ebenso unbarmherzige Reaktion. Dabei wird jedoch weder gesagt, wer der genannte Bote ist, noch worin sein Auftrag besteht, noch wer ihn schickt. Möglicherweise ist ein Anklang an den in 16,14a angesprochenen Todesboten zu sehen[8], doch ist dies vom Text her nicht eindeutig zu entscheiden.

Der Böse bleibt nicht ungestraft (11,21)[9], was durch יָד לְיָד noch bekräftigt wird. Diese Bekräftigung kann eine Trost- und Ermutigungsfunktion angesichts scheinbar gegenteiliger Erfahrung übernehmen. Die Bösen werden sich vor den Guten bücken (14,19) und damit eine Demutshaltung annehmen, sich diesen unterwerfen. Von Menschen seiner eigenen Art (רְשָׁעִים) wird der Böse ins Verderben gestürzt (21,12). Als zusammenfassend kann dann die Aussage von 24,20 verstanden werden, wonach es für den Bösen keine Zukunft gibt.

c) Eine Form der negativen Folgen des Verhaltens des Bösen wird genauer beschrieben. So stellt sich der Böse durch sein Verhalten selbst eine Falle (29,6). Sein Gefallen am frevlerischen Tun ist für ihn wie ein Fangnetz

---

[5] In Spr 10ff. wird durchgängig vom Mann als dem Bösen gesprochen, anders nur 6,24 mit der Rede von der אֵשֶׁת רָע, womit nicht ausgeschlossen ist, daß auch die Frau unter negativem Vorzeichen gesehen wird, vgl. dazu § 10.

[6] Vgl. auch 4,14 mit der Warnung, den Weg der Bösen nicht zu beschreiten.

[7] PLÖGER, BK XVII, 203.

[8] So MCKANE, OTL, 510.

[9] Wobei wiederum offen gelassen wird, wer die Strafe vollzieht.

(12,12[10]), ebenso wie er sich auch durch seine verfehlte Sprache ein Stellholz für sich selbst schafft (12,13). Diese Aussagen sind jeweils in Form von Nominalsätzen gestaltet, wodurch der grundsätzliche Charakter dieser Feststellungen unterstrichen wird.

2. Das Böse als Verhaltensweise

a) Das Böse kann geplant werden. Das Trachten nach dem Bösen wird dem Guten entgegengesetzt (12,20 stellt רָע dem Rat zu שָׁלוֹם gegenüber; 21,10 steht רָע mit חנן im kontrastierenden Wortfeld[11])[12]:

> „Wer das Gute sucht, findet Wohlgefallen,
> wer nach dem Bösen (רָעָה) sucht, zu dem kommt es." (Spr 11,27)

> „Irren nicht herum, die Unheil (רָע) bereiten?
> Güte und Treue aber (ist für die), die Gutes bereiten." (Spr 14,22)

> „Wer etwas Bösem (לְהָרַע) nachsinnt,
> der wird Ränkeschmied genannt." (Spr 24,8)

Planen des Bösen geht einher mit negativen Folgen für den, der nach dem Bösen trachtet. Die Folgen werden hier als dem Verhalten beinahe inhärent angesprochen (11,27). Dies ist auch durch die rhetorische Frage in 14,22a mitgesetzt. Allein für diejenigen, die Gutes im Sinn haben, wird ein indirektes Gegenüber mitgedacht, das dann Gutes zurückgibt. Wenn in 11,27 von Wohlgefallen gesprochen wird, so geschieht dies ganz allgemein, ohne daß JHWH in den Blick kommt. Von daher ist es nicht geboten, diesen ohne weiteres interpretierend einzutragen[13].

Die negative Wertung des Trachtens nach Bösem wird in diesen Texten sehr deutlich[14]. Ebenso, daß es keineswegs um ein spontanes, ungewolltes Böse-Sein bzw. -Handeln geht. Verben wie דרשׁ und חשׁב unterstreichen das Gezielte, Geplante des bösen Verhaltens[15]. Klar kann dann noch einmal gesagt werden, daß böse Pläne (מַחְשְׁבוֹת רָע) ein Greuel für JHWH sind (15,26)[16].

---

[10] Zur Problematik des Textes vgl. ALONSO SCHÖKEL/VÍLCHEZ LÍNDEZ, Proverbios, 292: „El texto es dudoso y difícil."

[11] Genauer dazu § 3, S. 33f.

[12] Vgl. 3,29f., mit der Verurteilung des (grundlosen) Sinnens nach Bösem dem Nächsten gegenüber.

[13] Gegen GEMSER, HAT I/16, 56; STRACK, KK VI/2, 44.

[14] Vgl. 6,14f.

[15] Vgl. auch MCKANE, OTL, 399.473.

[16] Vgl. 6,16ff.

b) *Das Böse wird einfach getan* oder als getan vorausgesetzt[17]. So tut die אֵשֶׁת חַיִל ihrem Mann Gutes, nicht Böses (31,12). Der König auf seinem Richtstuhl entdeckt alles Böse (רָע; 20,8), ein Bösewicht gräbt Böses:

> „Ein Mann von Schlechtigkeit gräbt Böses (רָעָה),
> und auf seinen Lippen ist es wie brennendes Feuer." (Spr 16,27).

Der erste Halbvers erinnert an das Graben einer Grube von 26,27 und unterstreicht noch einmal indirekt das *gezielte* Tun des Bösen. Dieses kann in geplanten Handlungen bestehen wie auch in der Art der Sprache (v.27b).

Reinigung vom Bösen (רָע), die es also gibt und die auch mit weisheitlicher Rede letztlich erstrebt wird, ist durch Schläge möglich (20,30). Ferner zeigt sich das Böse selbst dort, wo sein Vertuschen versucht wird:

> „Bedeckt sich der Haß mit Betrug,
> so wird seine Bosheit (רָעָה) doch offenbar in der Gemeinschaft." (Spr
> 26,26)

Offen bleibt, welche Größe hier mit קָהָל gemeint ist. Weder liegen eindeutige Hinweise auf eine „öffentliche Gerichtsverhandlung"[18] vor[19] noch auf eine „Gemeindeversammlung" oder ein „Forum der Öffentlichkeit"[20]. Deshalb sollte allgemein vom Gefüge einer Gemeinschaft[21] ausgegangen werden, das ein Vertuschen von Bosheit auf Dauer nicht möglich macht.

Eine spezielle Möglichkeit des Tuns des Bösen wird angesprochen, wenn es um den Zusammenhang von Sprache und Bosheit geht.

> „Wer seine Augen zukneift[22], sinnt auf Ränke,
> wer seine Lippen zusammenkneift – er hat Böses (רָעָה) vollbracht." (Spr
> 16,30)

Das Böse geschieht in diesem Fall nicht durch eine besonders boshafte Art der Sprache oder ihres Inhalts, sondern durch Verweigerung von Sprache. Eine besondere Nuance erhält der Text noch dadurch, daß hier als Ausdruck dieser Boshaftigkeit auf Körpersprache verwiesen wird.

Umgekehrt bringt nach 15,28 der Mund der Frevler Böses (רָעוֹת) hervor.

---

[17] Vgl. auch 1,16; 2,12 (Weisheit bewahrt vor dem Weg des Bösen).14; 4,16.27.
[18] So aber HAMP, EB, 72.
[19] Vgl. MCKANE, OTL, 604.
[20] So PLÖGER, BK XVII, 315, als Möglichkeiten.
[21] Vgl. HOSSFELD/KINDL/FABRY, קָהָל, 1219, mit Hinweis auf 21,16, wo von der Versammlung der ‚Schatten' im Totenreich gesprochen (קְהַל רְפָאִים) und קהל ähnlich allgemein gebraucht wird.
[22] עֹצֶה ist hapax legomenon und deshalb nicht eindeutig zu übersetzen.

Parallel zu schlimmer Sprache wird das böse Herz (לֶב־רָע)[23] in 26,23 an-gesprochen[24].

c) Das *Meiden des Bösen* ist zwar dem Toren ein Greuel (13,19; vgl. auch 14,16b über das Einlassen des Toren auf das Böse), doch wird im Prinzip in Form von Mahnung und Forderung positiv vom Meiden des Bösen als Möglichkeit in den Proverbien gesprochen[25]. So fürchtet der Weise (JHWH?[26]) und weicht darum vom Bösen (14,16a). Ähnlich begegnet die Kombination von JHWHfurcht und Weichen vom Bösen (סוּר מֵרָע) in 16,6. Gleiches tun die Redlichen, wobei das Achten auf den eigenen Weg Leben ermöglicht (16,17).

d) Das Böse wird in den Zusammenhang des *Vergeltens wie der Strafe* eingebracht:

„Wer Gutes durch Böses (רָעָה) vergilt,
dem weicht das Böse nicht aus seinem Haus." (Spr 17,13)

Dieser Vers spricht „eine besondere Art von bösartiger Gesinnung"[27] an, wenn ein Mensch auf ihm entgegengebrachtes Wohlverhalten durch Böses reagiert und damit jegliche Gemeinschaft zerstört. Warnend und mahnend wird einem solchen entgegengehalten, daß sein Haus auf Dauer nicht frei sein wird von Bösem. Damit wird sowohl das Böse als Sphäre, die zu entsprechendem Handeln verleitet, wie auch als Ergehen des sich so schlimm Verhaltenden im Blick sein.

20,22 warnt vor der eigenständigen Vergeltung des Bösen (רָע) und über-läßt diese JHWH. Ganz allgemein sprechen 14,32; 24,16 davon, daß die Frevler wegen ihrer Bosheit (רָעָה) gestürzt werden. 11,19 kontrastiert dem Bösen (רָעָה) die Rechtschaffenheit (צְדָקָה) und verweist darauf, daß das Verfolgen des Bösen zum Tode führt. Ebenso erfährt derjenige Lebensmin-derung, der Redliche auf bösem Wege (דֶּרֶךְ רָע) irreführt (28,10).

3. *Das Böse als den Menschen treffendes Unheil*

Die Folgen von bösem, falschem Verhalten sind diesem entsprechend ebenfalls böse[28]. Der Frevler wird mit Unheil (רָע// zu אָוֶן) voll sein (12,21) und ist von JHWH für den Tag des Gerichts (יוֹם רָעָה) vorgesehen (16,4[29]).

---

[23] Anders wird לֵב־רָע in 25,20 gebraucht, wo es eher der Beschreibung einer traurigen Gemütsstimmung dient.
[24] Zur Verbindung von Herz und Sprache vgl. auch § 13 bzw. 14.
[25] Vgl. auch 3,7; 8,13 in Verbindung mit JHWHfurcht.
[26] Vgl. genauer zum Text § 2, S. 18f.
[27] PLÖGER, BK XVII, 203.
[28] Vgl. § 18.
[29] Vgl. genauer zum Text § 3, S. 46.

Sünder werden vom Bösen (טוֹב <-> רָעָה) verfolgt (13,21). Übel behandelt
(רַע־יֵרוֹעַ) wird derjenige, der einem Fremden bürgt (11,15). Wer vom rechten Weg abweicht, erfährt böse Strafe (מוּסָר רָע// יָמוּת) und damit Schädigung seines Lebens (15,10)[30]. Ins Unglück (בְּרָעָה// negiertem טוֹב) fällt, wer
mit seiner Sprache täuscht (17,20). Ähnlich spricht auch 13,17 über den
frevelhaften Boten (mit kontrastierendem מַרְפֵּא), wenn der masoretische
Text beibehalten wird. Gleiches gilt auch für den, der sein Herz verhärtet:

> „Wohl dem Menschen, der beständig bleibt in (Ehr-)Furcht (מְפַחֵד)[31],
> wer aber sein Herz verhärtet, fällt ins Unglück (רָעָה)." (Spr 28,14)

Der Hinweis auf das Unglück wird hier dem mit אַשְׁרֵי eingeleiteten Makarismus[32] kontrastiert, der bereits ein Stück Zuspruch von dem erwarteten
Wohl enthält. רָעָה ist hier nicht Kennzeichen des Verhaltens, sondern Folge
eines solchen, von diesem aber damit wiederum nicht zu trennen, sondern es
entsprechend ebenfalls als böse qualifizierend.

Wer jedoch JHWH fürchtet, erfährt nach 19,23 kein Unheil (רָע im Kontrast zu שָׂבֵעַ יָלִין, חַיִּים)[33]. Auch sieht der Kluge das Unheil (רָעָה) kommen
und verbirgt sich davor, bringt sich also in Sicherheit (22,3; 27,12).

Weniger als Folge von Verhalten denn als Charakterisierung einer Lebens-
situation wird dann von den bösen Tagen des Armen (כָּל־יְמֵי עָנִי רָעִים;
15,15) als einer für diesen unerfreulichen Lage gesprochen.

4. Folgerungen

In keinem der Texte wird ein Mensch als der Böse und auf seine Bosheit
direkt angesprochen. Es wird jeweils nur *über* den Bösen geredet. Ebenso
wird nicht davon ausgegangen, daß der angesprochene Mensch sich bereits
im Wirkungsbereich des Bösen befindet, sondern er wird davor gewarnt, sich
in diesen hineinzubegeben. Es sind jeweils die anderen, die als sich dort
befindend gedacht werden, wie dies auch schon bei der Warnung vor der
Verhaltensweise als Tor, als Frevler etc. sichtbar wurde.

Auffallend ist, daß in keinem der Texte ein direkter Gegensatz zwischen
dem Bösen und der Weisheit hergestellt wird[34]. Dies geschieht erst und allein

---

[30] Vgl. auch 5,14.

[31] GEMSER, HAT I/16, 99, sieht in diesem Text die JHWHfurcht angesprochen, mit
Hinweis auf Hos 3,5; Mi 7,17; Jes 66,2.5; Ps 36,2; 119,120; Gen 31,53, wo ebenfalls פחד
gebraucht wird mit Bezug auf Gott. Vgl. ebenso HAMP, EB, 76.

[32] Zum Gebrauch des Makarismus in den Proverbien vgl. auch 3,13; 8,34; 28,14; vgl.
auch 14,21; 16,20; 29,18.

[33] Vgl. 1,33 mit Bezug zur Weisheit als der Größe, die Unheil verhindert.

[34] Die Opposition Weisheit – Böses (vgl. NEL, Wisdom and monitions, 120f.) ist eher
eine sachlich zu erschließende, aus dem Gesamttext erschließbare, nicht aber eine themati-
sierte und damit auch nicht im Vordergrund stehende.

in dem jüngeren Text 1,33. Wohl aber gibt es das Gegenüber von Böse und Gut (11,27; 14,22). Ähnliches ist in Ägypten zu beobachten, wo das Böse neben anderem als Opposition zu Ma'at begegnet[35]. Die Opposition ,gut und böse' ist in Ägypten geradezu „Grundstruktur weisheitlichen Lehrens überhaupt"[36]. So nennt die Lehre des Amunnacht als Erziehungsziel, „zwischen Gut und Böse unterscheiden zu können"[37].

Das Böse ist somit in den Proverbien nicht nur und primär eine vom Menschen erfahrbare Lebenssphäre, sondern vor allem und gezielt ein Handeln. Das Böse konkretisiert sich und wird spürbar im Verhalten des Menschen, es wird erlebt als Zerstörung menschlicher Gemeinschaft[38].

Die Rede vom Bösen begegnet ferner häufig im Kontext des Tun-Ergehen-Zusammenhangs und macht so deutlich, „daß das Böse als Tat das Böse als negative Welterfahrung zur Folge hat"[39]. Auch sie wird damit zur Warnung und Mahnung an den weisheitlich orientierten Hörer/Leser, sich vor einem so beschriebenen Verhalten zu hüten[40].

§ 17: Die Einbindung des einzelnen in die Gemeinschaft

Zwar wird in den Proverbien vorwiegend der einzelne angesprochen, und die dabei benannten Personengruppen und Typen stehen fast durchgängig im Singular. Auch geht es wesentlich um das Verhalten und Ergehen des Individuums. Dabei zeigt sich jedoch, daß beides nicht losgelöst gesehen werden kann von den sozialen Bezügen, in denen der einzelne Mensch lebt, denn dieser befindet sich nicht in der Isolation. Die Einbindung des Individuums in die Gemeinschaft wird dabei auf vielfältige Weise wahrgenommen.

Wenn nicht das unmittelbare soziale Umfeld, sondern die größere Gemeinschaft in den Blick kommt, fällt auf, daß dies nur sehr allgemein geschieht. Trotz der JHWHsprüche ist weder die Kultgemeinde von Interesse noch das Volk Israel im Gegenüber zu anderen Völkern. Auch die Rechtsgemeinde spielt kaum eine Rolle[1], denn die Rede vom Zeugen hat sich als am rechten bzw. falschen Zeugnis interessiert gezeigt[2], nicht aber am Auditorium des Zeugnisses.

---

[35] Vgl. BRUNNER-TRAUT, Lebensweisheit, 95.
[36] J. ASSMANN, Loyalismus, 45.
[37] Amunnacht 6 (BRUNNER, Altägyptische Weisheit, 232).
[38] Vgl. FONTAINE, Traditional sayings, 115.
[39] BRANDENBURGER, Das Böse, 29.- Vgl. dazu § 18.
[40] Vgl. auch die Mahnung in einem sumerischen Sprichwort „Durch Leben sollst du das Böse nicht *lügnerisch vergrößern*: dich zu beugen liegt (ja vielmehr) in deinem Lose!" (TUAT III/1, 26, Z.50).
[1] Auch nicht in 26,26, wo vom Offenbarwerden der Bosheit im קהל die Rede ist; dazu § 16, S. 222.
[2] Vgl. § 14.

Eine Konkretisierung findet sich ansatzweise in den Texten, die von der Stadt sprechen als kleinerer, übersichtlicher Gemeinschaft, wo auch der einzelne noch stärker spürbar betroffen ist von dem Geschehen in der Gruppe, aber auch selbst das Wohl der Gemeinschaft mitbestimmt[3]. Die verschiedenen Bezeichnungen für „Stadt" (עִיר, קֶרֶת, קִרְיָה) geben ebensowenig wie die hier angesprochenen Texte selbst Rückschlüsse auf konkrete Städte oder Stadtstrukturen[4], so daß die allgemein gehaltenen Aussagen wiederum vielen eine Identifikation ermöglichen.

Es ist zum Wohl der Stadt (עִיר), wenn der Weise in ihr aufsteigt und diejenigen Kräfte stürzt, auf die man bisher vertraute (21,22[5]). Die Stadt (קֶרֶת) erlebt durch den Segen der Redlichen ihren Aufstieg, durch den Mund der Frevler aber ihren Untergang (11,11[6]). Ebenso freut sich die Stadt (קִרְיָה) am Glück der Rechtschaffenen wie am Niedergang der Frevler (11,10[7]), weil sie von deren Verhalten jeweils mitbetroffen ist (vgl. auch 29,2 mit einer ähnlichen Orientierung[8]). Übermütige Männer können eine Stadt (קִרְיָה) in Aufruhr bringen, während Weise wieder Ruhe schaffen (29,8[9]).

In 16,32; 25,28 wird ebenfalls von der Stadt (עִיר) gesprochen, doch in völlig untergeordneter Funktion, so daß diese Texte nicht herangezogen werden können, um über das Verhältnis einzelner – Gemeinschaft eine genauere, inhaltlich gefüllte Aussage zu machen.

Auch das gute Ergehen des größeren Ganzen als Land bzw. Volk hängt ab von Weisheit. Einsicht und Verstand wahren das Recht, während sich das Land (אֶרֶץ) durch Verfehlung viele Herrscher einhandelt, was als schädigend angesehen wird (28,2[10]). Weisheit als Voraussetzung des Wohlergehens wird auch dort angesprochen sein, wo diese nicht ausdrücklich genannt, sondern umschrieben wird:

> „Wenn keine Überlegungen da sind, fällt das Volk (עָם),
> aber Heil ist durch viele, die Rat geben[11]." (Spr 11,14)

Nicht nur Rat allgemein wird als notwendig angesehen für die Existenz des Volkes, sondern die Menge der Ratgeber ist von Bedeutung (vgl. auch

---

[3] Zur wechselseitigen Beziehung zwischen dem einzelnen und der Gemeinschaft und dem jeweiligen Ergehen vgl. auch LIWAK, Literary Individuality, 91; SOETE, Ethos, 246. Die Stadt ist also keineswegs nur „Sinnbild einer Haltung, die auf äußere Stärke als Gegensatz zu weiser Lebenshaltung setzt" (so OTTO, עיר, 72), sondern sehr wohl als Lebensraum des Menschen im Blick.

[4] Vgl. MULDER, קריה, 179, zum synonymen Gebrauch von קריה/קרת und עיר.

[5] Genauer dazu § 2, S. 25.

[6] Genauer dazu § 14, S. 194.

[7] Vgl. dazu § 3, S. 47.

[8] Genauer dazu § 3, S. 48.

[9] Genauer dazu § 2, S. 16f.

[10] Genauer dazu § 22, S. 284.

[11] Im Hebräischen eigentlich Singular, doch רֹב ist als Kollektivsingular zu verstehen, so daß pluralisch übersetzt werden kann.

15,22). Dem Gedanken, daß einer genügt, der Pläne macht, wird gewehrt, einer Alleinherrschaft ohne Ratgeber keine Chance gegeben. Nicht eindeutig zu klären ist, ob mit עַם hier an das Volk als Staatswesen zu denken ist, oder ob eher die städtische Gemeinschaft im Blick ist, die durch Familienzugehörigkeiten geprägt ist[12].

Auch der folgende Text ist am Wohlergehen des Volkes interessiert:

> „Ohne Wort(offenbarung?, חָזוֹן) verwildert das Volk (עָם),
> wer aber das Gebot bewahrt, wohl ihm!" (Spr 29,18)

Dieser Vers stellt vor einige Probleme. Nicht nur die Rede von חָזוֹן als solche irritiert, weil sie in den Proverbien singulär ist, sondern auch die Wendung בְּאֵין חָזוֹן insgesamt. Sonst wird חָזוֹן im AT für prophetische Offenbarung gebraucht (Jer 23,16; Ez 12,23; Hos 12,11 u.ö.). Da es hier aber in Parallele zu תּוֹרָה steht, auch in den Proverbien kein Anlaß vorliegt, an prophetische Offenbarung zu denken, dürfte hier bei חָזוֹן eine תּוֹרָה ähnliche inhaltliche Füllung vorliegen[13]. Dann kann auch keine Rede davon sein, daß בְּאֵין חָזוֹן das Ende der Prophetie anspricht (vgl. Sach 13,2 ?)[14]. Angesichts des sonstigen Gebrauchs von תּוֹרָה in Spr 10ff. (13,14; 28,4.7.9; 31,26) kann hier ebenso kaum an das göttliche Gebot, sondern wieder nur an weisheitliche Unterweisung gedacht sein. Die parallele Struktur von v.18a und v.18b läßt dann ferner darauf schließen, daß hier nicht die Gemeinschaft in v.18a einem Einzelnen in v.18b kontrastiert wird[15], sondern die Verwilderung des Volkes ohne Unterweisung seinem Wohlergehen bei Beachtung der weisheitlichen Lehre. שֹׁמֵר ist damit auf עָם zu beziehen. Auch für das Volk als Ganzes zeigt sich also der Zusammenhang von Verhalten und Ergehen.

Die Rechtschaffenheit ist für die Existenz eines Volkes ebenso wichtig:

> „Rechtschaffenheit erhöht ein Volk (גּוֹי),
> aber ein Mangel[16] der Völker (לְאֻמִּים) ist Verfehlung." (Spr 14,34)

Das (außenpolitische[17]) Ansehen eines Volkes wird durch Rechtschaffenheit gewährleistet, während es durch Verfehlung gemindert wird. Die Verwendung der Begriffe גּוֹי wie לְאֹם deutet dabei an, daß diese Erfahrung eine ist, die für Völker allgemein, nicht nur für Israel gilt[18].

Darüber hinaus ist das Volk (לְאֹם) in seiner Existenz abhängig davon,

---

[12] So A. MEINHOLD, ZBK AT 16.1, 192.

[13] Vgl. A. MEINHOLD, ZBK AT 16.2, 489.

[14] So aber MCKANE, OTL, 640. Auch von PLÖGER, BK XVII, 347, wird dieser Gedanke erwogen.

[15] So MCKANE, OTL, 640.

[16] Hier liegt möglicherweise ein Abschreibfehler vor, so daß חסר statt חסד zu lesen ist, sofern man חסד nicht in der ungewöhnlichen Bedeutung ‚Schande' verstehen will; so aber PLÖGER, BK XVII, 175; A. MEINHOLD, ZBK AT 16.1, 246; MCKANE, OTL, 475.

[17] Vgl. A. MEINHOLD, ZBK AT 16.1, 245.

[18] Vgl. PREUSS, לאם, 412f., dort auch besonders zur Kombination גּוֹי und לְאֹם.

daß die Lebensmittelproduzenten ihm die nötigen Vorräte nicht vorenthalten (11,26[19]).

Die Gemeinschaft und ihr(e) Herrscher sind in ihrem Geschick wechselseitig aneinander gebunden. Der König ist in seiner Macht abhängig von der Zahl derer, die sie akzeptieren (14,28[20]). Umgekehrt erweist sich der frevlerische Herrscher als große Bedrohung für das arme Volk (עַם־דָּל; 28,15[21]). Wenn der Herrscher hingegen am Recht orientiert ist, sichert er das Bestehen des Landes (אֶרֶץ; 29,4). Es wird zwar nicht ausdrücklich gesagt, daß der einzelne davon profitiert, doch da er Teil der Gemeinschaft ist, kommt auch ihm ein gutes Miteinander von Herrscher und Gemeinschaft zugute.

Wesentlich mehr als das Verhalten und Ergehen (des einzelnen in) der übergreifenden Gemeinschaft wie Stadt und Volk wird das unmittelbare, nähere soziale Bezugsfeld des Menschen in den Blick genommen. Zum einen wird die enge Beziehung zwischen Mann und Frau angesprochen, die (im Umgang mit der fremden Frau bzw. Hure: 22,14; 23,27f.; 29,3) als verfehlte, (durch die zänkische Frau: 19,13; 21,9.19; 25,24; 27,15) als gestörte wie auch – wenngleich selten – als gelingende (18,22; 19,14) gesehen wird, wie in § 10 dargestellt wurde. Dabei hängt die Qualität dieser Beziehung nach Spr 10ff. durchgehend von der Frau und ihrem Verhalten dem Mann gegenüber ab. Dem Mann wird entsprechend (indirekt) vor allem zur Distanz zu einer für ihn und sein Leben hinderlichen bzw. schädlichen Frau geraten. Wie sich zeigte, wird nichts darüber gesagt, auf welche Weise der Mann zu einem positiven Miteinander von Mann und Frau beitragen kann.

Des weiteren spielt das Miteinander von Vater/Mutter und Sohn eine wichtige Rolle. Vom Hören auf die Unterweisung der Eltern hängt es ab, ob das Leben des Sohnes gelingen kann. Umgekehrt ist die Qualität des Lebens der Eltern mitbestimmt durch das Verhalten des Sohnes ihnen gegenüber (10,1; 15,20; 19,26; 29,3.15 u.ö.) und durch dessen (mangelnde) Akzeptanz ihrer Erziehung (13,13; 15,5)[22]. Ähnliches gilt auch für das Miteinander von Lehrer und Schüler, sofern es durch die Rede von Vater und Sohn angesprochen ist[23]. Selbst noch die Enkel tragen bei zur Ehre des Menschen (17,6[24]), wobei aber die Voraussetzung mitzudenken sein wird, daß die Erziehung der Enkel geglückt ist. Das Aneinandergewiesensein der Generationen wird in diesem Text besonders deutlich, weil er ebenso die Ehre anspricht, die die Söhne durch ihre Väter erfahren können. Auch 13,22 hat die Generationen im Blick, wenn die Enkel das Erbe des Guten erhalten.

---

[19] Genauer dazu § 26, S. 338f.

[20] Genauer dazu § 9, S. 141.

[21] Genauer dazu § 3, S. 40f.

[22] Zur besonderen Bedeutung der Beziehung zwischen Eltern und Sohn in der Weisheitsliteratur vgl. auch OTWELL, And Sarah Laughted, 97.

[23] Zu dieser Problematik vgl. § 7.

[24] Genauer dazu § 7, S. 112.

Ferner wird eine direkte Beziehung zu anderen Menschen in den Texten thematisiert, die den רֵעַ nennen und ihn als Gegenüber reflektieren. Das Miteinander mit dem רֵעַ kann zur Belastung werden, wo es durch Aufdringlichkeit (25,17; 27,14), Egoismus (14,20; 19,4.6) oder gar Bosheit (11,9.12; 26,18f.29; 29,5) geprägt ist. Eine Bereicherung des Lebens, eine Steigerung von Lebensqualität bedeutet das Zusammenleben mit dem רֵעַ hingegen dort, wo er sich als Freund erweist, auf den in Notsituationen Verlaß ist (17,17; 27,9.10)[25].

Ein konkreteres Gegenüber wird auch noch einmal in der Person des Zeugen sichtbar[26]. Der עֵד ist schon per definitionem eine gemeinschaftsbezogene Größe, da er zum einen das Verhalten eines Anderen wahrnimmt und über dieses (wahrhaftig oder falsch: 19,5.9; 21,28 u.ö.) Auskunft gibt und da dies zum anderen gegenüber (zumindest einem) Dritten geschieht. Daß sich ein falsches Zeugnis als nicht nur den Betroffenen, sondern auch als die Gemeinschaft überhaupt zerstörend auswirkt, ist den Weisen deutlich bewußt (14,25; 19,28; 25,18).

Sehr allgemein, jedoch mit großer Intensität kommt die Bedeutung des Umgangs mit anderen Menschen jeweils dort in den Blick, wo es um die Wirkung des Verhaltens eines Menschen auf andere geht. Immer wieder wird darauf hingewiesen, daß Menschen durch das Verhalten anderer geschädigt werden bzw. Wohltaten erfahren. Die Häufigkeit, mit der dies geschieht, macht deutlich, daß den Verfassern der Proverbien mehr als deutlich ist, wie sehr das eigene Wohlergehen an das Verhalten anderer Menschen gekoppelt ist. Zwar geht es zunächst immer um das eigene rechte Tun, zu dem angeleitet und ermahnt wird, doch ist völlig klar, daß es nicht am einzelnen *allein* liegt, wie seine Lebensqualität beschaffen ist. Ihren Ausdruck findet diese Abhängigkeit auf unterschiedliche Weise. Es kann durch den passivischen Gebrauch des Verbums geschehen, der eine zweite, nicht genannte Person als agierend mitdenken läßt (vgl. 14,11: יִשָּׁמֵד; 16,21: יִקָּרֵא; 28,26: יִמָּלֵט u.ö.). Auch transitive Verben lassen oft als personales ‚Objekt' ein Gegenüber erwarten, das ebenso nicht genannt wird, aber erschlossen werden kann (vgl. 14,18: יַכְתִּרוּ, נָחֲלוּ u.ö.). Meistens werden die Bezugsgrößen jedoch direkt genannt, so z.B. wenn davon gesprochen wird, daß der Rechtschaffene das Recht der Armen kennt (29,7), wenn der Frevler davor gewarnt wird, dem Rechtschaffenen nachzustellen (24,15), wenn der Arme und der Reiche einander begegnen (22,2).

Völlig heraus aus dem Duktus der Proverbien fallen 30,11ff. mit ihrer Rede vom Geschlecht (דּוֹר) und von der Menschheit (אָדָם ist hier klar kollektivisch zu verstehen). Hier wird weit übergreifender gedacht als in den bisher angesprochenen Texten. Eine große Gruppe Menschen ist im Blick,

---

[25] Vgl. dazu § 8.
[26] Vgl. § 14.

die über den geschichtlichen Augenblick hinaus gesehen werden und eingebunden sind in die größere Geschichte der Menschheit überhaupt. Was hier
ausgesagt wird, gilt nicht dem einzelnen in seiner je eigenen Situation, sondern der Menschheit allgemein.

Deutlich am größeren Ganzen orientiert sind auch 30,21ff. Sie sehen das
Wohl des Landes (אֶרֶץ) gefährdet, wenn sich die eingespielten sozialen Verhältnisse auf den Kopf stellen, Menschen ihre ihnen eigenen Rollen verlassen
und sich ihnen unangemessene aneignen. Anders als sonst in Spr 10ff. sind
hier keine einzelnen im Blick, bei denen rechtes Verhalten bewirkt bzw.
bewahrt werden soll, sondern es wird wieder übergreifend allgemein gesprochen, eine Situationsbeschreibung gegeben und als Gefahr gemalt, wobei
jedoch letztlich die Gemeinschaft als Ganze angesprochen ist und indirekt
gemahnt wird, einer so beschriebenen Gefahr zu wehren, denn ein einzelner
hat hier keine Möglichkeiten.

Das Miteinander des einzelnen Menschen und der Gemeinschaft spielte
auch für den ägyptischen Weisen eine große Rolle und wirkte sich entsprechend auf die Erziehung aus: „Ziel ist die Einführung und Einbindung des
Einzelnen in die Gemeinschaft"[27]. *J. Assmann* verweist darauf, daß die Gemeinschaft auf göttliche Ordnung gegründet ist und die Bösen nicht dazuge-
hören[28]. Solches läßt sich für die Proverbien so nicht sagen, denn weder wird
in ihnen eine göttliche Ordnung thematisiert[29], noch werden die Bösen als
außerhalb der Gesellschaft stehend charakterisiert. Sie werden vielmehr
deutlich als Teil der Gesellschaft und für deren Ergehen mitverantwortlich
angesehen.

So geht es in Spr 10ff. – gleich, welche Personen im Blick sind – bei aller
Konzentration auf das Verhalten und Ergehen des Individuums dann doch
auch darum, das Gelingen des gemeinschaftlichen Lebens zu fördern, das
Miteinander von Menschen vor Schaden zu bewahren. Da das Ergehen des
einzelnen und der Gemeinschaft aufeinander bezogen und voneinander abhängig sind, kann daher durchaus in den Texten, die am einzelnen orientiert
sind, ebenso ein – wenn auch nicht immer deutlich ausgesprochenes – Interesse an der Gemeinschaft mitschwingen[30]. Ähnlich indirekt wird die Einbindung in die Gemeinschaft auch in den sumerischen und akkadischen Texten
spürbar, die ebenso immer wieder von einem Gegenüber des Menschen und
dem erstrebten bzw. zu vermeidenden Verhalten zu diesem sprechen. Letzt-

---

[27] J. Assmann, Bild des Vaters, 21. Demgegenüber formuliert Römheld, Wege, 44,
dann doch zu undifferenziert: „In der ägyptischen *Weisheitsliteratur* bleibt die soziale
Anerkennung und der Erfolg in der Gemeinschaft aus. Dem Israeliten dagegen wird die
eigene Kraft ‚eingeengt‘."

[28] J. Assmann, ebd.

[29] Dazu genauer § 28.

[30] Wenngleich diese dann nicht näher einzugrenzen ist.

lich gilt dies in gleicher Weise ebenfalls für Ägypten. Das Ergehen der Gemeinschaft als solcher wird jedoch nicht ausdrücklich thematisiert.

§ 18: Das Ineinander von Verhalten und Ergehen

Der Zusammenhang zwischen dem Verhalten des Menschen und seinem Ergehen ist in der Interpretation der Proverbien unbestritten[1]. Ebenso, daß der Gedanke vom Tun-Ergehen-Zusammenhang[2] in den Proverbien ein großes Gewicht hat. Zur Diskussion stehen jedoch seine inhaltliche Ausprägung wie seine Bewertung. Als Probleme begegnen dabei unter anderem die Frage nach einem möglichen Durchbrechen des Zusammenhangs bereits in Spr 10ff., nach der Beziehung zwischen dem Tun-Ergehen-Zusammenhang und JHWH, nach dem Zusammenhang von Tun-Ergehen-Zusammenhang und Vergeltung, nach dem Gewicht des Zeitfaktors. Ebenso ist nach der Verrechenbarkeit des Handelns zu fragen bzw. nach der Möglichkeit, ein bestimmtes Ergehen vorprogrammieren zu können.

1. Der Tun-Ergehen-Zusammenhang in seiner inhaltlichen Füllung

Die Rede vom Tun-Ergehen-Zusammenhang ist bestimmt von dem Gedanken, daß ein positives Verhalten des Menschen sein positives Ergehen zur Folge hat, und daß umgekehrt negativem Tun negatives Ergehen folgt. Angesichts des rationalistisch(-empirisch) aufweisbaren Zusammenhangs formuliert *Oesterley* „it is emphasized again and again that there is an inevitable correspondance between what a man says or does and what he experiences in consequences"[3]. Auf den Zusammenhang zwischen Tun und Ergehen wurde in den vorausgehenden Abschnitten dieser Arbeit immer wieder hingewiesen. Er zeigte sich sowohl in den Antithesen als auch in den Sentenzen[4]. Auch die folgenden Texte spiegeln ihn wider:

> „Sich selbst tut etwas Gutes (גֹּמֵל), wer ein Mann der Güte ist,
> aber Unglück bringt (עֹכֵר) seinem Fleisch der Unbarmherzige." (Spr 11,17)

---

[1] Er ist dort ebenso deutlich zu erkennen wie in den Weisheitstexten der Umwelt; vgl. nur die kategorische Aussage bei Anch-Scheschonki 447 (BRUNNER, Altägyptische Weisheit, 290): „Jede Tat fällt auf ihren Täter zurück."

[2] Zu den alternativen Bezeichnungen vgl. PREUSS, Theologie Bd. 1, 209. Zum Tun-Ergehen-Zusammenhang im AT insgesamt vgl. ebd., 209–220; KRÜGER, Geschichtskonzepte, 86–96.

[3] OESTERLEY, Proverbs, lxi.

[4] Vgl. besonders § 3, 2b, S. 47ff.

„Einer, der Segen bringt (wörtl.: eine ‚Seele‘ des Segens), macht das Gebein markig,
und wer labt, wird auch selbst gelabt[5]." (Spr 11,25)[6]

„Von der Frucht des Mundes eines Mannes sättigt sich einer mit Gutem,
was Gutes getan wird von den Händen eines Menschen, kehrt zurück (יָשׁוּב)
zu ihm." (Spr 12,14)

Sehr deutlich wird in diesen Sentenzen ausgesprochen, daß das, was ein Mann anderen Gutes tut, sich bei ihm selbst analog auswirken wird[7]. Das vom Menschen weitergegebene Gute kehrt zu ihm zurück, d.h. er erfährt selbst von anderer Seite Gutes (12,14). 11,17 weist mit der Rede von נפשׁ und שׁאר daraufhin, daß die angesprochenen Erfahrungen „den ganzen Menschen unter verschiedenem Gesichtspunkt"[8] betreffen, keinen Bereich seiner Existenz ausklammern. Das zeitlos Gültige wird darüber hinaus durch den Gebrauch von Partizipien unterstrichen. Das Umfassende der Erfahrung von Tun und Ergehen spricht auch 12,14 an, wo die Sprache wie das Tun mit den Händen in den Blick kommen. Wer oder was das gute Ergehen des Menschen letztlich hervorruft, wird wie in den meisten anderen Texten[9] offen gelassen.

Was in den eben verhandelten Sprüchen positiv zur Sprache gebracht wurde, wird ebenso auch vom negativ qualifizierten Verhalten ausgesagt:

„Angenehm ist für den Mann das Brot der Lüge,
aber nachher ist sein Mund voll mit Kies." (Spr 20,17)

„Wer eine Grube gräbt, fällt in sie hinein,
und wer einen Stein wälzt, auf den kommt er zurück (תָּשׁוּב)." (Spr 26,27)

Was scheinbar für den Redenden gut erscheint, wirkt sich dann aber doch für ihn schädlich aus, wenn seine Rede eine schlechte ist (20,17). Die lügnerischen Worte erweisen sich für den Sprechenden selbst als unverdaulich[10]. Auch das Graben einer Grube wie das Wälzen eines Steines (wiederum mit Partizip konstruiert!) kann zum eigenen Schaden gereichen (26,27)[11]. Dieser Vers spricht nur neutral vom Tun als solchem, nicht aber von dessen Qualität und Ziel. Der Kontext (vgl. etwa ab v.21) hingegen legt es nahe, daß hier

---

[5] Hier ist dem Apparat der BHS folgend יוֹרֶה statt יוֹרֵא zu lesen.
[6] Die LXX bietet in v. 25b eine Antithese, die vom aufbrausenden Mann spricht.
[7] Vgl. MCKANE, OTL, 433: „a proper self-interest coincides with what is best for the community".
[8] A. MEINHOLD, ZBK AT 16.1, 195.
[9] Eine Ausnahme bilden nur diejenigen, die JHWH als den benennen, der für das Geschick des Menschen eintritt. Dazu s.u. § 20.
[10] Nach MCKANE, OTL, 539, ist Aussage von 20,17: „the acquisition of easy money by dishonest means is a dead-end occupation". Davon steht jedoch weder im Text noch im Kontext etwas.
[11] Zu 26,27b vgl. Anch-Scheschonki 362 (BRUNNER, Altägyptische Weisheit, 286): „Wer am Stein rüttelt, dem fällt er auf den Fuß."

bewußt ein Handeln im Blick ist, das dem anderen Schaden zufügen soll, dann aber auf den zurückwirken wird, der sich entsprechend verhält[12]. Diese Interpretation unterstützende Äußerungen finden sich dann ähnlich in Koh 10,8; Sir 27,26a; Ps 7,16[13].

Darüber hinaus begegnet eine Reihe von Texten, die beide Möglichkeiten des Tun-Ergehen-Zusammenhangs – in gewisser Weise „antithetisch"[14] – in den Blick nehmen:

> „Rechtschaffenheit bewahrt das Vollkommene des Wegs,
> aber Frevel fügt Schuld hinzu." (Spr 13,6)

> „Gute Einsicht gibt (יִתֵּן) Gunst,
> aber der Weg der Treulosen ist fließend[15]." (Spr 13,15)

> „Wo es keine Rinder gibt, gibt es kein Getreide[16],
> aber viel Ertrag gibt es durch die Kraft des Ochsen." (Spr 14,4)

> „Wer aufrecht geht (הוֹלֵךְ), dem wird geholfen (יִוָּשֵׁעַ),
> und wer verkehrt ausgerichtet ist angesichts der beiden Wege, fällt mit einem Mal[17]." (Spr 28,18)

13,6.15; 28,18 sprechen direkt menschliches Verhalten an. In 13,6.15 sind die Folgen des Tuns eher allgemein benannt, in 28,18 hingegen wird die Auswirkung des Tuns auf den Handelnden selbst direkt angesprochen. Der Fall des verkehrt Handelnden wird der Rettung des sich recht Verhaltenden kontrastiert. Durch wen die Rettung geschieht, wird wiederum nicht explizit gesagt.

14,4 versucht demgegenüber, den Zusammenhang von Tun und Ergehen am Beispiel des (nicht) vorhandenen Rindes und der sich daraus ergebenden, allen einleuchtenden Konsequenzen deutlich zu machen. Aus direkter Anschauung ist es nachzuvollziehen, daß nur dort, wo ein Arbeitstier zur Verfügung steht, Ertrag gewährleistet ist, daß nur dort, wo ein guter Einsatz geleistet wird, gute Erfolge erzielt werden. Dies kann und soll dann auf das menschliche Verhalten angewandt werden, um daraus entsprechende Konsequenzen zu ziehen.

Deutlich ist in all diesen Texten, die zunächst nur als Beschreibung des Tun-Ergehen-Zusammenhangs erscheinen, die Absicht, den Menschen zu einem guten Verhalten zu bewegen. Der Aufweis der negativen Folgen kann

---

[12] Vgl. PLÖGER, BK XVII, 315f.

[13] Vgl. auch Mischna Sota I,7; dazu A. MEINHOLD, ZBK AT 16.2, 448.

[14] Kontrastiert wird „the secure way of righteousness with the ruinous way of evil", McKANE, OTL, 461.

[15] Zu den Problemen mit אֵיתָן vgl. McKANE, OTL, 455.

[16] Hier ist אֶפֶס statt אֵבוּס zu lesen; vgl. den Apparat der BHS. Vgl. auch McKANE, OTL, 471, der zwar die Emendierung nicht bejaht, רַב aber im Sinne von Getreide versteht.

[17] So dürfte wohl בְּאַחַת zu verstehen sein, vgl. PLÖGER, BK XVII, 331; A. MEINHOLD, ZBK AT 16.2, 472.

als Abschreckung dienen, die positiven Folgen können Anreiz sein zu entsprechend positivem Verhalten.

2. Durchbrechen des Tun-Ergehen-Zusammenhangs schon in den Proverbien?

Immer wieder sahen sich auch schon die in Spr 10ff. sprechenden Weisen mit der Erfahrung konfrontiert, daß der Tun-Ergehen-Zusammenhang nicht ungebrochen konstatiert werden kann[18]. Zwar finden sich keine so intensiven Auseinandersetzungen mit der Diskrepanz von Verhalten und Ergehen wie bei Hiob und Qohelet[19], auch wird sie als solche nirgends direkt angesprochen. Doch hinter mancherlei Andeutungen ist sichtbar, daß auch die Verfasser der Proverbien diese Diskrepanz erfahren und zu integrieren versucht haben. Texte wie 21,10; 28,15[20] zeigen, daß negatives Ergehen des einzelnen wie der Gemeinschaft[21] nicht nur auf deren Verhalten zurückzuführen ist, sondern auch durch frevlerisches Handeln anderer hervorgerufen werden kann. Ebenso wird an den Aussagen über den Armen und Reichen bzw. Armut und Reichtum deutlich, daß Besitz und rechtes Verhalten nicht grundsätzlich übereinstimmen, so besonders in den Texten, die Mangel an Besitz bei rechtschaffenem Handeln dem Reichtum dessen vorziehen, der den schlechten Weg geht (16,19; 19,1; 28,6 u.ö.)[22]. Von großer Bedeutung für die Lösung des Problems ist in den Proverbien dabei der Zeitfaktor geworden.

„Wer Verkehrtheit sät, erntet Schuld/Beschwerde,
und der Stab seines Zornes wird vorüber sein." (Spr 22,8)

Bereits in diesem Text kann ein Hinweis darauf gesehen werden, daß das dem Tun folgende Ergehen nicht unmittelbar einzutreten hat. Das Bild von Saat und Ernte läßt an einen längeren Zwischenraum denken, also daran, daß die Folge eines Verhaltens für den Handelnden erst nach längerer Zeit eintritt. Ebenso kann die Macht bzw. das Bedrohliche[23] des verkehrt Handelnden auch erst später vorüber sein.

Daß ein negatives Ergehen des recht Handelnden nur temporär ist, bringen 11,8; 21,18 und 24,16 zur Sprache. Während die beiden ersten Texte darauf verweisen, daß der Frevler etc. an die Stelle des Rechtschaffenen

---

[18] Vgl. Lux, Die Weisen, 76f.
[19] Z.B. Hi 9,22–24; 16,9–17; Koh 8,10–14.
[20] Genauer dazu § 3, S. 38–41.
[21] Vgl. dazu Boström, Sages, 120, mit Blick auf 11,10f.26.
[22] Genauer dazu § 5, S. 89f.
[23] Es ist nicht ganz klar, was wirklich mit dem Stock des Zorns gemeint sein kann.

treten wird, um dessen schlechtes Ergehen auf sich zu nehmen, betont 24,16, daß der Rechtschaffene (auch) nach einem (mehrfachen) Fall wieder aufsteht, die Frevler aber grundsätzlich zu Fall kommen[24]. Nach 11,21 sind es im Zweifelsfall die Nachkommen des Frommen, die gerettet werden, wobei unterstrichen wird, daß der Böse auf jeden Fall nicht ungestraft bleibt[25]. Der Frevler ist ferner nach 16,4 für den „bösen Tag" geschaffen. Eine Besonderheit bietet 30,17 mit dem Vollzug des Tun-Ergehen-Zusammenhangs noch über den Tod hinaus[26].

Ähnliche Aussagen finden sich auch in Ägypten, wenngleich hier die Zeit noch weiter zerdehnt wird. Nach Überzeugung der Ägypter wird die Vergeltung für Bosheit, Unrecht und Torheit spätestens im Jenseits geschehen, so daß diese auf Dauer keinen Erfolg haben[27]. Dem AT war diese „Lösung" versagt.

Wenn Ergehen und Verhalten erst über eine größere Zeitdifferenz hinweg aufeinander bezogen werden, ist ein Zusammenhang zwischen beiden allerdings nicht mehr für jeden unmittelbar evident und einsichtig. Der Tun-Ergehen-Zusammenhang kann dann nur noch im Nachhinein durch Interpretation hergestellt werden, indem durch spätere Reflexion früheres Verhalten und jetziges Ergehen eine Zuordnung erfahren[28]. Schließlich doch noch erfolgendes gutes Ergehen kann zur Rehabilitation für denjenigen werden, dem es trotz Wohlverhaltens schlecht ging. Umgekehrt kann ein erst später eintretendes schlechtes Ergehen des unrecht Handelnden zum Trost für denjenigen werden, der das Unrecht ertragen mußte. Entsprechende vorausgegangene Erfahrungen werden damit zu zukunftsorientierten, hoffenden Aussagen, um Menschen mit scheinbar gegenteiliger Erfahrung Mut zu machen, an den in den Proverbien angemahnten Verhaltensweisen festzuhalten.

Möglicherweise als Reaktion auf Kritik am Tun-Ergehen-Zusammenhang sind die beiden folgenden Mahnungen zu sehen:

> „Sage nicht: Wie er mir getan hat, so will ich ihm tun,
> ich will zurückkehren lassen (אָשִׁיב) auf den Mann gemäß seinem Tun."
> (Spr 24,29)

---

[24] Genauer zu den Texten § 3, S. 51.56f.

[25] Genauer zum Text § 3, S. 49f.

[26] Genauer zum Text § 7, S. 110f.

[27] Mit HORNUNG, Maat, 402. Vgl. auch PapInsing 87–92 (BRUNNER, Altägyptische Weisheit, 306f.): „Es gibt den mit weisem Herzen, dessen Leben hart ist. Es gibt den, dem es durch das Geschick gut geht und den, dem es wegen seines Wissens gut geht. Der ist noch nicht ein Mann mit weisem Charakter, der durch ihn (den Charakter) (gut) lebt. Der, dessen Leben hart ist, ist nicht (deswegen) einfältig. Der Gott legt das Herz auf die Waagschale gegenüber dem Gewicht; er erkennt den Gottlosen und den Gottesfürchtigen an ihren Herzen." Bei der Rede von der Waagschale ist an die Vorstellung vom Totengericht zu denken, vgl. dazu BRUNNER, Altägyptische Weisheit, 495.

[28] Vgl. KRÜGER, Geschichtskonzepte, 90.

„Ein Mensch, bedrückt durch das Blut eines anderen[29],
er flieht zur Grube – ergreift ihn nicht." (Spr 28,17)

Auf zweierlei Art wird hier vor einem Eingriff in den (sich selbst vollzie-
henden) Tun-Ergehen-Zusammenhang gewarnt. Gemahnt wird zum einen,
nicht eigenhändig dafür Sorge zu tragen, daß der andere die Folgen seines
Tuns zu spüren bekommt (24,29)[30]. Eine Begründung wird nicht gegeben,
doch kann eine Abwehr von mangelndem Vertrauen in den Tun-Ergehen-
Zusammenhang bezweckt sein. Eher noch könnte jedoch dahinter das Wissen um schlimme Folgen der Selbstjustiz[31] und um die positive Wirkung des
Verzichts darauf für das Miteinander stehen (vgl. auch 25,21f.). Ferner
könnte die Mahnung ein Hinweis darauf sein, daß Vergeltung eigentlich
JHWH zukommt (vgl. unten 20,22) und deshalb vom Menschen nicht vollzogen werden darf. Es ist also keine Kritik am Tun-Ergehen-Zusammenhang, die in 24,29 ausgesprochen wird, sondern eine an dem Menschen, der
diesen eigenmächtig bestimmen will[32]. Gleiches gilt für 28,17 mit der Mahnung, „daß es keinen Zweck hat, der vergeltenden Gerechtigkeit in den Arm
zu fallen [zu] versuchen"[33], daß ein Verhindern der Folgen des Verhaltens
nicht angemessen, nicht recht ist.

Auf unterschiedliche Weise wird in den hier genannten wie auch in den
nicht noch einmal erwähnten Texten das dem Tun folgende Ergehen eingeführt. Mehrfach wird es direkt genannt. So hat der Frevler keinen dauerhaften Grund (10,25; vgl. auch 10,30; 12,3), der Faule hingegen Hunger (19,15).
Häufig jedoch wird das Ergehen verbal ausgedrückt durch Nifʻal von ישע
(28,18) bzw. מלט (11,21; 19,5; 28,26), durch שוב im Qal (12,14 [im Qere
ebenfalls Hifʻil]; 25,10; 26,27) bzw. Hifʻil (24,12.29; 25,13) sowie durch שלם
im Piʻel (13,21; 19,17; 20,22; 25,22) und Puʻal (11,31; 13,13), in 16,7 auch im
Hifʻil. בוא wird jeweils im Qal gebraucht (10,24; 11,2.27; 18,3.6; 24,25.34;
26,2).

Das agierende Subjekt wird dabei meist offen gelassen. Anders ist es mit
19,17; 20,22; 25,21f.; 24,12, wo JHWH als Subjekt genannt wird[34]. Dies gilt
ähnlich für das von der Syntax her offene Subjekt von ישלם in 16,7[35]. Dies
läßt darauf schließen, daß auch dort, wo das Subjekt nicht genannt wird,
kein rein immanenter Tun-Ergehen-Zusammenhang zu sehen, sondern letzt-

---

[29] So mit A. MEINHOLD, ZBK AT 16.2, 472, für בְּדַם־נֶפֶשׁ (i.p.).

[30] Vgl. DELITZSCH, Spruchbuch, 395: „Auf rein sittlichem Gebiet hat das *jus talionis* ...
vollends keine Geltung."

[31] Vgl. A. MEINHOLD, ZBK AT 16.2, 413: „weil sich das Gesetz des menschlichen
Dschungels selbst ad absurdum führt".

[32] Vgl. auch Röm 12,17–19; Sir 28,1–7 (?).

[33] A. MEINHOLD, ZBK AT 16.2, 475.

[34] Genauer dazu s. u.

[35] Vgl. auch A. MEINHOLD, ZBK AT 16.2, 268, mit dem Hinweis auf das Bedingungs-
satzgefüge. Anders eventuell PLÖGER, BK XVII, 191.

lich JHWH mitzudenken ist als derjenige, der dem Tun das Ergehen folgen läßt[36].

3. Tun-Ergehen-Zusammenhang und JHWH

Die in den Proverbien immer wieder begegnende Überzeugung, daß das Verhalten des Menschen eine Entsprechung in seinem Ergehen findet, wird auch mehrfach expressis verbis in einen Zusammenhang mit dem Handeln JHWHs gebracht. So steht JHWH auf der Seite der Rechtschaffenen, tut ihnen wohl und hilft ihnen (vgl. auch 18,10[37]; 22,11[38]), während er sich den Interessen des Frevlers verweigert bzw. sich diesem aktiv entgegenstellt (vgl. auch 22,12[39])[40]:

> „JHWH läßt nicht hungern das Begehren des Rechtschaffenen (צַדִּיק),
> aber das Begehren der Frevler stößt er zurück." (Spr 10,3)

> „Ein Schutz für den Frommen[41] ist der Weg JHWHs[42],
> ein Feuerbecken aber für diejenigen, die Übles tun." (Spr 10,29)

> „Der Gute erhält Wohlgefallen von JHWH,
> den Ränkeschmied aber erklärt er für strafbar." (Spr 12,2)

> „Fern ist JHWH von den Frevlern,
> aber das Gebet der Rechtschaffenen (צַדִּיקִים) erhört er." (Spr 15,29)

> „Wenn JHWH Gefallen findet an den Wegen eines Menschen,
> versöhnt (יַשְׁלִם) er auch seine Feinde mit ihm." (Spr 16,7)

Auf unterschiedliche Weise erfährt der positiv gewertete[43] Mensch die Zuwendung JHWHs. Allgemein erlebt er ihn als Schutz und erhält sein Wohlge-

---

[36] Vgl. u.a. PLÖGER, BK XVII, 151, zu 12,14. Vgl. auch BOSTRÖM, Sages, 116, wonach die passiven Formulierungen beim Negativergehen nicht zu einem unpersönlichen Konzept einer Ordnung oder eines strikten Kausalnexus zwischen Handlung und Folge nötigen.

[37] Genauer dazu § 3.

[38] Wenn davon gesprochen wird, daß JHWH denjenigen liebt, der reinen Herzens ist, ist damit keineswegs nur ein Gefühl JHWHs angesprochen, sondern dieses Gefühl geht ineins mit seinem Handeln. Vgl. ähnlich 21,3, wo Gefallen JHWHs am Ausüben von Recht und Gerechtigkeit angesprochen wird. Zu 22,11 genauer § 9, S. 139f.

[39] Genauer dazu § 22, S. 283f.

[40] Vgl. auch Ptahhotep 87f. (BRUNNER, Altägyptische Weisheit, 113): „Halte die Menschen nicht in Schrecken vor dir, denn so etwas bestraft Gott."

[41] Hier ist wohl mit LXX תָּם zu lesen, da das Abstraktum des masoretischen Textes angesichts der Personennennung in v.29b den Parallelismus sprengt und auch kein sinnvolles Verstehen ermöglicht.

[42] Zur Problematik dieses Begriffs vgl. A. MEINHOLD, ZBK AT 16.1, 183. Zum „Weg der Weisheit" vgl. 3,17; 4,11.

[43] Diese Wertung ist durchaus auch eine moralische. MCKANE, OTL, 448, meint zwar im Blick auf 12,2, daß *mezimma* in der alten Weisheit keinen moralischen Kontext hat, sondern „intellectual virtue" bezeichnet, doch findet sich im parallelen Stichos טוֹב, so daß nicht an einen intellektuellen Aspekt zu denken ist.

fallen. Dem am Negativen Orientierten hingegen begegnet JHWH mit seinem Strafhandeln. Von beidem wird nur allgemein gesprochen, ohne eine genauere Füllung. Auch מְחִתָּה in 10,29 bleibt ganz im Bereich des Bildes. 10,3 scheint zwar konkreter zu werden mit der Rede vom Hungern, doch legt es der Text als ganzer nahe, in diesem Vers ebenso wieder bildhafte Sprache zu sehen[44]. Die Bedürfnisse des Rechtschaffenen wie des Frevlers allgemein stehen zur Diskussion und deren Erfüllung bzw. Verweigerung. Wirklich konkreter wird es erst in 15,29 mit der Erhörung des Gebetes des Rechtschaffenen sowie dort, wo es um die Versöhnung mit den Feinden für denjenigen geht, der JHWHs Wohlgefallen hat (16,7; vgl. auch unten 25,21f.). Es ist nicht primär dem Menschen selber angelegen, sich mit seinen Feinden zu versöhnen, sondern es ist Sache JHWHs. Der Mensch kann allerdings insofern seinen Beitrag zur Versöhnung leisten, indem er seinen Lebensweg so gestaltet, daß JHWH daran Gefallen hat. Hinter diesem Text dürfte die Erfahrung stehen, daß auch großes menschliches Bemühen um Versöhnung mit dem Feind keine Erfolgsgarantie hat. Gelingende Versöhnung hängt nicht nur von kalkulierbaren menschlichen Faktoren ab, sondern von außerhalb des Menschen selbst liegenden Möglichkeiten. Damit biegt 16,7 den Tun-Ergehen-Zusammenhang insofern um, als das Ergehen des Menschen in der ihn bestimmenden mitmenschlichen Gemeinschaft nicht mehr nur unmittelbar an sein Sozialverhalten gebunden ist, sondern mit der Beziehung zu JHWH verknüpft wird. Nicht allein die unmittelbar Betroffenen spielen eine Rolle für das Ergehen, sondern eine dritte Instanz wird ins Spiel gebracht. Etwas anders akzentuiert ist der Gedanke vom Verzicht auf menschliche Vergeltung einem anderen gegenüber, um diese JHWH zu überlassen[45], wenngleich solches nicht direkt benannt wird:

> „Sage nicht: ,Ich will das Böse vergelten.'!
> Hoffe auf JHWH, und er wird dir helfen." (Spr 20,22)

„Die selbst vorgenommene Vergeltung, mag sie prozessual oder brachial erreicht werden, wird als Eingriff in das Walten Jahwes angesehen"[46]. Ähnliches Denken ist auch in Israels Umwelt belegt: „Beeile dich nicht, den anzugreifen, der dich angegriffen hat. Überlasse ihn der Gottheit, melde ihn täglich (im Gebet) dem Gott, morgen ebenso wie heute; dann wirst du sehen,

---

[44] Mit נֶפֶשׁ muß in 10,3 nicht unbedingt an Hunger nach Nahrungsmitteln gedacht sein; vgl. aber LADARIA, Antropologia, 90: ‚órgano que expresa la necesidad del hombre de tomar alimento" als Interpretation von נֶפֶשׁ. Auch BRUPPACHER, Armutsbeurteilung, 5, hat realen Hunger im Blick, sieht er doch auch in 10,3 einen Ausdruck von JHWHs Fürsorge für die Armen. Damit ist jedoch die eigentliche Zielrichtung des Textes nicht getroffen.

[45] Vgl. BOSTRÖM, Sages, 110: „retribution is the Lord's prerogative". Das betrifft aber vorwiegend die negativen Folgen für den *anderen*.

[46] PLÖGER, BK XVII, 238.

was der Gott tut: Er läßt den fallen, der sich vergangen hat."[47] Trotz dieser Aussagen aus der Umwelt hält *McKane* den Gedanken der Prärogative der Vergeltung für die Gottheit nicht für ein Motiv internationaler Weisheit, sondern sieht ihn als typisch für den JHWHglauben an[48]. Um dies jedoch so exklusiv sagen zu können, müßten die Weisheitstexte der Umwelt zunächst noch genauer nach ihrer Rede vom Tun-Ergehen-Zusammenhang und dessen Relation zur Gottheit befragt werden. Zumindest für Ägypten ist die Verbindung zwischen der Ma'at und dem Tun-Ergehen-Zusammenhang und damit auch teilweise zur Gottheit so klar[49], daß *McKane* nur schwerlich zugestimmt werden kann.

Stärker als 20,22 betonen die folgenden Verse die Möglichkeiten des Menschen im hilfreichen, positiven Umgang mit dem Feind, wenngleich auch hier wieder JHWH eine entscheidende Funktion zugesprochen wird, wenn es um שׁלם geht[50]:

> „Wenn es deinen Feind hungert, laß ihn Brot essen,
> wenn es ihn dürstet, laß ihn Wasser trinken.
> Wahrlich, glühende Kohlen wirst du auf sein Haupt legen,
> und JHWH wird dir's vergelten (יְשַׁלֶּם־לָךְ)." (Spr 25,21f.)[51]

Wie wenig dem Weisen feindseliges Verhalten entspricht, macht die Aufforderung deutlich, dem Feind das zum Leben Notwendige (Brot und Wasser) zu geben, also auf Vergeltung für dessen feindseliges Handeln zu verzichten[52]. Das Ideal der Selbstbeherrschung findet sich hier in gesteigerter Form, wird doch nicht nur der Verzicht auf Rache, sondern sogar noch Hilfe für den Feind geboten[53]. Auch v.22a denkt kaum an eine Vergeltung mit dem Mittel

---

[47] Ani 289–294 (BRUNNER, Altägyptische Weisheit, 209f.). Vgl. auch Amenemope 458f. (BRUNNER, Altägyptische Weisheit, 253) im Blick auf den Umgang mit den Gegnern: „Setze dich in die Arme des Gottes, dann wird dein Schweigen sie (die Gegner) schon zu Fall bringen." Letztlich steht wohl auch hinter Ahiqar 173 (LINDENBERGER, Ahiqar, 178) „My enemies will die, but not by my sword." der Gedanke an die göttliche Prärogative für die Vergeltung (vgl. LINDENBERGER, ebd.).

[48] MCKANE, OTL, 548.

[49] Genauer dazu J. ASSMANN, Ma'at.

[50] Vgl. KOCH, Vergeltungsdogma, 135: „*Jahwe* wird damit zwar als eine dem Menschen *übergeordnete* Größe genannt, aber diese handelt nicht juristisch, indem sie Lohn und Strafe nach einer Norm bemißt und zuteilt, sondern sie leistet sozusagen ‚Hebammendienst', indem sie *das vom Menschen angelegte zur völligen Entfaltung bringt.*"

[51] Zu diesem Text vgl. jetzt ausführlich A. MEINHOLD, Umgang.

[52] DELITZSCH, Spruchbuch, 411, unterstreicht zu Recht, daß das Tun des Guten nicht aus Rachsucht erfolgen soll.

[53] Vgl. auch Amenemope 77–82 (BRUNNER, Altägyptische Weisheit, 240); PapInsing 509 (BRUNNER, Altägyptische Weisheit, 331): „Besser ist es, einen anderen zu segnen, als dem Leid anzutun, der dich beleidigt hat." Ebenso aus den akkadischen Ratschlägen und Warnungen: „Mit dem, der Streit mit dir sucht, verfeinde dich nicht (noch mehr), dem, der dir Böses antut, vergilt mit Gutem! Dem, der dir übel will, halte die Gerechtigkeit entgegen! Deinem Feind begegne dein Sinn strahlend (freundlich), ist er aber dein Neider, dann gib ihm überreichlich [...]!" (TUAT III/1, 165, Z. 41ff.).

der Beschämung[54], ist auch nicht ironisch zu verstehen[55], sondern zielt auf eine Veränderung der Einstellung des Feindes angesichts der ihm erwiesenen freundlichen Behandlung[56]. Diese Interpretation dürfte zutreffend sein angesichts des von *Morenz* aufgezeigten Zusammenhangs mit dem ägyptischen Bußritus[57] des Tragens eines Kohlebeckens auf dem Kopf als Zeichen der Sinnesänderung[58]. Die positive Zielrichtung von v.22a wird noch unterstrichen durch die Fortführung in v.22b. Ziel des Verhaltens dem Feind gegenüber ist wie in 16,7 die Versöhnung mit diesem[59]. Ein ähnliches Prinzip dürfte auch hinter dem Verzicht auf Ausüben von Vergeltung in der Hoffnung auf Hilfe durch JHWH (20,22) bzw. hinter der Aufforderung, nicht Gleiches mit Gleichem zu vergelten (24,29)[60], stehen[61]. Umgekehrt kann Schadenfreude angesichts des Falls des Feindes JHWH dazu bewegen, den Schaden für den Feind zu beenden (24,17f.).

Auffallend ist, daß dort, wo es um Vergeltung einem anderen Menschen gegenüber geht, jeweils JHWH als der benannt wird, der sich für den Geschädigten einsetzt. Nicht dieser selbst ist also für das Ergehen des sich negativ Verhaltenden verantwortlich. Es erfolgt gerade nicht der eigentlich zu erwartende „Automatismus" des Tun-Ergehen-Zusammenhangs. Ein solcher gilt jeweils nur da, wo allgemein vom Ergehen eines sich positiv bzw. negativ Verhaltenden gesprochen wird. In dem Moment jedoch, wo zwei *konkrete* Personen beteiligt sind, nämlich der direkt Angesprochene und sein Gegenpart, wird mit JHWH eine dritte persönliche Instanz ins Spiel gebracht. Der unmittelbare Tun-Ergehen-Zusammenhang gilt offensichtlich nur so lange, wie es um allgemeine Regeln geht. Wo aber der konkrete Einzelfall der konfliktträchtigen Beziehung zweier Menschen angesprochen wird, ist die Vermittlung JHWHs angezeigt, um den Konflikt zu lösen.

Ähnliches zeigt sich auch hinter der Aussage, daß JHWH das Haus der

---

[54] So jedoch J. MEINHOLD, Weisheit, 64, nach dem „nicht uneigennützige Feindesliebe, vielmehr die eigene innere Genugtuung bei des Feindes Beschämung" angesprochen ist. Vgl. zur Diskussion SEGERT, Live Coals.

[55] Gegen HAMP, EB, 70.

[56] Vgl. A. MEINHOLD, Umgang, 245f. Zu den verschiedenen Deutungsversuchen im Laufe der Auslegungsgeschichte vgl. A. MEINHOLD, ZBK AT 16.2, 430.

[57] Genauer zu diesem Ritus MORENZ, Feurige Kohlen, 190.

[58] Anders jedoch bei 4 Esr 16,54, wo das Tragen des Feuerbeckens als Strafe erfolgt.

[59] Vgl. MCKANE, OTL, 592: „In this way he will be punished and, at the same time, reinstated as a brother", wobei allerdings der Gedanke der Bestrafung vom Text her nicht gedeckt ist.

[60] Nach A. MEINHOLD, ZBK AT 16.2, 413, eine Abwehr der Selbstjustiz. Vgl. auch Mt 5,38–48.

[61] PLÖGER, BK XVII, 304, sieht auch in 14,29; 19,11 eine Variation dieses Themas, doch wird hier der Gedanke der Langmut thematisiert, ohne dabei über den Feind zu reflektieren.

Stolzen wegreißen (15,25) und die Worte des Treulosen zu Fall bringen wird (22,12) sowie denjenigen, der den Worten der Hure erliegt (22,14). Das Leben wird er denen nehmen, die den Armen berauben (22,22f[62].; vgl. 17,5[63]). Ebenso wird es JHWH lohnen, wenn dem Armen geborgt wird (19,17)[64]. Auch Vertrauen auf JHWH lohnt sich:

> „Wer auf das Wort achtet, findet Gutes,
> und wer auf JHWH vertraut, wohl ihm!" (Spr 16,20)

> „Der Habgierige erregt Streit,
> wer aber auf JHWH vertraut, wird gesättigt." (Spr 28,25)

> „Die Furcht des Menschen stellt eine Falle,
> wer aber auf JHWH vertraut, erfährt Schutz.
> Viele suchen das Antlitz des Herrschers,
> aber von JHWH kommt das Recht des Menschen." (Spr 29,25f.)

Vertrauen auf JHWH bringt also Schutz (שׂגב, 29,25; auch 18,10[65]), Sättigung und damit Befriedigung von Bedürfnissen (28,25) sowie Wohl allgemein (אַשְׁרָיו, 16,20), wie auch das Achten auf das Wort Gutes bringt. Offen bleibt, was unter דבר zu verstehen ist. Es kann sowohl das Weisheitswort[66] wie auch angesichts der Fortführung in v.20b das JHWHwort meinen. Da der Text keine Hinweise für eine klare Entscheidung gibt, sind hier möglicherweise beide Aspekte bewußt nebeneinander zu denken. Der Hauptakzent dürfte aber auf dem Weisheitswort liegen, denn die sonstigen Texte der Proverbien weisen ja immer wieder hin auf die Bedeutung der Unterweisung für das Wohlergehen des Menschen. Die positive Bedeutung des Achtens auf das JHWHwort wird eher bloß „mitgehört".

Ebenso ist JHWH derjenige, der dem Menschen Recht (משׁפט, 29,26) ermöglicht. Wer sich auf Menschen verläßt, macht nicht unbedingt eine ähnlich positive Erfahrung. Zumindest wird dies in 29,26a indirekt angedeutet, wenn auch – aus Vorsicht? – nicht deutlich ausgesprochen[67]. Die als falsch angesehene Abhängigkeit von Menschen steht wohl auch hinter 29,25, wenn von der Furcht des Menschen gesprochen wird. Sie kann zwar als Kontrast

---

[62] Genauer dazu § 5, S. 84f.

[63] Genauer dazu § 5, S. 85f.

[64] Vgl. PapInsing 353f. (BRUNNER, Altägyptische Weisheit, 322): „Gott vergilt tausendfach einem Mann, was der einem anderen gegeben hat. Gott läßt Reichtum zuwachsen, weil man aus Barmherzigkeit Gutes erwiesen hat."

[65] Dazu genauer § 3, S. 46f.

[66] Wenn es um das Weisheitswort geht, ist nach McKANE, OTL, 498, „a partnership of intellectual competence and trust in Yahweh as constituting a whole man" im Blick. Kritisch anzumerken ist dabei, daß hier wiederum Weisheit zu einseitig auf intellektuelle Kompetenz festgeschrieben wird.

[67] Vgl. § 9, S. 138f.

zum Vertrauen (auf JHWH) angesehen werden; die Wendung ermöglicht aber auch bei der Interpretation als Genitivus objectivus den Gedanken an eine Ablehnung der Furcht anderer Menschen, der Abhängigkeit von ihnen[68].

So kann Weisheitslehre dann auch direkt als eine Anleitung zum Vertrauen auf JHWH verstanden werden[69]:

> „Damit dein Vertrauen bei JHWH ist,
> lasse ich (es) dich heute wissen, ja dich (אַף־אָתָּה).“ (Spr 22,19)

A.Meinhold sieht in einer solchen Aussage das eigentliche Ziel der Weisheit[70], doch dürfte das zumindest für die ältere Weisheit nicht zutreffen. Es geht in Spr 10ff. weniger um JHWHvertrauen als um die konkrete Bewältigung der Lebenspraxis des Alltags. So ist in diesem Text eher eine korrigierende, anders akzentuierende Sicht weisheitlichen Anliegens als eine Zusammenfassung zu sehen.

Inwieweit das Rückführen der guten Frau auf die Gabe JHWHs (18,22) auch im Kontext des Tun-Ergehen-Zusammenhangs zu sehen ist, muß offen bleiben, denn der Text konstatiert nur die Gabe, macht aber keine Aussage über den Mann der Frau.

Zwar wird JHWH verstanden als einer, der auf negatives Verhalten entsprechend negativ reagiert, doch ist für die Proverbien klar, daß die eigentliche Verantwortung für das negative Ergehen der betreffende Mensch trägt. So wird kritisch benannt, wer über JHWH zürnt, wenn er die Folgen seines Verhaltens spürt (19,3).

Zwar werden JHWH und Tun-Ergehen-Zusammenhang einander zugeordnet, doch in keinem der hier verhandelten Texte wird expressis verbis davon gesprochen, daß JHWH den Tun-Ergehen-Zusammenhang in Gang gesetzt hat und ihn garantiert[71]. Damit wird deutlich, daß Spr 10ff. in keiner Weise an einer Dogmatisierung des Tun-Ergehen-Zusammenhangs liegt. Vielmehr wird diese bereits dadurch durchbrochen, daß im konkreten Einzelfall des Konflikts zwischen zwei Menschen dessen Lösung nicht einfach dem Tun-Ergehen-Zusammenhang als solchem überlassen, sondern JHWH bewußt als dritte Instanz eingebracht und benannt wird. JHWH ist zwar mit

---

[68] Vgl. A. MEINHOLD, ZBK AT 16.2, 492, zu diesem doppelten Verstehen.

[69] Nach VON RAD, Weisheit, 249, ist diese Rede vom Vertrauen ohne Analogie in der ägyptischen Parallele des Amenemope und deshalb eine Korrektur Israels. Dabei werden die vielen Aussagen, gerade auch bei Amenemope, die Zeugnis geben von der persönlichen Frömmigkeit, einfach ausgeblendet.

[70] A. MEINHOLD, ZBK AT 16.2, 379; ähnlich MÜLLER/KRAUSE, חכם, 938.

[71] Anders PREUSS, Einführung, 51f. – Vgl. aber MURPHY, Religious Dimensions, 450: „As regards ,retribution‘ specifically, God is not directly at work in the reward/punishment events of life.“

Boström in Zusammenhang mit dem Tun-Ergehen-Zusammenhang zu sehen, die Freiheit für sein Handeln ist davon jedoch nicht berührt[72].

4. Folgerungen

Alle Einzelaussagen zum Zusammenhang von Tun und Ergehen lassen sich in folgendem Text zusammenfassen:

> „Wer das Wort verachtet, verpfändet sich,
> wer das Gebot fürchtet, dem wird ‚vergolten' (יְשֻׁלָּם).“ (Spr 13,13)

דבר wie מצוה lassen dabei nicht an göttliches Wort, sondern an die vielfältige weisheitliche Unterweisung denken, die mit diesen Begriffen zusammengefaßt wird[73]. Wer der Unterweisung Folge leistet, wird positive „Vergeltung" erfahren, wer sich ihr verweigert, setzt sich selbst aufs Spiel[74].

13,13 verbindet die verschiedenen Sichtweisen des Zusammenhangs von Tun und Ergehen, wie sie sich vor allem in der Diskussion von *Koch* und *Scharbert*[75] zeigen. 13,13a spricht eher die dem Verhalten innewohnende, aus diesem heraus sich freisetzende Folge an. Die von *Koch* betonte „Auffassung von schicksalwirkender menschlicher Tat"[76] findet in Texten wie diesem ihren Anhalt, denn eine von außen eingreifende Größe wird nirgends genannt. Demgegenüber bringt 13,13b indirekt durch die passivische Konstruktion einen weiteren Handelnden ins Spiel, wenngleich er nicht benannt wird. Auch wenn, wie in anderen Texten mit שלם im Pi'el oder Pu'al, kein juridischer Kontext festzustellen ist, kann doch mit *Scharbert* von einer Vergeltung insofern gesprochen werden, als hier von außen eingegriffen wird und sich damit ein nicht unmittelbar aus dem Tun herauswachsendes Geschehen vollzieht[77]. Deutlich wird daran bereits, daß keine Ausschließlichkeit in der Interpretation des Tun-Ergehen-Zusammenhangs erfolgen darf. Es scheint durchaus unterschiedliche Zugänge zur Interpretation der Erfahrung von der Beziehung zwischen dem Verhalten und dem Ergehen des Menschen gegeben zu haben, die z.T. auch nebeneinander bestehen konnten[78].

Die bisher gemachten Beobachtungen deuten bereits an, daß der Tun-Ergehen-Zusammenhang sich in den Proverbien nicht in Form eines Dogmas

---

[72] BOSTRÖM, Sages, 104. Vgl. auch LUX, Die Weisen, 80f.

[73] So u.a. in 10,8; 16,20; 19,16; 22,17. Vgl. auch MCKANE, OTL, 454.

[74] So auch Ani 110–113 (BRUNNER, Altägyptische Weisheit, 202f.).

[75] Vgl. ausführlich KOCH, Vergeltungsdogma und SCHARBERT, ŠLM.

[76] KOCH, Vergeltungsdogma, 140.

[77] So spricht SCHARBERT, ŠLM, 322, von der „Vorstellung, daß Gott durch sittlich relevante Taten des Menschen direkt berührt wird und darauf entsprechend reagiert".

[78] Vgl. SCHARBERT, ŠLM, 324, der im AT ein unausgeglichenes Nebeneinander von Vergeltung und schicksalwirkender Tatsphäre sieht, und dies auch bei den Proverbien nicht anders wahrnimmt.

zeigt[79], nicht als einklagbarer, verrechenbarer Zusammenhang[80], sondern als Ausdruck menschlicher, immer wieder zu machender Erfahrungen[81]. *Keller* versucht, diese Erfahrungen im Rahmen eines Transaktionsmodells zu interpretieren und sieht im Tun-Ergehen-Zusammenhang den Ausdruck der richtigen „Handhabung der gesellschaftlichen Spielregeln"[82], des sachgemäßen Einsatzes von Leistungen zur Erreichung erwünschter Ziele wie des Aufstiegs in der Gesellschaft[83]. Auch JHWH hat im Rahmen des Transaktionsmodells seinen Platz, denn sein – unverfügbares – Zutun zum Gelingen der Transaktion bringt das notwendige Stück Glück mit ein[84]. Wenngleich diese Überlegungen bestechend sind, da sie die den Proverbien so wichtige zwischenmenschliche Interaktion herausstellen, erweisen sie sich doch als einseitig. Die Texte, die JHWH in den Tun-Ergehen-Zusammenhang einbringen, werden zu sehr vernachlässigt. Ebenso wird zu stark von einer Verrechenbarkeit des Handelns ausgegangen sowie vom erstrebten Ziel. Das Ergehen wird auf Kosten des Tuns überbetont, was der Tendenz der Proverbien nicht entspricht, die auf das Verhalten des Menschen zielt, wie schon mehrfach aufgezeigt wurde.

Auch die Texte, die von JHWHs Wohltun für den Guten, von JHWHs negativem Handeln gegenüber dem Schlechten sprechen, tun dies nicht zur Aufstellung fester, verrechenbarer Regeln, sondern haben eher den Charakter der Bestärkung des Wohlverhaltens des Menschen. Unterstrichen wird dies dadurch, daß als negative Verhaltensweisen vorwiegend solche genannt werden, welche die Gemeinschaft schädigen. Somit geht es um zweierlei: zum einen um das gute Verhalten und Ergehen des Angesprochenen, zum anderen aber auch um das Gemeinwohl. Nur sekundär ist dabei im Blick, wie es um das Verhältnis des Menschen zu JHWH bestellt ist. Ausgegangen wird gerade nicht von dem gewünschten, von JHWH erwarteten Ergehen, dem dann das dafür nötige Verhalten vorgeschrieben wird. Vielmehr liegt der Ansatzpunkt bei dem erstrebten Verhalten, dem dann das daraus zu erwartende Ergehen zugeordnet wird[85]. Die Folgen sind zwar erwünscht, sie sind aber das Sekundäre. *Preuß* wertet hier genau umgekehrt und sieht das Interesse

---

[79] Vgl. Lux, Die Weisen, 77.

[80] Zum Problem der Verrechenbarkeit und Systematisierung vgl. auch die Aussagen von Halbe, Weltordnungsdenken, 389 u.ö., hier auf das – allerdings mit dem Tun-Ergehen-Zusammenhang in Verbindung zu bringende – Thema Weltordnung bezogen.

[81] Vgl. Plöger, BK XVII, XXXIV.

[82] Keller, Vergeltungsglauben, 225.

[83] Keller, Vergeltungsglauben, 229 f.

[84] Keller, Vergeltungsglauben, 236.

[85] Vgl. ähnlich jetzt Delkurt, Ethische Einsichten, 131. Diese Schwerpunktsetzung auf das Verhalten des Menschen steht dann auch der Rede von „character-consequence relationship" statt vom Tun-Ergehen-Zusammenhang entgegen, wie sie Boström, Sages, wiederholt postuliert.

der Proverbien geprägt von der Frage ‚was muß ich tun, um ein bestimmtes Ergehen zu erreichen?'[86], die verbunden ist mit der Einbeziehung des Tun-Ergehen-Zusammenhangs in die durch JHWH gesetzte Ordnung[87]. Damit ist aber bereits die Dogmatisierung des Tun-Ergehen-Zusammenhangs[88] aufgegriffen, wie sie im Hiobbuch begegnet, die den Proverbien zunächst aber nicht eigen ist, sondern erst später in sie eingetragen wird[89].

In den Proverbien begegnet der Tun-Ergehen-Zusammenhang ferner kaum in einem juridischen Kontext, sondern hat eher eine appellative Funktion[90]. Der Aufweis des Tun-Ergehen-Zusammenhangs soll und will – wie die Proverbien insgesamt – anleiten zu einem rechten Verhalten des Menschen. Zwar hängen Ziel und Handeln zusammen, doch liegt der Schwerpunkt auf dem Tun, nicht auf dem Ergehen; eine Garantie für das Erreichen des Ziels wird nicht gegeben[91]. Absicht des Aufweises vom Tun-Ergehen-Zusammenhang ist einerseits Abschreckung vor negativem Verhalten durch Hinweis auf daraus folgendes schlimmes Ergehen wie Verstärkung des positiven Verhaltens durch Aufzeigen der daraus resultierenden positiven Folgen. So zielen letztlich der positive wie der negative Zusammenhang auf das Bewirken bzw. Beibehalten des rechten Verhaltens des Menschen, weil darin eine Möglichkeit (nicht eine Garantie!) für dessen Wohlergehen wie das der Gemeinschaft gesehen wird. Damit ist auch bereits angedeutet, daß das Entscheidende nicht eine kalkulierbare, festgesetzte, von JHWH garantierte Weltordnung ist, sondern durchgängig das Tun des Menschen.

Hier gibt es manche Berührungspunkte mit Vorstellungen in Ägypten. ‚Vergeltung' im Sinne der Reaktion auf vorausgehendes Verhalten wird in Ägypten durchaus als etwas Positives angesehen und ist keineswegs prinzipi-

---

[86] PREUSS, Einführung, passim.

[87] Vgl. PREUSS, Theologie, Bd. 1, 211.

[88] Deutlich wird diese Dogmatisierung auch bei PREUSS, בוא, 542, wo er von der „Fixierung dieses Zusammenhangs" durch den Gebrauch des Verbums בוא spricht, da dieses anzeigt, daß die Folge zwangsläufig kommt.

[89] Besonders durch Sammlung und Rahmung. Zur Dogmatisierung, besonders bei Hiob, vgl. auch MÜLLER, Einführung (WdF), 26: „im Maß der Summierung und Verallgemeinerung parzellenhafter Einzelerfahrungen, die die Folgen jeder menschlichen Handlung vorhersehbar macht, entsteht so die Überzeugung einer sittlichen Weltordnung, deren doktrinale Form in den Reden der Freunde Hiobs dichterisch karikiert wird."

[90] Vgl. dazu die Kritik von KRÜGER, Geschichtskonzepte, 91, Anm. 145, an KOCH, der die „appellative Dimension des Tat-Ergehen-Zusammenhangs" ausblendet. Die appellative Funktion betont in besonderer Weise die Verantwortung des Menschen für sein eigenes Ergehen. Vgl. BOSTRÖM, Sages, 101, mit Blick auf Spr 1–9: „a tendency to express especially the consequences of man's evil actions in impersonal terms which highlights man's responsibility for his own fate".

[91] Wenn auch nicht mit der hier anklingenden Konsequenz, so verweist auch GESE, Lehre, 45, auf die Unverfügbarkeit, wenngleich er diese als *„von Anfang an* bezeichnend" für die Ordnungskonzeption nennt.

ell unter dem Aspekt der Verrechenbarkeit[92] zu subsumieren[93]. So spricht *J. Assmann* von einer „generationenüberspannenden sozialen Solidarität"[94], die den Hintergrund des Tun-Ergehen-Zusammenhangs bildet. Dabei geht es nicht um ein einfaches ‚do ut des'[95], sondern um ein Aufeinanderbezogensein des Handelns, welches erst das Leben in der Gemeinschaft ermöglicht. So ist nach *J. Assmann* der Erfolg und damit das Ergehen „nicht die ‚logische natürliche Folge' der guten Tat, sondern eine Funktion des kollektiven Gedächtnisses und der gesellschaftlichen Solidarität"[96]. Diese kann auch – wie in den Proverbien[97] – (vor allem in jüngeren Texten) in Verbindung mit Gott gebracht werden[98], so daß bei Amenemope dann die „Gottheit ... das alleinige Subjekt der Vergeltung" wird und die gesellschaftlichen Normen insgesamt „als göttliches Gebot interpretiert werden"[99].

Dieser Gedanke der Solidarität und des kollektiven Gedächtnisses kann m.E. als Interpretationsmuster weiterhelfen, um die Vorstellung vom Tun-Ergehen-Zusammenhang in den Proverbien klarer zu fassen. Wie schon mehrfach angesprochen, geht es ja in Spr 10ff. keineswegs nur um den einzelnen, sondern auch um dessen Einbindung in die Gemeinschaft und deren Wohl.

Die Rede vom Tun-Ergehen-Zusammenhang begegnet somit in den Proverbien nicht einheitlich, sondern mit unterschiedlichen Interessen und unterschiedlicher Zielsetzung, so daß mit *Krüger* von einer „Pluri-Funktionalität des Tat-Ergehen-Zusammenhangs, seiner relativen Flexibilität in Bezug auf konkrete Erfahrungen und seines Eingebundenseins in eine umgreifende Ordnungsvorstellung"[100] gesprochen werden kann.

Die Vorstellung von einem Tun-Ergehen-Zusammenhang ist – wie schon

---

[92] Zu diesem aber MORENZ, Gott und Mensch, 120.122, mit Beispielen zum Prinzip des ‚do ut des'. Eine solche Verrechenbarkeit findet sich jedoch nirgends in den Proverbien. Die dort zu findenden Vorstellungen entsprechen eher den von J. ASSMANN aufgezeigten Strukturen.

[93] Vgl. auch Merikare 288f. (BRUNNER, Altägyptische Weisheit, 152): „Ein Schlag wird mit einem ebensolchen vergolten, das ist die Verschränkung der Taten (wörtlich: Verfugung)!".

[94] J. ASSMANN, Vergeltung, 690.

[95] Vgl. aber VON SODEN zu den akkadischen Ratschlägen und Warnungen, TUAT III/1, 163f.

[96] J. ASSMANN, Vergeltung, 700. Vgl. auch ebd., 696: „Maat bezeichnet nichts anderes als jene Solidarität, durch die sich der einzelne so in die Gemeinschaft einzubinden vermag, daß diese ihn über den Tod hinaus als Glied bewahrt und seine Gemeinschaftstreue mit Treue vergilt ... Solidarität ist die Bedingung der Möglichkeit einer gerechten Vergeltung, die über den Tod hinaus wirksam ist".

[97] Vgl. besonders 14,31; 17,5; 19,17; 22,22f.

[98] Vgl. u.a. Merikare 133–135 (BRUNNER, Altägyptische Weisheit, 146): „Mache deine Denkmäler *[zahlreich] (oder prächtig?)* für den Gott, denn das hält den Namen dessen, der so handelt, am Leben, und ein Mann soll tun, was seiner Seele nützt."

[99] J. ASSMANN, Vergeltung, 698.701.

[100] KRÜGER, Geschichtskonzepte, 92.

öfter deutlich wurde – mit nahezu allen in den Proverbien angesprochenen Themenbereichen verbunden[101]. Sie ist als einer der bedeutenden weisheitlichen Inhalte anzusehen. Der Weise sieht offensichtlich eine Chance zu glückendem Leben nur durch ein entsprechendes Verhalten gegeben, wenngleich ein solches keine einklagbare Garantie bietet. Darin zeigt sich eine wesentliche, Zeit und Gesellschaft übergreifende Gemeinsamkeit nicht nur mit Einsichten der Umwelt Israels, sondern ebenso mit gängigen Vorstellungen unserer Gegenwart. Auch heute ist trotz der Erfahrung des Wohlergehens von Menschen mit fragwürdiger Lebensführung klare Überzeugung, daß das Leben in der Gemeinschaft wie das des einzelnen im Prinzip nur gelingen kann, wenn Grundwerte und das daraus resultierende Handeln (wie Fleiß, Ehrlichkeit, Zugewandtheit, sachgemäßes Verhalten) befolgt werden. Daß auch gegenteiliges Erleben möglich ist, zeigt ebenfalls die Erfahrung, was jedoch die grundsätzlichen Aussagen nicht in Frage stellt.

§ 19: Zukunft und Hoffnung
– Vom Umgang des Weisen mit der Zeit –

Das z.B. gegenüber Qohelet (dort 40x עֵת!) relativ geringe Vorkommen der Termini des Wortfeldes „Zeit" in Spr 10ff[1]. deutet bereits an, daß die Reflexion der Zeit nicht zu den wesentlichen Anliegen der hier redenden bzw. schreibenden Weisen gehört[2]. Dies zeigt sich auch an der überaus häufigen Verwendung von „zeit-offenen" Nominalsätzen. Deutlich ist jedoch, daß der Weise sich in die Zeit eingebunden, von der Zeitlichkeit seiner Existenz weiß[3]. Zukunft wird erwartet im Wissen um ihre Ambivalenz. Deshalb wird versucht, möglichst viel selbst dafür zu tun, daß die Zukunft, auf die der Weise hoffend blickt, eine positive ist.

---

[101] Schwerpunkt ist keineswegs bei der Frage nach Reichtum und Erwerb, gegen PÖHLMANN, Wachstum, 126, sondern es ist eher eine gleichmäßige Verteilung zu konstatieren. Wenn überhaupt von einer Konzentration in den Proverbien gesprochen werden kann, so eventuell noch in den Texten, die um den Rechtschaffenen und Frevler kreisen.

[1] יוֹם in 11,4; 15,15; 16,4; 24,10; 25,13 (die Rede vom Erntetag bleibt jedoch ohne Relevanz für die hier verhandelte Thematik).19; 27,1; קָצִיר/קַיִץ in 26,1 (ohne Relevanz für die hier verhandelte Thematik; vgl. ähnlich TUAT III/1, 58, Z.132; 63, Z.217); עֵת in 15,23; 17,17; בֹּקֶר in 27,14.

[2] Vgl. aber auch Sir 18,26; 39,16–21.33f.

[3] Wichtig ist für ihn, die rechte Zeit für ein Wort zu erkennen (15,23; 25,11), ebenso das Wissen, daß der rechte Freund zu jeder Zeit da ist (17,17). Darüber hinaus wird von Zeit nur noch in 24,10 als Zeit der Not gesprochen. Dem Weisen geht es nicht um philosophisch-theologische Betrachtungen von Zeit, sondern um deren Gestaltung. Nach WESTERMANN, Weisheit, 131, zeigt sich das Wissen um die Zeitlichkeit auch darin, „daß ein großer Teil der Aussageworte in Gegenüberstellungen besteht", da Erfahrungen wie Freude und Leid nicht aus der Zeit herauslösbar sind. Damit ist jedoch Wichtiges nicht voll erfaßt.

1. Die Begrenztheit menschlicher Existenz

Besonders klar geht das Wissen um die Begrenztheit menschlicher Existenz aus denjenigen Texten hervor, die von Leben und Tod sprechen[4]. Zu nennen ist vor allem die Bitte um rechtes Maß für die Lebensgestaltung „bevor ich sterbe" (30,7). Der Tod wird als Gegenüber zum Leben wahrgenommen, der frühzeitige Tod zu verhindern versucht. Die vorzeitige Begrenzung der dem Menschen zur Verfügung stehenden Zeit wird durch sein eigenes Verhalten bestimmt (vgl. 10,27). Nirgends jedoch geht der Blick über den Tod hinaus, ein Jenseits wie auch ein Miteinander von Zeit und Ewigkeit[5] denkt der israelitische Weise im Gegensatz zum ägyptischen Weisen nicht[6]. Er ist ganz und gar diesseitsorientiert.

Auch wenn vom Alter gesprochen wird, zeigt sich das Wissen um das Eingebundensein in die Zeitlichkeit und Vergänglichkeit:

> „Eine schmückende Krone ist graues Haar,
> auf dem Weg der Rechtschaffenheit wird es gefunden." (Spr 16,31)

> „Der Schmuck der Jünglinge ist ihre Kraft,
> und der Schmuck der Alten ist ihr graues Haar." (Spr 20,29)

Das graue Haar steht in beiden Texten für das Alter, das nicht als Schrecken oder Belastung angesehen wird, sondern als Schmuck. Alter wird also als etwas durchaus Gutes angesehen, dessen Erreichen erstrebt wird. Die mit dem Alter verbundenen Beschwerlichkeiten werden völlig ausgeklammert im Gegensatz zu Qohelet (Koh 11,7–12,8) oder auch Ptahhotep (7–20)[7]. Rechtschaffenheit wird genannt als Möglichkeit, zum Stadium der grauen Haare als Krone vorzudringen[8]. 20,29 stellt dem grauen Haar der Alten die Kraft der jungen Generation gegenüber, wobei hier weniger an Konkurrenz als vielmehr an Komplementarität zu denken ist. 29,21 spricht demgegenüber von einer falschen Behandlung der Jugend, wodurch diese ins Elend kommt[9].

2. Erwartung von Zukunft[10]

Der Weise weiß um das Miteinander von Vergangenheit, Gegenwart und Zukunft, wie es sich besonders in der Rede von עוֹלָם in 10,25.30[11] zeigt. Vorwiegend ist jedoch der Weise an der Gegenwart interessiert. Die von ihm

---

[4] Dazu ausführlicher § 24.
[5] Vgl. dazu J. ASSMANN, Zeit.
[6] Dazu genauer § 24.
[7] Vgl. BRUNNER, Altägyptische Weisheit, 110.
[8] Vgl. 4,9, wo die Weisheit die Krone ermöglicht.
[9] Genauer dazu § 12, S. 170f.
[10] Vgl. dazu ZIMMERLI, Hoffnung, 19ff.
[11] Dazu genauer § 3, S. 37f.

erstrebten und angemahnten Verhaltensweisen sind nicht für irgendwann gedacht, sondern für jetzt. Schon von daher ist die geringe Zahl der Zeittermini zu erklären. Es geht eben primär nicht um morgen oder nächstes Jahr, sondern vorwiegend um das Jetzt, um die rechte Gestaltung der Gegenwart.

Der Weise hat aber auch ein Verhältnis zur Zukunft. Die für die Gegenwart erstrebte Verhaltensstabilisierung bzw. -änderung zielt ja in ihrer Wirkung nicht nur auf die Gegenwart, sondern auch über diese hinaus. Das Verhältnis zur Zukunft ist besonders durch positive Erwartung und Hoffnung geprägt (vgl. auch die Rede vom Samen = Nachkommen in 11,21[12]). So ermöglicht nach 23,17f. JHWHfurcht Zukunft und damit verbundene Hoffnung (vgl. auch 10,27, wonach JHWHfurcht Leben verlängert), nach 24,14 gilt gleiches für die Weisheit[13]. Die Hoffnung der Rechtschaffenen endet in Freude (10,28) bzw. führt zu Glück (11,23)[14].

Daß Hoffnung allerdings nicht nur positive Konnotationen hat, zeigt sich mehrfach. So geht die Hoffnung der Frevler zugrunde (10,28; 11,23; auch 11,7 mit dem Hinweis auf den Tod des Frevlers und damit das Erlöschen seiner bzw. der an ihn geknüpften Erwartungen [תּוֹחֶלֶת])[15]. Hier wird jedoch das, was für den Frevler bzw. Bösen als negativ erfahren wird, für denjenigen, der unter dem Frevler zu leiden hatte bzw. mit dessen Existenz nicht zurecht kam, zum Trost für die Gegenwart. Die Negation der Zukunft für den Frevler wird zur Hoffnung für sein Gegenüber.

Probleme mit der Hoffnung (תּוֹחֶלֶת) werden dort spürbar, wo sie den Menschen bei langem Ausbleiben ihrer Erfüllung zermürben kann (13,12)[16]. Umgekehrt tut die Erfüllung von Erwartung (תַּאֲוָה) wohl (13,19). Diese Texte haben jedoch einen anderen Akzent bei der Rede von Hoffnung. Zwar zielt Hoffnung auch hier auf Zukunft, doch ist die hier avisierte Zukunft eine bereits abgeschlossene bzw. hat, was in den Proverbien selten ist, schon eine Geschichte.

Während dem Bösen einerseits mit beeindruckender Gewißheit jede Zukunft abgesprochen wird (24,20), kann dem Toren mehr Hoffnung zugesagt werden als demjenigen, der sich selbst für weise hält (26,12; vgl. 29,20[17]), womit jedoch „keine Aufwertung der Hoffnungsmöglichkeit des Toren vollzogen werden"[18] soll, sondern die Aussichtslosigkeit der Hoffnung für den, der sich selbst für weise hält, unterstrichen wird. Die vom und für den Weisen erwartete Zukunft wird nun andererseits aber keineswegs ebenso eindeutig immer als eine positive angesehen. So warnt 27,1 vor zu großer freudiger

---

[12] Genauer dazu § 3, S. 41f.
[13] Vgl. genauer § 22, S. 284f.
[14] Dazu genauer § 3, S. 62.
[15] Zur wahren und falschen Hoffnung vgl. ZIMMERLI, Hoffnung, 21.
[16] Vgl. dazu § 15, S. 214.
[17] Vgl. § 2, S. 32.
[18] ZIMMERLI, Hoffnung, 22.

Erwartung an den morgigen Tag[19], da offen ist, was er bringen wird[20]. 11,4; 16,4 rechnen mit dem kommenden Tag des Zorns bzw. Unheils, 25,19 mit dem Tag der Not[21]. 24,10 weiß zwar von guten Tagen, aber auch von der Zeit der Not, für die es vorzusorgen gilt. Der Weise sieht also deutlich, „daß der Mensch auch in Bezug auf seine Zukunftserwartungen der Selbsterkenntnis oder gar der Selbstkritik bedarf"[22]. Positive Zukunft wird zwar erstrebt und erhofft, man weiß aber von ihrer Unverfügbarkeit.

Teil der Zukunftserwartung ist auch der Umgang mit dem Tun-Ergehen-Zusammenhang. Die Erfahrung, daß dieser Zusammenhang von Verhalten und Ergehen nicht voll und stets „funktioniert", führt dazu, das dem Verhalten entsprechende Ergehen erst in der Zukunft zu erwarten, so daß die Zeit zu einem Faktor im Tun-Ergehen-Zusammenhang wird (11,21; 16,4; 24,16)[23].

3. Vorsorge zur Gestaltung von Zukunft

Angesichts des Wissens um die Ambivalenz der Zukunft machen sich die Weisen immer wieder Gedanken, wie der Mensch selbst dazu beitragen kann, daß Zukunft eine für ihn positive wird. So wird mehrfach von Plänen gesprochen und wie man mit diesen umgehen kann:

„Pläne (מַחֲשָׁבוֹת) zerbrechen, wenn kein Rat da ist,
bei vielen Ratgebern steht man auf (= hat man Erfolg)." (Spr 15,22)

„Pläne mit Rat haben Bestand (= haben Erfolg),
und mit Überlegungen mache Krieg." (Spr 20,18)

Pläne, über die nicht genauer nachgedacht und kein sie betreffender Rat eingeholt wird[24], erweisen sich nach Einsicht des Weisen als unwirksam. Sie verhindern eher eine positive Zukunft, als daß sie zu ihr verhelfen. Dieser Erkenntnis wird besonderer Nachdruck verliehen durch das Beispiel des Krieges, also mit einer Thematik, die sonst in den Proverbien (bis auf [16,32] 20,18; 21,31; 24,6) keine Rolle spielt. Der Überraschungseffekt dieses Themas steigert so den Inhalt der Aussage. Deutlich wird jedenfalls wieder bei

---

[19] Vgl. auch 27,14 mit etwas anderem Akzent.

[20] Eine Rückbindung an JHWH wird hier nicht vollzogen, vgl. aber das ägypt. Petrie Ostrakon Nr. 11,1: „Do not gird yourself today for tomorrow before it has come, yesterday is not like today from the hands of God." (nach LICHTHEIM, LEWL, 7). Dazu LICHTHEIM, ebd., 8: „the point of the Egyptian saying is that man must not plan for tomorrow because human life is subject to CHANGES THAT ARE DECREED BY GOD".

[21] Daß der Gebeugte lauter böse Tage bereits hat, wird in 15,15 konstatiert.

[22] W. H. SCHMIDT/J. BECKER, Zukunft, 82.

[23] Vgl. genauer dazu § 18, S. 234f.

[24] Dabei muß nicht notwendigerweise mit MCKANE, OTL, 537, an einen Konsensus gedacht sein.

aller Konzentration auf das Individuum, daß gelingendes Leben wie Zukunft nicht ohne die Berücksichtigung der Gemeinschaft möglich sind (vgl. 11,14).

Zur Kategorie der Pläne gehört im weiteren Sinne auch das Berücksichtigen der richtigen Reihenfolge beim Ausführen von Tätigkeiten[25]:

> „Bereite draußen deine Arbeit,
> und bestelle dein Feld für dich, danach baue dein Haus!" (Spr 24,27)

Diese Mahnung verweist darauf, daß zuerst die äußeren Gegebenheiten stimmen müssen, die Lebensgrundlage gesichert sein soll, bevor jemand ein Haus baut bzw. einen Hausstand gründet[26]. Vorsorge für die Zukunft zeigt sich ebenso darin, daß man im Sommer die Ernteerträge für den Winter einbringt (10,5) bzw. die Ernährung seines Kleinviehs sicherstellt, um davon für Kleidung und eigene Nahrung zu profitieren (27,23–27).

4. Folgerungen

Zeit bedeutet für den Weisen vorwiegend Gegenwart (vgl. das הַיּוֹם in 22,19), dann aber auch mit der Gegenwart zusammenhängende Zukunft[27] und diese vor allem als Hoffnung. Als Zeichen der weitgehenden Ausklammerung von Vergangenheit finden sich auch keinerlei Personennamen[28] noch Ortsangaben oder Hinweise auf Ereignisse der Geschichte. Die Proverbien erweisen sich als weitgehend desinteressiert an Geschichte[29]. Dies gilt nicht nur für die Gemeinschaft als ganze, sondern auch für den einzelnen, an dessen genauerer Biographie kaum Interesse gezeigt wird. Allein die Rede von Vater/Mutter und Sohn und damit von der Generationenfolge sowie die Texte, die vom grauen Haar und somit vom Alter sprechen (16,31; 20,29), zeugen vom Wissen um die Geschichte eines Menschen. Auch 17,6 „entwirft das Bild eines heilen Generationengefüges, das über den gegenwärtigen Zustand hinaus die Zukunft wie die Vergangenheit einbezieht"[30], wenn es Enkel,

---

[25] Vgl. u.a. PLÖGER, BK XVII, 287; A. MEINHOLD, ZBK AT 16.2, 411f.

[26] So ist wohl die Rede vom Bauen eines Hauses zu verstehen, vgl. u.a. McKANE, OTL, 575f. Vgl. auch Ptahhotep 290f. (BRUNNER, Altägyptische Weisheit, 122); Djedefhor 6f. (BRUNNER, Altägyptische Weisheit, 102): „Wenn du dich selbst ernähren kannst und einen Hausstand gründest, dann heirate eine wackere Frau"; den pessimistischen Dialog TUAT III/1, 160, Z. 30. Vgl. auch die früher unter Theologen gängige Rede „Erst die Pfarre, dann die Quarre (= Kinder)."

[27] Ähnlich ist es in den sumerischen Proverbien; dazu GORDON, Proverbs, 320.

[28] Mit Ausnahme Agurs (30,1), Lemuels (31,1) und Salomos (1,1), wobei Agur und Lemuel anders als Salomo zu werten sind.

[29] Vgl. demgegenüber die Lehre des Schuruppag, TUAT III/1, 50, mit Bezug auf das Land Sumer, sowie in Ägypten Ptahhotep, Epilog, 427ff. (BRUNNER, Altägyptische Weisheit, 128) und Merikare 41ff. (BRUNNER, Altägyptische Weisheit, 142) zur weit zurück reichenden Generationengemeinschaft.

[30] A. MEINHOLD, ZBK AT 16.2, 285.

Söhne und Väter aneinander weist. Grundsätzlich ist jedoch der verstehende, denkende, tätige, „ausgewachsene" Mann im Blick.

Zwar sind die in den Proverbien ausgesprochenen Erkenntnisse nicht nur auf gegenwärtige, sondern auch auf (analoge) Erfahrungen der Vergangenheit zurückzuführen, doch wird nirgends expressis verbis auf die Tradition verwiesen (vgl. aber Hi 8,8ff.[31]). Sie mag und wird zwar mitgedacht sein, ihre Thematisierung ist jedoch nicht im Interesse der in den Proverbien zu Wort kommenden weisheitlichen Autoren. Möglicherweise sähen sie im konkreten Rückgriff auf die Vergangenheit die Offenheit ihrer Aussagen und damit die Möglichkeit der eigenständigen Bewertung und Identifikation durch den Hörer/Leser gefährdet. Es wird abstrahiert „weitgehend von der Konkretheit und Situiertheit menschlicher Erfahrung, um allgemeine Aussagen über den Menschen ... zu machen"[32].

Großes Gewicht wird auf die Gegenwart gelegt, auch wenn sie nicht unmittelbar benannt wird durch ein „heute" oder ein „jetzt". Die Texte enthalten jedoch durchwegs Beobachtungen, die der gegenwärtige Hörer wie Leser machen kann und machen soll. Für seine ihm eigene Zeit werden ihm Handlungsorientierung und Verhaltensanweisungen gegeben, die er möglichst nicht erst in ferner Zukunft für sich selbst umsetzen soll. „Zeit" wird vorwiegend als qualitativ zu gestaltende Möglichkeit in den Blick genommen[33].

Daher wird Zeit dann auch deutlicher als Zukunft thematisiert. Sie soll als Teil des Lebens angemessen geplant und gestaltet werden. Auf eine gute inhaltliche Füllung der Zukunft wird die Hoffnung gesetzt. Möglich wird sie sein, wenn rechtschaffenes Verhalten und Hören auf Rat praktiziert werden.

Das auch bei den bisherigen Textgruppen schon festgestellte Interesse des Weisen am Verhalten des Menschen ist folglich auch da wiederzufinden, wo es um sein Verhältnis zur Zeit und deren Gestaltung geht. Es geht nicht um Zeit als solche, sondern um deren Füllung durch das Tun des Menschen.

Zukunft wird rein innerweltlich gesehen. Die Proverbien reden anders als Texte in Ägypten nur vom Leben als solchem, das es in voller Länge auszukosten, nicht aber durch unangemessenes Verhalten in die Gefahr des verfrühten Beendens zu bringen gilt[34]. So finden sich auch keine Hinweise, wie ein gutes Leben nach dem Tode ermöglicht werden kann[35].

---

[31] Vgl. anders auch Ptahhotep 30f. (BRUNNER, Altägyptische Weisheit, 110).

[32] DE VRIES, Zeit, 97; der darin eine Parallele zur Apokalyptik sieht.

[33] Zur Rede von der Zeit als qualitativ wie quantitativ bestimmbare vgl. DE VRIES, Zeit, 97.

[34] Vgl. BERGMANN, Gedanken, 82.84.

[35] Vgl. u.a. Merikare 102–115 (BRUNNER, Altägyptische Weisheit, 145); Dw 3-Ḥttj 63ff. (BRUNNER, Altägyptische Weisheit, 181) und dazu § 23.

§ 20: Der Mensch und seine Gottesbeziehung

In den Proverbien wird verhältnismäßig selten explizit „theologisch" geredet. Weder wird zu Gott hin gesprochen[1] noch wird das Wort Gottes laut. Allein 30,5 bringt mit der Wendung כָּל-אִמְרַת אֱלוֹהַּ eine Anspielung auf das Gotteswort[2]. Über längere Passagen wird JHWH nicht erwähnt, während er dann wieder gehäuft genannt wird (so besonders Spr 15; 16; 20; 22). Ein ähnliches Phänomen begegnet auch in Ägypten und Mesopotamien, wo in manchen weisheitlichen Texten ganz oder teilweise von der Gottheit geschwiegen wird, so bei Amenemhet, PapLansing, Kagemni und den babylonischen „Ratschlägen und Warnungen"[3].

Auch wenn die einzelnen Sprüche bzw. deren Zusammenstellung weitgehend ohne Bezug zur Gottheit auskommen, darf deshalb jedoch nicht auf eine säkulare Weltsicht geschlossen werden, denn selbst dort, wo der Gottesglaube nicht explizit zur Sprache gebracht wird, ist von einem religiösen Hintergrund auszugehen. Es ist kaum anzunehmen, daß der Weise sich bewußt außerhalb seiner religiös geprägten Umwelt stellt. Sein Anliegen ist allerdings weniger die Reflexion seiner Gottesbeziehung, sondern die Reflexion über ein gelingendes menschliches Miteinander. Daß auch für dieses jedoch die religiöse Dimension im Hintergrund steht, machen besonders diejenigen Texte deutlich, die explizit von der Gottheit reden. Auffallend ist, daß dabei nahezu durchgehend der JHWHname begegnet, nicht die eher allgemeine Gottesbezeichnung אלהים (mit Ausnahme von 25,2). So soll offenbar bewußt darauf hingewiesen werden, daß es sich hier nicht um eine allgemeine religiöse Bindung handelt, die sich nicht wesentlich von der der ao Umwelt unterscheidet. Vielmehr wird bei aller Zurückhaltung in theologischen Äußerungen und aller Abstinenz von den sonst üblichen wichtigen theologischen Zusammenhängen auf den Gott Israels zurückverwiesen. Freilich wird dadurch keine Umprägung ao Gedankengutes in etwas genuin Israelitisches vollzogen, aber die Rede von *JHWH* zeigt, daß die weisheitlichen Äußerungen bewußt zu ihm in eine positive Beziehung gebracht werden sollen. Damit werden sie zu *einer* Möglichkeit unter anderen, Erfahrungen im Blick auf JHWH und mit diesem zum Ausdruck zu bringen[4].

Im folgenden sollen nun zuerst die Texte analysiert werden, die von JHWH her zum Menschen hin orientiert sprechen, in denen also JHWH Subjekt ist und der Mensch sein Gegenüber. Es zeigt sich dabei, daß es – abgesehen von den Aussagen, die mit der Rede von JHWH als dem Schöpfer

---

[1] Auch 15,29 spricht nur indirekt von einer Rede hin zu JHWH.
[2] Wobei diese Wendung auffällt als eine, die außerhalb der sonst üblichen Rede vom Gotteswort (דבר יהוה) liegt.
[3] Vgl. PREUSS, Einführung, 50.
[4] Vgl. den Hinweis von PREUSS, Einführung, 57, im Blick auf die Rede von der JHWHfurcht.

die Grundlage der Beziehung zwischen Mensch und JHWH ansprechen – in ihnen fast gänzlich um eine Bewertung des Menschen durch JHWH geht. Anschließend werden diejenigen Texte diskutiert, welche die Blickrichtung vom Menschen hin zu JHWH haben, also die Reaktion des Menschen auf JHWHs Beziehung zu ihm ansprechen, wobei auffällt, daß diese sämtlich unter dem Gedanken der JHWHfurcht zu subsumieren sind. Diejenigen Aussagen, die eine direkte Verbindung zwischen JHWH und dem Tun-Erge-hen-Zusammenhang herstellen, bleiben hier ausgespart, da sie bereits in § 18 verhandelt wurden.

1. JHWH als Schöpfer

Während in anderen weisheitlichen Textkorpora JHWH als Schöpfer eine wichtige Rolle spielt[5], wird in Spr 10ff. vergleichsweise wenig von JHWH als dem Schöpfer gesprochen. Das gilt nicht nur bei Texten, die eine direkte Beziehung herstellen zwischen JHWH und seinem Schöpferhandeln, sondern im Blick auf den Textbestand insgesamt, der auch darüber hinaus nicht schöpfungsorientiert redet. Auffallend ist, daß gegenüber Spr 1–9 in Spr 10ff. das Thema Weltschöpfung keine Rolle spielt[6], sondern nur das Thema Menschenschöpfung[7]. Aber auch dabei wird nicht grundsätzlich über den Menschen als Geschöpf Gottes reflektiert. Vielmehr sind die Aussagen über den Menschen als einen Geschaffenen jeweils anders ausgerichtet. Damit ist bereits ein wichtiger Hinweis darauf gegeben, daß der theologische Ort der Weisheit kaum in der Rede von der Schöpfung festzumachen ist, wenngleich die jüngere Weisheit Spr 1–9 dies nahe legt[8]. Für die ältere Weisheit gilt dies so prinzipiell jedoch nicht.

Wenn von JHWH als Schöpfer geredet wird, geschieht dies meist in sozial-ethisch bestimmten Zusammenhängen[9]. So ist der positive oder negative Umgang mit dem Armen Zeichen der Ehrung bzw. Mißachtung dessen, der den Armen bzw. sein Gegenüber geschaffen hat (14,31; 17,5). Angesichts der Begegnung von Arm und Reich wird daran erinnert, daß beide ein Werk JHWHs sind (22,2)[10]. Ähnlich spricht auch 29,13 mit dem Hinweis, daß

---

[5] Vgl. u.a. den Stellenwert der Gottesreden bei Hiob; Spr 8.

[6] Anders bei Merikare 312–319 (BRUNNER, Altägyptische Weisheit, 153), wo von der Schöpfungstätigkeit Gottes zur Versorgung des Menschen gesprochen wird.

[7] Dazu ausführlich DOLL, Menschenschöpfung.

[8] Vgl. ZIMMERLI, Ort und Grenze, passim; auch jüngst noch wieder WESTERMANN, Weisheit, 9. Vgl. auch BOSTRÖM, Sages, 239: Die Schöpfungstheologie „constitutes an essential aspect of the theology of the sages", wenn auch nicht den wichtigsten. Weiteres bei PREUSS, Einführung, 177–183 (Lit.!).

[9] Vgl. BOSTRÖM, Sages, 83. Zur Verbindung von Menschenschöpfung und Ethos in den ägyptischen Lehren vgl. L. BOSTRÖM, Sages, 191f. Dazu auch Amenemope 479–484 (BRUNNER, Altägyptische Weisheit, 254).

[10] Genauer zu diesen Texten § 5, S. 77ff.85ff.

JHWH dem Armen wie dem Unterdrücker das Augenlicht gibt, indirekt von deren Schöpfung. *Boström* sieht darin eine sozialkritische Aussage zugunsten des Armen und zu Lasten des Unterdrückers[11], doch gibt der Text eine solche Wertung zunächst nicht her, sondern bleibt formal rein im Bereich des Konstatierens. Da reines Konstatieren jedoch selten ein Interesse der Proverbien ist, wird auch hier eine Konsequenz intendiert sein. D.h. angesichts der sonstigen Rede von JHWH als dem Schöpfer kann dieser Text als indirekte Mahnung an den Unterdrücker verstanden werden, den Armen als Geschöpf Gottes wahrzunehmen. Umgekehrt wird aber auch der Unterdrücker in eine Beziehung zu JHWH gesetzt und ebenso als Geschöpf JHWHs angesehen, womit natürlich sein Verhalten nicht gerechtfertigt, sondern eher als „ungeschwisterlich" sichtbar wird.

Nur ein Text fällt aus dem unmittelbaren sozialen Bezug heraus:

> „Das hörende Ohr und das sehende Auge –
> JHWH hat auch sie beide gemacht." (Spr 20,12)

Dieser Text ist kaum nur eine Aussage über den Schöpfergott, sondern zielt auf den rechten Gebrauch der für den Weisen wichtigen genannten Aufnahmeorgane[12]. Deutlich wird dies durch die Näherbestimmung der Körperorgane in ihrer Funktion, die eigentlich eine selbstverständliche ist. Daß das Hören bzw. Sehen jedoch extra genannt wird, dürfte ein Hinweis darauf sein, daß Auge wie Ohr auch wirklich entsprechend genützt werden sollen, um das aufzunehmen, was ihnen zugedacht ist[13].

Deutlich wird an allen diesen Texten, daß es ihnen keineswegs um das Schöpfungshandeln JHWHs als solches geht. Vielmehr sieht sich der Mensch darin angesprochen als einer, dem „prescriptions and recommandations for human behaviour and coexistence in society"[14] gegeben werden. Funktionierendes und gelingendes Leben in der Gemeinschaft stehen also im Vordergrund des Interesses der Texte, die den Menschen als von JHWH geschaffenen ansprechen[15].

---

[11] Boström, Sages, 67.

[12] Vgl. Plöger, BK XVII, 235.

[13] Anders McKane, OTL, 547 der in diesem Text eine Garantie für die Präzision der Organe ausgesprochen sieht.

[14] Boström, Sages, 64.

[15] Wiederum ein Hinweis darauf, daß es nicht um Festschreiben von Ordnungen geht. Anders hingegen Boström, Sages, 75, der ein Vertrauen der Weisheitstradition darauf postuliert, „that the Lord guarantees the establishment of order in his creation". Ein Text wie 16,4 (vgl. Sir 39,16.25) scheint dem auf den ersten Blick zu entsprechen mit seiner Aussage, daß JHWH alles zu einem Zweck schafft, so auch den Frevler für den bösen Tag. Da jedoch der Frevler vorwiegend als einer gesehen wird, der sich gemeinschaftswidrig verhält, dessen Sozialverhalten negativ zu werten ist, ist es folgerichtig, daß ihm negative Konsequenzen von JHWH zugedacht sind, also nicht primär ein Festschreiben von Ordnungen angesprochen ist.

2. Pläne des Menschen – Reaktion JHWHs

Mehrfach wird in den Proverbien das Ineinander von menschlichem Tun bzw. Planen und göttlichem Handeln betont, wobei beide einander ergänzen oder auch JHWHs Handeln das des Menschen[16] korrigieren kann:

„Dem Menschen ist die Überlegung des Herzens,
aber von JHWH kommt die Antwort der Zunge." (Spr 16,1)

„Wälze deine Taten auf JHWH,
so werden richtig sein (= gelingen?) deine Pläne." (Spr 16,3)

„Das Herz des Menschen plant seinen Weg,
JHWH aber richtet seinen Schritt (aus)." (Spr 16,9)

„Im Gewand wird geworfen das Los,
aber von JHWH kommt sein ganzes Recht/sein ganzer Entscheid." (Spr 16,33)

„Viele Pläne sind im Herzen des Menschen,
aber der Ratschluß JHWHs, er wird aufgerichtet." (Spr 19,21)

„Von JHWH sind die Schritte des Mannes (גֶּבֶר),
aber der Mensch – wie hat er Einsicht in seinen Weg?" (Spr 20,24)

„Das Pferd ist hergerichtet für den Tag des Kampfes,
aber von JHWH kommt die Hilfe." (Spr 21,31)

Gefragt werden muß bei den hier genannten Texten, wie das jeweils den zweiten Stichos einleitende ו zu interpretieren ist. Es kann grammatikalisch sowohl adversatives als auch kopulatives ו sein. Damit entscheidet sich wesentliches für die Interpretation der Proverbien überhaupt, denn ein adversatives ו würde im Rahmen einer Antithese das Handeln JHWHs dem Handeln des Menschen kontrastierend und korrigierend gegenübersetzen[17]. Ein kopulatives hingegen würde beider Handeln in einem synthetischen Parallelismus aneinanderbinden und damit das Handeln JHWHs und das des Menschen zu einer Einheit machen. Damit wäre JHWH dann auch in den Zusammenhang von Tun und Ergehen des Menschen hineingenommen[18].

---

[16] אדם ist hier entweder äquivalent zu איש gebraucht, oder „para subrayar la naturaleza humana en contraposición, de ordinario, a Dios", ALONSO SCHÖKEL/VÍLCHEZ LÍNDEZ, Proverbios, 120.

[17] Vgl. GERSTENBERGER/SCHRAGE, Leiden, 72, wo deutlich das adversative Moment wahrgenommen wird: Wenn der Mensch in seinen Aktivitäten und Plänen gebremst wird, gibt es Probleme. „Es gehört die Abgeklärtheit eines Weisen dazu, sich in solchen Situationen widerspruchslos zufriedenzugeben …"

[18] So bei PREUSS, Einführung, 53, der auch da, wo er ein adversatives ו konzidiert, den Tun-Ergehen-Zusammenhang betont, „denn diese Texte handeln nicht von einer Durchbrechung des Tun-Ergehen-Zusammenhangs durch JHWH, sondern davon, daß dieser

Angesichts der sonst in den Proverbien üblichen Struktur des Parallelismus deutet jedoch vieles daraufhin, daß das ‏ו‎ hier adversativ gebraucht wird. Auch begegnet der Mensch insgesamt eher als Gegenüber denn als Partner JHWHs. Damit ist dann auch in den oben genannten Texten der Mensch kein unabhängiges Individuum mit der Möglichkeit zu völlig eigenständiger Gestaltung seines Lebens, sondern in die Abhängigkeit von JHWH gestellt (vgl. auch 21,1, wonach JHWH das Herz des Königs in jede Richtung leitet). Umgekehrt wird JHWH als unabhängig vom Menschen und dessen Plänen gezeichnet[19].

Einen anderen Akzent setzt 16,9 mit einer „Unterscheidung zwischen Absicht und Gelingen ... Planen und Ausführen"[20]. Wenn ‏יְחַשֵּׁב‎ iterativ zu verstehen ist, dann hat es ähnlich wie 19,21 das Hin und Her beim Planen des Menschen im Blick und setzt dem das klare, einmalige Verwirklichen des Planes durch JHWH[21] entgegen.

Das Gegenüber von Gott und Mensch bringt deutlich auch 20,24 zur Sprache. In Frage wird gestellt, ob der Mensch überhaupt Einsicht hat in seinen von JHWH gelenkten Weg, womit allerdings der Mensch nicht von seiner Verantwortung entbunden wird. *Ziener* sieht darin eine Erschütterung der grundlegenden weisheitlichen Einsichten[22], doch wird hier weniger eine Korrektur weisheitlichen Dogmas angebracht, als vielmehr die Begrenztheit menschlichen Planens und Erkennens angesprochen[23]. Weisheit wird relativiert und vor Verselbständigung bewahrt. Sehr pointiert wird dann die Unfähigkeit, Gott und sein Tun zu erkennen, in 30,1ff. thematisiert, weil Einsicht und Verstand nicht ausreichend sind.

Die absolute Vorrangstellung des Handelns JHWHs vor menschlichem Handeln[24] betont auch der folgende Text:

> „Der Segen JHWHs, er macht reich,
> Arbeit fügt dem nichts hinzu." (Spr 10,22)

Zusammenhang und damit der ihm zugrundeliegende Plan der Weltordnung dem Menschen nicht einsichtig ist".

Einen etwas anderen Akzent setzt McKane, OTL, 534, beim Verstehen von 19,21 als „reinterpretation". Danach ist Weisheit hier „held to stem from religious illumination and not from a rigorous intellectual discipline". Das adversative ‏ו‎ würde nun allerdings die Weisheit doch eher dem göttlichen Plan entgegensetzen.

[19] Vgl. Boström, Sages, 173, zu 16,9. JHWH ist angesichts von 16,33 nach Boström, Sages, 175, Herr der Situation, denn hier ist eine „antithesis between the arbitrariness of the action and God's control of the situation"; vgl. auch Plöger, BK XVII, 197: „daß mit dieser Lospraxis keine Verfügbarkeit Jahwes zu erreichen ist".

[20] W.H. Schmidt, Mensch, 3.

[21] Vgl. Plöger, BK XVII, 191.

[22] Ziener, Weisheit als Lebenskunde, 281.

[23] Vgl. W.H. Schmidt, Mensch, 3.

[24] Vgl. Boström, Sages, 104. Eine ähnliche Absicht kann auch in 25,2 festgestellt werden; genauer dazu § 9, S. 138.

Diese sehr entschieden formulierte Aussage muß nicht gleich zum Gedanken an Determination führen[25], sondern läßt eher an ein Korrektiv denken. Zwar legt das רַיִּא in v.22a den Ton auf den göttlichen Segen, doch wird damit nicht menschliches Bemühen als solches überflüssig. Es wird nicht zur Untätigkeit aufgerufen, sondern dem menschlichen Mühen seine Grenze aufgezeigt[26]. Überspitzte Aussagen werden gemacht, um die als notwendig erachtete Relativierung auf den Punkt zu bringen. Die Grenze menschlicher Weisheit vor JHWH wird darüber hinaus besonders deutlich in 21,30 angesprochen[27]. Was möglicherweise als belastend und lähmend sich auswirken könnte, ist aber durchaus als Korrektur des eigenen Selbstverständnisses und damit als hilfreich und *ent*lastend gedacht[28].

McKane sieht in den adversativen Aussagen in besonderer Weise ein späteres, der Weisheit nicht ursprünglich eigenes, korrigierendes Element, das eher aus der prophetischen denn aus der weisheitlichen Tradition kommt[29]. Angesichts – wenn auch nur vereinzelter eindeutiger – ähnlicher Aussagen in der Umwelt[30] kann jedoch dieses korrigierende Moment als ein innerweisheitliches gesehen werden, mit dem der Weise – möglicherweise im Zuge des Entstehens von Sammlungen – vor einer einseitigen Dogmatisierung der stärker profan orientierten Erfahrungsaussagen bewahren will[31].

3. JHWH prüft den Menschen

In einem engen Zusammenhang mit den eben verhandelten Texten stehen die Aussagen, die vom Prüfen (der Wege) des Menschen durch JHWH spre-

---

[25] So jedoch GESE, Lehre, 46: „Hier bricht eine Anschauung von Determination durch, die das Weisheitsdenken in seinen Grundlagen erschüttert."

[26] Der Mensch kann durch seine Mühe dem Segen JHWHs nichts hinzufügen; vgl. auch Ps 127,1; Sir 11,22.

[27] Genauer zum Text vgl. § 22, S. 237. Vgl. auch ALONSO SCHÖKEL/VÍLCHEZ LÍNDEZ, Proverbios, 29.

[28] VON RAD, Weisheit, 137, spricht angesichts des Kontextes gar von tröstlicher Wirkung, da von JHWH her das Entscheidende kommt.

[29] Vgl. u.a. McKANE, OTL, 558, zu 21,31: „Another feature of the prophetic attack on old wisdom".

[30] So bei Amenemope 376f. (BRUNNER, Altägyptische Weisheit, 250): „Eines sind die Worte (=Gedanken), die der Mensch spricht, ein anderes ist, was Gott tut"; später dann auch Anch-Scheschonki 451 (BRUNNER, Altägyptische Weisheit, 290): „Gottes Pläne sind eines, die Gedanken des Menschen ein anderes" sowie PapInsing, 705 (BRUNNER, Altägyptische Weisheit, 343): Gott „leitet Herz und Zunge durch seine Weisungen" u.a. Eventuell auch Ahiqar (zumindest nach ANET 429b; anders gewertet bei LINDENBERGER, Ahiqar, 151). Vgl. dazu auch BRUNNER, Der freie Wille Gottes, wenngleich sich diese Untersuchung vorwiegend mit Problemen des Tun-Ergehen-Zusammenhangs auseinandersetzt.

[31] Vgl. IRSIGLER, Arbeit, 67, der 10,22 mit Verweis auf Dtn 8,17f. als „Protestspruch eines weisheitlichen Lehrers von einem entschieden religiösen Standpunkt aus" charakterisiert.

chen. In diesen wird mehrfach JHWHs Wertung der Selbsteinschätzung des Menschen gegenübergestellt:

> „An jedem Ort sind die Augen JHWHs,
> die Bösen und Guten aufmerksam betrachtend." (Spr 15,3)

> „Unterwelt und Abgrund sind vor JHWH,
> wieviel mehr die Herzen der Menschenkinder!" (Spr 15,11)

> „Alle Wege des Menschen sind rein in seinen Augen,
> aber JHWH prüft die ‚Geister'." (Spr 16,2)

> „Ein Schmelztiegel für Silber und ein Ofen für Gold,
> so (= ?) prüft JHWH Herzen." (Spr 17,3)

> „Das Licht JHWHs – (= ist?) der Geist des Menschen,
> er erforscht alle Kammern des Leibes." (Spr 20,27)

> „Jeder Weg des Menschen ist recht in seinen Augen,
> aber JHWH prüft die Herzen." (Spr 21,2)

> „Wenn du sagst: ‚So haben wir das nicht gewußt.',
> wird nicht der Prüfer der Herzen, er, es wissen?
> Der Bewahrer deines Lebens, er weiß es,
> und er vergilt dem Menschen entsprechend seinem Tun." (Spr 24,12)

Die grundsätzliche Einsicht JHWHs in die Vorstellungen des Menschen steht für diese Texte nicht in Frage. Vielmehr wird unterstrichen, daß JHWH selbst dort noch von den Überlegungen des Menschen weiß, wo sie dem eigenen Zugang entzogen sind. So kennt er nicht nur das Herz, also die Gedanken des Menschen (17,3; 21,2; 24,12), sondern jeden Winkel menschlichen Lebens (20,27). Darüber hinaus ist JHWHs Wissen vom Menschen auch nicht ortsgebunden, sondern JHWHs Augen betrachten den Menschen (als Gute und Böse umfassend beschrieben) überall (15,3[32].11)[33].

Dieses unbegrenzte Wissen und Beobachten JHWHs verwehrt dem Menschen dann auch, sich in Ausflüchte zurückzuziehen (24,12). Die Sogkraft der Ausflüchte angesichts des eigenen Versagens[34] in die Aussage hinein „wir haben das nicht gewußt" wird noch unterstrichen durch das kollektive „wir", das ein einzelner für sich in Anspruch nimmt. Diese Aussage wird jedoch als solche in Frage gestellt durch den Hinweis auf das Wissen JHWHs. JHWH wird die Ausflucht als solche aufdecken und es so dem Menschen nicht ermöglichen, aus den Folgen seines (Nicht-)Tuns auszusteigen. Doch steht

---

[32] Vgl. auch 22,12, wo ein ähnlicher Akzent in der offenen Formulierung wahrgenommen werden kann. Genauer dazu § 22, S. 283f.

[33] Zum göttlichen Auge vgl. auch Amenemope 360–363 (BRUNNER, Altägyptische Weisheit, 250).

[34] Möglicherweise ist dieser Vers in unmittelbarem Zusammenhang mit 24,11 zu sehen. Dann besteht das Versagen in unterlassener Hilfeleistung für Menschen, die in den Tod gebracht werden. Vgl. genauer dazu § 24, S. 318.

neben JHWH als dem, der aufdeckt, auch die Aussage über den נֹצֵר נַפְשֶׁךָ,
so daß es für diesen Text „neben dem Princip der recompensativen Gerechtigkeit ein Princip der Gnade gibt"[35].

Ein besonderes Problem bietet der Text von 20,27. So kann das hebr. נר
sowohl *ner* als auch *nir* vokalisiert werden. *Loewenstamm* schlägt darüber
hinaus eine Emendation des von *Seidel* vorgeschlagenen Partizips נֵר von der
Wurzel ניר in נֵר vor, so daß vom Erforschen des Menschen durch JHWH
gesprochen wird[36]. Solches ist aber auch intendiert, wenn die Vokalisation נֵר
beibehalten wird[37]. Für eine Beibehaltung würde auch eine Analogie zur
Rede vom göttlichen Licht in Ugarit sprechen (u. a. KTU 4: 284,6). Zum
anderen ist zu fragen, wie נְשָׁמָה zu verstehen ist. Zunächst ist darunter ja der
Atem zu verstehen, doch wird dieser hier näher qualifiziert durch נֵר יהוה.
Koch versucht demzufolge angesichts der Verbindung von נְשָׁמָה und Sprache in Hiob 26,4; 27,3 und auch targumischem Verständnis hier נְשָׁמָה als den
Sprachgeist zu interpretieren, als den „Odem, den der Mensch – oder auch
Gott – zur Sprache benötigen, der erst zur Sprachlichkeit befähigt"[38]. Angesichts der Fortführung in v.27b ist jedoch daran zu denken, daß hier nur vom
normalen Atem gesprochen wird, der bis in die verborgenen Körperteile
hineindringt. So ist es auch mit dem forschenden Licht JHWHs, das den
Menschen bis in den letzten Winkel – prüfend – durchleuchtet. Dies muß
nicht als Bedrohung erfahren werden, sondern enthält den Aspekt des Tro-
stes, daß der Mensch „need not be a victim of self-deceit"[39].

Fragt man nach der Funktion dieser Aussagen vom die Herzen prüfenden
JHWH[40], so ist festzuhalten, daß hier wieder ein korrigierendes Moment
begegnet. Der Mensch wird als einer in den Blick genommen, der sich z. T.
selbst falsch einschätzt mit seinen Möglichkeiten und Verhaltensweisen. So
kann der Hinweis auf JHWH, der die Herzen prüft, dem Menschen dazu
verhelfen, sich zu sich selbst kritisch zu verhalten und die eigenen Verhaltensweisen zu überprüfen. Damit wird dann aber ein Kriterium einbezogen, daß
den sonstigen Texten nicht ganz entspricht, denn hier wird sich nicht immanent an der erfahrungsbezogenen Weisheit orientiert, sondern ein Bezugspunkt von außen eingebracht.

---

[35] DELITZSCH, Spruchbuch, 385. Seine Fortführung, daß das Prinzip der Gnade „im
Reiche Gottes zur Herrschaft kommen soll und im A.T. von Prophetie und Chokma
vertreten wird", kann von 24,12 her jedoch nicht unterstützt werden.

[36] LOEWENSTAMM, Remarks, 233.

[37] Zur Problematik und Diskussion von ner/nir vgl. auch A. MEINHOLD, ZBK AT 16.2,
342, Anm. 95.

[38] KOCH, Sprache, 56f.

[39] MCKANE, OTL, 547.

[40] Vgl. dazu die Vorstellung vom Totengericht in Ägypten.

4. Greuel wie Wohlgefallen JHWHs[41]

Auf unterschiedliche Weise wird in den Proverbien eine Beurteilung menschlichen Verhaltens vollzogen. Eine Form der *Verurteilung* besteht in der Rede von der תּוֹעֲבַת יהוה, die positive Wertung wird durch רָצוֹן zum Ausdruck gebracht. Beide sind in verschiedenen Kontexten und Bezugsrahmen zu finden. Darüber hinaus werden noch die wenigen Texte verhandelt, in denen davon die Rede ist, daß etwas zu einem Greuel für Menschen wird.

a) Ein wichtiger Bereich, der unter den Greuel JHWHs fällt, ist der des falschen Messens und Richtens.

„Falsche Waagschalen sind ein Greuel JHWHs,
aber vollständiges/unversehrtes Gewicht ist sein Wohlgefallen." (Spr 11,1)[42]

„Zweierlei Gewichte und zweierlei Maß –
ein Greuel JHWHs sind sie beide." (Spr 20,10)

„Ein Greuel JHWHs sind zweierlei Gewichte,
falsche Waagschalen sind nicht gut." (Spr 20,23)

Konstatierend – in der Form des Nominalsatzes – wird in diesen Texten das Verdikt ausgesprochen über ein falsches Wiegen und Messen[43]. Hierbei muß es sich um bewußte Irreführung handeln, wie 20,10 mit seiner Doppelung אֶבֶן וָאָבֶן bzw. אֵיפָה וְאֵיפָה deutlich macht. Nach 16,11 fallen die Gewichte in den Zuständigkeitsbereich JHWHs[44], was noch einmal den Gedanken an die bewußte Verfälschung unterstreicht.

Falsche Maße und Gewichte sind ein sehr umfassendes Problem, dessen Bedeutung daran deutlich wird, daß es auch sonst im AT wie in der Umwelt Israels begegnet. So mahnt z.B. Amenemope mehrfach zum rechten Gebrauch von Maßen und Gewichten[45].

In ähnliche Richtung weist auch 17,15, wonach diejenigen, die den Rechtschaffenen als Frevler und den Frevler als Rechtschaffenen beurteilen, ein Greuel JHWHs genannt werden[46]. Auch hier scheint ein bewußter, nicht ein

---

[41] Vgl. zur Rede vom „Greuel" in Ägypten Amenemope 249 f.; 255 f.; 293 f. (BRUNNER, Altägyptische Weisheit, 245; 246; 247).

[42] 11,1 ist in großer Nähe zu einer ugaritischen Aussage (CTA 24:36–37 = KTU 1.24) zu sehen. So WATSON, Classical Hebrew Poetry, 331: 11,1 „has split up the Ugaritic phrase *abn mznm* ‚weights of the scales' ... and the reversal emphasizes the contrast between the two lines". Der ugaritische Text ist jedoch nicht relevant für das Thema „Greuel", da er kein ugaritisches Äquivalent für תועבה bietet.

[43] Vgl. Am 8,5; bes. auch Dtn 25,13–16; Lev 19,35 f., wobei diese Texte jedoch formal völlig anders gestaltet sind. Sie sind nicht konstatierend, sondern auffordernd in Form des Verbots.

[44] Vgl. Ägypten, wo das falsche Maß eine Sünde vor RE darstellt, vgl. Amenemope 361 (BRUNNER, Altägyptische Weisheit, 250).

[45] Vgl. dazu Amenemope 333–344.352–369 (BRUNNER, Altägyptische Weisheit, 249 f.).

[46] Vgl. auch § 3, S. 60.

fahrlässiger Akt im Blick zu sein von „individuals whose behaviour is so unethical that they no longer are capable of making moral judgement"[47]. Das gegenteilig positive Verhalten hingegen findet JHWHs Wohlgefallen.

b) Gesinnung wie Verhalten des Menschen werden in den folgenden Texten zum Beweggrund der תּוֹעֲבַת יהוה wie des רָצוֹן:

> „Ein Greuel JHWHs sind die mit verkehrtem Herzen,
> sein Wohlgefallen die, die Vollkommene des Wegs sind." (Spr 11,20)

> „Ein Greuel JHWHs ist jeder, der hochmütigen Herzens ist,
> Hand darauf, er bleibt nicht ungestraft." (Spr 16,5)

In diesen beiden Texten wird nicht nur die negative Gesinnung unter den Greuel JHWHs gerechnet[48], sondern auch die Person, der Mensch insgesamt „mit falscher Grundorientierung"[49] (so 11,20a; 16,5a)[50]. Parallel dazu spielt das Verhalten eine ebenso wesentliche Rolle, wenn in 11,20 positiv vom Weg derer gesprochen wird, die JHWHs Wohlgefallen finden. Auch werden Gesinnung wie Verhalten nicht ohne Folgen bleiben, denn der Greuel JHWHs wird seine Umsetzung in Form von Strafe finden (16,5b).

c) Das negative, Gemeinschaft schädigende Verhalten wird ebenso unter dem Aspekt des Greuels JHWHs verhandelt, während das förderliche Verhalten JHWHs Wohlgefallen findet[51]:

> „Ein Greuel JHWHs sind lügnerische Lippen,
> wer aber Wahrhaftigkeit tut[52], ist sein Wohlgefallen." (Spr 12,22)

> „Das Opfer der Frevler ist ein Greuel JHWHs,
> aber das Gebet der Redlichen ist sein Wohlgefallen[53].
> Ein Greuel JHWHs ist der Weg des Frevlers,
> wer aber Gerechtigkeit verfolgt, den liebt er." (Spr 15,8f.)

> „Ein Greuel JHWHs sind Pläne des Bösen (=zum Bösen),
> aber rein sind freundliche Worte." (Spr 15,26)

Die Rede von der תּוֹעֵבָה steht hier jeweils in einem moralisch-ethischen Kontext. Nach 12,22 spielt das (fehlende) Moment der Wahrhaftigkeit und

---

[47] PICKETT, t'b/to'evah, 77.

[48] In 26,25 wird dann sogar die Gesinnung mit dem Greuel identifiziert, wenn gesagt werden kann, daß der Hassende sieben Greuel in seinem Herzen hat. Vgl. auch 3,32, wo der Verkehrte zum Greuel JHWHs wird.

[49] A. MEINHOLD, ZBK AT 16.1, 196.

[50] In allen übrigen Texten ist demgegenüber niemals der Mensch selbst, sondern sein Verhalten oder seine Einstellung Bezugspunkt für die Rede vom Greuel JHWHS.

[51] Letztlich spielt dieser Aspekt auch schon in den vorher verhandelten Abschnitten indirekt eine Rolle.

[52] Hier ist וְעֹשֵׂה statt וְעֹשֵׂי zu lesen.

[53] Vgl. dazu 21,27, wo jedoch תּוֹעֵבָה absolut gebraucht ist und damit nicht eindeutig zu erkennen ist, ob hier ein Bezug zu JHWH mitgesetzt ist oder nicht.

damit der Integrität für die Beurteilung als תּוֹעֵבָה bzw. רָצוֹן eine große Rolle[54]. Die Betonung des moralischen Aspekts gilt auch für 15,8f. Zwar werden mit Opfer und Gebet kultische Belange angesprochen, doch zielt der Text nicht auf eine Vorordnung des Gebets gegenüber dem Opfer[55], sondern angesichts der Näherbestimmung durch רָשָׁע bzw. יָשָׁר sowie der Aussagen von v.9 eher auf das Verhalten des Menschen[56]. Bestätigt wird diese Deutung durch 21,3[57], wo deutlich die Prävalenz von rechtem Handeln gegenüber dem Opfer zum Ausdruck gebracht wird[58]. Die Kategorie „rein" in der gegenüber den vorher verhandelten Texten nicht echten Antithese 15,26 verweist zunächst ebenso auf den kultischen Bereich, doch die Bezugsgröße אִמְרֵי־נֹעַם zeigt, daß wieder – wie auch in 15,8f. – ethische Kategorien in einen zunächst kultischen Rahmen eingetragen sind und ihn überlagern (15,8f.) bzw. diesen ersetzen (15,26). Hier ist wohl *Wildeboer* zu folgen, wonach Kultus und Ethos einander nicht ausschließen[59]. Letztlich wird das angesprochen, was „unacceptable to Deity"[60] ist[61]. Die Prävalenz liegt klar beim Ethos[62].

d) In nur wenigen Texten wird in den Proverbien תּוֹעֵבָה mit Menschen als Bezugsgröße thematisiert. Auch die Texte, die aus menschlicher Perspektive etwas als Greuel ansehen, haben weitgehend denjenigen im Blick, der ein negatives Verhalten übt, so den „Spötter" (24,9) und den, der keine Belehrung hören will (28,9)[63]. Eine besondere Nuance bietet dann noch 29,27, wonach dem Rechtschaffenen das Verhalten des Frevlers und dem Frevler das Verhalten des Rechtschaffenen als ein Greuel begegnen[64]. Es zeigt sich, „that TO'EVAH functions in Proverbs as a negative moral rubric and authoritative admonition-word which categorically declares what is unacceptable

---

[54] Man beachte die von McKANE, OTL, 448, gezogene Verbindung: „*rāṣōn* and *tōʿēbā* ... are the emotive correlates of *ṣaddīq* and *rāšāʿ*".

[55] Vgl. WHYBRAY, CBC, 88: „Sacrifice is regarded here as a gift to God which accompanies prayer".

[56] Vgl. RINGGREN, ATD 16, 65; A. MEINHOLD, ZBK AT 16.1, 251. WILDEBOER, KHC XV, 45, betont demgegenüber viel stärker das (abgelehnte) Opfer als Ziel des Textes, verweist aber darauf, daß es „zum opus operatum" wird, erkennt also doch auch die Dimension des Handelns. Vgl. auch § 3, S. 60.

[57] „Wer Gerechtigkeit tut und Recht, wird Opfern vorgezogen im Blick auf JHWH (= von JHWH)."

[58] Zur Rolle des Kultus insgesamt in den Proverbien vgl. § 28.

[59] WILDEBOER, KHC XV, 46. Vgl. RINGGREN, ATD 16, 65f.

[60] PICKETT, t'b/to'evah, 71, mit Hinweis auf das Wortfeld *RATZŌN*.

[61] Daß diejenigen, die nach JHWH fragen (= JHWHfurcht haben?), in der Lage sind zu erkennen, was richtig ist, während böse Menschen das genau nicht können, unterstreicht 28,5.

[62] Das zeigt sich auch darin, daß die Ablehnung nicht dem Opfer als solchem gilt, sondern dem Opfernden, der sich als רָשָׁע erweist.

[63] Wobei hier eine Gesinnung parallel mitschwingt.

[64] Vgl. dazu § 3, S. 44.

behaviour in the eyes of Deity"[65]. Die Rede von der תּוֹעֲבַת יהוה „acts as a moral rubric, to didactically direct the seaker of wisdom away from evil and towards the good"[66].

e) Folgerungen

Häufig begegnet antithetisch das Wohlgefallen JHWHs (רצון) als Kontrast zu seiner תועבה. Positive wie negative Wertung menschlichen Verhaltens werden damit in den Bereich JHWHs verlagert. Zwar zielt auch die Rede von der תועבת יהוה wie die von seinem Wohlgefallen auf Verhaltensänderung, doch wird durchgehend in Form von Nominalsätzen geredet. Damit ist eine stark konstatierend-wertende Funktion dieser Texte gegeben, die erst sekundär Verhaltensänderungen anstößt. Der Leser/Hörer muß wiederum seine eigenen Schlußfolgerungen für sein Verhalten ziehen, wird also zum Umsetzen in Handlungsanweisungen in die Pflicht genommen. So gilt auch hier wieder – wie auch sonst schon für Antithesen aufgezeigt –, daß die konstatierte Wertung eine implizite Mahnung enthält, sich der positiv qualifizierten Verhaltensweise zuzuwenden[67].

Der Tun-Ergehen-Zusammenhang spielt im Kontext der תועבת יהוה bis auf 16,5 keine Rolle[68]. Es geht um Wertung von Verhalten bzw. Einstellung, nicht aber um Folgerungen daraus[69]. Konsequenzen für das als Greuel gewertete wie für das JHWH wohlgefällige Verhalten werden nicht angekündigt.

Auch beim Reden von der תועבת יהוה wird ein Ineinander von Gesinnung und Verhalten festgestellt. Das Verhalten ist z.T. konkret angesprochen, wenn es um falsche Maße und Gewichte geht, ebenso beim Umgang mit (ehrlicher, freundlicher) Sprache. Eher allgemein bleiben die Aussagen, wo es um den Weg des Menschen als Bild für sein Verhalten geht. Damit wird die Rede vom Greuel JHWHs nicht bestimmten Lebensbereichen vorbehalten, sondern übergreifend eingesetzt.

Die Vorstellung vom Greuel JHWHs zeigt eine Nähe zum Dtn, denn nur dort und in den Proverbien begegnet die Wendung תועבת יהוה[70]: „One

---

[65] PICKETT, tʿb/toʿevah, 87.

[66] PICKETT, tʿb/toʿevah, 93.

[67] Die durchgehende Konzentration der Weisen auf die moralisch-ethische Ebene der Rede von der תועבת יהוה wird besonders von HUMBERT, toʿēbā, 235f., herausgearbeitet und betont.

[68] MCKANE, OTL, 549, stellt jedoch die Aussagen von 20,10.23 in den Rahmen der Theodizee, kann dies aus dem Text selber allerdings nicht ableiten abgesehen von dem Hinweis darauf, „that it is loathed by Yahweh".

[69] Anders, jedoch ohne Textbasis und demzufolge höchstens indirekt erschließbar, RINGGREN, ATD 16, 10: „daß das, was Jahwe ein Greuel ist, notwendig für den Menschen schlechte Folgen hat, weshalb man es vermeiden soll".

[70] Zum Verhältnis der Formel in Spr und Dtn vgl. MCKANE, OTL, 301f.

cannot entirely rule out the possibility that the phrase *tōʿabat* YHWH as used by Deuteronomy represents a modification of an expression which is derived from international wisdom"[71]. Die internationale Einbindung in den Gedanken vom Greuel der Gottheit zeigen u.a. die Aussagen bei Amenemope. Angesichts dieser Nähe zum ao Gedankengut ist *McKane* wohl zuzustimmen, daß der Gedanke der תועבת יהוה über die Proverbien in das Dtn gekommen sein kann[72], wenngleich dort auch andere Akzente im Zusammenhang mit תועבה mitgesetzt sind[73].

Die Texte, die von einem Greuel für Menschen sprechen, sind den Aussagen über den Greuel JHWHs inhaltlich sehr nahe, denn auch sie haben ein als negativ qualifiziertes Verhalten im Blick. Das gilt letztlich auch für 29,27, denn für einen Frevler ist rechtschaffenes Verhalten negativ besetzt und umgekehrt.

5. JHWHfurcht[74]

Nur wenige Texte sprechen in Spr 10ff. von der JHWHfurcht[75]. Aber dennoch wird diesem Thema in der exegetischen Literatur häufig eine große Relevanz zugesprochen, wenn es um die Gesamtinterpretation der Proverbien geht[76], zumal in Spr 1 und 31 der Rahmen durch die JHWHfurcht vorgegeben wird[77]. Angesichts des nur geringen Vorkommens und der wenig detaillierten Aussagen kann jedoch kaum an einer solchen bestimmenden Funktion auch für Spr 10ff. festgehalten werden[78]. Ebenso muß gefragt werden, inwiefern der Gedanke der JHWHfurcht der sonstigen Rede im AT

---

[71] MᴄKᴀɴᴇ, OTL, 439.

[72] MᴄKᴀɴᴇ, OTL, 302.

[73] Vgl. Pʀᴇᴜss, Einführung, 161–163, zum weisheitlichen Einfluß im Dtn.

[74] Im mesopotamischen Bereich als *palāḫu, pāliḫ ilī*.

[75] Auffallend ist, daß durchgängig von יִרְאַת יהוה gesprochen wird, nirgends aber eine constructus-Verbindung mit אֱלֹהִים vorliegt, worin schon ein erster vorsichtiger Hinweis auf ein mögliches späteres Eintragen des Gedankens gesehen werden kann. Pʟᴀᴛʜ, Furcht Gottes, 71, wertet dies u.a. als „einen entscheidenden Faktor im Zuge der Nationalisierung der sonst internationalen Weisheit". Über die Texte hinaus, die direkt die Verbindung יִרְאַת יהוה haben, ist möglicherweise auch 14,16 und 28,14 in diesem Kontext zu sehen; dazu genauer Bᴇᴄᴋᴇʀ, Gottesfurcht, 233–237.

[76] Vgl. Mᴜʀᴘʜʏ, Religious Dimensions, 452: „that fear of the Lord is a central concept in the wisdom literature". Vgl. auch Wᴏʟꜰꜰ, Anthropologie, 305: „Wer den Menschen in seinen Möglichkeiten recht beurteilen will, muß die Bedeutung der Gottesfurcht für seine Einsichten ermessen." Das gilt so pointiert jedoch kaum für Spr 10ff.

[77] 1,7; 31,30. – Vgl. 9,10 im Schlußkapitel der Sammlung Spr 1–9.

[78] Bᴇᴄᴋᴇʀ, Gottesfurcht, 210f., verweist dann auch deutlich auf den Redaktor als denjenigen, dem die JHWHfurcht besonders wichtig ist für sein Verständnis der Proverbien.

parallel geht[79], ob er den Texten bereits genuin zugeordnet oder eher später eingetragen worden ist.

a) Inhalte der JHWHfurcht

Wer versucht, die Inhalte des Gedankens der JHWHfurcht in den Proverbien zu eruieren, muß zur Kenntnis nehmen, daß nur sehr pauschale bzw. allgemeine Aussagen gemacht werden[80]:

„Wer in seiner Geradheit wandelt, fürchtet (יְרֵא) JHWH,
wessen Wege aber verkehrt sind, der schätzt ihn gering." (Spr 14,2)

„In der JHWHfurcht ist ein großes Vertrauen,
und seinen Söhnen wird er[81] sein eine Zuflucht." (Spr 14,26)[82]

„Die JHWHfurcht ist die Zucht der Weisheit,
und vor der Ehre ist Demut." (Spr 15,33)

„Durch Gnade und Zuverlässigkeit (אֱמֶת) wird Sünde (עָוֹן) bedeckt[83],
aber in der JHWHfurcht ist ein Abweichen vom Bösen." (Spr 16,6)

„Der Lohn der Demut ist JHWHfurcht[84],
Reichtum und Ehre und Leben." (Spr 22,4)

---

[79] So PLATH, Furcht Gottes, 71, mit Blick auf die prophetischen Erzählungen; BECKER, Gottesfurcht, betr. Pss und Dtn.

[80] So kann auch nicht ohne weiteres mit MARBÖCK, Horizont, 58, gesagt werden, „Furcht vor Gott weiß um die Wirklichkeit von Sünde", denn die von ihm genannten Belege 20,9; 28,13f. reden gerade nicht von JHWH. Auch ist von MARBÖCK nicht diskutiert, ob der Begriff Sünde hier wirklich zutreffend ist.

[81] Nach A. MEINHOLD, ZBK AT 16.1, 240, bezieht sich das Suffix auf das Vertrauen, doch dürfte der Inhalt von v.26b eher auf JHWH selbst zielen, wenngleich die grammatische Struktur das vorausgehende Nomen als Bezugsgröße nahelegt.

[82] Erstaunen ruft das Verstehen dieses Verses durch DE FRAINE, Adam, 88 (es ist wohl 14,26 statt 11,26 zu lesen), hervor. DE FRAINE spricht hier von der „Furcht des Gottes der Väter", wofür der Text jedoch keinerlei Anhaltspunkte bietet.

[83] Vgl. 20,28, wo die gleichen Charakteristika über den gerechten König ausgesagt werden. Nach Ex 34,6f. (vgl. 1 Kön 8,23) werden sie JHWH zugesprochen. „Ici ces mots de bonté et de fidélité décrivent l'attitude de l'individu, et ils n'ont pu être insérés qu'après d'exil", DEROUSSEAUX, Crainte de Dieu, 310. Zum Verhältnis von Gottheit und König mit ihren parallelen Eigenschaften vgl. Ägypten! -
Auffallend ist bei diesem Text das Moment, das die Bedeckung der Sünden betrifft. Während solches sonst durch Kultus geschieht, werden hier Gnade und Zuverlässigkeit genannt, wobei offen bleibt, ob beide Größen auf den Menschen bezogen gedacht sind oder auf JHWH. Vgl. KELLENBERGER, ḥäsäd, 106, mit Verweis auf Gen 32,21. Vgl. auch ebd., 107, zu den verschiedenen Interpretationen von חֶסֶד וֶאֱמֶת.

[84] So auch STRACK, KK VI/2, 72. Ganz entsprechend übersetzt DEROUSSEAUX, Crainte de Dieu, 310. WILDEBOER, KHC XV, 63, zieht hingegen vor, יְרְאַת יהוה als Prädikat aufzufassen, so daß dann die Demut die Voraussetzung der JHWHfurcht ist und damit v.4b die Folge von Demut *und* JHWHfurcht angibt. Zur Problematik und nach wie vor offenen Lösung der syntaktischen Beziehungen der einzelnen Termini vgl. auch DAVES, ʽĀNĀWÂ, 43f. Anders jedoch A. MEINHOLD, ZBK AT, 16.2, 362.365, der die JHWHfurcht als Apposition zu Demut ansieht.

JHWHfurcht ist demnach gekennzeichnet durch einen rechten Lebenswandel (14,2) und durch Abkehr vom Bösen (16,6[85]), also durch Handeln. Das wird in 14,2 in besonderer Weise deutlich, während die sonstigen Texte eher die Beziehung JHWH - Mensch durch die Rede von der JHWHfurcht thematisieren[86]. Damit spielt die ethische Komponente eine wesentliche Rolle[87], so daß *Plath* formulieren kann: „Die יראת יהוה... kann nur in actu erfahren werden. Nur in ihren *äußeren Manifestationen* gibt sie sich also zu erkennen und offenbart sie ihren Wert."[88] Ebenso ist sie geprägt durch Vertrauen (14,26)[89], das Sicherheit ermöglicht[90]. Demut[91] wird als ihre Voraussetzung angesehen[92], ebenso wie für Reichtum, Ehre und Leben, also eine Kombination von „material, social, and spiritual rewards"[93] (22,4).

Darüber hinaus wird Weisheit(serziehung) (מוּסַר חָכְמָה) mit JHWHfurcht in Verbindung gebracht (15,33)[94], wobei angesichts der zweiten Vershälfte möglicherweise die JHWHfurcht als Voraussetzung[95] der Weisheitserziehung[96] anzusehen ist[97]. Einen anderen Akzent setzt demgegenüber *McKane*, wenn er die JHWHfurcht als „reinterpretation of the educational

---

[85] Ähnliches gilt auch für Spr 14,16, wenn das absolut gebrauchte יָרֵא für die JHWHfurcht des Weisen stehen würde, vgl. BECKER, Gottesfurcht, 234. Angesichts der Fortführung in v.16b ist für יָרֵא aber doch eher ein allgemeineres Verstehen im Sinn von „vorsichtig sein" vorzuziehen; vgl. BECKER, ebd.

[86] Anders als in Pss und Dtn ist immer ein einzelner im Blick.

[87] Vgl. PLATH, Furcht Gottes, 62ff. BECKER verweist jedoch gerade für 16,6 darauf, daß es sich nicht um einen ausschließlich sittlichen Aspekt handelt, Gottesfurcht, 226f.

[88] PLATH, Furcht Gottes, 63. Vgl. ebd., 68.

[89] Das sich möglicherweise auch in die folgende Generation fortsetzt, vgl. STRACK, KK VI/2, 52: „daß der Gottesfürchtige die Gottesfurcht auf seine Kinder vererbt".

[90] Vgl. McKANE, OTL, 474. Vgl. A. MEINHOLD, ZBK AT 16.1, 241: Der Text beschäftigt sich mit „der grundlegenden Frage der Sicherheit des Menschen".

[91] עֲנָוָה ist nach DAVES, 'ĀNĀWÂ, 42, in 15,33 wie 18,12 und 22,4 anzusehen als „leading to social status and recognition".

[92] Vgl. DELITZSCH, Spruchbuch, 351. Sein Hinweis auf das Brechen des Eigenwillens und der Erkenntnis der Abhängigkeit ist dann aber vielleicht doch zu stark. Anders A. MEINHOLD, ZBK AT 16.2, 365, der die Demut mit der JHWHfurcht identifiziert. PREUSS, Demut, 460, sieht das Reden von Demut im Kontext des Tun-Ergehen-Zusammenhangs: „Der Demütige ordnet sich der Weltordnung unter, die von Jahwe gesetzt ist".

[93] SCOTT, AB 18, 128.

[94] RINGGRENS Schlußfolgerung, ATD 16, 65, angesichts von v.33b ist aber doch zu schnell gezogen: „Jahwefurcht und Weisheit sind eines, und wer sich Gott demütig beugt, wird von ihm erhoben."

[95] Nicht als Identifikation, wie bei RINGGREN, ATD 16, 65; A. MEINHOLD, ZBK AT 16.1, 258. Zur JHWHfurcht als Basis von Weisheit vgl. auch GASPAR, Social Ideas, 111; FUHS, יָרֵא, 890.

[96] Vgl. WILDEBOER, KHC XV, 47, zur Wendung מוּסַר חָכְמָה. Vgl. McKANE, OTL, 368 u.ö., der dann sogar von einer „new discipline" (*mūsār*)" sprechen kann (ebd., 426).

[97] Dazu BECKER, Gottesfurcht, 229. Vgl. auch DELITZSCH, Spruchbuch, 259. Ähnliches könnte auch im Blick sein, wenn man 14,27 mit 13,14 vergleicht. Dann werden nach PLATH, Furcht Gottes, 56, JHWHfurcht und Weisheitslehre austauschbar. Vgl. auch Spr 1,29!

concept of discipline" interpretiert, als Substitution „for the educational discipline exercised by the wisdom teacher" durch die „discipline of piety"[98]. Der Text selbst gibt eine solche Interpretation jedoch nicht her.

Abgesehen von 15,33 wird keine unmittelbare Beziehung zwischen JHWHfurcht und Weisheit[99] hergestellt, so daß hier anders als für einen Teil der Aussagen in Spr 1–9[100] nicht von einem „„intellektualisierendem' Zug der Jahwefurcht"[101] gesprochen werden kann. *Plöger* sieht im Zusammenhang mit 15,33 als für die weisheitliche Erziehung bedeutungsvoll an, was „gegen- über Jahwe als selbstverständlich gelten mag"[102]. Diese Sicht hängt zusam- men mit seiner Einschätzung der JHWHfurcht als nicht später eingetragener Thematik[103], ist aber in der Aussage als solcher so offen gehalten, daß inhalt- lich damit kaum etwas gesagt ist.

Im Blick auf 14,2 und 16,6 muß besonders nach der Zielaussage gefragt werden. Für 14,2 stellt sich dabei im Nominalsatz das Problem von Subjekt und Prädikat[104]. Da eine eindeutige Klärung der Zuordnung jedoch nicht möglich erscheint, ist auch kaum zu bestimmen, ob der Vers auf die Einstel- lung gegenüber JHWH zielt oder auf die Art der Lebensgestaltung. So ist an ein Ineinander von Begründung und Folge beider Elemente zu denken: JHWHfurcht ist die Voraussetzung für einen rechten Wandel – vom rechten Wandel kann auf JHWHfurcht rückgeschlossen werden. Unterstrichen wird der Gedanke an die *JHWHfurcht als Basis* auch durch 16,6, wonach durch diese ein Abweichen vom Bösen möglich ist[105]. Die antithetische Parallele von JHWHfurcht und בּוֹזֵהוּ (14,2) verweist ferner darauf, daß es nicht nur um eine sittliche Komponente geht, sondern daß auch der Gedanke der Achtung und Wertschätzung eine Rolle spielt[106].

Auch wenn mit חֶסֶד und אֱמֶת[107] in 16,6 religiöse Kategorien angespro- chen sind[108], berechtigt das noch nicht, mit *Delitzsch* die JHWHfurcht als

---

Siehe ebenso ALONSO SCHÖKEL/ VÍLCHEZ LÍNDEZ, Proverbios, 339: „respetar a Dios es una actitud de radical humildad humana, porque hace que el hombre ocupe su verdadero puesto como criatura".

[98] McKANE, OTL, 473.487; vgl. ebd., 473f.

[99] Von PLÖGER, BK XVII, 226, wird ein solcher Zusammenhang in Verbindung mit 19,23 besonders betont, allerdings mit Rückgriff auf Spr 1ff.

[100] Zur besonders engen Verbindung von JHWHfurcht und Weisheit in Spr 1–9 vgl. auch STÄHLI, ירא, 776.

[101] BECKER, Gottesfurcht, 217 u. ö.

[102] PLÖGER, BK XVII, 185.

[103] Vgl. PLÖGER, BK XVII, 174.

[104] Zur Diskussion dieses Sachverhalts vgl. BECKER, Gottesfurcht, 228f.

[105] Vgl. ROBERT, Yahvisme, 176, mit anderer Akzentsetzung: „la pratique fervente de la Religion remet les péchés".

[106] Vgl. BECKER, Gottesfurcht, 229.

[107] Zur Gleichsetzung beider Größen mit JHWHfurcht A. MEINHOLD, ZBK AT 16.2, 267.

[108] Zu diesen Begriffen und ihrer Bedeutung im hier gegebenen Zusammenhang auch gerade angesichts der paulinischen Rechtfertigungslehre vgl. STRACK, KK VI/2, 56f.

„Unterordnung unter den Gott der Offenbarung und Eingehen in die geoffenbarte Heilsordnung"[109] zu charakterisieren. Damit wäre dieser Text – auch in seinem Kontext der sonstigen Rede von der JHWHfurcht – überfrachtet. Ähnlich problematisch ist die Diskussion um den kultischen Kontext dieses Textes angesichts des Gebrauchs von כפר, denn gerade die Fortführung in v.6b zeigt, daß der Text kein kultisches Engagement hat und deshalb auch nicht als antikultisch angesehen werden kann[110]. Sühne erfolgt hier durch Ethos, nicht aber durch Kultus.

b) Auswirkungen der JHWHfurcht

> „JHWHfurcht fügt Tage hinzu,
> aber die Jahre der Frevler sind kurz." (Spr 10,27)

> „Die JHWHfurcht ist eine Quelle des Lebens,
> um den Fallstricken des Todes zu entweichen." (Spr 14,27)

> „JHWHfurcht ist zum Leben,
> man schläft satt; nicht[111] wird man von Bösem heimgesucht." (Spr 19,23)

Der positive Gehalt und Erhalt bzw. die Verlängerung des Lebens generell sind Folge der JHWHfurcht[112]. Umgekehrt hat derjenige, der keine JHWHfurcht übt (hier als Frevler klassifiziert), nur ein kurzes Leben (10,27). Angesichts der Aussage von 10,27a ist deutlich, daß es hier ganz vordergründig zunächst um das physische Leben geht. Eine inhaltliche Qualifizierung wird in 19,23 gegeben mit שָׂבֵעַ als nähere Charakterisierung des Schlafens sowie mit dem Hinweis darauf, daß man vom Bösen verschont bleibt. Nach *McKane* wird hier wiederum Frömmigkeit gegen Weisheitslehre ausgespielt[113], doch sagt der Text selbst eigentlich nichts darüber, worin die JHWHfurcht besteht und bleibt damit ähnlich unkonturiert wie auch die meisten anderen, welche die JHWHfurcht thematisieren.

Die Nähe von 14,27 zu 13,14 (תּוֹרַת חָכָם als Quelle zum Leben) berechtigt jedoch nicht einfach zur Identifizierung beider Größen[114], da auch eine Ersetzung denkbar ist, wobei ungeklärt bleibt, welcher Text dann der ursprüng-

---

[109] DELITZSCH, Spruchbuch, 263.

[110] Solches erwägt MCKANE, OTL, 498.

[111] Zum negativen Gebrauch von בַּל vgl. MCKANE, OTL, 534.

[112] „Life and death which depend on intellectual discipline and indiscipline are here set in a framework of piety in which respect for the authority of the teacher is replaced by the fear of Yahweh", MCKANE, OTL, 534.

[113] MCKANE, OTL, 534.

[114] So bei KRIEG, Todesbilder, 191, wo die Zuordnung doch etwas schnell und undifferenziert erfolgt: „beide sind antidosis gegen den Tod und Ertüchtigung des Lebens; ... fallen quasi syllogistisch zusammen". Überraschend ist die Identifizierung von KALUGILA, Wise King, 88: „reverence for Yahweh is the same as reverence for the divine law – which is wisdom". So steht es nirgends in den Proverbien. Es kann allenfalls aus dem weiteren Kontext des AT erschlossen werden, was KALUGILA jedoch nicht tut; vgl. auch ebd. 89.

liche ist[115]. Ebensowenig besteht Anlaß, mit *Derousseaux* 14,27 gegenüber 13,14, wo nur naiv „l'idéal de la sagesse humaniste" anklinge, auszuspielen: „Seule, la crainte de Yahvé est vraiment source de vie."[116] In eine ähnliche Richtung scheint *McKane* zu denken, wenn er angesichts der Parallelbildung für 14,27 konstatiert: „Wisdom for the road of life is contained in the Law of Yahweh and not in the prudential norms of the sages. Thus piety and impiety, rather than discipline and indiscipline in relation to educational demands, constitute the two ways of life and death"[117]. Eher kann jedoch aus der Parallelbildung ein Indiz dafür gesehen werden, daß JHWHfurcht wohl als Basis für die Lehre des Weisen verstanden wird (vgl. auch 1,7)[118].

Plöger schließt im Blick auf die Rede vom Leben in 19,23 darauf, daß in Analogie zu 14,27a auch die Mahnreden „die Zusammengehörigkeit von Jahwefurcht und Weisheit"[119] betonen. Hierbei werden jedoch Texte zu schnell in Richtung auf Identität gleichgeschaltet[120]. Deutlich ist allerdings, daß die *Auswirkungen* der JHWHfurcht parallel gehen zu denen, die sich aus dem Befolgen der Weisheit ergeben.

Eine Qualifizierung des Lebens bringt auch der folgende Text ein:

> „Besser wenig in JHWHfurcht
> als viele Vorräte und Unruhe dabei." (Spr 15,16)[121]

Ein durch JHWHfurcht gekennzeichnetes Leben muß demzufolge nicht eines in Reichtum sein[122]. Aus v.16b kann jedoch rückgeschlossen werden, daß ein solches Leben frei von Unruhe gedacht wird[123]. מְהוּמָה kann dabei sowohl für Besorgnis (um die Bewahrung des Besitzes[124]) stehen als auch für „soziale Ungerechtigkeiten und Unordnung"[125] bzw. „terroristisches Sozialverhalten"[126]. Eine eindeutige Bestimmung ist vom Text her nicht möglich.

---

[115] Zur Diskussion einer möglichen Priorität von Spr 13,14 gegenüber 14,27 vgl. BEKKER, Gottesfurcht, 225.

[116] Beides DEROUSSEAUX, Crainte de Dieu, 308. Vgl. ebd.: „Les autres passages qui évoquent la même idée (13,8; 16,8; 17,1, cf. Ps 37,16) témoignent d'une morale purement profane; un rédacteur postérieur aura voulu y remédier."

[117] McKANE, OTL, 474.

[118] Vgl. das gleiche Phänomen in 23,18 mit der Parallele in 24,14.

[119] PLÖGER, BK XVII, 226.

[120] Möglicherweise unter Einfluß von Hi 28,28; zum Text vgl. FUHS, יָרֵא, 891.

[121] Zur gründlichen sprachlichen Analyse dieses Textes vgl. VANONI, Volkssprichwort. Vgl. aber unten S. 273, Anm. 153.

[122] Vgl. McKANE, OTL, 486: „There is a ceiling of attainment consonant with endowment, and it is wisdom to know when the ceiling has been reached."

[123] Vgl. McKANE's Hinweis auf die Begrenzung von „self-assertion and vaulting ambition" und damit von „anxiety" durch die JHWHfurcht, OTL, ebd.

[124] Vgl. BECKER, Gottesfurcht, 226.

[125] A. MEINHOLD, ZBK AT 16.1, 254.

[126] VANONI, Volkssprichwort, 86.

Gleichwie, es wird deutlich, daß die schlechtere materielle Situation in Verbindung mit JHWHfurcht der besseren, durch Unruhen welcher Art auch immer begleiteten, vorgezogen wird[127]. Auf ein ähnliches Interesse in Ägypten macht *Fischer-Elfert* aufmerksam, indem er Amenemope VI, 7–9 als Analogie beizieht, dessen Wendung *m-ḏr.t t-pȝ-nṯr* (= besser ist Armut in der Hand Gottes) er in Spr 15,16 durch יהוה בִּירְאַת ersetzt sieht[128].

Klar ist nach diesen Texten, daß der Praktizierung von JHWHfurcht eine positive Folge innewohnt. Diese ist allerdings eher als sachlich begründete Konsequenz denn als vergeltendes Handeln JHWHs zu verstehen[129].

Wohl in Zusammenhang mit der Rede von der JHWHfurcht kann auch der Gedanke des Vertrauens auf JHWH gesehen werden[130]. Hier wird ebenso wieder im Kontext von Tun und Ergehen gedacht (vgl. 16,20; 28,25; 29,25[131]).

c) Ermahnung zur JHWHfurcht

JHWHfurcht ist nicht etwas Selbstverständliches, sondern zu ihr muß ermahnt werden:

> Nicht eifere[132] dein Herz um Sünder,
> sondern um die JHWHfurcht allezeit.
> Wahrlich, dann wird es einen (guten) Ausgang geben[133],
> und deine Hoffnung wird nicht abgeschnitten." (Spr 23,17f.)

---

[127] Vgl. VANONI, Volkssprichwort, 80, der darauf aufmerksam macht, daß das מִן טוֹב keine Antithese einleitet, sondern eine graduelle Aussage.

[128] FISCHER-ELFERT, Äquivalent, bes. 9. Er kommt auf diese Ersetzung angesichts des *ḥrjj.t n-nṯr-nfr* im Kontext. Mit DEROUSSAUX, Crainte de Dieu, 308, kann hier möglicherweise wiederum eine Korrektur der „maximes de sagesse humaine" gesehen werden.

[129] Vgl. PLATH, Furcht Gottes, 67. Hier von Retribution zu sprechen – so BECKER, Gottesfurcht, 224ff.; vgl. auch DEROUSSEAUX, Crainte de Dieu, 307 – scheint der Sache nicht angemessen. Es geht um folgerichtige Konsequenz, nicht aber um gezielte Vergeltung. So kann dann auch im Blick auf 14,26 nicht mit WILDEBOER, KHC XV, 43, von einem Vergeltungsglauben gesprochen werden, der die Nachkommen umschließt.

[130] Die Berechtigung dafür bietet besonders 29,25 mit dem Gegenüber von חֶרְדַּת אָדָם und בּוֹטֵחַ בַּיהוָה.

[131] Genauer dazu § 18, S. 241f.

[132] Diese Übersetzung ist dem Text doch wohl angemessener als DELITZSCH'S, Verstehen im Sinne von „beneiden", Spruchbuch, 371. Möglicherweise sind aber auch bewußt beide Aspekte des Verbums קנא zu denken, vgl. PLÖGER, BK XVII, 274.

[133] So ist wohl die hebräische Formulierung כִּי אִם־יֵשׁ אַחֲרִית zu verstehen. An eine Jenseitsbedeutung von אַחֲרִית muß dabei nicht gedacht werden, vgl. GASPAR, Social Ideas, 91, mit Verweis auf 24,14; Ps 36(37),37b, wo אַחֲרִית „a temporal future in the posterity of the upright" bezeichnet, was ähnlich auch für 23,17f. gelten könnte, ebd. 89. Vgl. auch DEROUSSEAUX, Crainte de Dieu, 312; BECKER, Gottesfurcht, 231. Zur Bedeutung des כִּי אִם vgl. ebd. Auf die dennoch unbefriedigende Lösung der Übersetzung von כִּי אִם durch „surely" o.ä. verweist McKANE, OTL, 387, und erwägt eine der LXX entsprechende Texteinfügung von תִּשְׁמְרֶנָּה.

In 23,17 wird der Mensch als einer angesprochen, der um Sünder Eifer entwickelt, wobei eher daran zu denken ist, daß er deren Gemeinschaft sucht[134], als daß er um deren besseren Lebenswandel eifert. Er wird dazu angeleitet, seinen Eifer an der richtigen Stelle, nämlich bei der JHWHfurcht einzusetzen[135]. Nicht ganz klar ist nach *Becker*[136] das Verständnis von יִרְאַת יהוה in 23,17. Angesichts von חַטָּאִים könnte יִרְאַת יהוה die JHWHfürchtigen bezeichnen[137] und damit ein Gegenüber zu den Sündern benennen. Ein solches Verstehen entspricht jedoch überhaupt nicht dem sonstigen Gebrauch der Wendung; ebenso wäre יִרְאָה hier singulär mit verbalem bzw. personalem Charakter gebraucht[138]. Auch spricht die Mahnung zur JHWHfurcht in 24,21 gegen eine solche Interpretation.

Unterstrichen wird die Mahnung zur JHWHfurcht in 23,18 durch eine Zusage, die Hoffnung zuspricht[139] und auf einen guten Ausgang verweist. Angesichts der Texte, die Leben als Folge von JHWHfurcht zusagen, ist auch hier möglicherweise daran zu denken, daß Leben und damit Zukunft in irgendeiner Form im Blick ist angesichts der Hoffnungszusage.

Auch 24,21 fordert zur JHWHfurcht auf, weil man bei JHWH wie beim König nicht wissen kann, wie sie sich verhalten werden, man sich also besser vor ihnen in Acht nimmt[140]. Während sonst die Rede von der JHWHfurcht keinerlei Element der Angst enthält, bringt 24,21 diesen Gedanken der Angst eventuell doch mit ein, bietet also ein Miteinander von Furcht und Ehrfurcht/Achtung.

d) Folgerungen

Die Rede von der יִרְאַת יהוה ist in den Proverbien zwar eine religiöse[141], doch ist deutlich, daß sie keinerlei kultischen Bezug hat[142] und auch nicht als Furcht vor einem Numinosum zu verstehen ist. Zwar wird auch der atl. Weise den Kult nicht nur kennen, sondern auch vollziehen, doch ist dieser

---

[134] Mit BOSTRÖM, Sages, 107, kann darin ein Hinweis gesehen werden, daß zeitweise der Böse erfolgreicher erscheint als der Rechtschaffene.
[135] Vgl. A. MEINHOLD, ZBK AT 16.2, 393. Zum Sprachspiel mit קנא vgl. REUTER, קנא, 56.
[136] BECKER, Gottesfurcht, 231f.
[137] BECKER, Gottesfurcht, 232. Vgl. auch MCKANE, OTL, 387, zur Problematik.
[138] Die durchgängige nominale Ausdrucksform teilen die Proverbien mit anderen Texten, die an der ethischen Seite der JHWHfurcht interessiert sind.
[139] Vgl. Spr 24,14, wo Gleiches von der Weisheit ausgesagt wird.
[140] Genauer zum Text § 9, S. 137.
[141] Damit wird nach STADE-BERTHOLET, Theologie II, 85, die Weisheitslehre insgesamt eine religiöse Lehre, denn die JHWHfurcht ist deren Fundament.
[142] Anders in sonstigen Texten des AT, vgl. BARRÉ, „Fear of God", 42, mit Verweis auf 2 Kön 17,24–28.

nicht Inhalt der JHWHfurcht in Spr 10ff[143]. Auch der nomistische Bereich[144] bleibt ausgespart[145], mit beiden auch Volk (vgl. Dtn) und Gemeinde (vgl. Pss). JHWHfurcht steht vielmehr allgemein im Sinn von Frömmigkeit[146] ganz in einem Kontext der Einstellung und des sittlichen Verhaltens[147]. JHWHfurcht und Handeln sind also einander bedingende Größen[148]. Es geht um „un certain comportement, une certaine manière de vivre"[149]. JHWHfurcht ist „designating the correct attitude of the wise man towards God and life"[150].

Der in anderen Zusammenhängen immer wieder in den Proverbien zu findende Gemeinschaftsaspekt ist nicht im Blick[151]. JHWHfurcht wird nirgends als Voraussetzung des richtigen Umgangs mit dem Mitmenschen genannt. Vielmehr geht es um das individuelle Verhalten[152] und das daraus folgende individuelle Ergehen ohne Bezug zur Umgebung, nur in Bezug zu JHWH[153].

---

[143] Gegen Barré, „Fear of God", 43. Die Texte geben eine solche Kombination nicht her.

[144] Dieser wird allerdings von Dürr, Erziehungswesen, 124, mit Verweis auf Dtn 5,26; 6,1f.; 8,6; 10,12; 2 Chr 6,31; 19,7; Sir 2,15 hervorgehoben, wenn er JHWHfurcht als „die zarte Rücksichtnahme auf das Göttliche, die Noblesse, welche verpflichtet, und dann schließlich die Erfüllung der Gebote" beschreibt. Die Proverbien geben jedoch auf letzteres keinen Hinweis.

[145] Gegen Wildeboer, KHC XV, 47, nach dem angesichts von 15,33 die JHWHfurcht darin besteht, das Gesetz JHWHs zu halten. – Zur nomistischen Umprägung mancher Aussagen in der LXX vgl. Becker, Gottesfurcht, 238ff. Spr 13,13 bietet mit der nur hier begegnenden Wendung יְרֵא מִצְוָה möglicherweise den Ansatzpunkt für eine solche Interpretation, sofern unter מִצְוָה das Gesetz des Mose zu verstehen ist. Dies trifft aber so für die Proverbien nicht zu; vgl. Becker, Gottesfurcht, 237f. Vgl. auch Derousseaux, Crainte de Dieu, 307, der im Zusammenhang mit יְרֵא מִצְוָה an das Wort eines königlichen Boten denkt. Anders ist es dann bei Sirach, wo Gottesfurcht identisch wird mit Gesetzesgehorsam, vgl. Stade-Bertholet, Theologie II, 178.

[146] Vgl. Scott, Wise and foolish, 163. Ähnlich auch Fox, Aspects of Religion, 56: JHWHfurcht meint „,religion' in the sense of internal, personal religion, not necessarily connected with cult or Israelite society, history and law". So ist denn auch der Kontrast zur JHWHfurcht im Fehlen von מוּסָר bzw. Weisheit zu sehen, Fox, ebd. Dazu ähnlich Görg, Provokation, 82.

[147] Zu den hier gebrauchten Kategorien vgl. Becker, Gottesfurcht. Ähnlich auch bei Terrien, Heart, 88, der auch noch „national, or racial particularism" als Zusammenhänge nennt, in denen die JHWHfurcht des Weisen keinen Ort hat.

[148] Vgl. Ringgren, ATD 16, 61.

[149] Derousseaux, Crainte de Dieu, 320.

[150] Boström, Sages, 214.

[151] ירא hat keinerlei Bezug zum Bereich der „sagesse «politique»", Derousseaux, Crainte de Dieu, 322.

[152] Vgl. Derousseaux, Crainte de Dieu, 311, zu den Texten in der Sammlung II, die er in die nachexilische Zeit datiert. Vgl. zur Individualiät auch Scott, Wise and foolish, 163.

[153] Vanoni, Volkssprichwort, 84, sieht hingegen in der JHWHfurcht „das richtige soziale Verhalten, das aus der Anerkennung der Sozialordnung JHWHs wächst". So detailliert und konkret wird jedoch nirgends in Spr 10ff. von der JHWHfurcht gesprochen.

Ein etwas anderer Akzent wird demgegenüber in Spr 1–9 gesetzt, wo die JHWHfurcht eher eine Erkenntnis ist, die auf eine Gabe Gottes zurückgeht und „qui s'oppose aux sagesses humaines (surtout 3, 1–12)"[154]. Jetzt erweist sich die JHWHfurcht nicht mehr als „estampille religieuse à une sagesse trop humaine; elle signifie que le meilleur de l'expérience religieuse d'Israël peut s'exprimer en termes de sagesse"[155].

Selbst wenn durch das Thema JHWHfurcht der einzelne in eine Relation zu JHWH gesetzt ist, so liegt das Gewicht der Proverbien doch weniger auf einer persönlichen Beziehung zu Gott[156], wie dies in sonstigen atl. Texten der Fall ist[157]. Die Akzente sind in den Proverbien deutlich anders gesetzt: Die JHWHfurcht „vient signifier un comportement moral convenable, dans des contextes de rétribution individuelle; c'est une estampille yahviste tardive à des maximes de sagesse"[158].

Die Einbindung der JHWHfurcht in den Gedanken des Tun-Ergehen-Zusammenhangs veranlaßt *Preuß* zu folgender Wertung: „Damit ist JHWHfurcht hier vollkommen von der Weisheit überlagert und ihrem Denken nutzbar gemacht ... JHWHfurcht ist hier ... dem eigenen weisheitlichen Streben nach gelingendem Leben zugeordnet ..., damit etwas, was man für seine eigenen Zwecke und Hoffnungen einsetzt und mit einplant, so wie eben der Weise um seines Lebenserfolges willen auch fromm ist, weil es einfach dumm wäre, dies nicht zu sein"[159]. *Preuß* ist sicherlich insofern zuzustimmen, daß JHWHfurcht in den Proverbien nicht um JHWHs willen empfohlen wird. Vielmehr wird auch bei diesem Thema anthropozentrisch gedacht, denn die Sprüche sind an den (vor allem) positiven Folgen für den JHWHfürchtigen interessiert[160]. Aber die so negativ artikulierte Verrechenbarkeit der JHWHfurcht, ihre Funktionalisierung, kann nicht nachvollzogen werden, zumal schon 15,16 eine Relativierung vollzieht[161]. Ferner wird auch

---

[154] DEROUSSEAUX, Crainte de Dieu, 327.

[155] DEROUSSEAUX, Crainte de Dieu, 328.

[156] Insofern ist der von STEIERT, Weisheit Israels, passim, betonte Einfluß der „Persönlichen Frömmigkeit" differenzierter zu diskutieren.

[157] Das gilt auch angesichts der Texte, die vom Vertrauen auf JHWH sprechen (16,20; 28,25; 29,25f.; 22,19).

[158] DEROUSSEAUX, Crainte de Dieu, 322. Vgl. auch BOSTRÖM, Sages, 214: „Our view is that the expression is used about a person who lives in a relation of obedience and trust towards the deity, but it does also, in the same way as ‚righteous,' designate a certain life-style of socio-ethical qualities."

[159] PREUSS, Einführung, 58. Vgl. auch pointiert ebd., 59: „Es ging hier nicht um eine JHWHfurcht um JHWHs, sondern um des Menschen willen."

[160] Vgl. ZIMMERLI, Ort und Grenze, 306: Die oberste Maxime ist nach 1,7 die JHWHfurcht für das Vorwärtskommen des Menschen durch Weisheit, die „der Wille und die umgreifende Fähigkeit zum rechten Steuern des Lebensganzen" ist. Dagegen jedoch zutreffend KEATING WILES, Kingship, 57, wonach keineswegs klar ist, daß „the phenomenon of the fear of Yahweh is the presupposition of every sentence"; vgl. ebd. 58.

[161] Vgl. auch das in § 18, S. 237ff. zum Verhältnis JHWH – Tun-Ergehen-Zusammenhang Gesagte.

sonst im AT das Wohlergehen des Menschen nicht negativ qualifiziert, so daß ein gezieltes Interesse daran durchaus legitim ist. Auch geht es nicht primär um eine Verrechenbarkeit JHWHs, um dessen Nutzbarmachung für eigene Interessen, sondern die Zielrichtung ist eine andere: Wer für sich selber Wohlergehen sucht, kommt an einem angemessenen Verhalten JHWH gegenüber nicht vorbei.

Die von JHWHfurcht sprechenden Texte erweisen sich als weitgehend offene[162]. Es wird kaum genauer gesagt, was unter JHWHfurcht zu verstehen ist, worin sie eigentlich besteht[163]. Ein etwas anderes Bild ergibt sich allerdings für Spr 1–9, wo wesentlich klarer ein Bezug zwischen JHWHfurcht und Beachten von Weisheit(slehre) hergestellt wird[164]. Offensichtlich konnte insgesamt – anders als heute – beim Hörer bzw. Leser das Wissen darum vorausgesetzt werden. Es wird also wiederum wie auch in anderen Bereichen auf einen Erfahrungshorizont zurückgegriffen, der uns nicht mehr unmittelbar zugänglich ist. Nach *Plath* ist dieser Horizont angesichts der von ihm postulierten „Ineinssetzung von Weisheitssprüchen und göttlichem Willen" die „Unterwerfung unter die Autorität Jahves und die Einfügung in seine Schöpfungsordnung"[165]. Ein solcher Zusammenhang mit der Schöpfungsordnung[166] kann jedoch in Gegensatz zu Spr 1–9 für Spr 10ff. nicht ausgesagt werden[167].

In der Sammlung Spr 25–29, die oft als besonders alt angesehen wird, ist von JHWHfurcht keine Rede. Dies könnte ein Hinweis darauf sein, daß *Derousseaux* die Aussagen über die JHWHfurcht zu Recht als jüngere bestimmt[168]. Daraus ist jedoch nicht automatisch zu schließen, daß der Gedanke der JHWHfurcht erst später unter dem Vorzeichen des JHWHglaubens eingetragen wurde, um die Weisheit mit der Gottheit in Verbindung zu bringen!

Dies wird unterstrichen durch die Rede von der Gottesfurcht in Texten in Israels Umwelt. Auch in Ägypten wird von der Gottesfurcht gesprochen, die

---

[162] Unterstrichen wird dies auch durch die weitgehend nominale Satzstruktur in diesen Texten, die eine Offenheit der Interpretation stärker ermöglicht als die verbale Struktur.

[163] Deutlich wird allerdings, daß JHWHfurcht nicht Angst vor JHWH und ebensowenig Angst vor Vergeltung impliziert; vgl. PLATHS, Furcht Gottes, 64, kritische Bemerkungen zu den Äußerungen FICHTNERS. Auch ist DELKURT, Ethische Einsichten, 99, zuzustimmen, der auf den aktiven Aspekt der Rede von der JHWHfurcht im Gegenüber zur Rede von der Demut aufmerksam macht.

[164] Vgl. Spr 1,7; 2,1–5. Vgl. auch DEROUSSEAUX, Crainte de Dieu, 324.

[165] Beides PLATH, Furcht Gottes, 61.

[166] Vgl. dazu auch NICCACCI, teologia sapienziale, 23.

[167] Eher ist den Äußerungen von FUHS, ירא, 889f., zuzustimmen, wonach die JHWHfurcht das „Schlüsselwort" ist, das die Erfahrung der Welt mit ihren Eigengesetzlichkeiten und des „Wissens um JHWHs souveränes Walten und Handeln in Geschichte und Welt" in ein Verhältnis zueinander setzt.

[168] DEROUSSEAUX, Crainte de Dieu, 314. Das muß jedoch nicht heißen, daß sie sich als durchweg nachexilische erweisen.

„das Wissen von Gottes weltüberlegener Mächtigkeit"[169] meint, es sind jedoch nur wenige Spuren des Gedankens von der Gottesfurcht in weisheitlichen Texten zu finden[170]. Ähnliches ist auch in Mesopotamien zu beobachten[171]. So kennt weisheitliches Denken das Thema Gottesfurcht wohl weitgehend von Anfang an, doch ist dieses nicht bestimmend und erhält erst in der
atl. Weisheit ein stärkeres Gewicht.

6. *Folgerungen*

Faßt man die Beobachtungen zu den Texten zusammen, welche die Beziehung zwischen dem Menschen und JHWH zum Thema haben, fallen unterschiedliche Inhalte auf, die jedoch alle in Relation zueinander stehen.

Beinahe durchgängig geht es in diesen Texten um den Menschen als Individuum. So werden jeweils die singularischen Bezeichnungen für den Menschen gewählt bzw. das Suffix der dritten Person Singular. Eine spezielle
menschliche Gemeinschaft kommt nirgends in den Blick, weder Volk noch
gottesdienstliche Gemeinde, nicht einmal Familie.

Dennoch ist der Mensch nicht in seiner unverwechselbaren Persönlichkeit
angesprochen. Bei aller Betonung des Individuums kann nur eingeschränkt
von einer persönlichen Frömmigkeit gesprochen werden[172]. Angesichts der
pauschalen Äußerungen wird eine solche, wie sie sich vor allem speziell in
bestimmten Psalmen äußert, nicht sichtbar. Weder wird angesichts des eigenen Geschicks geklagt oder gedankt noch gelobt oder gebeten. Die Aussagen
sind letztlich nicht personorientiert, sondern übergreifend und damit auf eine
andere Weise kollektiv. Damit zusammenhängend erweisen sich die hier
benannten Beziehungen zwischen dem Menschen und JHWH als geschichts-
freie. Was in Spr 10ff. über JHWH und den Menschen gesagt wird, ist im
Blick auf Zeit und Ort austauschbar.

Die Beziehung zwischen JHWH und dem Menschen ist ferner eine vorwiegend am menschlichen Verhalten orientierte. Dieses wird bewertet bzw. ihm
eine erwünschte Richtung vorgegeben. Eingebunden ist die Beziehung in den
Tun-Ergehen-Zusammenhang, wobei JHWH als Gegenüber die Folgen des

---

[169] J. ASSMANN, Loyalismus, 26.
[170] Vgl. PapInsing 65; 528 (BRUNNER, Altägyptische Weisheit, 305; 332), dort aber in der
Negation, daß gegen Königtum und Gottheit nichts Feindliches oder Verächtliches gesagt
bzw. getan werden soll.
[171] Vgl. FUHS, ירא, 876–879, zu Ägypten und Mesopotamien, wo jedoch über den
weisheitlichen Gebrauch nichts gesagt wird. Vgl. aber die akkadischen Ratschläge und
Warnungen, TUAT III/1, 168, Z. 143–147 bzw. die Aussagen des „Leidenden Gerechten"
in Tafel II, TUAT III/1, 122, Z. 18.25.
[172] Wie sie hingegen für die jüngere ägyptische Weisheit, bes. Amenemope, herausgearbeitet und herausgestellt wurde, vgl. u.a. RÖMHELD, Wege; STEIERT, Weisheit.

Verhaltens des Menschen bestimmt, die also nicht nur als dem Verhalten inhärent gedacht sind[173].

Insgesamt sind die über die Beziehung JHWH – Mensch zu findenden Aussagen durchaus den weisheitlichen Denkkategorien entsprechend. Sie überschreiten sie allerdings insofern, als der vorwiegend am gelingenden menschlichen Miteinander orientierten Weisheit eine darüber hinausgehende Kategorie, nämlich JHWH, zugeordnet wird[174]. Diese verweist die weisheitlichen Aussagen an ihre Grenze und führt – wenngleich innerhalb ihrer eigenen Kategorien – vorsichtig über die Weisheit selbst und ihre Art zu denken hinaus.

Zu fragen ist, ob dieses Aufzeigen der Grenzen weisheitlichen Denkens ein diesem ursprüngliches und ihm eigenes, oder ob es einer späteren Stufe zuzuschreiben ist[175]. Es liegt angesichts der aufgezeigten Beobachtungen nahe, daß bereits bei der Sammlung der Einzelsprüche die JHWHsprüche Teil der Sammlung waren und so weitgehend darauf aufmerksam machen, daß die hier gesammelten profanen Sprüche als solche zwar Gültigkeit haben, in ihrer Gesamtheit aber doch der Korrektur und Weiterführung[176] bedürfen. Die Häufung der JHWHbezogenen Sprüche in 15,33–16,9 als faktisch der formalen Mitte des Buches verweist dann darauf, daß die Einbindung JHWHs von besonderer Bedeutung bei der Endredaktion der Proverbien wurde.

Deutlich ist, daß bei aller Nuancierung durch die JHWHsprüche kein grundsätzliches In-Frage-Stellen der weisheitlichen Ansätze erfolgt, sondern diese auch angesichts der Korrekturen in ihrer Tendenz bejaht und weitergeführt werden.

§ 21: Zusammenfassung von §§ 12–20

Die in den vorausgehenden Paragraphen diskutierten Lebensbereiche lassen sich nur schwer einer Systematisierung zuführen. Wir finden vielmehr eine Reihe gewichtiger Aspekte, die nebeneinander stehen, sich aber kaum zu einem Gesamtbild fügen. Zwei Komplexe erweisen sich allerdings immer wieder als in die anderen Bereiche hineinreichend und diese mitbestimmend, und zwar das Nachdenken über die Sprache wie das Wissen um den Zusammenhang von Verhalten und Ergehen – beide als Größen, die ebenso in

---

[173] Das nötigt jedoch nicht dazu, JHWH in den Proverbien „primär und hauptsächlich" als „Stifter und Erhalter des Tun-Ergehen-Zusammenhangs" (PREUSS, Einführung, 51) zu werten. Genauer dazu § 18.

[174] Besonders gehäuft die Texte in Spr 15f.: „they all specifically recognize Yahweh as constituting the ultimate authority and as the undisputed arbiter of human destiny", WHYBRAY, Yahweh-sayings, 158.

[175] So McKANE, OTL, passim, der die JHWH-Sprüche einer eigenen Schicht zurechnet.

[176] Zur „Reinterpretation" vgl. auch WHYBRAY, Yahweh-sayings, 165.

den Untersuchungen zu den Personentypen und -rollen begegneten (s. o. Teil I.) und auch die Lebensideale des Weisen mit prägen (s. u. Teil IV.).

Der Mensch ist als Weiser wie als Tor, als Rechtschaffener wie als Frevler, gleich welche Rolle ihm zukommt, wesentlich charakterisiert durch seine Sprache, die seinem Verhalten korrespondiert (10,11; 11,9; 15,2; 31,8f. u. ö.)[1]. Erziehung geschieht vorwiegend durch Sprache, der zu Belehrende nimmt Belehrung durch Hören an (23,12; 28,9 u. ö.). Die Äußerungen des Verstandes (10,20; 15,28; 16,23) werden durch Sprache vermittelt, an ihrem Gebrauch zeigt sich auch Wahrnehmen bzw. Mißachten von Verantwortung (15,32; 17,20; 24,1f.; 26,23). Ebenso äußern sich der bzw. das Böse durch Worte (12,13; 15,28; 16,27), verursacht Sprache Leid bei Menschen (10,10; 15,1). Sprache stiftet bzw. zerstört Gemeinschaft und hat so Anteil am Gestalten von Zukunft. Sprache hat Auswirkung auf das Ergehen des Menschen, spielt allerdings bezeichnenderweise in Spr 10ff. keine entscheidende Rolle in der Beziehung des Menschen zu Gott. Daß der Mensch hin zu JHWH spricht, ist für die Proverbien – anders als für das auch weisheitliche Hiobbuch – kein Thema.

Als ebenso durchgängig zeigt sich der Gedanke vom Tun-Ergehen-Zusammenhang. Das Ineinander von Verhalten und Ergehen wird bei jeder Thematik neu als Faktum konstatiert, wenngleich nirgends dogmatisch festgemacht. Vielmehr ist sich der Weise auch der Grenzen dieses via Erfahrung erkannten Zusammenhangs bewußt, weiß von dessen im Prinzip funktionierendem Ablauf, aber auch davon, daß der Tun-Ergehen-Zusammenhang nicht immer glatt aufgeht.

Von Gewicht, wenngleich nicht dominant[2], zeigt sich auch das Reden von der Gottesbeziehung des Menschen, das nahezu alle anderen Bereiche weisheitlichen Interesses berührt. Die Beziehung des Menschen auf und zu JHWH wird dort angesprochen, wo es um die soziale Verantwortung gegenüber dem Armen geht (14,31; 17,5; 19,17; 22,2.22f.), um die von JHWH korrigierten bzw. weitergeführten Pläne des Menschen (16,1.3.9.33; 19,21; 20,24; vgl. auch 10,22; 21,30f.; 25,2). JHWH prüft den Menschen und sein Vorhaben (15,3.11; 16,2; 17,3; 20,27; 21,2; 24,12), empfindet gegenüber menschlichem Tun Wohlgefallen oder Greuel (11,1.20; 12,22; 15,8f.26; 16,5; 17,15; 20,10.23). Besonderes Augenmerk finden dabei das Herz und die Sprache des Menschen (11,20; 12,22; 15,11.26; 16,1.5.9; 17,3; 19,21; 21,2; 24,12).

Fragt man danach, welche Themenkomplexe nicht unmittelbar mit JHWH in Beziehung gesetzt werden, so fällt zum einen auf, daß keine Verbindung hergestellt ist zwischen JHWH und der Erfahrung von Leid, sofern Leid nicht als negatives Ergehen im Rahmen des Tun-Ergehen-Zusammen-

---

[1] So wird gerade in den Proverbien besonders deutlich, daß Sprache als Sprech*handlung* sich vollzieht, daß Sprache ein Sprach*geschehen* ist.

[2] Und eventuell erst im Rahmen späterer Bearbeitung, s. § 20, S. 277.

hangs erlebt wird. Weder wird JHWH bei der Ursache von Leid einbezogen, noch bei den Inhalten, noch bei dessen Bewältigung. Da es vor allem um Leidvermeidung geht, die als in der Möglichkeit des Menschen liegend gedacht wird, erweist sich das Thema Leid in den Proverbien im Unterschied zum Hiobbuch als ein weitgehend im zwischenmenschlichen Geschehen verhaftetes. Gleiches gilt für die Erfahrung der Freude, die nur dort mit JHWH in Verbindung gebracht wird, wo es um die Ablehnung der Schadenfreude über das negative Geschick eines anderen geht (24,17f.). Auch für die Beziehung zwischen Vater/Mutter und Sohn wie für die zum Nächsten bzw. Freund wird JHWH ebensowenig bemüht. Ebenso wird das Verhalten des Fleißigen wie des Faulen als rein innermenschlich relevantes dargestellt. Nun wird man daraus allerdings nicht schließen dürfen, daß in der Sicht der Weisen diese Bereiche prinzipiell ohne Relation zum JHWHglauben sind. Vielmehr scheinen sie für den Weisen und seine ihm eigenen Interessen an zwischen- und innermenschlichen Abläufen nicht noch zusätzlich der Reflexion ihrer Beziehung zu JHWH zu bedürfen.

Für die übrigen Themenbereiche hingegen erscheint den Weisen eine verstärkende Ergänzung oder auch Grenzen aufzeigende Korrektur der stark anthropozentrischen Aussagen durch Einbringung JHWHs in die Diskussion notwendig.

Im Gegensatz zu der Beziehung des Menschen zu JHWH hat sich die Beziehung des Menschen zu anderen Menschen als die Proverbien dominierend herausgestellt. In diesem Bereich liegt deren eigentliches Interesse. Deutlich verbalisiert oder auch nur zwischen den Zeilen anklingend erweist sich das positive oder negative Gestalten des Miteinanders der Menschen als für das gelingende Leben in besonderer Weise notwendig. Zu einem positiven Gestalten des Miteinanders gehört das Bedenken der eigenen Gegenwart, wenngleich auch die Zukunft des Menschen von seinem gegenwärtigen Verhalten betroffen sein kann (10,27; 11,4; 23,17f.; 24,10.14; 25,19 u.ö.).

Versucht man ein Fazit der hier zusammengefaßten verschiedenen Aspekte, so läßt sich wiederum nur sagen, daß der Weise primär interessiert ist an den profanen Bereichen des menschlichen Lebens. Er reflektiert deren Erfahrungen und zieht daraus Konsequenzen für eine gute Gestaltung dieser Lebensvollzüge. Weniger bewegt ihn das Verhältnis zwischen Gott und Mensch, sondern eher das zwischen Mensch und Mensch. Das Nachdenken und Aussprechen all dessen, was die Beziehung zwischen Gott und Mensch ausmacht, fließt mit ein, aber im wesentlichen überläßt der Weise dies anderen, zu denen er sich dann aber auch nicht in Widerspruch setzt oder sieht, wie z.B. die Rede vom „Greuel für JHWH" oder seinem „Wohlgefallen" zeigt.

IV. Die Lebensideale des Weisen

Wie schon immer wieder angeklungen, reflektiert der „Weise" nicht nur die Gegebenheiten menschlichen Lebens und das damit zusammenhängende Verhalten des Menschen. Vielmehr legt der „Weise" auch Rechenschaft darüber ab, woraufhin das von ihm erstrebte und angemahnte Verhalten zielt. Die mit einem gelingenden Leben verbundenen Ideale und Ziele sollen nun im folgenden aufgezeigt werden.

§ 22: Weisheit und Rechtschaffenheit

A. Weisheit

Schon die Analyse der Texte über den Weisen und Toren (in § 2) ließ deutlich werden, daß eines der wesentlichen Ziele weisheitlichen Strebens das Erlangen und Bewahren von Weisheit ist[1]. Im folgenden soll nun ein Blick erfolgen auf die Texte, welche die Weisheit selbst zum Thema haben. Wie sich zeigen wird, reden die meisten Belege allerdings nur sehr allgemein von Weisheit (חָכְמָה) ohne genauere Spezifizierung, worin diese besteht. Ähnliches gilt für die Aussagen über בִּינָה und דַּעַת. So werden diese Begriffe auch entsprechend austauschbar gebraucht. Von besonderer Bedeutung für die Rede von der Weisheit sind neben deren Kennzeichen und „Besitzern" ihre Folgen wie ihr Wert.

1. Kennzeichen von Weisheit

Zwei Lebensbereiche sind es, in denen man in besonderer Weise die Weisheit eines Menschen erkennen kann. Die sehr allgemeine Rede über Weisheit ermöglicht darüber hinaus eine jeweils der Situation angepaßte inhaltliche Füllung durch den Hörer/Leser, die auch durch die in den weiteren Teilen dieser Arbeit beschriebenen Inhalte abgedeckt werden kann.

---

[1] Vgl. die häufigen Ermahnungen, die Weisheitslehre anzunehmen: Spr 2,1ff.; 4,5.7.11; 5,1.

a) Der wichtigste Bereich menschlichen Lebens, in dem sich Weisheit zeigt, ist die *Sprache*. Bereits in § 14 wurde ausführlich auf den Zusammenhang zwischen Sprache und Weisheit eingegangen[2]. Deshalb sei hier nur noch einmal zusammenfassend auf die drei Grundaussagen zum Verhältnis von Weisheit und Sprache eingegangen. So ist zum einen an der Sprache ablesbar, ob ein Mensch durch Weisheit bestimmt ist (vgl. 10,13.31; 14,7; 15,2.7)[3], er also zu den Weisen gerechnet werden kann. Zum anderen wird durch Sprache Erkenntnis vermittelt (19,27; 20,15; 22,17.20[4]; 23,12)[5]. Sprache ist also Medium der Weisheit. Ferner hat sich rechte Sprache auch als ein Ziel gezeigt, zu dem die weisheitliche Unterweisung hinführen möchte. Ein gewisses Maß an Denk- und Abstraktionsvermögen ist demnach schon vorauszusetzen bei dem, der Weisheit erkennen und erwerben will.

b) Ebenso wird die Weisheit eines Menschen aber auch an seinem Verhalten deutlich, und zwar gezielt am *Zügeln seiner Unbeherrschtheit*:

„Kommt Übermut, so kommt Schande,
bei den Beherrschten aber ist Weisheit." (Spr 11,2)

„Der Leichtfertige[6] verursacht durch Übermut Streit,
bei denen, die sich beraten lassen, ist Weisheit." (Spr 13,10)

„Der Langmütige hat viel Einsicht (תְּבוּנָה),
der Ungeduldige richtet Torheit auf." (Spr 14,29)

Weisheit bedeutet also, den eigenen Übermut im Griff zu haben, sowie die Bereitschaft, Rat anzunehmen[7] und Geduld zu üben[8]. Selbstbeherrschung und Einsicht bedingen einander. Umgekehrt ist Schande die unerwünschte Folge der Unbeherrschtheit (11,2). Die Verbalfolge qaṭal – wajjiqṭol zeigt klar (in 11,2a) den Übermut als Voraussetzung der Schande auf, denn es handelt sich mit *Groß* um einen „Erfahrungssatz mit Progreß, somit als zwei koordinierte Hauptsätze, wobei an erster Position *wayyiqṭol* für *qaṭal*

---

[2] Ebenso wurde umgekehrt in § 2 deutlich, daß der Tor sich besonders durch seine Sprache als solcher erweist.

[3] Vgl. auch Spr 1,2; 5,2.

[4] Nach 22,20 sind es keineswegs nur mündliche Worte, sondern auch geschriebene.

[5] Genaueres zu den genannten Texten vgl. jeweils in § 14 z.St.

[6] Mit PLÖGER, BK XVII, 156.159, u.a. ist hier רָק statt רָק zu lesen. Anders A. MEINHOLD, ZBK AT 16.1, 221, der רָק auf den Streit bezieht.

[7] Dies vor allem „eingedenk der eigenen grundsätzlichen Angewiesenheit auf den Mitmenschen und sein Wissen", A. MEINHOLD, ZBK AT 16.1, 221. Anders als der Leichtfertige, „who takes his own omniscience for granted", McKANE, OTL, 454.

[8] Vgl. auch 19,2 mit dem Hinweis darauf, daß auch fehlende Kenntnis Begierde nicht besser macht.

eintritt: Es war immer schon so: ‚Erst kam Übermut, und dann kam Schande.'"[9].

Der Zusammenhang von Weisheit und Beherrschung zeigt sich auch da, wo der Weise seine Erkenntnisse nicht sogleich nach deren Erwerb wieder laut äußert (10,14; 12,23; 17,27)[10], womit wiederum auch der Bereich der Sprache zum Tragen kommt. Angesichts der vielen Texte, die den Gedanken der Mäßigung zum Thema haben[11], stellt sich die Frage, ob darin nicht ein wesentlicher Aspekt der Weisheit überhaupt zu sehen ist[12].

In eine ähnliche Richtung weist auch der folgende Text:

> „Einsicht hat der Mensch, der lang macht seinen (Umgang mit dem)[13] Zorn,
> sein Ruhm ist es, über die Schuld hinweg zu gehen." (Spr 19,11)

Langmut und Einsicht werden ineinsgesetzt, damit verbunden wird ein Verhalten, das Verfehlung (פשע)[14] nicht festschreibt, sondern über diese hinweggehen kann[15]. Maßvoller Umgang mit den Fehlern anderer zeugt aber nicht nur von Verstand, sondern gereicht zum Ruhm, womit nicht gesagt ist, daß die Verfehlung als solche nicht zählt.

2. „Besitzer" der Weisheit

Mit unterschiedlichen Personengruppen wird Weisheit in Verbindung gebracht. Weisheit findet sich bei dem Beherrschten (צָנוּעַ, 11,2; vgl. 13,10) sowie bei dem Einsichtigen (נָבוֹן; 14,6) in seinem Herzen (14,33; 15,14; 18,15) und macht diesem Freude (10,23). Er (מֵבִין) hat sie im Blick (17,24). Der Kluge (עָרוּם) macht sie sich für sein Tun zu Nutze (13,16) und versteht mit ihrer Hilfe seinen Weg (14,8). Auch gibt er sie weiter (14,18). Der Weise (חָכָם) nimmt durch Belehrung Erkenntnis an (21,11)[16].

Nur in 14,1 wie in 31,26 wird einer Frau Weisheit beim Erhalt ihres Hauses bzw. in ihren Worten zugesprochen[17], sonst sind Männer Träger der Weisheit

---

[9] GROSS, Verbform, 140. Damit ist ein anderer und überzeugenderer Akzent gesetzt als bei A. MEINHOLD, ZBK AT 16.1, 186, der aufgrund gleicher Vokalfolge bei den hebräischen Begriffen sowie der Alliteration eine Gleichzeitigkeit der Vorgänge sieht.

[10] Zu den Texten genauer § 2, S. 17.

[11] Vgl. u. § 23.

[12] Vgl. das in § 23 angesprochene ägyptische Ideal des Schweigers! Vgl. auch WHYBRAY, CBC, 85: „ideal of self-control ... is common to all ancient Near Eastern wisdom literature".

[13] So ist wohl angesichts von v.11b sinngemäß zu ergänzen.

[14] Dabei dürfte es sich mit A. MEINHOLD, ZBK AT 16.2, 317, um Verfehlungen handeln, die ohne juristische Bedeutung sind, die aber doch das Miteinander belasten.

[15] Vgl. MCKANE, OTL, 530: „It contains elements of toughness and self-discipline".

[16] Genauer dazu § 2.

[17] Darüber hinaus werden in Spr 1–9 Frau und Weisheit in Relation zueinander gebracht, indem die Weisheit zu einer personifizierten, weiblichen Größe (= Frau Weisheit) wird. Die Gründe dafür sind hier nicht zu erörtern (vgl. dazu u.a. LANG, Frau Weisheit).

als deren Vermittler sowie diese Praktizierende. Damit ist jedoch an sich nichts Grundsätzliches ausgesagt über die (Un-?)Möglichkeit der Weisheit von Frauen. Aber die Frage, inwieweit Frauen Anteil an Weisheit haben, ist für die Proverbien – und dies kaum zufällig – nicht im Blickfeld, da Frauen nicht Urheberinnen wie Adressatinnen der Texte sind[18].

Ähnlich wenig wird über den Zusammenhang von JHWH und Erkenntnis ausgesagt, wenngleich hier eine Grundsatzaussage vorzuliegen scheint:

> „Die Augen JHWHs bewahren Erkenntnis,
> so daß er die Worte des Gottlosen verdirbt.“ (Spr 22,12)

Offen bleibt bei diesem Text, wessen Erkenntnis die Augen JHWHs bewahren, die eigene göttliche oder die menschliche Erkenntnis[19]. Eine eindeutige Entscheidung ist nicht möglich, soll es wohl auch nicht sein[20]. Ebenso wird über den Inhalt der Erkenntnis nichts ausgesagt. V.12b läßt vermuten, daß es um das Wissen vom Verhalten des Gottlosen geht. Angesichts der Verbalfolge qaṭal-wajjiqṭol wird die Bewahrung der Erkenntnis durch JHWH verstanden als Basis für JHWHs weiteres Handeln, das sich im Zunichtemachen der Worte des Gottlosen zeigt[21].

Dem Toren ist Einsicht erwartungsgemäß fern (14,8.33; 17,16.24; 18,2)[22], ebenso dem Spötter (14,6) und dem Frevler (29,7).

Es sind hier zwar „Träger“-gruppen von Weisheit benannt worden, diese sind jedoch nicht soziologisch greifbar im Blick auf einen bestimmten Stand oder eine Berufsgruppe. Dies bestätigt den Eindruck, daß solche nur schwer hinter den Proverbien zu greifen sind.

3. Auswirkungen von Weisheit

Die Auswirkungen von Weisheit sind grundsätzlich positive. Sie zeigen sich auf unterschiedlichen Ebenen menschlichen Lebens. So gewährt Einsicht den Bestand des Hauses und Haushaltes:

> „Durch Weisheit wird das Haus gebaut,
> und durch Einsicht hat es Bestand,
> und durch Kenntnis werden die Vorratskammern gefüllt,
> mit kostbarem und angenehmem Reichtum.“ (Spr 24,3f.)

---

[18] Vgl. die bereits in § 10 angesprochenen Beobachtungen.
[19] Vgl. PLÖGER, BK XVII, 255f.
[20] Vgl. HAMP, EB, 59, mit seinem Hinweis auf die Doppeldeutigkeit.
[21] „Damit wird die theologische Grundlage zum Ausdruck gebracht, daß letztlich nicht die Lüge, sondern die Wahrheit Bestand hat“, A. MEINHOLD, ZBK AT 16.2, 370.
[22] Vgl. 24,7, wonach Weisheit zu hoch für einen Toren ist.

Die Häufung der Weisheitsterminologie in diesem Text stellt heraus, daß das Funktionieren der häuslichen Abläufe wie die Sicherung des Besitzes[23] nur durch Weisheit möglich sind (vgl. 14,1). Ähnliches wird nach Texten der jüngeren Weisheit für das Werden der Welt ausgesagt (3,19f.; vgl. auch 8,22ff.). Ein unmittelbarer Vergleich von 24,3f. mit 3,19f. sowie das Feststellen eines Zusammenhangs ist jedoch nur auf redaktioneller Ebene möglich. 24,3f. stellt von sich aus keine Beziehung zum göttlichen Weisheitshandeln her[24].

Weisheit bringt darüber hinaus Rettung sowohl für den Weisen selbst (28,26[25]) wie auch für seinen Nächsten (11,9[26]). Es wird jedoch nichts darüber gesagt, worin die Rettung besteht und durch wen sie geschieht. Außerdem macht der Sohn dem Vater Freude, wenn er sich durch Weisheit bestimmen läßt[27] (29,3). Wer Einsicht bewahrt, findet Glück (19,8). Zwar zielen die Auswirkungen der Weisheit primär auf den, dem sie zu eigen ist, doch sie wirken sich auch auf sein soziales Umfeld positiv aus:

> „Durch (eigene?) Verfehlung hat das Land (אֶרֶץ) viele Herrscher,
> aber durch einen Menschen von Einsicht, der das Rechte kennt, besteht es
> lange." (Spr 28,2)[28]

Einsicht wirkt sich bewahrend auf das ganze Land aus, während der Mangel an Einsicht, der sich in Verfehlungen äußert, dem Land viele Herrscher bringt, was wohl als Zeichen einer nicht funktionsfähigen Regierung angesehen werden könnte[29].

Insgesamt ermöglicht die Weisheit Zukunftshoffnung[30]:

> „Iß, mein Sohn, Honig, denn gut ist er,
> und Honigseim ist süß auf deinem Gaumen.
> So ist, wisse, Weisheit für dich:

---

[23] McKane, OTL, 397, betont, daß keine Veranlassung vorliegt zu einem metaphorischen Verständnis.

[24] Plöger, BK XVII, 279, setzt jedoch bei seiner Interpretation eine Analogie voraus; vgl. auch A. Meinhold, ZBK AT 16.2, 401: „Auf diese Weise sind der Mikrokosmos des Hauses und der Makrokosmos der Welt miteinander in Beziehung gesetzt." – Hier werden Kombinationen vollzogen, die der Text weder klar voraussetzt noch fordert.

[25] Genauer dazu § 2, S. 12.

[26] Genauer dazu § 8, S. 125.

[27] Das hebräische אהב verweist hier auf eine enge Beziehung zwischen dem Sohn und der Weisheit.

[28] Zum völlig anderen Verständnis in der LXX vgl. Plöger, BK XVII, 332.

[29] A. Meinhold, ZBK AT 16.2, 467, denkt an zu viele, auch bestechliche Beamte, doch gibt der Text insgesamt zu wenig her für detaillierte Aussagen. Vgl. auch McKane, OTL, 630: „Verse 2 is so full of obscurities that one can only hazard a number of guesses as to what may be intended by it."

[30] Durch Hiob wird solches später bestritten, während seine Freunde es festzuhalten versuchen (Hi 4,5–9; 5,15f.; 6,8f.; 7,6; 8,11–13; 11,18.20; 14,19f.; 17,13; 19,10; 30,20.26). Vgl. auch die kritischen Äußerungen bei Qohelet (Koh 3,10ff.; 9,1ff.; vgl. 3,21).

Wenn du sie findest, dann gibt es Zukunft,
und deine Hoffnung wird nicht zunichte gemacht." (Spr 24,13f.)

Weisheit ist folglich nach den Proverbien so wohltuend für den Menschen wie Honig für den Gaumen. Sie garantiert (positive) Zukunft und verhilft zu erfüllter Hoffnung. Der Mensch muß allerdings selbst aktiv werden (vgl. 16,16), um diese Zukunft ermöglicht zu bekommen. Die Aufforderung in v.13 findet ihre indirekte Fortsetzung in v.14: Es geht darum, daß der Mensch die Weisheit findet, damit er von ihr profitieren kann. Weisheit zielt also wiederum auf Handeln.

4. Der Wert der Weisheit

Der besondere Wert der Weisheit steht in den Proverbien nirgends in Zweifel. So wird die Weisheit verglichen mit einem sprudelnden Bach (18,4[31]) und wird damit zu etwas, das Leben spendet (vgl. auch Ps 23,3f.). Ausdrücklich wird Weisheit deshalb als etwas benannt, das es mit großem Einsatz[32] zu erwerben, geradezu zu kaufen gilt[33]. Darüber hinaus wird der besondere Wert der Weisheit gegenüber allen materiellen Dingen klar herausgestrichen:

„Erwirb[34] Weisheit; besser ist sie als Gold.
Einsicht zu erwerben wird Silber vorgezogen." (Spr 16,16)

„Wahrheit kaufe, aber verkaufe sie nicht,
Weisheit und Zucht und Einsicht!" (Spr 23,23)

Damit wird die Weisheit zum Kostbarsten überhaupt[35]. Die eigentlich durchaus als positiv gewerteten Reichtümer werden in 16,16 in ihrem Wert zugunsten der Weisheit relativiert[36]. Letztlich sind die genannten Güter nach diesem Text gar nicht vergleichbar[37]. Eine ähnliche Intention dürfte auch in

---

[31] Genaueres zum Text vgl. § 14, S. 190.

[32] Selbst Rute und Rüge werden zu ihrer Vermittlung nicht ausgespart (29,15; vgl. auch 12,1; 19,25).

[33] Wenn jedoch in 23,4 vom Mühen um Einsicht abgeraten wird, so deshalb, weil es dort nicht um den Wert der Einsicht als solcher geht, sondern um eine Einsicht, die an trügerischem Reichtum interessiert und deshalb nicht zu akzeptieren ist. Letztlich wird damit eine im weisheitlichen Sinne pervertierte Einsicht abgelehnt.

[34] Hier ist die textkritische Variante des Imperativs dem Infinitiv vorzuziehen. Ebenso ist das מַה־ als Dittographie zu streichen. Zu den textkritischen Problemen vgl. PLÖGER, BK XVII, 188. Anders A. MEINHOLD, ZBK AT 16.2, 272, der hier einen Fragesatz sieht, dessen Interpretation – der Satz hat superlativische Bedeutung – aber nicht überzeugt.

[35] Vgl. RINGGREN, ATD 16, 70. – 3,5 kennt dann allerdings gegenüber der בִּינָה noch eine Steigerung im Vertrauen auf JHWH! Möglicherweise ist darin eine Warnung vor der Überschätzung von Weisheit zu sehen.

[36] Vgl. auch 3,13; 4,5.7.

[37] Zur (Un-)Vergleichlichkeit vgl. auch McKANE, OTL, 489; A. MEINHOLD, ZBK AT 16.2, 272.

20,15 mitschwingen, wenn die Lippen der Erkenntnis über den Wert von Gold und Korallen gestellt werden[38]. Den besonderen Wert der Weisheit in den Proverbien hat auch die jüdische Überlieferung erkannt, die 16,16 als die Mitte der Verse des Proverbienbuches fest- und herausgestellt hat[39].

Einen Zusammenhang von Wahrheit, Weisheit, Zucht und Einsicht stellt 23,23[40] her. Die Vielzahl der Begriffe ist weniger als Differenzierung anzusehen denn als Beschreibung dessen, was umfassend durch Erziehung zu erlangen ist. Ermahnt wird, sie nicht gegen etwas anderes einzutauschen, sondern eher für sie etwas herzugeben[41], wodurch der besondere Wert der Erziehungsinhalte unterstrichen wird.

Von einer anderen Perspektive her wird die große Bedeutung von Weisheit hervorgehoben durch die *Klage* eines Menschen, daß er nicht (genug) Weisheit erworben hat, um Menschen und Gott verstehen zu können[42]:

> „Wahrlich, dümmer als ein Mensch bin ich[43],
> die Einsicht eines Menschen habe ich nicht.
> Und Weisheit habe ich nicht gelernt,
> daß[44] ich kennte die Erkenntnis der Heiligen." (Spr 30,2f.)

Schon die Textform von Spr 30,1ff. fällt auf. In einer Ich-Rede bekennt der Sprecher mit eindringlichen Worten sein Versagen als Mensch[45]. Das Ausmaß seines Mangels an Weisheit beschreibt er, indem er sich mit Vieh auf eine Stufe stellt angesichts der doppelten Erkenntnis, daß er weder menschliche noch göttliche Einsicht hat, womit doch wohl die Einsicht in menschliche und göttliche Belange gemeint ist[46].

---

[38] Vgl. PLÖGER, BK XVII, 235. Genauer zum Text vgl. § 14, S. 187f.

[39] Vgl. dazu A. MEINHOLD, ZBK AT 16.2, 272.

[40] Dieser Text fehlt in der LXX.

[41] Vgl. MCKANE, OTL, 389: „They are to be 'bought' whatever the cost, but they are not to be bartered for anything." Die Aufforderung zum Kauf von Erziehung läßt rückschließen auf die Möglichkeit eines bezahlten Unterrichts, der in Anspruch genommen werden kann und soll. Vgl. LEMAIRE, les écoles, 57, mit Verweis auf eine entsprechende Praxis in der Antike.

[42] Gegen STRACK, KK VI/2, 96f., der hier die Verhöhnung derer sieht, die an einen persönlichen Gott glauben, wobei der Verhöhnende nicht merkt, daß er dümmer ist als die von ihm Verspotteten.

[43] Mit WILDEBOER, KHC XV, 85, ist das מן als ein privatives, nicht als ein comparatives zu bestimmen, wenngleich in der Übersetzung interpretierend der Komparativ gebraucht wird, um das Hebräische „ein Vieh von einem Menschen" wiederzugeben.

[44] Angesichts des Kontextes ist das ו hier kaum als ein kopulatives oder gar adversatives zu verstehen.

[45] Vgl. MCKANE, OTL, 644: „confession of human failure".

[46] Nach A. MEINHOLD, ZBK AT 16.2, 497, geht es um die „Gotteserkenntnis als Bedingung des Menschseins", um „die Einsicht des Menschen ..., die ihm nur von Gott zukommen kann". Letzteres ist so vom Text nicht gesagt, ersteres ist zutreffend, wenngleich verkürzt ausgesagt, denn zum Menschsein gehört nach 30,2f. nicht nur Gotteserkenntnis, sondern auch Menschenerkenntnis, wie es A. MEINHOLD auch S. 495 anspricht.

Völlig anders orientiert ist dieser Text in der LXX[47], die in v.3 davon spricht, daß Gott den Redenden Weisheit gelehrt hat, so daß er daraufhin die Erkenntnis der Heiligen (ἁγίων) hat. Damit zielt die LXX auf die Einsicht, daß wahre Weisheit nur von Gott her kommen kann[48].

Ein ähnlicher Gedanke an das Übermaß fehlender Einsicht wie in 30,2f. mag auch in 17,16 mitschwingen, wenngleich es hier eher um das große Maß der Torheit des Toren geht, dem auch Geld nichts nützt, um Weisheit zu erwerben.

Eigenartig oder auch bezeichnend relativiert wird die Weisheit[49] durch den Hinweis, daß sie in keiner Form vor JHWH Bestand hat[50]:

„Es gibt keine Weisheit, es gibt keine Klugheit,
und es gibt keinen Rat vor JHWH." (Spr 21,30)

Auffallend ist die Häufung der weisheitsbezogenen Termini, die den Eindruck der Vollständigkeit erweckt und so jegliche Form der Weisheit in Frage stellt angesichts ihrer Relation zu JHWH. *Gese* sieht darin einen Hinweis darauf, „daß sich hier der Jahwismus mit einer Stärke ausgewirkt hat, die das gesamte Weisheitsdenken letztlich fragwürdig werden läßt"[51]. Zu hinterfragen ist, ob die Radikalität der Aussage so aufrecht erhalten werden kann. Könnte nicht auch die Erinnerung an die „absolute Oberherrschaft Gottes"[52] die Funktion haben, die Grenzen weisheitlicher Welt- und Menschensicht ins Bewußtsein zu rufen, um diese nicht situations- und adressatenentschränkt einer Dogmatisierung[53] zu überlassen?[54] Die die zwischenmenschlichen Gegebenheiten charakterisierenden, weisheitlich verarbeiteten Erfahrungen müssen durch eine solche Aussage nicht außer Kraft gesetzt werden. Vielmehr wird durch die Einbringung einer dritten Instanz darauf verwiesen, daß weisheitliche Erfahrung und Erkenntnis angesichts der Beziehung zu JHWH nicht die ganze Wirklichkeit abdecken, weil in dieser auch andere Kriterien gelten[55].

---

[47] Vgl. dazu PLÖGER, BK XVII, 354.

[48] Vgl. PLÖGER, BK XVII, 359.

[49] Vgl. Spr 3,5.

[50] Mit einem anderen Akzent erfolgt auch eine Relativierung der Ma'at in Ägypten. So hat diese nach HORNUNG, Maat, 425, ihre eigene Relativierung in sich selbst.

[51] GESE, Lehre, 49.

[52] HAMP, EB, 58. So ist diese hier auffallend ungewöhnliche Rede von Weisheit nach SCOTT, AB 18, 126, orientiert an „the arrogant claim of secular wisdom".

[53] Dazu H.H. SCHMID, Wesen, 163

[54] Eine solche Einschränkung steht möglicherweise auch hinter der Verbindung von Weisheit und JHWHfurcht in 15,33.

[55] Das muß aber keinesfalls heißen, daß die eigentliche Weisheit von JHWH kommt; so aber PLÖGER, BK XVII, 250; WILDEBOER, KHC XV, 63.

B. Rechtschaffenheit

Zwar sprechen nur verhältnismäßig wenige Texte über Rechtschaffenheit (als צְדָקָה bzw. צֶדֶק)[56], doch zeigen die vielen Aussagen über den Rechtschaffenen bzw. seinen Gegenspieler, den Frevler (vgl. § 3), daß Spr 10ff. großes Interesse an der Rechtschaffenheit menschlicher Existenz und menschlichen Verhaltens haben.

1. Kennzeichen der Rechtschaffenheit

Es wird kaum etwas darüber ausgesagt, worin Rechtschaffenheit inhaltlich besteht. Allein 12,17; 16,13 und 31,9 stellen einen Zusammenhang her zwischen Rechtschaffenheit und rechter Sprache, womit erneut die Bedeutung der Sprache für die Weisheit sichtbar wird. 31,9 führt dazu noch konkret aus, daß der König durch seine Sprache Recht schaffen soll für die Geringen. Der in § 3 immer wieder begegnende soziale Aspekt von צדק wird also auch hier sichtbar. Indirekt gilt das auch für 12,17, wo derjenige, welcher das Rechte, die Wahrheit sagt, dem Lügenzeugen gegenübergestellt wird.

Was die Rechtschaffenheit kennzeichnet, ist eher aus den Texten zu erheben, die über die Person des Rechtschaffenen und sein Verhalten handeln. Wo die Rechtschaffenheit stärker als erstrebenswertes Ziel weisheitlichen Lebens in den Blick kommt, wird das, was sie charakterisiert, allein über die positiv sich aus ihr ergebenden Folgen sichtbar.

So führt der Weg der Rechtschaffenheit zum Leben (12,28; 21,21[57]). Dieser Gedanke dürfte auch 16,31 mitgedacht sein, denn die Krone aus grauem Haar, die auf dem Weg der Rechtschaffenheit erlangt werden kann, ist Hinweis auf Alter und damit ein langes Leben. Ebenso bewahrt Rechtschaffenheit den Menschen, besonders vor dem (vorzeitigen) Tode (10,2; 11,4.6.19; 13,6) und ebnet dem Aufrechten seinen Weg, macht ihm also das Leben leichter (11,5). Ferner gibt sie dem Thron des Königs Bestand (16,12; 25,5[58]).

Rechtschaffenheit betrifft aber nicht nur einen einzelnen, sondern auch die Gemeinschaft. So erhöht Rechtschaffenheit ein Volk, gibt ihm Bedeutung, während Verfehlungen Schande über Völker bringen (14,34)[59].

---

[56] Die viel umstrittene Übersetzung = Interpretation von צדק(ה) wird hier in dieser „offenen" Weise bewußt belassen, denn „Gerechtigkeit" o.ä. würde auch nicht alles adäquat abdecken; vgl. das ähnliche Problem bei צדיק.

[57] Genauer dazu § 24, S. 314f.

[58] Vgl. genauer § 9, S. 133f.

[59] Genauer dazu § 17, S. 227.

2. Wertung der Rechtschaffenheit

Der positive Wert der Rechtschaffenheit steht wie der der Weisheit außer Zweifel. Auf unterschiedliche Weise wird ihm Ausdruck verliehen. So wird – wie bei der Weisheit (16,16) – auch der Wert der Rechtschaffenheit höher geachtet als materielle Güter (16,8[60]); Rechtschaffenheit ist entsprechend wahrhafter Gewinn (שֶׁכֶר אֱמֶת; 11,18). Die Überlegenheit der Rechtschaffenheit zeigt sich auch im Gegenüber zu JHWH. Dieser liebt den an Rechtschaffenheit Interessierten (15,9) und zieht insgesamt ein solches Verhalten dem religiös eigentlich gewichtigen Opfer vor (21,3).

C. Folgerungen

Weisheit wie Rechtschaffenheit werden durchgängig als etwas Erstrebenswertes dargestellt, dessen Erwerb positive Folgen bringt[61]. „Immer ist mit ‚bḥkmh' aber das Gelingen des jeweils angesprochenen Tuns avisiert."[62] Umgekehrt hat das Fehlen von Weisheit und Rechtschaffenheit negative Konsequenzen. So führt u.a. ein Mangel an Einsicht bei den Herrschenden zur Unterdrückung (28,12.16), hat also schädigende Folgen auch für andere, wie auch fehlende Rechtschaffenheit Schande über die Völker bringt (14,34).

Wie schon bei der Analyse der Texte über den Weisen und den Toren (§ 2) bzw. den Rechtschaffenen und den Frevler (§ 3) festgestellt wurde, gibt es keine direkte Beziehung zwischen beiden Gruppen. Gleiches zeigt sich nun auch im Blick auf die Rede von Weisheit und Rechtschaffenheit. Ein Miteinander beider Größen findet sich erst in Spr 1–9, wonach das Lernen von Weisheit Rechtschaffenheit ermöglicht (1,2f.; 2,9f.) und wo die personifizierte Weisheit von Rechtschaffenheit als sie charakterisierend spricht (8, 8.15f.20).

Fragt man nach einer genaueren Füllung von Weisheit, so zeigt sich eine sehr offene Rede mit wenig Konkretion. Es wird in den Texten – abgesehen vom Zusammenhang Weisheit und Sprache, Weisheit und Beherrschtheit – kaum gesagt, worin denn nun Weisheit besteht. Es scheint als selbstverständlich bekannt vorausgesetzt zu sein, wie die begegnenden verschiedenen Termini inhaltlich zu füllen sind. Auch wird die – allerdings ebenfalls sehr offene – Rede von den Weisen bzw. Toren im Hintergrund mit zu hören bzw. lesen

---

[60] Vgl. § 26, S. 336.

[61] Das schwingt auch dort mit, wo Weisheit mit Wasser verglichen wird, ein Zeichen dafür, „que la sagesse est quelque chose de vivant, de frais, de clair et d'inépuisable", REYMOND, L'eau, 114.

[62] HOLZER, Der Mensch, 349.

sein[63]. Gleiches läßt sich auch für die Rede von der Rechtschaffenheit festhalten. Auffallend ist, daß auch in den Texten, die von Weisheit und Rechtschaffenheit sprechen, wieder viele Verbalsätze gebraucht werden, die auf Handeln des Hörers/Lesers zielen. Das Interesse der Proverbien am Verhalten des Menschen wird dadurch erneut unterstrichen[64].

Über die Ermahnungen, auf die Unterweisung/Zucht des Vaters/Lehrers zu hören, hinaus wird in den Proverbien kaum eine direkte Anleitung gegeben, wie Weisheit zu erwerben ist. Indirekt ist allerdings aus 24,30ff. die genaue Beobachtung und Wertung von Naturvorgängen und menschlichem Verhalten als Möglichkeit zum Weisheitserwerb zu erschließen[65]. Auch läßt das häufige Thematisieren des Hörens wie der Sprache darauf schließen, daß der Erwerb von Weisheit wesentlich über Sprache geschieht[66].

Zwar wird auch in Spr 10ff. eine Relation zwischen der zu erwerbenden Weisheit und JHWH hergestellt (22,12)[67]. Doch wird anders als in Spr 1–9[68] keine direkte Beziehung zwischen Weisheit und JHWHfurcht versucht! Insgesamt stellen nur wenige Texte eine Verbindung zwischen Weisheit bzw. Rechtschaffenheit und JHWH her, so daß beide nicht als Lebensziele in einem unmittelbar religiösen Kontext zu werten sind[69]. Sie haben ihren Ort vielmehr innerhalb der profanen, zwischenmenschlichen Lebensvollzüge, deren positive Gestaltung durch Weisheit wie Rechtschaffenheit ermöglicht wird.

---

[63] Fox, Aspects of the Religion, 55, versucht eine Differenzierung in die verschiedenen Aspekte von Weisheit: 1) practical sagacity, 2) speculative wisdom, 3) ethical-religious wisdom, 4) discipline of learning. Er ordnet die ethisch-religiöse Ausprägung der Weisheit den Proverbien zu, wobei ihm sicher zuzustimmen ist. Weisheit ist eben mehr als „eine von den Menschen in ihrem eigensten wohlverstandenen Interesse zu erstrebende Sinnesrichtung oder auch nur Eigenschaft" oder gar nur „ein erkenntnismässiges Erfassthaben irgend welcher Erkenntnisobjekte", so PFEIFFER, Begriff, 20.30. Zu fragen bleibt allerdings, inwieweit die Proverbientexte insgesamt als religiös orientierte zu verstehen sind.

[64] Vgl. ähnliche Beobachtungen für Ägypten, wo nirgends eine genaue Definition für Ma'at gegeben wird, denn die Ägypter „wußten natürlich, was Maat ist, und sie waren der festen Überzeugung, daß Maat lehrbar sei – allerdings nicht durch die Weitergabe von Definitionen, sondern durch das Lehren und Vorleben von richtigem Verhalten", HORNUNG, Maat, 394f.

[65] Gleiches gilt eventuell auch für die Zahlensprüche 30,15ff. – Zur Frage nach dem Erwerb von Weisheit vgl. CRENSHAW, Acquisition, wo ebenfalls deutlich wird, daß das AT wenig Hinweise gibt darauf, wie man zu Weisheit kommt.

[66] Zum Zusammenhang von Weisheit/Intelligenz und Gehör in Sumer vgl. VAN DIJK, Sagesse, 18.

[67] Vgl. Spr 2,6; 3,19.

[68] Spr 1,2.7; 9,10.

[69] Von daher ist auch die folgende uneingeschränkte Aussage von STOLZ, Einsicht, 347, zu problematisieren: „Wer die Situation, in der er sich gerade befindet, richtig einschätzt und sich entsprechend verhält, hat Erfolg; als selbstverständlich wird dabei vorausgesetzt, daß dieser Mensch sich auch dem Willen Gottes entsprechend, der ja hinter der geordneten Welt steht, verhält." Diese direkte Rückbindung an den Gotteswillen angesichts einer Weltordnung bedarf der Diskussion!

Obwohl nur wenige direkte Ermahnungen zum Erwerb von Weisheit, schon gar nicht von Rechtschaffenheit, gegeben werden, sind die hier angesprochenen Texte doch als solche zu verstehen, die angesichts ihrer positiven Schilderungen all dessen, was mit Weisheit bzw. Rechtschaffenheit zusammenhängt, den Menschen zu einem diesen entsprechenden Verhalten hinführen wollen.

§ 23: Mäßigung der Gefühle wie des Verhaltens als weisheitliches Ideal

Die Proverbien geben Zeugnis davon, daß der Weise sich häufig vor Probleme gestellt sah, die sich ergeben, wenn ein Mensch seine Gefühle nicht beherrschen kann. Ein solches Verhalten schadet der eigenen Person, wirkt sich aber auch schädigend auf das menschliche Miteinander aus und führt zu Streit. So finden sich neben den eher beschreibenden, der Abschreckung dienenden Texten etliche Mahnungen, die zu einem Beherrschen der Gefühle wie des Verhaltens ermuntern[1].

1. Kennzeichen des Unbeherrschten

a) Ein wesentliches Erkennungsmerkmal für den Unbeherrschten ist sein Umgang mit der Sprache. Häufig wird derjenige angesprochen, der zu schnell sagt, was er denkt und empfindet (13,3; 15,28; 17,27; 18,13[2]). Wer seinen Ärger sofort zur Sprache bringt, wird unter die Toren gerechnet, der sich gegenteilig Verhaltende zu den Klugen (12,16.23[3]; ähnlich auch 13,16[4]). Zu den „Spöttern" ist zu rechnen, wer sich nicht zurückhalten kann (21,24), wobei die Menge an Begriffen für fehlendes Maß auffällt: בְּעֶבְרַת, זֵד יָהִיר זָדוֹן. Fehlende Zurückhaltung bei der Sprache wirkt sich ebenso beim Ablegen von Gelübden aus:

> „Eine Falle ist es für den Menschen, unbedacht auszusprechen (יָלַע) das Heilige[5]
> und erst nach den Gelübden zu überlegen." (Spr 20,25)

Dieser Text enthält eine Warnung vor vorschnellen, unüberlegten Gelübden[6], die sich im Nachhinein als Falle auswirken können. Worin die Falle

---

[1] Vgl. die Reihe der Mahnungen zum Maßhalten in PapInsing 36ff.; bes. 80–84 (BRUNNER, Altägyptische Weisheit, 303ff.)

[2] Zu diesen Texten genauer vgl. § 14.

[3] Genauer dazu § 2, S. 16f.

[4] Genauer dazu § 2, S. 11f.

[5] Im Sinn von heiliger Gabe; vgl. zum Aussondern einer Sache für JHWH durch die Deklaration als „Heilig" A. MEINHOLD, ZBK AT 16.2, 344.

[6] Vgl. Koh 5,1–6.

besteht, wird nicht gesagt, doch ist daran zu denken, daß sich unbedachte Gelübde als nicht oder nur sehr schwer einhaltbar erweisen können.

b) Übersteigerte Selbsteinschätzung in Form von Hochmut wird ebenso zu einem Aspekt fehlender Mäßigung:

> „Vor dem Untergang ist Stolz (גָּאוֹן)
> und vor dem Fall erhobener Geist (גֹּבַהּ רוּחַ).“ (Spr 16,18)
>
> „Vor dem Untergang wird hoch (= übermütig, יִגְבַּהּ) das Herz des Menschen,
> aber vor der Ehre ist Demut.“ (Spr 18,12)
>
> „Der Hochmut (גַּאֲוָה) des Menschen erniedrigt ihn,
> aber der Demütige (שְׁפַל־רוּחַ[7]) erlangt Ehre.“ (Spr 29,23)

Geprägt sind diese Aussagen durch den Gegensatz Hochmut[8] – Demut[9]. Zwar wird nicht gesagt, worin der Hochmut besteht, doch aus den dem Hochmütigen wie dem Demütigen angekündigten Folgen kann auf den Inhalt des Hochmuts geschlossen werden. Die Rede von Fall, Untergang und Erniedrigung als Konsequenz des Hochmuts[10], von Ehre aber für den Demütigen zeigt, daß der entsprechende Mensch gerade das Gegenteil von dem erfährt, was er für sich erwartet. So ist der Hochmütige als einer zu charakterisieren, der von sich selbst überzeugt, einen Anspruch auf Ehre und sozialen Aufstieg zu haben meint. Angesichts falscher Selbsteinschätzung wird ihm jedoch das Gegenteil zuteil, während der in seinen Ansprüchen Zurückhaltende Ehre erfährt. Sehr klar beschreibt 21,4 den Ausdruck des Hochmuts mit ‚erhobenen Augen und weit gemachtem Herz‘ als Metaphern für die Einstellung des Frevlers[11]. Mit Blick auf die negativen Folgen seiner Einstellung bzw. seines Verhaltens wird der zum Hochmut Neigende durch diese Texte gewarnt, sich vor übersteigerter Selbsteinschätzung zu hüten, sich hingegen als Demütiger, Bescheidener zu erweisen.

Um Gespür für das rechte Maß geht es auch im folgenden Zahlenspruch:

> „Unter dreien erzittert das Land, ja unter vieren wird es ihm unerträglich:
> unter einem Sklaven, der König wird,
> unter einem Toren, der im Überfluß lebt,
> unter einer Verschmähten, die einen Mann bekommt,
> unter einer Sklavin, die ihre Herrin verdrängt.“ (Spr 30,21–23)

---

[7] Die gleiche Wurzel wie in v.23a, bloß hier positiv gefüllt.

[8] Zum Gebrauch von גאה in der Weisheitsliteratur vgl. KELLERMANN, גאה, 883. Zu גבה vgl. HENTSCHKE, גבה, bes. 893f.

[9] Mit PREUSS, Demut, 460, ist Demut „als gehorchen, sich unterordnen, sich beugen zu beschreiben“.

[10] Vgl. PapInsing 83 (BRUNNER, Altägyptische Weisheit, 306): „Anmaßung und Stolz sind der Verderb ihres Besitzers.“

[11] Genauer dazu § 3, S. 62f.

Dieser Text erweckt auf den ersten Blick den Eindruck, als ginge es um die Profilierung bestimmter Menschentypen. Doch die Zielrichtung ist eine andere. Der jeweils angesprochene nicht mehr maßvolle soziale Sprung ist das kritische Moment in diesem Spruch. Als unerträglich und problematisch wird die erhebliche Veränderung im sozialen Status angesehen, die sich hier als totaler Kontrast zum Bisherigen darstellt[12]. Angemahnt wird indirekt, die jeweils vorgegebene soziale Stellung zu akzeptieren, die durchaus als sinnvoll und die Gemeinschaft stabilisierend erfahren wird.

Neben den konkreteren Aussagen über die unterschiedliche Art mangelnder Selbstbeherrschung kann diese auch sehr allgemein beschrieben werden:

„Schon im Nichtkennen des Lebens/der Begierde (נֶפֶשׁ) liegt nichts Gutes, und wer mit den Füßen eilt, tritt fehl (חוֹטֵא)." (Spr 19,2)

„Eine eingerissene Stadt – es gibt keine Mauer, ein Mann, der keine Beherrschung (מַעְצָר) hat über seinen Geist." (Spr 25,28)

Der Unkenntnis über die Dinge und Bedürfnisse des Lebens[13], die sich als ungut darstellt, wird übereiltes Verhalten als schädlich zugeordnet. V.2b enthält dabei ein Element der Steigerung durch den Gebrauch von חטא im Gegenüber zu dem zurückhaltenderen לֹא טוֹב. Das Bild von den eilenden Füßen weist hier eher auf ein Tun denn auf übereilte Sprache hin. Auch Handeln kann vorschnell und unüberlegt erfolgen und somit den Blick für das rechte Maß vermissen lassen[14].

Wie in eine eingerissene Stadt der Feind leicht hineinkommen kann, so kann der Unbeherrschte von seinen Interessen und seiner Leidenschaft[15] eingeholt werden[16], die wie Feinde ihn bedrohen (25,28)[17]. Selbstbeherrschung heißt demzufolge „to make his way safely and successfully in a dangerous world"[18]. Ebenso ermöglicht eine eingerissene Stadtmauer das ungehinderte Verlassen der Stadt (und Eindringen in sie), so daß das Bild auch dafür stehen kann, daß der unbeherrschte Mann seinem Geist, d.h.

---

[12] Vgl. RINGGREN, ATD 16, 118; auch HAMP, EB, 82. Die Absurdität der hier gezeichneten Veränderungen wird von ENGELKEN, Frauen, 164, betont.

[13] Beide Aspekte dürften hier bei der Rede von der נֶפֶשׁ zu sehen sein. Zur Schwierigkeit einer angemessenen Interpretation von v.2a angesichts der Vieldeutigkeit von נֶפֶשׁ, für die der Text auch kaum eine Eingrenzung ermöglicht, vgl. A. MEINHOLD, ZBK AT 16.2, 312.

[14] Vgl. DELITZSCH, Spruchbuch, 304; PLÖGER, BK XVII, 220.

[15] רוּחַ wird hier für alles zu stehen kommen, was die Wünsche eines Menschen ausmacht, intellektuell wie emotional.

[16] So WILDEBOER, KHC XV, 75.

[17] Vgl. A. MEINHOLD, ZBK AT 16.2, 434: Während die Stadt Feinde von außen erlebt, erfährt der Mensch den Feind von innen, aus sich selbst heraus.

[18] McKANE, OTL, 590.

auch seiner Wut[19] freien Lauf läßt. Ähnlich allgemein spricht 20,3[20] davon, daß jeder Tor gleich losbricht[21].

Eine Sonderform des verlorenen Gespürs für das rechte Maß findet sich dort, wo jemand sich selbst der Wirklichkeit nicht angemessen darstellt:

> „Es gibt einen, der stellt sich reich, aber es ist nichts da,
> einen, der sich arm stellt, aber da ist viel Besitz." (Spr 13,7)

Über die Motive eines solchen Verhaltens wird keine Auskunft gegeben. Ebenso verwehrt der zunächst rein konstatierende Text den Hörenden wie Lesenden eine unmittelbare Wertung und damit auch das schnelle Ziehen entsprechender Konsequenzen. Angesichts des großen Interesses der Proverbien an Aufrichtigkeit[22] ist aber doch auch bei diesem Text ein kritischer Unterton wegen des Vorspiegelns falscher Verhältnisse mitzuhören.

2. Konsequenzen aus dem Verhalten

Wie bereits mehrfach angeklungen, bleibt Unbeherrschtheit nicht ohne Folgen. Diese können sich auf den Unbeherrschten selbst richten und seinem Verhalten unmittelbar innewohnen (so der Fall des Hochmütigen, das Ertragen der Folgen übereilten Redens wie Handelns, s. o.) oder aber auch von außen kommen:

> „Der Jähzornige begeht Dummheit,
> der Ränkevolle (אִישׁ מְזִמּוֹת[23]) wird gehaßt." (Spr 14,17)

> „Wer jähzornig ist[24], trägt (Geld-)Strafe,
> wenn du entreißt (?), dann fügst du noch hinzu." (Spr 19,19)

Das negative, bedrohliche Verhalten des Jähzornigen/Ränkevollen trägt ihm den Haß seiner Mitmenschen ein, fordert diesen geradezu heraus (14,17). Nach dem sich einer eindeutigen Interpretation entziehenden Text 19,19 ist die Folge nicht nur eine logisch aus dem Verhalten resultierende, eine diesem innewohnende, sondern wird mit der Kategorie der Strafe be-

---

[19] Dazu R. LAUHA, Psychophysischer Sprachgebrauch, passim.

[20] Genauer dazu s. u. S. 300f.

[21] Vgl. auch 18,1.

[22] Vgl. die Ausführungen über die rechte und falsche Rede in § 14.

[23] מְזִמָּה kann durchaus auch positiv gefüllt sein, zumal wenn JHWH Bezugsgröße ist. Zur Ambivalenz des Begriffes vgl. auch PLÖGER, BK XVII, 173. Die LXX löst die Ambivalenz auf in ὑποφέρει für יִשָּׂא, wodurch der אִישׁ מְזִמּוֹת als ein besonnener Mensch interpretiert wird. Der Kontext legt jedoch eine negative Konnotation nahe. Zum Problem vgl. auch McKANE, OTL, 468.

[24] Da das Ketib גֹּרֶל nicht verstehbar ist, ist dem Qere גְּדָל der Vorzug zu geben, vgl. PLÖGER, BK XVII, 219. Vgl. auch WILDEBOER, KHC XV, 57.

legt[25], damit einer von außen herangetragenen Konsequenz[26]. Das gilt noch mehr, wenn man עֹנֶשׁ als Geldstrafe versteht. Schwierigkeiten gibt es beim Verstehen von 19,19b. Möglicherweise weist diese Vershälfte darauf hin, daß ein Eingreifen zur Verhütung von Negativem noch schlimmere Folgen haben kann[27]. Dann ginge der Text von der Unbelehrbarkeit des Jähzornigen aus. Eventuell ist aber auch ein freundliches Verhalten im Blick, das dem Jähzornigen gegenüber fehl am Platz ist[28].

Auch das Zerstörerische der Eifersucht wird vom Weisen sehr deutlich gesehen:

> „Leben der Körper ist ein heilendes Herz,
> aber Knochenfäule ist Eifersucht." (Spr 14,30)

> „Grausamkeit der Wut – Ergießen des Zorns –
> wer kann bestehen vor der Eifersucht?" (Spr 27,4)

Während Gelassenheit[29] Leben ermöglicht, wird dieses durch Eifersucht aufs Spiel gesetzt. Eifersucht ist nicht nur etwas, das die Psyche beeinträchtigt, sondern auch den Körper (14,30). Wut, Zorn und Eifersucht sind in 27,4 in steigernder Aneinanderreihung[30] genannt als die Gefühle, die menschliche Gemeinschaft beeinträchtigen, ja zunichte machen. Wut und Zorn sind schon so schlimm, daß Zurückhaltung bei genauerer Beschreibung geübt wird. Noch gesteigerter im Ausmaß der Unerträglichkeit ist jedoch die Eifersucht, vor der niemand mehr eine Chance hat.

Allgemein wird durch das Bild des zu viel Honig Essens gesagt, daß ein Übermaß für den, der es übertreibt, nicht gut tut:

> „Findest du Honig, iß, was dir zukommt,
> daß du seiner nicht satt (= überdrüssig) wirst und ihn ausspeist." (Spr 25,16)

> „Zu viel Honig zu essen ist nicht gut,
> das Trachten nach Ehre ist ohne Ehre[31]." (Spr 25,27)

---

[25] Vgl. zu diesem Problem SCHARBERT, ŠLM, und KOCH, Vergeltungsdogma; ebenso § 18.

[26] Ähnlich dürfte auch MCKANE, OTL, 529, zu verstehen sein, wenn er hier von einer forensischen Situation spricht.

[27] So PLÖGER, BK XVII, 225; ähnlich WILDEBOER, KHC XV, 57. Vgl. Pirqê 'Abôth 4,18.

[28] So ebenfalls MCKANE, OTL, 529f.

[29] So mit MCKANE, OTL, 472, für לֵב מַרְפֵּא.

[30] Es geht hier weniger um einen Vergleich, so MCKANE, OTL, 611, sondern eher um eine Steigerung.

[31] Mit PLÖGER, BK XVII, 297, ist um eines sinnvollen Textes willen וְהֵקֶר כְּבוֹד מִכָּבוֹד zu lesen. Völlig anders, doch nicht überzeugend WILDEBOER, KHC XV, 75: *„auf Schwerfallendes forschend einzugehen ist Ehre".*

Zwar hat 25,16 offensichtlich ganz allgemein im Blick, daß ein Zuviel schädlich ist[32], doch kann angesichts der Weiterführung in v.17[33], wo es um das zu häufige Besuchen des Nachbarn geht, auch ein maßvolles Verhalten im Umgang mit anderen Menschen mit im Blick sein. In 25,27 ist der Vergleichspunkt darin zu sehen, daß das Trachten nach zu viel Ehre ebenso wenig gut tut wie das Essen von zu viel Honig[34]. Zur Mäßigung wird angeleitet, damit das eigentlich Gute und Schöne nicht in sein Gegenteil verkehrt wird.

Daß auch Maßlosigkeit im Umgang mit Besitz schadet, haben die Weisen ebenfalls erfahren und reflektiert (13,11; 20,21; 28,22), wie noch genauer zu zeigen sein wird[35]. Armut hingegen kann Resultat von Übertreibung beim Essen und Trinken sein (23,20f.).

Zu einem gemäßigten Verhalten fordern die folgenden, bewußt als ausführliche Reihung von Mahnungen gestalteten Verse auf, indem sie zur Aufforderung selbst noch eine abschreckende Schilderung der Folgen bieten, die sich aus gierigem Verhalten ergeben:

„Wenn du sitzt, um mit dem Herrschenden zu essen,
habe acht auf das, was vor dir ist.
Und du setzt das Messer an deine Kehle(?)[36],
wenn die Begierde dich beherrscht.
Begehre nicht seine Leckerbissen,
denn es ist eine trügerische Speise.
Bemühe dich nicht, reich zu werden,
laß ab von deiner Einsicht (= von solcher Einsicht).
Läßt du deine Augen zu ihm fliegen – so gibt es ihn nicht,
denn er macht sich Flügel, wie ein Adler fliegt er zum Himmel.
Iß nicht das Brot dessen, der bösen Auges ist,
und hoffe nicht auf seine Leckerbissen,
denn wie einer, der berechnet in seiner Seele, so ist er.
‚Iß und trink‘ sagt er zu dir,
aber sein Herz ist nicht mit dir.
Den Bissen, den du gegessen hast, wirst du ausspeien,
und du richtest zugrunde deine angenehmen Worte." (Spr 23,1–8)

Unterschiedliche Formen der Maßlosigkeit werden hier angesprochen. Vv. 1–3 nennen die Begierde bei Mahlzeiten, wenn man bei Herrschenden eingeladen ist. Zurückhaltung ist doppelt geboten, zum einen um der Beachtung

---

[32] Vgl. DELITZSCH, Spruchbuch, 407: „so gibt es auch im Bereich der Wissenschaft, der Lectüre, der Erbauung eine schädliche Ueberladung des Geistes". MCKANE, OTL, 587, weist hin auf die medizinischen Kräfte des Honigs, die wirksam werden, sofern man nicht zu viel ißt, doch enthält der Text keinerlei Anzeichen dafür, daß an diese zu denken ist.

[33] A. MEINHOLD, ZBK AT 16.2, 427, sieht in v.16f. eine Einheit.

[34] Vgl. MCKANE, OTL, 588.

[35] Genaueres zu den Texten § 26, S. 333f.

[36] Dieser Begriff ist nur aus dem Kontext rückschließbar.

des Essens willen, zum anderen aus Rücksicht auf den Rang des Einladenden[37]. Vv.4–5 erwarten Zurückhaltung beim Streben nach Reichtum, da dieser sich sowieso als unstabil erweist. Vv.6–8 mahnen zur Vorsicht bei Einladungen von Mißgünstigen, um nicht deren schlechten Absichten zu erliegen[38].

Sehr eindrücklich wird geschildert, welche Folgen sich aus dem übermäßigen Weingenuß ergeben. Neben dem Rausch wird deutlich, daß ein so sich dem Trunk Ergebender[39] nicht weise werden kann (20,1). Was das genauer heißt, beschreiben 23,29–35[40] von den körperlichen Reaktionen (rote Augen, Halluzinationen) bis hin zu den sozialen Auswirkungen (Streit und Schläge). Verblüffend, aber wohl realistisch endet der Text mit der Feststellung des Trinkenden, daß er dem Wein erneut und weiterhin zusprechen wird (23,35)[41].

3. Streit als Folge von Maßlosigkeit

a) Die Proverbien wissen von unterschiedlichen Ursachen von Streit:

„Haß erregt Streit (מְדָנִים),
aber über alle Sünden (פְּשָׁעִים) deckt Liebe zu." (Spr 10,12)

„Ein zorniger Mann verursacht Streit (מָדוֹן),
ein langmütiger stillt Streit (רִיב)." (Spr 15,18)

„Ein Mann von Ränke verursacht Streit (מָדוֹן),
und der Verleumder (oder Murrende? = נִרְגָּן) vertreibt den Freund."
(Spr 16,28)

„Kohle ist für Glut und Holz für Feuer[42],
und ein streitbarer Mensch zum (weiteren) Entzünden von Streit."
(Spr 26,21)

---

[37] Vgl. ähnlich Ptahhotep 101–115 (BRUNNER, Altägyptische Weisheit, 114), dort aber mit dem Akzent, daß man den Oberen nicht bedrängen soll, da man dessen Stimmung nicht kennt. Ähnlich auch Amenemope 461–468 (BRUNNER, Altägyptische Weisheit, 253).

[38] Vgl. DELITZSCH, Spruchbuch, 369: „der misgünstige, filzige Calculator, der dir mit seinem rechnerisch neidischen Blick jeden Bissen, jeden Schluck vergiftet".

[39] Dazu EBACH, Ist es umsonst, 332.

[40] Zu v. 31b vgl. K. BERGER, Bedeutung, 119: „WKG 7,11 zeigt, daß Prov 23,31b … ironisch zu verstehen ist: Die Geradheit des Hineinrinnens ist eine ironische Anspielung auf die eigentlich verlangte Geradheit des Wandels". Anders jedoch K. BERGER, Weisheitsschrift, 274.279, wo er den Gedanken an den Alkohol wie an eine Rezeption von Spr 23,31 ausblendet. Vgl. auch RÜGER, Weisheitsschrift, 112, mit dem Hinweis auf die Anspielung von WKG 7,11 auf Spr 23,31.

[41] Zum Trinker als einem, von dem man nichts wissen will, sowie zu den Problemen mit Alkohol überhaupt vgl. Ani 78–88 (BRUNNER, Altägyptische Weisheit, 201 f.).

[42] Eine Veränderung des פֶּחָם in מַפֵּחַ, wie sie WILDEBOER, KHC XV, 77, mit Verweis auf Jer 6,29 und Jes 54,16 vorschlägt, ist keineswegs notwendig.

> „Der zornige Mann erregt Streit (מָדוֹן),
> und der Wütende macht viel Sünde." (Spr 29,22)

> „Wenn du verächtlich handelst, indem du dich über jemanden erhebst,
> und wenn du es mit Überlegung tust – die Hand auf den Mund.
> Denn Druck auf Milch bringt Butter hervor und Druck auf die Nase Blut,
> und Druck auf den Zorn bringt Streit hervor." (Spr 30,32f.)

Durchgängig wird eine negative Einstellung und das daraus resultierende negative Verhalten dem anderen gegenüber als Auslöser von Streit angesehen. Dies kann Haß sein (10,12) oder auch Zorn bzw. Wut (15,18; 29,22). Diese Emotionen bzw. sich daraus ergebende Verhaltensweisen können ebenso als aktuelle und punktuelle angesehen werden wie auch der Übermut, der Streit verursacht (מַצָּה; 13,10[43]), das Ränke Suchen und die Verleumdung (16,28). Gleiches gilt auch für den Habgierigen (28,25[44]) wie für die Worte des Toren (18,6[45]). Darüber hinaus zeigen die Verbalsätze an, daß es jeweils ein Verhalten, ein Handeln ist, das Streit auslöst. Umgekehrt kann durch Handeln Streit vermieden werden, indem Fehlverhalten[46] durch Liebe zugedeckt wird (10,12b[47]).

Sehr anschaulich schildern 26,21; 30,32f. durch unwiderlegbare Vergleiche, wie Streit entsteht bzw. verstärkt wird, wenn ein Zorniger einem anderen begegnet bzw. selbst noch Druck erhält. Die nicht seltene Erfahrung wird hier gespiegelt, daß dort, wo eine Bereitschaft zum Streit vorliegt, es nur weniges braucht, um diesen zu schüren[48]. Die Bilder in 30,32f. dienen der Illustration der Mahnung, lieber die Hand auf den Mund zu legen, also zu schweigen, wenn man schändlich handeln will (hier deutlich durch schändliche Sprache). Auch 26,21 wie die übrigen genannten Texte sind als indirekte Warnung vor dem Streit zu verstehen. Sie legen dem Hörer/Leser nahe, aus ihnen den Schluß zu ziehen, Streit lieber zu vermeiden[49].

Ähnlich ist wohl auch der folgende Text einzuordnen:

> „Wer Sünde liebt, liebt Streit (מַצָּה),
> wer seine Tür[50] hoch macht, sucht Krach (שֶׁבֶר i. p.)." (Spr 17,19)

---

[43] Genauer dazu § 22, S. 281.

[44] Hier mit מָדוֹן für den Streit.

[45] Hier mit רִיב.

[46] Nach A. Meinhold, ZBK AT 16.1, 174, sind darunter Verhaltensweisen zu verstehen, „die in empörender Weise die Gemeinschaft unter den Menschen zerbrechen, ohne daß sie dabei gerichtlich zu ahndende Verbrechen wären".

[47] Vgl. 17,9.

[48] Vgl. Ani 63f.; 188–194 (Brunner, Altägyptische Weisheit, 201; 205f.).

[49] Sie sind Sprüche „zum sozialen Frieden", so A. Meinhold, ZBK AT 16.2, 514, zu 30,32f.

[50] Nach Ringgren, ATD 16, 74, ist פֶּתַח vielleicht auch Bild für den Mund, so daß es dann um vollmundige Sprache ginge. Für ein solches Verstehen gibt der Text jedoch keine Veranlassung.

Die in v.19b wohl angesprochene Neigung zu Prunk und Angabe[51] ist keine momentane, sondern auf Dauer dem Menschen zu eigen, ebenso die Freude am Streit, die parallel zu sehen ist zur Freude am Fehlverhalten (v.19a). Die Nominalsätze erweisen die Aussage als Grundsatzaussage über das Phänomen Streit. Die in ihnen enthaltenen Partizipien verweisen darüber hinaus darauf, daß Streit immer auch ein aktives Moment enthält, ein Handeln. Ein solches Verhalten führt jedoch nicht nur zu Streit mit anderen, sondern letztlich zum eigenen Ruin[52].

In den hier angesprochenen Texten wird vorwiegend von Streit allgemein gesprochen, ohne daß konkrete Menschen in den Blick kommen. Etwas plastischer wird 16,28, wonach Streit heißt, daß Freunde auseinander gebracht werden[53]. Doch auch hier bleibt wieder offen, ob der Verleumder seinen eigenen Freund vertreibt, oder ob der Text die Zerstörung fremder Freundschaft im Blick hat[54].

b) Zwar gibt es keine detaillierte Beschreibung von Streit in den Proverbien, da dieser ein bekanntes Alltagsphänomen ist und sich außerdem in seinen Anlässen wie Abläufen meist sehr ähnelt. Es werden jedoch einige Charakteristika angesprochen:

„Wer seine Augen zukneift, sinnt auf Ränke,
wer seine Lippen zusammenkneift – er hat Böses vollbracht." (Spr 16,30)

„Wie einer, der Wasser freiläßt, ist der Anfang von Streit (מָדֹון);
bevor der Streit (רִיב) anfängt, gib ihn auf." (Spr 17,14)

„Ein verratener Bruder ist mehr als eine starke Stadt,
und Streit[55] ist wie der Riegel eines festen Hauses." (Spr 18,19)

Streitsucht ist am Mienenspiel des Menschen zu erkennen (16,30). Dahinter steht die Beobachtung, daß „one can read off a man's face that he is compulsively wrong-headed and malevolent"[56].

Mit dem Bild des freigelassenen Wassers wird darauf verwiesen, daß Streit nicht oder nur schwer wieder einzudämmen ist (17,14)[57]. Angesichts dieses schwerwiegenden Phänomens begegnet hier das einzige Mal eine direkte Schlußfolgerung in Form der Aufforderung, gar nicht erst mit Streit anzu-

---

[51] So WILDEBOER, KHC XV, 52; PLÖGER, BK XVII, 205.
[52] So mit Recht MCKANE, OTL, 509, im Blick auf מְבַקֵּשׁ־שֶׁבֶר, zumal die Verbindung von גבה und שֶׁבֶר auch an das Einstürzen der zu hoch gebauten Tür denken lassen kann; vgl. HAMP, EB, 48.
[53] Vgl. auch § 8, S. 109.
[54] Für letzteres votiert MCKANE, OTL, 494, da אַלּוּף kollektiv zu verstehen sei und auch die LXX dieser Interpretation entspricht.
[55] Hier ist das Qere מִדְיָנִים vorzuziehen in Parallele zu v.18a, vgl. PLÖGER, BK XVII, 209.
[56] MCKANE, OTL, 495.
[57] Vgl. WILDEBOER, KHC XV, 51f.; STRACK, KK VI/2, 60.

fangen[58]. Die Dauerhaftigkeit und Zähigkeit eines einmal begonnenen Streites hat auch 18,19 im Blick. V.19a unterstreicht mit seinem Bild von der starken Stadt die Verhärtung einer zerstörten Beziehung[59] ebenso wie das Bild vom Riegel eines festen Hauses, der auf die Schwierigkeit, dieses zu öffnen, hinweist[60]. Die Rede vom אָח kann ferner darauf hindeuten, daß Streit unter Brüdern/Freunden am schwersten zu schlichten ist.

Das an den Nerven Zehrende und Aushöhlende eines andauernden Streites wird eindrucksvoll aufgezeigt, wo es um das permanente Gezänk einer Frau geht (19,13b[61]), indem es verglichen wird mit dem beständigen Tropfen (von Wasser).

Streit ist etwas, das aus der Gemeinschaft ausschließt, bzw. der Streitende selbst sucht den Ausschluß:

> „Nach (eigenem) Begehren[62] sucht, wer sich trennt,
> mit aller Macht fängt er Streit an (יִתְגַּלָּע).“ (Spr 18,1)

Der hier Beschriebene setzt also alles daran, um einen Streit heraufzubeschwören[63]. Er riskiert ein Zerbrechen von Gemeinschaft, zielt geradezu darauf. Das Partizip נִפְרָד verbleibt wieder in einer Doppelbödigkeit: Es läßt offen, ob der Angesprochene sich selbst isoliert oder ob er aus der Gemeinschaft ausgeschlossen wird. Beide Aspekte werden vom Text her bewußt zusammengesehen.

c) Ziel des Zusammenlebens ist ein gutes Einvernehmen, das durch Beenden von Streit wieder hergestellt werden kann und was die Redlichen vermögen (vgl. 14,9):

> „Eine Ehre ist es für den Mann, mit Streit (רִיב) aufzuhören,
> aber jeder Tor bricht los.“ (Spr 20,3)

> „Wenn kein Holz (mehr) da ist, erlischt das Feuer,
> und wo kein Verleumder ist, ruht der Streit (מָדוֹן).“ (Spr 26,20)

---

[58] Von MOGENSEN, leveregler, 71, sehr einleuchtend als „påbud af fornuftig-moralske karakter" gekennzeichnet.

[59] Vgl. WHYBRAY, CBC, 106: „quarrels between brothers are the most difficult to heal".

[60] Vgl. auch WILDEBOER, KHC XV, 55, der auf die hinter diesem Text stehende Erfahrung zurückgreift, daß es „keine hartnäckigere und unversöhnlichere Feindschaft gibt ... als zwischen vormaligen Freunden".

[61] Mit מִדְיָנִים als Begriff für Streit. Zum Text genauer § 10, S. 154f.

[62] Hier muß keineswegs der LXX gefolgt werden, die תֹּאֲנָה liest, denn der masoretische Text ergibt durchaus Sinn, vgl. PLÖGER, BK XVII, 209; McKANE, OTL, 519.

[63] Zwar verweist McKANE, OTL, 519, zu Recht darauf, daß תּוּשִׁיָּה nicht pejorativ gebraucht wird, doch kann trotzdem die hier gebotene Übersetzung und Interpretation beibehalten werden, da das pejorative Element nicht in der Wendung, sondern erst im Gesamttext zur Sprache kommt, בְּכָל־תּוּשִׁיָּה also neutral gebraucht ist. Denkbar ist jedoch die Verstehensvariante „gegen alles Erfolgversprechende", so A. MEINHOLD, ZBK AT 16.2, 297.

Nach 20,3 kann der Mensch auf seine Ehre angesprochen werden, um daraufhin um dieser willen Streit zu beenden oder gar nicht erst anzufangen[64]. Auch verhindert er damit, in die Optik eines Toren zu geraten, für den das Losbrechen des Streites als ein Charakteristikum genannt wird.

Ein Ende von Streit ist auch gewährleistet, wenn der den Streit Verursachende nicht (mehr) da ist (26,20). Ob aus eigenem Antrieb oder auf Veranlassung durch Dritte, wird nicht gesagt. Das gleiche Phänomen für das Beenden von Streit wird angesprochen, wenn es darum geht, daß der Spötter hinausgejagt wird (22,10). Welche durchgreifende Wirkung das Entfernen des Spötters für das Beenden des Streitens hat, wird noch einmal dadurch unterstrichen, daß nahezu das gesamte Vokabular für Streit in diesem Text begegnet: מָדוֹן, דִּין und קָלוֹן[65]. Beide Texte unterstreichen den Eindruck, „als ob es Streit nur gäbe, wenn entsprechende, anstachelnde Menschen wirksam sind"[66].

Einmischen in einen Streit ist jedoch weder ein denkbares noch empfehlenswertes Mittel, um ihn zu beenden:

> „Wie einer, der einen herumstreifenden Hund bei den Ohren ergreift,
> so ist einer, der sich gegen einen Streit ereifert, der nicht der seine ist." (Spr 26,17)

Wer sich so verhält, fügt sich selbst Schaden zu, denn er wird unweigerlich in den Streit hineingezogen, so wie ein Hund den in v.17a Beschriebenen zwangsläufig beißen wird[67]. Indirekt wird der Text damit zu einer Warnung vor dem Eingreifen in einen fremden Zwist[68].

Aus dem zwischenmenschlichen Bereich herausgenommen wird das Beenden des Streites, wenn es mit JHWH in Verbindung gebracht wird (16,7[69]; vgl. 25,21f.)[70]. Danach ist es nicht mehr Sache des Menschen (allein), eine Aussöhnung mit seinem Widersacher zu vollziehen, sondern deren Gelingen ist von JHWHs Gefallen am Lebensvollzug des Betreffenden abhängig[71].

---

[64] Beides ist als Verstehen von שָׁבַת möglich, denn es ist auch von ישב ableitbar.

[65] Vgl. genauer zum Text § 2, S. 29f.

[66] A. MEINHOLD, ZBK AT 16.1, 255.

[67] MCKANE, OTL, 601f., charakterisiert den hier kritisch Gezeichneten äußerst zutreffend: „The professional busybody throws himself with enthusiasm into disputes which are none of his business and works himself up to a fine pitch of frenzy".

[68] Vgl. zu ähnlichen Mahnungen in Ägypten u. a. Anch-Scheschonki 302–304 (BRUNNER, Altägyptische Weisheit, 283) sowie die Lehre eines Mannes für seinen Sohn 86ff. (BRUNNER, Altägyptische Weisheit, 191f.). Dazu auch LICHTHEIM, LEWL, 15f., mit Blick auf Ahiqar.

[69] Genauer zum Text vgl. § 18, S. 237f.

[70] Genauer zum Text vgl. § 18, S. 239f.

[71] Anders MCKANE, OTL, 491, der in v.7b nicht JHWH als Subjekt sieht, sondern den אִישׁ von v.1a, so daß es um dessen Absicht geht „to incorporate his enemies in the wholeness ... of his own life". MCKANE greift hier noch auf die Rede vom Rechtschaffenen zurück, der im Text jedoch nicht genannt wird. Zwar ist syntaktisch das Subjekt in v.7b nicht eindeutig zu bestimmen (vgl. auch PLÖGER, BK XVII, 191), doch bliebe v.7a isoliert, wenn JHWH nicht als Subjekt anzusehen wäre.

Inwieweit die Beendigung des Streites auch im folgenden Text JHWH überlassen bleibt, ist von der Interpretation des גּוֹרָל abhängig:

> „Das Los (גּוֹרָל) macht dem Streit (מִדְיָנִים) ein Ende,
> und zwischen den Mächtigen entscheidet es." (Spr 18,18)

Deutlich ist auf jeden Fall, daß die Klärung und Beendigung eines Streites nicht immer von den betroffenen Streitenden selbst herbeigeführt werden kann, sondern es einer Entscheidung von außen bedarf. Worin jedoch der Vollzug des גּוֹרָל – ein im AT sonst nirgends bezeugter Vorgang im Zusammenhang mit Streit – besteht, wird im Text nicht gesagt. Nimmt man 16,33 hinzu, wonach der Entscheid des Loses durch JHWH herbeigeführt wird, ist allerdings der Rückschluß erlaubt, daß auch 18,18 an einen durch JHWH bestimmten Losentscheid denkt[72].

4. Wertung

Zwar wurde in den bisher verhandelten Sprüchen vorwiegend in Form von Sentenzen beschreibend über Maßlosigkeit und Streit gesprochen, doch war diesen Texten eine negative Einstellung zu beidem zu entnehmen. Das maßlose Verhalten und die sich daraus ergebenden Konsequenzen werden so negativ geschildert, daß damit deutlich eine negative Wertung verbunden ist. Klarer kam sie bereits in den Mahnungen zum Ausdruck. Noch sehr viel eindeutiger wird diese in den טוֹב-מִן-Sprüchen herausgestellt:

> „Besser eine Portion Gemüse und Liebe dabei
> als ein gemästetes Rind und Haß dabei." (Spr 15,17)

> „Besser langmütiger als ein Held
> und seinen Geist (= seine Leidenschaft) beherrschen, als eine Stadt einzunehmen." (Spr 16,32)

> „Besser ein trockener Bissen und Ruhe dabei
> als ein Haus voll Opfermahlzeiten mit Streit." (Spr 17,1)

Ganz klar verfahren diese Texte nach dem Muster, daß etwas materiell weniger Wertvolles dem Kostbaren vorgezogen wird, weil es sich ideell als höherwertig erweist. So wird eine bescheidene Speise höher geachtet, wenn sie in Liebe und Ruhe genossen wird, als eine von Haß und Streit begleitete üppige Mahlzeit (15,17; 17,1[73]). Ebenso ist Selbstbeherrschung wichtiger als

---

[72] Anders jedoch H. H. SCHMID, גורל, 414, wonach „die sonst selbstverständliche Identifikation von Los- und Gottesentscheid nicht vorausgesetzt (vielleicht sogar polemisch in Frage gestellt)" wird.

[73] In 17,1b scheint ein kultischer Hintergrund angesprochen zu sein. Dann könnte v.1a eine Abwehr des Kultes beinhalten, doch ist die Opposition eindeutig שַׁלְוָה gegen רִיב, so daß das Thema Kultus keine Rolle spielt. Möglicherweise steht die Opfermahlzeit hier auch nur als Synonym für eine besonders üppige Mahlzeit. Vgl. PLÖGER, BK XVII, 201.

Heldentum und militärische Erfolge (16,32)[74]. Damit wird deutlich ausgesprochen, was auch sonst indirekt aus den Proverbien zu erkennen ist, daß
sie nämlich ein weitgehendes Desinteresse an kriegerischen Auseinandersetzungen erkennen lassen. Dies hängt neben den am Thema „Krieg" nicht
interessierten Trägerkreisen der atl. Weisheit sicher auch mit der grundsätzlichen Ablehnung von Streit zusammen[75].

Nahezu durchgängig als טוֹב-מִן-Aussagen formuliert sind ebenso die
Aussagen, die der Bescheidenheit das Wort reden und ethische Werte einem
(großen) Besitz vorziehen (15,16[76]; 16,8[77].16[78].19[79]; 19,1[80]). Gleiches gilt für
die Texte, die vom Zusammenleben mit einer zänkischen Frau reden und
diesem ein Leben an einem wesentlich unwirtlicheren Ort als dem eigenen
Haus vorziehen (21,9.19; 25,24[81]).

Einen etwas anderen Akzent setzt der folgende Text:

> „Besser sich gering schätzend und einen Knecht für sich
> als sich brüstend und Brot ermangelnd." (Spr 12,9)

Ein Mann, der sich selbst gering achtet, aber jemanden hat, der ihm bei
der Arbeit hilft, ist deutlich höher zu achten, als jemand, der sich selbst hoch
einschätzt, aber nichts zu essen hat. Ehre erweist sich so als etwas sehr
Relatives, dem durchaus ein geringer geachtetes Sein vorgezogen werden
kann[82]. So wird auch die eigene Selbstüberschätzung kritisch hinterfragt,
wenn davor gewarnt wird, sich vor dem König und sonstigen Oberen zu
brüsten (25,6f.)[83].

Ganz deutlich kommt der Wert des rechten Maßes in 30,7–9 zur Sprache.
Agur bittet, daß in seinem Leben die Extreme vermieden werden, so Lüge
und Falschheit, Reichtum wie Armut (v.8). Das, was er benötigt, erbittet er
für sich. Die hier gegebene Begründung ist allerdings einmalig in den Proverbien: Das positive Extrem könnte als falscher Selbstruhm zu einer Verleug-
nung JHWHs führen, das negative in Form von Diebstahl (גנב) zu einem

---

[74] In dieser Aussage ist möglicherweise ein Hinweis auf Diplomatenkreise als Adressaten zu sehen.

[75] Möglicherweise auch damit, daß Krieg eine Sondersituation menschlicher Existenz
ist, es den Proverbien aber eher um grundsätzliche Erfahrungen und Verhalten geht, um
das, was dem Menschen alltäglich widerfährt.

[76] Genauer dazu § 20, S. 270f.

[77] Genauer dazu § 26, S. 336.

[78] Genauer dazu § 22, S. 285f.

[79] Genauer dazu § 5, S. 89f.

[80] Genauer dazu § 5, S. 89.

[81] Jeweils mit מִדְיָנִים. Genaueres zu diesen Texten in § 10, S. 154.

[82] Vgl. DIETZEL, Die ganze Welt, 110: „Was nützt die Ehre, wenn man nichts zu essen
hat."

[83] Genauer dazu § 9, S. 144.

Vergreifen an seinem Namen[84], also wohl zu einem unangemessenen Angriff auf JHWH, nicht nur auf den Bestohlenen.

5. *Folgerungen*

Allen Texten gemeinsam ist, daß Beherrschung von Emotionen und kontrollierte Verhaltensweisen sowie, damit verbunden, Vermeiden bzw. Beenden von Streit als für gelingendes Leben wichtig angesehen werden[85]. Auffallend ist, daß sich Mäßigung wesentlich wieder an Beherrschung von *Sprache* erkennen läßt, wenngleich es auch um Beherrschung von Verhalten und Emotionen geht. Wenn von Zurückhaltung der Emotionen die Rede ist, dann geht es immer um negativ gefüllte. Von Beherrschung positiver Emotionen wird nicht gesprochen – diese galten offensichtlich auch dann nicht als Gefahr, wenn sie unbeherrscht geäußert wurden.

Anders als im Ägyptischen haben die Proverbien keine prägnante Begrifflichkeit für den Beherrschten wie für den Unbeherrschten. Dem ägyptischen *šmn* (= Heißer) entspricht z. T. das hebräische *ʾîš ḥᵉmalôt, baʿal ḥamah, gᵉdal ḥemah*, während dem ägyptischen *ḳb* eher das hebräische *kar ruaḥ* bzw. *kzar ruaḥ* äquivalent sind[86]. Neben dem ägyptischen *ḳb* begegnen dort auch noch *grw* und *hrw* als Beschreibung der idealen Person, „who has attained perfection of character and conduct, in respect of every aspect of human existence"[87]. Die Nähe zu ägyptischen Aussagen verweist darauf, daß die Vorstellung vom „Heißen" und vom „Schweiger"[88] in den Proverbien von Einfluß gewesen sein kann[89].

Wie in Ägypten ist der Beherrschte „der Mensch, der stets Herr der Lage ist, seine Zunge hütet, sich aber auch innerlich zurückhält, und aller Erregung abhold ist. Den Gegensatz bildet der Heißsporn, der Brausekopf, der seinen Begierden unterlegene, unbeherrschte Mensch"[90].

Die Fülle der Aussagen zeigt, daß in der Vermeidung von Streit und der Zurückhaltung von Streitsucht wesentliches Interesse der Proverbien und der

---

[84] Indirekt wird JHWH so als Hüter des Eigentums zur Sprache gebracht.

[85] Vgl. Ptahhotep, dessen Ideal „der friedvolle, beherrschte, nie das Maß überschreitende Mensch, der sich in die damals als richtig erkannte Ordnung fügt", ist, BRUNNER-TRAUT, Lebensweisheit, 105.

[86] Nach SHUPAK, Sitz im Leben, 113.

[87] SHUPAK, Sitz im Leben, 113.

[88] Vgl. Amenemope 97–108 (BRUNNER, Altägyptische Weisheit, 240f.) als eindrucksvolles Beispiel für das Gegenüber von „Heißer" und „Schweiger".

[89] Vgl. SHUPAK, Sitz im Leben, 113. Wobei festzuhalten ist, daß „der Ägypter ... immer ein Mensch der Haltung" ist, „allem Extremen abgeneigt, das enthält schon das Ideal des Schweigers, der vom Asketen weit entfernt ist", BRUNNER, Erziehung, 126.

[90] BRUNNER, HO, 120f.

hinter ihnen stehenden Sprecher sowie Adressaten liegen[91]. Dies wird nicht nur deutlich in den Texten, die eindeutig von Vermeiden oder Beenden von Streit sprechen, sondern auch an denen, die dies indirekt tun, indem sie einfach nur beschreiben.

Die unterschiedlichen Begriffe für Streit (מַצָּה‎, מִדְיָנִים‎, מָדוֹן‎, רִיב‎[92]) machen deutlich, daß dieser auf vielfältige Weise möglich ist. Die relativ allgemein gehaltenen Äußerungen unterstreichen dies und eröffnen darüber hinaus vielen die Möglichkeit, sich darin wiederzufinden.

Streit ist eine Angelegenheit, die sich ganz im zwischenmenschlichen Bereich abspielt. Dies zeigt sich in 10,12; 15,18; auch in 29,11[93], wonach der Zornige wie der Hassende Streit bewirken, während der Besonnene beschwichtigen kann. So sind entsprechend auch die Menschen selbst für die Vermeidung von Streit zuständig[94]. Ein Beenden eines bereits begonnenen Streites ist aber erfahrungsgemäß nicht immer durch die Streitenden allein möglich und bedarf einer Hilfe von außen (18,18; vgl. auch 16,7).

Daß die hier diskutierten Erfahrungen und entsprechenden Mahnungen kein Spezifikum der atl. Weisen sind, zeigt eine Fülle von Texten der ao Weisheit. So bietet PapInsing warnend einen ganzen Katalog von Maßlosigkeiten und deren Folgen im Zusammenhang mit Nahrungsaufnahme und Sexualität[95]. Ebenso finden sich eine Reihe von Warnungen vor Streit in Ägypten[96] wie in Mesopotamien[97].

Zielrichtung der atl. wie der sonstigen ao Weisheitstexte ist deutlich ein

---

[91] Vgl. auch LANG, Weisheit als Ethos, 282, wonach Solidarität höher angesetzt wird als Zwistigkeiten. ENGELKEN, Erziehungsziel Gewaltlosigkeit?, 14, sieht auch in der Aufforderung, Kriege nie ohne gründliche Planungen zu führen, ein Zeichen der „Präferenz der Friedfertigkeit", doch zielen Texte wie 20,18; 24,6 eher auf die Notwendigkeit gründlicher Vorbereitung, wenn der militärische Erfolg garantiert werden soll.

[92] רִיב‎ hat in den Proverbien noch Anklänge an „in ein Handgemenge geraten", SEELIGMANN, Terminologie, 256.

[93] Genauer dazu § 2, S. 16.

[94] Nach ENGELKEN, Erziehungsziel Gewaltlosigkeit?, 18, ist das hohe Ideal „fast bedingungsloser Friedfertigkeit im Alltagsleben" ein realistisches, „weil Jahwe als Garant für die Gerechtigkeit steht". Diese Begründung wird jedoch nirgends in den Proverbien thematisiert und wird so von ENGELKEN zu schnell eingetragen.

[95] PapInsing 96–143 (BRUNNER, Altägyptische Weisheit, 307–310). Zur Gier beim Essen vgl. ebenso Kagemni 8–26 (BRUNNER, Altägyptische Weisheit, 134); zur Habgier insgesamt und deren Folgen vgl. Ptahhotep 239–251 (BRUNNER, Altägyptische Weisheit, 120).

[96] So die Lehre des Cheti 185–192 (BRUNNER, Altägyptische Weisheit, 165); Amenemope 86ff. (BRUNNER, Altägyptische Weisheit, 240).

[97] So in der Lehre des Schuruppag (III,1f., nach ALSTER, Instructions, 15, in der Version Abu Salabikh): „Go the other way from quarrel, stay far away from taunt." Zur klassischen Version vgl. ALSTER, Instructions, 35–37; TUAT III/1, 51f., Z.22–27.36. Zur Möglichkeit des Beendens von Streit vgl. die sumerischen Schulstreitgespräche, TUAT III/1, 94, Z. 31f.: „wenn *ungerecht Behandelte* in Streit geraten, beruhige ich ihr Herz, *[mache ich (die Parteien dann)]* ni[cht wieder] *ruhig*? Den (einen) Bruder lasse ich mit dem (anderen) Bruder (wieder) gut sein, *[beruhige]* die Herzen!" Vgl. ebenso die akkadischen Ratschläge und Warnungen, TUAT III/1, 165, Z. 31ff.

Vermeiden von Konfliktsituationen. Der Mensch wird gemahnt und soll bewahrt werden vor Unbeherrschtheit, um Streit gar nicht erst aufkommen zu lassen bzw. ihn zu beenden, wo er bereits begonnen hat. Der Weise soll auch durch Extremverhalten und (daraus resultierendem) Streit das von ihm erstrebte gelingende Leben mit dessen gewünschter Ausgeglichenheit nicht gefährden.

§ 24: Leben im Gegenüber zum Tod

Tod, vor allem aber Leben sind zentrale Themen der atl. weisheitlichen Literatur. So nimmt auch das Reden von Leben und Tod einen relativ breiten Raum in den Proverbien ein. Beide Größen sind dabei für die Proverbien selbstverständliche Gegebenheiten menschlicher Existenz[1], die jedoch nicht als bloßes Fatum, sondern als zu gestaltende Größen angesehen werden[2]. Im Vordergrund steht dabei das Leben, das es zu sichern bzw. zu fördern gilt. So kann es zwar als Absicht der weisheitlichen Rede über den Tod (und damit auch über das Leben) angesehen werden, „den Tod als eine wirkliche Seinsweise des Menschen zu bedenken und im Raum der Unterweisung einen sinnvollen und lebensförderlichen Umgang mit dieser jedem möglichen Wirklichkeit des Alltags zu erreichen"[3]. Doch eigentlich zielen die Aussagen über Leben und Tod in Spr 10ff. auf das Vermeiden von – frühzeitigem – Tod und Ermöglichung von gutem, gelingendem Leben. Dies wird als wichtiges Ziel menschlichen Verhaltens angesehen[4].

---

[1] Vgl. dazu Spr 30,7, wo ganz selbstverständlich vom Sterben gesprochen wird als einer zu berücksichtigenden Situation (בְּטֶרֶם אָמוּת). Ähnlich auch TROMP, Conceptions, 80, zu Spr 27,20: „The general law of death is given expression in this proverb".
Nach den Vorstellungen des alten Ägypten sind Leben und Tod „die beiden Seiten der Existenz", RINGGREN, חיה, 878; Tod und Leben korrespondieren also einander.

[2] Ähnliches steht auch bei GAVENTA, Rhetoric, 131, im Hintergrund, wenn er Tod als Folge eines „unrighteous or foolish life" ansieht und langes Leben als Folge der Verhaltensweise derer, „who act in accordance with wisdom and the created order". Auffallend ist, daß GAVENTA hier auf Texte aus den jüngeren Proverbien verweist (Spr 3,1–2.16–18; 4,10; 5,5–6.11; 8,35–36). Aber nur so kann er dann auch die unmittelbare Verbindung zur Schöpfungsordnung herstellen, die als solche in den älteren Proverbien nicht unbedingt auszumachen ist.

[3] KRIEG, Todesbilder, 253; wobei wohl eher von einer jedem *sicheren* Wirklichkeit als von einer jedem *möglichen* Wirklichkeit gesprochen werden sollte.
Anders sieht KRIEG zu Recht die Funktion kultischer Texte (Pss etc.), wo es darum geht, „den Tod als eine mögliche Erfahrung des Einzelnen zu bewältigen und im Raum der Vergewisserung auf die sinnerhaltende und lebensbegründende Abwendung solcher Extremerfahrungen hinzuwirken", ebd.

[4] „Man behauptet nicht zuviel, wenn man die Lebensidee als ‚eine Zentralidee der Weisheit' bezeichnet", SCHMITT, Leben, 4.

Leben wird bezeichnet durch die Begriffe חַיִּים und נֶפֶשׁ, die jedoch noch keine nähere inhaltliche Beschreibung bieten. Bei Leben ist weniger an die physische Existenz als solche zu denken, sondern an erfülltes, gelingendes Leben im Vollsinn, an Heil bzw. Glück[5]. „Im Hinblick auf die allgemeine Haltung der Weisheitsliteratur ist es wahrscheinlich, daß ‚Leben' hier mit erfolgreichem und glücklichem Leben gleichbedeutend ist."[6] Wie auch in den anderen Texten des ATs wird Leben nicht aufgeteilt in seelisch/geistiges und körperlich/materielles Leben, sondern beide Bereiche werden als Einheit verstanden[7]. Was dieses Leben näher qualifiziert, ist weitgehend aus an anderen Stellen dieser Arbeit Ausgeführtem zu entnehmen[8].

Die Reflexion des Todes begegnet vorwiegend durch die Rede von מוֹת/מָוֶת und שְׁאוֹל. Vielfach stehen Tod und Leben in den Proverbien als Kontrastvorstellungen nebeneinander[9], ebenso wird aber auch getrennt von ihnen als jeweils selbständigen Erfahrungsbereichen gesprochen. Wenn es um die Vermeidung von Tod geht, so ist nicht daran gedacht, den Tod grundsätzlich zu umgehen[10], sondern einen verfrühten, noch nicht notwendigen Tod[11] zu vermeiden (s. u.).

Im folgenden soll zunächst untersucht werden, was Leben bzw. Tod charakterisiert bzw. ermöglicht. In einem zweiten Schritt wird die große Menge der Texte untersucht, die sich mit der Bewahrung vor dem Tod beschäftigen. An der Vielzahl zeigt sich bereits, daß hier der Schwerpunkt der Rede von Leben und Tod in den Proverbien liegt.

---

[5] Es „bezeichnet der Hebräer nur als Leben, was in ungeschwächter Fülle vorhanden ist", SCHMITT, Leben, 22.

[6] RINGGREN, חיה, 887. Zum umfassenden Lebensbegriff *'nḫ* in Ägypten vgl. RINGGREN, חיה, 876; auch BRUNNER, Erziehung, 117: „das ‚Leben' im Zusammenhang der Lehre wird im Sinne des ‚Heils' verstanden".

[7] Vgl. MARTIN-ACHARD, La Mort en Face, 22.

[8] So das Finden des rechten Maßes, ein angemessener Umgang miteinander, Freude, Besitz und richtiger Umgang damit etc.

[9] Ähnlich in Ägypten bzw. Mesopotamien, vgl. RINGGREN/ILLMAN/FABRY, מות, 764f. bzw. 766.

[10] „Dass der Tod so oder so als Wirklichkeit des Lebens zum Sein des Menschen gehört, dürfte, unabhängig davon, ob seine Kausalzusammenhänge selbstevident sind, an Jahwe gebunden werden oder gänzlich uneinsehbar bleiben, zum Grundbestand aller Weltweisheit gehören", KRIEG, Todesbilder, 196.

[11] Vgl. dazu 28,16, wo als Ziel das Verlängern der Tage genannt wird; vgl. auch 10,27. Zur Bedeutung des *langen* Lebens im mesopotamischen Bereich vgl. RINGGREN, חיה, 878f.

1. Bilder[12], die Leben und Tod näher charakterisieren

a) Mehrfach begegnet das Bild der Quelle des Lebens (מְקוֹר חַיִּים)[13]:

> „Eine Quelle des Lebens ist der Mund des Rechtschaffenen,
> aber der Mund der Frevler birgt Gewalttat in sich." (Spr 10,11)

> „Die Lehre des Weisen ist eine Quelle des Lebens,
> um den Fallstricken des Todes zu entweichen." (Spr 13,14)

> „JHWHfurcht ist eine Quelle des Lebens,
> um zu vermeiden die Fallstricke des Todes." (Spr 14,27)

> „Eine Quelle des Lebens ist die Einsicht[14] seines Herrn,
> aber die Zurechtweisung für die Toren ist die Torheit." (Spr 16,22)

Vier unterschiedliche Größen werden als Quelle des Lebens genannt: Die Sprache des Rechtschaffenen, die Lehre des Weisen, Einsicht, JHWHfurcht. Angesichts der syntaktischen Gestaltung fällt auf, daß zweimal מְקוֹר חַיִּים an erster Stelle des Nominalsatzes steht (10,11;16,22). Ebenso ist die Wendung in diesen beiden Versen Teil einer Antithese. Von daher liegt nahe, daß es in beiden Versen weniger um die Quelle des Lebens als solche geht, sondern der Bezugspunkt eher die zweite Hälfte des entsprechenden Nominalsatzes ist. Dieser soll durch מְקוֹר חַיִּים jeweils näher klassifiziert werden.

In den beiden anderen Texten steht die Wendung erst an zweiter Stelle des Nominalsatzes. Der Beginn des Nominalsatzes charakterisiert also näher, worin die Quelle des Lebens besteht. Auch wird in diesen beiden Texten jeweils als Ziel die Vermeidung der „Fallstricke des Todes" angegeben. 13,14 wie 14,27[15] haben also stärker das Thema Leben im Blick als 10,11; 16,22.

Mit dem Bild von der Lebensquelle[16] wird hingewiesen auf das Lebensnotwendige, denn ohne Quellwasser ist physisches Leben nicht möglich[17]. Auch impliziert das Bild von der Quelle den Gedanken an das unaufhörliche Liefern des Wassers bzw. von Lebensenergie[18]. So ist also das Leben im Vollsinn nicht denkbar, wenn der (unterschiedlich beschriebene) Quell des

---

[12] „Als Rede der Welt zum Menschen gewinnt die Weisheit, wenn sie den Tod bedenkt, ihre Bilder aus dem Raum des Normalen und Gewöhnlichen, aus dem réservoir der jederzeit und allzumal zugänglichen Allerweltsdinge.", KRIEG, Todesbilder, 252.

[13] Die LXX spricht auch in 18,4 von der Quelle des Lebens, während der masoretische Text „Quelle der Weisheit" bietet.

[14] Mit שֵׂכֶל ist gemeint „der Verstand, der die rechte Einsicht in die Gegebenheiten des Lebens besitzt. Erst diese Einsicht macht es möglich, mit dem Leben fertig zu werden, und sie kann deshalb eine Quelle des Lebens genannt werden", PLÖGER, BK XVII, 195.

[15] Zum Problem der Austauschbarkeit von Lehre des Weisen und JHWHfurcht angesichts der fast identischen Verse vgl. § 20, S. 269f.

[16] Als Begriff ist מְקוֹר חַיִּים „rather common in figurative language", STADELMANN, Conception, 163.

[17] Zur Bedeutung des Wassers für das Leben, besonders im Orient, vgl. auch MARTIN-ACHARD, La Mort en Face, 20.

[18] Vgl. REYMOND, L'eau, 66: Die Quelle ist „l'élément le plus stable de l'eau".

Lebens fehlt. Mehrfach wird das Bild von der Lebensquelle wie auch das von den Fallstricken des Todes (13,14; 14,27) in der Forschung zur religiösen Terminologie gerechnet (vgl. Ps 36,10, wo die Rede von der Quelle des Lebens deutlich auf JHWH bezogen ist)[19]. In den Proverbien läßt jedoch allein 14,27 einen religiösen Bezug erkennen, so daß dieser nicht prinzipiell mitgedacht werden muß und kann[20].

b) Neben der Quelle des Lebens wird auch vom Baum des Lebens (עֵץ חַיִּים)[21] gesprochen:

> „Frucht eines Rechtschaffenen ist ein Baum des Lebens,
> und ein Leben (für sich Ein-)Nehmender ist der Weise." (Spr 11,30)

Die ungewöhnlichen Formulierungen dieses Textes bereiten bei seinem Verstehen etwas Mühe, so daß Textveränderungen überlegt werden, die jedoch weder befriedigend noch notwendig sind[22]. Die Frucht des Rechtschaffenen wird auf das Verhalten des Rechtschaffenen zu beziehen sein, das für ihn selbst wie für andere Leben ermöglicht[23]. Nur am Weisen selbst ist die zweite Vershälfte orientiert. Angesichts des Kontextes muß für לקח eine positive Bedeutung angenommen werden, so daß der Weise einer ist, der (aufgrund seines Verhaltens) für sich Leben gewinnt[24]. Darüberhinaus wer-

---

[19] Vgl. SCHMITT, Leben, 94; SCOTT, Wise and foolish, 152. MCKANE, OTL, 455, sieht darin wie auch in der Wendung ‚Fallstricke des Todes' die „ultimate mythological basis". Vgl. auch WHYBRAY, CBC, 78f., der in den ‚Fallstricke des Todes' das „mythological concept of the god Death as a hunter" aufgenommen sieht.

[20] Vgl. RINGGREN, מקור, 1127, der es als möglich ansieht, daß 14,27 „eine spätere, ‚religiöse' Stufe des Weisheitsdenkens repräsentiert".

[21] SCHMITT, Leben, 92, versteht dieses Bild als einen religiösen Begriff, „insofern die von ihm ausgehende Wirkung eine spezifisch göttliche ist". Dies gilt nach SCHMITT insonderheit für die Weisheit. Eine solche Aussage ist aber nur möglich, wenn man wie SCHMITT weisheitliche Aussagen in unkritischer Weise mit anderen biblischen Aussagen mengt und somit eine einheitliche Linie erstellen kann.

Vgl. auch 3,18, wo von der Weisheit als Baum des Lebens gesprochen wird. SCHMITT, Leben, 87, erinnert dieses Bild an die Paradiesgeschichte, von der her er es übernommen sieht. Ähnlich JAMES, Tree of Life, 66, wenngleich er die Verbindung nur allgemein herstellt, aber nicht konkret auf die Proverbien bezogen. Zutreffender RINGGREN, חיה, 893, wonach die Belege rein bildlich zu verstehen sind und mit dem Paradiesbaum kaum zu tun haben.

[22] Zur Problematik der Übersetzung von 11,30b vgl. PLÖGER, BK XVII, 134. PLÖGER selbst vokalisiert לקח anders als in der BHS als לָקַח „Belehrung" und kommt so zu der Übersetzung „und Belehrung der Seelen (= der anderen) vermittelt der Weise", ebd. Auch MCKANE, OTL, 432f., versucht sich an einer Textänderung in v.30b, indem mit der LXX חמס statt חכם zu lesen ist. Damit ergäbe der Text eine Antithese. Diese Lösung erscheint aber MCKANE selbst unbefriedigend.

[23] Vgl. MCKANE, OTL, 433: Der Rechtschaffene „vitalizes the community".

[24] Ähnlich 3,18, wo die Weisheit, das vorausgehende Loblied auf die Weisheit zusammenfassend, als Baum des Lebens bezeichnet wird.

den auch erfüllte Hoffnung (13,12[25]) und wohltuende Sprache (15,4[26]) als Baum des Lebens bezeichnet.

Ein genaueres Verstehen der Metapher vom Baum des Lebens geben die wenigen Proverbientexte nicht her[27]. Die Verwendung als Bild läßt zwar darauf schließen, daß die Bildhälfte über die Sachhälfte genauere Aussagen machen möchte, doch verschließen sich die kurzen Texte einer eindeutigen Interpretation der Beziehung zwischen Bildhälfte und Sachhälfte[28]. Im Blick können sein die Verästelungen wie das Wachsen und die Kraft bzw. Dauer eines Baumes, ebenso auch die Ambivalenz von Statik und Dynamik, die ein Baum vermittelt und die auch für das Leben charakteristisch ist[29]. So wird dieses Bild nicht nur zu einer Metapher für Leben allgemein, sondern auch zu einem „Symbol des Glücks"[30].

c) Das Bild vom Weg wird sowohl im Zusammenhang mit dem Leben (חַיִּים) als auch mit dem Tod gebraucht:

> „Weg des Lebens – wer Zucht bewahrt,
> wer aber Zurechtweisung verläßt, geht irre." (Spr 10,17)

> „Der Weg des Lebens ist, aufzusteigen für den Einsichtigen,
> um auszuweichen vor der Totenwelt unten." (Spr 15,24)

Wie das Bild von der Quelle und dem Baum vermittelt auch das Bild des Weges etwas Dynamisches und macht dadurch etwas deutlich von der Entwicklungsmöglichkeit des Lebens[31]. Dieses ist in Bewegung, wird neu gespeist (Quelle), wächst (Baum), ist vorwärtsorientiert auf ein Ziel hin (Weg). Das לְמַעְלָה in 15,24 mag ein Hinweis sein auf die „Stetigkeit des Lebensweges für den Verständigen"[32], doch die Wurzel עלה beinhaltet auch ein Aufsteigen, ist weniger am gleichmäßigen, sondern am zielgerichteten Hinaufgehen interessiert. Auch das מַטָּה[33] in v.24b als Angabe der Richtung nach unten

---

[25] Genauer dazu § 15, S. 214.

[26] Genauer dazu § 14, S. 193.

[27] Auch wird nur noch in Gen 2,9; 3,22.24 außerhalb der Proverbien vom Baum des Lebens gesprochen, wobei diese Texte in ihrer Aussage von denen der Proverbien zu trennen sind angesichts eines ganz anderen Zusammenhangs, vgl. RINGGREN/NIELSEN, עץ, 292. Gegen SCHMITT, Leben, 90.

[28] Vgl. RINGGREN/NIELSEN, עץ, 294.

[29] Vgl. Amenemope 103–108 (BRUNNER, Altägyptische Weisheit, 240f.).

[30] RINGGREN, חיה, 888.

[31] Vgl. KRIEG, Todesbilder, 592: „So oder so befindet sich der Mensch durch seine seinsgestaltende Lebenswirklichkeit auf dem Wege, er ist unterwegs auf dem Weg, den das Leben geht, oder aber auf dem, den der ‚Tod' geht."

[32] PLÖGER, BK XVII, 184.

[33] Vgl. VAN DER WEIDEN, Proverbes, 117f., zu לְמַעְלָה und מַטָּה als (möglicherweise) Zusatz.

unterstreicht den Aspekt des Aufsteigens in v.24a. Genauer gesagt wird nicht, worin das Aufsteigen besteht, doch kann aus dem Gegenüber von v.24b geschlossen werden, daß es auch hier um das Entrinnen vor dem Tod und gelingendes Leben geht, nicht aber um sozialen oder gesellschaftlichen Aufstieg[34].

Während 15,24 am Ergehen des Einsichtigen interessiert ist, läßt 10,17 das Verhältnis von Subjekt und Objekt offen. Neben der hier gewählten Übersetzung[35] ist es auch möglich, mit *A.Meinhold* wie folgt zu übersetzen: „Ein Pfad zum Leben ist derjenige, der Zucht beachtet, wer aber Zurechtweisung verläßt, führt in die Irre."[36] Nominalsätze wie Partizipien bleiben in ihrer Zuordnung mehrdeutig, so daß wohl wiederum bewußt beide Möglichkeiten eingeschlossen sind, die eigenen Konsequenzen des eigenen Verhaltens wie die daraus resultierenden Folgen für den anderen.

Der Weg zum Tod ist nach der Einsicht der Proverbien schneller eingeschlagen als man denkt, d.h. man realisiert manchmal gar nicht, daß man bereits auf dem Weg zum Tod ist:

> „Es gibt einen geraden Weg vor dem Menschen –
> hernach sind es Wege des Todes." (Spr 14,12 = 16,25)

> „Befreunde dich nicht mit dem Jähzornigen und mit einem Mann des Grimms gehe nicht,
> daß du nicht vertraut wirst mit seinem Weg und nimmst einen Fallstrick für[37] dein Leben." (Spr 22,24f.)

Der zunächst als der richtig erscheinende Weg erweist sich im Nachhinein als der falsche, der den Tod bringende. „Die Undurchschaubarkeit eines Weges, der als gerade erscheint, aber zu einem bösen Ende führen kann, verweist auf die Unwägbarkeiten menschlicher Existenz."[38] Diese Unwägbarkeit ist dem Proverbienredaktor so wichtig gewesen, daß er gleich an zwei Stellen in wörtlicher Übereinstimmung von ihr spricht (14,12//16,25). Es gelingt offensichtlich nicht, die Ordnung der Welt ganz zu durchschauen[39], grundsätzlich das der Welt Angemessene zu erkennen. Damit ist erneut ein

---

[34] Anders McKane, OTL, 480: „The opposition of 'upwards' and 'downwards' is only intelligible on the assumption that the path of life leads to a blessed immortality rather than to a thiswordly enjoyment of vitality." Für einen solchen Gegensatz gibt jedoch der Text keine Hinweise.

[35] Vgl. auch u.a. Delitzsch, Spruchbuch, 169.

[36] A. Meinhold, ZBK AT 16.1, 173. Dagegen allerdings Delitzsch, Spruchbuch, 170.

[37] Auffällig ist, daß hier mit ל konstruiert wird, während bei der Todesthematik der constructus gebraucht wird.

[38] Plöger, BK XVII, 171. Vgl. Whybray, CBC, 83, der den Weg als „a symbol of human behaviour" ansieht.

[39] So mit Ziener, Weisheit als Lebenskunde, 281.

Hinweis gegeben auf das Wissen um weisheitliche Grenzerfahrung. 14,12//
16,25 werden so zu einer Mahnung, sich der Grenzen seiner eigenen Bewertung bewußt zu sein und diese deshalb kritisch zu hinterfragen, um sich nicht
überrascht auf dem Weg des Todes wiederzufinden. Sehr viel deutlicher ist
die Warnung in 22,24f. in Form eines klaren Verbotes. Falsche Gesellschaft
kann auf einen Weg führen, den man nicht gehen will[40].

In den Texten, die das Bild des Weges im Zusammenhang mit Leben und
Tod[41] aufnehmen, geht es auch um eine Wahl, die der Mensch für sein
Verhalten hat. Er kann sich für den Weg des Lebens entscheiden, aber auch
den Weg des Todes wählen[42]. Zwar wird bis auf 22,24f. keine Anweisung
zugunsten einer bestimmten Entscheidung gegeben, doch machen die Texte
deutlich, daß sie zu einer Wahl des Weges zum Leben hinführen möchten.
Dieser wird zwar in seinen Inhalten kaum genauer beschrieben, läßt sich aber
von den Proverbien insgesamt her wie auch in Ägypten füllen als „de vivre
longtemps, d'avancer dans les honneurs, d'être bien vu de tous, d'avoir une
nombreuse postérité"[43].

d) Auffallend ist in 13,14; 14,27 ein weiteres, auf den Tod bezogenes Bild,
nämlich die Rede von den Fallstricken des Todes (מֹקְשֵׁי מָוֶת). Dieses Bild,
das in 22,24f. eng mit der Wegthematik verknüpft ist, erweckt den Eindruck,
als sei der Tod etwas Heimtückisches, das einen plötzlich überfällt und mit
dem man nicht rechnet[44], dem man aber durch richtiges Verhalten entgehen
kann (s. folg. Abschnitt).

2. Möglichkeiten der Rettung vor dem Tod bzw. zur Erlangung von Leben

Nach Einsicht der Proverbien liegt es am Menschen selbst, ob er sich vor
dem vorzeitigen, überraschenden Tod bewahrt oder sich ihm ausliefert, also
sein Leben aufs Spiel setzt. „Von seiner freien persönlichen Willensentschei-

---

[40] Vgl. ähnlich die Warnung vor dem falschen, lebensbedrohenden Weg in 22,5.

[41] Vgl. auch 12,28; 15,10; 16,17; 19,16. Zur Rede vom Weg insgesamt in den Proverbien
vgl. KOCH, דרך, 304–306.

[42] So kann ILLMAN in diesem Zusammenhang geradezu von der „weisheitlichen Zwei-
wegelehre" sprechen, RINGGREN/ILLMAN/FABRY, מות, 785.

[43] COUROYER, Dieu des Sages I, 582; der ebd., 598, den Weg des Lebens parallel setzt
mit dem Weg Gottes, den er als Thot identifiziert. Zur Bedeutung der Rede vom Weg des
Lebens (w3.t ʿnḫ) vgl. bes. BRUNNER, Erziehung, 123ff.

[44] Vgl. KRIEG, Todesbilder, 598.

dung, von seinem sittlichen Handeln hängen Leben und Tod ab."[45] Mehrere Möglichkeiten gibt es in der Sicht der Proverbien, vor diesem Tod gerettet zu werden.

a) So ist es die „Rechtschaffenheit", die vor unzeitigem Tod bewahrt[46]:

„Nichts nützen die Schätze des Frevlers,
aber Rechtschaffenheit (צְדָקָה) rettet vom Tod." (Spr 10,2)

„Nichts nützt Besitz am Tage des Zorns,
aber Rechtschaffenheit rettet vom Tod." (Spr 11,4)

Schätze, nach 10,2 durch frevelhaftes Verhalten angesammelt, gewähren und sichern nicht Leben, bewahren nicht vor dem Tod. Rettung bringt allein Rechtschaffenheit, wie die identischen Vershälften 10,2b und 11,4b betonen. Nicht deutlich ist, ob der Parallelismus in 11,4 eine Identifizierung von „Tag des Zorns" und „Tod" erfordert. Angesichts der Antithese ist es auch möglich, hier zwei unterschiedliche Größen angesprochen zu sehen. Die zweite Vershälfte spricht jedoch wie in 10,2 nicht allgemein den Tod, sondern ein ungewöhnliches – vorzeitiges, selbstverschuldetes? – Sterben an, vor dem Gerechtigkeit bewahrt. Von daher ist anzunehmen, daß der Kontrast in der Gegenüberstellung von Gerechtigkeit und Vermögen liegt, nicht aber in der Gegenüberstellung der Größe, vor der bewahrt wird. Denkbar ist, daß auch mit der Rede vom Tag des Zorns der vorzeitige Tod im Blick ist[47]. Keinerlei Hinweis besteht jedoch darauf, den Tag des Zorns mit dem – innerzeitlichen oder gar eschatologischen – Gericht JHWHs in Verbindung zu bringen, vor dem Rechtschaffenheit bewahren würde[48].

Die folgenden Texte verhandeln das Thema Bewahrung vor dem Tod unter positivem Vorzeichen, indem sie davon sprechen, daß Rechtschaffenheit zum Leben verhilft:

---

[45] SCHMITT, Leben, 110.

[46] 14,32 scheint nach dem masoretischen Text auch in diese Gruppe zu gehören, vgl. DELITZSCH, Spruchbuch, 242: „wogegen der Gerechte in seinem Sterben, also selbst inmitten des Aeußersten getrost ist, näml. in Gott, in dem er sich birgt". Doch angesichts der Parallelbildung von v.32a und v.32b ist die Fassung der LXX vorzuziehen und בְּתֻמּוֹ statt בְמוֹתוֹ in Parallele zu בְּרָעָתוֹ zu lesen; vgl. auch PLÖGER, BK XVII, 168.176. Damit spielt 14,32 für die hier verhandelte Thematik keine Rolle.

[47] So denkt DELITZSCH im Zusammenhang mit 10,2 an ein Ineinander von Tod und Zorngericht, Spruchbuch, 161.

[48] Gegen McKANE, OTL, 436; A. MEINHOLD, ZBK AT 16.1, 187. Auch SPIECKERMANN, Dies irae, 195, sieht 11,4 von prophetischer Tradition mitgeprägt, doch bietet der Text dafür keinen Anhalt. Bei ALONSO SCHÖKEL/VÍLCHEZ LÍNDEZ, Proverbios, 273, wird differenziert in die rein menschliche Ebene und die transzendente, dann eschatologische. Die erste sieht den Moment, an dem die Anklage zur Verurteilung führt. Die zweite denkt daran, daß JHWH zur Abrechnung kommt. Diese zweite Ebene kann in späterer Zeit für die Proverbien von Einfluß gewesen sein.

„Das Rechte[49] im Blick auf Rechtschaffenheit – zum Leben (חַיִּים) ist es,
wer aber das Böse verfolgt – zu seinem Tod ist es." (Spr 11,19)

„Auf dem Weg der Rechtschaffenheit ist Leben (חַיִּים),
und der Wandel des Weges, Nicht-Tod ist er."[50] (Spr 12,28)

„Wer Rechtschaffenheit und Güte verfolgt,
der wird Leben (חַיִּים), Rechtschaffenheit[51] und Ehre finden." (Spr 21,21)

Während 21,21 ganz deutlich Leben für den aussagt, der Rechtschaffenheit praktiziert, lassen 11,19; 12,28 offen, ob Rechtschaffenheit nicht auch für
andere Leben ermöglicht[52]. Die suffigierte Form in 11,19b deutet darauf hin,
daß wohl ähnlich auch in v.19a das Leben des Agierenden selbst angesprochen ist[53]. Außergewöhnlich ist die Formulierung אַל־מָוֶת in 12,28[54], die als
Nicht-Tod in Parallele zu חַיִּים zu lesen ist. Aber selbst diese im AT singuläre
Formulierung berechtigt nicht dazu, hier die Unsterblichkeit angesprochen
zu sehen[55], sondern der Text bewegt sich durchaus im Rahmen sonstigen
Redens über das Vermeiden von Tod durch Rechtschaffenheit.

Neben der Rechtschaffenheit wird in 21,21 die חֶסֶד als Ermöglichungsgrund von Leben genannt. In dieser ist wie in der Rechtschaffenheit ein
Moment enthalten, das sich an ein Gegenüber wendet. Eigenes Leben hängt

---

[49] Die Zuordnung des כִּן ist nicht ganz unproblematisch. Die verschiedenen Varianten
im Apparat der BHS verweisen bereits auf die Schwierigkeiten. Das Partizip in v.19b ließe
hier für die parallele Konstruktion ebenfalls ein Partizip erwarten. Doch auch bei der
Beibehaltung des כִּן in der hier vollzogenen Form ergibt der Text einen Sinn. Zur Diskussion um כִּן vgl. auch STRACK, KK VI/2, 43; A. MEINHOLD, ZBK AT 16.1, 193, Anm. 37.

[50] Ein zweifaches Problem bietet v.28b. Da ist zum einen die Doppelung דֶּרֶךְ נְתִיבָה.
Faßt man דֶּרֶךְ als Wandel auf, so erübrigt sich eine Konjektur, deren Notwendigkeit auch
von keiner sonstigen Textausgabe bestätigt würde. Eine Veränderung von אַל in אֶל ist
ebenfalls nicht nötig, wenngleich diese von vielen Handschriften gelesen wird. Beläßt man
den in der BHS vorgegebenen Text, so kommt es zu einem synthetischen, nicht aber einem –
im Kontext durchgängig zu findenden – antithetischen par. membr. Das könnte ein Argument für das אַל sein, nur müßte dann auch der Anfang von v.28b verändert werden, da es
ansonsten keinen Sinn ergibt. Zur Problematik vgl. PLÖGER, BK XVII, 147, der sich für die
Veränderung in beiden Fällen entscheidet.

[51] Das auf חַיִּים folgende צְדָקָה ist jedoch möglicherweise zu streichen als Doppelung
infolge eines Abschreibfehlers. Vgl. die LXX sowie McKANE, OTL, 556f. u.a.

[52] Vgl. auch das sumerische Sprichwort „Whoever has walked with truth generates life."
(GORDON, Proverbs, 41, 1.1).

[53] McKANE, OTL, 451, betrachtet v.28b als korrupt. Auch TOURNAY, la vie future, 497,
schlägt mit Hinweis auf 9,7 eine Textänderung vor: „פֶּתִי בָּא «(et le chemin) de la sottise va
(à la mort)»". Doch auch ohne Veränderung ergibt der Text Sinn, so daß er in der im
masoretischen Text vorliegenden Form beibehalten werden kann.

[54] Ähnlich DELITZSCH, Spruchbuch, 187.

[55] So aber DELITZSCH, Spruchbuch, 207f., der auch eine ausführliche Begründung dafür
bietet, mit dem masoretischen Text אַל statt אֶל zu lesen; anders hingegen STRACK, KK VI/
2, 47, u.a. DAHOOD versucht unter Rückgriff auf ugaritische Texte eine Unterstützung von
DELITZSCH's, Interpretation und setzt אַל־מָוֶת parallel zum ugaritischen *blmt*, vgl. dazu
DAHOOD, Immortality, 176ff. Aber auch seine Interpretation wird mit Recht abgelehnt, vgl.
dazu VAWTER, Intimations.

davon ab, wie die Zuwendung zu anderen aussieht[56]. Zu diesem Aspekt der Rechtschaffenheit ist auch der Hinweis in 15,27 zu rechnen, daß derjenige Leben hat, der Bestechung abwehrt. Umgekehrt wird nach 22,23 demjenigen von JHWH das Leben genommen, der den Geringen ans Leben geht[57].

In diesen Texten wird sichtbar, daß eine Relation zwischen dem Rechtschaffenen und dem Leben sowie zwischen dem Frevler und dem Tod herzustellen ist[58]. So wird in den Antithesen geradezu ein „ontologisches Grundmuster"[59] Frevler – Rechtschaffener sichtbar, dem ein „ontologische(r) Dualismus"[60] Tod – Leben entspricht.

Eng mit rechtschaffenem Verhalten hängt zusammen, daß auf seinen Weg achtet, wer sein Leben bewahren will:

> „Der Weg der Redlichen weicht ab vom Bösen,
> es bewahrt sein Leben (נַפְשׁוֹ), wer auf seinen Weg acht hat." (Spr 16,17)

> „Wer das Gebot (מִצְוָה) bewahrt, bewahrt sein Leben (נַפְשׁוֹ),
> wer seine Wege verachtet, stirbt." (Spr 19,16)

> „Dornen und Netze sind auf dem Weg des Falschen,
> wer sein Leben (נַפְשׁוֹ) bewahren will, hält sich von ihm fern." (Spr 22,5)

Rechtes Achten auf den Weg heißt also zum einen Abweichen vom Bösen und Meiden bereitgestellter Fallen, zum andern Achten auf das Gebot. מִצְוָה meint dabei das „das Leben bewahrende Gebot des Weisheitslehrers"[61], denn es gibt keinen Hinweis darauf, daß hier vom göttlichen Gebot die Rede ist[62]. Ebensowenig liegt eine Veranlassung vor, דְּרָכָיו auf JHWH zu beziehen[63], sondern es geht in v.16b um eine Geringschätzung des eigenen Verhaltens, die negative Folgen mit sich zieht[64].

Dieses intensive Aufzeigen des Zusammenhangs zwischen Rechtschaffenheit und Leben, mangelnder Rechtschaffenheit und Tod stellt den Hörer/ Leser vor die Wahl, sich für eine Seite zu entscheiden, wenngleich die Aussagen wiederum nur als Sentenzen vorliegen. Die darin dennoch deutlich werdende Wertung zugunsten des Lebens wird so zu einer (indirekten) Mahnung, das eigene Verhalten dem Leben zuzuordnen.

---

[56] Vgl. A. MEINHOLD, ZBK AT 16.2, 356: „Die persönliche und die gemeinschaftliche Seite wirken beim Gerechten zusammen".

[57] So ist wohl קבע zu interpretieren, vgl. PLÖGER, BK XVII, 269.

[58] Ähnlich auch noch in 13,9, wenn die Rede vom Licht mit BARTH, Errettung, 34f., dort als Hinweis auf Leben verstanden wird.

[59] KRIEG, Todesbilder, 179.

[60] KRIEG, Todesbilder, 180.

[61] PLÖGER, BK XVII, 224; vgl. auch McKANE, OTL, 523.

[62] Folglich erscheint es zweifelhaft, ob hier das Thema „Sünde" eine Rolle spielt und so eine Relation zwischen Tod und Sünde hergestellt werden kann; so aber MARTIN-ACHARD, La Mort en Face, 62, besonders im Blick auf 2,18ff.; 13,14.

[63] So McKANE, OTL, 523.

[64] Vgl. WHYBRAY, CBC, 110; A. MEINHOLD, ZBK AT 16.2, 319.

b) Der Weise sieht die Notwendigkeit von Zucht[65], um vor dem Tod zu bewahren und Leben zu ermöglichen. An die Erziehenden geht deshalb die Mahnung, dem Sohn ein ausreichendes Maß an Züchtigung zuteil werden zu lassen (19,18; 23,13f[66].). Schläge bewahren also vor dem Tod, wohl deshalb, weil sie als Zuchtmittel von einem falschen Lebenswandel zurückhalten, der zum Tode führen könnte[67]. In 19,18b ist es nicht eindeutig, ob אֶל־הֲמִיתוֹ die körperlichen Folgen der Züchtigung anspricht, deren Extremerscheinung, nämlich der Tod des Gezüchtigten, vermieden werden sollen[68], oder ob es darum geht, zur Züchtigung zu ermuntern mit dem Hinweis darauf, daß damit der Tod des zu Züchtigenden durch den Zucht Ausübenden vermieden werden kann. Betrachtet man die sonstigen Aussagen über Vermeidung des Todes in den Proverbien, liegt es nahe, daß hier wie auch in 23,13f. die zweite Interpretationsmöglichkeit näher liegt[69].

Allgemein wird darüber hinaus (wohl nicht nur an die zu Erziehenden adressiert) davon gesprochen, daß sein Leben aufs Spiel setzt, wer Zucht und Zurechtweisung ablehnt und verabscheut (15,10.32[70]). So erfolgt nicht nur eine Mahnung an die Erziehenden, sich um Zucht zu bemühen, sondern es wird insgesamt dazu angeleitet, die Bedeutung von Zurechtweisungen zu erkennen und diese deshalb wahrzunehmen.

c) Wesentlich für die Rettung des Lebens ist erneut die Erfahrung mit Sprache[71]. Dies wird besonders sichtbar in 12,6; 14,25[72], wonach die Rede der Rechtschaffenen ebenso vor dem Tod bewahrt wie die wahrhaftige Aussage eines Zeugen. In beiden Fällen dürfte jedoch die Rede vom Tod einen unterschiedlichen Aspekt haben. In 12,6 wird an die psychisch wie physisch zerstörende Auswirkung von Sprache auf den Adressaten gedacht. 14,25 hat eher die Bewahrung vor Todesstrafe in der Gerichtssituation im Blick[73]. „Nach

---

[65] Genauer dazu § 12.

[66] Diese Worte stehen in der Spruchsammlung, die eine große Nähe zur Weisheit des Amenemope aufweist. Auffälligerweise stehen v.13f. entsprechende Aussagen nicht im Text des Amenemope, dafür aber in Ahiqar 81f. (LINDENBERGER, Ahiqar, 49ff.), vgl. dazu PLÖGER, BK XVII, 273.

[67] Das dürfte auch Aussage von 23,13 sein. Vgl. BARTH, Errettung, 110. Es liegt kein Grund vor, hier mit PLÖGER, BK XVII, 273, eine beruhigende Abschwächung zu postulieren: „wenn du ihn mit dem Stock schlägst, wird er schon nicht gleich sterben".

[68] So PLÖGER, BK XVII, 224. Ähnlich schon Raschi, dazu A. MEINHOLD, ZBK AT 16.2, 321f.

[69] Anders PLÖGER, der eine Warnung sieht, „keine Tötungsabsicht mit dieser harten Erziehung zu verbinden", BK XVII, 224. Von einer Absicht kann jedoch auch bei der Linie dieser Interpretationsmöglichkeit keine Rede sein, sondern wenn, dann eher von fahrlässiger Tötung. Also könnte es nur eine Warnung sein, daß man sich nicht so weit hinreißen läßt, daß (ungewollter) Tod bei der Züchtigung eintritt.

[70] Genauer § 12, S. 174f.

[71] Genauer dazu § 14.

[72] Genauer zu den Texten § 14, S. 171.180f.

[73] Vgl. auch § 14, S. 206.

der Weisheit gehört es zum Wesen des Gottlosen, mit Worten zu töten und mit Sprache zu mindern. Wo Sprache zur Waffe und Sprechen zum Jagen wird, da ist das Milieu des Todes, und im Todeszirkel von schlagender Rede und zurückschlagender Gegenrede werden die Redner sich selbst zum Verhängnis"[74]. Auch 13,3; 18,21[75]; 21,6.23 stellen eine Beziehung her zwischen der Sprache und dem Verlust bzw. der Bewahrung des Lebens[76]. In diesen Texten geht es primär um ein Achthaben auf die eigene Sprache, um ein bewußtes Umgehen damit. „Tod und Leben, über die gemeinhin Jahwe verfügt..., werden hier auf die Zunge des Menschen übertragen und bekunden damit die Macht, die diesem menschlichen Organ gegeben ist."[77] Das zeigt sich auch nach 25,25, wenn eine gute Nachricht Wohltat für den Körper ist.

d) Erstaunlich ist, daß kein direkter Zusammenhang zwischen Weisheit und Leben hergestellt wird. Allein Einsicht bzw. mangelnder Verstand werden in wenigen Texten angesprochen:

„Wer Herz (= Verstand) erwirbt, liebt sein Leben (נַפְשׁוֹ),
wer Einsicht (תְּבוּנָה) bewahrt, der findet[78] Gutes." (Spr 19,8)

„Ein Mensch, der abirrt vom Weg der Einsicht (הַשְׂכֵּל),
in der Versammlung der Verstorbenen (= רְפָאִים[79]) ruht er." (Spr 21,16)

Mangelnde Einsicht führt nach diesen Texten wie auch nach 10,21[80] zum Tode. *Delitzsch* erscheinen „der Hades und der Tod, dessen Hintergrund er ist, ... hier als Strafgericht, und zwar als solches, dem man entrinnen kann"[81]. Zu fragen ist aber, ob hier tatsächlich von einem Strafgericht geredet werden kann. Eher ist die natürliche Folge aufgrund falschen Verhaltens im Blick. Dies wird vom Imperfekt in 21,16b unterstützt, das sowohl den futurischen als auch den Gegenwartsaspekt enthält. Beides ist also im Blick, „that folly leads to a premature death, or that the fool is already as good as

---

[74] KRIEG, Todesbilder, 596.

[75] Dieser Text stellt nach SNELL, Love and Death, 166, noch vor ein gesondertes Problem. Wie auch 8,36 wird hier nach seiner Meinung eine Beziehung zwischen Tod und Liebe hergestellt, unterstrichen durch den unmittelbaren Kontext, der vom Finden einer Frau und demzufolge auch des Wohlgefallens vor JHWH spricht. Diese Kombination ist überraschend: „The intentions of the editors remain opaque. And yet it may be that the linking of love and death, which is striking and provocative for another biblical writer and for us, was striking for the composer of chapter 18 also." Eine solche Aussage ist aber nur möglich, wenn der Zusammenhang mit v.22 so eng gesehen wird, was jedoch zu hinterfragen ist.

[76] Zu den Texten genauer § 14, S. 192.203.

[77] PLÖGER, BK XVII, 215. – Vgl. auch Jak 3,5.

[78] Um eine sinnvolle syntaktische Struktur zu erhalten, ist יִמְצָא zu lesen; vgl. LXX.

[79] Dazu (wenn auch nicht ganz zutreffend) STADELMANN, Conception, 167: Dieser Begriff „occurs almost exclusively in the wisdom literature".

[80] Danach sterben Toren aus Mangel an Herz. Genauer zum Text § 2, S. 27.

[81] DELITZSCH, Spruchbuch, 342.

dead"[82]. Ähnlich an der Qualität des Lebens ist 19,8 orientiert mit der Parallelisierung von נפשׁ und טוב.

Diese seltene Rede von der Einsicht scheint zunächst der Erkenntnis von *Martin-Achard* zu widersprechen: „Dans la littérature sapientiale, la vie dépend avant tout de la Sagesse"[83]. Doch die Fortsetzung zeigt, daß *Martin-Achard* unter Weisheit nicht nur die direkte Koppelung an den Begriff חָכְמָה, sondern die entsprechende Lebensführung versteht: „le sage, c'est-à-dire celui qui craint Jahvé, évite les excès en tout, se tient à l'écart des orgueilleux et demeure maître de ses paroles, il obtient la santé et le bonheur. La Sagesse est vraiment une puissance de vie, elle assure une longue existence; celui qui l'a trouvée a découvert la vie; grâce à elle, ses jours se multiplient"[84]. Auch wenn kein direkter Zusammenhang zwischen חכמה und Leben hergestellt wird, zeigen doch die vielen Texte über den Weisen und sein Verhalten sowie über die Weisheit als Lebensführung, daß sie an einem gelingenden „Leben" interessiert sind.

e) Um Sicherung des physischen Lebens geht es in 21,25, wonach der Faule durch sein Nichtstun den Tod provoziert. Ähnlich ist es in 13,8, wo es um Lösegeld als Möglichkeit der Lebensbewahrung geht.

Nur einmal begegnet in den älteren Proverbien die unmittelbare Forderung, das Leben eines anderen aus der Todesgefahr zu retten:

„Errette diejenigen, die genommen werden zum Tode,
und die Hingestreckten[85] zum Mord,
rette sie ja[86]." (Spr 24,11)

Der Text läßt offen, um welche Art von Tod es sich hier handelt. *Krieg* sieht in v.11a Bilder, die an Tod durch kriegerische Handlungen denken lassen, und versteht den ganzen Text auf dem Hintergrund einer „übergreifenden Dämonenvorstellung". Demnach „soll man diejenigen retten, die offenbar unbegründet von ‚Tod' und ‚Mord' erfasst werden"[87]. Dafür bietet der Text jedoch keine konkreten Anhaltspunkte. Gedacht werden könnte auch an Rettung vor der Vollstreckung eines Todesurteils durch eine richtige Zeugenaussage[88] oder an Verhinderung von Übergriffen auf das Leben bei einem Überfall[89]. Eine volle Klärung ist – wie öfter – nicht möglich.

---

[82] WHYBRAY, CBC, 121.
[83] MARTIN-ACHARD, De la Mort, 19.
[84] MARTIN-ACHARD, De la Mort, 19f.
[85] Die Hif'il-Form ergibt keinen Sinn, so daß dem Apparat der BHS folgend וּמָטִים gelesen wird.
[86] אִם ist hier zu verstehen als Element der Schwurformel und dient so zur Verstärkung, vgl. PLÖGER, BK XVII, 264.282.
[87] Beides KRIEG, Todesbilder, 201.
[88] Vgl. STRACK, KK VI/2, 79. Vgl. auch PLÖGER, BK XVII, 282, der an einen Richter als möglichen Adressaten denkt, der in der Lage ist, einen anderen vor einem gewaltsamen Tod zu bewahren.
[89] So WHYBRAY, CBC, 140.

Eine deutliche Verbindung von materiellem Erwerb und Leben wird in 10,16 sichtbar, wo allerdings der Besitz als Leben ermöglichender an die Person gebunden wird. Der Erwerb des Rechtschaffenen gereicht zum Leben, der des Frevlers zum Tod.

Die wenigen Texte, die gezielt den physischen Aspekt des Lebens ansprechen, zeigen, daß es den Proverbien um diesen allein kaum geht. Zwar ist er dort, wo die Vermeidung des (vorzeitigen) Todes Thema ist, auch im Blick. Doch wird deutlich, daß bei der Frage nach Leben und Tod primär nach der Lebensqualität gefragt wird, die vor allem an das Verhalten des Menschen gebunden ist.

f) Auch JHWHfurcht wird als Voraussetzung zum Leben genannt. Sie ist nach 10,27; 19,23; 22,4 wesentlicher Bestandteil der Lebensermöglichung[90], verlängert die Tage und führt zum Leben[91].

g) Weniger an der eigenen Stimmung der betroffenen Person als vielmehr an der sich auswirkenden Stimmungslage eines anderen sind die Königssprüche 16,14.15 orientiert. Die positive wie negative Stimmung des Königs wirken sich danach lebensfördernd bzw. lebensmindernd auf seine Untertanen aus[92], wie man offensichtlich aus eigener Erfahrung weiß[93].

3. Totenreich

Der Gedanke des Todes spielt eine Rolle im Zusammenhang mit der Rede von der Totenwelt, die als selbstverständliche Größe vorausgesetzt wird[94]. So liegen nach 15,11 Unterwelt wie Abgrund offen vor JHWH[95]. In 27,20 dient deren Unersättlichkeit als Vergleich für die Begierde des menschlichen Auges und damit des Menschen überhaupt:

„Unterwelt und Abgrund werden nicht satt,
und die Augen des Menschen werden nicht satt." (Spr 27,20)

Der Vergleich mit der Unterwelt sagt nicht nur etwas über das Ausmaß der Unersättlichkeit, sondern verweist darauf, „daß ein unbeschränktes, sinnloses Begehren nach immer mehr und besseren Gütern den Keim des Todes in sich trägt"[96]. Ebenso redet der Zahlenspruch 30,15f. von der Unersättlichkeit

---

[90] Vgl. auch 14,27a, dazu s.o.
[91] Genauer dazu § 20.
[92] Vgl. auch 20,2.
[93] Vgl. dazu genauer § 9.
[94] Vgl. BARTH, Errettung, 109, der dann aber doch Texte dieser Thematik zuordnet, die ihr nicht entsprechen, so 11,19; 12,28, wo vom Tod allgemein gesprochen wird.
[95] Vgl. § 20, S. 259.
[96] A. MEINHOLD, ZBK AT 16.2, 459.

und nennt dabei neben der Unfruchtbaren, der Erde und dem Feuer auch die Unterwelt. Sie wird hier nahezu personifiziert[97]. Es fällt jedoch auf, daß in diesen Texten שְׁאוֹל וַאֲבַדּוֹן[98] nur untergeordnete Themen sind, die als Bilder zur Verdeutlichung der eigentlich in den Texten angesprochenen Thematik dienen[99].

Dennoch läßt sich aus diesen Versen einiges erschließen über die Vorstellung des Totenreiches und dessen Bezug zur menschlichen Existenz. So sieht *Delitzsch* in 15,11 „die Voraussetzung . . ., daß es im Bereiche des Creatürlichen nichts Abgeschloßeneres und in weiterem Abstand von dem Wesen und der Offenbarungsstätte Gottes Befindliches gibt, als die Tiefe und zumal die unterste Tiefe des Todtenreiches"[100]. D.h. aber nicht, daß dieser Bereich auch für JHWH unzugänglich bleibt[101], wohl aber, daß hier einerseits ein Bereich ist, der dem Menschen als Lebendem so weit entzogen ist wie sonst kaum etwas. Andererseits ragt dieser Bereich doch auch immer wieder in die menschliche Existenz hinein und bestimmt sie als eine, die bereits vor dem Tod von dessen Sphäre berührt werden kann[102].

4. Folgerungen

„Die Weisheit zeigt den Tod als eine Seinsweise auf, als Art des Gottlosen, wirkend in der Welt zu sein, als Wirklichkeit in der Welt, deren Faktizität direkt mit der Seinsweise des Gottlosen zusammenhängt und die jedermann jederzeit sichtbar vor Augen liegt"[103]. Der Tod ist nach weisheitlicher Vorstellung also vermeidbar, wenngleich nicht als Ende physischer Existenz insgesamt, sondern als vorzeitiger Tod bzw. als Beeinträchtigung des Lebens[104], als das gute und gelingende Leben beeinträchtigende und bedrohende Sphäre.

---

[97] Vgl. STADELMANN, Conception, 168.

[98] So ist auch in 27,20 zu lesen mit dem Qere. In Spr 30,16 begegnet demgegenüber nur שְׁאוֹל.

[99] Vgl. auch FRITSCH/SCHLOERB, IntB, 777: „refers not just to death alone but to death of one who has died in its sins before his time". MCKANE, OTL, 618, spricht im Blick auf 27,20 von „psychologizing or interiorizing" ursprünglich mythologischer Vorstellungen.

[100] DELITZSCH, Spruchbuch, 250.

[101] Vgl. MARTIN-ACHARD, La Mort en Face, 84.88.

[102] Vgl. PLÖGER, BK XVII, 326.

[103] KRIEG, Todesbilder, 621. Er vergleicht unmittelbar anschließend den weisheitlichen Ansatz mit anderen: „Anders die Kultlyrik, in der der Tod als Erfahrung bedacht wird, als Möglichkeit für den Einzelmenschen, deren Ausweis die Kontingenz ist, das Kommen des Todes als unberechenbare und unergründbare Gewalt von aussen . . . Die Prophetie schliesslich macht den Tod als Strafe sichtbar . . ."

[104] In Spr 10ff. finden sich keine Aussagen, die denen von Ani 105–109 (BRUNNER, Altägyptische Weisheit, 202) entsprechen: „Sage aber nicht: «Ich bin zu jung, als daß du mich holst.» Du kennst deinen Tod ja nicht! Wenn der Tod kommt, raubt er das Kind aus den Armen seiner Mutter ebenso wie den, der ein hohes Alter erreicht hat." Vgl. auch die

Entsprechend sind die Proverbien auch nicht eschatologisch ausgerichtet oder gar an einem Weiterleben nach den Tode interessiert[105]. Dies stellt sich in Ägypten völlig anders dar. So leitet z. B. die Lehre des Djedefhor den Sohn an zur Vorsorge für sein eigenes Grab und Totendienst. Ebenso heißt es in PapInsing: „Was man vor seinem Tode für sein Fortleben tun kann, ist, seinen Namen auf Erden zurückzulassen."[106]

Folglich liegt das eigentliche Interesse der Proverbien bei ihrer Rede von Tod und Leben bei der Erhaltung und Ermöglichung gelingenden, positiv gefüllten Lebens[107]. Deshalb wird immer wieder darauf hingewiesen, was zum Tode führt bzw. davor bewahrt[108], wobei rechtschaffenes Verhalten eine entscheidende Rolle spielt.

Gar nicht wird darüber reflektiert, woher Leben kommt[109]. JHWH als Schöpfer des Menschen wird hier nirgends genannt, wenn expressis verbis von Leben bzw. Tod die Rede ist[110]. Es ist nicht das Interesse der Proverbien, nach den Ursprüngen des Lebens zu fragen, sondern ihnen geht es um dessen Gestaltung. Das wurde auch schon dort deutlich, wo von JHWH als dem Schöpfer des Armen wie des Reichen gesprochen wurde, um damit ein rechtes soziales Verhalten einzufordern. Das Leben ist für Spr 10 ff. eine vorgegebene Größe, über deren förderliche Gestaltung und Erhaltung reflektiert wird. Es wird überwiegend und vor allem als in der Hand des Menschen liegend angesehen, wie dieses Leben aussieht und gestaltet werden kann, welche Qualität und Dauer es hat.

Damit wird deutlich, daß Leben keineswegs als eine passive Größe verstanden wird, als etwas, das der Mensch vorgegeben bekommt und dem er dann weitgehend ausgeliefert ist. Deutlich wird dies bereits an den mancherlei Mahnungen, mehr noch aber an den Sentenzen, die den Menschen zu

---

Lehre eines Mannes für seinen Sohn 26–28 (BRUNNER, Altägyptische Weisheit, 189): „Wird dann (auch nur) ein (einziger) Tag der Renenutet übertreten? Wird ein (einziger) Tag der Lebenszeit hinzugefügt? Oder wird etwas von ihr abgezogen?"

[105] Zur ausführlichen Diskussion um diesen Gedankenkreis mit Blick auf 12,28; 14,32; 15,24; 23,17f.; 24,19f. in den Fassungen von LXX, Targum und Vulgata sowie im Lauf der Kirchengeschichte vgl. COTTINI, vita futura.

[106] PapInsing 27 (BRUNNER, Altägyptische Weisheit, 303). Vgl. auch HORNUNG, Maat, 402, zu Ptahhotep: „eine gesicherte Fortexistenz im Jenseits kann man nur durch Maat-Tun gewinnen".

[107] Dabei wird zwar sowohl von חַיִּים als auch von נֶפֶשׁ gesprochen, eine inhaltliche Differenzierung beider Begriffe ist in Spr 10 ff. jedoch nicht feststellbar. Sie sind austauschbar gebraucht.

[108] Anders als bei Sirach wird der Tod nirgends als etwas gesehen, das auch erwünscht sein kann. Dazu REITERER, Deutung, 217 ff.

[109] Vgl. anders Hi 3; 33,4; 35,11 u. ö.

[110] Vgl. aber die Rede von JHWH als dem Schöpfer im Zusammenhang mit dem Armen und Reichen und der dort eigenen Akzentsetzung, § 5, S. 75 f.80 f.

einer Entscheidung herausfordern, sein Leben weisheitlichen Erkenntnissen entsprechend zu gestalten. Es geht nicht um Beschreibung von Lebensformen, sondern um Wertung, Orientierung und daran ausgerichtetem Handeln.

§ 25: Freude

Zwar ist das Thema Freude kein eigenständiges in den Proverbien, doch begegnet die Erwähnung von Freude so häufig in Zuordnung zu anderen Themen, daß in der Freude durchaus ein Ziel atl.[1] weisheitlichen Lebens gesehen werden kann. Versucht man jedoch eine Systematisierung der Aussagen über sie, so erweist sich eine solche als nahezu undurchführbar. Wenn dennoch im folgenden der Versuch einer thematischen Gruppierung unternommen wird, dann deshalb, weil auch mit Hilfe einer nur ungefähren Zuordnung Grundstrukturen der Aussagen besser erhoben werden können.

1. Freude am und durch den Sohn

Am klarsten ordnen sich die Texte einander zu, die die Beziehung zwischen Vater/Mutter und Sohn unter dem Aspekt der Freude subsumieren[2]. So macht der weise Sohn (10,1; 15,20; 27,11; 29,3) Vater und Mutter Freude[3], oder diese freuen sich an ihm bzw. dem Rechtschaffenen (23,15f.; 23,24f.). In allen diesen Texten wird für „sich freuen" bzw. „Freude machen" jeweils שׂמח gebraucht, in 23,16 auch עלז sowie in 23,24f. גיל. Durchgängig findet שׂמח als Verbum im *qal* bzw. *hif'il* Verwendung, so daß offensichtlich nicht die Freude als erstrebter Zustand Ziel der Aussagen ist, sondern es vielmehr um das Empfinden bzw. Bewirken von Freude geht. Das Interesse liegt also wieder einmal mehr auf einem Verhalten bzw. Geschehen als auf einem Faktum/Zustand[4]. Doch wird von diesem so allgemein gesprochen, daß auf die Art des (Er-)Freuens nichts rückgeschlossen werden kann. Das sich freuende bzw. zu erfreuende Gegenüber des Sohnes sind jeweils Vater bzw. Mutter. Über diese konkrete Beziehungsgruppe hinaus wird das Thema Freude im Blick auf bestimmte Menschengruppen sonst nicht angesprochen,

---

[1] Erstaunlicherweise wird in den ao Weisheitstexten faktisch nicht von Freude gesprochen. Zwar wird einmal davon geredet, daß sich die Gottheit freut (s.u. S. 327, Anm. 36), auch wird einmal in einem sumerischen Text ein Freudenschrei erwähnt (TUAT III/1, 27, Z. 76 – ohne daß das Motiv für den Ausruf der Freude ersichtlich wird!), doch insgesamt ist das Thema offensichtlich ohne große Relevanz für die Weisheitsliteratur in Ägypten und Mesopotamien.

[2] Zu den folgenden Texten Genaueres in § 7.

[3] Der Tor aber macht dies eben so nicht (17,21).

[4] Das Nomen שׂמחה kommt in *diesem* thematischen Zusammenhang nicht vor.

sondern die in den weiteren Texten genannten Menschen werden nur allgemein als solche benannt.

2. Was Freude macht

Einiges läßt sich über Erfahrungen und Verhaltensweisen, die Freude bereiten, erheben.

a) Ein wesentlicher Ermöglichungsgrund für Freude liegt in der Sprache des Menschen:

> „Kummer im Herzen eines Mannes beugt ihn nieder[5],
> ein gutes Wort aber erfreut ihn (יְשַׂמְּחֶנָּה)." (Spr 12,25)

> „Freude (שִׂמְחָה) ist für den Mann in der Antwort seines Mundes,
> und ein Wort zur rechten Zeit – wie gut ist es." (Spr 15,23)

Freude wird danach in besonderer Weise hervorgerufen durch wohltuende Sprache[6], die auch noch zum richtigen Moment geäußert wird (ähnlich auch durch die rechte Sprache des Sohnes 23,16). Dies gilt nicht nur in neutralen Situationen, sondern auch gerade dort, wo der Mensch bereits durch Kummer gebeugt ist. Freude wird jedoch nicht nur beim Gesprächspartner hervorgerufen, sondern betrifft nach 15,23 auch den Sprechenden selbst[7]. Zwei unterschiedliche Erfahrungen können darin mitschwingen: Zum einen die, daß dem Gegenüber Anteil an der eigenen geäußerten Freude gegeben wird. Zum andern kann die beim Angesprochenen ausgelöste Freude auf den Redenden zurückwirken[8].

b) Freude wird ermöglicht durch Zuwendung:

> „Das Licht der Augen erfreut (יְשַׂמַּח) das Herz,
> gute Kunde macht das Gebein markig." (Spr 15,30)

> „Öl und Räucherwerk erfreuen (יְשַׂמַּח) das Herz,
> und Süßigkeit seines Freundes ist mehr als ein Rat des Ich." (Spr 27,9)

---

[5] Zum Problem der Konstruktion fem. Subjekt – mask. Prädikat vgl. PLÖGER, BK XVII, 147.

[6] „The ‚good word‘ is not only well-chosen and judicious; it is informed by a warm humanity and a rich sympathy", McKANE, OTL, 446.

[7] Vgl. HAMP, EB, 44.

[8] Genauer zu den Texten vgl. § 14.

Zuwendung geschieht dabei auf unterschiedliche Weise. So wird das Herz, also der Mensch, durch das Licht der Augen (15,30a) erfreut, wobei wohl an ein freudiges Aufleuchten der Augen des Gegenübers als Zeichen der Zuwendung[9] zu denken ist, das im eigenen Herzen Freude auslöst[10]. Wer jedoch seine Augen aufleuchten läßt, wird nicht gesagt, sondern es wird wieder nur sehr allgemein davon gesprochen[11].

Da nach 15,30 insgesamt seelische Freude und physisches Wohlbefinden ineinander übergehen[12], kann angesichts des parallelismus membrorum von 15,30b Freude auch durch gute Sprache hervorgerufen werden[13].

Weniger ein Verhalten als stärker eine Gabe wird mit Öl und Räucherwerk sowie mit der Süßigkeit des Nachbarn/Freundes in 27,9 angesprochen. Möglicherweise ist mit Öl und Räucherwerk ein Hinweis auf eine Feierlichkeit und damit auf Freude durch ein Fest bzw. angesichts eines Festes gegeben[14]. Der Parallelismus dieses Textes weist darüber hinaus darauf hin, daß ebenso die Erfahrung von Freundschaft Grund für Freude ist.

Darüber hinaus werden diejenigen genannt, die an Frieden interessiert sind und zu diesem raten:

> „Trug[15] ist im Herzen derer, die Böses bereiten,
> die aber Frieden raten: da ist Freude (שִׂמְחָה)." (Spr 12,20)

Offen bleibt bei dieser Aussage, wer Freude hat, ob es diejenigen sind, die zum Frieden raten, die Beratenen oder insgesamt diejenigen, die aufgrund des Rates Frieden erfahren[16]. Deutlich wird jedenfalls das positive Interesse an der Gemeinschaft, in der gelebt wird: „those who make plans for the common good enjoy a personal satisfaction and fulfilment"[17].

---

[9] Vgl. STRACK, KK VI/2, 55.

[10] Vgl. PLÖGER, BK XVII, 185. Anders WILDEBOER, KHC XV, 47, der darin ein Synonym für „frohe Kunde" sieht. Zum Problem des Verstehens der Wendung מְאוֹר־עֵינַיִם vgl. bes. MCKANE, OTL, 481.

[11] Daher ist es auch müßig, darüber zu reflektieren, ob es ein Höhergestellter oder der die Botschaft bringende Bote ist, wie es A. MEINHOLD, ZBK AT 16.1, 261, tut. Vielmehr ist seiner Folgerung zuzustimmen, daß es sich handelt um „jede zugewandte Äußerungsform..., die mit hellen, glänzenden Augen einhergeht, und den Empfänger in seinem Lebenszentrum erfreut", ebd.

[12] Vgl. STENDEBACH, Glaube, 72: „Diese Spruchweisheit zeigt ein feines psychologisches Verstehen für die inneren Zusammenhänge zwischen seelischem Geschehen und leiblichem Ausdruck. Im Leiblichen nimmt das seelische Erleben Gestalt an."

[13] Zu diesem Gedankenkomplex vgl. genauer § 14, S. 196 ff.

[14] Vgl. PLÖGER, BK XVII, 322. Zu den Problemen mit dem Verstehen dieses Textes vgl. MCKANE, OTL, 612 f.

[15] Als Antithese zu Freude ist מִרְמָה als „self-deceit" zu bestimmen, MCKANE, OTL, 447.

[16] Vgl. A. MEINHOLD, ZBK AT 16.1, 212, der die verschiedenen Aspekte miteinander verbindet.

[17] MCKANE, OTL, 447.

c) Die Gemeinschaft empfindet Freude, wenn sie gute Machthaber hat. So freut sich (יִשְׂמַח) das Volk an der Macht der Rechtschaffenen im Gegenüber zur Herrschaft der Frevler (29,2). Ähnliches dürfte auch mit 28,12 ausgedrückt sein, wonach beim Triumph (בַּעֲלֹץ[18]) der Rechtschaffenen viel Freude[19] ist, während man sich beim Aufstieg der Frevler lieber versteckt[20].

Die Stadt frohlockt ebenso (תַּעֲלֹץ), wenn es den Rechtschaffenen gut geht und zeigt Jubel (רִנָּה) über den Fall der Frevler (11,10). Da die Stadt als Subjekt genannt ist, kann auch hier vermutet werden, daß es sich bei den Rechtschaffenen bzw. Frevlern um Herrschaft Ausübende geht.

3. *Die Ambivalenz der Freude*

Freude ist zwar grundsätzlich etwas Positives. Doch ist sich der Weise darüber klar, daß Menschen auch Freude angesichts negativer Inhalte empfinden können. Mehrfach wird darauf hingewiesen, daß positiv qualifizierte Menschen sich an guten Dingen und Erfahrungen freuen, negativ qualifizierte hingegen an schlechten. So ist Rechttun ein Anlaß zur Freude (שִׂמְחָה) für den Rechtschaffenen (21,15)[21], von dem überhaupt gesagt werden kann, daß er jubelt und sich freut (יָרוּן וְשָׂמֵחַ, 29,6[22]). Diese gleich doppelte Rede von der Freude ist wohl als Zeichen dafür anzusehen, daß der Rechtschaffene reichlich, wenn auch nicht genannten, Grund hat zur Freude. Auch ist die Hoffnung des Rechtschaffenen für ihn Freude im Gegenüber zum Frevler (שִׂמְחָה, 10,28[23]). Demgegenüber hat der Uneinsichtige Freude an der Torheit[24]:

> „Torheit ist die Freude (שִׂמְחָה) des Unverständigen,
> aber der einsichtige Mann geht geradeaus." (Spr 15,21)

Diese Freude an der Torheit dürfte auch im Hintergrund von 29,9 stehen, wonach der Tor über einen Verweis nur lacht (יִשְׂחָק[25]). Vergnügen (שְׂחוֹק) hat

---

[18] Trotz 7,18, wo עלס (als Nebenform zu עלץ) die Liebesfreuden mit der fremden Frau benennt, ist hier durch den Gebrauch der Wurzel עלץ keine negative Qualifizierung impliziert.

[19] Vgl. HAUSMANN, פאר, 497, zum Verstehen von תִּפְאֶרֶת als Freude.

[20] Zu all diesen Texten vgl. genauer § 3.

[21] Genauer dazu § 3, S. 38ff.

[22] Genauer zum Text vgl. § 3, S. 56.

[23] Zum hier umstrittenen Verstehen von שמחה als Nomen RUPRECHT, שמח, 829.

[24] Wobei diese angesichts von v.21b wohl einen moralischen Aspekt und so auch Sünde/Verkehrtheit mit einschließt, so WILDEBOER, KHC XV, 46. Zur Freude am Tun des Bösen vgl. auch 2,14.

[25] Dem steht Spr 31,25 gegenüber, wonach sich die Frau angesichts des kommenden Tages freut, und dies ebenfalls mit שחק wiedergegeben wird.

der einsichtige Mensch an Weisheit, der Tor aber an Schandtat (10,23).
Kennzeichen des Rechtschaffenen ist ferner, daß sein Licht fröhlich ist
(יִשְׂמָח), während das des Frevlers erlischt (13,9).

Die Freude am Negativen zeigt sich auch bei der Lust an der Verschwen-
dungssucht:

> „Ein Mann des Mangels liebt Freude (שִׂמְחָה),
> wer Wein und Öl liebt, wird nicht reich." (Spr 21,17)

Zwar erweckt dieser Text zunächst den Eindruck, als sei die Freude selbst
negativ qualifiziert, doch zeigt v.17b, daß es um die negative Bewertung
dessen geht, worauf sich die Freude richtet. Wer zu viel Freude an Luxus
hat[26], verhindert seinen eigenen Wohlstand.

„Freude" wird hier den Antithesen (wie Weiser - Tor) zugeordnet, so daß
deutlich wird, daß die in ihnen genannten Menschentypen sich an sehr
Unterschiedlichem freuen. Ferner entsteht der Eindruck, als würde nach
weisheitlichem Denken Freude in besonderer Weise qualifiziert (auch erfahren?) auf dem Hintergrund des negativen Gegenübers bzw. des Gegenteils.
Möglicherweise wird auch hier der Aspekt ganzheitlicher Sicht eingebracht,
wonach das Miteinander negativer wie positiver Empfindungen erst die Gesamtheit ausmachen, eines ohne das andere nicht gedacht werden kann und
daher in Antithesen zusammengeordnet wird, welche ja auch diese Gesamt-
schau erstreben[27].

Gewarnt wird vor Schadenfreude[28], wenngleich mit einer überraschenden
Begründung:

> „Am Fall deines Feindes[29] freue dich nicht (אַל־תִּשְׂמָח),
> und bei seinem Straucheln frohlocke nicht (אַל־יָגֵל) dein Herz,
> daß es nicht sieht JHWH und es böse ist in seinen Augen
> und er wendet von ihm seinen Zorn." (Spr 24,17f.)

Dieser Hinweis, die Schadenfreude angesichts des Falles des Feindes[30] zu
unterlassen[31], ist nun keineswegs mit Fürsorge für den Feind begründet[32].
Vielmehr steht dahinter die Sorge, JHWH könnte den verdienten Zorn vom

---

[26] Mit WHYBRAY, CBC, 121, sind Wein und Öl hier als „symbols of indulgence in lavish
entertainment" zu verstehen.

[27] Vgl. dazu § 6.

[28] Anders allerdings 1,26, wo die Weisheit lacht über das Verderben derer, die sie verachten.

[29] Zu lesen ist das Qere.

[30] Mit WHYBRAY, CBC, 140, ist hier an einen persönlichen, nicht an einen nationalen
Feind zu denken.

[31] Vgl. Hi 31,29.

[32] Zum völlig anderen Umgang mit dem Feind vgl. 25,21f.

Feind zurückziehen[33] und damit den Interessen des Angesprochenen schaden[34]. So bleibt auch nicht ungestraft, wer sich am Unglück freut (שָׂמֵחַ; 17,5[35])[36].

Die Ambivalenz der Freude kann auch durch deren Begrenztheit erfahren werden:

> „Auch beim Lachen (שְׂחוֹק) leidet das Herz,
> und das Ende der Freude (שִׂמְחָה)[37] ist Kummer." (Spr 14,13)

Hier ist wohl die Begrenzung der Freude durch einen immer drohenden folgenden Kummer im Blick[38], denn die Grundstimmung, die der Text nennt, ist die des Lachens bzw. der Freude, die dann eine Einschränkung erfährt[39]. *Plöger* sieht in der hier genannten Erfahrung zu Recht eine Grenze des weisheitlichen Denkens[40], denn eine solche vielschichtige, widersprüchliche Erfahrung[41] entspricht nicht dem sonstigen klaren Duktus weisheitlicher Texte, zeigt aber doch auch einen klaren Realitätssinn der Weisen angesichts der Empirie, die oft der Theorie oder dem Wunsch widerstreitet, auch entgegensteht. So spielt dieser Text möglicherweise auch auf die Erfahrung des Menschen an, daß ungetrübte, andauernde Freude eigentlich gar nicht möglich ist[42], daß Freude nicht anhält und nicht durchgehalten werden kann.

---

[33] Vgl. RINGGREN, ATD 16, 98: „Störe nicht Jahwe in seiner Rache." Vgl. auch McKANE, OTL, 404.

[34] Vgl. A. MEINHOLD, ZBK AT 16.2, 407. Etwas anders akzentuiert versteht STRACK, KK VI/2, 80, diesen Text: „Solche Schadenfreude ist eine schwere Sünde, so schwer, daß erstens du gewiß Strafe erhältst, zweitens gar leicht dein Feind als der minder schuldige u. daher zu begnadigende erscheinen kann."

[35] Genaueres zum Text vgl. § 5, S. 85f.

[36] Gegen Schadenfreude und für Zuwendung zu dem, der Übel will, sprechen sich auch die akkadischen Ratschläge und Warnungen aus (TUAT III/1, 165f.). Hier wird dann auch direkt von Freude geredet, allerdings von der Freude der Gottheit angesichts des Verzichts auf Schädigung des Gegners: „Über einen solchen freut sich sein Gott, er gefällt dem Schamasch, und der vergilt ihm mit Gutem" (TUAT III/1, 166, Z. 63f.).

[37] Hier ist mit der LXX eine Textveränderung vorzunehmen von אַחֲרִיתָה zu אַחֲרִית הַשִּׂמְחָה. Vgl. PLÖGER, BK XVII, 167.

[38] Nicht, wie nach PLÖGER, BK XVII, 172, die Möglichkeit zur Freude auch angesichts eines kummervollen Herzens.

[39] Vgl. ähnlich McKANE, OTL, 471, der das Ineinander von Kummer und Freude anspricht.

[40] PLÖGER, BK XVII, 172.

[41] Vgl. dazu TOY, ICC, 290: „The verse probably speaks of the alternations of ordinary experiences, and the mixed nature of emotions, and doubtless means to suggest that men should not be surprised at the occurence of these alternations".

[42] Vgl. DELITZSCH, Spruchbuch, 231: Jeder Mensch hat das Gefühl der „Losgerissenheit von seiner wahren Heimat und der Nichtigkeit", so daß er auch beim Lachen Schmerz empfindet. Eine gewisse depressive Grundstimmung des Menschen wäre dabei vorauszusetzen.

4. Lob als Zeichen von Freude

Ein indirekter Aspekt der Freude kommt in den Texten zum Tragen, die
vom Loben sprechen. Das gilt für die, die das Eigenlob im Blick haben, wie
für die, welche über einen anderen ein Lob aussprechen:

> „Für den Mund seiner Einsicht wird gelobt (יְהֻלַּל) ein Mann,
> wer aber verkehrten Herzens ist, wird zum Spott werden." (Spr 12,8)

> „Schlecht, schlecht, sagt der Käufer,
> geht er aber weg, dann lobt er sich (יִתְהַלָּל i.p.)." (Spr 20,14)

> „Wolken und Wind – aber es gibt keinen Regen;
> so ist ein Mann, der mit vorgetäuschten Gaben prahlt (מִתְהַלֵּל)." (Spr
> 25,14)

> „Lobe dich nicht (אַל־תִּתְהַלֵּל) am frühen Tag,
> denn du weißt nicht, was ein Tag bringt.
> Es lobe dich (יְהַלֶּלְךָ) ein Fremder, aber nicht dein Mund,
> ein Fremder, aber nicht deine Lippen." (Spr 27,1f.)

In diesen Aussagen wird verhältnismäßig negativ über das Loben gesprochen[43]. Aber es ist auch hier wiederum nicht das Lob als solches, das relativiert wird, sondern der Inhalt bzw. das Objekt des Lobens. So wird davor
gewarnt, sich zu früh über sich selbst zu freuen und Eigenlob überhaupt
abgelehnt (27,1f.). „Eine Selbstanpreisung freilich ist ein eines Weisen un-
würdiger Weg, zu einer notwendigen Anerkennung zu gelangen; sie hat einen
höheren Wert, wenn sie durch einen anderen geschieht."[44] Das Lob durch
einen Dritten wird ausdrücklich bejaht[45]. Nach 12,8 ist es besonders die von
Einsicht zeugende Sprache, deretwegen ein Mensch zu loben ist[46].

Selbstlob wird auch in 20,14 bzw. 25,14 angesprochen, wenngleich mit
anderen Akzenten. Beiden Texten gemeinsam ist das Moment der Täuschung zur Wahrung des eigenen Vorteils. So schildert 20,14 nicht ohne
Humor, wie der Käufer vermutlich den Preis herunterhandelt, indem er die
Ware schlecht macht, sich dann aber über den günstigen Kauf freut[47]. Der in
25,14 geschilderte Mensch preist Geschenke an, die er jedoch nicht zu geben

---

[43] Vgl. auch die Ablehnung des Lobes des Frevlers in 28,4; genauer dazu § 3, S. 62.

[44] PLÖGER, BK XVII, 320.

[45] Besonders deutlich wird dies in Spr 31 angesichts des Tuns der Frau für ihre Familie.
Söhne wie Ehemann sprechen ihr Lob aus (v.28). Ferner wird zu ihrem Lob aufgefordert
(v.30). Ebenso wird ihr Lob durch ihr Tun selbst laut (v.31).

[46] Anders PLÖGER, BK XVII, 149, der לְפִי schlicht unterschlägt und deshalb auf das zu
lobende sachgemäße Handeln abhebt.

[47] Vgl. RINGGREN, ATD 16, 82. Wesentlich positiver sieht PLÖGER, BK XVII, 235, den
Text, da er keine unmittelbare Verurteilung des so Handelnden enthält. So ist nach PLÖGER
darin eine Beschreibung dessen zu sehen, der sich „gegenüber händlerischen Anpreisungen
zu wehren versteht". Ähnlich auch McKANE, OTL, 542; A. MEINHOLD, ZBK AT 16.2, 338,
der von Amüsement, nicht aber von Verurteilung als Bewertungskriterium spricht.

gedenkt. Sehr plastisch wird er mit Wolken und Wind verglichen, die ohne den zu erwartenden Regen weiterziehen und Enttäuschung hinterlassen.

5. Der Ort der Freude

In 23,16 sind die Nieren, die ja oft mit den Gefühlen des Menschen verbunden werden[48], der Sitz der Freude. In allen anderen Texten ist das Herz ähnlich wie in Ägypten[49] der Ort, wo Freude, aber auch Kummer lokalisiert werden (14,10.13; 15,13; 17,22[50])[51]. Die Freude im Herzen wird nun durchaus nicht mit jedem und prinzipiell geteilt (14,10)[52], kann dies auch nicht, wenngleich diese Freude auch wiederum andere anstecken kann (15,13). Die Freude des Herzens wirkt sich dann auch auf körperliches Wohlergehen aus (17,22; vgl. auch 15,30).

Verbindet man diese Beobachtung mit derjenigen, daß in den Proverbien auch sehr häufig das Herz als der Ort des (rationalen) Erkennens begegnet[53], so ergibt sich die Frage, ob beides ganz bewußt ineinander gedacht wird: Zur echten, rechten Freude ist nur der fähig, der auch fähig zum Erkennen, letztlich zur Weisheit ist.

6. Zusammenfassung

Das Wortfeld Freude in den Proverbien zeigt einen überwiegenden Gebrauch der Wurzel שׂמח, die aber nicht nur das Phänomen der Freude als solche beinhaltet, sondern deren Ausdrucksformen miteinschließt[54]. Die wenigen Male, wo רנן, גיל, עלץ[55] bzw. שׂחק gebraucht werden, bringen eine andere Nuance mit ein. Sie sprechen stärker die jeweilige Ausdrucksform der Freude an, nämlich ihr Lautwerden auf unterschiedliche Weise, wobei genauere Differenzierungen nicht möglich sind[56].

Ein völlig anderer Aspekt wird durch הלל hineingenommen, da hier das

---

[48] Dazu KELLERMANN, כליות, 189–191.

[49] Vgl. BERGMAN/RINGGREN/BARTH, גיל, 1012.

[50] Zu den Texten vgl. genauer § 15, S. 215–218.

[51] Zum Herzen „als Sitz menschlicher Emotionalität" vgl. FABRY, לב, 427 ff.

[52] Vgl. McKANE, OTL, 471: „no one can participate except the person who immediately experiences it; it, too, in its essence, is incommunicable". Das gilt für Leid wie für Freude.

[53] Vgl. § 14.

[54] Vgl. RUPRECHT, שׂמח, 830.

[55] Bedeutungsgleich mit עלז und עלס, vgl. VANONI, עלז, 127.

[56] Vgl. BERGMAN/RINGGREN/BARTH, גיל, 1013 f.; FICKER, רנן, 782 f.; HAUSMANN, רנן, 538 f.; VANONI, עלז, 128.

Thema Freude (über Gelungenes) nur sekundär eine Rolle spielt, primär aber das berechtigte und zu erstrebende Lob (bzw. das abzulehnende Selbstlob) im Vordergrund steht, wobei bereits ein Stück Reflexion über das Geschehene mitgesetzt ist[57].

Fragt man nach dem Grund für Freude, so zeigt sich dieser nahezu durchgängig in sozialen Bezügen: ein freundliches Wort, ein guter Rat, ein guter Blick, der weise Sohn, die Niederlage des Frevlers. Unabhängig von einem Gegenüber ist Freude kaum zu empfinden. Freude erwächst nicht aus sich selbst heraus, wenngleich sie zur Äußerung kein Gegenüber braucht. Sich seiner selbst, sich aus sich heraus zu freuen bzw. sich selbst Freude zu machen, ist für den Weisen als Möglichkeit nicht im Blick, wird zumindest in den Proverbien nicht angesprochen.

Freude wird in besonderer Weise an den Rechtschaffenen gekoppelt, doch ist sie keineswegs auf diesen beschränkt, ebenso nicht auf positiv qualifizierte Menschen. Auch negativ bewertete Menschen freuen sich. Ihre Freude allerdings wird nicht positiv gesehen, da sie sich an negativen Inhalten orientiert.

Auffallend, aber nicht verwunderlich ist jegliches Fehlen von kultischen Bezügen für das Erleben von Freude. Auch von der Freude an JHWH bzw. vor JHWH wird nicht gesprochen[58]. Die Rede von der Freude begegnet in keinerlei religiösem Kontext.

Ebenso fehlt eine direkte Koppelung von Freude und Lebensgenuß durch Essen und Trinken (anders Qohelet), wenngleich die Proverbien einen solchen kennen (vgl. 23,29–35). Auch die Freude an der Frau wird im Gegensatz zu Qohelet[59] nirgends genannt.

Als Zeichen der Lebensfreude ist indirekt auch der Humor zu werten, der immer wieder in den Proverbien sichtbar wird (vgl. 10,26; 19,24; 22,13; 26,13–16 u.ö.)[60].

Schaut man auf die Satzstrukturen, so fällt auf, daß Nominalsätze und Verbalsätze weitgehend ausgewogen gebraucht sind. Ähnlich gleichmäßig begegnen nominaler wie verbaler Gebrauch von שׂמח. Damit wird unterstrichen, daß der Zustand der Freude wie das Werden bzw. Hervorrufen von Freude einander zugeordnet sind und einander bedingen. Es geht nicht nur um das Tun oder nur um den Gemütszustand, sondern Verhalten und Habitus werden – wie es bei einem sich äußernden Gefühl selbstverständlich ist – einander als gleich wichtig zugeordnet und miteinander verbunden.

---

[57] Vgl. RUPRECHT, שׂמח, 830.
[58] Anders 8,30. Nach 8,31 hat die Weisheit Freude am Menschen.
[59] Z.B. Koh 2,24–26; 3,12.22; 5,17–19; 8,15; 9,7–10; 11,9f. Wenngleich sie auch dort letztlich als הבל gewertet wird (Koh 2,1). Vgl. aber auch Spr 5,18.
[60] Vgl. STENDEBACH, Glaube, 84–86.

§ 26: Wohlstand

Das Thema Reichtum bzw. Armut als Gegenüber des erstrebten Reichtums spielt in den Proverbien eine große Rolle¹. Dies deutete sich schon an angesichts der Vielzahl von Belegen zu den Typen Reicher/Armer (vgl. § 5). Verschiedene Möglichkeiten werden angedeutet, wie der Mensch zu Wohlstand kommen bzw. der Armut anheimfallen kann. Zwar wird Reichtum insgesamt als etwas Erstrebenswertes angesehen, doch wissen die Proverbien auch um seine Grenzen bzw. Gefahren. Ebenso wird angesprochen, daß Besitz keineswegs nur dem eigenen Behagen dienen soll, sondern der sozialen Verantwortung unterworfen ist.

1. Ermöglichungsgründe von Reichtum bzw. Armut

a) Wie schon in § 5 ersichtlich wurde, stehen Reichtum bzw. Armut häufig im Zusammenhang mit einem bestimmten Verhalten. An folgende Relationen ist hier zu erinnern: Reichtum und Fleiß, Armut und Faulheit begegnen in Beziehung zueinander (10,4 [רָאשׁ–תַּעֲשִׁיר]; 11,16²; 12,27; 24,34 [מַחְסֹר, רֵישׁ]³; vgl. auch 21,17 [מַחְסוֹר, יֶעֱשִׁיר לֹא]⁴), ebenso Reichtum und der Weise (14,24 [עָשְׁרָם]⁵; 24,4 [הוֹן]⁶) bzw. die Demut (22,4; עֹשֶׁר). Dem Rechtschaffenen wird Reichtum (חֹסֶן רָב) zugestanden, während der Gewinn (תְּבוּאָה) des Frevlers Vernichtung erfährt (15,6)⁷. Wer seiner Freude an

---

¹ Vgl. zum Thema Strauss, „Armut".
² Hier ist die Fassung der LXX dem masoretischen Text vorzuziehen, da nur so ein sinnvoller Zusammenhang hergestellt werden kann. Die MT-Variante ergäbe eine Zuordnung von anmutiger Frau und Fleißigem (Mann), die als Gegenüberstellung singulär in den Proverbien wäre. Die LXX-Version hingegen ergibt zwei in sich verstehbare Antithesen.
³ Genaueres zum Text vgl. § 4 S. 73f. Vgl. dazu die direkte Parallele in 6,10f., wobei nicht zu klären ist, ob 6,10f ein Zitat von 24,33f. ist, oder nicht beide auf eine vorgegebene Redensart Bezug nehmen, vgl. Plöger, BK XVII, 288. Nach Plöger ist in diesen Versen ein Hinweis auf den Faulen mit seiner „Wertlosigkeit für die Gemeinschaft" zu sehen – ebd. –, doch wäre davon höchstens durch den größeren Kontext etwas zu spüren, eine direkte entsprechende Aussage ist nicht zu erschließen.
⁴ Die hier genannten Gründe der Faulheit, der Unklugheit und der Freude am Vergnügen werden von Liaño, pobres, 121, zu Recht als „causas naturales" bezeichnet.
⁵ Genauer zum Text vgl. oben § 2, S. 19f.
⁶ Genauer zum Text vgl. § 22, S. 283f.
⁷ Der Reichtum des Rechtschaffenen wird in 15,6 aber keineswegs als Gabe JHWHs angesehen, wie George, Pauvreté, 23, meint. Solche Aussage ist nur dann möglich, wenn unterschiedlich strukturierte Texte undifferenziert nebeneinander gestellt werden, was in der Proverbien-Interpretation – besonders unter Heranziehung „religiöser" Aussagen – immer wieder geschieht, dem Charakter der Texte aber nicht gerecht wird.

332 Die Lebensideale des Weisen

Lustbarkeiten nachgeht, wird Mangel (מַחְסוֹר) haben und nicht reich werden (לֹא יַעֲשִׁיר; 21,17). „Daß nicht endloses Diskussionspalaver, sondern
Arbeit und Leistung zu Wohlstand und Wohlergehen führen, läßt sich nach
Meinung der Weisheitsschule als gewisse Regeln formulieren"[8]. Ebenso führt
mangelnde Selbstbeherrschung[9] wie Interesse an Nichtigkeiten zu Armut:

> „Sei nicht unter (den) Weinsäufern,
> bei (den) Schlemmern von Fleisch,
> denn Säufer und Schlemmer werden verarmen (יִוָּרֵשׁ),
> und der Schlaf bekleidet mit Lappen." (Spr 23,20f.)

> „Wer sein Land bebaut, wird satt mit Brot,
> wer aber dem Nichtigen nachjagt, wird satt mit Armut (רִישׁ)." (Spr 28,19)

Nicht Essen und Trinken als solche werden als Gründe für Verarmung
genannt, sondern deren Praktizieren im Übermaß[10]. Parallel dazu wird auch
nicht der Schlaf an sich als Problem anzusehen sein, sondern ein zu viel an
Ruhe (vgl. 20,13). Ebenso wird derjenige, der Nichtiges vorzieht, also auf
andere Weise nicht den rechten Maßstab anlegt, Armut erfahren (28,19[11]).
Das Wortspiel mit יִשְׂבַּע versieht den zuletzt genannten Text mit einer gewissen Ironie, die wie „intellectual shock technique"[12] wirkt, und macht den, der
an Nichtigkeit orientiert ist, aufmerksam darauf, daß er damit reichlich
Armut haben wird.

In diesen Texten wird Reichtum als durchaus zu erstrebende Folge des
eigenen Verhaltens angesehen, während Armut kritisch als eine eher selbst-
verschuldete gezeichnet wird. An eigenverantwortete Armut ist meist zu
denken, wenn in den Proverbien das Verbum ירשׁ im *nif'al* begegnet. Das
eigentlich positiv besetzte Verbum wird hier in seiner Bedeutung umgekehrt,
indem der Mensch selbst zum Besitz wird, statt etwas zu besitzen. *Gunneweg*
sieht entsprechend in diesen Texten den Grundsatz ausgedrückt, „daß die
rechte Leistung zum rechten Erfolg führen wird"[13].

Völlig singulär ist die Rückführung des Reichtums auf den Segen

---

[8] GUNNEWEG/SCHMITHALS, Leistung, 24.
[9] Vgl. § 24.
[10] Vgl. die ähnliche Verbindung in Dtn 21,20. Vgl. auch PapInsing 124 (BRUNNER,
Altägyptische Weisheit, 309): „Armut gewinnt keine Macht über den, der sich in seinen
Aufwendungen mäßigt." Vgl. auch PapInsing 131 (ebd.). Zu den sonstigen Folgen zu
starken Weingenusses vgl. Spr 23,29ff.
[11] Vgl. dazu 12,11 mit der fast identischen Formulierung, wenngleich am Ende des
Textes ein anderer Akzent gesetzt wird mit dem Hinweis auf die Unverständigkeit eines
solchen Verhaltens.
[12] WATSON, Classical Hebrew Poetry, 313, unter Aufnahme einer Formulierung von
MCCANN.
[13] GUNNEWEG/SCHMITHALS, Leistung, 26.

JHWHs[14], die aber nicht Untätigkeit propagieren will, sondern eher die Möglichkeiten von Arbeit relativiert (10,22)[15].

b) Ebenso zeigt sich Reichtum als Folge von Zucht bzw. Selbstbeherrschung:

> „Reichtum (הוֹן) von Windhauch ist wenig,
> wer aber in die Hand sammelt, wird reich (יַרְבֶּה)." (Spr 13,11)[16]

> „Arm (רֵישׁ) und klein, wer sich der Zucht entzieht,
> wer aber auf Zurechtweisung hört, wird geehrt." (Spr 13,18)

> „Ein wahrhaftiger Mann erfährt viele Segnungen,
> wer aber drängt, reich zu werden (לְהַעֲשִׁיר), bleibt nicht unschuldig." (Spr 28,20)

> „Wer sich um Reichtum (הוֹן) beeilt, ist ein Mensch mit bösen Augen,
> er merkt nicht, daß Mangel (חֶסֶר) ihn trifft." (Spr 28,22)

13,18 setzt Wohlstand zunächst voraus. Dieser geht aber verloren, sofern sein Inhaber an Zucht, d. h. wohl an maßvoller Lebensweise und Offenheit für Ermahnungen desinteressiert ist[17]. Umgekehrt wird geehrt, wer Zurechtweisungen akzeptiert. Die Ehrung geschieht durch und wegen seines Reichtums, denn כבד steht im Kontrast zu רישׁ und קלון.

13,11; 28,20.22 weisen darauf hin, daß erfolgreich ist, wer mit Wahrhaftigkeit und Ruhe seinen Besitz vermehrt[18]; wer aber Eile damit hat[19], wird eher schuldig. Diese Überlegungen lassen an Menschen denken, die wohl nicht zur Oberschicht gehören, aber die Möglichkeit haben, nach und nach zu einem gewissen Wohlstand zu kommen[20]. Ihnen wird indirekt die Mahnung zuteil, die behutsame Art des Besitzvermehrens beizubehalten.

Die Aussagen der hier verhandelten Texte sprechen die Habgier an sowie davon, daß übereilter Reichtum nur auf Kosten anderer möglich ist. Auch verliert der Habgierige den Blick für die Wirklichkeit und merkt nicht, wie er durch sein Verhalten eher Mangel erreicht[21]. „Das Nichtwissen ist – wie

---

[14] Vgl. KENIK, Kingship, 155, mit Blick auf Ps 72,15a.16 und andere Texte, wonach Reichtum auf den König kommt als „indication of the divine favor".

[15] Vgl. genauer § 20, S. 257f.

[16] Zur Problematik der Textgestalt insgesamt vgl. WHYBRAY, Wealth, 39.

[17] Vgl. MCKANE, OTL, 456: „he who is negligent and intellectually undisciplined will be a man of straw".

[18] Auch zu 13,11 dürfte mangelnde Wahrhaftigkeit bzw. Rechtschaffenheit als Hintergrund im Blick haben angesichts der Rede vom Windhauch, die an windige Geschäfte erinnert, vgl. A. MEINHOLD, ZBK AT 16.1, 221.

[19] Diese Eile kann unterschiedlich motiviert sein: „This may mean either that he worries so much about gain that he does not realize that he may later lose his possessions; or, that the fear of loss is his constant worry", SCOTT, AB 18, 167.

[20] So wohl mit Recht WHYBRAY, Wealth, 39, zu 13,11.

[21] Dieser Gedanke könnte auch hinter dem problematischen Text 20,21 stehen, sofern mit dem Qere מְבֹהֶלֶת gelesen wird. Zu den Problemen der Interpretation dieses Verses vgl. PLÖGER, BK XVII, 237; MCKANE, OTL, 539.

häufig in den Sprüchen ... – Ausdruck völliger Verfehltheit."[22] Reichtum ist folglich zwar erstrebt und legitim, solange er als eine Art Nebenprodukt Folge von Fleiß und rechtem Verhalten ist, nicht aber, wenn er um seiner selbst willen erworben wird, weil solches nur auf Kosten anderer geht. Auch hier geht es letztlich um den Blick für das rechte Maß, das gewahrt werden sollte[23].

Möglicherweise ist auch die Bitte Agurs unter diesem Aspekt einzuordnen, wonach dieser weder Armut noch Reichtum haben möchte (30,8), also vor Extremen bewahrt werden will. Auf jeden Fall wissen 30,8f. um die Gefahr des Hochmuts angesichts von Reichtum wie um die Gefahr des Diebstahls angesichts von Armut. Besitz wird damit zu einer *Voraussetzung eines positiven Verhaltens*, nicht aber zu dessen Folge. Damit setzt dieser Text[24] deutlich andere Akzente als die übrigen in den Proverbien[25], was bei Kap. 30 auch sonst zu bemerken ist.

Diese in a) und b) verhandelten Texte werden von erfolgreichen und wohlhabenden Teilen der Bevölkerung formuliert worden sein, die ihre Wohlhabenheit auf entsprechende Vorgaben im Engagement zurückführen können oder wollen. Gegenteilige Erfahrungen werden hier nicht berücksichtigt.

2. Positive Folgen des Reichtums

Auch der Weise macht die Erfahrung, daß Reichtum sehr hilfreich und deshalb zu wahren bzw. anzustreben ist. Reichtum ermöglicht gutes Leben und Freundschaft, während Armut Verderben und Verlust von Freundschaft bringt (10,15 bzw. 14,20; 19,4.7[26])[27]. Eine ähnliche Tendenz zeigen auch die Texte, die von (Bestechungs-)Geschenken sprechen:

> „Ein Edelstein ist ein Geschenk in den Augen seines Herrn,
> bei allem, wo er sich hinwendet, hat er Erfolg." (Spr 17,8)

> „Das Geschenk eines Menschen schafft ihm Raum,
> und vor die Großen führt es ihn." (Spr 18,16)

---

[22] A. MEINHOLD, ZBK AT 16.2, 477.

[23] Vgl. dazu § 24.

[24] Der in seiner ganzen Struktur und Eigenart einem anderen Hintergrund verpflichtet ist, vgl. WHYBRAY, Wealth, 81.

[25] Die Besonderheit dieses Textes wird auch durch die Form der Bitte unterstrichen. Vgl. zu diesen eigenen Akzenten auch WHYBRAY, Wealth, 78 ff., mit dem Hinweis auf ähnliche Tendenzen im Blick auf die Gefahr des Reichtums in Dtn 8,11–14; 31,20; Hi 21,7–15; 31,24–28 (ebd., 80).

[26] Genauer zu den Texten § 5, S. 81 f.

[27] Armut wird immer dort negativ gewertet, wo sie in Opposition zu Reichtum steht, WITTENBERG, Lexical Context, 53.

„Eine heimliche Gabe beschwichtigt Zorn,
ein Geschenk in der Gewandfalte starken Grimm." (Spr 21,14)

Sehr wohl wissen die Weisen von der Wirksamkeit[28] eines Geschenks an Leute, die für das eigene Vorwärtskommen wichtig sind[29]. Doch gleichzeitig wird diese Art des Umgangs mit Besitz mit einem kritischen Blick versehen, denn zumindest 21,14 mit seiner Rede vom heimlichen Geschenk zeigt, daß hier etwas zu verbergen, als nicht rechtschaffen anzusehen ist[30]. So können diese Texte insgesamt nicht so sehr als Anleitung für nach Erfolg Strebende angesehen werden[31], sondern eher als ein Anstoß, eine solche Praxis kritisch zu hinterfragen. Eindeutigkeit in der Aussage der Texte liegt jedoch nicht vor[32]. Eine analoge Ambivalenz zeigt auch Merikare: „Mache deine Minister groß, damit sie sich an deine Gesetze halten. Wer einen wohlhabenden Haushalt führt, ist nicht parteiisch, denn ein Besitzender leidet ja keine Not."[33] Auch dort wird Reichtum erfahren als Möglichkeit, sich die Beziehungen zu anderen so zu gestalten, wie man sie gern hat, doch werden diese Beziehungen auf diese Weise zu käuflichen und damit auch fragwürdigen.

3. *Relativierung des Reichtums*

Es überwiegt in den Proverbien eine differenzierte, auch kritische Einstellung zum Reichtum[34], die sich dort zeigt, wo Besitz nicht als Garantie für Lebensqualität erfahren wird. So bewahrt Reichtum keineswegs vor schlimmen Erfahrungen (11,4 הוֹן, im Kontrast צְדָקָה; ebenso radikalisiert in 11,28; vgl. auch 13,8; 18,11[35]). Die Gegenüberstellung von הוֹן und צדקה macht deutlich, daß Reichtum nicht prinzipiell Zeichen von Wohlverhalten ist, sondern dem auch entgegenstehen kann (vgl. auch 10,2 mit der kritischen Sicht der unrechtmäßig erworbenen Schätze, die sich nicht als

---

[28] אבן חן (17,8) kann auch für Zauberstein stehen, so daß auf die geradezu magische Wirkung eines Bestechungsgeschenkes angespielt wird. Vgl. McKane, OTL, 502.

[29] Dabei muß jedoch keineswegs nur an „kleine" Leute gedacht werden, die sich von den Höhergestellten mit Geschenken etwas erwarten, so A. Meinhold, ZBK AT 16.2, 305, sondern eine solche Praxis dürfte auch in den höheren Schichten üblich sein.

[30] Zur neutralen Wertung dieser Beschreibung vgl. Plöger, BK XVII, 247.

[31] Trotz entsprechend üblicher Praxis im Orient. So allerdings McKane, OTL, 517, im Blick auf 18,16: „The verse should be understood rather as a more general recommendation of the bribe for the clearing of bottlenecks and the unlocking of doors."

[32] Vgl. A. Meinhold, ZBK AT 16.2, 287.

[33] Merikare 68ff. (Brunner, Altägyptische Weisheit, 143).

[34] Zur Ambivalenz der Güter, die sich auch bei Qohelet zeigt, vgl. Haag, Menschen, 29.

[35] Genauer zu den Texten § 24, S. 313; § 3, S. 52f.; § 5, S. 79f.

lebensfördernd erweisen)[36]. Somit gibt der Reichtum auch keine Garantie auf Sicherheit am Tage des Zorns (11,4), wo andere Maßstäbe gelten[37].

Aufgrund dieser Erfahrungen werden andere Werte großem Reichtum vorgezogen:

> „Besser wenig in Gerechtigkeit
> als viel Gewinn (רֹב תְּבוּאוֹת) und kein Recht." (Spr 16,8)

> „Vorgezogen wird der Name vielem Reichtum (עֹשֶׁר רָב),
> besser als Silber und Gold ist Gunst." (Spr 22,1)

Reichtum wird zwar nicht abgelehnt, aber relativiert zugunsten erstrebenswerterer Größen[38]. So werden Rechtschaffenheit und Wahrung des Rechts ebenso höher gewertet als Reichtum (16,8)[39], wie dies von einem (guten[40]) Namen[41] und gnädiger Zuwendung (22,1) gilt. Beide Texte sind ein indirekter Appell „an den Hörer bzw. Leser, sich so überzeugend und gut zu verhalten, daß sein Leben einen wirklichen Wert gewinnt und nicht Scheinwerten verfällt"[42]. Gleiches gilt auch für den Vorzug der JHWHfurcht gegenüber großem Besitz mit Unruhe (15,16)[43], der Erkenntnis gegenüber Gold und Silber (16,16)[44], von Liebe und Frieden bei einfacher Speise gegenüber Haß und Streit bei üppigem Essen (15,17; 17,1)[45].

---

[36] Vgl. FRITSCH/SCHLOERB, IntB 4, 843: „More important than wealth or the lack of it is a ‚life of integrity'".

[37] Nach PLÖGER, BK XVII, 136, geht es hier – unter starker Betonung von v.4b – wohl „um die Bewahrung vor einem vorschnellen oder auch selbstverschuldeten Tod". Der eigentliche Ton liegt aber wohl doch eher auf dem – wertenden – Gegenüber von הון und צדקה, wobei zu letzterer hingeführt werden soll. – ביום עברה hat in 11,4 nicht den prophetischen Tag JHWHs im Blick, sondern steht für die Zeit schlimmen Ergehens, wenn auch Zeph 1,15 יום עברה parallel zu יום יהוה (1,14) gebraucht. Im Vordergrund steht der Gedanke, daß Reichtum nicht befreit aus dem Tun-Ergehen-Zusammenhang, vgl. die Fortsetzung in 11,4b. – Vgl. dazu § 18.

[38] Vgl. MCKANE, OTL, 499: „... what is condemned is not wealth *per se* but wealth with inequity and *hubris*." Ähnlich äußert sich RINGGREN, ATD 16, 70, allerdings mit der Folgerung: „Freilich würde wohl der Spruchdichter erwarten, daß diese Einstellung bald mit Reichtum belohnt werde." Für eine solche Folgerung bietet der Text selbst jedoch keinen Anhalt.

[39] Das muß jedoch nicht prinzipiell heißen, daß Rechtschaffenheit und Wohlstand einander ausschließen.

[40] So ist wohl das absolut gebrauchte שֵׁם zu ergänzen.

[41] Vgl. zum guten Ruf auch Koh 7,1; Sir 41,12f. Zum Zusammenhang von Lebenswandel und gutem Namen in Ägypten vgl. J. ASSMANN, Vergeltung, 690.

[42] A. MEINHOLD, ZBK AT 16.2, 363.

[43] Genaueres zum Text vgl. oben § 20, S. 270f. – M.E. ist es vom Text her nicht möglich, der Armut hier bereits einen religiösen Wert zuzuschreiben, „so that there is a tendency to equate poverty and piety and, conversely, wealth and impiety", so MCKANE, OTL, 486f.

[44] Genauer dazu § 22.

[45] Genauer dazu § 23. – Vgl. auch die ähnlichen Aussagen bei Amenemope 153f.; 159–162; 304–307 (BRUNNER, Altägyptische Weisheit, 242; 247f.).

So kann gar gewarnt werden vor dem Mühen um Reichtum, da auf dessen dauerhafte Verfügbarkeit sowieso kein Verlaß ist[46]:

> „Bemühe dich nicht darum, reich zu werden (לְהַעֲשִׁיר),
> laß ab von deinem Bemühen[47]!
> Läßt du deine Augen zu ihm (= Reichtum) fliegen,
> so gibt es ihn nicht,
> denn er macht sich Flügel,
> wie ein Adler fliegt[48] er zum Himmel." (Spr 23,4f.)

Zwar ist auf Reichtum kein Verlaß, aber er erfährt dennoch keine (negative) Wertung[49]. Negativ qualifiziert wird nur das eifrige Bemühen um Reichtum[50]. Die Unverläßlichkeit des Reichtums kennt auch Ptahhotep: „Ein Mann denkt wohl: «So werde ich reich», und schließlich muß er seinen Besitz einem geben, der ihn gar nicht kennt."[51] Umgekehrt veranlaßt die nicht vorhandene dauernde Verfügbarkeit des Reichtums auch zur mehrzeiligen Mahnung, sich um seine Habe zu kümmern:

> „Beachte das Aussehen deines Kleinviehs,
> lege dein Herz (= richte dein Denken) auf die Herden,
> denn Reichtum (חֹסֶן) bleibt nicht ewig,
> ob etwas Zugedachtes[52] für allezeit?
> Wenn das Gras verschwunden ist und und das Grün sichtbar wird
> und gesammelt sind die Kräuter der Berge,
> dann gibt es Lämmer für deine Kleidung
> und als Kaufpreis eines Feldes Böcke
> und Ziegenmilch für deine Nahrung und Brot für dein Haus
> und Leben für deine (Dienst-)Mädchen[53]." (Spr 27,23–27)[54]

---

[46] Vgl. McKane, OTL, 382: „The man who clarifies his thoughts will realize the futility of wearing himself out in the effort to get rich, because wealth is fickle and unpredictable."

[47] In diesem Sinn ist wohl das בִּינָה zu verstehen.

[48] Hier ist dem Qere zu folgen.

[49] Vgl. Whybray, Wealth, 95, der diese Beobachtung besonders herausstellt im Gegenüber zu manchen anderen Texten.

[50] Als kritischer Hinweis darauf, daß eigentlich JHWH Geber von Reichtum ist? So als mögliche Zielrichtung von Whybray, Wealth, 96, fragend eingebracht. Insgesamt bleibt für Whybray jedoch der Text ein „enigma" (ebd.).

[51] Ptahhotep 95f. (Brunner, Altägyptische Weisheit, 113). Der Text ist allerdings wohl auf unrechtmäßig erworbenen Reichtum gemünzt, Brunner, ebd., 433. – Vgl. Koh 2,21; 6,2.

[52] So ist wohl das eigentlich mit Weihe zu übersetzende נֵזֶר zu verstehen. Dann wäre eine Textveränderung in אוֹצָר oder עֹשֶׁר nicht nötig, so aber Plöger, BK XVII, 327.

[53] Dieser Teil des Textes ist nicht ganz unproblematisch, wie schon die Änderungsvorschläge im Apparat der BHS zeigen. Die Erwähnung der נערות ist zumindest überraschend und zum Übrigen nur begrenzt passend. Möglicherweise ist in den beiden letzten Worten des Verses tatsächlich eine Erweiterung zu sehen, vgl. Plöger, BK XVII, 328, u. a.

[54] Vgl. die sehr detaillierte Exegese des Textes bei van Leeuwen, Context and meaning, 131 ff.

Wer sich um seine Herde und deren Wohlergehen bemüht, wird von ihren
Erträgen seinen eigenen Unterhalt sowie den seines Hauses bestreiten können. Die Feststellung, daß Reichtum kein dauerhafter ist sowie die rhetorische Frage betonen in v.24, daß Vorsorge zum Erhalt von Reichtum notwendig ist. Voraussetzung für das Profitieren von der Herde ist der Einsatz für
deren Bestand, was durch die Reihung der qaṭal-x Verbalformen in v.25
bestätigt wird. Daß ein solcher Einsatz sich lohnt, zeigt die Reihung der
Güter, die aus der Arbeit erwachsen.

Das sehr in Einzelheiten gehende Beispiel aus der Landwirtschaft führt
viele Exegeten dazu, den Sitz im Leben dieses Textes auch im agrarischen
Bereich anzusiedeln und das landwirtschaftliche Leben als Ideal anzusehen[55].
Die Textgattung ist nun aber eine Mahnung mit ausführlicher Begründung,
so daß 27,23–27 nicht als Lobpreis des Lebens des Viehzüchters[56] angesehen
werden kann. Landbewohner sind zwar als Adressaten dieses Textes durchaus denkbar, ebenso aber auch andere[57], denen am allen nachvollziehbaren
und einsichtigen Beispiel der Landwirtschaft die Notwendigkeit des Einsatzes für Pflege und Erhalt von Besitz demonstriert werden soll. Der Transfer
in den eigenen Bereich ist dann vom Hörer/Leser selbst zu leisten, wie solches
ja auch für die meisten anderen Texte in den Proverbien gilt.

Die Relativierung von Reichtum ist auch dort angesprochen, wo er als
nicht für jeden angemessen und passend angesehen wird. So nützt er nach
17,16; 21,20 in der Hand des Toren nichts, weil dieser damit sowieso nichts
Rechtes anfängt[58] (vgl. mit etwas anderer Tendenz 19,10).

4. Besitz und soziale Verantwortung gehören zusammen[59]

Daß Besitz nicht nur für seinen Inhaber von Bedeutung ist, sondern auch
eine Relevanz für die Gemeinschaft hat, wird in den Proverbien mehrfach
angesprochen[60]:

> „Wer Getreide zurückhält, den verflucht das Volk,
> aber Segen gibt es für das Haupt dessen, der es verkauft." (Spr 11,26)
>
> „Wer seinen Reichtum (הוֹן) durch Zins und Aufschlag vermehrt,
> der sammelt es für den, der sich der Armen erbarmt." (Spr 28,8)

---

[55] Vgl. u.a. GASPAR, Social ideas,45; WHYBRAY, CBC, 158.

[56] So RINGGREN, ATD 16, 108, im kritischen Gegenüber zu weniger sicheren Möglichkeiten des Handels.

[57] Für VAN LEEUWEN, Context and meaning, 133, Leute vom königlichen Hof, die in
Nähe zur Landwirtschaft leben. Deshalb sieht VAN LEEUWEN, ebd., 137, den Text adressiert
„to the king (and his court) as ‚shepherd' of his people". Eine solche Einschränkung auf
eine bestimmte Gruppe ist jedoch vom Text her nicht vorgegeben.

[58] Zu den Texten vgl. § 2, S. 20.30f.

[59] Vgl. dazu auch 21,13. Vgl. ebenso § 5.

[60] Vgl. dazu auch § 5.

28,8 nimmt den Reichtum (הוֹן) im Rahmen sozialer Kategorien wahr bis hin zur guten Wertung von Zinserträgen[61]. Diese werden als erstrebenswert angesehen, sofern sie der Wohltat für Arme (דָּל) dienen[62]. Indirekt ist damit wohl auch eine Kritik gegen selbstsüchtiges Vermehren des Kapitals vollzogen[63]. Zu weitgehend ist jedoch die Aussage von *Liaño*, wonach für die Weisen der Zweck des Reichtums letztlich darin bestehe, diesen unter die Armen zu verteilen[64]. So absolut kann dies nicht einmal für 28,8 gesagt werden. 11,26 macht demgegenüber deutlich, daß soziale Verantwortung nicht im Verschenken des Besitzes besteht, sondern darin, für andere notwendige Güter nicht für sich egoistisch zurückzuhalten (zur Steigerung der Gewinnspanne?[65]), sondern sie denen zum Verkauf anzubieten, die ihrer bedürfen[66]. Ein solches Verhalten erfährt den Dank/Segen des Volkes, während umgekehrt nur der Fluch als Reaktion bleibt. Es geht also nicht um einfaches Herschenken von Gütern, sondern um eine sachgemäße, angemessene Form des Teilens ohne Aufgabe der eigenen Existenz.

Dem ordnen sich auch die Texte zu, die eine Ablehnung des Bürgens zum Inhalt haben[67]:

„Übel behandelt wird (רַע־יֵרוֹעַ), wenn er einem Fremden bürgt,
wer das Bürgen haßt, kann sicher sein." (Spr 11,15)[68]

„Ein Mensch von fehlendem Verstand ist einer, der sich mit Handschlag verpflichtet,
einer, der Bürgschaft leistet vor seinem Nächsten." (Spr 17,18)

---

[61] Zwar wird Zins in Ex 22,24; Ez 18,8.13.17; 22,12; Lev 25,36f., Dtn 23,20f.; Ps 15,5 negativ gewertet, doch gibt es auch anderweitig die positive Sicht in Verbindung mit לוה; vgl. KESSLER, Schuldenwesen, 183, so daß die positive Sicht der Zinspraxis nicht singulär ist.

[62] Vgl. PLÖGER, BK XVII, 334. – FLEISCHER, Von Menschenverkäufern, 335, Anm. 133, sieht hingegen in diesem Text eine negative Pointe, nach der derjenige am Ende nichts davon hat, der aus Leihgeschäften Profit ziehen will. Eine solche Interpretation setzt aber zwei unterschiedliche Subjekte in diesem Text voraus, wofür grammatisch keine Notwendigkeit vorliegt. Zur Vermehrung des Besitzes zum Zweck des Almosengebens vgl. auch PapInsing 341f. (BRUNNER, Altägyptische Weisheit, 321f.).

[63] Vgl. McKANE, OTL, 626: „There is a tendency for wealthy men to be ruthless and greedy; they sacrifice their humanity to an insatiable appetite for money and are careless of the social consequences of their rapacity."

[64] LIAÑO, pobres, 156.

[65] Vgl. DELITZSCH, Spruchbuch, 190; A. MEINHOLD, ZBK AT 16.1, 199, u.a.

[66] Vgl. die Lehre des Schuruppag, klassische Version 189 (ALSTER, Instructions, 45): „The rich man provides wheat for the poor man."

[67] Vgl. die dringende Mahnung Spr 6,1–5, daß sich von der Bürgschaft wieder befreien soll, wer eine eingegangen ist. Zum Problem des Bürgens vgl. auch Schuruppag (TUAT III/ 1, 51, Z. 19f.): „Einen Bürgen sollst du nicht *bringen*; der betreffende Mann wird dich packen! Du (selbst) sollst keine Bürgschaft leisten: . . .!"

[68] Vgl. 6,1.

„Nimm seinen Rock, wenn einer Bürgschaft leistet einem Fremden,
um der Fremden[69] willen pfände ihn." (Spr 20,16//27,13)

„Sei nicht bei denen, die in die Hand schlagen,
bei denen, die für Schulden bürgen.
Wenn du nicht erstatten kannst,
warum soll man dein Bett unter dir wegnehmen?" (Spr 22,26f.)

Zwei unterschiedliche Erfahrungen können hinter 17,18 stehen. Zum einen
kann es sich um eine Reaktion darauf handeln, daß eine Bürgschaft vom
anderen ausgenutzt wird[70]. Zum anderen kann sich die Erfahrung widerspiegeln, daß auch bei guter Absicht angesichts einer schlimmen wirtschaftlichen
Situation des Nächsten die Bürgschaft nicht wieder aufgehoben werden
kann, der Bürge also tatsächlich seine Bürgschaft einlösen muß. Reifliches
Überlegen ist also wohl notwendig, damit man nicht zu einem Menschen mit
fehlendem Verstand wird und eine Bürgschaft eingeht, deren Einlösung man
eigentlich nicht wahrnehmen will. Ähnliche Äußerungen finden sich 6,1–4;
20,16//27,13[71]. Diese Ablehnung der Bürgschaft für den Nächsten erstaunt
etwas in ihrer Pauschalität, besonders wenn man לִפְנֵי in 17,18b als Hinweis
auf den Nächsten als einen Zeugen versteht[72]. Denn Bürgschaft wird sonst im
AT z. T. auch als etwas Erstrebenswertes und Gutes angesehen[73]. Hier ist also
neben der Warnung vor möglichem Verlust die Negativerfahrung mit falscher Vertrauensseligkeit reflektiert, nicht primär das Thema Bürgschaft als
solches.

Die Übernahme einer Bürgschaft ist nach 22,26f. ganz deutlich ein zu
großes Risiko. Der Bürge läuft Gefahr, seinen eigenen Lebensunterhalt aufs
Spiel zu setzen, wenn er für den anderen einstehen muß. Das bedeutet auch
für den Weisen die Grenze der sozialen Verantwortung, so daß er vor der
Übernahme einer Bürgschaft nur warnen kann[74]. Wesentlich weniger klar ist
20,16//27,13 in seiner Aussage[75]. Die Aufforderung, dem Bürgenden den
Rock wegzunehmen, läßt sich noch am ehesten so erklären, daß er als ein
einem Fremden (זָר) Bürgschaft Leistender zahlungsunfähig werden könnte
und so wenigstens noch etwas von ihm zu holen ist. Dabei bleibt dann
allerdings unklar, was dies mit den נָכְרִים in v.16b//13b zu tun hat. Auch
wenn der Sinn der beiden parallelen Verse nicht ganz zu erheben ist, ist aber

---

[69] So mit dem Ketib, in 27,13 Qere.
[70] Gedacht ist hier an „the one on whose behalf financial liability is incurred … he
would be present at the proceedings of going surety", MCKANE, OTL, 503.
[71] Anders allerdings 22,26f.
[72] Vgl. PLÖGER, BK XVII, 205; A. MEINHOLD, ZBK AT 16.2, 292.
[73] Gen 43,9; 44,32; Sir 29,18–20.
[74] Vgl. NEL, Admonitions, 49.
[75] Vgl. die Diskussion der Probleme und die wenig überzeugenden Lösungsangebote
u.a. bei MCKANE, OTL, 542f.; A. MEINHOLD, ZBK AT 16.2, 339.

doch wieder die Ablehnung einer Bürgschaft zu erkennen, wie dies gleicherweise auch für 11,15 und 17,18 gilt[76].

Das soziale Engagement gegenüber dem Armen findet wiederum darin
seinen Ausdruck, daß dem Unglücklichen berauschendes Getränk gegeben
werden soll, damit er seine Armut (רִישׁ) vergißt (31,6f.)[77]. Dies begegnet als
Kontrast zu der Aufforderung an Lemuel, keinen Rauschtrank zu trinken,
damit er darüber nicht seine Pflichten vergißt. Der Arme hat also im Gegenüber zum reichen König ein „tröstliches Recht", wenn auch letztlich ein sehr
makabres. Offenbar wurde auch schon in atl. Zeit Alkohol als einfache
„Lösung" zur Überbrückung von Problemen angesehen, wenngleich 31,9
diese sich schon damals als fragwürdig zu erweisen scheint mit der Aufforderung, den Armen Recht zu schaffen (und damit Befreiung vom Trunk? vgl.
v.7).

Der Aspekt der sozialen Verantwortung veranlaßt dann wohl auch *Barucq*, die Moral der Weisen mit der prophetischen und deuteronomischen in
eins zu setzen: Die Weisen zeigen zwar einen gewissen Utilitarismus, „mais ne
se refusent pas à une vue religieuse des devoirs du riche ou des droits du
pauvre. La pitié qu'ils tentent de gagner au pauvre est surtout motivée par
l'intérêt que lui porte Yahweh."[78] Eine so eindeutige religiöse Verankerung
der Zuwendung zum Armen ist jedoch keineswegs für alle Belege innerhalb
Spr 10–31 auszumachen, wenngleich die Texte, die von JHWH als dem
Schöpfer von Armen und Reichen sprechen (14,31; 17,5; 22,2), indirekt eine
ethische Implikation im Sinne der Verantwortung des Reichen für den
Armen enthalten[79].

5. Folgerungen

Die Proverbien zeigen unterschiedliche Zugänge zum Thema Reichtum/
Armut und dessen Wertungen[80]. So stehen neben einer Reihe deskriptiver
Texte[81], die stärker das Faktum als solches beschreiben[82] und indirekt das
Erstrebenswerte des Reichtums deutlich werden lassen, die eher appellativen

---

[76] Vgl. auch § 8, S. 124.
[77] Vgl. PapInsing 730 (BRUNNER, Altägyptische Weisheit, 344): „Er (= Gott) hat Heil-
mittel geschaffen, um die Krankheit, Wein, um die Traurigkeit zu beheben."
[78] BARUCQ, Proverbes, 147.
[79] Vgl. § 20, S. 224f.
[80] Dergleichen unterschiedliche Aussagen müssen nun keineswegs ein Hinweis auf verschiedene Autoren sein, sondern können die Vielfältigkeit der Ansatzpunkte widerspiegeln,
so deutlich WHYBRAY, Poverty, 332.
[81] Von GEORGE, Pauvreté, 23, z.T. zu schnell als „jugement doctrinal" klassifiziert.
[82] 10,15; 13,8; 19,4; vgl. FLEISCHER, Von Menschenverkäufern, 331, mit Verweis auf
14,20; 15,15; 18,23; 19,7; 22,7 zum Thema Armer – Reicher.

Texte, welche die soziale Verantwortung verbalisieren[83]. Eine zu einfache Typisierung und Wertung wird dabei aber bewußt vermieden. Damit zeigt sich der Tun-Ergehen-Zusammenhang[84] erneut als nicht überall wirkender Automatismus.

Rückgeführt wird Reichtum vor allem auf das Engagement des Reichen, doch ist den Weisen bewußt, daß Fleiß nicht allein verantwortlich gemacht, umgekehrt Armut aber auch nicht nur auf Faulheit zurückgeführt werden kann[85].

Zwar wird Reichtum durchaus als etwas Erstrebenswertes für den Menschen dargestellt[86], doch bildet er keineswegs und ausschließlich „den unverhohlenen Leitstern des ethischen Bemühens"[87]. Es ist vielmehr erstaunlich, wie sehr die Weisheitstexte immer wieder darauf verweisen, daß viel Besitz dem Menschen gefährlich werden kann[88], zum einen, weil er ihn in falscher Sicherheit wiegt, zum andern, weil er eine Eigendynamik entwickelt und zum Geiz führen kann, der dann um die Segnungen JHWHs bringt, da nur der, der gibt, die entsprechende positive Reaktion erfährt[89]. Sozial verantwortetes Umgehen mit den Armen kommt eben nicht nur diesen zugute, sondern auch dem, der seinen Reichtum entsprechend einsetzt. Er wird für sich selber Wohlergehen bzw. Segen erfahren[90]. So wird zwar der Hörer/Leser zu rechtem Verhalten ermuntert, das Besitz ermöglicht und erhält, doch wird ihm zugleich die Ambivalenz von Besitz vor Augen geführt, um einen falschen Umgang mit diesem zu verhindern.

Ebenso erstaunlich ist aber umgekehrt, daß der Mensch kaum darauf hin angesprochen wird, welche menschlich-ethischen Gefährdungen Armut mit sich bringt. Gesehen wird eigentlich nur die Gefahr, daß der Lebensunterhalt nicht gesichert ist. Daraus läßt sich rückschließen, daß mit den Texten primär

---

[83] 22,16; 28,8; vgl. FLEISCHER, Von Menschenverkäufern, 334; mit Verweis auf 13,23; 14,21.31; 17,5; 19,17; 21,13; 22,9.22; 28,23.27; 29,7.14 zum Thema Armer – Reicher.

[84] Vgl. § 18.

[85] Und schon gar nicht auf Sünde, gegen VAN OYEN, Ethik, 83. Ein Zusammenhang von Schuld und Armut wird nirgends in Spr 10ff. hergestellt. Vgl. auch PapInsing 367f. (BRUNNER, Altägyptische Weisheit, 323): „Es ist Gott, der Reichtum und Geiz gibt, so wie er es (dem einzelnen) zugewiesen hat. Das Geschick und das Glück, die kommen – Gott ist es, der sie sendet." Ähnlich auch Ptahhotep 280f. (BRUNNER, Altägyptische Weisheit, 121).

[86] Gegen DOLL, Menschenschöpfung, 23, wonach Reichtum aus „Sicht der sozial Benachteiligten eo ipso etwas Negatives" ist. Es spricht jedoch wenig dafür, daß die Proverbientexte aus der Sicht der sozial Benachteiligten entstanden sind.

[87] CONRAD, Die junge Generation, 36.

[88] Zur Ambivalenz des Reichtums vgl. auch WITTENBERG, Situational Context, 12, der dafür „a real basic in socio-economic conditions, characteristic especially of the latter part of the monarchy" postuliert.

[89] Dazu FABRY, דֹּל, 235: „Damit reift in der frühen Weisheit die Erkenntnis heran, daß JHWH ... als Anwalt der sozial Niedrigen auftritt, zu denen der *dal* infolge einer zunehmenden Synonymisierung zu *ʿānî* und *ʾæbjôn* gerechnet wird."

[90] 11,24; 22,9; 28,27; vgl. LIAÑO, pobres, 141: „la limosna al desamparado es una fuente de bendiciones divinas".

Reiche[91], d.h. in relativ gesicherter Existenz Lebende angesprochen werden und diese besonders auf ihre Verantwortung dem Armen gegenüber[92], daß also folglich die Ethik Besitzender zur Diskussion steht[93].

Die stark an der sozialen Verantwortung orientierten Texte[94] lassen vermuten, daß eine Notwendigkeit zu solchen Aussagen vorlag, möglicherweise auch so etwas wie eine soziale Krise im Hintergrund stand[95]. Diese Beobachtungen sowie die Nähe zu manchen prophetischen Texten[96] geben aber noch keine eindeutigen Hinweise auf eine mögliche zeitliche Einordnung, da soziale Probleme zu allen Zeiten gegeben waren.

Von großer Abgeklärtheit zeugt schließlich noch 30,8 mit der Bitte Agurs, daß Falschheit und Lüge von ihm ferngehalten werden, daß ihm weder Armut (רֵישׁ/רִישׁ[97]) noch Reichtum (עֹשֶׁר) gegeben werde, sondern das, was für ihn vorgesehen ist[98].

Kein Bereich ist so zwiespältig besetzt in den Aussagen der Proverbien wie

---

[91] Vgl. modifiziert WHYBRAY, Poverty, 335, mit Hinweis auf Texte wie 15,16; 16,8; auch 15,17; 17,1, der eher Gruppen mit mittlerem Einkommen als Adressaten sieht, für die keine Gefahr der Verarmung gegeben ist. Vgl. ebenso WHYBRAY, Wealth, 103: „The ‚Wisdom‘-poems in chs. 1–9 reflect the same social circles as the discourses. The setting is even more explicitly urban." Zu fragen ist allerdings, ob eine unseren Verhältnissen entsprechende Differenzierung in Unter-, Mittel- und Oberschicht der damaligen Gesellschaft entsprechend ist, oder ob nicht eher ein Zwei-Klassen-System anzunehmen ist, wobei jedoch die Klassen „reich" bzw. „arm"/Ober- und Unterschicht in sich mehrschichtig waren. – Vgl. zu dieser Problematik die ausführliche Diskussion bei E. u. W. STEGEMANN, Urchristliche Sozialgeschichte, 47ff. (erscheint Stuttgart 1993).

[92] Wenngleich ohne die bei Ptahhotep 405f. (BRUNNER, Altägyptische Weisheit, 127) zu findende Begründung: „Wer einen leeren Magen hat, wird zum Ankläger, ein Benachteiligter wird zum Widersacher."

[93] Das soziale Engagement fehlt allerdings in 22,27–24,22, so daß WHYBRAY, Wealth, 98, zugestimmt werden kann, „that these chapters come from a very different kind of society from that reflected in the sentence literature". Die Nähe dieser Sammlung zu Amenemope und damit zu den stärker ständisch geprägten ägyptischen Weisheitslehren scheint hier mitbestimmend zu sein.

[94] Vgl. BONORA, Proverbi, 65: „La richezza non è un problema solo del singolo, ma dell'intera società." Zum Gedanken der sozialen Verantwortung in den Proverbien wie in der Weisheitsliteratur insgesamt vgl. MALCHOW, Social Justice.

[95] Das berechtigt aber kaum, von der Armut als „scandale" zu sprechen im Blick auf die weisheitliche Wertung, so GEORGE, Pauvreté, 23. Zumindest in den Proverbien wird solches auch nirgends (!) gesagt. Auch gibt es keine Veranlassung, Texte, die von einer Verantwortung den Armen gegenüber sprechen, auf eine andere Stufe zu stellen, wie es GEORGE, ebd., 25, anscheinend tut, wenn er diese Aussagen in gleichem Atemzug nennt wie das Heiligkeitsgesetz.

[96] Zur sozialen Situation und der prophetischen Reaktion darauf vgl. zusammenfassend GEORGE, Pauvreté, 19, und FLEISCHER, Von Menschenverkäufern, passim.

[97] So ist wohl anstelle von רָאשׁ in MT zu lesen, da MT keinen Sinn ergibt.

[98] Für LIAÑO, pobres, 118, steht diese Bitte für das weisheitliche „ideal de la aura mediocridad". So ausschließlich und dezidiert kann jedoch nicht vom Text wie von den Proverbien gesprochen werden.

das Thema Reichtum und seine Bewertung. So kann das Erlangen von Reichtum kaum klar den Idealen des Weisen zugerechnet werden. Zwar wird Reichtum erstrebt und zu seiner Erhaltung angeleitet, doch geschieht dies nicht uneingeschränkt. Besitz ist nur solange ein wünschenswertes Ideal, als er in Verbindung mit anderen Idealen wie Weisheit und Rechtschaffenheit zu sehen ist. Wenn das nicht möglich ist, zieht der Weise die Verwirklichung der anderen, eigentlichen Ideale vor.

Brunner sieht eine ähnliche Ambivalenz der Sicht von Reichtum in Ägypten, allerdings verbunden mit einer zeitlichen Entwicklung[99]. Eine solche ist für die Proverbien schwerlich festzustellen, sondern in diesen sind eher unterschiedliche Aspekte aufgrund divergierender Erfahrungen nebeneinander gestellt.

§ 27: Zusammenfassung der §§ 22–26

In zwei Bereichen, die schon häufig auf unterschiedliche Weise angeklungen sind, macht die weisheitliche Unterweisung ihre Lebensziele fest, zum einen im Bereich des menschlichen Verhaltens, zum anderen in dem des Ergehens. Somit liegt ein wesentliches Ziel in einem angemessenen Verhalten der Adressaten.

Dieses ist zuerst durch Weisheit und Rechtschaffenheit bestimmt. Kaum etwas wird in den Proverbien mit solcher Intensität positiv gewertet wie die Weisheit (so der Vergleich mit Silber und Gold 16,16; die Aufforderung, sie zu kaufen 23,23), wird mit so viel Werbung zu ihr hin verbunden[1]. Ähnliches gilt für die Rechtschaffenheit, wenn auch nicht in gleicher Intensität (vgl. 11,18; 16,8).

Wie schon bei der Rede vom Weisen und Rechtschaffenen als Person wird auch dort, wo begrifflich von Weisheit und Rechtschaffenheit gesprochen wird, vielfach offen gelassen, worin diese genauer bestehen. Wenn Charakteristika genannt werden, dann sind es die rechte und wohltuende Sprache des Menschen sowie ein beherrschtes Verhalten. Dieses wie auch eine Kontrolle der eigenen Wünsche und Interessen kann dann auch zu einem eigenständigen Ziel weisheitlicher Existenz werden, denn Beherrschung ermöglicht ein konfliktfreies Leben, ein Dasein ohne Streit und Unruhe, ein ungestörtes Leben mit anderen.

Die Verbindung von Weisheit und Einsicht zeigt darüber hinaus, daß es

---

[99] BRUNNER, Wertung der Armut, 213f. Eine Relativierung des Besitzes, ein Arrangieren mit dem Los des Ärmeren zugunsten von Bescheidenheit ist faktisch ab Amenemope gegeben, so BRUNNER, Altägyptische Weisheit, 236.
[1] Ähnlich gefüllte Vergleiche finden sich nur noch in der Reflexion der Sprache und ihres Wertes.

nicht nur um Handeln, sondern auch um Erkennen und Verstehen geht, daß Weisheit eine auch intellektuell bestimmte Größe ist.

Weisheit wie Rechtschaffenheit erweisen sich nun aber nicht nur als Selbstzweck, sondern bringen wiederum auch anderes mit sich. Sie führen zu einer Sicherung der äußeren Lebensbedingungen (des Hauses wie des Landes), bringen allgemein Rettung (vor negativem Ergehen), ermöglichen Freude und Glück. Dies gilt alles sowohl demjenigen, der von Weisheit und Rechtschaffenheit geprägt ist, wie auch den Menschen, mit denen er zusammenlebt.

Die zweite Ebene der Zielvorstellungen weisheitlicher Existenz ist die des Ergehens. Dieses ist wesentlich bestimmt durch die Kategorien Leben, Freude, Wohlstand[2]. Leben ist dabei in besonderer Weise zu bestimmen als Vermeidung des vorzeitigen unerwarteten Todes. Inhaltliche Füllungen finden sich kaum, wo expressis verbis vom Leben als solchem gesprochen wird. Die Füllung dessen, was Leben heißt, hat durch andere Aussagen zu geschehen, wie etwa in den Texten zum Thema Freude. Wesentlich ausführlicher werden hingegen die Voraussetzungen für Leben angesprochen: rechte Sprache, JHWHfurcht, die weisheitliche Lehre, Einsicht, Rechtschaffenheit.

Ein wichtiger Inhalt ist durch die Erfahrung der Freude gegeben. Diese wird ermöglicht durch eine gelungene Erziehung des Sohnes, durch Zuwendung, durch Funktionieren der Gemeinschaft angesichts guter Machthaber wie rechtschaffener Glieder. Freude wird vorwiegend als eine sozial bestimmte Größe angesehen und zeigt so wiederum ein wesentliches Interesse der Proverbien an: Es geht diesen gezielt um das menschliche Miteinander und dessen positive Gestaltung, weil nur eine solche gelingendes Leben für den einzelnen und dann ebenso die Gemeinschaft ermöglicht. Gleichzeitig kennen die Proverbien aber auch die Grenzen der Erfahrung von Freude, einerseits durch die falsche, unangemessene Freude in Form der Schadenfreude oder Freude an Schlechtem, andererseits durch die Erfahrung, daß Freude schnell in Kummer umschlagen kann.

Wesentlich ambivalenter als die Rede von der Freude stellt sich der Umgang mit dem Reichtum dar. Wohlstand wird zwar einerseits als wünschenswert angesehen, da er das Leben angenehmer und leichter macht, andererseits wissen die Weisen genau, daß Besitz weder vor Gefahrensituationen oder törichtem und frevelhaftem Verhalten bewahren kann, noch daß er prinzipiell dauerhaft ist. Demgegenüber wird Armut zwar keineswegs als erstrebenswert angesehen, doch in ihrer eigentlich negativen Wertung wieder relativiert zugunsten eines rechtschaffenen Verhaltens, das wichtiger ist als reichlich Besitz. Auch Reichtum und Armut werden innerhalb sozialer Bezüge gesehen, nicht als isolierte Größen, die es zu erreichen oder zu vermeiden gilt. Vielmehr wird aufgefordert, den Reichtum zugunsten des unter Armut Lei-

---

[2] Vgl. dazu SITOMPUL, Urbilder.

denden einzusetzen, in sozialer Verantwortung mit ihm umzugehen. Die
soziale Verantwortung wird dann aber auch ganz realistisch dadurch einge-
grenzt, daß nicht durch die Zuwendung zum anderen die eigene Existenz aufs
Spiel gesetzt werden soll (vgl. die Warnung vor der Übernahme einer Bürgschaft). Das Wahrnehmen sozialer Verantwortung ist anders als in ähnlichen
ägyptischen Texten jedoch nicht mit Eigennutz verbunden[3].

In einzelnen Sprüchen, die jedoch wegen ihrer Disparatheit in §§ 22–26
nicht gesondert benannt wurden, begegnen noch weitere Interessen des Weisen für sein Leben als ein gelingendes. Diese sind aber kaum in Gruppen
zusammenzufassen, da sie anderen Themen zu- und untergeordnet sind. So
liegt dem Weisen sehr wohl auch an Ehre und Ansehen (12,4; 13,18; 18,12;
21,21; 27,18.21; 28,7; 29,23), wenngleich diese in 12,9 relativiert werden,
sowie daran, JHWH zu gefallen (11,1.20.27; 15,8.9.26; 18,22(?); 21,3; 22,11).
Auch der Gedanke der Freundschaft wäre hier nochmals zu erwähnen[4].

Immer wieder wird aber auch auf die Grenzen der Lebensziele verwiesen.
Genannt wurden schon die Grenzen des Reichtums wie der Erfahrung von
Freude. Besonders deutlich angesprochen wird das Wissen um die Grenze
weisheitlicher Ziele in der Aussage von 21,30, daß vor JHWH Weisheit nicht
das entscheidende Kriterium ist[5]. Die Weisheit erfährt darin zwar eine gewisse Minderung, wird jedoch in ihrer Bedeutung für das menschliche Miteinander damit nicht geschmälert[6].

Zur Erfahrung der Grenzen menschlichen Lebens gehört wohl auch, daß
das rechte Maß im Verhalten wie im Wünschen als Ziel vor Augen steht. So
ist in den Proverbien wie auch in Ägypten der Maßvolle bzw. „Schweiger"
ein „typisches Weisheitsideal einer bescheidenen und zurückhaltenden Lebensweise, die jedem Aufruhr aus dem Weg geht und darauf hofft, gerade in
ihrem Schweigen letztlich doch Recht zu bekommen"[7].

Verhalten und Ergehen sind auch nach den hier verhandelten Texten erneut nicht voneinander zu trennen. Wird ein bestimmtes Verhalten praktiziert, so ist ein daraus resultierendes Ergehen die Folge, ohne daß dieser
Zusammenhang sich als verrechenbar erweist. Es läßt sich wiederum nicht
sagen, daß den Weisen ein bestimmtes Ergehen vor Augen ist, das durch
gezieltes Verhalten einklagbar und garantiert erreichbar wird. Vielmehr ist
das Verhalten selbst und als solches bereits Ziel neben dem Ergehen, das
daraus resultiert.

---

[3] Vgl. die Loyalistische Lehre 105ff.; 126ff. (BRUNNER, Altägyptische Weisheit, 183;
184). Zur sozialen Verantwortung in Ägypten wie in den Proverbien vgl. auch EPSZTEIN,
Justice Sociale, bes. 73–75.

[4] Vgl. dazu § 8.

[5] Was in 21,30 einfach konstatiert wird, ohne daß etwas darüber gesagt ist, was dann vor
JHWH zählt.

[6] Zur Begrenztheit von Weisheit vgl. auch DIETZEL, Die ganze Welt, 55: „Verstand ohne
Glück ist wie ein ungeschliffener Brillant."

[7] RÖMHELD, Wege, 43.

V. Fazit und Einbindung in den Gesamtkontext

§ 28: Folgerungen und Zusammenschau

Wenn nun im folgenden eine Zusammenschau des Erarbeiteten versucht wird, zeigt sich sehr schnell, daß der Eigenart der Proverbien entsprechend kein Gesamtentwurf des weisheitlichen Menschenbildes nach Spr 10ff. wahrgenommen werden kann. Zwar wurden im Laufe der Arbeit bei der Diskussion der einzelnen Fragestellungen und Themen jeweils Gemeinsamkeiten und Grundtendenzen der Texte sichtbar, doch wurde ebenso deutlich, daß die Aussagen und Einsichten bei aller redaktionellen Verknüpfung durch Stichwortassoziationen, analoge Themen, sprachliche Strukturen u.a. eher aspektivisch nebeneinander stehen und als solche zu einer Gesamtheit zusammengedacht werden müssen, als daß sie einen perspektivischen Gesamtentwurf bilden[1]. Dies wird bereits dadurch angezeigt, daß zwar durchaus größere Themenblöcke begegnen (wie 16,1ff. zur Beziehung zwischen den Menschen und JHWH; 26,1ff. zum Toren), die Aussagen letztlich aber doch, durch die Einzelsprüche bedingt, über Spr 10ff. verstreut sind. Damit ergibt sich ein gegenüber Spr 1–9 völlig anderes Bild. Hörende wie Lesende sind und werden stärker auf die Einzelaussagen hin orientiert. So werden nun auch bewußt – dem Duktus der Proverbien entsprechend – bei der Zusammenfassung die Beobachtungen aneinander gereiht, ohne gleich eine Linie darin finden zu wollen.

1. Wie mehrfach betont, sind Spr 10ff. durchgängig von Männern für Männer verfaßte Texte. So ist zumeist vom אִישׁ die Rede, manchmal auch von אָדָם[2], wenn nicht sowieso die gebräuchlichen männlichen Partizipformen oder finiten Verben Verwendung finden. Das in den Weisheitssprüchen begegnende Menschenbild ist also zunächst ein Männerbild[3]. Darin unterscheiden sich die atl. Proverbien in keiner Weise von weisheitlichen Texten

---

[1] Vgl. demgegenüber den stärker an einem Gesamtentwurf orientierten Beitrag von A. MEINHOLD, „Zur weisheitlichen Sicht des Menschen". Zu Aspektive und Perspektive vgl. nochmals BRUNNER-TRAUT, Frühformen, passim.

[2] Nach DE FRAINE, Adam, 129, ist dies insgesamt kollektiv zu verstehen, in der Weisheit aber eher als der negativ qualifizierte Mensch (ebd., 131). So grundsätzlich läßt es sich aber für die Proverbien nicht sagen.

[3] Vgl. dazu BRENNER, Woman, 33.

der Umwelt, denn auch diese sind Ausdruck von Männerweisheit[4]. Besonders deutlich wird dies in Sumer durch den Gebrauch der Männersprache eme-KU in den Weisheitstexten[5]. Da aber nun die atl. Texte wesentlich allgemeiner und weniger konkret sprechen als die ägyptischen und mesopotamischen, können die in ihnen enthaltenen Aussagen in den meisten Fällen durchaus auch übergreifend in gleicher Weise auf Frauen bezogen werden. Daß dies von vornherein beabsichtigt war, dürfte aber wohl zu bezweifeln sein. Die Möglichkeit der Einbeziehung der Frau ergibt sich vielmehr – quasi als Nebenprodukt – aus der im AT bewußt offen gestalteten Art der Proverbien.

Die Rede von der – in einer monogamen Ehe lebenden – Frau hat sich als eine vorwiegend kritische gezeigt. Die Wertung und Stellung der Frau in ägyptischen Weisheitstexten dagegen ist oft positiver als im AT und in mesopotamischen Texten.

2. In mehrfacher Hinsicht hat sich eine Offenheit der Texte erwiesen. Weder werden konkrete Adressaten genannt, noch sind die Inhalte durchgängig konkreten Situationen menschlichen Lebens zuzuordnen. Dies ist eher die Ausnahme und findet sich am ehesten dort, wo es um das Zusammenleben mit einer Frau oder um Aussagen den König betreffend geht. Insgesamt jedoch begegnen die Proverbien als entschränkt im Blick auf Ort, Zeit, Person und damit auf konkrete Situation[6]. Dabei geht es aber um mehr als die Auflösung von verschiedenen Meinungen in ein allgemeines Reden[7] und in Unverbindlichkeit. Die Offenheit hat sich vielmehr als bewußtes inhaltliches und gestalterisches Mittel erwiesen, um umfassende Identifikation mit den angesprochenen Verhaltensweisen und Inhalten zu ermöglichen[8]. Es geht mit *Boström* um Zeit und Ort übergreifende, allgemein gültige Erkenntnisse: „Conditional statements have no place within the wisdom traditions where the focus is on discovering the general truths about life"[9].

---

[4] Zur – nur begrenzt begegnenden – Frauenweisheit in Mesopotamien vgl. HARRIS, Female „Sage".

[5] Nur wenige Ausnahmen benutzen das eme-sal der Frauen, was aber nicht heißen muß, daß dort wirklich Frauen mit *ihren* Interessen zu Wort kommen; vgl. VAN DIJK, Sagesse, 7.

[6] Die Proverbientexte entsprechen damit weitgehend der von J. ASSMANN, Ma'at, 46f., beschriebenen Explizität: „*Explizität* bezieht sich auf die Präsuppositionen, das vom Text Vorausgesetzte und daher Ungesagte ... Ein Text ist umso expliziter, je weniger er in einen spezifischen Kontext eingebettet ist ... Explizität ist ... die Eigenschaft von Texten, die eine gewisse Unabhängigkeit von bestimmten Verwendungskontexten anstreben".

[7] So allerdings BLOOMFIELD, Tradition and Style, 21.

[8] Vgl. UTZSCHNEIDER, Uneindeutigkeit, 197: Die Uneindeutigkeit ermöglicht „das Angebot, sich jeweils neu in ihnen auszusagen"; auch WHYBRAY, Wealth, 74: „It is in any case the nature of a proverb to be adaptable to a variety of situations." Nach VON RAD, Weisheit, 395f., nötigt die Offenheit den Schüler zum eigenen Erkennen der Situation, wo die offene Sentenz für ihn wahr ist.

[9] BOSTRÖM, Sages, 173f.

Diese Offenheit der Texte zeigt sich auch darin, daß nur verhältnismässig wenige direkte Urteile über Menschengruppen und deren Verhalten ausgesprochen werden. Es überwiegen bei weitem die Beschreibungen von Menschen und deren Handeln. Damit wird den Hörenden/Lesenden die Möglichkeit eines eigenen Urteils überlassen[10] bzw. sie werden zu einem solchen genötigt[11].

Das exegetische Konstatieren von Offenheit ist nicht Zeichen für mangelnde Tiefe der Interpretation[12], sondern das, was *Utzschneider* für Erzählungen aufzeigt, gilt für die Proverbien analog: Die Offenheiten haben eine „ganz unverzichtbare hermeneutische Funktion ... *Nur weil und solange biblische Texte uneindeutig sind, sind sie imstande, ,lebendiges Gotteswort' zu sein*"[13].

3. Die Offenheit der Texte und das damit verbundene Interesse zeigt sich ferner bei der Wahl der Textsorten. Zwar begegnen eine Reihe von Mahnworten, aber im Vergleich zu den Weisheitstexten der Umwelt doch verhältnismässig wenige[14]. Geprägt sind die Sprüche durch Antithesen und Sentenzen. Das auf ein verändertes Verhalten *drängende* Element fehlt demzufolge weitgehend, denn sowohl die Antithesen als auch die Sentenzen verlangen nicht nur mehr Reflexion, sondern auch wesentlich mehr an Eigeninitiative und Eigenverantwortlichkeit[15]. Man traut diese aber offensichtlich den angesprochenen Menschen auch zu und hält die gewählten Mittel für ausreichend im Blick auf die angesprochenen Adressaten[16], um das erstrebte Ziel zu erreichen[17]. So verlangen die offenen Formulierungen nach je neuer und eigener Konkretion und Füllung der Bilder, Begriffe, Aussagen und Mahnungen. Dies erschwert oft die heutige Interpretation der Proverbien, ließ und läßt aber den damaligen wie heutigen Hörenden und Lesenden auch ein Stück Freiheit[18].

---

[10] Vgl. ZIMMERLI, Ort und Grenze, 308: Es gibt so „auch immer wieder das freie Abwägen der Möglichkeiten". Vgl. WESTERMANN, Weisheit, 145.

[11] Vgl. MELCHERT, Creation, 374.

[12] Auch kein Interesse am Geheimnisvollen, gegen MELCHERT, Creation, 378, der Weisheit als etwas charakterisiert, das bestimmt ist von „order and mystery".

[13] UTZSCHNEIDER, Uneindeutigkeit, 184.

[14] Hier ist SMEND, Ethik, 427, zu widersprechen, der vor allem Mahnworte als Mittel der weisheitlichen Ethik, gerade auch der Proverbien, benennt. Vgl. die Listen bei TÅNGBERG, Mahnrede, 143 ff. Zu den Mahnworten vgl. auch NEL, Admonitions, passim.

[15] Anders in Qumran, vgl. LICHTENBERGER, Menschenbild, 210.

[16] Die als ausgegrenzte Gruppe angesehen werden müssen, da der Tor vorwiegend als nicht oder nur begrenzt belehrbar angesehen wird (s. u. und § 2).

[17] Vgl. umgekehrt den Toren, bei dem noch nicht einmal Schläge etwas nützen (vgl. § 2, S. 28 f.).

[18] Diesen Beobachtungen ordnet sich auch die Aussage von A. ASSMANN, Weisheit, 19, zu, „daß Weisheit in jenem Zwischenreich gedeiht, in dem weder die regelförmige Gewißheit des Prinzips noch auch eine vollständig irrationale Beliebigkeit herrscht", daß Weisheit „gedeiht im Zwischenraum zwischen Gesetzlichkeit und Strukturlosigkeit".

4. Angesichts der Offenheit der Texte auf der inhaltlichen Ebene wie im Blick auf deren Funktion gibt es Berührungspunkte mit der Weisheitsliteratur Ägyptens (wie auch Mesopotamiens): Die Weisheitsliteratur als Teil der ‚schönen' Literatur „bewegt sich aufgrund der mangelnden Prägnanz ihrer funktionalen Festgelegtheit in spezifischen Gebrauchskontexten und der »aufs Ganze gehenden« Offenheit ihres thematischen Skopus in einem viel weiteren Raum als die im engeren Sinne religiösen Sprechtraditionen"[19]. Die ägyptischen Texte sind – wie auch die mesopotamischen – jedoch wesentlich weniger offen als die atl. Sprüche[20].

Dies wird besonders deutlich auf der Ebene der Textgattungen, wo sich nur begrenzt Gemeinsamkeiten konstatieren lassen[21]. Zwar begegnen auch dort Antithesen, Sentenzen und Mahnworte, doch ist die Häufigkeit ihrer Verwendung sehr unterschiedlich. Wie sich schon zeigte, finden sich in Ägypten wie Mesopotamien zwar durchaus antithetische Äußerungen und Denkstrukturen[22], doch die Form der (personorientierten) Antithese, wie sie in den atl. Proverbien gehäuft eingesetzt wird, begegnet so in den Texten der Umwelt kaum (vgl. § 6)[23]. Den Schwerpunkt in den Texten der Umwelt bilden hingegen die Mahnworte[24], auch Sentenzen finden reichlich Verwendung. Von daher kann geschlossen werden, daß sowohl in Ägypten als auch in Mesopotamien die Adressaten als Menschen gesehen wurden, die zu einem bestimmten Verhalten stärker gedrängt werden mußten und/oder sollten. Ihnen traute man in den dort gegenüber Spr 10–31 aber auch meist deutlich älteren Texten offenbar weniger zu als in Israel, daß sie aus Erfahrungen eigenständig die richtige Konsequenz zogen bzw. dafür nur geringe Anstöße brauchten. Die freie Entscheidung zum richtigen Verhalten angesichts offener Situationen wurde sichtlich weniger als Möglichkeit angesehen, so daß es für den Menschen in Ägypten wie in Mesopotamien letztlich nicht mehr um eine eigenständige Entscheidung ging, sondern primär darum, den durch die Mahnungen vorgegebenen Entscheidungen zu entsprechen oder nicht. Die gerade auch durch die Antithesen bewirkte und ermöglichte Offenheit und

---

[19] J. ASSMANN, Ägypten, 199. Vgl. auch BRUNNER-TRAUT, Frühformen, 62, zur offenen Form der alten Lebenslehren.

[20] Vgl. LICHTHEIM, LEWL, 35f.

[21] Am nächsten kommt den Proverbien vielleicht noch in Teilen PapInsing (BRUNNER, Altägyptische Weisheit, 295ff.).

[22] Vgl. dazu auch J. ASSMANN, Schrift, 480f.

[23] Vgl. als eine der wenigen Ausnahmen PapInsing 205f. (BRUNNER, Altägyptische Weisheit, 313): „Ein weiser Mann, der ruhig leben möchte, ist dienstwillig *für seinen Lebensunterhalt*. Der Tor aber, der nicht dienstwillig ist, dessen Habe wird einem anderen gehören."

[24] Vgl. nur die Reihung von Mahnungen bei Anch-Scheschonki (BRUNNER, Altägyptische Weisheit, 257ff.).

damit das größere Zutrauen in die Eigenverantwortlichkeit[25] des Menschen
scheint sich als atl. Besonderheit herauszustellen[26].

5. Wie schon mehrfach angeklungen, haben die Proverbien die Absicht,
Menschen in ihrem Verhalten zu verändern oder auch zu bestätigen[27]. Es
geht nicht nur und in erster Linie um einen Habitus, sondern eben um das
Verhalten des Menschen[28]. Dies gilt auch dort, wo die Texte von ihrer Form
her zunächst anderes erwarten lassen. Neben wenigen Sprüchen in Form
wertender Textarten (טוֹב-מִן-Sprüche, Makarismen[29]) oder mit wertendem
Inhalt gefüllten Sentenzen finden sich vor allem die Sentenzen wie Antithesen in ihrer Oberflächenstruktur deskriptiv orientiert sind. Aber auch diese
sind nicht rein an der Beschreibung menschlichen Verhaltens interessiert[30],
sondern zeigten sich bei genauerer Analyse als in ihrer Tiefenstruktur didak-
tisch orientiert[31], auf Entscheidungen und Veränderung von Menschen und
deren Handeln zielend[32]. Dies wird besonders auch in den Texten erkennbar,
die durch den parallelismus membrorum bestimmt sind[33], denn dieser fordert
das Mitdenken und Ziehen von Konsequenzen aus dem Erkannten und
Umschriebenen geradezu heraus.

Daß das Verstärken bzw. Verändern von Handeln im Vordergrund steht
und nicht einfach dessen Beschreibung bzw. die der Gesinnung oder Art von

---

[25] Vgl. Toy, ICC, xiii, der vom freien Willen spricht: „but there is no inquiry into its
nature and its relation to the absolute will of God or to conditions of temperament and
education".

[26] Vgl. unterstützend Naré, Proverbes, der in seinem Vergleich atl. Proverbien mit
afrikanischen Sprichwörtern die stärkere Polarisierung von Rechtschaffenen und Frevlern
in Israel gegenüber den Moshi-Texten herausstellt; vgl. die Zusammenfassung seiner Ergebnisse, ebd., 306.

[27] Anders, jedoch nicht überzeugend, da zu kurz argumentierend, Westermann, Weisheit, 18: Die Aussagesprüche „wollen nicht urteilen, sie wollen sagen, wie der Mensch ist".

[28] Hier setzt Delkurt, Ethische Einsichten, 144f., deutlich andere Akzente: „So scheint
die Spruchweisheit das Interesse zu verfolgen, zunächst die Bedeutung der richtigen Haltung einzuschärfen, im Vertrauen darauf, daß die Handlungen aus der Haltung folgen."

[29] Zum weisheitlichen Makarismus vgl. Preuss, Einführung, 49.

[30] Vgl. auch, allerdings zurückhaltender, Fox, Aspects of Religion, 63: Die Texte haben
die Funktion „to elucidate details of the social order, for maxims that advise actions are
based on such observations". Demgegenüber Bergant, Wisdom Literature, 34: „its pri-
mary interest is the recording of human perceptions".

[31] Vgl. Snijders, Spreuken, 11. Die didaktische Funktion kann dabei durch den Kontext des jeweiligen Spruches unterstrichen werden, so besonders deutlich bei 10,15; 11,24;
vgl. Murphy, Form Criticism, 479; ders., fotl XIII, 68.

[32] Die dabei z.T. indirekt begegnenden Begründungen sind unterschiedliche; vgl. Mogensen, leveregler, bes. die Liste S. 78, mit der Differenzierung in konsekvensbegrundelse,
Ingenbegrundelse, sanktionsbegrundelse, refleksionsbegrundelse, finalbegrundelse, denen
er eine vernünftig-sozial-religiöse Grundhaltung zuschreibt, vgl. u.a. ebd. 79.

[33] Vgl. auch den parallelismus membrorum in Sumer; dazu van Dijk, Sagesse, 8.

Menschen[34], zeigte sich darüber hinaus auch immer wieder an den verwendeten Satzstrukturen, so besonders an der Verwendung des sog. „Imperfektes" in Verbalsätzen, das in seinen verschiedenen Füllungen auf das Handeln zielt, das Unabgeschlossene und neu zu Verwirklichende betont. Selbst dort, wo Nominalsätze überwiegen, enthalten doch die in ihnen gebrauchten Wortarten häufig verbalen (so besonders die Partizipien) bzw. an Handlung orientierten Charakter.

6. Es geht in den Proverbien darum, den Menschen nicht nur auf das hin anzusprechen, was und wie er ist, sondern auch, was und wie er sein kann und sein sollte. So begegnet die in §§ 2–6 diskutierte Typisierung des Menschen als in der Erfahrung begründete Verdichtung wie Fiktion, welche die Personen als Ideal oder Negativ-„Ideal"/Gegenbild zeigt, um das Verhalten von Hörenden und Lesenden zur Disposition zu stellen[35]. Die Typisierungen sind dabei sowohl auf erlebte als auch auf entworfene Personen zurückzuführen, denn es zeigte sich, daß die Texte z. T. den Adressaten positiv bei dem von ihm praktizierten Verhalten behaften, z. T. ihn aber auch zu einem positiven Verhalten hinführen wollen. So spiegeln gerade die Typisierungen Realität wie Ideal menschlichen Handelns[36]. Die Vorstellung von der Kontinuität der Wirklichkeit wie der Möglichkeit der Wiederholung typischer Situationen sind hier als Denkvoraussetzung einzubeziehen.

7. Das Wissen um die Grenzen des Menschen[37] verweist darauf, daß zwar von einem erreichbaren Ideal ausgegangen wird[38], daß aber der Weise in Folge von Realitätsbewußtsein mit einer nur begrenzten Verwirklichung rechnet[39]. Dies wird in besonderer Weise daran erkennbar, daß offensichtlich immer wieder neu zu rechtem Verhalten angeleitet werden muß. So gilt für Israel wie für Ägypten (und ähnlich auch Mesopotamien): „Man hat ... zwar

---

[34] Vgl. GEMSER, HAT I/16, 11; ALONSO SCHÖKEL, proverbi biblici, 349. Demgegenüber redet BOSTRÖM, Sages, immer wieder vom life-style und stellt besonders in der mehrfach begegnenden Gegenüberstellung von character und action das Handeln als solches zurück.

[35] Zum Verhältnis von Ideal und Wirklichkeit vgl. KAISER, Mensch, 82f.

[36] Vgl. dazu die Lehrerfunktion in Ägypten: „es galt, die ewige und unwandelbare Wahrheit festzuhalten, nicht die Wirklichkeit", die Weltordnung, Ma'at „in ihrem Idealzustand zu fixieren", FISCHER-ELFERT, Schreiber, 68.

[37] WESTERMANN, Weisheit, 148, sieht darin einen der Gründe, daß die ältere Weisheit Israels den Eingang in den atl. Kanon erlangt hat.

[38] Vgl. KUTSCH, Das posse non peccare, 273, mit Blick auf Texte wie 10,8.9.16.17.27: „Wenn damit auch nicht vollständige Schuldfreiheit im Blick ist, daß man von diesen ein non posse peccare sagen könnte, so ist hier doch generell mit dem posse peccare das Vermögen, nicht zu sündigen, das posse non peccare verbunden." Dieses wird aber wohl als ein temporäres zu verstehen sein, zu dem immer wieder angeleitet werden muß. Insgesamt ist aber in den Proverbien eher von (zwischenmenschlicher) Verfehlung denn von Sünde (als religiöser Kategorie) zu sprechen.

[39] So kann TOY, ICC, xiv, zugestimmt werden: „The scheme of life in *Proverbs* cannot strictly be called either optimistic or pessimistic."

sittliche Forderungen vernommen und anerkannt, aber zugleich erfahren, daß Soll und Ist weit davon entfernt sind, sich zu gleichen."[40]

8. In den Proverbien wird der angesprochene (weise) Mensch weitgehend als veränderbar gedacht und damit nicht als prädestiniert bzw. determiniert angesehen[41]. Dies wird durch dann auch begegnende Mahnung, Erziehung anzunehmen, unterstrichen wie auch durch die Wahl der Gattungen: „Eine Mahnrede … kann gar nicht von anderen Voraussetzungen ausgehen als denen der Freiheit und der Möglichkeit des Menschen, zu wählen. Umgekehrt findet diese anthropologische Struktur gerade in der Mahnrede eine adäquate Ausdrucksform"[42]. Noch mehr gilt dies für die indirekte Form der Mahnung bzw. Warnung durch Antithesen und andere Sentenzen, wo die Freiheit zum Ziehen von Konsequenzen noch deutlicher sichtbar wird[43]. So werden der Weise wie der Rechtschaffene nicht als solche geboren, sondern werden es erst durch Erziehung und deren Akzeptanz[44]. Deren Verweigerung hingegen erweist den Menschen als Toren bzw. Frevler, wobei der Tor nach einigen Texten auf seine Torheit festgelegt wird, also determiniert und damit unbelehrbar zu sein scheint.

9. Der Eindruck des festgelegten Toren wird noch dadurch verstärkt, daß der Tor in den Proverbien (wie auch in den Weisheitstexten der Umwelt) nicht angesprochen wird. Es ist nicht im Interesse der Proverbien, den Toren zu ermuntern, Weisheit anzunehmen, so daß sich auch keine Anweisungen finden, wie der Tor aus seiner Torheit herauskommen kann. Dies liegt jedoch weniger an einer Vorstellung von Determination als eher daran, daß Toren als Unbelehrbare per definitionem nicht Hörer bzw. Leser der Texte sind und sein wollen (vgl. 13,9; 14,33; 15,14; 18,2). So richten sich die Sprüche an den Weisen, um diesen als Weisen zu bestärken bzw. ihn davor zu bewahren, zum Toren zu werden. Gleiches gilt im Blick auf das Verhältnis Rechtschaffener – Frevler, ähnliches für den Fleißigen und Faulen.

10. Der weise Mensch hat somit das Gelingen seines Lebens weithin in der Hand und kann durch eigenes Engagement dazu beitragen. Insofern ist die

---

[40] MORENZ, Gott und Mensch, 168. Vgl. auch HORNUNG, Maat, 404.

[41] So wohl eher in Qumran, aber auch dort begegnet der Gedanke der Prädestination nicht überall, vgl. LICHTENBERGER, Menschenbild, 237. Vgl. auch Ägypten, wo „eine negative Vorherbestimmung durch die Gottheiten" möglich ist, BRUNNER, Altägyptische Weisheit, 29; vgl. auch ebd., 435. Zum Problem der Willensfreiheit bzw. der (bewußten) Verweigerung von Erziehung vgl. auch BRUNNER, menschliche Willensfreiheit.

[42] LICHTENBERGER, Menschenbild, 154.

[43] Vgl. OESTERLEY, Proverbs, lvii: „main stress is laid upon human free-will".

[44] Vgl. FONTAINE, Sage, 156. Ebenso ist der Tor nicht von Geburt ein solcher. Das gilt auch für 17,21, wo an einen bei (oder trotz) der Erziehung mißratenen und so zum Toren gewordenen Sohn zu denken ist.

Sicht des Menschen in Spr 10ff. durchaus eine optimistische[45]. Er findet zwar Situationen z.T. als vorgegeben vor (so vor allem Armut bzw. Reichtum), kann aber selbst ändernd eingreifen. So kann Fleiß zu ausreichend Besitz führen, Faulheit hingegen einen solchen gefährden.

11. Daneben wird, wie schon erwähnt[46], der Mensch als einer erfahren, der Grenzen hat[47]. Da er ständig erneut daraufhin angesprochen werden muß, sich recht zu verhalten, wird er als in der Gefahr stehend gesehen, negativem Verhalten zu verfallen. Die vielen Beschreibungen negativen Verhaltens deuten nun allerdings nicht darauf hin, daß der Weise den Menschen in erster Linie negativ sieht[48], sondern sie dienen, wie bei der Textanalyse aufgezeigt, der Abschreckung. Eine ähnliche Tendenz zeigt sich auch in den weisheitlichen Texten der Umwelt Israels[49].

Daß die Sicht des Menschen nicht primär eine negative ist, gilt auch angesichts eines resigniert klingenden Textes wie 20,6, wonach ein wahrhaftiger Mensch eine Seltenheit ist gegenüber den sich selbst wegen ihrer Güte preisenden Leuten[50].

Die Grenzen des Weisen sind auf unterschiedliche Art für diesen zu erfahren. So sieht er sie im Umgang mit den Mitmenschen, die ihm negativ begegnen, gegenüber denen es aber auch bei ihm zu Fehlverhalten kommen kann, das mit עָוֹן, פֶּשַׁע und Bildungen aus der Wurzel חטא wiedergegeben wird und als „ein Versagen des Verhältnisses vom Menschen zum Menschen"[51] beschrieben werden kann. Grenzen erlebt der Weise ferner durch die Einschränkung der eigenen Einsicht (16,1.9; 20,24; 26,12): „deutlich spürt die Weisheit die Schranken ihres Erkenntnisvermögens"[52]. Dies zeigt sich auch darin, daß kritische Themen immer wieder neu angesprochen werden. Auch im Zusammenhang mit Freude wie mit Besitz können Erfahrungen der Begrenztheit menschlicher Existenz gemacht werden. Selbst vor dem Herrscher/König macht die Erfahrung von Grenzen nicht halt, wie die königskri-

---

[45] Vgl. CRENSHAW, Sage, 215: „they possessed astonishing confidence in the power of the intellect". Vgl. KRAMER, Sage, 38, zum sumerischen Weisen, der „had no exaggerated confidence in humanity and human destiny", wobei dem sumerischen Weisen ein gewisser Optimismus nicht abzusprechen ist, so VAN DIJK, Sagesse, 2. Gegenteiliges sagt BRUNNER, Altägyptische Weisheit, 300, für PapInsing, der ein möglichst gutes Einrichten in der bösen Welt erstrebt.

[46] Vgl. § 22, S. 286f. u.ö.

[47] Vgl. dazu auch KAISER, Mensch, 77f.

[48] Vgl. jedoch anders und sehr kritisch STADE-BERTHOLET, Theologie II, 92: „Es muß im ganzen eine *streit- und händelsüchtige* Gesellschaft gewesen sein."

[49] Vgl. ALSTER, Studies, 85, angesichts der Lehre des Schuruppag: „of course, these negative descriptions serve a positive purpose, warning against bad manners".

[50] Vgl. dazu A. MEINHOLD, ZBK AT 16.2, 334.

[51] VON RAD, Weisheit, 120, zu פֶּשַׁע.

[52] W.H. SCHMIDT, Werk Gottes, 106. Zu den Grenzen weisheitlicher Aussagen vgl. auch MURPHY, fotl XIII, 63, mit Hinweis auf 10,15.16; 26,4.5.

tischen Texte zeigen. Ebenso kommt der Weise bzw. seine Unterweisung dort an seine Grenze, wo die Akzeptanz der Unterweisung verweigert wird.

Zwar ist die Grenze des Weisen nicht an JHWH gebunden, doch ist sie ihm auch ganz klar durch JHWH gesetzt (16,1; 20,24; 21,2; 25,21 f. u. ö.). Dies hat sich beim weisheitlichen Planen wie Erkennen gezeigt, ebenso aber auch im Umgang mit dem Tun-Ergehen-Zusammenhang[53].

12. Die Einsicht in die Begrenztheit des Menschen ist kein alleiniges Phänomen atl. Weisheit[54]. So ist der Grundtenor der Lehre Amenemhets an seinen Sohn mit *Brunner* „Mache es anders und besser als ich!"[55] Ebenso haben die Paradoxe im PapInsing die Funktion, „to define the limits of man's freedom and his understanding"[56], wie in der Lehre des Ani die Erfahrung reflektiert wird, „that instruction might fail to have an impact"[57]. Auch die Grenze weisheitlichen Denkens insgesamt wird wahrgenommen, so bei Ptahhotep: „Halte dich an die Maat, aber übertreibe sie nicht."[58]

13. Es geht in den Proverbien zunächst einmal um Gelingen des individuellen Lebens[59]. Wie sich zeigte, weiß sich der Weise aber sehr wohl eingebunden in eine größere Gemeinschaft[60], so daß er das individuelle Gelingen des Lebens an das Gelingen der Gemeinschaft gekoppelt sieht (vgl. u. a. 10,26; 18,9)[61]. Der Mensch wird neben anderem vorwiegend daran gemessen, inwieweit er sich gemeinschaftsgemäß verhält[62]. Damit ist jede Interpretation verwehrt, welche die Proverbien unter dem Aspekt des Utilitarismus

---

[53] Anders als in Ägypten spielt jedoch der Zeitfaktor bei der Frage nach den Grenzen des Menschen nicht unbedingt eine Rolle. Zu Ägypten vgl. BRUNNER, HO, 120: „Die Frage, wieweit der Mensch in seinem Willen frei ist und wieweit Gottes Willen für den Menschen erkennbar ist, wird zu verschiedenen Zeiten verschieden beantwortet."

[54] Vgl. MURPHY, Religious Dimensions, 450.

[55] BRUNNER, Altägyptische Weisheit, 171.

[56] LICHTHEIM, LEWL, 150.

[57] LICHTHEIM, Ancient Egyptian Literature I, 135.

[58] Zitiert nach HORNUNG, Maat, 392. Ebd.: „Aber es ist echt ägyptische Ethik, daß man auch diese richtige Norm nicht übertreiben und zur starren Schablone machen soll."

[59] Vgl. WILDEBOER, KHC XV, XVII: „In der Geschichte der Individualisierung der Religion Israels nimmt das Buch der Sprüche eine bedeutsame Stellung ein." Zu fragen ist jedoch, inwieweit es um Individualisierung von *Religion* geht. Es geht doch eher um Individualisierung von Ethik!

[60] DE FRAINE, Adam, 79, spricht auch hier von der „Korporativpersönlichkeit", doch ist anzuzweifeln, ob diese in den Texten der Proverbien tatsächlich so im Blick ist.

[61] Vgl. CRENSHAW, Sage, 215: „the wise enabled society to function". Vgl. CAZELLES, Bible, 43: „La sagesse est l'art de la réussite de la vie humaine, privée ou collective, elle est à base d'humanisme, de réflexion et d'observation sur le cours des choses et le comportement de l'homme." Gegen BOSTRÖM, Sages, 41: Er spricht von „strong anthropocentric tendency towards individualism", ohne die Einbindung in die Gemeinschaft wahrzunehmen.

[62] Vgl. VON RAD, Weisheit, 108, zu צדיק. Zum Interesse an der Gemeinschaft vgl. auch WESTERMANN, Weisheit, 55.

betrachtet. Deutlich ist jedoch, daß bei der Zuordnung von Einzelnem und Gemeinschaft die Einzelperson, ihr Verhalten und ihr Ergehen stärker wahrgenommen und in den Vordergrund gerückt werden[63], als dies sonst im AT[64] geschieht[65].

14. Das Eingebundensein des Individuums in die Gemeinschaft[66] fordert den einzelnen heraus zur Wahrnehmung sozialer Verantwortung. Mehrfach wurde darauf hingewiesen, daß das Gelingen des Lebens in der Gemeinschaft nur möglich ist, wenn sich der einzelne entsprechend positiv verhält. Von besonderer Bedeutung zeigt sich die Verantwortung dort, wo es um Unterstützung des Armen durch den Reichen geht. Hier wird unter Rückgriff auf das Schöpfungshandeln JHWHs menschlicher Besitz funktionalisiert und der Existenz des Armen dienlich gemacht. So ist zwar in den Proverbien sehr wohl Interesse am Individuum vorhanden, einem Egoismus wird jedoch gewehrt. Es geht um die Wahrung der eigenen Interessen, doch sind diese nicht losgelöst von denen des Nächsten zu sehen (vgl. § 8)[67].

15. Zum Aspekt der Gemeinschaftsbezogenheit gehört auch das große Interesse der Proverbien an der Sprache, die als das entscheidende Kommunikationsmittel angesehen wird. Sie ermöglicht und zerstört Gemeinschaft gleichermaßen wie positives oder negatives Verhalten anderen gegenüber[68]. An ihrer Sprache sind auch der Weise und der Tor, der Rechtschaffene wie der Frevler erkennbar; Sprache ist so Teil des Menschen[69]. Sprache und Verhalten gehen oft nahezu ineinander über, wie Sprache sich überhaupt als Sprechhandlung erwiesen hat.

---

[63] Das berechtigt aber nicht zu der folgenden, von J. MEINHOLD, Weisheit, 138, gemachten Anspielung an den „Gedanken einer gut spießbürgerlichen Moral, deren letzter Schluß das eigene Glück, das eigene Wohlergehen, die eigene Zufriedenheit ist". Zu wenig wahrgenommen wird das Interesse am Individuum m.E. bei DELKURT, Ethische Einsichten, passim, der zu unmittelbar jeweils gleich die Gemeinschaft mit ins Spiel bringt.

[64] Vgl. auch Qumran, dazu LICHTENBERGER, Menschenbild, 218.

[65] Zur Individualität im AT außerhalb der Proverbien vgl. allerdings noch manche Psalmen.

[66] Zum Ineinander von Individuum und Gemeinschaft vgl. auch SKLADNY, Spruchsammlungen, 18.

[67] Die positive Orientierung an der Gemeinschaft ist deutlich stärker als z.B. die der sumerischen Lehre des Shuruppag, dazu ALSTER, Väterliche Weisheit, bes. 107. Zur Orientierung der Ma'at in Ägypten am menschlichen Miteinanderleben vgl. hingegen J. ASSMANN, Schrift, 484.

[68] Zur Sozialdimension der Sprache auch in Ägypten vgl. J. ASSMANN, Ma'at, 70.

[69] So spricht BISER, Menschsein und Sprache, 35f., davon, „daß der Mensch in einem mehr als nur instrumentellen Verhältnis zu seiner Sprache steht, ja daß ihm die Sprache nicht weniger konsubstantiell ist als sein Denken, Fühlen und Wollen". Vgl. ebd., 54: „nur der redende und in aktiver Kommunikation stehende Mensch ist ganz er selbst".

16. Sprache wird in den Proverbien nahezu ganz als nur zwischenmenschliches Geschehen angesehen. Während in anderen Textkorpora des AT zu Gott hin gesprochen (Pss) bzw. der Mensch/das Volk von Gott angeredet wird (Propheten), sind Sender wie Rezipienten von Sprache in den Proverbien jeweils Menschen. JHWH ist allerdings insofern in die Sprechhandlung einbezogen, als er in den Zusammenhang von Herz, Denken, Planen, Sprechen integriert ist (16,1.3.9; 19,21 u.ö). In Spr 10ff. ist also nicht der Mensch im Blick, der auf das Wort Gottes/JHWHs hört (mit Ausnahme von 30,5) oder JHWH anbetend begegnet, sondern derjenige, der sich dem anderen Menschen mit seiner Sprache helfend oder schädigend zuwendet[70].

17. Die starke Gewichtung der Sprache setzt Hörende wie Lesende voraus, die ein Gespür für den Umgang mit Sprache haben und auf die unterschiedlichen Nuancen von Sprache ansprechbar sind. Dies ist bereits wegen der sprachlichen Gestaltung der Proverbien selbst notwendig, die Bereitschaft und Fähigkeit zur Reflexion voraussetzt[71]. Auch die zahlreichen Humor bzw. Ironie enthaltenden Texte[72] setzen voraus, daß Hörer/Leser einen Zugang zu Ironie wie Humor und damit zu den Tiefenstrukturen von Sprache haben, denn es sind ja keineswegs primär diejenigen Texte, welche in den Proverbien vom Lachen sprechen, die auch selber Humor enthalten[73]. Vielmehr ist es in Sprüchen wie 26,13.14.15(//19,24).16 das Ineinander von Sprache und Inhalt, aber auch von Sprecher und Adressat, das unter der neutral beschreibenden Sprachoberfläche Ironie ermöglicht und erkennbar werden läßt.

18. Der Mensch wird in den Proverbien als Ganzheit gesehen. Dies zeigt sich besonders in den Texten, die psychosomatische Zusammenhänge ansprechen (vgl. §§ 13 und 25). Empfinden, Denken und Handeln lassen sich in Spr 10ff. nicht voneinander trennen; vielmehr gilt gerade für diese Kapitel das Zusammenspiel von „la pensée ... la parole ... l'action"[74]. In dieses Ineinander ist auch der Religion ausübende Mensch einbezogen, denn die relativ seltene Erwähnung kultischer Handlungen (Gebet [15,8.29; 28,9], Opfer [15,8; 21,3.27], Gelübde [20,25; 31,2; vgl. auch 7,14]) zeigt deren Ak-

---

[70] Zum Phänomen der Sprache vgl. auch WESTERMANN, Wort.

[71] Ähnliches gilt für die Weisheitstexte der Umwelt. Zur Sprache der sumerischen Sprichwörter vgl. GORDON, „Collection Four", 68. Zur kunstvollen sprachlichen Gestaltung der Proverbien vgl. die ausführlichen Beobachtungen von McCREESH, Biblical Sound.

[72] Erstaunlicherweise hat LANDY, Humour as a Tool, in seinem instruktiven Überblick zum Humor in der Bibel die Proverbientexte als poetisches Beispiel gar nicht wahrgenommen.

[73] Vgl. allerdings BRENNER, Semantic Field, 46ff., die zunächst vom Wortfeld צחק bzw. שׂחק ausgeht für das Auffinden von Humor im AT und dann auch תלל, קלז und ליץ einbezieht (ebd., 52ff.).

[74] MOURLON BEERNAERT, Cœur – langue – mains, 19. Zu diesen drei den Menschen durch das AT (und auch das NT) hindurch bestimmenden Organen mit ihren Funktionen vgl. insgesamt die Arbeit von MOURLON BEERNAERT.

zeptanz nur dann, wenn sie mit dem sonstigen Handeln des Menschen in Einklang sind.

19. Das Ziel menschlicher Existenz läßt sich nach Spr 10ff. übergreifend mit „Leben" benennen, das nicht durch falsches Verhalten zu früh beendet wird. Näher gefüllt kann es werden durch die Erfahrung von Freude, Ehre, des Wohlgefallens JHWHs, auch durch Vermeidung von Leid. Daneben stehen Weisheit und Rechtschaffenheit als weisheitliche Lebensideale, denen maßvolles Verhalten zugeordnet wird. So zeigen sich weisheitliche Unterweisungs- und Lebensziele durch ein zweifaches gekennzeichnet: Es geht um ein gutes Ergehen des Menschen, aber diesem gleich wichtig ist auch sein Verhalten. So ist das Verhalten nicht nur Voraussetzung für das Erreichen des Zieles, sondern auch selbst schon Ziel. Diese in allen Bereichen von Spr 10ff. ausgeprägte Orientierung am Verhalten[75] zeigt, daß es in den Texten bei der Rede vom Menschen letztlich um Ethik geht[76], nicht so sehr aber um Beschreibung dessen, was der Mensch (auch gerade vor JHWH) ist[77].

20. Der weise Mensch wird auch als einer beschrieben und erstrebt, der Zukunft bedenkt und plant, wobei es aber weitgehend um die individuelle Zukunft geht, weniger um die der Gemeinschaft. Dies gilt für den Toren wie für den Faulen so nicht, denn diese sind auch dadurch gekennzeichnet, daß sie insofern nur für die Gegenwart leben, als sie nicht nach den Folgen ihres Handelns fragen. Diese Zukunft hat sich dabei anders als in Ägypten als eine nur innerweltliche gezeigt. Auch ist der Mensch in den Proverbien trotz des Planens für die Zukunft nicht von Eschatologie bestimmt. Darin wird wiederum deutlich, daß es Spr 10ff. vor allem um profanes, zwischenmenschliches Leben geht und um den Beitrag des Menschen zu dessen Gelingen, nicht so sehr aber um den Menschen vor Gott.

21. Wie sich zeigte, wird JHWH allerdings aus den weisheitlichen Überlegungen nicht ausgeklammert[78], auch wenn nur verhältnismäßig selten und

---

[75] Vgl. ähnlich in Ägypten; dazu HORNUNG, Maat, 390.

[76] Was ja jetzt auch besonders deutlich wird durch die Arbeit von DELKURT, Ethische Einsichten.

[77] Vgl. GOLDSCHMIDT, Der weise Mensch, 133, der mit Hinweis auf die Auseinandersetzung zwischen Rabbi Akiba und Rabbi Tryphon nach Kidduschin 40b über das Verhältnis von Studium und Handeln schließt: „So scheidet sich die Weisheitsbotschaft des Judentums von dem Weisheitsideal des Griechentums. Beide beginnen mit der Weisheit ... Aber die Griechen begnügen sich mit dieser ›Weisheit‹, die Juden gehen noch einen Schritt weiter." (ebd., 136).

[78] Vgl. dazu OESTERLEY, Proverbs, lv: „*all* that they wrote about wisdom was to be regarded as partaking of a religious character. To act wisely is to act in accordance with the divine will".

unterschiedlich gestreut von ihm die Rede ist[79]. Zwar wurzeln die Aussagen der Sprüche in der Erfahrung des Menschen, doch gehört zu dieser eine religiöse Dimension[80], welche die zunächst profanen Erfahrungen in einen größeren Zusammenhang einbindet und z. T. auch korrigierend weiterführt[81]. Möglicherweise ist mit *Müller* auch bereits in der Gestaltung der Proverbien etwas von der religiösen Dimension wahrzunehmen, denn „die poetische Sprache, deren sich die ‚Weisheit‘ fast durchweg bedient, ist der Ausdruck einer religiös-feiernden Haltung gegenüber der Wirklichkeit"[82].

22. Die Rede von JHWH in Spr 10–31 ist eine vielschichtige[83]. Zum einen wird von JHWH so gesprochen, daß seine Nennung sich in den Kontext einpaßt. Die Aussagen über JHWH fügen sich dem sonstigen weisheitlichen Denken glatt ein und stehen auch zu anderen Zeugnissen des AT nicht in Spannung. Besonders deutlich wird dies dort, wo JHWH als Beschützer und Sachwalter der Armen thematisiert wird (14,31; 17,5; 22,2; 29,13).

Zum andern – und in großer Nähe zum vorigen stehend – hat die Rede von JHWH verstärkende Funktion gegenüber der Argumentation des (thematischen) Kontextes. So gibt die Rede vom Greuel JHWHs der Ablehnung von gemeinschaftsschädigendem Verhalten Nachdruck, während das Eintreten für das das Miteinander fördernde Verhalten durch den Hinweis auf das Wohlgefallen JHWHs noch gewichtiger wird (12,22; 15,26; aber auch 11,20; 16,5 u. ö.).

Eine dritte Art der Rede von JHWH in den Proverbien besteht dann darin, daß mit Bezug auf JHWH die zur Debatte stehende Sicht bzw. Entscheidung eine Korrektur erfährt. Menschliches Planen wird von JHWH durchkreuzt (16,1.9; 20,24; auch 16,2; 21,2 u.ö). Dies zeigt sich auch im Bereich des Tun-Ergehen-Zusammenhangs, wenn menschliche Reaktion auf

---

[79] Vgl. demgegenüber die umfangreiche Liste der Sprüche in PapInsing, welche von Gott sprechen, bei LICHTHEIM, LEWL, 170.

[80] Vgl. ALONSO SCHÖKEL/VÍLCHEZ LÍNDEZ, Proverbios, 54: „la Sabiduría se funda en la experiencia, y en ésta es esencialmente religiosa". Vgl. auch MURPHY, Wisdom Literature and Psalms, 27. Zur religiösen Dimension vgl. auch MURPHY, Religious Dimensions, 451 f., mit seinem Hinweis auf u.a. die Bereiche JHWHfurcht, Schöpfungstheologie und Unverfügbarkeit Gottes; vgl. ebd., 456: „Although wisdom seems to be taken up with the ordinary, every day events, it retains its basic relationship to God, and the fear of the Lord is an essential ingredient in this achievement."

[81] Wenn VON RAD, Weisheit, 133, von einer „Spannung zwischen einer radikalen Verweltlichung einerseits und dem Wissen um die uneingeschränkte Verfügungsfreiheit Gottes andererseits" spricht, so ist zumindest der erste Teil der Aussage etwas zu pointiert.

[82] MÜLLER, Einführung (WdF), 26.

[83] Vgl. IRSIGLER, Arbeit, 66: Nebeneinander stehen „einerseits Sprüche, die geradezu klassisches Ordnungsdenken präsentieren, von Mühe und Erfolg ..., und daneben Jahwe-Sprüche ... die Grenzen solchen Ordnungsdenkens, menschlicher Weisheit überhaupt, an der freien, unberechenbaren Initiative Jahwes herausstreichen". Aber auch in dem so gezeichneten Nebeneinander ist eher ein Korrigieren als ein absoluter Kontrast zu sehen.

die Erfahrung von Bösem zugunsten des Handelns JHWHs abgewehrt wird (20,22; 25,21 f.).

Da die Rede von JHWH in Spr 10–31 nicht einheitlich ist, kann in ihr kaum eine eigene Schicht entdeckt werden, die noch dazu erst sekundär redaktionell eingebracht worden ist[84]. Zumindest für die beiden ersten Bereiche der Rede von JHWH sind die entsprechenden Texte keineswegs unbedingt als Zusatz zu qualifizieren. Und auch diejenigen Texte, die JHWH als menschliches Denken korrigierend benennen, stehen denen nahe, die um die Grenze weisheitlichen Denkens wissen[85].

Insgesamt ist ferner darauf zu verweisen, daß die Rede von JHWH in der jüngeren Weisheit (Spr 1–9) andere Akzente setzt als in Spr 10ff. und damit auch in ihrer Absicht anders ausgerichtet ist (Weisheit als Schöpfungsmittlerin JHWHs...)[86]. Folglich ist es problematisch, die JHWHsprüche in Spr 10–31 allgemein erst als jüngere (nachexilisch) Zusätze anzusehen[87], zumal auch die gegenüber Spr 10ff. meist älteren Weisheitstexte der Umwelt Israels jeweils von „Gott" nicht schweigen[88].

23. Die Aspekte des Redens von JHWH, die in Spr 10ff. begegnen, sind mit *Preuß*[89] nicht die zentralen des AT[90]. Das im atl. Kanon dominierende Geschichtshandeln JHWHs an seinem Volk wird völlig ausgeblendet, von JHWH als dem Schöpfer wird sehr selektiv gesprochen, Wort und Gebot Gottes bleiben bis auf 30,5 unerwähnt. Zwar sind die in Spr 10ff. genannten Aspekte der JHWHerfahrung nicht konträr zum AT insgesamt, doch die in Spr 10ff. begegnende Rede von JHWH gibt ihr in diesen Texten eine im

---

[84] So aber MᶜKANE, OTL, 11–22 u. ö.; z. T. auch WHYBRAY, passim.

[85] Vgl. die demgegenüber differenziertere Sicht bei RÖMHELD, Wege, bes. 185ff., wobei jedoch zu fragen ist, ob alle bei RÖMHELD genannten Texte aus 10,1–22,16 und 25–26 erst unter Einfluss von 22,17–24,22 zugefügt wurden. Denn gerade Aussagen wie die von 15,16 entsprechen durchaus dem Duktus der nicht explizit jhwhbezogenen Texte.

[86] So ist es bei der Diskussion dieser Fragestellung zu vermeiden, daß Aussagen von Spr 1–9 bzw. sonstiger jüngerer Weisheitstexte zur Lösung des Problems einbezogen werden, wie dies z. B. bei WILSON, Sacred and Profane?, passim, geschieht.

[87] Zur Forschungsdiskussion vgl. WILSON, Sacred and Profane?

[88] So VANONI, Volkssprichwort, 96: „Das ... signifikante Übergewicht des Gottesnamens JHWH gegenüber anderen Gottesbezeichnungen in Spr (87:6) spricht eher dafür, daß JHWH von Anfang an seinen Platz in den Sprichwörtern hatte." Entsprechend kann DEISSLER, Grundbotschaft, 133, die JHWHsprüche als „weisheitliche Zeugnisse und Kommentare der Jahweoffenbarung" charakterisieren. Vgl. ähnlich KRIEG, Todesbilder, 192: „Die Werte der Weisheit sind erst als Werte Jahwes recht verstanden."

[89] PREUSS, Einführung, 50–60, mit Modifikationen gegenüber ders., Erwägungen (1970); Gottesbild (1972); Alttestamentliche Weisheit (1974).

[90] DELKURTS Äußerung, Ethische Einsichten, 146, „Das Zentrum alttestamentlichen Glaubens, die Ausschließlichkeitsforderung Jahwes, bleibt gewahrt", kann in dieser Zuspitzung nicht zugestimmt werden. Zwar stehen die Proverbien in der Tat nicht im Widerspruch zur Ausschließlichkeitsforderung, doch sie ist nirgends Thema. Von einer Wahrung im aktiven Sinne kann keine Rede sein.

Verhältnis zum sonstigen AT dann auch abgehobene Eigenart. Zum Ausdruck gebracht werden Aspekte der Erfahrung JHWHs, die in engem Zusammenhang mit der Orientierung von Spr 10ff. an den zwischenmenschlichen Beziehungen zu sehen sind. Die den Proverbien und deren Interessen nicht unmittelbar entsprechenden Züge des JHWHglaubens werden nicht deshalb ausgeblendet, weil die Proverbienautoren diese negierten, sondern weil sie anderen Fragestellungen und Anliegen zugeordnet sind, welche nicht denen der Sprüche entsprechen. Wenn die von *Brunner-Traut* eingebrachte Kategorie der Aspektive[91] auf die Proverbien angewendet wird, so können durchaus in den Augen der Spruchautoren die sonst im AT begegnenden JHWHerfahrungen als aspektivisch neben den Erfahrungen der Proverbien stehend und geltend angesehen werden.

24. Als vorwiegend am profanen menschlichen Alltagsleben orientierte[92] Texte, die das selbstverständlich mit vorausgesetzte religiöse Umfeld[93] nur selten ausdrücklich thematisieren, sind die Proverbien auch international eingebunden. Die in ihnen angesprochenen Erfahrungen sind über Israel hinausgehende, den Menschen als solchen betreffende, so daß diese auch zwischen den einzelnen Kulturen kommunikabel sind. „It encourages us to be open to what there is to learn from all of human endeavour and insight."[94] Die für den Menschen typische Art zu handeln und zu reagieren wird reflektiert und zur Disposition gestellt. Diese ist zunächst weithin unabhängig vom jeweiligen konkreten religiösen Kontext, in dem sich der Mensch bewegt[95]. So ist das spontane Verhalten des Mannes, der mit seiner Frau Ärger hat, nicht abhängig von Amun-Re, Thot oder Ea oder auch JHWH als den jeweiligen Gottheiten, zu denen das Verhalten des Menschen in der Weisheit in Beziehung gesetzt wird. Erst durch die Reflexion erfolgt eine bewußte Einbindung in den jeweils eigenen religiösen Rahmen und damit auch ein gezielteres Verhalten. So erscheinen die Aussagen Ägyptens, Mesopotamiens und Israels dann doch auch als nicht in allem und grundsätzlich austauschbar[96]. Die herausgearbeitete große Offenheit der atl. Proverbien mit ihrer Herausforderung an Hörende wie Lesende zur eigenen Handlungsentscheidung sowie die zurückhaltende Hinführung des Menschen zum erwünschten Ver-

---

[91] BRUNNER-TRAUT, Frühformen, passim.
[92] Damit sind Weisheitstexte ein erster Schritt des Menschen zur Rationalität, so mit BLOOMFIELD, Tradition and Style, 19.
[93] Das Daß der religiösen Bindung steht dabei nirgends zur Debatte.
[94] GOLDINGAY, „Salvation History", 203.
[95] So spricht WESTERMANN, Weisheit, 145, von „common sense im Bereich menschlichen Handelns".
[96] Die absolute Formulierung von A. ASSMANN, Weisheit, 21, läßt sich so ohne jede Einschränkung doch nicht ganz nachvollziehen: „Was inhaltlich die religiöse oder politische Dimension der entsprechenden Gesellschaft bestimmt, das fehlt in ihrer Weisheitsüberlieferung, die sich allgemein, verwechselbar und redundant zeigt."

halten ist so in den Texten der Umwelt nicht zu finden. Hier liegt wohl doch ein specificum israeliticum vor.

25. Die Proverbien haben Regeln des Verhaltens und Ergehens im Blick, aber es geht dabei um „Erfahrungsweisheiten, die, wie alle moralisch-psychologischen Gesetzmäßigkeiten, ihre Ausnahmen haben können"[97]. Die in Spr 10ff. vorliegende Reflexion der Erfahrung kündet nicht nur von einer Ordnung der Gesellschaft, sondern auch des Lebens und Geschehens, der Welt insgesamt, die erkennbar und nachzuvollziehen ist und in die es sich einzufügen gilt. Ideal der Spruchweisheit ist folglich so etwas wie „respect for and conformity to the established order of society", „conformity to the norm and self-control"[98]. Es wird in den Proverbien zwar nicht ausdrücklich thematisiert, daß diese Ordnung von Gott in Kraft gesetzt worden ist und erhalten wird, doch wird dies implizit als Voraussetzung zu denken sein, da sich die Weisheit nicht in einem religionsfreien Raum bewegt, sondern profan bestimmte Wirklichkeit als eine religiös verankerte zu sehen ist[99].

26. Im ägyptischen Denken und folglich auch vor allem in den ägyptischen Weisheitslehren ist das Bedenken der Ma'at im Sinne von „Weltordnung" jedoch beherrschender als dies betr. „Weltordnung" für das AT und auch für das Buch der Sprüche gilt[100]. Ist in und für Ägypten die Ma'at Grundlage, Maßstab und Ziel menschlichen Denkens und Handelns[101], so geht es für den atl. Weisen zwar auch um das Erkennen von „Ordnung(en)" sowie darum, sich in diese einzufügen und ihr bzw. ihnen gemäß zu handeln. Es ist jedoch in den Proverbien nicht zu erkennen, daß dieses Handeln auch wieder Ordnung als Ziel hat[102], daß (wie in Ägypten) Ordnung vom Menschen auch jeweils neu zu verwirklichen[103], neu zu konstituieren ist[104]. In den Proverbien geht es mehr um ein gelingendes Leben des *Menschen*, um das Wohl des

---

[97] SCHARBERT, Solidarität, 238. Vgl. auch GOLDINGAY, „Salvation History", 199: Die Sprüche sind „dominated by confident assertion about the way the world works, but the questionability of these assertions has to be granted by Job and Qoheleth".

[98] Beides WHYBRAY, Wisdom in Proverbs, 60f.. 66.

[99] Vgl. VON RAD, Weisheit, 88.

[100] Ob und inwieweit der Begriff „Weltordnung" dem der Ma'at wirklich äquivalent ist, sei hier dahin gestellt. Vgl. dazu HORNUNG, Maat; J. ASSMANN, Ma'at. Ähnliches gilt erst recht für (ה)קדצ im AT.

[101] Vgl. WHITE, Sages' Strategy, 302: Weltordnung in Ägypten „determines a rigid formula for the fates of those who preserve and those who fail to preserve *ma'at*".

[102] Demzufolge ist WHYBRAY, Wisdom in Proverbs, 71, der kaum wesentliche Unterschiede zwischen der ägyptischen Vorstellung von (Welt-)Ordnung und der in den Proverbien sieht, nicht zuzustimmen.

[103] Vgl. die im Ägyptischen im Zusammenhang mit Ma'at gebrauchten Verben *irj, dd, ś.ḥpr* – jeweils im Sinn von „machen, erschaffen".

[104] So kann auch nicht einfach mit MURPHY, Religious Dimensions, 449, im Blick auf die Proverbien von „ma'atizing' of wisdom" gesprochen werden.

Gegenübers wie um das eigene, ohne daß das entsprechende Handeln wie Ergehen sich gleichzeitig auf „Weltordnung" bezieht oder in diese einfügt bzw. einfügen muß[105]. Die Vermutung legt sich nahe, daß hier ein Einfluß der ethischen Komponente des JHWHglaubens auf die Weisheit faßbar wird, welche diesem ja selbst in seiner frühen Form schon zu eigen war.

Der geringere atl. Bezug auf „Weltordnung"[106] hängt vielleicht auch damit zusammen, daß die einzelnen Proverbien wie auch ihre Sammlung(en) form- und gattungsgeschichtlich nicht voll den ägyptischen Lehren entsprechen[107], einen weniger „geschlossenen" Charakter haben und sich auch in der Art ihrer Einzelsprüche von der stärkeren Reihung (= „Ordnung") in den ägyptischen Lehren abheben.

27. Umstritten ist in der Forschung der Adressatenkreis der Proverbien. Ein einzelner Stand der Bevölkerung wird nirgends als Adressat genannt[108], wie insgesamt niemand konkret Fixierbares angesprochen wird[109]. Von daher ist es auch schwierig, so klare Äußerungen wie die von *Skladny* nachzuvollziehen, nach denen es sich bei der Sammlung C (= Spr 16–22,16) einerseits um einen *„Bauern- und Handwerkerspiegel"* handelt, andererseits aber auch in B (= Spr 25–27) eventuell eine *„für Beamte im königlichen Dienst bestimmte Unterweisung"*[110] vorliegt. Eher indirekt machen Rückschlüsse aus den Aussagen der Texte eine Beschreibung der Adressaten möglich. Bis auf wenige Ausnahmen wurde der Tor als der Unbelehrbare herausgestellt, so daß dieser – wie auch der Frevler – weitgehend als Adressat nicht in Frage kommt[111]. Auch der Faule und der Arme haben sich in der Untersuchung nicht als Ansprechpartner herauskristallisiert. Im Blick haben die Proverbien vielmehr den Weisen, Rechtschaffenen, Fleißigen, Besitzenden, zumeist auch den mit Einflußmöglichkeiten. Er ist fähig zur Reflexion über sein Verhalten und dessen Folgen, bereit zum und interessiert am Nachdenken über Grundkonstanten des Menschseins und auf (s)ein gelingendes Leben in der Gemeinschaft ansprechbar. Er ist zwar religiös, aber der Schwerpunkt seiner Interessen und seines Handelns liegt bei der Bewältigung des profanen Alltagsgeschehens, dessen Regeln es zu entsprechen gilt. So deutet das meiste

---

[105] Vgl. aber NEL, Admonitions, 97: „The wisdom admonitions are the explicated ethos of the created order." So wird es jedoch nirgends in Spr 10ff. gesagt.

[106] Es ist eben, gegen SKLADNY, Spruchsammlungen, 93, (vgl. auch PREUSS, Einführung, passim), nicht die zentrale Frage „Wie erkennt der Mensch die von Jahwe gesetzte und garantierte Ordnung der Welt und wie wird er ihr im Alltag gerecht?"

[107] Vgl. dazu RÖMHELD, Weisheitslehre.

[108] Vgl. STRACK, KK VI/2, 91f; VON RAD, Weisheit, 35.112.

[109] Dennoch ist zweifelhaft, ob GEMSERS (HAT I/16, 7) Äußerung, daß die Weisheit in Israel für das ganze Volk gedacht gewesen ist, zutrifft.

[110] Beides SKLADNY, Spruchsammlungen, 46.57.

[111] Vgl. aber 24,15; auch 17,26, wo die Adressaten wohl kaum unter den Rechtschaffenen bzw. Vornehmen zu suchen sind.

darauf hin, daß vorwiegend Glieder der Oberschicht Adressaten der Texte sind, wenngleich auch vieles auf die Unterschicht übertragbar und dort analog nachvollziehbar ist[112].

So scheint eine gewisse „Insider-Orientierung" der Texte vorzuliegen[113]. Die ursprüngliche Kommunikationssituation war offensichtlich zunächst die der Weisen unter sich. Der Weise wird als solcher angesprochen auf seine vielfältigen Möglichkeiten hin, sich als Weiser zu verhalten und zu bewähren.

28. Damit ist dann auch der ähnlich umstrittene Sitz im Leben der Texte angesprochen. Das bisher Gesagte deutet bereits darauf hin, daß die Texte trotz häufiger Aufnahme von Bezügen zur Landwirtschaft oder auch zum handwerklichen Bereich nicht grundsätzlich als Sippenweisheit[114] und damit gar als Volkssprichwort[115] angesehen werden können[116]. *Lang* betrachtet zwar mit Verweis auf *Bollnow*[117] und *Geertz*[118] die „Eigenart der Weisheit als die Theorie der kleinen Leute"[119]. Dazu enthält und erfordert die biblische Weisheit jedoch viel zu viel an Reflexion. Sie ist keineswegs so „natural, accessible, practical", unsystematisch und trivial, wie *Lang* meint[120]. Die sprachliche Ausfeilung der Texte wie ihre Betonung der Sprache und ihre Herausforderung zu intensiver Reflexion deuten eher auf Kreise, die dazu einen Zugang hatten, so daß doch stärker an dem Hof nahestehende Kreise[121] zu denken

---

[112] Anders BERGANT, Wisdom Literature, 35, die in den Proverbien die Reflexion der Menschen verschiedener sozialer Klassen sieht. Daß durchaus Worte aus unterschiedlichen Schichten aufgenommen (!) worden sind, kann konzediert werden, doch in ihrer Jetztgestalt und ihrem Kontext sind solche Differenzierungen kaum mehr nachvollziehbar. Der höfische SiL wird jedoch auch von WHYBRAY, Poverty, passim, bes. 334, in Frage gestellt, ebenso die Orientierung an einer upper class.

[113] Vgl. auch KOVACS, Class-Ethic, 177ff.

[114] Zur Möglichkeit des SiL der Weisheit in Stamm und Familie vgl. auch FONTAINE, Sage.

[115] So aber GOLKA, Königs- und Hofsprüche, 34, mit Berufung auf afrikanisches Material, vgl. auch seine anderen Beiträge sowie WESTERMANN, Weisheit, passim. GOLKAS Ansatz ist keineswegs frei von Vorverständnis, auch zieht er das Material zu pauschal und undifferenziert heran zum Vergleich mit Texten, die er kaum detailliert analysiert. Vgl. auch die Reaktion von LEMAIRE, Sagesse, 272, auf GOLKAS Beitrag in VT 33, mit dem Hinweis auf die *schriftlichen* Texte.

[116] Zum Problem Volkssprichwort – Kunstspruch bei den Proverbien und deren Zuordnung in der Forschungsdiskussion vgl. zusammenfassend MURPHY, Form Criticism, 478f.

[117] BOLLNOW, Einfache Sittlichkeit.

[118] GEERTZ, Common sense.

[119] LANG, Weisheit als Ethos, 282. Ähnlich auch LANG, Klugheit, 178f. – Vgl. GOLKA, Königs- und Hofsprüche.

[120] LANG, Weisheit als Ethos, 283. Vgl. auch FONTAINE, Traditional sayings, 116: „The picture is that of a simpler world".

[121] Vgl. VON RAD, Weisheit, 28. Vgl. dazu auch WHYBRAY, Sage. Vgl. ähnlich MURPHY, Form Criticism, 482: Spr 10–29 lassen denken an einen „literary circle of the court as a most likely group with universal interests who would have cultivated such sayings".

ist wie auch an die „herrschende" Oberschicht[122] in den Städten[123]. Dem steht auch das agrarische Aussagematerial nicht entgegen, denn angesichts der geringen Ausdehnung der Städte war dem Bewohner aus der Oberschicht landwirtschaftliches Verhalten ständig vor Augen und ermöglichte ein viel anschaulicheres Darstellen seiner Einsichten (vgl. 20,4), möglicherweise auch auf breiterer Ebene, als der eigene abgeschlossenere, auch intellektueller geprägte Lebensbereich. Wer nun jedoch konkret zu den Kreisen gehörte, die weisheitlich geprägt waren, lassen die Proverbien nicht eindeutig erschliessen[124].

Nun wird man trotz allem davon ausgehen können, daß ein Teil der Proverbien durchaus seine Ursprünge im Volkssprichwort hat[125]. Besonders einleuchtend wäre dies bei manchen Texten zum Thema Fleißiger–Fauler[126]. Doch sind auch dort eindeutige Aussagen nicht machbar, da die Texte in der jetzt vorliegenden Gestalt und in ihrem jetzigen Kontext eine z.T. doch andere Orientierung haben[127]. Deutlich wird dies auch an Vergleichstexten aus anderen Kulturkreisen, die gern zur Begründung der These von den Volkssprichworten herangezogen werden[128]. Die meist völlig anders strukturierte und inhaltlich gefüllte Volks-Weisheit z.B. aus Afrika oder die ebenso anderen Formen bzw. Gattungen und damit verbundenen Inhalte im Plattdeutschen etc. sind auch dem sog. einfachen Menschen wesentlich zugänglicher, da sie einfacher und konkreter sprechen[129]. Die Proverbien haben

---

[122] Vgl. HUBBARD, Proverbs, 27. – Vgl. weitere Lit. bei PREUSS, Einführung, 205, Anm. 86.
[123] So findet BOADT, Introduction, 54, in Spr 11 „strong urban orientation". Vgl. auch KAISER, Mensch, 75f.; LUX, Die Weisen, 60ff., mit seinem Hinweis auf die Ratsversammlung.
[124] Vgl. MURPHY, Form Criticism, 482. Auch VANONI, Volkssprichwort, 93: Die „Gebrauchssituation der Sprichwörter ... geht aus bloßen Sammlungen wie dem Buch Spr nicht hervor". VANONIS Versuch, einen möglichen SiL durch Einbeziehung anderer biblischer Texte zu rekonstruieren, zeigt dann auch deutlich die Problematik, weil er nur aufgrund bestimmter Prämissen möglich wird, vgl. ebd., 94. So ist auch die Überlegung von KÖHLER, Mensch, 91, daß die „praktische Weisheit" abends im Kreis (=sôd) weitergegeben wurde, nicht mehr als eine solche. Die Sprüche sind demnach dort als eine Art Rätselspiel entstanden, ebd., 92f. Die Proverbien selbst bieten für solche Aussagen keine konkreten Anhaltspunkte, auch nicht deren Gestaltung im par.membr., der nicht auf Rätselfrage (Versteil a) und Antwort (Versteil b) zurückgeht.
[125] Vgl. dazu LUX, Die Weisen, bes. 59. Zum Problem des Volkssprichwortes vgl. jedoch auch CAMARTIN, Weisheit.
[126] Vgl. WESTERMANN, Weisheit, 30.
[127] Gegen vorwiegend einfache Menschen als Trägerkreise der Proverbien spricht auch die Rede von Gold und Silber, Schmuck und kostbaren Gütern, Eis im Sommer und dergleichen vgl. die Liste der Vergleiche bei WESTERMANN, Weisheit, 74, die keineswegs nur auf kleine Leute verweist, wie er meint (ebd., 75).
[128] So WESTERMANN, Weisheit, passim, und in den diversen Arbeiten von GOLKA. Zur Problematik des Vergleichs und der daraus gezogenen Wertungen vgl. auch RÖMHELD, Wege, 127ff.
[129] Vgl. u.a. die Sprichwortsammlungen von PETSCHEL und MADAUS.

jedoch eine ganz andere Eigenart und andere intellektuelle Voraussetzungen
als Volkssprichwörter[130]. Dies wird nicht zuletzt unterstrichen durch die
große Nähe atl. Sprüche zu ägyptischen Texten, die deutlich als aus höfischen
Kreisen bzw. Schulen entstammend ausgewiesen sind[131]. Inwieweit allerdings
Schultraditionen im Hintergrund der atl. Proverbien stehen[132], hat sich nicht
klären lassen, da die Hinweise nach wie vor zu wenig eindeutig sind[133].

29. Bei der Analyse der Proverbientexte hat sich ein Problem als durchgängig gezeigt. Immer wieder sieht sich der/die Auslegende in der Versuchung,
mehr in die Texte hineinzulesen, als diese selbst sagen, oder gar von Spr 1–9
her in sie einzutragen, was in ihnen nicht enthalten ist. Vieles ist – wie sich
zeigte – in den Proverbien bewußt offen gelassen, vieles läßt sich aus den
Texten selbst heraus nicht eindeutig erheben, so daß klare Entscheidungen
nicht immer gefällt werden können. Darüber hinaus sind die Aussagen keineswegs immer einlinig, so daß auch nicht immer einlinige Antworten erfolgen können.

Nicht ganz unproblematisch ist auch der an sich notwendige, aber auch
schwierige Vergleich mit den Weisheitstexten der Umwelt Israels angesichts
des vielfältigen Materials aus unterschiedlichen Zeiten. Es fehlen weitgehend
noch Analysen zu Form und Gattung der entsprechenden altorientalischen
und ägyptischen Weisheitstexte[134], wie insgesamt keine detaillierten Untersuchungen zur Anthropologie der Weisheitstexte in Ägypten wie Mesopotamien vorliegen. Auch fällt auf, daß häufig in der exegetischen Literatur
Vergleichsmaterial aus anderen biblischen wie außerbiblischen Texten herangezogen wird, ohne daß über die andere Textart Rechenschaft abgelegt
wird. So ist als Desiderat zu vermerken, daß genauere Untersuchungen des

---

[130] Vgl. auch STEINBERG/LANDMANN, Einführung, 11, im Blick auf die jüdische Tradition: Bei den Juden gibt es „nur wenige Volkssprüche im eigentlichen Sinn".

[131] Was nicht ausschließt, daß das ägyptische Prinzip Ma'at alle sozialen Schichten
verpflichtet, HORNUNG, Maat, 405.

[132] Vgl. auch BLENKINSOPP, Wisdom and Law, 24f.; vgl. 10,3.27; 11,1.20, nach dem die
Proverbien „expressing the common ethos of the scribal schools have been modified and
supplemented by religious teachers after the Babylonian exile". Demnach ersetzt auch in
der Zeit des Zweiten Tempels das Gegenüber Rechtschaffener – Frevler die Antithese
Weiser – Tor; vgl. ebd., 25. Dies läßt sich aber an den Proverbien selbst nicht überzeugend
nachweisen.

[133] Vgl. aber CRENSHAW, Sage, 212: „In sum, Israel's instructions may very well have
been written by professional teachers specifically for potential scribes and courtiers. ... In
these collections the wise belongs to a privileged class, and the sage stands apart from
ordinary citizens regardless of their intellectual achievement."

[134] Zu nennen sind allenfalls die Untersuchungen von ALSTER, Studies; LICHTHEIM,
LEWL, für den Bereich der Weisheitsliteratur, darüber hinaus noch die Einleitung bei J.
ASSMANN, Hymnen und Gebete; HECKER, Epik; KRECHER, Kultlyrik; W. MAYER, For-
mensprache.

ao Materials notwendig sind, um einen Vergleich mit den Aussagen der Proverbien wirklich sachgemäß durchführen zu können.

§ 29: Die anthropologischen Aussagen von Spr 10ff. im Kontext des AT

Die Aussagen der Proverbien sind nicht losgelöst von den übrigen Texten des AT zu sehen[1]. Vielfältige Bezüge, Analogien und Unterschiede wurden bereits im Laufe der Untersuchung benannt. Im folgenden sollen die auffälligsten Gemeinsamkeiten wie ‚Defizite‘ noch einmal zusammenfassend angesprochen werden, um so das Proprium der Proverbien und ihren theologischen Ort innerhalb des AT zu verdeutlichen.

1. In den Proverbien verdichten sich Erfahrungen längerer Zeiten und Generationen[2]. Die Spruchweisheit nimmt diejenige Tradition auf, welche sich durch die zwischenmenschliche Erfahrung der *einzelnen* vorwiegend in den ethischen Anforderungen des alltäglichen Lebens im Laufe von Generationen herauskristallisiert hat. Eine Einbindung in den „überindividuellen Erfahrungsraum"[3] unterbleibt, sofern Spr 10ff. als eigenständiger Textkomplex ohne seine Rückbindung an das übrige AT begegnen. Die im AT dominierende Sicht von Geschichte als fortschreitender Volksgeschichte und des Eingebundenseins des Menschen in das Gottesvolk findet in Spr 10ff. keinen Widerhall[4]. „Les proverbes se réfèrent plus à l'homme de chair qu'à un Israëlite."[5]

Das in den Proverbien begegnende „kollektive Gedächtnis" ist damit ein anderes als jenes, das in Texten wie den Vätererzählungen der Genesis oder in den Exoduserzählungen seinen Ausdruck gefunden hat[6]. Die Erzähltexte wie auch die prophetischen Schriften vermitteln im Gegenüber zur Spruchweisheit die Geschichte des Gottesvolkes in ihrer Kontinuität und Diskontinuität. Im Vordergrund stehen die Erfahrungen der *Gemeinschaft* mit Gott, der einzelne steht eher exemplarisch für die Gruppe als für sich selbst. Tradierung von Geschichte zielt dann auf die „sinn- und orientierungsstiftende Aneignung des *traditum* im *actus tradendi*"[7] im Blick auf die Gemeinschaft

---

[1] Umfassend zur atl. Anthropologie insgesamt vgl. jetzt PREUSS, Theologie 2, 105ff.

[2] Vgl. dazu PERLITT, Vater, 81.

[3] HARDMEIER, Erinnerung, 151.

[4] „While Israel gives it (= weisheitl. Erbe) an Israelite home and expression, she keeps it separate from the historical traditions", MURPHY, Wisdom Literature and Psalms, 26. – Das Reden von JHWH gibt zwar indirekt einen Hinweis darauf, daß der Weise sich als Glied des Gottesvolkes versteht, doch thematisiert wird dies nicht.

[5] CAZELLES, Bible, 47.

[6] Zur Funktion des Erinnerns von Geschichte in Texten des Pentateuchs vgl. HARDMEIER, Erinnerung.

[7] HARDMEIER, Erinnerung, 138.

als Ganze, während Spr 10ff. Handlungsorientierung für den einzelnen bieten.

2. Zwar wird der einzelne auch in Spr 10ff. im Rahmen einer größeren Gemeinschaft gesehen, doch wird diese nirgends genauer spezifiziert. Sie kann allenfalls vor allem als Familie, Freundschaft, Nachbarschaft, Ortsgemeinschaft (weniger als Standesgemeinschaft) wahrgenommen werden. Auch wird der Mensch insofern auf Geschichte angesprochen, als von Vater und Mutter, von Jugend und Alter die Rede ist. Diese Geschichte ist aber jeweils wiederum eine *individuelle*. Damit entfallen sowohl die Bezüge auf die Heilsgeschichte[8] (wie Verheißung, Erinnerung an Exodus und Bund) wie auch diejenigen auf die Schuldgeschichte des Volkes (Abfall und Strafe). JHWHs Gebote und sein Gesetz, Erwählung und Verpflichtung des Volkes und damit des einzelnen durch JHWH (Bundesbuch, Dekalog etc.) sind folglich trotz mancher Nähe von Weisheit und Recht nicht Thema[9].

Der fehlende Bezug zur Geschichte des Volkes zeigt sich ebenso in der weisheitlichen Rede vom Land. Spr 10ff. kennen wohl das Land als Lebensraum (10,30; 25,25; 28,2; 29,4; 30,14.21; 31,23), doch wird weder vom Land als der (verheißenen) Gabe JHWHs an sein Volk gesprochen noch der Landverlust als Strafe Gottes[10] thematisiert (so besonders in der dtn/dtr Literatur).

3. Ebenso finden sich in den Proverbien kaum Hinweise auf die Einbindung des Menschen in die Kultgemeinde. Daß der Weise Kult ausübt, kann zwar aus den wenigen Stellen erhoben werden, die von Gebeten, Opfern und Gelübden sprechen[11], doch gehört die Reflexion der Stellung und Aufgaben des Weisen innerhalb der Kultgemeinde nicht zu seinen Anliegen. Auch für viele atl. Schriften so gewichtige Themen wie der Tempel oder die Frage nach rein oder unrein, nach der Sabbatpraxis u.a. werden nicht angesprochen. Damit unterscheidet sich das Interesse von Prov 10ff. am Menschen und seiner Lebensbewältigung wesentlich von dem z.B. der Priesterschrift und

---

[8] Anders DUTY, Creation, 262f., mit einem etwas eigenwilligen Geschichtsverständnis, der einen engen Bezug zwischen Schöpfung und Heilsgeschichte herstellt. Die Einbindung JHWHS in den Tun-Ergehen-Zusammenhang zeugt ebenso für „the very stuff of history".

[9] Deshalb sind in Qumran wohl auch keine Proverbientexte zu finden. Zur anderen Orientierung in Qumran vgl. LICHTENBERGER, Menschenbild, 238: „Orientierung des Menschen am Gesetz als ein Urdatum qumranischer Theologie".

[10] Verlust von Besitz wird insgesamt – auch auf den einzelnen bezogen – nicht als Strafe JHWHs angesehen, dies könnte allenfalls aus einem Text wie 15,6 indirekt rückgeschlossen werden. Wenn überhaupt von Besitzverlust die Rede ist, so wird er auf Faulheit und Interesse an Nichtigem zurückgeführt (23,20f.; 28,19).

[11] Als Aussagen über den Kultus vgl. 7,14; 15,8.29; 20,25 (vgl. Koh 5,3–5); 21,3.27; 28,9; 31,2(?); vgl. auch 14,9; 16,6; 30,12(?).

der Psalmen. Der Weise ist nicht gegen Kult bzw. Religion[12], aber sein eigentliches Interesse liegt darin, dem Menschen zu helfen, „to live out his life to its fullest potentiality"[13], wobei für ihn im Zentrum nicht der Kultus, sondern das Ethos steht[14].

4. Das – kritisch gesehene – Gegenüber des Weisen ist der Tor, das des Rechtschaffenen der Frevler, nicht aber der Feind, weder der politische (wie u.a. bei Jesaja, Jeremia und manchen Klageliedern des Volkes) noch der persönliche (wie in den Klageliedern des einzelnen). Die wenigen Texte, die in den Proverbien vom Feind sprechen (16,7; 24,17; 25,21f.; 26,24; 27,6), sind primär an einer möglichst schnellen Beendigung der störenden Feindschaft interessiert, reflektieren bzw. klagen aber kaum über die vom Feind ausgehende Bedrohung und das Leid. Dies verwundert insofern nicht, als es den Proverbien um Verhaltensverstärkung oder -änderung geht und demzufolge Klage – wie auch Dank und Lob – insgesamt keinen Ort in ihnen haben. Auch aus diesem Grund wird wohl ebenso das in anderen Textkorpora des AT des öfteren angesprochene Leiden des Menschen an Gott (Hi; Hos 9,7–9; Jer; etc.) nicht reflektiert.

5. Trotz der starken Orientierung am Ethos wird der Mensch in den Proverbien nicht als Sünder in den Blick genommen. Die Rede von עָוֹן, פֶּשַׁע und חָטָא (11,31; 13,21; 14,34; 16,6; 19,2.11; 21,4; 28,2) zeigt zwar, daß auch die Proverbien die Verfehlung des Menschen kennen. Da aber diese Begriffe nicht in einem explizit religiösen Kontext begegnen, auch nicht von Verfehlung vor JHWH gesprochen wird, können sie nicht ohne weiteres mit der Vorstellung von Sünde als „Griff nach der Autonomie"[15] vor Gott (vgl. Gen 3) in Verbindung gebracht werden. Sie sind vielmehr ganz im zwischenmenschlichen Bereich verankert[16]. Selbst der „Mensch vor Gott" ist nach Spr 10ff. nicht der Sünder, der Opfer, Sühne und Vergebung braucht, so daß weder die für die Prophetie charakteristischen Strafandrohungen JHWHs zur Sprache kommen noch die Vergebung erhoffenden und zusprechenden atl. Aussagen ein Äquivalent finden.

Das deckt sich mit der Beobachtung, daß zwar in Spr 10ff. vom Vertrauen auf JHWH gesprochen wird (14,26; 16,20; 22,19; 28,25; 29,25), nirgends jedoch davon, JHWH zu lieben, an ihn zu glauben, ihm zu dienen. Hören auf

---

[12] Anders GEMSER, HAT I/16, 28, der abgesehen von 3,9f. eine „kritische Stellung" zum Kult konstatiert. Wie aber schon aufgezeigt wurde, ist der Weise nicht gegen den Kult, sondern gegen negativ sich verhaltende Kultausübende.

[13] THOMPSON, Form and Function, 99.

[14] Vgl. STADE-BERTHOLET, Theologie II, 85. Vgl. auch DE VAUX, Lebensordnungen II, 306, wonach Kultus nur relevant ist, wenn der Ausübende die richtige Einstellung hat.

[15] PREUSS, Theologie 2, 184.

[16] Das gilt wohl selbst für 20,9, wo GEMSER, HAT I/16, 67, von „allgemeinmenschlicher Sündhaftigkeit" spricht.

JHWH, seine Nachfolge oder Erkenntnis JHWHs sind ebensowenig Thema. Daß JHWHs Gnade den sündigen Menschen hält (J), ihm Halt gebende Ordnungen vermittelt (P), wird in den Proverbien nicht reflektiert. Es wird nicht einmal deutlich, ob bzw. daß dies vorausgesetzt ist. Die Proverbien sprechen zwar von JHWH, sind aber doch nicht so umfassend theologisch gefüllt, wie oft gemeint wird[17]. Das thematisch Fehlende kann und sollte nicht einfach, wie es öfter geschieht, eingetragen werden, denn es bleibt zumeist bewußt ausgeklammert, da es dem Interesse der Autoren von Spr 10ff. nicht unmittelbar entspricht.

6. Mit den anderen atl. Schriften teilen Spr 10ff. das Interesse am Leben und seiner Bejahung. Wie in Gen 1 und 2f. wird die Existenz des Menschen als Aufgabe begriffen, die es wahrzunehmen und gestaltend auszufüllen gilt, damit Leben gelingen kann. Die Möglichkeit zum Gelingen wird dem Menschen durchgängig zugesagt, wenngleich deren Verwirklichung unterschiedlich gesehen wird. Zwar deckt sich die Sicht des Menschen in Spr 10ff. insofern z.B. mit der des Jahwisten, als sie einerseits am Ethos ausgerichtet ist, andererseits aber die Verfehlungen des Menschen gegenüber seiner Aufgabe und seine Gefährdung durch das Negative bzw. seine Bereitschaft dazu deutlich angesprochen wird[18]. Doch in ihrer auch und eher optimistischen Sicht nähern sich die Proverbien stärker dem Menschenbild der Priesterschrift, die den Menschen immer wieder auf seine positiven Möglichkeiten hin anspricht[19], wenn auch die für P wichtigen, Halt, Orientierung und Neuanfang ermöglichenden kultischen Ordnungen in den Proverbien unerwähnt bleiben. Analoges gilt auch für die prophetischen Texte mit ihren direkten Mahnungen zur Umkehr wie ihren letztlich doch auch eine Verhaltensänderung anstrebenden Strafankündigungen, die ähnlich wie Spr 10ff. (dort abgesehen vom zumeist nicht ansprechbaren Toren) voraussetzen, daß der Mensch fähig ist zur Veränderung seines Verhaltens[20].

7. Einen deutlich anderen Akzent gegenüber den Proverbien setzen allerdings die ebenfalls weisheitlichen Schriften Hiob und Qohelet. Beide stehen dem Leben wesentlich kritischer gegenüber und haben ein eher negatives

---

[17] So grundsätzlich, wie W.H. SCHMIDT, Anthropologie, 156, meint, bedenkt das AT zumindest mit Blick auf die Proverbien nicht „durchweg ... *die Stellung des Menschen vor Gott*".

[18] Zum Jahwisten vgl. STENDEBACH, Menschenbild, bes. 18ff.; WASCHKE, Menschenbild, 52ff. Vgl. auch ALBERTZ, „Ihr werdet sein...", zur „Ambivalenz menschlicher Weisheit", ebd., 26.

[19] Vgl. W.H. SCHMIDT, Mensch, 7f.; bes. aber GÖRG, Menschenbild; WASCHKE, Menschenbild, 15ff.

[20] Auch und selbst Qumran kannte die Möglichkeit, vom Bereich der Söhne des Lichtes in den der Söhne der Finsternis zu wechseln, wenn aber auch wohl mit zeitlicher Begrenzung; vgl. dazu LICHTENBERGER, Menschenbild, 210.

Menschenbild. So betonen Hi 9,4ff.; 11,7–12; 12,7ff.16ff. den großen Abstand zwischen Mensch und Gott[21]. Die Gottesreden (Hi 38–41) thematisieren noch wesentlich stärker als Spr 10ff. die Überlegenheit und Souveränität Gottes bis dahin, daß in ihnen vom Menschen gar nicht mehr gesprochen wird. Der Mensch erfährt hier im Gegenüber zu den Proverbien eine erhebliche Relativierung. Die Hinfälligkeit des Menschen wird beklagt, der Tod dem Leben vorgezogen (Hi 3,11ff.17ff.; 6,8f.; 7,6.10; 10,18–22 u.ö)[22]. Ähnliches ist auch bei Qohelet zu lesen. Angesichts der sehr deutlich und bedrückend zu erfahrenden Grenzen des Menschen sieht auch er im langen Leben kein Ideal (vgl. Koh 6,3f.). Der Reichtum des Menschen hat für ihn kaum eine Bedeutung (Koh 5,10–19; 6,1ff.), selbst die den Proverbien so wichtigen Weisungen werden relativiert, da sie sowieso keine Beachtung finden (Koh 6,11f.; 7,23f.; 10,1.14). Die bei Qohelet zu findenden Aufforderungen zum Lebensgenuß (Koh 5,17; 8,15; 9,7ff.), die so in den Proverbien wiederum nicht begegnen, heben das eigentlich pessimistische Menschenbild des Qohelet nur begrenzt wieder auf[23].

8. Von großem Gewicht hat sich der Tun-Ergehen-Zusammenhang in den Proverbien gezeigt. Er ist zwar in diesen dominanter als in anderen Texten des AT, doch ist die Vorstellung vom Tun-Ergehen-Zusammenhang keineswegs auf die Proverbien bzw. die Weisheitsliteratur insgesamt beschränkt. Vielmehr ist der Gedanke von dem der Tat innewohnenden Ergehen des Menschen auch außerhalb der Weisheitsliteratur immer wieder in den Schriften des AT zu finden. Er gilt dort sowohl dem Geschick des einzelnen (vgl. Ps 7,13–17; ebenso die Chronikbücher im Blick auf die Könige) als auch und vor allem dem des Volkes (so besonders im DtrG)[24]. Deutlich ist sowohl in der Weisheitsliteratur als auch in den anderen atl. Textkorpora der Tun-Ergehen-Zusammenhang mit JHWH in Verbindung gebracht. Diese Verbindung ist in Spr 10ff. einer der wenigen Themenkreise, in denen JHWH genannt wird. Aber sie hat sich auch dort nicht so gewichtig und konstitutiv erwiesen, wie zuweilen behauptet wird.

9. Daß in den Proverbien vom Leben rein innerweltlich geredet wird, verwundert nicht, da dies auch sonst bis auf wenige – spät zu datierende – Ausnahmen (Jes 25,8; 26,19; Dan 12,2) im AT der Fall ist. Die Orientierung am zwischenmenschlichen Geschehen und Verhalten führt dann aber offensichtlich dazu, daß die Zukunftserwartung in Spr 10ff. sich als eine ohne

---

[21] Wenngleich anders als in den Proverbien, die diesen Abstand so nicht kennen, Hiob die direkte Rede zu Gott und die Rede Gottes zum Menschen kennt.

[22] Vgl. genauer dazu PREUSS, Einführung, 69ff.

[23] Vgl. genauer dazu PREUSS, Einführung, 114ff.; MICHEL, Qohelet; MICHEL, Untersuchungen.

[24] Dazu genauer PREUSS, Theologie 1, 214ff.

Eschatologie darstellt. Damit stehen die Proverbien in einem deutlichen Gegensatz zum Gros der atl. Texte[25]. Inwieweit der Weise bzw. seine Adressaten
dieses Fehlen von Eschatologie als Defizit erfahren haben, ist die Frage.
Gerade wenn die Aussagen der Proverbien innerhalb des größeren Zusammenhangs des übrigen AT zu stehen kommen und diese ihnen wiederum
aspektivisch zugeordnet werden können, ist auch für den Weisen und seine
Hoffnung Eschatologie nicht grundsätzlich ausgeblendet[26].

10. Besonders deutlich wird das ‚Defizit' der Proverbien gegenüber sonstigen atl. Textkorpora insofern, als ein für das Verstehen des Menschen in der
exegetischen wie in der systematischen Theologie wichtiges Thema überhaupt nicht anklingt. Das von Gen 1,27f. und auch Ps 8 her bedeutsame
Reden von der Gottebenbildlichkeit[27] des Menschen wie von der Geschöpflichkeit des Menschen insgesamt (vgl. auch Gen 2 etc.) ist in Spr 10ff.
ganz bzw. nahezu völlig ausgeblendet. Theomorphes Reden vom Menschen
findet sich nicht. So begegnet der Mensch faktisch auch nicht expressis verbis
als Verwalter von Schöpfung[28], wenngleich indirekt die Hinführungen zu
rechtem Verhalten auch dem rechten Umgang mit der Schöpfung dienen.
Eigenes Thema ist dieser allerdings nicht. Allein dort, wo von JHWH als
dem Schöpfer auch der Armen gesprochen wird (14,31; 17,5; 22,2), klingt der
Gedanke an das angemessene Umgehen mit der Schöpfung an.

11. Das Interesse der Proverbien an den (positiven) emotionalen Bindungen des Menschen ist ein geringes. So wird אהב weder auf den Ehepartner
noch auf die Kinder bezogen, wenngleich von Liebe unter Menschen gesprochen wird (10,12; 15,17; 16,13; 17,17; 19,22; 27,5)[29]. Liebe gilt demgegenüber
ähnlich häufig der Zucht bzw. Weisheit sowie diversen – auch kritisch zu
wertenden – Verhaltensweisen. Dieser Befund unterscheidet sich insofern nur
wenig von dem des sonstigen AT, als auch dort die Liebe zwischen Menschen
zwar thematisiert wird, aber meist doch eine untergeordnete Rolle spielt.

---

[25] Zur Bedeutung der Eschatologie für das AT vgl. zusammenfassend PREUSS, Theologie 2, 274ff.

[26] Wenn W. H. SCHMIDT, Denkt nicht, 31, formuliert: „Gerade angesichts der Erfahrungen bleibt es sachlich unbefriedigend, den Menschen von jeder eschatologischen Hoffnung
weg allein auf ein in der jeweiligen Gegenwart verantwortlich zu führendes Leben zu
verweisen", so ist ihm sachlich durchaus zuzustimmen, doch die Frage ist eben, inwieweit
das Ausblenden von Eschatologie für den Weisen ein grundsätzliches ist oder ob es nicht
eher durch die Eigenart seiner Interessen und deren Verarbeitung bedingt ist.

[27] Vgl. dazu u.a. in letzter Zeit SCHARBERT, Ebenbild Gottes; SOGGIN, „Imago Dei".
Zum Problem der Gottebenbildlichkeit in jüdisch-rabbinischer Sicht vgl. SHERWIN, Human
Body.

[28] Vgl. dazu PREUSS, Einführung, 177ff.

[29] Auch der mangelnde positive Bezug der Proverbien zur Sexualität erstaunt gegenüber
Aussagen wie denen von Gen 2,24f. oder des Hohenliedes. Vgl. aber MURPHY, Wisdom
and Eros, zum Eros in den jüngeren Proverbien.

Wesentlich gewichtiger wird hingegen außerhalb der Proverbien die Liebe zu JHWH zur Sprache gebracht (z. B. im Dtn).

12. Das geringe Interesse von Spr 10ff. an der Frau deckt sich in vielem mit den Aussagen des übrigen AT. Zwar wird im AT mehrfach von großen Frauen gesprochen (vgl. u. a. Miriam Ex 15,20f.; Debora Ri 4f.), ebenso werden Ruth und Esther eigene Bücher gewidmet, so wie auch in Spr. 10ff. durchaus positiv von der Frau gesprochen werden kann. Insgesamt läßt sich jedoch nicht übersehen, daß die Frau durchgängig als in patriarchaler Gesellschaft lebend begegnet und damit auch in Abhängigkeit und Unterordnung (vgl. die Bezeichnungen des Mannes in Relation zu seiner Frau als בַּעַל bzw. אָדוֹן in Gen 18,12; 20,3)[30]. Die Häufung der gar so kritischen Aussagen in den Proverbien über die Frau ist aber doch singulär, wenngleich daraus nicht prinzipell auf eine besonders negative Einstellung der Weisen zu Frauen geschlossen werden darf[31].

13. Daß Leben wesentlich durch Sprache bestimmt wird, ist in den Proverbien besonders ausdrücklich thematisiert, unterscheidet sich darin aber nur quantitativ, nicht qualitativ von den sonstigen Aussagen des AT (vgl. etwa Gen 2,19f.). Die besondere Bedeutung der Sprache im AT zeigt sich nicht zuletzt darin, daß ein großer Teil atl. Texte durch Reden bestimmt ist. So werden im DtrG wie ChrG wesentliche theologische Inhalte in Form von Reden bzw. Gebeten vermittelt (vgl. Jos 23; 24; 1 Sam 12; 1 Kön 8; 1 Chr 22; 28; 29 u. ö.). Die sich durch das ganze AT ziehende Bedeutung des Wortes Gottes hingegen wird – wie mehrfach angedeutet – in den Proverbien nahezu ganz (bis auf 30,5) ausgeklammert, da es in ihnen um zwischenmenschliches Reden, nicht um das Reden Gottes bzw. zu Gott hin geht.

14. Spr 10ff. ist folglich als Teil der atl. Weisheitsliteratur zwar nicht Fremdkörper im AT[32], wohl aber eine eigenständige Größe, die sich vom übrigen AT z. T. auch deutlich abhebt, ihre besonderen Interessen einbringt und den Menschen auf ihre eigene Weise auf sein Menschsein anspricht, indem sie weniger den Menschen vor und mit Gott thematisiert als den Menschen vor und unter anderen Menschen. So geht es dann auch nicht an, weisheitliche Unterweisung ohne weiteres mit der fordernden Tora JHWHs ineins zu setzen[33]. Zwar steht die weisheitliche Lehre nicht im Gegensatz zur Tora, hat dieser gegenüber jedoch eigene Akzente. Schon allein das Wissen

---

[30] Die Rede von der Frau als Partnerin (Gen 1,26f.; 2,18) tritt demgegenüber im AT weitgehend zurück. – Zu Spr 31,10ff. vgl. S. 150.

[31] Vielmehr sind die negativen Äußerungen in Zusammenhang zu sehen mit der Absicht der Proverbien, den jeweiligen Adressaten vor schlechten Menschen insgesamt wie vor ebensolchen Verhaltensweisen zu bewahren.

[32] Gegen PREUSS, Einführung, passim.

[33] So aber STEIERT, Weisheit, passim, bes. 190.

um die Grenzen weisheitlicher Erfahrung und Erkenntnis gilt analog nicht für die Tora.

Insgesamt läßt sich festhalten, daß die Proverbien ergänzend neben die sonstigen atl. Schriften mit deren jeweiligen theologischen Profil treten. Umgekehrt sind auch diese mit ihren Aussagen als weitere Aspekte zu verstehen, die den Lebens,- Denk- und Glaubenshorizont der Weisen mitbestimmen, wenngleich ihn nicht dominieren.

Wenn dann die Weisheit in die Krise[34] gerät, so ist dies nicht allein und primär auf ihre besonderen Eigenarten in den älteren Texten der Proverbien zurückzuführen, sondern auch und vor allem auf einen nicht sachgemäßen Umgang mit diesen. Die in Spr 10ff. keineswegs als Dogma zu verstehende[35] Vorstellung vom Tun-Ergehen-Zusammenhang hat sich offensichtlich im Laufe der Zeit zu einem solchen verdichtet[36], so daß es zu den problematisierenden Aussagen des Hiobbuches kommen konnte. Auch Qohelet scheint weisheitliche Aussagen zu isoliert aufgenommen zu haben, ohne ihnen sonstiges atl. Gedankengut aspektivisch zuzuordnen. Ferner führt die Übernahme der zunächst mehr an der besitzenden (Ober)Schicht orientierten Weisheit durch den „kleinen Mannes" verstärkt zu einer Diskrepanz zwischen den Aussagen der Proverbien und der Empirie. Die Erfahrungen der sozial schlechter gestellten Schichten decken sich eben nicht prinzipiell mit der Erfahrung der ursprünglichen Adressaten von Spr 10ff. Das Buch Jesus Sirach zeigt deutliche Versuche, diese auch angesichts einer möglichen falschen Dogmatisierung von Aussagen der Proverbien hervorgerufene Diskrepanz aufzulösen, aufbrechende Probleme zu meistern und die grundsätzliche Krise der Weisheit zu vermeiden.

Angesichts solcher Einsichten wäre es falsch, sich den Zugang zu den Proverbien allein durch Hiob oder Qohelet vorgeben zu lassen. Weder eine dogmatisierende Sichtweise noch eine (damit zusammenhängende) allein perspektivisch geprägte Interpretation, die den aspektiven Charakter der Texte übersieht, wird der ursprünglichen Intention der Texte gerecht. Vielmehr sind die Proverbien in ihrer Eigenständigkeit wahrzunehmen als *eine* Form der Interpretation von Wirklichkeit im AT, die ihren bereichernden Beitrag zur Gesamtsicht des AT bietet.

---

[34] Vgl. dazu jüngst MICHEL, Krise.

[35] Wenngleich eine latente Anlage zu einem solchen Verstehen in den Sprüchen vorgegeben ist, die einer Dogmatisierung Hilfestellung leistet.

[36] Möglicherweise greift auch hier, was STOLZ, Spekulation, zur Dogmatisierung von Erfahrungen beobachtet, wenn Weisheit in Schulen gelehrt wird.

Literaturverzeichnis

AITKEN, K. T., Proverbs, The Daily Study Bible Series, Philadelphia 1986.

ALBERTZ, R., Die Frage des Ursprungs der Sprache im Alten Testament, in: Gessinger, J./ Rahden, W. von (Hg.), Theorien vom Ursprung der Sprache Bd. II, Berlin/New York 1989, 1–18.

– „Ihr werdet sein wie Gott" (Gen 3,5), in: Was ist der Mensch ...? (FS Wolff, H. W.), München 1992, 11–27.

– Das Überleben der Familie sichern, LM 25, 1986, 401–405.

ALBRIGHT, W. F., Some Canaanite-Phoenician sources of Hebrew wisdom, in: Wisdom in Israel and in the Ancient Near East (FS Rowley, H. H.), VT.S 3, Leiden 1960, 1–15.

ALDEN, R. L., Proverbs: a commentary on an ancient book of timeless advice, Grand Rapids ²1985.

ALONSO SCHÖKEL, L., Proverbi biblici e cultura popolare cristiana, CivCatt 139, 1988, 345–353.

ALONSO SCHÖKEL, L./VÍLCHEZ LÍNDEZ, J., Sapienciales I, Proverbios, Madrid, 1984.

ALSTER, B., The Instructions of Suruppak, Mesopotamia 2, Kopenhagen 1974.

– Studies in Sumerian Proverbs, Mesopotamia 3, Kopenhagen 1975.

– Sumerian Proverb Collection Seven, Rev Ass Arch Or 72, 1978, 97–112.

– Väterliche Weisheit in Mesopotamien, in: Assmann, A. (Hg.), Weisheit, München 1991, 103–115.

AMSLER, S., La sagesse de la femme, in: Gilbert, M. (Ed.), La Sagesse de l'Ancien Testament, BEThL 51, Leuven 1979, 112–116.

ANGELL, J. W., Religion and Social Crisis I, in: Angell, J. W./Banks, E. P. (Ed.), Images of man; studies in religion and anthropology, Wake Forest Univ. Luce Program lectures 1981–4, Macon GA 1984, 3–13.

ARAMBARRI, J., Der Wortstamm ›hören‹ im Alten Testament, SBB 20, Stuttgart 1990.

ASSMANN, A., Was ist Weisheit? Wegmarken in einem weiten Feld, in: Assmann, A. (Hg.), Weisheit, München 1991, 15–44.

ASSMANN, J., Ägypten – Theologie und Frömmigkeit einer frühen Hochkultur, Stuttgart/ Berlin/Köln/Mainz 1984.

– Ägyptische Hymnen und Gebete, Zürich/München 1975.

– Das Bild des Vaters im alten Ägypten, in: Tellenbach, H. (Hg.), Das Vaterbild in Mythos und Geschichte, Stuttgart/Berlin/Köln/Mainz 1976, 12–49.

– Das Doppelgesicht der Zeit im altägyptischen Denken, in: Peisl, A./Mohler, A. (Hg.), Die Zeit, München/Wien 1983, 189–223.

– Ma'at. Gerechtigkeit und Unsterblichkeit im Alten Ägypten, München 1990.

– Vergeltung und Erinnerung, in: Studien zur Sprache und Religion Ägyptens (FS Westendorf, W.), Bd. 2: Religion, Göttingen 1984, 687–701.

– Weisheit, Loyalismus und Frömmigkeit, in: E. Hornung/O. Keel (Hg.), Studien zu altägyptischen Lebenslehren, OBO 28, Freiburg (Schweiz)/Göttingen 1979, 11–72.

– Weisheit, Schrift und Literatur im alten Ägypten, in: Assmann, A. (Hg.), Weisheit, München 1991, 475–500.

– Zeit und Ewigkeit im alten Ägypten, AHAW.PH 1975/1, Heidelberg 1975.

– Art. Persönlichkeitsbegriff und -bewusstsein, LÄ IV, 963–978.

BÄCHLI, O., Das Alte Testament in der Kirchlichen Dogmatik von Karl Barth, Neukirchen-Vluyn 1987.

BARRÉ, M. L., „Fear of God" and the World View of Wisdom, BThB 11, 1981, 41–43.

BARTH, CH., Die Errettung vom Tode in den individuellen Klage- und Dankliedern des Alten Testaments, Zollikon 1947.

– Art. ל**ִי**ץ, in: ThWAT IV, 567–572.

BARUCQ, A., Le Livre des Proverbes, SB, Paris 1964.

BECKER, J., Gottesfurcht im Alten Testament, AnBib 25, Rom 1965.

– Das Herz in der Sprache der Bibel, in: Scheffczyk, L. (Hg.), Christusglaube und Christusverehrung, Aschaffenburg 1982, 25–36.

BEER, G., Die soziale und religiöse Stellung der Frau im israelitischen Altertum, Tübingen 1919.

BENZ, E., Der Mensch in christlicher Sicht, in: Gadamer, H.-G./Vogler, P. (Hg.), Philosophische Anthropologie. Erster Teil, Neue Anthropologie Bd. 6, dtv WR 4074, 373–429.

BERGANT, D., What are they saying about wisdom literature? New York/Ramsey 1984.

BERGER, K., Die Bedeutung der wiederentdeckten Weisheitsschrift aus der Kairoer Geniza für das Alte Testament, ZAW 103, 1991, 113–121.

– Die Weisheitsschrift aus der Kairoer Geniza, TANZ 1, Tübingen 1989.

BERGER, M., Das Vergessen im Alten Testament, Diss. masch. Leipzig 1968.

BERGMAN, J., Gedanken zum Thema „Lehre-Testament. Grab-Name", in: E. Hornung/O. Keel (Hg.), Studien zu altägyptischen Lebenslehren, OBO 28, Freiburg (Schweiz)/Göttingen 1979, 73–104.

BERGMAN, J./RINGGREN, H./BARTH, CH., Art. גִּיל, in: ThWAT I, 1011–1018.

BERGMAN, J./RINGGREN, H./HAAG, H., Art. בַּן, in: ThWAT I, 668–682.

BEYSE, K.-M., Art. עָמַק, in: ThWAT VI, 220–226.

BIRD, PH., Images of Women in the Old Testament, in: Ruether, R. (Hg.), Religion and Sexism, New York 1974, 41–88.

BISER, E., Menschsein in Anfechtung und Widerspruch, Düsseldorf 1980.

– Menschsein und Sprache, Salzburg 1984.

BLENKINSOPP, J., Wisdom and Law in the Old Testament, Oxford 1983.

BLOOMFIELD, M., The Tradition and Style of Wisdom Literature, in: Hirsch, D.H./Aschkenasy, N. (Ed.), Biblical Patterns in Modern Literature, Chico 1984, 19–30.

BLUMENTHAL, E., Die Lehre für König Merikare, ZÄS 107, 1980, 5–41.

BOADT, L. E., Introduction to Wisdom Literature. Proverbs, Collegeville (Minnesota) 1986.

BOECKER, H. J., Redeformen des Rechtslebens im Alten Testament, WMANT 14, Neukirchen-Vluyn ²1970.

BOLLNOW, O. F., Einfache Sittlichkeit, Göttingen ³1962.

BONORA, A., La donna eccellente, la sapienza, il sapiente (Pr 31,10–31), RivBib 36, 1988, 137–164.

– L'enigmatico proverbio di Pr 14,9, RivBib 36, 1988, 61–66.

– Il metodo ‚educativo' sapienziale, Par Vi 31, 1986, 28–37.

– Proverbi – Sapienza, Brescia 1990.

– La via dell'amore in Pr 30,18–20, RivBib 35, 1987, 51–55.

BOSTRÖM, L., The God of the Sages, CB.OT 29, Stockholm 1990.

BOTTÉRO, J., Mésopotamie et Israël, in: Grimal, P. (Ed.), Histoire mondiale de la femme, Bd. I: Préhistoire et Antiquité, Paris 1974, 155–247.

BRANDENBURGER, E., Das Böse, ThSt (B) 132, Zürich 1986.

BRANSON, R. D., Art. יָסַר, in: ThWAT III, 688–697.

BRENNER, A., The Israelite Woman: Social Role and Literary Type in Biblical Narrative, Sheffield 1985.

– On the Semantic Field of Humour, Laughter, and the Comic in the Old Testament, in: Radday, Y.T./Brenner, A. (Ed.), On Humour and the Comic in the Hebrew Bible, JSOTS 92, Sheffield 1990, 39–58.

BRIN,G., The Significance of the Form MAH-ṬṬÔB, VT 38, 1988, 462–465.
BRUEGGEMANN, W. A., The Social Significance of Solomon as a Patron of Wisdom, in: Gammie, J.G./Perdue, L.G. (Ed.), The Sage in Israel and ancient Near East, Winona Lake 1990, 117–132.
BRUNNER, H., Altägyptische Erziehung, Wiesbaden 1957.
– Altägyptische Weisheit, Zürich/München 1988.
– Die menschliche Willensfreiheit und ihre Grenzen in ägyptischen Lebenslehren, in: Klimkeit, H.-J. (Hg.), Biblische und ausserbiblische Spruchweisheit, Wiesbaden 1991, 32–46.
– Der freie Wille Gottes in der ägyptischen Weisheit, in: Les sagesses du Proche-Orient Ancien, Paris 1963, 103–117.
– Gerechtigkeit als Fundament des Thrones, in: ders., Das hörende Herz, OBO 80, Freiburg (Schweiz)/Göttingen 1988, 393–395.
– Das hörende Herz, in: ders., Das hörende Herz, OBO 80, Freiburg (Schweiz)/Göttingen 1988, 3–5.
– Das Herz im ägyptischen Glauben, in: ders., Das hörende Herz, OBO 80, Freiburg (Schweiz)/Göttingen 1988, 8–41.
– Die Lehren, in: HO I,I/2, 1970, 113–139.
– Art. Herz, in: LÄ II, 1158–1168.
– Art. Persönliche Frömmigkeit, in: LÄ IV, 951–963.
– Die religiöse Wertung der Armut im Alten Ägypten, in: ders., Das hörende Herz, OBO 80, Freiburg (Schweiz)/Göttingen 1988, 189–214 (= Saec. 12, 1961, 319–344).
– Zentralbegriffe ägyptischer und israelitischer Weisheitslehren, Saec. 35, 1984, 185–199.
BRUNNER-TRAUT, E., Frühformen des Erkennens, Darmstadt 1990.
– Lebensweisheit der Alten Ägypter, Freiburg 1985.
– Die Stellung der Frau im Alten Ägypten, Saec. 38, 1987, 312–335.
– Weiterleben der ägyptischen Lebenslehren in den koptischen Apophthegmata am Beispiel des Schweigens, in: E. Hornung/O. Keel (Hg.), Studien zu altägyptischen Lebenslehren, OBO 28, Freiburg (Schweiz)/Göttingen 1979, 173–216.
BRUPPACHER, H., Die Motive der alttestamentlichen Armutsbeurteilung, Zürich 1924.
BRYCE, G. E., Another Wisdom-‚Book‘ in Proverbs, JBL 91, 1972, 145–157.
BUDILLON, J., Loi naturelle et anthropologie biblique, Ist. 32, 1987, 258–273.
BÜHLMANN, W., Vom rechten Reden und Schweigen, OBO 12, Freiburg (Schweiz)/Göttingen 1976.
CAMARTIN, I., Weisheit in Sprichwörtern, in: Assmann, A. (Hg.), Weisheit, München 1991, 131–138.
CAMP, C. V., The Female Sage in Ancient Israel and the Biblical Wisdom Literature, in: Gammie, J.G./Perdue, L.G. (Ed.), The Sage in Israel and ancient Near East, Winona Lake 1990, 185–203.
– Wisdom and the Feminine in the Book of Proverbs, BiLiSe 11, Sheffield 1985.
– Wise and Strange: An Interpretation of the Female Imagery in Proverbs in Light of Trickster Mythology, Semeia 42, 1988, 14–36.
– Woman Wisdom as Root Metaphor: A Theological Consideration, in: The Listening Heart (FS Murphy, R.E.), JSOTS 58, Sheffield 1987, 45–76.
CAQUOT, A., Deux Proverbes Salomoniennes, in: Prophètes, Poètes et Sages d'Israël (FS Jacob,E.), RHPhR 59, 1979, 577–581.
– Art. גער, in: ThWAT II, 51–56.
CAZELLES, H., Bible, Sagesse, Science, RSR 48, 1960, 40–55.
– Art. אויל, in: ThWAT I, 148–151.
CERESCO, A. R., The Sage in the Psalms, in: Gammie, J.G./Perdue, L.G. (Ed.), The Sage in Israel and ancient Near East, Winona Lake 1990, 217–230.
CHILDS, B. S., Introduction to the Old Testament as Scripture, Philadelphia 1979.
CIMOSA, M., Temi di Sapienza Biblica, PBT 8, Rom 1989.
CLEMENTS, R. E., Solomon and the Origins of Wisdom in Israel, PRSt 15, 1988, 23–35.

– Art. חשׁף, in: ThWAT III, 238–243.
COGGINS, R. J., The Old Testament and the Poor, ET 99, 1987, 11–14.
CONRAD, J., Die junge Generation im Alten Testament, AzTh 42, Stuttgart 1970.
COOK, J., Hellenistic Influence in the Book of Proverbs (Septuagint)?, BIOSCS 20, 1987, 30–42.
COTTINI, V., La vita futura nel libro dei Proverbi, SBFA 20, Jerusalem 1984.
COUROYER, B., Le chemin de vie en Égypte et en Israël, RB 56, 1949, 412–432.
– Le ‚Dieu des Sages‘ en Egypte, I, RB 94, 1987, 574–603.
– Le ‚Dieu des Sages‘ en Egypte, II.III, RB 95, 1988, 70–91.195–210. ·
COX, D., Sedaqah and Mispat: The Concept of Righteousness in Later Wisdom, SBFLA 27, 1977, 33–50.
CRENSHAW, J. L., The acquisition of knowledge in Israelite Wisdom Literature, Word and World 7, 1987, 245–252.
– Education in ancient Israel, JBL 104, 1985, 601–615.
– A Mother's Instruction to Her Son (Proverbs 31,1–9), PRSt 15, 1988, 9–22.
– Old Testament Wisdom Literature, 1981.
– Questions, dictons et épreuves impossibles, in: Gilbert, M. (Ed.), La Sagesse de l'Ancien Testament, BEThL 51, Leuven 1979, 96–111.
– The Sage in Proverbs, in: Gammie, J.G./Perdue, L.G. (Ed.), The Sage in Israel and the Ancient Near East, Winona Lake 1990, 205–216.
CRÜSEMANN, F., „Auge um Auge …" (Ex 21,24f), EvTh 47, 1987, 411–426.
– „… er aber soll dein Herr sein" (Genesis 3,16). Die Frau in der patriarchalischen Welt des Alten Testaments, in: ders./Thyen, H. (Hg.), Als Mann und Frau geschaffen, Kennzeichen 2, Gelnhausen/Berlin/Stein-Mfr., 1978, 13–106.
– Der Widerstand gegen das Königtum, WMANT 49, Neukirchen-Vluyn 1978.
CURTIS, E. M., Old Testament wisdom; a model for faith-learning integration, ChrSchR 15, 1985s, 213–227.
DAHOOD, M., Immortality in Proverbs 12,28, Bib 41, 1960, 176–181.
DAUM, S., Rabbinische Weisheiten zu den Sprüchen der Väter, Frankfurt/M. 1990.
DAWES, ST. B., ‘ĀNĀWÂ in Translation and Tradition, VT 41, 1991, 38–48.
DEISSLER, A., Die Grundbotschaft des Alten Testaments, Freiburg/Basel/Wien 1972.
– Wer bist du, Mensch? Die Antwort der Bibel, Caritas 88, 1987, 158–163.
DELITZSCH, F., Salomonisches Spruchbuch, (Leipzig 1873) Nachdruck Giessen/Basel 1985.
DELKURT, H., Ethische Einsichten in der alttestamentlichen Spruchweisheit, BThSt 21, Neukirchen-Vluyn 1993.
– Grundprobleme alttestamentlicher Weisheit, VuF 36, 1991, 38–71.
DENNING-BOLLE, S. J., Wisdom and Dialogue in the Ancient Near East, Numen 34, 1987, 214–234.
DEROUSSEAUX, L., La Crainte de Dieu dans l'Ancien Testament, LeDiv 63, Paris 1970.
DIESTEL, L., Geschichte des Alten Testamentes in der christlichen Kirche, Jena 1869, Reprint mit einem Nachwort von Wagner, S., Leipzig 1981.
DIETRICH, M., Semiramis. Oder: War die Frau im Alten Orient nur schön?, in: Schmitz, B./Steffgen, U. (Hg.), Waren sie nur schön?, Kulturgeschichte der Antiken Welt 42, Mainz 1989, 117–182.
DIETZEL, V. (HG.), Die ganze Welt steht auf der Spitze. Jüdische Sprichwörter, Leipzig/Weimar 1987.
DIJK, J. J. A. VAN, La sagesse suméro-accadienne. Recherches sur les genres littéraires des textes sapientiaux. Commentationes orientales 1, Leiden 1953.
DOLL, P., Menschenschöpfung und Weltschöpfung in der alttestamentlichen Weisheit, SBS 117, Stuttgart 1985.
DONALD, T., The Semantic Field of „Folly" in Proverbs, Job, Psalms, and Ecclesiastes, VT 13, 1963, 285–292.

- The Semantic Field of Rich and Poor in the Wisdom Literature of Hebrew and Accadian, OrAnt 3, 1964, 27–41.
Dürr, L., Das Erziehungswesen im Alten Testament und im Antiken Orient, MVÄG 36,2, Leipzig 1932.
Duty, R. W., Creation, History, and the Ethics of the Book of Proverbs, Word and World 7, 1987, 261–271.
Eaton, J., The Contemplative Face of Old Testament Wisdom, London/Philadelphia 1989.
Ebach, J., »Ist es ›umsonst‹, daß Hiob gottesfürchtig ist?«, in: Die Hebräische Bibel und ihre zweifache Nachgeschichte (FS Rendtorff, R.), Neukirchen-Vluyn 1990, 319–335.
Ehlich, K., Verwendungen der Deixis beim sprachlichen Handeln, Teil 1 und 2, Forum Linguisticum 24, Frankfurt M./Bern/Las Vegas 1979.
Eising, H., Art. חַיִל, in: ThWAT II, 902–911.
Emerton, J. A., The Interpretation of Proverbs 21,28, ZAW 100, 1988 (Supplement), 161–170.
- Wisdom, in: Anderson, G. W. (Ed.), Tradition and Interpretation, Oxford 1979, 214–237.
Endesfelder, E., Die Stellung der Frauen in der Gesellschaft des Alten Ägypten, in: Schmitz, B./Steffgen, U. (Hg.), Waren sie nur schön?, Kulturgeschichte der Antiken Welt 42, Mainz 1989, 23–68.
Engelken, K., Erziehungsziel Gewaltlosigkeit? Überlegungen zum Thema ‚physische Gewalt' im Buch Proverbien, BN 45, 1988, 12–18.
- Frauen im Alten Israel, BWANT 130, Stuttgart/Berlin/Köln 1990.
Epsztein, L., La justice sociale dans le Proche-Orient Ancien et le peuple de la Bible, Paris 1983.
Erman, A., Die Literatur der Aegypter, Leipzig 1923.
Fabry, H.-J., Art. דַּל, in: ThWAT II, 221–244.
- Art. לֵב, in: ThWAT IV, 413–451.
Fahlgren, K. H. J., ṣᵉdāḳā, nahestehende und entgegengesetzte Begriffe im Alten Testament, Uppsala 1932.
Fensham, F. C., Widow, Orphan, and the Poor in Ancient Near Eastern Legal and Wisdom Literature, JNES 21, 1962, 129–139.
Fertig, L., Zeitgeist und Erziehungskunst, Darmstadt 1984.
Fichtner, J., Die altorientalische Weisheit in ihrer israelitisch-jüdischen Ausprägung, BZAW 62, Giessen 1933.
Ficker, R., Art. רנן, in: THAT II, 781–786.
Fischer-Elfert, H.-W., Der Schreiber als Lehrer in der frühen ägyptischen Hochkultur, in: Hohenzollern, J.G. Prinz von/Liedtke, M. (Hg.), Schreiber, Magister, Lehrer, Bad Heilbrunn/Obb. 1989, 60–70.
- (B)yr't yhwh in Prov 15,16 und sein ägyptisches Äquivalent, BN 32, 1986, 7–10.
Fitzmyer, J. A., The Dead Sea Scrolls, SBL Ressources for Biblical Study 20, Atlanta ²1990.
Fleischer, G., Von Menschenverkäufern, Baschankühen und Rechtsverkehrern, BBB 74, Frankfurt 1989.
Fontaine, C., Proverb Performance in the Hebrew Bible, JSOT 32, 1985, 87–103.
Fontaine, C. R., The Sage in Family and Tribe, in: Gammie, J.G./Perdue, L.G. (Ed.), The Sage in Israel and ancient Near East, Winona Lake 1990, 155–164.
- Traditional Sayings in the Old Testament, Sheffield 1982.
Fox, M. V., Aspects of the Religion of the Book of Proverbs, HUCA 39, 1968, 55–69.
- Egyptian onomastica and biblical wisdom, VT 36, 1986, 302–310.
Fraine, J. de, Adam und seine Nachkommen, Köln 1962.
Freedman, D. N./Lundbom, J., Art. חרץ, in: ThWAT III, 230–234.
Frey, Ch., The Function of the Bible in Recent Protestant Ethics, in: Uffenheimer, B./Reventlow, H. Graf (Ed.), Creative Biblical Exegesis, JSOTS 59, Sheffield 1988, 63–70.

FRITSCH, CH. T./SCHLOERB, R. W., The Book of Proverbs, IntB 4, New York/Nashville 1955.

FRITZSCHE, H.-G., Leittexte der Bibel, Berlin (Ost), 1981.

FUCHS, O., Sprechen in Gegensätzen, München 1978.

FUHS, H. F., Art. ירא, in: ThWAT III, 869–893.

– Art. עלה, in: ThWAT VI, 84–105.

GAMMIE, J. G., The Septuagint of Job: Its Poetic Style and Relationship to the Septuagint of Proverbs, CBQ 49, 1987, 14–31.

GARCÍA LÓPEZ, F., Art. פה, in: ThWAT VI, 522–538.

GASPAR, J. W., Social Ideas in the Wisdom Literature of the Old Testament, Washington 1947.

GAVENTA, B. R., The Rhetoric of Death in the Wisdom of Solomon and the Letters of Paul, in: The Listening Heart (FS Murphy, R.E.), JSOTS 58, Sheffield 1987, 127–145.

GEERTZ, C., Common sense as a cultural system, AntiR 33, 1975, 5–26.

GEMSER, B., Sprüche Salomos, HAT I/16, Tübingen ²1963.

GEORGE, A., La Pauvreté dans l'Ancien Testament, LiBi 27, 1971, 13–35.

GERLEMAN, G., Studies in the Septuagint III. Proverbs, Lund 1956.

– Art. רצה, in: THAT II, 810–813.

GERSTENBERGER, E. S./SCHRAGE, W., Frau und Mann, Stuttgart/Berlin/Köln/Mainz 1980.

– Leiden, Stuttgart/Berlin/Köln/Mainz 1977.

GESE, H., Die Krisis der Weisheit bei Koheleth, in: Les Sagesses du Proche-Orient Ancien, Paris 1963, 139–151.

– Lehre und Wirklichkeit in der alten Weisheit, Tübingen 1958.

GESENIUS, W./BUHL, F., Hebräisches und aramäisches Handwörterbuch über das Alte Testament, 17. Aufl., Neudruck Berlin/Göttingen/Heidelberg 1962.

GÖRG, M., Das Menschenbild der Priesterschrift, BiKi 42, 1987, 21–29.

– Weisheit als Provokation, WiWei 49, 1986, 81–98.

– Weisheit in Israel – Wurzeln, Wege, Wirkungen, KatBl 113, 1988, 544–549.

GOLDINGAY, J., The Bible and Sexuality, SJTh 39, 1986, 175–188.

– The „Salvation History" Perspective and the „Wisdom" Perspective within the Context of Biblical Theology, EvQ 51, 1979, 194–207.

GOLDSCHMIDT, H. L., Der weise Mensch. Von Salomo bis Martin Buber, in: Schröter, K.H. (Hg.), Dass dein Ohr auf Weisheit achte, Wuppertal-Barmen 1966.

GOLKA, F. W., Die Flecken des Leoparden. Biblische und afrikanische Weisheit im Sprichwort, in: Schöpfung und Befreiung (FS Westermann, C.), Stuttgart 1989, 149–165.

– Die israelitische Weisheitsschule oder „Des Kaisers neue Kleider", VT 33, 1983, 257–270.

– Die Königs- und Hofsprüche und der Ursprung der israelitischen Weisheit, VT 36, 1986, 13–36.

GORDON, E. I., A New Look at the Wisdom of Sumer and Akkad, BiOr 17, 1960, 122–132.

– Sumerian Animal Proverbs and Fables: „Collection Five", JCS 12, 1958, 1–21.

– Sumerian Animal Proverbs and Fables: „Collection Five" (Conclusion), JCS 12, 1958, 43–75.

– Sumerian Proverbs, New York 1968 (reprint von 1959).

– Sumerian Proverbs: „Collection Four", JAOS 77, 1957, 67–79.

GORGULHO, G., Zefanja und die historische Bedeutung der Armen, EvTh 51, 1991, 81–92.

GOSSAI, H., *Saddîq* in Theological, Forensic and Economic Perspectives, SEÅ 53, 1988, 7–13.

GROSS, W., Verbform und Funktion. *wayyiqtol* für die Gegenwart? ATSAT 1, St. Ottilien 1976.

GUNNEWEG, A. H. J./SCHMITHALS, W., Leistung, Stuttgart/Berlin/Köln/Mainz 1978.

HAAG, H., Menschen im Alten Testament, Stuttgart 1971.

HABEL, N. C., Wisdom, Wealth and Poverty Paradigms in the Book of Proverbs, Bible Bhashyan 14, 1988, 26–49.

HAEFFNER, G., Philosophische Anthropologie, Stuttgart/Berlin/Köln ²1989.

HALBE, J., »Altorientalisches Weltordnungsdenken« und alttestamentliche Theologie, ZThK 76, 1979, 381–418.

HAMP, V., Das Buch der Sprüche, EB, Würzburg 1949.

HAMP, V./BOTTERWECK, G. J., Art. דין, ThWAT II, 200–207.

HARDMEIER, CH., Die Erinnerung an die Knechtschaft in Ägypten, in: Was ist der Mensch ...? (FS Wolff, H.W.), München 1992, 133–152.

HARRIS, R., The Female „Sage" in Mesopotamian Literature (with an Appendix on Egypt), in: Gammie, J.G./Perdue, L.G. (Ed.), The Sage in Israel and ancient Near East, Winona Lake 1990, 3–17.

HAUER, CH., Anthropology in Historiography, JSOT 39, 1987, 15–21.

HAUER, CH., From Alt to Anthropology: The Rise of the Israelite State, JSOT 36, 1986, 3–15.

HAUSMANN, J., Beobachtungen zu Spr 31,10–31, in: Alttestamentlicher Glaube und Biblische Theologie (FS Preuss, H.D.), Stuttgart/Berlin/Köln 1992, 261–266.

– Art. פאר, in: ThWAT VI, 494–499.

– Art. רגן, in: ThWAT VII, 538–545.

HECKER, K., Untersuchungen zur akkadischen Epik, AOAT 8, Neukirchen-Vluyn/Kevelaer 1974.

HEISTER, M.-S., Frauen in der biblischen Glaubensgeschichte, Göttingen 1984.

HELCK, W., Die Lehre des Dw 3-Ḥtjj, Teil I und II, KÄT, Wiesbaden 1970.

– Wesen, Entstehung und Entwicklung altägyptischen „Rechts", in: Fikentscher, W./Franke, H./Köhler, O. (Hg.), Entstehung und Wandel rechtlicher Traditionen, Freiburg/München 1980, 303–324.

– Art. Maat, LÄ IV, 1110–1119.

HEMPEL, J., Das Ethos des Alten Testaments, BZAW 67, Berlin ²1964.

HENTSCHKE, R., Art. גבה, in: ThWAT I, 890–895.

HERMISSON, H.-J., Observations on the Creation Theology in Wisdom, in: Israelite Wisdom (FS Terrien, S.), New York 1978, 43–57.

– Studien zur israelitischen Spruchweisheit, WMANT 28, Neukirchen-Vluyn 1968.

HILDEBRANDT, T., Proverbial Pairs: Compositional Units in Proverbs 10–29, JBL 107, 1988, 207–224.

– Proverbs 22:6a: Train up a Child? GTJ 9, 1988, 3–19.

HILL, E., Being human; a biblical perspective, London 1984.

HÖFFKEN, P., Das EGO des Weisen, ThZ 41, 1985, 121–134.

HÖLTERSHINKEN, D., Anthropologische Grundlagen personalistischer Erziehungslehren, Weinheim/Berlin/Basel 1971.

HOGLUND, K. G., The Fool and the Wise in Dialogue, in: The Listening Heart (FS Murphy, R.E.), JSOTS 58, Sheffield 1987, 161–180.

HOLZER, P.-J., Der Mensch und das Weltgeschehen nach Koh 1,4–11; eine Textanalyse. Diss. Regensburg 1982.

HORNSTEIN, W., Erziehung im Spannungsfeld gesellschaftlicher Kräfte, in: Ratz,E./Sahm,A. (Hg.), Wie erziehbar ist der Mensch?, Tutzinger Texte 11, München 1973, 9–26.

HORNUNG, E., Geist der Pharaonenzeit, Zürich/München 1989.

– Maat – Gerechtigkeit für alle? Zur altägyptischen Ethik, Eranos 56, 1987, 385–427.

HOSSFELD, F.-L., Der Dekalog, OBO 45, Freiburg (Schweiz)/Göttingen 1982.

HOSSFELD, F.-L./KINDL, E.-M./FABRY, H.-J., Art. קהל, in: ThWAT VI, 1204–1222.

HUBBARD, D. A., Proverbs, The Communicator's Commentary XVA, Dallas 1989.

HUMBERT, P., Le substantif *to ʿēbā* et le verbe *tʿb* dans l'Ancien Testament, ZAW 72, 1960, 217–237.

HUMMEL, G., Vers une vision globale de l'homme dans l'anthropologie théologique, RHPhR 64, 1984, 223–235.

HUMPHREYS, W. L., The Motif of the Wise Courtier in the Book of Proverbs, in: Gammie, J.G. u.a. (Ed.), Israelite Wisdom, New York 1978, 177–190.

IRSIGLER, H., „Umsonst ist es, dass ihr früh aufsteht ...". Psalm 127 und die Kritik der Arbeit in Israels Weisheitsliteratur, BN 37, 1987, 48–72.

JACKSON, B. S., „Two or Three Witnesses", in: ders., Essays in Jewish and Comparative Legal History, SJLA 10, Leiden 1975, 153–171.

JACOB, E., Création et travail dans l'A.T., Tychique 46, Lyon 1983, 19–23.

JACOBSON, D., What is Wisdom? Who is she?, Word and World 7, 1987, 241–244.

JAMES, E. O., The Tree of Life, SHR 11, Leiden 1966.

JAMIESON-DRAKE, D. W., Scribes and Schools in Monarchic Judah, JSOTS 109, SWBAS 9, Sheffield 1991.

JANOWSKI, B., Rettungsgewissheit und Epiphanie des Heils, Bd. 1: Alter Orient, WMANT 59, Neukirchen-Vluyn 1989.

JENKS, A. W., Theological Presuppositions of Israel's Wisdom Literature, HBT 7, 1985, 43–75.

JENNI, E., Art. אב, in: THAT I, 1–17.

– Art. עולם, in: THAT II, 228–243.

JOLLES, A., Einfache Formen, Darmstadt ²1958.

JÜNGEL, E., Der Gott entsprechende Mensch, in: Gadamer, H.-G./Vogler, P. (Hg.), Philosophische Anthropologie. Erster Teil, Neue Anthropologie Bd. 6, dtv WR 4074, 341–372.

JÜNGLING, H.-W., Was weiss das Alte Testament vom Menschen? Schriften der Rabanus Maurus-Akademie 2, Frankfurt 1980, 37–163.

KAISER, O., Einleitung in das Alte Testament, Gütersloh ⁵1984.

– Der Mensch unter dem Schicksal, in: ders., Der Mensch unter dem Schicksal, BZAW 161, Berlin 1985, 63–90.

KAISER, O./LOHSE, E., Tod und Leben, Stuttgart/Berlin/Köln/Mainz 1977.

KALUGILA, L., The Wise King, CB.OT 15, Lund 1980.

KAPLONY, P., Der Schreiber, das Gotteswort und die Papyruspflanze, ZÄS 110, 1983, 143–173.

KEATING WILES, J., Wisdom and Kingship in Israel, AJTh 1987, 55–70.

KEEL, O., Anthropozentrik? Die Stellung des Menschen in der Bibel, Orien. 20, 1987, 221–222.

– Eine Diskussion um die Bedeutung polarer Begriffspaare in den Lebenslehren, in: E. Hornung/O. Keel (Hg.), Studien zu altägyptischen Lebenslehren, OBO 28, Freiburg (Schweiz)/Göttingen 1979, 225–234.

KELLENBERGER, E., ḥäsäd wä'ämät als Ausdruck einer Glaubenserfahrung, AThANT 69, Zürich 1982.

KELLER, C.-A., Zum sogenannten Vergeltungsglauben im Proverbienbuch, in: Beiträge zur alttestamentlichen Theologie (FS Zimmerli, W.), Göttingen 1977, 223–238.

KELLERMANN, D., Art. גאה, in: ThWAT I, 878–884.

– Art. כליות, in: ThWAT IV, 185–192.

– Art. רע, in: ThWAT VII, 545–555.

KENIK, H., Design for Kingship, SBL Dissertation Series 69, Chico/California 1983.

KESSLER, R., Das hebräische Schuldenwesen, WuD N.F. 20, 1989, 181–195.

KITCHEN, K. A., Proverbs and Wisdom Books of the Ancient Near East: The Factual History of a Literary Form, TynB 28, 1977, 69–114.

KLOPFENSTEIN, M. A., Die Lüge nach dem Alten Testament, Zürich 1964.

– Art. כזב, in: THAT I, 817–823.

– Art. שקר, in: THAT II, 1010–1019.

KNIERIM, R., Die Hauptbegriffe für Sünde im Alten Testament, Gütersloh ²1967.

– Art. חטא, in: THAT I, 541–549.

KOCH, K., Der Güter Gefährlichstes, die Sprache, dem Menschen gegeben ... Überlegungen zu Gen 2,7, BN 48, 1989, 50–60.

– Gibt es ein Vergeltungsdogma im Alten Testament?, (ZThK 52, 1955, 1–42 =) in: ders.

(Hg.), Um das Prinzip der Vergeltung in Religion und Recht des Alten Testaments, WdF 125, Darmstadt 1972, 130–180.

– Das Wesen altägyptischer Religion im Spiegel ägyptischer Forschung, Berichte aus den Sitzungen der Joachim Jungius-Gesellschaft der Wissenschaften e. V. Hamburg 7, 1989, H. 1, Hamburg 1989.

– Art. דרך, in: ThWAT II, 293–312.

– Art. חטא, in: ThWAT II, 857–870.

– Art. צדק, in: THAT II, 507–530.

KÖHLER, L., Der hebräische Mensch, Tübingen 1953 (einschliesslich ‚Die hebräische Rechtsgemeinde‘).

KOOREVAAR, H. J., Das Vergeltungsdogma im Buch der Sprüche, Fundamentum 3, 1987, 43–50.

KOVACS, B. W., Is There a Class-Ethics in Proverbs?, in: Crenshaw, J. L./Willis, J. T. (Ed.), Essays in Old Testament Ethics, New York, 171–187.

KRAMER, S. N., Geschichte beginnt mit Sumer, München 1959.

– The Sage in Sumerian Literature: A Composite Portrait, in: Gammie, J. G./Perdue, L. G. (Ed.), The Sage in Israel and ancient Near East, Winona Lake 1990, 31–44.

KRAŠOVEC, J., Antithetic Structure in Biblical Hebrew Poetry, VT.S 35, Leiden 1984.

KRAUS, F. R., Vom mesopotamischen Menschen der altbabylonischen Zeit und seiner Welt, Amsterdam/London 1973.

KRECHER, J., Sumerische Kultlyrik, Wiesbaden 1966.

KREUZER, S., Gottesglaube und Welterkenntnis am Beispiel der alttestamentlichen Weisheit, TheolBeitr 18, 1987, 34–41.

KRIEG, M., Todesbilder im Alten Testament, AThANT 73, Zürich 1988.

KRISPENZ, J., Spruchkompositionen im Buch Proverbia, EHS.T 349, Frankfurt M./Bern/New York/Paris 1989.

KRÜGER, TH., Geschichtskonzepte im Ezechielbuch, BZAW 180, Berlin/New York 1989.

KRUGER, P. A., Promiscuity or Marriage Fidelity? A Note on Prov 5: 15–18, JNSL 13, 61–68.

KÜHLEWEIN, J., Art. אם, in: THAT I, 173–177.

– Art. בן, in: THAT I, 316–325.

– Art. רע, in: THAT II, 786–791.

KUSCHKE, A., Arm und reich im Alten Testament mit besonderer Berücksichtigung der nachexilischen Zeit, ZAW 57, 1939, 31–57.

KUTSCH, E., Das posse non peccare und verwandte Formulierungen als Aussagen biblischer Theologie, ZThK 84, 1987, 267–278.

LADARIA, L. F., Antropologia teologica, 1983.

LAMBERT, W. G., Babylonian Wisdom Literature, Oxford ²1967 (= BWL).

LANDY, F., Humour as a Tool for Biblical Exegesis, in: Radday, Y. T./Brenner, A. (Ed.), On Humour and the comic in the Hebrew Bible, JSOTS 92, Sheffield 1990, 99–115.

LANG, B., Frau Weisheit, Düsseldorf 1975.

– Klugheit als Ethos und Weisheit als Beruf. Zur Lebenslehre im Alten Testament, in: Assmann, A. (Hg.), Weisheit, München 1991, 177–192.

– Schule und Unterricht im alten Israel, in: Gilbert, M. (Ed.), La Sagesse de l’Ancien Testament, BEThL 51, Leuven 1979, 186–201.

– Vorläufer von Speiseeis in Bibel und Orient. Eine Untersuchung von Spr 25,13, in: Mélanges bibliques et orientaux en l’honneur de M. Henri Cazelles, AOAT 212, Kevelaer/Neukirchen-Vluyn 1981, 219–232.

– Weisheit als Ethos, rhs 33, 1990, 281–288.

LAUHA, A., Kohelet, BK XIX, Neukirchen-Vluyn 1978.

LAUHA, R., Psychophysischer Sprachgebrauch im Alten Testament, AASF 35, Helsinki 1983.

LEEUWEN, C. VAN, Context and Meaning in Proverbs 25–27, SBLDS 96, Atlanta 1988.

– Liminality and Worldview in Proverbs 1–9, Semeia 50, 1990, 111–144.
– Proverbs XXV 27 once again, VT 36, 1986, 105–114.
– Proverbs 30:21–23 and the Biblical World Upside Down, JBL 105, 1986, 599–610.
– Art. עד, in: THAT II, 209–221.
– Art. רשע, in: THAT II, 813–818.

LEMAIRE, A., Les écoles et la formation de la Bible dans l' ancien Israël, OBO 39, Freiburg (Schweiz)/Göttingen 1981.
– The Sage in Scool and Temple, in: Gammie, J.G./Perdue, L.G. (Ed.), The Sage in Israel and ancient Near East, Winona Lake 1990, 165–181.
– Sagesse et école, VT 34, 1984, 270–281.

LEVÊQUE, J., Sagesse de l'Egypte ancienne, CahEv Sup 46, 1983.
– Sagesse Egyptienne, Sagesse Biblique, MoBi 45, 1986, 39–41.

LIAÑO, J. M., Los pobres en el Antiguo Testamento, EstB, 25, 1966, 117–167.

LICHTENBERGER, H., Studien zum Menschenbild in Texten der Qumrangemeinde, StUNT 15, Göttingen 1980.

LICHTHEIM, M., Ancient Egyptian Literature, Berkeley/Los Angeles/London, Bd. I 1973, Bd. II 1976, Bd. III 1980.
– Late Egyptian Wisdom Literature in the International Context, OBO 52, Freiburg (Schweiz)/Göttingen 1983 (= LEWL).

LIEDKE, G., Gestalt und Bezeichnung alttestamentlicher Rechtssätze, WMANT 39, Neukirchen-Vluyn 1971.
– Art. דין, in: THAT I, 445–448.
– Art. ישר, in: THAT I, 790–794.
– Art. ריב, in: THAT II, 771–777.

LINDENBERGER, J. M., The Aramaic Proverbs of Ahiqar, Baltimore/London 1983.

LIPIŃSKI, E., Art. צפון, in: ThWAT VI, 1093–1102.

LIPS, H. VON, Weisheitliche Traditionen im Neuen Testament, WMANT 64, Neukirchen 1990.

LIWAK, R., Literary Individuality as a Problem of Hermeneutics in the Hebrew Bible, in: Uffenheimer, B./Reventlow, H. Graf (Ed.), Creative Biblical Exegesis, JSOTS 59, Sheffield 1988, 89–101.

LOCHER, C., Die Ehre einer Frau in Israel, OBO 70, Freiburg (Schweiz)/Göttingen 1986.

LOEWENSTAMM, S. E., Remarks on Proverbs xvii 12 and xx 27, VT 37, 1987, 221–224.

LOHFINK, N., Von der „Anawim-Partei" zur „Kirche der Armen". Die bibelwissenschaftliche Ahnentafel eines Hauptbegriffes der „Theologie der Befreiung", Bib 67, 1986, 153–176.

LORETZ, O., Ugarit und die Bibel, Darmstadt 1990.

LOSIER, M. A., Witness in Israel of the Hebrew Scriptures in the Context of the Ancient Near East, Diss. theol. Indiana 1973.

LUSSEAU, H., Les Autres Hagiographes, in: Cazelles, H. (Ed.), Introduction Critique à l'Ancien Testament, Introduction à la Bible Tome II, Paris 1973, 531–678.

LUX, R., „Die ungepredigte Bibel", PTh 79, 1990, 524–544.
– Die Weisen Israels, Leipzig 1992.

LYONS, E. L., A Note on Proverbs 31.10–31, in: The Listening Heart (FS Murphy, R.E.), JSOTS 58, Sheffield 1987, 237–245.

MACK-FISHER, L. R., A Survey and Reading Guide to the Didactic Literature of Ugarit: Prolegomenon to a Study on the Sage, in: Gammie, J.G./Perdue, L.G. (Ed.), The Sage in Israel and ancient Near East, Winona Lake 1990, 67–80.

MADAUS, CH., Sprichwörter und Redensarten aus Mecklenburg, Husum 1984.

MAGASS, W., Die Rezeptionsgeschichte der Proverbien, LingBibl 57, 1985, 61–80.

MAILLOT, A., Ève, ma mère, Paris 1989.

MALCHOW, B. V., Social Justice in the Wisdom Literature, BTB 12, 120–124.

MANDRY, S. A., There is no God! A Study of the Fool in the Old Testament, particularly in Proverbs and Qohelet, Rom 1972.

MARBÖCK, J., Im Horizont der Gottesfurcht. Stellungnahmen zur Welt und Leben in der alttestamentlichen Weisheit, BN 26, 1985, 47–70.

MARTIN-ACHARD, R., De la Mort à la Résurrection d'après l'Ancien Testament, Neuchâtel/Paris 1956.

– La Mort en Face, Essais Bibliques 15, Genf 1988.

– Art. עָנָהII, in: THAT II, 341–350.

MARZAL, A., Gleanings from the Wisdom of Mari, Rome 1976.

MAYER, G., Art. אוה, in: ThWAT I, 145–148.

– Art. יכח, in: ThWAT III, 620–628.

MAYER, W., Untersuchungen zur Formensprache der babylonischen „Gebetsbeschwörungen", StP.SM 5, Rom 1976.

MAYER, W./ALONSO SCHÖKEL, L./RINGGREN, H., Art. יָשַׁר, in: ThWAT III, 1059–1070.

MCALPINE, TH. H., Sleep, Divine and Human, in the Old Testament, JSOTS 38, Sheffield 1987.

MCCREESH, TH. P., Biblical Sound and Sense, JSOTS 128, Sheffield 1991.

MCKANE, W., Functions of Language and Objectives of Discourse according to Proverbs, 10–30, in: Gilbert, M. (Ed.), La Sagesse de l'Ancien Testament, BEThL 51, Leuven 1979, 166–185.

– Prophets and Wise Men, SBT 44, London 1965.

– Proverbs, OTL, London ⁴1985.

MEINHOLD, A., Der Gewaltmensch als abschreckendes Beispiel in Proverbien 1–9, in: »...und Friede auf Erden« (FS Hinz, Ch.), VIKJ 18, Berlin 1988, 82–97.

– Gott und Mensch in Proverbien III, VT 37, 1987, 468–477.

– Die Sprüche, ZBK AT 16,1.2, Zürich 1991.

– Der Umgang mit dem Feind nach Spr 25,21f. als Massstab für das Menschsein, in: Alttestamentlicher Glaube und Biblische Theologie (FS Preuss, H.D.), Stuttgart/Berlin/Köln 1992, 244–252.

– Zur weisheitlichen Sicht des Menschen (vornehmlich nach dem Sprüchebuch, besonders Spr 20,2–30), in: Vom Menschen, Naumburg/Saale 1993, 73–81.

MEINHOLD, J., Die Weisheit Israels, Leipzig 1908.

MELCHERT, CH. F., Creation and Justice among the Sages, RelEd 85, 1990, 368–381.

MEYER, R., Gegensinn und Mehrdeutigkeit in der althebräischen Wort- und Begriffsbildung, SSAW.PH 120/5, Berlin 1979.

MEYERS, C., Art. עצב, in: ThWAT VI, 298–301.

MICHEL, D., Zur Krise der Weisheit in Israel, rhs 33, 1990, 289–297.

– Qohelet, EdF 258, Darmstadt 1988.

– Untersuchungen zur Eigenart des Buches Qohelet, BZAW 183, Berlin/New York 1989.

MILDENBERGER, F., Biblische Dogmatik, Bd. 3, Stuttgart/Berlin/Köln 1993.

MIOSI, F. T., God, Fate and Free Will in Egyptian Wisdom Literature, in: Studies in Philology in Honour of R.J. Williams, Toronto 1982, 69–111.

MOGENSEN, B., Israelitiske leveregler og deres begrundelse: Bibel og historie 2, 1983.

MORENZ, S., Ägyptologische Beiträge zur Erforschung der Weisheitsliteratur Israels, in: Les Sagesses du Proche-Orient Ancien, Paris 1963, 63–71.

– Feurige Kohlen auf dem Haupt, ThLZ 78, 1953, 187–192.

– Gott und Mensch in alten Ägypten, ²1984.

MOSIS, R., Art. כוב, in: ThWAT IV, 111–130.

MOURLON BEERNAERT, P., Cœur- langue – mains dans la Bible, CEv 46, Paris 1983.

MÜLLER, H.-P., Die alttestamentliche Weisheitsliteratur, EvErz 37, 1985, 244–256.

– Einführung, in: ders. (Hg.), Babylonien und Israel, WdF 633, Darmstadt 1991, 1–30.

– Mythos und Kerygma: Anthropologische und theologische Aspekte, ZThK 83, 1986, 405–435.

MÜLLER, H.-P./KRAUSE, M., Art. חכם, in: ThWAT II, 920–944.

MULDER, M. J., Art. קריה, in: ThWAT VII, 177–180.

MURPHY, R. E., Assumptions and Problems in Old Testament Wisdom Research, CBQ 29, 1967, 101–112.
– The Faces of Wisdom in the Book of Proverbs, in: Mélanges bibliques et orientaux en l'honneur de M. Henri Cazelles, AOAT 212, Kevelaer/Neukirchen-Vluyn 1981, 337–345.
– Form Criticism and Wisdom Literature, CBQ 31, 1969, 475–483.
– Israel's wisdom: a biblical model of salvation, studia missionalia 30, 1981, 1–43.
– The Kerygma of the Book of Proverbs, Interp. 20, 1966, 3–4.
– Proverbs and Theological Exegesis, in: The Hermeneutical Quest (FS Mays, J.L.), Princeton Theological Monograph 4, Allison Park 1986, 87–95.
– Proverbs 22: 1–9, Interp. 41, 1987, 398–402.
– Religious Dimensions of Israelite Wisdom, in: Ancient Israelite Religion (FS Cross, F.M.), Philadelphia 1987, 449–458.
– The theological contributions of Israel's wisdom literature, Listening 19, 1984, 30–40.
– What and Where is Wisdom?, CThMi 4, 1977, 283–287.
– Wisdom and Creation, JBL 104, 1985, 3–11.
– Wisdom and Eros in Proverbs 1–9, CBQ 50, 1988, 600–603.
– Wisdom Literature, fotl XIII, Grand Rapids ²1983.
– Wisdom Literature and Psalms, Nashville 1983.
– Wisdom – Theses and Hypotheses, in: Israelite Wisdom (FS Terrien, S.), New York 1978, 35–42.
NARÉ, L., Proverbes salomoniens et proverbes mossi: Etude comparative à partir d'une nouvelle analyse de Pr 25–29, EHS.T 283, Frankfurt/Bern/New York 1986.
NEL, PH. J., The Concept „Father" in the Wisdom of Ancient Near East, JNSL VI, 1977, 53–66.
– The structure and ethos of the wisdom admonitions in Proverbs, BZAW 158, Berlin 1982.
NESTLE, W., Vom Mythos zum Logos, Stuttgart ²1942.
NEWSOM, C. A., The Sage in the Literature of Qumran: The Functions of the *Maśkîl*, in: Gammie, J.G./Perdue, L.G. (Ed.), The Sage in Israel and ancient Near East, Winona Lake 1990, 373–382.
NICCACCI, A., La teologia sapienziale nel quadro dell'Antico Testamento a proposito di alcuni studi recenti, SBFLA 34, 1984, 7–14.
NORTH, R., Art. מס, in: ThWAT IV, 1006–1009.
NOUGAYROL, J., Les sagesses babyloniennes: Études récentes et textes inédits, in: Les Sagesses du Proche-Orient Ancien, Paris 1963, 41–51.
OESTERLEY, W. O. E., The Book of Proverbs, WC, London 1929.
OGUSHI, M., Ist nur das Herz die Mitte des Menschen?, in: Was ist der Mensch ...? (FS Wolff, H.W.), München 1992, 42–47.
– Der Tadel im Alten Testament, EHS.T 115, Frankfurt M./Bern/Las Vegas 1978.
OLIVIER, J. P. J., Schools and Wisdom Literature, JNWSL 4,49–60.
OLLEY, J. W., „Righteous" and Wealthy? The Description of the *ṢADDÎQ* in Wisdom Literature, Colloquium 22, 1990, 38–45.
OTTO, E., Art. עיר, in: ThWAT VI, 56–74.
OTWELL, J., And Sarah Laughted: The Status of Women in the Old Testament, Philadelphia 1977.
OYEN, H. VAN, Ethik des Alten Testaments, Gütersloh 1967.
PERDUE, L. G., Cosmology and the Social order in the Wisdom Tradition, in: Gammie, J.G./Perdue, L.G. (Ed.), The Sage in Israel and ancient Near East, Winona Lake 1990, 457–478.
– Wisdom in Revolt, JSOTS 112, Sheffield 1991.
PERLITT, L., Der Vater im Alten Testament, in: Tellenbach, H. (Hg.), Das Vaterbild in Mythos und Geschichte, Stuttgart/Berlin/Köln/Mainz 1976, 50–101.
PERRY, ST. C., Structural Patterns in Proverbs 10:1–22:16, Ann Arbor, Mich. 1987.

PETSCHEL, G., Plattdeutsche Sprichwörter aus Niedersachsen, Husum 1986.

PFEIFFER, R., Begriff und Bedeutung der Weisheit im Buche der Proverbien, Diss. Erlangen 1986.

PICKETT, W. H., The meaning and function of ‚t'b/to'evah' in the Hebrew Bible, Diss. Hebrew Union College, Jewish Institute of Religion, Ohio 1985.

PIDOUX, G., L'homme dans l'Ancien Testament, CTh 32, Neuchâtel/Paris 1953.

PLANK, K. A., Raging Wisdom: A Banner of Defiance Unfurled, Judaism 143/36/3, 1987, 323–330.

PLATH, S., Furcht Gottes, AzTh II/2, Stuttgart 1963.

PLEINS, J. D., Poverty in the Social World of the Wise, JSOT 37, 1987, 61–78.

PLOEG, J. VAN DER, Les Pauvres d'Israël et leur piété, OTS 7, 1950, 236–270.

– Prov. XXV 23, VT 3, 1953, 189–192.

PLÖGER, O., Sprüche Salomos (Proverbia), BK XVII, Neukirchen-Vluyn 1984.

PÖHLMANN, W., Hesiod, Salomo und Jesus, in: Theologische und religionspädagogische Beiträge (FS Klages, G.), Hildesheim/Zürich/New York 1987, 305–326.

– Wachstum und Gerechtigkeit im weisheitlichen Weltordnungsdenken und in den Parabeln Jesu, Glaube und Lernen 2, 1987, 125–135.

PONS, J., L'Oppression dans l'Ancien Testament, Paris 1981.

PREUSS, H. D., Alttestamentliche Weisheit in christlicher Theologie?, in: Brekelmans, C. (Hg.), Questions disputées d'Ancien Testament, BEThL 33, Leuven ²1989, 165–181 + 219f. (Ergänzungen).

– Einführung in die alttestamentliche Weisheitsliteratur, Stuttgart-Berlin-Köln-Mainz 1987.

– Erwägungen zum theologischen Ort alttestamentlicher Weisheitsliteratur, EvTh 30, 1970, 393–417.

– Die Frage nach dem Leid des Menschen – ein Versuch biblischer Theologie, in: Altes Testament und christliche Verkündigung (FS Gunneweg, A.H.J.), Stuttgart/Berlin/Köln/Mainz 1987, 52–80.

– Das Gottesbild der älteren Weisheit, VTS 23, Leiden 1972, 117–145.

– Theologie des Alten Testaments, Stuttgart/Berlin/Köln, Bd. 1 1991, Bd. 2 1992.

– Art. Arbeit I. Altes Testament, in: TRE 3, 613–618.

– Art. Demut I. Altes Testament, in: TRE 8, 459–461.

– Art. בוא, in: ThWAT I, 536–568.

– Art. לאם, in: ThWAT IV, 411–413.

– Art. עולם, in: ThWAT V, 1144–1159.

PUECH, E., Les écoles dans l'Israël préexilique: données épigraphiques, VT.S 40, 1986, 189–203.

RAD, G. VON, Theologie des Alten Testaments, Bd. II, München ⁵1968.

– Weisheit in Israel, Neukirchen-Vluyn 1970.

RAVASI, G., La famiglia nella letteratura sapienzale, PSV 14, 1986, 73–87.

REBIĆ, A., Der Gerechtigkeitsbegriff im Alten Testament, IKZ 19, 1990, 390–396.

REDLICH, F., Sprichwort, in: Strobach, H. u.a., Deutsche Volksdichtung, Leipzig ²1987.

REITERER, F. V., Deutung und Wertung des Todes durch Ben Sira, in: Die alttestamentliche Botschaft als Wegweisung (FS Reinelt, H.), Stuttgart 1990, 203–236.

– Der Mensch als Gabe und Aufgabe; Gesichtspunkte zur Theologie und Anthropologie im Alten Testament anhand der Konnotationen zu *adam*, Jahrbuch der Universität Salzburg 1983–1985, 9–24.

– Art. עצל, in: ThWAT VI, 305–310.

– Art. פוח, in: ThWAT VI, 538–543.

REUTER, E., Art. קנא, in: ThWAT VII, 51–62.

REYMOND, PH., L'eau, sa vie et sa signification dans l'Ancien Testament, VT.S 6, Leiden 1958.

RICHARDS, K. H., A Form- and Traditio-Historical Study of rš', Diss. Claremont 1970.

RICHARDSON, H. N., Some Notes on ליץ? and its Derivates, VT 5, 1955, 163–179.434–436.
RINGGREN, H., Sprüche, ATD 16, Göttingen 1962.
– Art. אב, in: ThWAT I, 1–19.
– Art. בין, in: ThWAT I, 621–629.
– Art. חיה, in: ThWAT II, 874–898.
– Art. כסה, in: ThWAT IV, 272–277.
– Art. מקור, in: ThWAT IV, 1125–1128.
RINGGREN, H./ILLMAN, K.-J./FABRY, H.-J., Art. מות, in: ThWAT IV, 763–787.
RINGGREN, H./JOHNSON, B., Art. צדק, in: ThWAT VI, 898–924.
RINGGREN, H./NIELSEN, K., Art. עץ, in: ThWAT VI, 284–296.
RINGGREN, H./SEYBOLD, K./FABRY, H.-J., Art. מלך, in: ThWAT IV, 926–957.
ROBERT, A., Le Yahvisme de Prov., in: Vincent, L.-H. (Ed.), Mémorial M.J. Lagrange, 1940, 163–182.
RÖHRICH, L./MIEDER, W., Sprichwort, Stuttgart 1972.
RÖLLIG, W., Der den Schwachen vom Starken nicht entrechten lässt, der der Waise Recht schafft ... Gleich und ungleich im religiösen Denken des Alten Orients, in: Kehrer, G. (Hg.), „Vor Gott sind alle gleich". Soziale Gleichheit, soziale Ungleichheit und die Religionen, Düsseldorf 1983, 42–52.
RÖMHELD, D., Wege der Weisheit. Die Lehren Amenemopes und Proverbien 22,17–24,22, BZAW 184, Berlin/New York 1989.
RÖMHELD, K. F. D., Die Weisheitslehre im Alten Orient, BN Beiheft 4, München 1989.
ROGERSON, J., Anthropology and the Old Testament, PIBA 10, 1986, 90–102.
ROHLING, A., Das Salomonische Spruchbuch übersetzt und erklärt, Mainz 1879.
ROMBACH, H., Strukturanthropologie, Freiburg/München 1987.
ROST, L., Die Schuld der Väter, in: ders., Studien zum Alten Testament, BWANT 101, Stuttgart/Berlin/Köln/Mainz 1974, 66–71.
RÜGER, H. P., Die Weisheitsschrift aus der Kairoer Geniza, WUNT 53, Tübingen 1991.
RUFFLE, J., The Teaching of Amenemope and its Connection with the Book of Proverbs, TynB 28, 1983, 29–68.
RUPRECHT, E., Art. שמח, in: THAT II, 828–835.
SÆBØ, M., Art. אויל, in: THAT I, 77–79.
– Art. חכם, in: THAT I, 557–567.
– Art. כסיל, in: THAT I, 836–838.
– Art. עשר, in: ThWAT VI, 446–452.
– Art. שכל, in: THAT II, 824–828.
SANDELIN, K.-G., Wisdom as a Nourisher, AAAbo Vol. 64 nr 3, Abo 1986.
SAUER, G., Die Sprüche Agurs, BWANT 84, Stuttgart 1963.
SAWYER, J. F., Art. ישע, in: ThWAT III, 1035–1059.
SCHARBERT, J., Der Mensch als Ebenbild Gottes in der neueren Auslegung von Gen 1,26, in: Weisheit Gottes – Weisheit der Welt I (FS Ratzinger, J. Kardinal), St. Ottilien 1987, 241–258.
– ŠLM im Alten Testament, in: Koch, K. (Hg.), Um das Prinzip der Vergeltung in Religion und Recht des Alten Testaments, WdF 125, Darmstadt 1972, 300–324.
– Solidarität in Segen und Fluch im Alten Testament und in seiner Umwelt, BBB 14, Bonn 1958.
– „Unsere Sünden und die Sünden unserer Väter", BZ N.F. 2, 1958, 14–26.
SCHENKEL, W., Soziale Gleichheit und soziale Ungleichheit und die ägyptische Religion, in: Kehrer, G. (Hg.), „Vor Gott sind alle gleich". Soziale Gleichheit, soziale Ungleichheit und die Religionen, Düsseldorf 1983, 26–41.
SCHENKER, A., Zeuge, Bürge, Garant des Rechts, BZ N.F. 34, 1990, 87–90.
SCHMID, H., «Gottlose» und Gottlosigkeit im A.T., Jud 3, 1977, 75–85.127–135.
– Die Weisheit von Berufs- und Hauptschülern, KatBl 113, 1988, 549–555.
SCHMID, H. H., Wesen und Geschichte der Weisheit, BZAW 101, Berlin 1966.

– Art. גורל, in: THAT I, 412–415.

SCHMIDT, J., Studien zur Stilistik der alttestamentlichen Spruchliteratur, Münster, 1936.

SCHMIDT, W. H., Ansätze zum Verstehen des Alten Testaments, EvTh 47, 1987, 436–459.

– „Denkt nicht an das Frühere!", Eschatologische Erwartung – Aspekte des Alten Testaments, GlLern 4, 1989, 17–32.

– „Was ist der Mensch?" Anthropologische Einsichten des Alten Testaments, BiKi 42, 1987, 2–15.

– Werk Gottes und Tun des Menschen. Ansätze zur Unterscheidung von „Gesetz und Evangelium" im Alten Testament, in: Altes Testament und christliche Verkündigung (FS Gunneweg, A.H.J.), Stuttgart 1987, 99–111.

– „Wie kann der Mensch seinen Weg verstehen?". Weisheitliche Lebenserfahrung – ein Gespräch mit H.D. Preuss, in: Alttestamentlicher Glaube und Biblische Theologie (FS Preuss, H.D.), Stuttgart/Berlin/Köln 1992, 287–297.

– Art. Anthropologie, 1. At.liche Anthropologie, EKL 1, Göttingen 1986, 156–158.

SCHMIDT, W. H./BECKER, J., Zukunft und Hoffnung, Stuttgart/Berlin/Köln/Mainz 1981.

SCHMITT, E., LEBEN in den Weisheitsbüchern Job, Sprüche und Jesus Sirach, FThSt 66, Freiburg 1954.

SCHMITZ, B., Tochter – Ehefrau – Mutter. Frauenalltag im Alten Ägypten, in: Schmitz, B./ Steffgen, U. (Hg.), Waren sie nur schön?, Kulturgeschichte der Antiken Welt 42, Mainz 1989, 69–115.

SCHÜNGEL-STRAUMANN, H., Mann und Frau in den Schöpfungstexten von Gen 1–3 unter Berücksichtigung der innerbiblischen Wirkungsgeschichte, in: Schneider, Th. (Hg.), Mann und Frau – Grundproblem theologischer Anthropologie, QD 121, Freiburg/ Basel/Wien 1989, 142–166.

SCHÜPPHAUS, J., Art. כסל, in: ThWAT IV, 277–283.

SCHWANTES, M., Das Recht der Armen, BET 4, Frankfurt M./Bern/Las Vegas 1977.

SCHWEGLER, P. TH., Familie, Gesellschaft und Wirtschaft nach dem mosaischen Gesetz und den Propheten, Einsiedeln 1935.

SCOTT, R. B. Y., Proverbs. Ecclesiastes, AB 18, Garden City/New York 1965.

– Wise and Foolish, Righteous and Wicked, VTS 23, Leiden 1972, 146–165.

SEELIGMANN, I. L., Zur Terminologie für das Gerichtsverfahren im Wortschatz des biblischen Hebräisch, in: Hebräische Wortforschung (FS Baumgartner, W.), SVT 16, Leiden 1967, 251–278.

SEGERT, S., Live Coals Heaped on the Head, in: Love & Death in the Ancient Near East (FS Pope, M.H.), Guilford 1987, 159–164.

SEYBOLD, K./MÜLLER, U., Krankheit und Heilung, Stuttgart/Berlin/Köln/Mainz 1978.

SHERWIN, B. L., The Human Body and the Image of God, in: A Traditional Quest (FS Jacobs, L.), JSOTS 114, Sheffield 1991, 75–85.

SHUPAK, N., Egyptian „Prophetic" Writings and Biblical Wisdom Literature, BN 54, 1990, 81–102.

– The ‚Sitz im Leben' of the Book of Proverbs in the Light of a Comparison of Biblical and Egyptian Wisdom Literature, RB 94,1987,98–119.

SIMIAN-YOFRE, H./RINGGREN, H., Art. עוד, in: ThWAT V, 1107–1130.

SITOMPUL, A. A., Urbilder von Glück und Segen (Spr 22,4), in: Was ist der Mensch...? (FS Wolff, H.W.), München 1992, 78–93.

SKLADNY, U., Die ältesten Spruchsammlungen in Israel, Göttingen 1962.

SMEND, R., Art. Ethik III. Altes Testament, in: TRE 10, 423–435.

SNELL, D. C., Notes on Love and Death in Proverbs, in: Love & Death in the Ancient Near East (FS Pope, M.H.), Guilford, 1987, 165–168.

– The Wheel in Proverbs XX 26, VT 39, 1989, 503–505.

SNIJDERS, L. A., Spreuken, tekst en toelichting, Kampen 1984.

SOETE, A., Ethos der Rettung – Ethos der Gerechtigkeit: Studien zur Struktur von Normbegründung und Urteilsfindung im Alten Testament und ihrer Relevanz für den ethischen Dialog der Gegenwart, Würzburg 1987.

Soggin, J. A., »Imago Dei« – Neue Überlegungen zu Genesis 1,26f., in: Altes Testament und christliche Verkündigung (FS Gunneweg, A.H.J.), Stuttgart/Berlin/Köln/Mainz 1987, 385–389.

Spieckermann, H., Dies irae: der alttestamentliche Befund und seine Vorgeschichte, VT 39, 1989, 194–208.

Stade, B./Bertholet, A., Biblische Theologie des Alten Testaments, Bd. II, Tübingen ¹⁺²1911.

Stadelmann, L. I. J., The Hebrew Conception of the World, AnBib 39, Rome 1970.

Stähli, H.-P., Art. ירא, in: THAT I, 765–778.

Steck, O. H., Welt und Umwelt, Stuttgart/Berlin/Köln/Mainz 1978.

Steiert, F.-J., Die Weisheit Israels – ein Fremdkörper im Alten Testament? FThSt 143, Freiburg 1990.

Steinberg, I./Landmann, S., Jüdische Weisheit aus drei Jahrtausenden, München/Berlin 1983.

Steiner, G., Das Bedeutungsfeld „TOD" in den Sprachen des Alten Orients, Or. 51, 1982, 239–248.

Stendebach, F. J., Glaube bringt Freude, Würzburg 1983.

– Das Menschenbild des Jahwisten, BiKi 42, 1987, 15–21.

– Die Bedeutung einer alttestamentlichen Anthropologie für die Verkündigung und die theologische Erwachsenenbildung, in: Bausteine Biblischer Theologie (FS Botterweck, G.-J.), BBB 50, Köln/Bonn 1977, 333–349.

Stock, K., Ist die Bestimmung des Menschen noch offen?, EvTh 45, 1985, 290–297.

Stoebe, H. J., Art. רעע, in: THAT II, 794–803.

Stolz, F., Einsicht und Erfolg – ein Element alttestamentlicher Königsideologie, ThGl 69, 1979, 343–356.

– Von der Weisheit zur Spekulation, in: Klimkeit, H.-J. (Hg.), Biblische und ausserbiblische Spruchweisheit, Wiesbaden 1991, 47–66.

– Art. לב, in: THAT I, 861–867.

Strack, H. L., Die Sprüche Salomos, KK VI/2, München 1899.

Strauss, H., „Armut" und „Reichtum" im Horizont biblischer, vor allem alttestamentlicher Aussagen, in: Was ist der Mensch ...? (FS Wolff, H.W.), München 1992, 179–193.

Strobel, A., Die Weisheit Israels, Aschaffenburg 1967.

Sweet, R. F. G., The Sage in Akkadian Literature: A Philological Study, in: Gammie, J.G./Perdue, L.G. (Ed.), The Sage in Israel and ancient Near East, Winona Lake 1990, 45–65.

Talmon, S., Gott und Mensch – eine zeitgenössische jüdische Ansicht, in: „Wie gut sind deine Zelte, Jaakow ..." (FS Mayer, R.), Gerlingen 1986, 185–190.

Tångberg, K. A., Die prophetische Mahnrede, FRLANT 143, Göttingen 1987.

Taradach, M., Anthropologie du Cantique des Cantiques, EstFranc 86, 1985, 413–456.

Terrien, S., Till the Heart Sings: A Biblical Theology of Manhood and Womanhood, Philadelphia 1985.

Thomas, D. Winton, Textual and Philological Notes on some Passages in the Book of Proverbs, in: Wisdom in Israel and in the Ancient Near East (FS Rowley, H.H.), VT.S 3, Leiden 1960, 280–292.

Thompson, J. M., The Form and Function of Proverbs in Ancient Israel, The Hague/Paris 1974.

Toorn, K. van der, Female Prostitution in Payment of Vows in Ancient Israel, JBL 108, 1989, 193–205.

Tournay, R., Relectures bibliques concernant la vie future et l'angélologie, RB 69, 1962, 481–505.

Townsend, T. P., The Poor in Wisdom Literature, BiBh 14, 1988, 5–25.

Toy, C. H., A Critical and Exegetical Commentary on the Book of Proverbs, ICC, Edinburgh ⁵1959.

TROMP, N. J., Primitive Conceptions of Death and the Nether World in the Old Testament, BibOr 21, Rome 1969.

TÜRK, H. J., Gibt es ein christliches Menschenbild?, WuA(M) 26, 1985, 48–54.

UTZSCHNEIDER, H., Das hermeneutische Problem der Uneindeutigkeit biblischer Texte – dargestellt an Text und Rezeption der Erzählung von Jakob am Jabbok (Gen 32,23–33), EvTh 48, 1988, 182–198.

VANDE WALLE, R. The Various Facets of man in Wisdom Literature, Jeevadhara 16, 1986, 121–132.

VANEL, A., Art. Sagesse, in: DBS 60, Paris 1986, 4–58.

VANONI, G., Volkssprichwort und YHWH-Ethos. Beobachtungen zu Spr 15,16, BN 35, 1986, 73–108.

– Art. עלז, in: ThWAT VI, 126–131.

VAUX, R. DE, Das Alte Testament und seine Lebensordnungen, Freiburg/Basel/Wien, Bd. I ²1964, Bd. II ²1966.

VAWTER, B., Intimations of Immortality and the Old Testament, JBL 91, 1972, 158–171.

– Yahweh: Lord of the Heavens and the Earth, CBQ 48, 1986, 461–467.

VOLTEN, A., Der Begriff der Maat in den ägyptischen Weisheitstexten, in: Les Sagesses du Proche-Orient Ancien, Paris 1963, 73–101.

VRIES, S. DE, Das Verständnis der Zeit in der Bibel, Conc 17, 1981, 96–109.

– Yesterday, Today and Tomorrow, Grand Rapids 1975.

WAETZOLDT, H., Der Schreiber als Lehrer in Mesopotamien, in: Hohenzollern, J.G. Prinz von/Liedtke, M. (Hg.), Schreiber, Magister, Lehrer, Bad Heilbrunn/Obb. 1989, 33–50.

WAGNER, S., Art. בקש, in: ThWAT I, 754–769.

– Art. יגה, in: ThWAT III, 406–412.

WALTKE, B. K., The Book of Proverbs and Ancient Wisdom Literature, BS 146, 1979, 221–238.

– The Book of Proverbs and Old Testament Theology, BS 146, 1979, 302–317.

WALTON, J. H., Ancient Israelite Literature in its Cultural Context, Grand Rapids 1989.

WANKE, G., Der Lehrer im alten Israel, in: Hohenzollern, J.G. Prinz von/Liedtke, M. (Hg.), Schreiber, Magister, Lehrer, Bad Heilbrunn/Obb. 1989, 51–59.

WARMUTH, G., Art. נקה, in: ThWAT V, 591–602.

WASCHKE, E.-J., Untersuchungen zum Menschenbild der Urgeschichte, ThA 43, Berlin 1984.

WATSON, W. G., Classical Hebrew Poetry, JSOTS 26, Sheffield 1984.

WEIDEN, W. A. VAN DER, Le Livre des Proverbes, BibOr 23, Rom 1970.

WESTERMANN, C., Forschungsgeschichte zur Weisheitsliteratur 1950–1990, AzTh 71, Stuttgart 1991.

– Das gute Wort in den Sprüchen, in: Was ist der Mensch . . .? (FS Wolff, H. W.), München 1992, 243–255.

– Wurzeln der Weisheit, Göttingen 1990.

WHITE, J. B., The Sage's Strategy to Preserve Šālôm, in: The Listening Heart (FS Murphy, R. E.), JSOTS 58, Sheffield 1987, 299–311.

WHITELAM, K. W., The Just King, JSOTS 12, Sheffield 1979.

WHYBRAY, R. N., The Book of Proverbs, CBC, Cambridge 1972.

– The Intellectual Tradition on the Old Testament, BZAW 135, Berlin/New York 1974.

– Poverty, Wealth and Point of View in Proverbs, ET 100, 1989, 332–336.

– The Sage in the Israelite Royal Court, in: Gammie, J. G./Perdue, L. G. (Ed.), The Sage in Israel and ancient Near East, Winona Lake 1990, 133–139.

– Wealth and Poverty in the Book of Proverbs, JSOTS 99, Sheffield 1990.

– Wisdom in Proverbs, SBT 45, London 1965.

– Yahweh-sayings and their Contexts in Proverbs, 10,1–22,16, in: Gilbert, M., (Ed.), La Sagesse de l'Ancien Testament, BEThL 51, Leuven 1979, 153–165.

WILLIAMS, R. J., The Sage in Egyptian Literature, in: Gammie, J.G./Perdue, L.G. (Ed.), The Sage in Israel and ancient Near East, Winona Lake 1990, 19–30.

WILDEBOER, G., Die Sprüche, KHC XV, Freiburg/Leipzig/Tübingen 1897.

WILSON, F. M., Sacred and Profane? The Yahwistic Redaction of Proverbs Reconsidered, in: The Listening Heart (FS Murphy, R. E.), JSOTS 58, Sheffield 1987, 313–334.

WITTENBERG, G. H., The Lexical Context of the Terminology for ‚Poor‘ in the Book of Proverbs, Scriptura Special issue 2, 1986, 40–85.

– The Situational Context of Statements Concerning Poverty and Wealth in the Book of Proverbs, Scriptura 21, 1987, 1–23.

WOLFF, H. W., Anthropologie des Alten Testaments, München 1973.

WOLTERS, A., Natur and grace in the interpretation of Proverbs 31:10–31, CTJ 19, 1984, 153–166.

WOUDE, A. S. VAN DER, Fünfzehn Jahre Qumranforschung (1974–1988), ThR 55, 1990, 245–307.

ZIENER, G., Die altorientalische Weisheit als Lebenskunde. Israels neues Verständnis und Kritik der Weisheit, in: Schreiner, J. (Hg.), Wort und Botschaft des Alten Testaments, Würzburg ³1975, 275–289.

ZIMMERLI, W., Der Mensch und seine Hoffnung im Alten Testament, Göttingen 1968.

– Ort und Grenze der Weisheit im Rahmen der alttestamentlichen Theologie, in: ders., Gottes Offenbarung, TB 19, München ²1969, 300–315.

– Was ist der Mensch?, in: ders., Studien zur Alttestamentlichen Theologie und Prophetie, TB 51, München 1974, 311–324.

– Die Weisung des Alten Testamentes zum Geschäft der Sprache, in: ders., Gottes Offenbarung, TB 19, München ²1969, 277–299.

Bibelstellenregister

Die kursiven Seitenzahlen beziehen sich auf eine ausführlichere Analyse der Texte

17,20a	184		19,7	*81*, 131, 334, 341
17,21	9, 27, *108*, 123, 213f., 322, 353		19,8	179, 284, *317*, 318
			19,9	*208*, 209, 229
17,22	181, *216*, 217, 329		19,10	*30*, 31, 144, 338
17,23	*38*, 39		19,11	240, *282*, 369
17,24	*11*, 95, 282f		19,12	*139*, 140, 146
17,24a	12		19,13	228
17,25	27, *108*, 116, 122, 178, 213, 214		19,13a	27
			19,13b	*154*, 300
17,26	*60*, 172, 363		19,14	*119*, 122, *150*, 152, 228
17,27f.	22			
17,27	*17*, 95, 204, 282, 291		19,15	*70*, 236
17,28	*24*, 202		19,16	243, 312, *315*
			19,17	6, *85*, 86f., 92, 101, 236, 241, 246, 278, 342
18,1	294, *300*			
18,2	*13*, 14f., 95, 180, 283, 353			
			19,18	*114*, 170, 172, 316
18,3	*50*, 236		19,19	294
18,4	*190*, 195, 285, 308		19,19b	295
18,6	*23*, 236, 298		19,20	*169*, 170, 174, 176
18,7	*23*, *192*		19,21	180, *256*, 257, 278, 357
18,8	*201*			
18,9	*71*, 72, 100, 131, 355		19,22	*90*, 101, 372
18,10	*46*, 65, 80, 98, 237, 241		19,23	224, *269*, 270, 319
			19,24	72, 330, 357
18,11	*79*, 335		19,25	*29*, 171, 285
18,12	181, 267, *292*, 346		19,26	*110*, 111, 116, 151, 178, 228
18,13	291			
18,14	*216*, 217		19,27	*118*, 165, 169, 174, 281
18,14b	216			
18,15	*13*, 14f., 95, 179, 187, 189, 282		19,28	42, *207*, 229
			19,28b	208
18,16	*334*, 335		19,29	9, *29*, 95, 172, 177
18,17	*60*, 130			
18,18	*302*, 305		20	253
18,18a	299		20,1	17, 297
18,19	131, *299*, 300		20,2	*139*, 140, 146, 319
18,20f	*192*		20,3	*300*, 301, 332
18,21	27, 192, 317		20,4	*70*, 365
18,22	149, *150*, 189, 228, 242, 317, 346		20,5	*180*
			20,7	*40*
18,23	*82*, 84, 93, 341		20,8	*135*, 136, 222
18,24	*126*, 127, 131		20,9	*184*, 266, 369
			20,10	*261*, 264, 278
19	247		20,11	*170*
19,1	*28*, 35, *89*, 91, 95, 101, 234, 303		20,12	78, 255
			20,13	332
19,2	281, *293*, 369		20,14	219, *328*
19,3	*181*, 242		20,15	*187*, 281, 286
19,4	*81*, 124f., 229, 334, 341		20,16	*340*
			20,17	*232*
19,5	12, *208*, 209, 229, 236		20,18	*250*, 305
19,6	*123*, 229		20,19	*204*

23,13f.	*114*, 165, 170, 172, 175, 316
23,14	27
23,15f.	189, 197, 322
23,15	118, 179
23,16	118, 322, 323, 329
23,17f.	249, *271*, 279, 321
23,17	184, 272
23,17a	59
23,18	270, 272
23,19	*117*, 118, 165, 184
23,20f.	296, *332*, 368
23,20	184
23,22	112, 116, *117*, 165
23,23	171, 179, *285*, 286, 344
23,24f.	*108*, 178, 322
23,24	27, 55
23,25	116
23,26	*117*, 118, 165, 184
23,27f.	*156*, 157, 228
23,29ff.	215, 332
23,29–35	297, 330
23,31	297
23,33	180, *191*
23,34	178
23,35	215
24	74, 93
24,1f.	39, *183*, 220, 278
24,3f.	*283*, 284
24,3	151
24,4	331
24,5f.	*25*
24,6	166, 250, 305
24,7	*24*, 283
24,8	219, *221*
24,9	*31*, 263
24,10	247, 250, 279
24,11	259, *318*
24,12	6, 178, 182, 236, *259*, 260, 278
24,13–14	134
24,13	118
24,13f.	285
24,14	118, 249, 270–272, 279
24,15	2, 21, *61*, 229, 363
24,16	50, *51*, 61, 223, 234, 235, 250
24,17f.	240, 279, *326*
24,17	181, 369
24,19f.	*59*, 321

24,19	220
24,20	220, 249
24,21f.	*137*, 142, 165
24,21	272
24,23	13
24,25	236
24,26	*196*
24,27	*251*
24,28	130, *210*
24,29	210, *235*, 236, 240
24,30ff.	100, 290
24,30–34	*73*
24,30f.	284
24,30	183
24,32	74, 173, 184
24,33f.	74, 331
24,34	74, 236, 331
25–29	5, 275
25–27	363
25–26	360
25	93
25,2–27	20
25,2	*138*, 142f., 253, 257, 278
25,3	*142*, 143, 180
25,4f.	55, *133*, 134, 146
25,5	98, 133, 288
25,6f.	164, 303
25,6–7a	*143*, 165
25,7f.	130
25,7b-9	*130*, 165
25,9	130
25,10	236
25,11f.	*187*
25,11	247
25,12	*32*, 95, 213
25,13	*197*, 236, 247
25,14	*328*
25,15	144, *198*
25,16	*295*, 296
25,17	*129*, 165, 229, 296
25,18	200, *207*, 208, 229
25,19	*38*, 39, 250, 279
25,20	181, *200*, 223
25,21f.	236, 238, *239*, 301, 326, 355, 360, 369
25,22	236, 240
25,23	*200*, 201
25,24	*154*, 228, 303
25,25	*197*, 219, 317, 368
25,26	*59*
25,27	*295*, 296

11,7–12	371	4,17	35
11,18, 20	284	5,1–6	291
12,7ff.	371	5,3–5	368
12,16ff.	371	5,8	76
12,19	57	5,10–19	371
14,19f.	284	5,11	76
16,9–17	234	5,17–19	330
17,13	284	5,17f.	76
19,2	214	5,17	371
19,10	284	5,18	76
21,7–15	334	6,1ff.	371
21,30	46	6,2	337
26,4	260	6,3f.	371
27,3	260	7,1	336
28,28	270	7,14	46
29,24	139	7,25–28	330
30,20, 26	284	7,27ff.	149
31,24–28	334	8,10–14	234
31,29	326	8,14	58
33,4	321	8,15	76, 330, 371
34,17	57	9,1ff.	284
34,19	78	9,7–10	330
35,11	321	9,7ff.	371
37,21f.	201	9,9	76, 149
38–41	371	10,6	58
		10,7	58
Ruth		10,8	233
2,12	87	10,18	74, 76, 99
3,11	150	11,7–12,8	248
		11,9f.	330
HL			
2,1–7	159	Dan	
4,1–7	159	12,2	371
5,9–16	159		
		1Chr	
Koh		22	373
1,1	133	28	373
1,16	190	29	373
2,1	330	29,12	138
2,8ff.	149		
2,11–13, 24f.	76	2Chr	
2,14	35	6,31	273
2,15	190	19,7	273
2,16	48	26,18	145
2,21	337		
2,24–26	330	*(Zwischen den Schriften)*	
3	70	Sir	
3,10ff.	284	1,24	44
3,12	330	2,15	273
3,13	76	3,1–18	117
3,17f.	190	5,11–12	17
3,21	284	6,5–17	131
3,22	76, 330	8,8	198

Autorenregister

Sachregister

Forschungen zum Alten Testament

Herausgegeben von Bernd Janowski und Hermann Spieckermann

Band 7
Jutta Hausmann
Studien zum Menschenbild der älteren Weisheit
1995. IX, 415 Seiten. Leinen.

Band 8
Lothar Perlitt
Deuteronomium-Studien
1994. VIII, 271 Seiten. Leinen.

Band 9
Matthias Millard
Die Komposition des Psalters
Ein formgeschichtlicher Ansatz
1994. VIII, 299 Seiten. Leinen.

Band 10
Wolfgang Zwickel
Der Tempelkult in Kanaan und Israel
Ein Beitrag zur Kultgeschichte Palästinas von der Mittelbronzezeit bis
zum Untergang Judas
1994. XVI, 424 Seiten. Leinen.

Band 11
Brian B. Schmidt
Israel's Beneficent Dead
Ancestor Cult and Necromancy in Ancient Israelite Religion und Tradition
1994. XV, 400 Seiten. Leinen.

J.C.B. Mohr (Paul Siebeck) Tübingen